DAS WAREN ZEITEN

1

herausgegeben von
Daniel Bernsen
und Dieter Brückner

C.C.Buchner

Das waren Zeiten – Rheinland-Pfalz

Unterrichtswerk für Geschichte

Band 1: Von den Anfängen bis zum 19. Jahrhundert

Herausgegeben von Daniel Bernsen und Dieter Brückner

Bearbeitet von Peter Adamski, Rainer Bach, Nadja Braun, Arnold Bühler, Daniel Bernsen, Dieter Brückner, Harald Focke, Klaus Gast, Wolfgang Geiger, Siegfried Gomell, Klaus Dieter Hein-Mooren, Felix Hinz, Alexandra Hoffmann-Kuhnt, Steffi Hummel, Ulrich Mayer, Beetje Neubauer, Björn Onken, Markus Sanke, Miriam Sénécheau, Martina Tschirner und Kerstin Werner

1. Auflage, 3. Druck 2017
Alle Drucke dieser Auflage sind, weil untereinander unverändert, nebeneinander benutzbar.

Dieser Titel ist auch als digitale Ausgabe unter *www.ccbuchner.de* (Eingabe im Suchfeld: 31021) erhältlich.

Das Werk folgt der reformierten Rechtschreibung und Zeichensetzung. Ausnahmen bilden Texte, bei denen künstlerische, philologische und lizenzrechtliche Gründe einer Änderung entgegenstehen.

Auf verschiedenen Seiten dieses Buches finden sich Mediencodes. Sie verweisen auf optionale Unterrichtsmaterialien und Internetadressen (Links). Haftungshinweis: Trotz sorgfältiger inhaltlicher Kontrolle wird die Haftung für die Inhalte externer Seiten ausgeschlossen.

Redaktion: Alexandra Hoffmann-Kuhnt
Korrektorat: Kerstin Schulbert

Layout, Satz, Grafik und Karten: ARTBOX Grafik & Satz GmbH, Bremen
Umschlag: ideen.manufaktur, Dortmund
Druck und Bindung: Firmengruppe Appl, aprinta Druck, Wemding

www.ccbuchner.de

ISBN: 978-3-661-**31021**-3

Methodenkompetenz

Im Fach Geschichte gibt es sowohl allgemeine Arbeitsweisen, die du schon aus anderen Fächern kennst, als auch besondere, die nur im Fach Geschichte vorkommen. Immer, wenn es um Methoden geht, historische Informationen herauszuarbeiten und zu deuten, sind die Verben in grüner Schrift gehalten.

Untersuchen: Texte, Karten, Schaubilder und Bilder nach bestimmten Gesichtspunkten auswerten

Herausarbeiten: Wichtiges aus einem Text, einer Karte, einem Schaubild oder einem Bild heraussuchen und selbstständig im Zusammenhang → *erläutern*

Ordnen, einordnen: ein oder mehrere Sachverhalte in eine Reihenfolge bringen oder in einen übergeordneten Zusammenhang einfügen

Gliedern: einen Raum, eine Zeit oder einen Sachverhalt → *untersuchen* und nach bestimmten Gesichtspunkten sinnvoll → *ordnen*

Vermutungen anstellen, Fragestellungen entwickeln, Fragen notieren, überlegen: einen Sachverhalt betrachten, eigenständig Probleme erkennen und eigene Fragen an die Geschichte stellen oder mögliche Lösungen vorschlagen

Vergleichen, gegenüberstellen: Gemeinsamkeiten, Ähnlichkeiten und Unterschiede von Sachverhalten nach bestimmten Gesichtspunkten → *darstellen*

Erstellen, gestalten (Schaubild, Grafik, Video etc.), verfassen (Rede, Lexikonartikel, etc.): einen Sachverhalt nach bestimmten Gesichtspunkten in einer geeigneten Form anschaulich → *darstellen*

Rollen spielen, Szene nachstellen: zu einem historischen Sachverhalt oder einer historischen Person verschiedene Perspektiven einnehmen und spielend nachvollziehen

Skizzieren: ein Problem oder einen Sachverhalt auf das Wesentliche untersuchen, knapp und in groben Zügen → *schildern*

Sich informieren, nachschlagen, erkunden, herausfinden, recherchieren, eine Umfrage machen: sich über einen bestimmten Sachverhalt oder ein Thema selbstständig Kenntnis schaffen und nachforschen

Kommunikationskompetenz

Geschichte muss dargestellt, erzählt und diskutiert werden. Dort, wo es vor allem um verschiedene Arten der Kommunikation geht, sind die Verben in blauer Schrift abgebildet.

Nennen, aufzeigen, aufzählen, auflisten, wiedergeben, feststellen: einem Text, einer Karte oder einem Schaubild Informationen entnehmen und mit eigenen Worten festhalten

Beschreiben, erzählen, schildern, (nach)zeichnen, darstellen, schreiben (Brief, Bericht): Sachverhalte → *ordnen* und sprachlich so darstellen, dass sich eine klare Vorstellung ergibt

Zusammenfassen, zusammenstellen: inhaltliche Schwerpunkte eines Sachverhaltes geordnet hervorheben

Erklären: einen Sachverhalt so darlegen, dass Inhalte und ihre Zusammenhänge verständlich werden

Erläutern: wie → *erklären*, aber noch durch zusätzliche Informationen oder Beispiele veranschaulichen

Diskutieren: sich mit (gegensätzlichen) Auffassungen anderer aufmerksam auseinandersetzen und darauf mit eigenen Antworten reagieren

Argumentieren: eine Meinung für oder gegen eine Sichtweise vertreten, die Gründe sachlich darlegen und den Beweis führen

Präsentieren, vorstellen: ein Thema vortragen und mithilfe von Texten, Bildern, Grafiken oder digitalen Medien (PowerPoint-Präsentation etc.) anschaulich vor Publikum → *darstellen*

Urteilskompetenz

Wenn du eine Ursache für bestimmte Entwicklungen oder eine eigene Meinung begründen sollst, haben wir die Verben in orange gedruckt.

Prüfen, überprüfen: Sachverhalte, Vermutungen und Urteile auf ihre Richtigkeit hin kontrollieren

Unterscheiden: zwei Sachverhalte im Hinblick auf bestimmte Merkmale → *vergleichen*, die Unterschiede erkennen und → *erklären*

Begründen: zeigen, warum etwas so ist, und das mit dem Material und/oder der Darstellung belegen

Beurteilen: Sachverhalte und Probleme nach bestimmten Gesichtspunkten → *prüfen*, ihre Bedeutung für die Geschichte bestimmen und begründet einschätzen

Bewerten und Stellung nehmen: zu einem Sachverhalt eine gut überlegte (reflektierte) Meinung finden und diese → *begründet* formulieren

Nachweisen: die Richtigkeit oder das Vorhandensein von Sachverhalten, Vermutungen oder Urteilen → *feststellen* und belegen

Inhalt

1 Wir begegnen der Vergangenheit

2 Die Entwicklung des Menschen

* mögliches Ergänzungsthema des Lehrplans

3 Alte Kulturen im Mittelmeerraum

Leben in der frühen Hochkultur Ägypten

Leben im antiken Griechenland

Leben im Römischen Reich

* mögliches Ergänzungsthema des Lehrplans

4 Die Grundlegung Europas im Mittelalter

5 Welt im Wandel: die Frühe Neuzeit

Neues Denken – neue Welten

* mögliches Ergänzungsthema des Lehrplans

Neuer Glaube und neue Herrschaftsformen

6 Von den Revolutionen zu den Nationalstaaten

Aufklärung und Französische Revolution

* mögliches Ergänzungsthema des Lehrplans

* mögliches Ergänzungsthema des Lehrplans

Längsschnitte

Alternatives Inhaltsverzeichnis

Lexikon zur Geschichte

Register

* mögliches Ergänzungsthema des Lehrplans

Überreste, Zeugen und Detektivarbeit

Liebe Schülerinnen und Schüler,

Die Frauenbüste vorne auf dem Einband eures Geschichtsbuches stellt die wohl berühmteste ägyptische Herrscherin aller Zeiten dar: Nofretete. Sie lebte vor über 3300 Jahren und regierte neben ihrem Mann, König Echnaton, über das große Reich Ägypten.

Bis heute gilt Nofretete als eine der mächtigsten und schönsten Frauen des Altertums. Dabei gibt es von ihr weder ein Foto noch eine Zeichnung, auch kein Zeugnis eines Zeitgenossen. Und auch die Büste zeigt kein wirklichkeitsgetreues Abbild, sondern ein Idealbild der Herrscherin, das sich die Menschen damals vorstellten. Wie sie wirklich aussah und wie sie lebte, wissen wir also nicht. Wie kommt es dann, dass diese Frau heute so bekannt ist? Und was hat sie mit uns zu tun?

Von dem älteren Herren neben ihr existieren im Gegensatz dazu viele Bilder. Er lebte vor über einhundert Jahren und ist einer der bekanntesten deutschen Politiker. Sein Name ist Otto von Bismarck. Vielleicht habt ihr ja auch schon einmal von ihm gehört? Er hat viele Briefe geschrieben, Tagebücher verfasst und Reden gehalten, die uns bis heute erhalten sind. Viele Zeitgenossen haben ihn beschrieben, Zeitungen haben über ihn berichtet. Die einen haben ihn verehrt, ihm Denkmäler gesetzt und Straßen nach ihm benannt. Andere haben ihn abgelehnt, ja sogar gehasst. Warum ist dieser Mann bis heute so bekannt? Was hat er Besonderes geleistet?

Dass wir nach über dreitausend Jahren von Nofretete oder nach mehr als hundert Jahren von Bismarck etwas wissen, verdanken wir der Arbeit vieler Menschen, die sich mit der Vergangenheit beschäftigen. Wie Detektive oder Kriminalisten, die einen kniffligen Fall lösen müssen, suchen sie nach Spuren und Zeugen, nach Hinweisen und Beweismaterial. Sie tragen zahllose Beobachtungen zusammen und kombinieren wie Sherlock Holmes. So erschließen sie aus wenigen Überresten wie Büsten, Reliefs oder Inschriften auf Tempeln, wie etwa Nofretete damals ausgesehen, wie sie geherrscht und gelebt haben könnte. Und aus vielen einzelnen Informationen, die sich oft widersprechen, gelingt es ihnen, uns Bismarck als Menschen und Politiker vorzustellen. Gleichzeitig erzählen sie uns etwas über die Zeit, in denen diese Menschen gelebt haben, und Vieles mehr.

Doch auch gute Detektive und Kommissare tappen manchmal im Dunkeln, weil ihnen ein wichtiges Beweisstück fehlt. Sie können sich auch irren, wenn sie die Beweisstücke falsch kombinieren, zu früh meinen, genau zu wissen wie alles gewesen ist, und voreingenommen sind, wenn wichtige Zeugen schweigen, sich widersprechen oder sogar lügen. Das ist bei der Erforschung früherer Zeiten nicht anders.

Nofretete und Bismarck werdet ihr in diesem Geschichtsbuch begegnen. An diesen beiden und vielen anderen Beispielen werdet ihr sehen, wie versucht wurde, knifflige „Fälle" der Geschichte zu lösen. Und Schritt für Schritt werdet auch ihr immer fitter darin werden, selbst Fragen an die Geschichte zu stellen, Fakten zu überprüfen und eure Schlussfolgerungen gut zu begründen, so dass ihr euch schließlich ein eigenes Bild von Personen, Ereignissen und Zuständen früherer Zeiten machen könnt.

Wir wünschen euch viel Freude
und Erfolg dabei.
Daniel Bernsen und
Dieter Brückner

So findet ihr euch im Buch zurecht

Der „Einstieg" – damit ihr wisst, worum es geht

Jedes Hauptkapitel beginnt mit großen Bildern. Zu ihnen gibt es Hinweise und einen Text, der die Leitgedanken und wichtigsten Fragen zu den folgenden Themen nennt.
Unten rechts findet ihr Vorschläge, wie ihr die Bilder selbst befragen könnt. Vielleicht wollt ihr in der Klasse darüber sprechen?
Übrigens: Die Arbeitsaufträge im Buch sind nach Kompetenzen sortiert, also Kenntnissen und Fähigkeiten, die du im Geschichtsunterricht erwerben wirst. Die Verben sind jeweils grün, blau und orange markiert und sagen dir, welche Kompetenz du damit besonders trainierst. Siehe dazu die Seiten „Kompetenzen trainieren – Aufgaben begreifen" vorne im Buch.

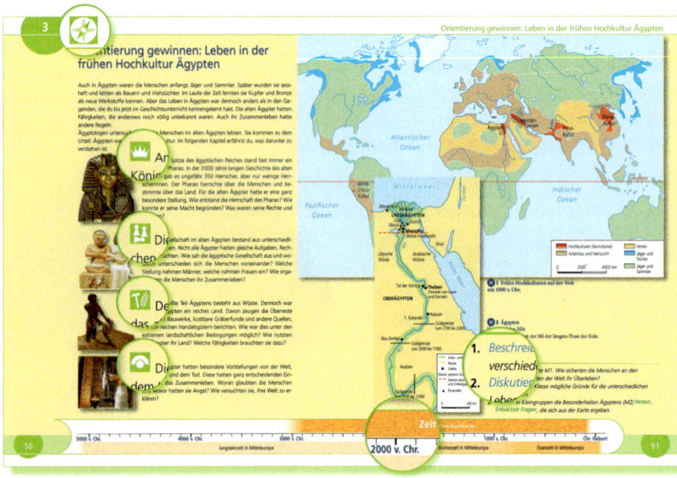

„Orientierung gewinnen" in Raum und Zeit

Diese Seiten sind Informationszentrum und Wegweiser zugleich. Die kurzen Texte und Bilder geben euch einen Einblick in das jeweils nächste Teilkapitel. In jedem Kapitel haben wir das Thema übersichtlich in fünf wichtige Bereiche (Kategorien) gegliedert und mit einem Zeichen (Symbol) gekennzeichnet: Orientierung, Gesellschaft, Herrschaft, Wirtschaft und Weltdeutung. Die Karten zeigen, wo die Ereignisse stattfanden, die ihr kennenlernen werdet. Die Fragen regen dazu an, die Karten schon mit eurem Vorwissen zu erschließen. Die Zeitleiste hilft dabei, euch den Zeitraum vorzustellen und mit der Zeit der vorigen Kapitel zu vergleichen.

Teilkapitel – das Wichtige, übersichtlich geordnet

In den Darstellungen (Verfassertexten) haben die Verfasser aufgeschrieben, was sie für wichtig halten. Das Symbol oben zeigt, welche Kategorie vor allem behandelt wird. Wichtige Begriffe – Grundbegriffe des Lehrplans und weitere wichtige Lernbegriffe (mit * gekennzeichnet) – sind fett gedruckt und werden unten wiederholt.
Außerdem enthält das Buch viele Materialien. Diese Texte, Bilder oder Karten sind mit M gekennzeichnet und nummeriert. Arbeitsvorschläge stehen jeweils am Ende der Seiten. Sie helfen euch, die Verfassertexte zu verstehen und mit den Materialien eigenständig zu arbeiten. Internet-, Lese- oder Exkursionstipps geben euch die Möglichkeit, weiter zu forschen und mehr über ein Thema zu erfahren.

Historische Methodenarbeit schrittweise erlernen

Wer die Geschichte verstehen will, muss die richtigen Fragen stellen und zu ihrer Beantwortung schrittweise vorgehen. Dafür braucht ihr Methoden. Wir zeigen euch an Beispielen, wie ihr Material auswertet. Auf den Methodenseiten könnt ihr das gleich selbst erproben:

Ein Beispiel bearbeiten wir mit euch gemeinsam. An einem anderen Beispiel geben wir mit Arbeitsfragen und Hilfen Vorschläge, wie ihr diese und kommende Methodenaufgaben lösen könnt.

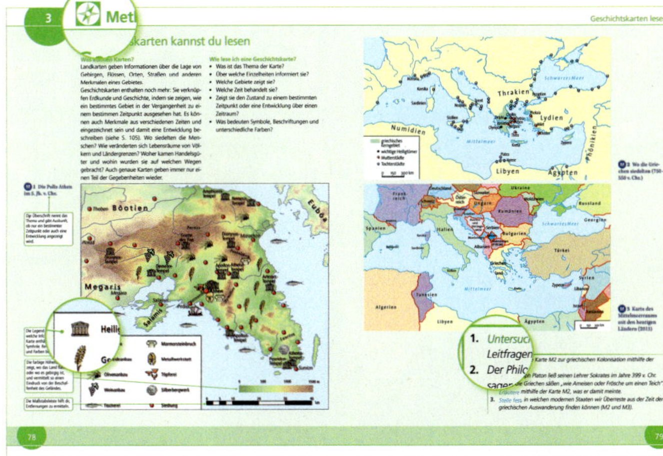

„Differenzieren im Projekt" – selbstständig arbeiten in Gruppen

Die Materialien, die wir auf diesen Doppelseiten zusammengestellt haben, gehören zu einem Thema des Kapitels, verknüpfen die Inhalte mit vorigen Kapiteln, stellen verschiedene Sichtweisen gegenüber oder Bezüge zu unserer Gegenwart her.

Die Projektvorschläge leiten euch an, wie ihr in Gruppen schrittweise die Aufgaben lösen und eure Ergebnisse vorstellen könnt.

So übt ihr nach und nach ein, Zeugnisse aus der Vergangenheit mit unterschiedlichen Arbeitstechniken zu untersuchen, zu vergleichen und eure Ergebnisse zu präsentieren.

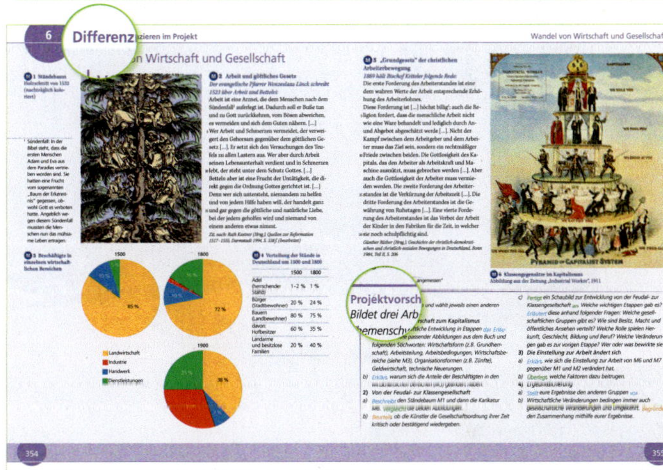

„Das weiß ich, das kann ich!" – Überprüft eure Kompetenz

Am Ende des Kapitels seid ihr Experten für die behandelte Zeit! Die Seiten „Kompetenzen überprüfen" kommen auf die Leitfragen von den „Orientierung gewinnen"-Seiten zurück und machen Vorschläge, wie ihr diese Fragen noch einmal für die Kategorien übergreifend und vergleichend beantworten könnt. Auf den Seiten findet ihr neues Material und passende Aufgaben. Damit könnt ihr prüfen, wie gut ihr euch jetzt auskennt und wie sicher ihr die Kompetenzen anwenden könnt.

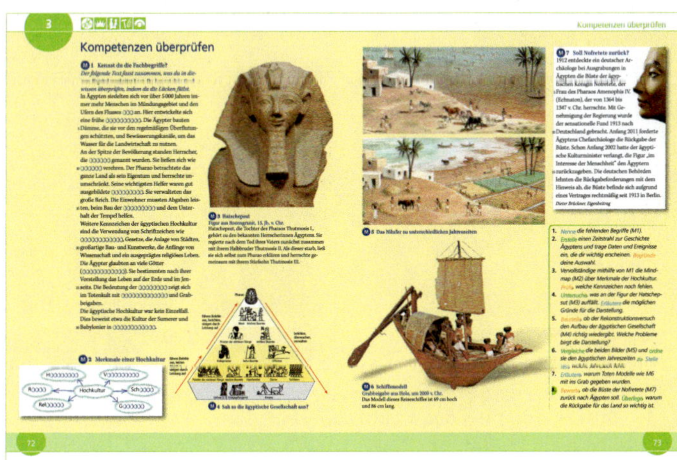

1 Wir begegnen der Vergangenheit

M 1 **Wochenmarkt auf dem Domplatz in Mainz**
Foto von 2009

M 2 **Ritterturnier bei den Historienfestspielen auf der Festung Ehrenbreitstein**
Foto aus Koblenz, 2014

M 3 **BASF-Werk in Ludwigshafen**

Ⓜ 4 **Rathausplatz in Landau**
Foto von 2011

Ⓜ 5 **Reste der mittelalterlichen Synagoge in Speyer**
Foto von 2004

Ⓜ 6 **Die Mittelrheinbahn passiert den Ochsenturm in Oberwesel**
Foto von 2010

Wozu Geschichte? – damals und heute

Alte Ansichten deines Wohn- oder Schulortes zeigen, dass dieser früher ganz anders ausgesehen hat, obwohl es sich immer noch um denselben Ort handelt. Ein Blick in die Geschichte kann dir helfen, die Veränderungen zu erklären.
Auch ein Blick auf die Menschen früherer Zeiten lohnt sich:

- Wie haben sie zusammen gelebt?
- Welche Unterschiede gab es zwischen Armen und Reichen, zwischen gebildeten und weniger gebildeten, vornehmen und einfachen Leuten?
- Wie haben sie das, was sie zum Leben brauchten, hergestellt und erworben?
- Wie sind sie dabei mit ihrer Umwelt umgegangen?
- Wer hat geherrscht und wie wurde geherrscht?
- Hat einer geherrscht, mehrere oder viele?
- Wie kamen sie in ihre Ämter und welche Aufgaben und Rechte hatten sie?
- Welche Rechte und Pflichten hatten diejenigen, die von ihnen beherrscht oder regiert wurden?
- Wie haben sie sich die Rätsel und Geheimnisse der sie umgebenden Welt erklärt?
- Wie stellten sie sich ein Leben nach dem Tod vor?
- An welche Götter oder an welchen Gott glaubten sie und wie hat dieser Glaube ihr Leben geprägt?

Die Menschen von früher können uns nichts mehr über ihr Leben erzählen. Dafür berichten uns zahlreiche Spuren aus der Vergangenheit darüber. In diesem Buch machst du dich auf die Suche nach den Spuren und den Antworten auf all diese Fragen. Dabei zeigt dir der Vergleich von Geschichte und Gegenwart Gemeinsamkeiten und Unterschiede in Wirtschaft, Gesellschaft, Herrschaft und Weltdeutung/Religion der Menschen. Und du kannst erkennen, wie Gegenwärtiges aus der Geschichte entsteht, aber auch, dass etwas völlig anders als heute gewesen und geblieben ist.

1. *Nenne Gebäude, Plätze, Einrichtungen oder Ereignisse an deinem Wohn- oder Schulort und ordne sie einem der Bereiche Religion, Wirtschaft, Herrschaft oder Gesellschaft zu. Die Bilder auf diesen Seiten können dir dabei helfen.*
2. *Informiere dich, wann die Gebäude aus Frage 1 errichtet wurden und wozu sie damals genutzt wurden bzw. heute genutzt werden.*
3. *Entwickle weitere Fragen an die Geschichte deines Wohn- oder Schulortes.*
4. *Begründe, warum es heute für dich wichtig sein kann, sich mit Geschichte zu beschäftigen.*

Alles hat Geschichte

M1 Straßenschild
Foto von 2013

Geschichte umgibt uns

Du hast vielleicht schon einmal im Kino oder im Fernsehen einen ägyptischen Pharao oder römische Soldaten gesehen, über den Widerstand gegen Adolf Hitler gelesen oder den Begriff „Kalter Krieg" gehört. Bestimmt hast du auch schon einmal interessiert zugehört, wenn ältere Menschen von „früher" erzählt haben.

Auch wo du lebst, erinnert mehr an die Vergangenheit, als dir sofort auffällt: Die Kirche, vielleicht das Rathaus, ein Denkmal, der Bahnhof sowie alte Fachwerkhäuser oder Fabriken – das alles sind Überreste aus der Vergangenheit. Auch Straßennamen erinnern an alte Zeiten oder besondere Menschen, manchmal auch an etwas, was früher dort war: die Goethe-Straße, der Mühlenweg oder die Straße der Einheit.

Das alles macht deutlich: **Geschichte** (lat. historia) ist überall. Auch du, deine Familie, deine Schule und das Land, in dem wir leben, sind Teil der Geschichte. Und in ein paar Jahren wird das, was um dich herum heute geschieht, Geschichte sein und vielleicht sogar in einem Geschichtsbuch nachzulesen sein.

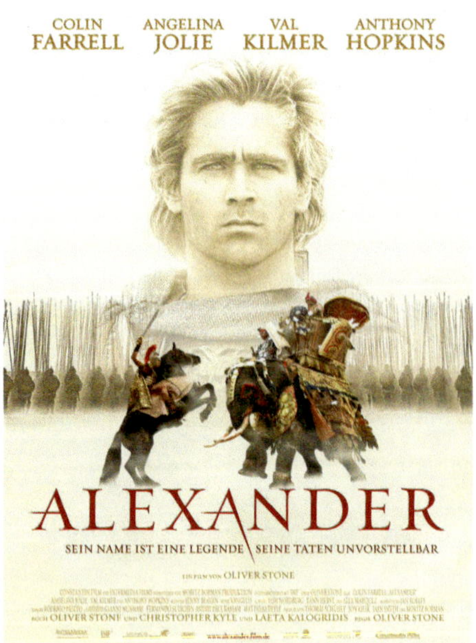

Geschichte erforschen

Du kannst die Geschichte deines Wohnortes, seiner Gebäude und Denkmäler sowie das Leben bekannter Bürger erforschen. Informationen enthalten Veröffentlichungen zur Stadt- und Heimatgeschichte sowie Internetseiten. Hilfen bekommst du auch im Rathaus, im Stadtarchiv, im Museum oder beim Geschichtsverein.

M2 „Alexander"
Filmbiografie von Oliver Stone über Alexander den Großen aus dem Jahr 2004

M3 Mainzer Hauptbahnhof
Postkarte, um 1910 (Ausschnitt)

Geschichtsbilder

Wie wir uns Geschichte vorstellen, hängt von all diesen uns umgebenden Dingen ab, aber auch davon, wie uns Geschichte vermittelt wird. Ausstellungen in Museen, Lexika, Aufsätze und Bücher von Historikern stützen sich auf wissenschaftlich erforschte Sachverhalte. Autoren von Fantasy-Büchern und Comics oder die Produzenten von Computerspielen und Spielfilmen zeigen die Geschichte jedoch oft so, wie sie sie sich vorstellen und gut vermarkten können. Vieles wird spannender dargestellt, so manches hinzuerfunden. Ob das Dargestellte richtig wiedergegeben ist, kannst du nur feststellen, wenn du weißt, wo du die richtigen Informationen finden kannst. Das alles lernst du im Geschichtsunterricht.

1. *Sammelt gemeinsam in der Klasse weitere Beispiele dafür, wo uns überall Geschichte begegnet. Gestaltet ein Plakat und ordnet darauf eure Beispiele nach Lebensbereichen, z. B. auf der Straße, zu Hause, in der Schule, im Urlaub etc.*
2. *Bildet drei Gruppen und findet heraus, wann der Mainzer Bahnhof (M3), der Mainzer Dom und das BASF-Werk in Ludwigshafen (M1 und M3 auf S. 12) gebaut wurden.*
3. *Erforscht, wann und wie euer Wohnort entstanden ist.*
4. *Sucht euch ein Buch oder einen Film aus, der von einer historischen Person oder einem historischen Ereignis handelt. Begründet, ob die erzählte Geschichte eher erfunden oder historisch nachgewiesen ist.*

M 4 Stadtansicht von Trier 1548
Kupferstich von Sebastian Münster

Internettipp:
Einen Panorama-Blick auf das heutige Trier kannst du unter Mediencode 31021-01 werfen.

M 5 Trier
Foto von 2013

1. *Untersuche die beiden Bilder (M4 und M5) und erläutere, woran du erkennen kannst, dass beide Ansichten Trier zeigen.*
2. *Beschreibe, was die Bilder (M4 und M5) über die Veränderungen der Stadt aussagen.*
3. *Suche auch für deinen Schul- oder Wohnort nach Ansichten von früher. Mache ein Foto aus möglichst gleicher Perspektive. Vergleiche dann die alte und neue Ansicht miteinander, indem du in einer Tabelle auffällige Bauwerke, geografische Besonderheiten etc. auflistest und gegenüberstellst.*

Was ist eigentlich Geschichte?

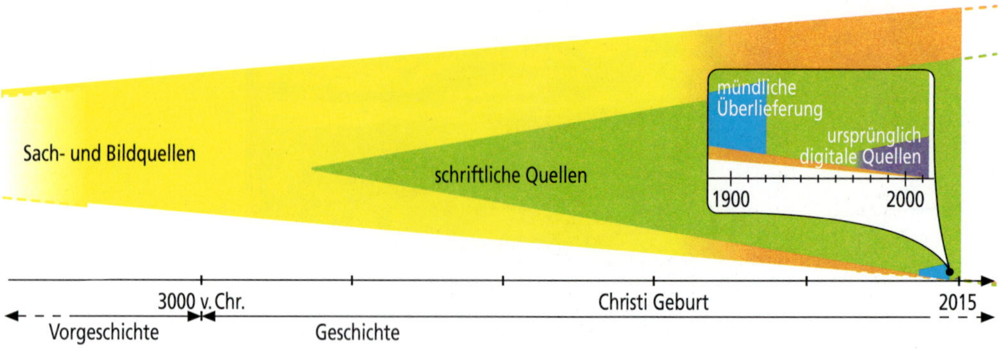

M 1 Quellen der Geschichte

Wie entsteht Geschichte?

Geschichte ist der Teil der Vergangenheit, an den wir uns erinnern oder erinnert werden.

Wir können uns zwar nicht einfach in vergangene Zeiten „zurückbeamen". Aber die Vergangenheit hat zahllose Spuren hinterlassen. Historiker nennen sie **Quellen**. Sie sind die Grundlage für die Geschichtsschreibung. Wir unterscheiden

- gegenständliche Quellen (Sachquellen), die von der Vergangenheit übrig geblieben sind, wie Knochen, Schmuckstücke, Münzen, Werkzeuge, große Bauwerke oder kleine Scherben,
- Bildquellen wie Höhlen- und Wandmalereien, Gemälde und Fotos,
- schriftliche Zeugnisse oder Textquellen wie Inschriften in Ton und Stein, Zeitungen, Verträge, Gesetze, Tagebücher und Briefe,
- mündliche Überlieferung wie alte Sagen oder auch Berichte, die uns Eltern, Großeltern und andere Zeitzeugen von Ereignissen geben, die sie erlebt haben.
- Seit etwas mehr als 100 Jahren gibt es zudem Tonaufnahmen und Filme, die für uns wichtige Quellen über die jüngere Vergangenheit sind.

M 2 Zeugnisse unserer Zeit

Quellen richtig lesen

Was erfahren wir über die Vormenschen durch ihre Höhlenmalereien? Kann ich den Erinnerungen eines Zeitzeugen glauben?

Historiker haben Verfahren und Methoden entwickelt, die Quellen zu überprüfen und die Spuren der Vergangenheit zu entschlüsseln, um möglichst verlässliche Informationen zu erhalten.

Eine Vergangenheit – viele Geschichten

Manchmal werdet ihr aber auch sehen, dass es auf viele Fragen keine oder widersprüchliche Antworten gibt. Denn alle Quellen geben uns nämlich nur ein unvollständiges Bild von der Vergangenheit. So sehen wir auf Fotos oder in Filmen nur das, was mit der Kamera eingefangen wurde. Um ein möglichst genaues Bild über ein vergangenes Ereignis zu erhalten, benötigen wir also am besten mehrere Quellen aus unterschiedlichen Blickwinkeln. Jeder Mensch und jede Zeit stellt andere Fragen, hält andere Dinge für wichtig und erzählt diese immer anders. Deshalb gibt es viele und immer wieder neue und oft sogar sich widersprechende Beschreibungen über das, was gewesen ist. Solche Beschreibungen geschichtlicher Ereignisse nennen wir **Darstellungen**. Dabei kann es sich um Aufsätze von Historikern, Schulbuchtexte wie diesen, aber auch Schaubilder, Karten oder Tabellen handeln – kurz alles, was über die Vergangenheit herausgefunden wurde und neu dargestellt wird.

1. *Beschreibe das Schaubild M1.*
2. *Erläutere die Begriffe „Sachquellen", „schriftliche Quellen" und „mündliche Überlieferung".*
3. *Ein Historiker aus dem Jahr 2090 findet die auf den Bildern (M2) dargestellten Gegenstände. Stelle Vermutungen an, was er daraus über unsere Zeit schließen könnte.*
4. *Ordne die Gegenstände den in M1 beschriebenen Quellenarten zu. Begründe, warum die Zuordnung manchmal nicht so einfach ist.*
5. *Überlege, welche Informationen den Menschen in der Zukunft über Herrschaft, Wirtschaft, Gesellschaft und Weltdeutung in unserer Zeit am wichtigsten sein könnten. Welche Quellen geben darüber Auskunft?*

[1] Software, E-Mails, SMS, Computerspiele

M 3 Geschichte in der Plastiktüte

Der Künstler Thitz verschickt im Jahr 2000 durchsichtige Plastiktüten mit einer Postkarte an die Bevölkerung der Stadt Goch. In einem Begleitschreiben erklärt er seine Absichten:

Im Rahmen der Ausstellung „THITZ – Tüten" bitten wir Sie, diese durchsichtige Tüte mit einem persönlichen Gegenstand zu füllen, sie zu bemalen oder wie auch immer zu gestalten. Bitte geben Sie dann die bearbeitete Tüte bis zum 3. 3. 2000 im Museum Goch […] ab.

Dort wird Ihre persönliche Tüte Teil einer Installation. Im Anschluss an die Ausstellung werden alle Tüten sorgfältig in einer Kiste verpackt. Die […] versiegelte Kiste wird dann erst wieder nach 50 Jahren geöffnet werden. Sie wird so im Jahr 2050 einen repräsentativen Einblick in das Gocher Zeitgeschehen des Jahres 2000 geben.

Text auf der Rückseite der Karte (Abb. rechts) „Indische Tüte" des Künstlers Thitz, herausgegeben vom Museum Goch, 1999

M 4 Tüten-Kunstwerk

Postkarte „Indische Tüte" als Teil der Thitzer Kunstinstallation im Museum Goch, 2000

Von einem Netz an der Decke hingen in mehr als 2 000 Tüten Geld, Zeitungsausschnitte, Fotos, Alltagsgegenstände, Collagen und vieles mehr herab.

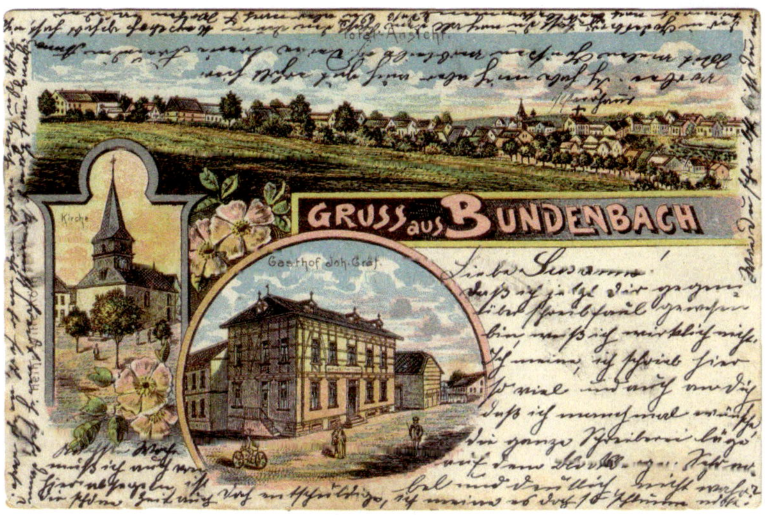

M 5 Postkarte aus Bundenbach, um 1900

M 6 Grabstein des römischen Soldaten Firmus

Bemalter Gipsabdruck des Grabsteins (Höhe 295 cm) von ca. 50/60 n. Chr., der 1882 in Andernach gefunden wurde

Projekt:

Was ist Geschichte? Sammelt in kleinen Gruppen zunächst Stichwörter. Verwendet anschließend die Wörter dazu, einen kleinen Text zu schreiben, der das Wort „Geschichte" erklärt. Bis zum Ende des Kapitels könnt ihr euren Text dann verändern, indem ihr Teile davon streicht oder Ergänzungen macht. Erst ganz am Ende werden die Gruppenergebnisse miteinander verglichen.

1. *Diskutiert, ob die Ergebnisse der Tütenaktion des Künstlers Thitz ausreichen würden, um eine Geschichte der Stadt Goch im Jahre 2000 zu verfassen (M3 und M4).*
2. *Beschreibe die Quellen M5 und M6.*
3. *Überlege, welche Kenntnisse und Fähigkeiten nötig sind, um die Quellen M5 und M6 verstehen und einordnen zu können.*
4. *Die Arbeit eines Historikers wird oft mit der eines Detektivs verglichen. Nimm dazu Stellung.*

Internettipp:
Ein Video zum Thema „Was sind historische Quellen?" findest du unter Mediencode 31021-02

Wie unsere Zeit vergeht

M 1 Sonnenuhr, um 300 v. Chr.
Nachbildung eines griechischen Modells
Der Schatten des Zeigers verändert sich mit dem Stand der Sonne und gibt die Zeit des Lichttages auf den zwölf Linien der Uhr an. Es ist zwölf Uhr mittags, wenn der Schatten auf die senkrechte Linie in der Mitte fällt.

M 2 Sanduhr, um 1500

M 3 Pendeluhr, um 1765
Vor rund 400 Jahren wurde entdeckt, dass ein Pendel für eine volle Schwingung (hin und zurück) immer die gleiche Zeit benötigt. Danach konnten Uhren hergestellt werden, die auf die Minute genau gingen.

Die Zeit messen

Wenn wir wissen wollen, wie spät es ist oder welchen Tag wir heute haben, sehen wir auf die Uhr und den Kalender. Dabei könnten wir uns an dem Wechsel von Tag und Nacht, am Stand der Sonne, des Mondes oder an anderen regelmäßigen Erscheinungen der Natur wie den Jahreszeiten orientieren. Das machten die Ägypter schon vor 5 000 Jahren. Sie hatten festgestellt, dass der Nil immer dann Hochwasser brachte, wenn im Osten vor Sonnenaufgang der Stern Sirius hell am Himmel leuchtete. Mit diesem Tag begann für sie das neue Jahr. Die **Zeit** zwischen den Neujahrstagen teilten sie in drei Jahreszeiten zu vier Monaten. Damit hatten sie einen Kalender entwickelt.[1]

Welches Jahr?

Um Jahresangaben machen zu können, brauchen wir einen Ausgangspunkt. Für uns ist das die Geburt Christi. Wir teilen die Jahre in die Zeit vor und nach ihr (v. und n. Chr.) ein. Diese **Zeitrechnung** mit einer Abfolge von Ereignissen (**Chronologie**) setzte sich vor etwa 1 400 Jahren in Europa durch. Davor zählte man beispielsweise nach Regierungszeiten von Herrschern.

Im heutigen Wirtschaftsleben wird weltweit die bei uns übliche Jahreszählung benutzt. Es gibt aber auch noch andere Zeitrechnungen: Für die Juden beginnt sie mit der Erschaffung der Welt. Nach der Bibel war das 3761 v. Chr. Für die Muslime setzt sie mit unserem Jahr 622 ein. In dem Jahr zog Mohammed aus Mekka nach Medina.[2]

[1] Zum ägyptischen Kalender vgl. S. 52.
[2] Mehr zum Propheten Mohammed auf S. 182 f.

Internettipp:
Zur Zeitrechnung siehe Mediencode 31021-03

THE JERUSALEM
POST
INTERNATIONAL EDITION
NO. 2044 JANUARY 7, 2000 • TEVET 29, 5760 • 29 SHAABAN 1420

M 4 Titelzeile einer Zeitung aus Israel

1. *Stelle fest, welche Uhrzeit die Sonnenuhr anzeigt.*
   Tipp: Es ist zwölf Uhr mittags, wenn der Schatten auf die senkrechte Linie in der Mitte fällt.
2. *Sonnenuhren haben aus heutiger Sicht große Nachteile. Nenne sie!*
3. *Beschreibe, wie die Sanduhr (M2) funktioniert.*
4. *Die Titelzeilen der Zeitung (M4) nennen drei verschiedene Veröffentlichungsdaten. Zwei der Daten kennst du. Erkläre sie.*

Geschichte ordnen

M1 Zeitleiste von 1970 bis 2020 (Maßstab: 3 cm = 10 Jahre)

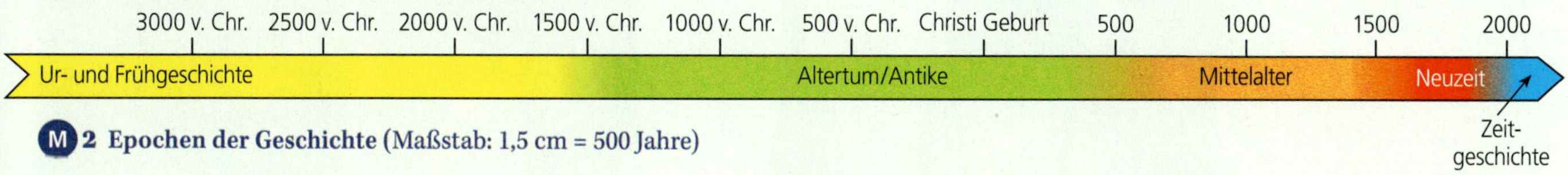

M2 Epochen der Geschichte (Maßstab: 1,5 cm = 500 Jahre)

Epochen der Geschichte

Um größere Zeiträume übersichtlich zusammenzufassen, unterteilen wir sie in Jahrtausende oder Jahrhunderte. Wenn wir vom 19. Jh. sprechen, meinen wir die Jahre von 1801 bis 1900.

Außerdem haben wir den Verlauf der Geschichte in große Einheiten gegliedert. Diese nennen wir Epochen. Vor über 300 Jahren machte ein Gelehrter den Vorschlag, die europäische Geschichte in drei große Epochen zu gliedern: in Altertum (auch Antike genannt), Mittelalter und Neuzeit. Diese Einteilung sah die griechische und römische Geschichte zwischen 1000 v. Chr. und 500 n. Chr. als eine Einheit an und ging davon aus, dass mit der Entdeckung Amerikas um 1500 etwas ganz Neues begonnen hatte. Die Zeit zwischen Altertum und Neuzeit wird als Mittelalter bezeichnet.

Diese Dreiteilung der Geschichte wurde durch zwei weitere Epochen ergänzt: die Ur- und Frühgeschichte und die Zeitgeschichte. Die eine umfasst die Zeit bis zu den ersten schriftlichen Zeugnissen um 3000 v. Chr., die andere die jüngste Zeit, von der uns noch „Zeitzeugen" berichten können.

Die Einteilung der Geschichte in Epochen ist umstritten. Sie gilt auch nicht für die ganze Weltgeschichte. In Afrika und Asien gibt es beispielsweise andere Einteilungen. Trotzdem hilft sie uns, den langen Zeitraum unserer Vergangenheit zu ordnen.

Wie erstelle ich eine Zeitleiste?

1. Entscheide, welche Ereignisse und Daten in der Zeitleiste vorkommen sollen.
2. Suche passende Bilder und Fotos zu diesen Ereignissen und Daten heraus.
3. Entscheide, an welchem Zeitpunkt die Leiste beginnen und an welchem sie enden soll.
4. Teile den Raum zwischen diesen beiden Punkten in Zeitabschnitte ein; diese sollten alle denselben Abstand haben.
5. Setze die Ereignisse und Bilder an die passende Stelle unter die Zeitleiste.

1. *Nenne die Epoche, in der du lebst. In welchem Jahrhundert bist du geboren?*

2. *Ordne die auf S. 15 und 17 abgedruckten Bild- und Textquellen bestimmten Epochen unserer Geschichte zu.*

3. *Ihr könnt an einer Wand in eurem Klassenzimmer nach dem Muster von M2 eine Zeitleiste für die Zeit von 5000 v. Chr. bis 500 n. Chr. befestigen (ein Meter für 1 000 Jahre). Tragt im Laufe des Schuljahres wichtige Daten und Ereignisse der im Unterricht behandelten Geschichte ein und fügt Abbildungen hinzu.*

4. *Erstelle in deinem Heft eine Zeitleiste für deine eigene Geschichte. Trage dabei alle Ereignisse ein, die für dich wichtig sind. Beachte die Tipps oben.*

Info: Zeitleiste

Eine Linie, die einen bestimmten Zeitraum festlegt, um auf ihr dann Ereignisse, Personen oder Epochen einem bestimmten Zeitraum oder Jahr zuzuordnen. Sie dient der Orientierung in der Zeit.

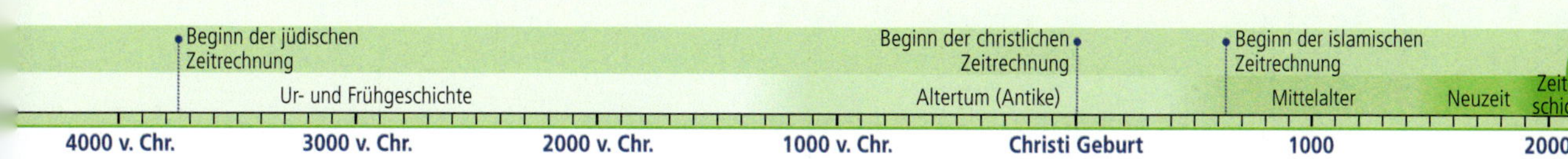

Deine Familie – gestern und heute

M 1 Patchwork-Familie
Foto von Enno Kapitza, 2011
Carl Mirwald (36) und Petra Mirwald (35) mit Kindern aus erster und zweiter Ehe und ihre Ex-Ehegatten. Eine Patchwork-Familie ist ein Verbund aus verschiedenen Beziehungen.

M 2 Familienbild zur Erinnerung an eine Taufe
Foto, um 1900
Fotografen fuhren früher über Land, um Familienbilder zu machen. Sie brachten bemalte Vorhänge für den Hintergrund und Teppiche für den Boden mit.

Familie und Geschichte

In deiner Familie wächst du auf, in ihr wirst du erzogen und auf das Leben vorbereitet. Meistens sind es leibliche Mutter und Vater, manchmal ist es auch nur einer von ihnen. Häufig leben auch Partner zusammen, die schon ein Kind aus einer früheren Beziehung haben.

Familien regen Historiker zu Fragen an: Wie lebten Väter und Mütter zu verschiedenen Zeiten als Arbeiter, Bauern, Bürger oder Adlige? Womit spielten Kinder? In welchem Alter wurde geheiratet? Wovon war die Zahl der Kinder einer Familie abhängig? Welchen Einfluss hatten das Land- oder Stadtleben, die Gesetze, der Glauben, die Erziehung, die Berufs- und Arbeitswelt oder die Technik auf das Familienleben? Und wie bewältigten Familien Kriegs- und Notzeiten?

Um familiäre Veränderungen verstehen und beurteilen zu können, wird auch danach gefragt, was früher von Vätern und Müttern erwartet wurde, wann und warum es zu Trennungen kam und was dann aus den Kindern wurde. Spannende Fragen, die bis heute aktuell sind und auf die es keine einfachen Antworten gibt.

Internettipp:
Was sind eigentlich Patchworkfamilien? Lies nach unter Mediencode 31021-04

1. *Untersuche die beiden Bilder (M1 und M2). Welche Informationen liefern sie dem Geschichtsforscher über Familien?*
   Tipp: Fotos sind Quellen für die Zeit, in der sie entstanden sind. Beachte daher die Entstehungszeit, Personen, Kleidung, Körperhaltung und Bildunterschriften genau.
2. *Nenne die Generationen auf M1 und M2.*
   Kläre vorab den Begriff „Generation".
3. *Bitte deine Eltern und Großeltern um fünf Familienfotos, die für sie wichtige Punkte im Leben markieren, und lass dir die Geschichte zu dem Bild erzählen. Die Fotos können abfotografiert, eingescannt oder ausgedruckt werden. Erstelle dann eine kleine Fotogeschichte zum Thema „Meine Familie – gestern und heute".*
4. *Frage auch nach wichtigen Ereignissen in deiner Familie, von denen es kein Foto gibt. Beurteile, welchen Stellenwert Fotos und andere Bilder für die Geschichte haben.*

In welcher Region lebst du?

Unser Rheinland-Pfalz

In Rheinland-Pfalz leben heute etwa vier Millionen Menschen. Das sind etwas mehr als in Berlin. Fast jeder sechste Bewohner ist zugewandert.

Das Bundesland Rheinland-Pfalz entstand erst 1946 aus verschiedenen älteren Regierungsgebieten: der bayerischen Pfalz, den südlichen Teilen des Rheinlandes mit Trier und Koblenz, der Provinz Rheinhessen, Teilen der Provinz Hessen-Nassau (Montabaur) und dem ehemals oldenburgischen Gebiet um Birkenfeld. Damit wurden Gebiete mit unterschiedlicher Geschichte, Landschaft und Bevölkerung zusammengefasst.

Früher sprachen die meisten Menschen nur in ihrer Mundart (Dialekt). Diese unterschied sich je nach Region. Das ist ein Gebiet, das meist einem Landkreis entspricht. Je weiter jemand von seiner Heimat entfernt war, desto fremder war ihm die Mundart der Einheimischen. So unterscheidet sich die rheinische Mundart im nördlichen Rheinland-Pfalz von der moselfränkischen in der Eifel und noch stärker von der alemannischen in der Südpfalz. Deutlich wird das noch, wenn Touristen aus Mainz oder dem Raum Koblenz Urlaub etwa auf dem Bauernhof in Landau machen: Auf hochdeutsch klappt die Verständigung mit den Gästen, doch wenn sich die Dorfbewohner untereinander unterhalten, verstehen die Besucher kaum ein Wort.

In anderen Regionen wird euch in den Dörfern auffallen, dass sich die alten Bauernhäuser von denen bei euch unterscheiden. In einigen Regionen gibt es noch typische Speisen. An Rhein und Mosel isst man im Herbst gerne Zwiwwelkuche, in der Pfalz sind Saumagen, Grumbeersupp und Quetschekuche beliebt.

Viele Orte feiern Volksfeste, die an lange zurückliegende Ereignisse wie die Einweihung der Kirche erinnern oder auf eine neue Jahreszeit hinweisen. Auf diesen Festen geben uns Musik, Trachten, Lieder und Tänze Einblicke in frühere Gewohnheiten (Bräuche).

M 1 Regionen in Rheinland-Pfalz

Internettipps:
Internetseiten, die über die Geschichte von Rheinland-Pfalz informieren, findest du unter Mediencode 31021-05

Exkursionstipps:
- Landschaftsmuseum Westerwald
- Freilichtmuseum Bad Sobernheim
- Freilichtmuseum Roscheider Hof in Konz

M 2 „Waschtag" im Volkskunde- und Freilichtmuseum Roscheider Hof
Foto von 2013
Das Museum zeigt alte regionale Wohn- und Lebenswelten, Handwerkstechniken und Bräuche. Die Häuser stammen aus dem 18. und 19. Jh. und aus verschiedenen pfälzischen Gegenden um Saar, Mosel und Hunsrück. Sie wurden seit Ende des 20. Jh. im Freilichtmuseum auf- oder nachgebaut.

1. *Zeige mit der Karte M1 auf, in welcher Region du lebst.*
2. *Erforsche alte Bräuche und Volksfeste deiner Heimatregion. Seit wann werden die Bräuche gepflegt und die Volksfeste gefeiert?*
3. *Erstellt ein Programm für den Besuch eines Freilichtmuseums. Welche Fragen an die Geschichte können dort beantwortet werden?*

Die Geschichte deiner Schule

M 1 Kaiser-Wilhelm-Realgymnasium (heute Eichendorf-Gymnasium) in Koblenz
Foto von 1907

M 2 Eichendorf-Gymnasium in Koblenz
Foto von 2013

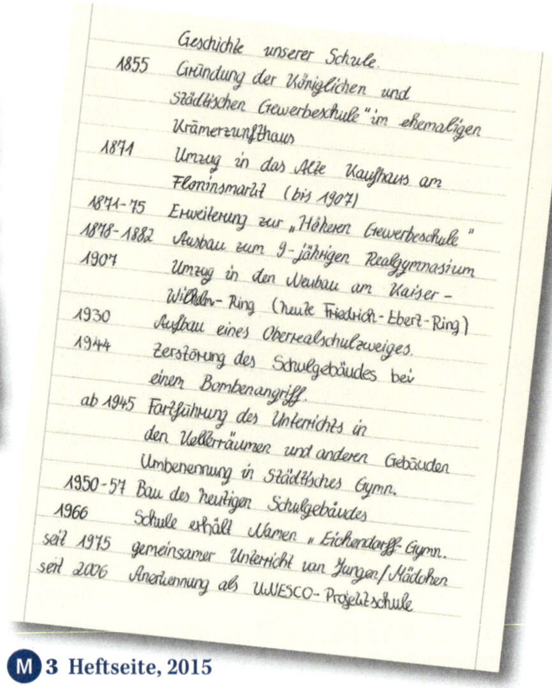

Geschichte unserer Schule.
1855 Gründung der Königlichen und Städtischen Gewerbeschule" im ehemaligen Krämerzunfthaus
1871 Umzug in das Alte Kaufhaus am Florinsmarkt (bis 1907)
1871-75 Erweiterung zur „Höheren Gewerbeschule"
1878-1882 Ausbau zum 9-jährigen Realgymnasium
1907 Umzug in den Neubau am Kaiser-Wilhelm-Ring (heute Friedrich-Ebert-Ring)
1930 Aufbau eines Oberrealschulzweiges.
1944 Zerstörung des Schulgebäudes bei einem Bombenangriff.
ab 1945 Fortführung des Unterrichts in den Kellerräumen und anderen Gebäuden
Umbenennung in Städtisches Gymn.
1950-57 Bau des heutigen Schulgebäudes
1966 Schule erhält Namen „Eichendorff-Gymn.
seit 1975 gemeinsamer Unterricht von Jungen/Mädchen
seit 2006 Anerkennung als UNESCO-Projektschule

M 3 Heftseite, 2015

Schule hat Geschichte

Bis ins 19. Jh. hinein war Bildung ein Luxus. Viele Kinder mussten arbeiten und durften nicht zur Schule gehen. Allmählich entstanden immer mehr Schulen. 1880 wurde die allgemeine Schulpflicht durchgesetzt. Die meisten Kinder lernten aber nur Lesen, Schreiben, Rechnen und Religion. Höhere Bildung auf Gymnasien blieb noch lange Kindern aus reicheren Familien vorbehalten – und in der Regel auch nur den Jungen. Das änderte sich erst allmählich in den letzten 100 Jahren: Mädchen machten immer öfter das Abitur, andere Schulformen wie die Realschule entstanden, neue Fächer kamen hinzu.
Wenn ihr euch die Geschichte eurer Schule oder die anderer Schulen in eurer Stadt anschaut, dann könnt ihr daran vieles über die Entwicklung des Bildungswesens und anderes mehr aus der Geschichte ablesen.

Die Geschichte der eigenen Schule recherchieren

Folgende Fragen können helfen:
1. Wann und von wem wurde die Schule gegründet?
2. Nach was oder wem wurde sie benannt?
3. Wie sah die Schule früher aus? Haben sich die Gebäude im Laufe der Zeit verändert und warum?
4. Wie gestaltete sich der Schulalltag?
5. Wie hat sich die Schule entwickelt (Größe bzw. Schüler- und Lehrerzahlen, Schulform, Fächer etc.)?

Dort gibt es Antworten: In fast jeder Schule gibt es ein Schularchiv, in dem Akten zur Schulverwaltung, Unterrichtsunterlagen, alte Bücher, Schülerzeitungen oder Festschriften, Einladungen zu Schulfesten oder Schulregeln, oft auch Fotos aufbewahrt werden. Je nachdem, durch wen die Schule gegründet und früher verwaltet wurde, finden sich Unterlagen zur Geschichte auch im Pfarr- oder Stadtarchiv.

1. *Bildet in der Klasse mehrere kleine Arbeitsgruppen. Notiert Fragen zur Geschichte eurer Schule. Beachtet dabei die Fragen 1 bis 5 oben.*

2. *Diskutiert, wie ihr eure Ergebnisse präsentieren wollt: als Zeitung, als Chronik, als Wandposter für eine kleine Ausstellung oder als Vortrag.*

Internettipps:
- Interessantes zum Thema „Schule früher" findest du unter Mediencode 31021-06
- Bei eurer eigenen Recherche hilft euch Mediencode 31021-07

Geschichte erleben

M 1 Werbebild für die Ausstellung im Landesmuseum Koblenz „40 Jahre PLAYMOBIL. Eine Abenteuerreise durch die Zeit", 2015

Geschichte im Museum

Museen sammeln Gegenstände und Bilder aus der Vergangenheit, untersuchen sie, bringen sie teilweise in den ursprünglichen (restaurierten) Zustand und stellen sie aus.

Für die Erforschung unserer Geschichte sind die Heimat-, Kreis- und Stadtmuseen besonders interessant. In ihnen finden wir neben Urkunden, Bildern, Wappen und sonstigen Funden aus der überlieferten Geschichte einer Region oft auch Gegenstände wie Möbel, Werkzeuge und Trachten. Neben diesen allgemeinen Sammlungen gibt es besondere Museen für Vorgeschichte, Landwirtschaft, Bergbau, Mühlen, Verkehr, Spielsachen, Schule oder Feuerwehr.

Heute finden wir in einigen Museen, vor allem den Freilichtmuseen, nicht nur Ausstellungsstücke (Exponate), sondern wir dürfen dort ausprobieren, wie früher gekocht oder gearbeitet wurde.

Sieh mal, denk mal – Denkmal

Überall finden wir Teile unserer Geschichte. Besonders auffällig sind Denkmäler. Das sind meist Kunstwerke, die geschaffen und errichtet wurden, um an Herrscher, Dichter, Denker und Erfinder, an Sieger und Opfer zu erinnern. Denkmäler fordern uns auf, die Erinnerung an bedeutende Menschen oder besondere Ereignisse wach zu halten. Sie sollen ein Bewusstsein für unsere Geschichte entwickeln.

M 2 Faustkeile schlagen
Foto von 2006
In vielen Museen können die Besucher ausprobieren, wie man vor über 10 000 Jahren Faustkeile schlug oder vor etwa 5 000 Jahren Feuer ohne Streichhölzer machte.

1. *Diskutiert in der Klasse, was PLAYMOBIL mit Geschichte zu tun hat, und warum es in einem Museum eine Ausstellung dazu gibt.*
2. *Erkundigt euch nach Museen in eurem Wohn- und Schulort. Lasst euch sagen und zeigen, was dort ausgestellt wird.*
3. *Nennt Themen der Vergangenheit, über die ihr euch gerne in einem Museum informieren würdet.*
4. *Recherchiert drei Denkmäler eures Schul- oder Wohnortes: woran erinnern sie, wo stehen sie und wann wurden sie errichtet?*
   Tipp: Hinweise zur Recherche geben die folgenden beiden Seiten zur Methode „Im Internet recherchieren".

M 3 Gutenberg-Denkmal in Mainz
Das Denkmal wurde 1837 von dem dänischstämmigen Bildhauer Bertel Thorvaldsen geschaffen.

Exkursionstipps:
Zu Schulmuseen in der Region siehe Mediencode 31021-08

Im Internet finden, was man sucht

M 1 **Wikipedia als Buch?**
Foto von 2012
Der englische Grafikstudent Rob Matthews druckte im Jahr 2012 einige hundert ausgewählte Wikipedia-Artikel – insgesamt 5 000 Seiten – aus und band sie zu einem Buch. Wollte man die gesamte englischsprachige Wikipedia ausdrucken, ergäben das mehr als 1,2 Millionen Seiten!

Was suche ich wo?

Bevor du im Web etwas suchst, solltest du dir kurz überlegen, was genau du finden möchtest. Je genauer du deine Suchanfrage stellst, desto besser werden die Ergebnisse.
Suchst du gezielt eine einfache Sachinformation, z. B. den Namen des ersten Bundeskanzlers oder das Jahr einer Stadtgründung, dann schlägst du sie am besten direkt in einem Lexikon nach, online z. B. im Klexikon (http://klexikon.zum.de), den Historischen Stichworten im ZUM-Wiki (http://wikis.zum.de/zum/Historische_Stichworte) oder in der Wikipedia (https://de.wikipedia.org).
Für aufwändigere Recherchen kannst du im Internet Suchmaschinen nutzen.

Unterschiedliche Suchmaschinen

Nicht alle Suchmaschinen funktionieren nach dem gleichen Prinzip. Je nachdem, welche Suchmaschine man verwendet, erhält man unterschiedliche Ergebnisse. Metasuchmaschinen etwa (von griech. metá = auf einer höheren Ebene, also übergeordnete Suchmaschinen) greifen auf die Ergebnisse mehrerer normaler Suchmaschinen zu und ordnen deren Ergebnisse neu. Es gibt auch spezielle Suchmaschinen für Kinder. Sie führen auf sichere Seiten mit einfachen Erklärungen.
Die Suchmaschinen unterscheiden sich auch danach, ob Werbung erscheint oder nicht, ob deine Daten gespeichert werden oder die Suchanfragen anonym bleiben.
Oft kommt man viel schneller zum Ziel, wenn man für spezielle Suchvorgänge auch spezielle Werkzeuge verwendet. Suchmaschinen durchsuchen übrigens immer nur einen Teil des Internets.

Allgemeine Suchmaschinen
z. B. www.google.de

Metasuchmaschine
z. B. ixquick.de/deu

Kindersuchmaschine
z. B. www.blinde-kuh.de

Suche in mehreren Schritten:

1. Bevor du eine Suchmaschine im Internet benutzt, überleg dir genau, welche Wörter sich für die Suche eignen. Daher starte deine Recherche am besten im Schulbuch oder in einem Lexikon und schaue, ob es z.B. Fachbegriffe gibt, nach denen du gezielt suchen kannst.

2. Um möglichst gezielte Treffer zu erhalten, überlege dir, wie du die Suchwörter eingibst. Wenn du z. B. mehrere Wörter in das Suchfeld eingibst, dann setze sie in Anführungszeichen (z. B. Zitate wie „Ich bin ein Berliner"), denn dann werden nur Seiten angezeigt, in denen die Wörter genau in dieser Reihenfolge vorkommen. Suchst du ohne Anführungszeichen, werden dir alle Seiten angezeigt, die jeweils nur eines der Wörter „Ich", „bin", „ein" oder „Berliner" beinhalten.

3. Hilfreich kann auch die Abkürzung eines Wortes durch * sein. Damit werden alle Wörter mit demselben Stamm aber unterschiedlichen Endungen gesucht. Die Suche nach: „historisch* Museum" führt also zu Seitentreffern, die sowohl das „historische Museum" als auch dem/im „historischen Museum" umfassen.

4. Denk auch vor deiner Suche darüber nach, was genau du suchst, z. B. Texte, Bilder, Videos, aktuelle Nachrichten oder Musik. In der Suchmaschine kannst du auswählen und sogar nach bestimmten Dateiformaten suchen, z. B. nur nach PDF-Dateien, MP3-Dateien oder PowerPoint-Präsentationen. Gib dazu vor deinem Suchwort, das Dateikürzel mit Doppelpunkt ein, z. B. PDF:, MP3: oder PPT:).

5. Falls deine Suche nicht erfolgreich ist: Prüfe die Rechtschreibung der Wörter oder suche noch einmal mit ähnlichen Wörtern. Eventuell hilft dir auch die Suchmaschine mit Hinweisen auf ähnliche Suchanfragen.

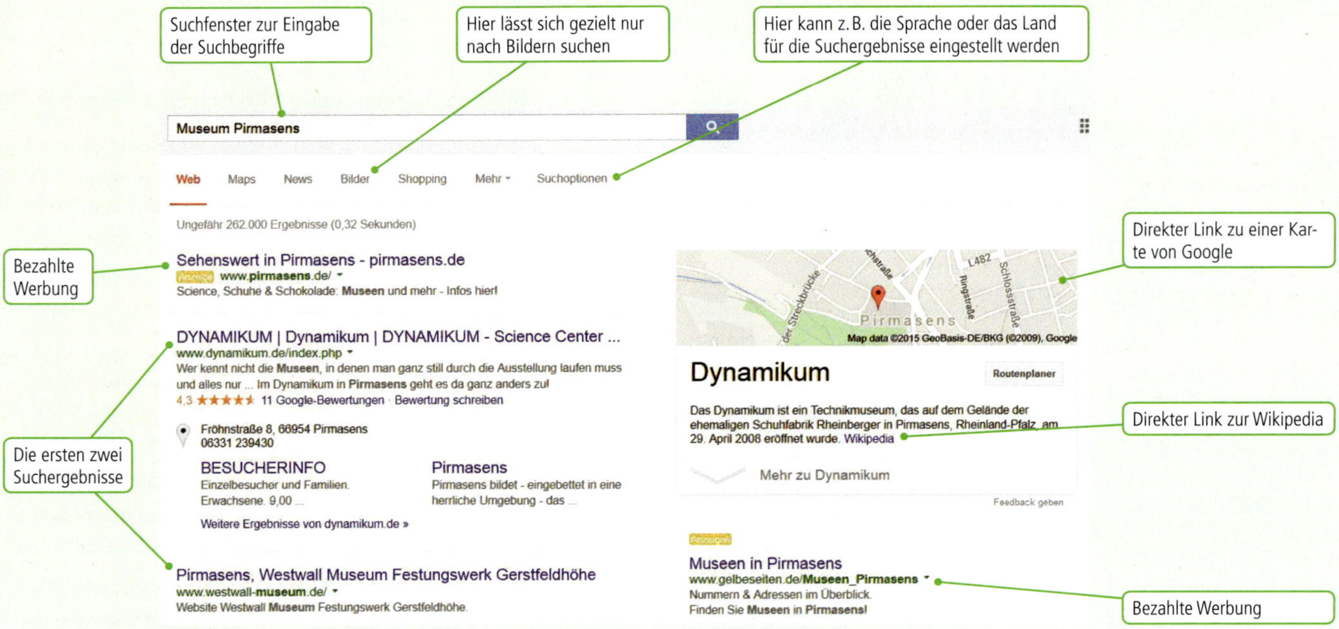

M2 Screenshot einer Suche nach „Museum Pirmasens“ auf Google am 25.07.2015

Mit Webseiten kritisch umgehen

Nicht jede Webseite ist zuverlässig und bietet richtige Informationen. Vertraue deshalb nie nur den ersten Ergebnissen einer Suchmaschine. Jeder Internetanbieter weiß: Wer in der Suchmaschine oben steht, wird auch am meisten aufgerufen. Weil auch Suchmaschinen in erster Linie Geld verdienen möchten, bezahlen Anbieter viel Geld dafür, möglichst weit oben gelistet zu werden. Hinter den ersten Links verbirgt sich daher oft Werbung. Die Informationen, die dir im Internet geboten werden, musst du deshalb kritisch prüfen. Suche am besten über verschiedene Suchmaschinen und vergleiche mehrere Beiträge zu einem Thema. Folgende Fragen können bei der Beurteilung helfen:

- Wer ist für die Seite verantwortlich? Ist ein Kontakt z. B. über E-Mail möglich?
- Ist der Autor/die Autorin Fachmann/Fachfrau für das Thema?
- Wie aktuell sind die Informationen?
- Gibt es Quellen- oder Literaturhinweise als Belege für die Inhalte?
- Will die Seite nur informieren oder auch den Leser beeinflussen (Politik, Religion, Werbung)?

Webseiten immer nachweisen!

So, wie du Bücher und Aufsätze angeben musst, die du für ein Referat verwendet hast, gehören auch die benutzten Websites in die Literaturangaben. Der Leser muss wissen, woher deine Informationen stammen, damit er sie nachprüfen kann. Das sieht dann z. B. so aus:

segu-geschichte.de/was-ist-vergangenheit-was-ist-geschichte/

Diese Adressen sind übrigens ganz leicht anzugeben: Sie stehen immer oben im Browser und dürfen nicht die Adresse der Suchmaschine beinhalten. Das gleiche Verfahren ist auch anzuwenden, wenn du Grafiken oder Bilder von einer Website verwendest. Da sich Internetseiten ändern oder verschwinden können, ist es wichtig, neben der Adresse auch immer das Datum des letzten Zugriffs auf die Seiten anzugeben.

1. *Recherchiert im Internet die Aufgabe 4 auf S. 23 mit drei unterschiedlichen Suchmaschinen.*
2. *Vergleicht die Ergebnisse miteinander.*
3. *Beurteilt, welche Suchmaschine euch die besten Ergebnisse geliefert hat. Erklärt, warum dies die besten Ergebnisse waren.*

Kompetenzen überprüfen

M 1 Kennst du die Fachbegriffe?

Du kannst dein Sachwissen überprüfen, indem du die Lücken füllst.

Zur Geschichte gehört, was Menschen getan und erlebt haben.
Unser geschichtliches Wissen stammt aus OOOOOOOOOO, OOOO- und OOOOOOOOOOO sowie mündlicher Überlieferung. Menschen haben die Zeit schon vor 5 000 Jahren mit einem Kalender in Tage, Monate und Jahre eingeteilt. Sie orientierten sich dabei am Wechsel von Tag und Nacht, am Stand der Sonne, des Mondes oder anderen regelmäßigen Naturerscheinungen. Unsere Zeitrechnung beginnt mit der Geburt Jesu Christi. Ereignisse, die davor liegen, datieren wir „vor Christus" („v. Chr."); Ereignisse danach „nach Christus" („n. Chr."). In Israel wird neben dieser Zeitrechnung der jüdische und in den muslimischen Ländern auch der islamische Kalender verwendet.
Für eine bessere Übersicht gliedern wir die gesamte Geschichte in größere Einheiten (Epochen). Grundlegend für die europäische Geschichtsschreibung ist die Einteilung in Vorgeschichte, OOOOOOOO / OOOOOO, OOOOOOOOOOO, OOOOOOO und Zeitgeschichte, von der uns noch „OOOO–OOOOOO" berichten können.

M 2 Namen mit Geschichte

M 3 Die Epochen sind durcheinandergeraten

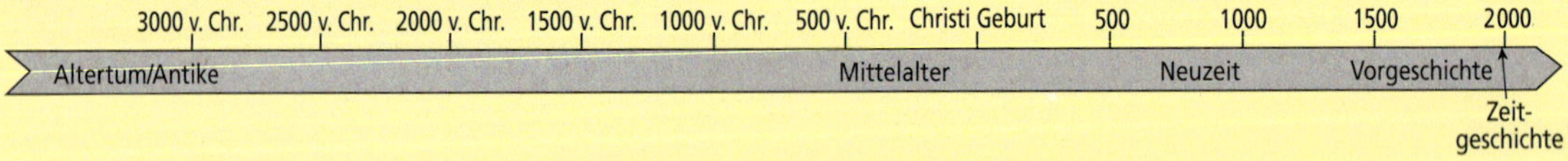

M 4 Einige Quellen sind falsch zugeordnet

Textquellen	Bildquellen	Überreste
Karikaturen	Schmuck	Zeitungen
Werkzeuge	Urkunden	Inschriften
Verträge	Denkmäler	Knochen
Fotos	Mosaike	Briefe
Karten	Akten	Höhlenmalerei
Bauwerke	Gräber	Gemälde

M 5 Unterricht im alten Ägypten

Die ägyptische Schrift ist so kompliziert, dass nur wenige Ägypter sie beherrschten.[1] Die Ausbildung der Schüler zu Schreibern in der „Kammer des Unterrichts" dauerte mehrere Jahre und die Lehrer waren sehr streng. Sie handelten nach dem Grundsatz „Das Ohr des Schülers sitzt auf seinem Rücken". Sie glaubten nämlich, ein Schüler gehorche besser und lerne fleißiger, wenn er auf den Rücken geschlagen wird. Eine ägyptische Schulhandschrift von etwa 1200 v. Chr. gibt Auskunft über den Schulalltag:

Wach auf, an deinen Platz! Die Bücher liegen schon vor deinen Kameraden. Bring deine Kleider in Ordnung und zieh die Sandalen richtig an! Du legst deine Aufgaben täglich ordnungsgemäß vor. Sei nicht faul! Man gibt auf: 3 + 3 [...] Dann fängst du an, ein Buch zu lesen, rechnest und bist dabei still. Lass keinen Laut aus deinem Mund verlauten! Frage und werde dessen nicht müde! Faulenze keinen Tag oder wehe deinen Gliedern! Suche zu verstehen, was dein Lehrer will, höre auf seine Ermahnungen; werde ein Schreiber! Jedes Mal, wenn der Lehrer dich aufruft, sollst du sagen: Hier bin ich!

Emma Brunner-Traut, Die Alten Ägypter. Verborgenes Leben unter Pharaonen, Stuttgart 1981, S. 69

[1] Dazu erfährst du mehr auf S. 62 f.

M 6 Schulanfang
Foto um 1910

M 8 Die Dorfschule
Ölgemälde von Albert Anker von 1896
In diesen Schulen lernten die Kinder oft nur notdürftig lesen, schreiben und rechnen.

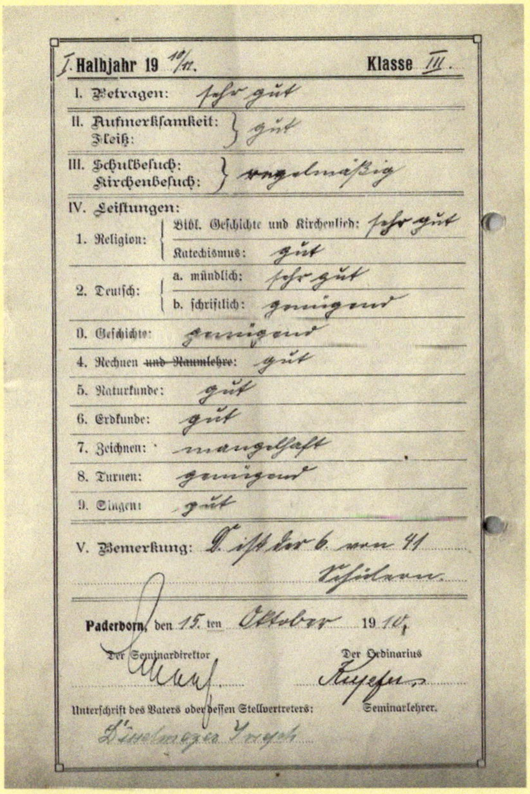

I. Halbjahr 19 10/11. Klasse III.

I. Betragen: sehr gut

II. Aufmerksamkeit: Fleiß: gut

III. Schulbesuch: Kirchenbesuch: regelmäßig

IV. Leistungen:

1. Religion: Bibl. Geschichte und Kirchenlied: sehr gut; Katechismus: gut

2. Deutsch: a. mündlich: sehr gut; b. schriftlich: genügend

3. Geschichte: genügend

4. Rechnen ~~und Raumlehre~~: gut

5. Naturkunde: gut

6. Erdkunde: gut

7. Zeichnen: mangelhaft

8. Turnen: genügend

9. Singen: gut

V. Bemerkung: D. ist der 6. von 41 Schülern.

Paderborn, den 15. ten Oktober 1910.

Der Seminardirektor | Der Ordinarius Seminarlehrer.

Unterschrift des Vaters oder dessen Stellvertreters:

M 7 Schulzeugnis 1910

M 9 Glasmurmeln
Kleine Kugeln aus Stein oder Ton gehören zu den ältesten und beliebtesten Kinderspielen. Seit dem 19. Jh. werden Murmeln auch aus Glas hergestellt. Bis weit ins 20. Jh. gab es in Europa und vielen anderen Teilen der Welt wohl kaum ein Kind, das damit nicht seine Schulpausen verbrachte.

1. *Schreibe die fehlenden Begriffe der Zusammenfassung (M1) auf ein Blatt und überprüfe deine Angaben mit der Darstellung im Buch.*
2. *Die Nachnamen auf dem Klingelschild M2 verraten etwas über die Geschichte der Familien. Stelle Vermutungen an, was die Namen ursprünglich bedeuteten.*
3. *Untersucht die Namen in eurer Klasse auf dieselbe Weise und haltet die Ergebnisse auf einem Wandposter fest.*
4. *Prüfe die Angaben in der Zeitleiste (M3). Zeichne einen korrekten Zeitstrahl in dein Heft.*
5. *Ordne die Quellenarten (M4) richtig zu.*
6. *Vergleiche M5 bis M8 mit deinem Schulalltag. Welche Unterschiede, welche Gemeinsamkeiten gibt es?*
7. *Diskutiert in der Klasse, warum es zu einem vergangenen Ereignis verschiedene Geschichten geben kann.*
8. *Erkläre am Beispiel der Materialien M1 bis M9 den Unterschied zwischen Quellen und Darstellung.*

2

Die Entwicklung des Menschen

M1 Eine „Steinwerkstatt“ vor 1,5 Millionen Jahren
Zeichnung von Giovanna Belcastro, um 2005

M2 Szenenfoto aus der TV-Produktion „Der Neandertaler – Was wirklich geschah“ von 2006
In Kalksteinhöhlen eines Naturschutzgebietes bei Prag (Tschechien) haben Menschen von heute Alltagsszenen nachgespielt, die sich vor 42 000 Jahren ereignet haben könnten.

M3 Abenteuer Steinzeit
Bild aus einer Fernsehdokumentation von 2007
Häuser, Kleidung, Werkzeuge und Speisen im Dorf sollten genau dem Alltag vor 5 000 Jahren entsprechen.

Lebten so die Menschen in der Ur- und Frühgeschichte?

Die Ur- und Frühgeschichte umfasst einen Zeitraum von 2,6 Millionen Jahren. Über diesen langen Zeitraum fanden große Veränderungen statt, die die weitere Geschichte der Menschen beeinflussten.

- Wie entwickelten sich die Menschen und ihr Leben?
- Wovon hing diese Entwicklung ab?

Was wir über das Leben in der Ur- und Frühgeschichte wissen, wissen wir aus Funden, die von Archäologen entdeckt und gedeutet werden.
Die Bilder auf diesen Seiten zeigen euch, wie Forscher daraus das Leben der Menschen damals für uns heute anschaulich machen wollen.

M5 Rekonstruktion eines Dorfes der Eisenzeit in Biskupin (Polen)
Foto von 2012
Das erhaltene Bauholz wurde zwischen 700 und 400 v. Chr. gefällt. Bis zu 1 000 Menschen haben dort gleichzeitig gelebt, in Häusern mit einer Fläche von 70 bis 90 m². Die Wege dazwischen waren mit Bohlen ausgelegt.

M4 Ötzi – der „Mann aus dem Eis"
Rekonstruktion eines Mannes aus der Zeit von ca. 3350 bis 3120 v. Chr., dessen Leiche sich mitsamt der Kleidung und Ausrüstung im Eis der Ötztaler Alpen erhalten hatte (vgl. dazu auch S. 42). Der Bogen ist aus Eibenholz, die Mütze aus Bärenfell, der Mantel aus Gras, das Obergewand aus Ziegenfell hergestellt.

1. *Beschreibt die Abbildungen M1 bis M5. Stellt fest, mit welchen unterschiedlichen Mitteln oder Medien versucht wird, die Vergangenheit anschaulich darzustellen.*
2. *Erstellt eine Tabelle und haltet fest,*
   - *welche Zeit dargestellt wird,*
   - *wie die Menschen auf dem Bild aussehen und gekleidet sind,*
   - *welche Gegenstände sie in den Händen halten bzw. mit ihnen abgebildet sind,*
   - *wo die Menschen lebten und wie ihre Behausung ausgestattet ist.*

   Die Bildlegenden liefern euch dafür wichtige Anhaltspunkte.
3. *Notiere zu jedem Bild, welche Funde nötig waren, um die Szene vollständig, d.h. historisch richtig darzustellen.*
4. *Im Sommer 2006 begann für dreizehn Personen ein Abenteuer: Sie lebten zwei Monate wie in der Steinzeit (siehe M3). Alle halfen im Alltag mit: beim Fischen, Ernten, Mahlen, Feuermachen, Kochen in Keramikgefäßen und bei vielem mehr. Für eure Schülerzeitung wollt ihr über das Steinzeit-Experiment berichten. Entwerft ein Interview mit drei bis fünf Fragen an die Teilnehmer. Was wollt ihr über deren Erfahrungen im täglichen Leben des Steinzeitdorfes wissen?*

Orientierung gewinnen: Die Entwicklung des Menschen

M1 Vormensch „Lucy“
Rekonstruktion, 2005
Lucy war etwa einen Meter groß und 30 kg schwer. Das Gehirn war so groß wie das eines heutigen Schimpansen.

Die heutigen Affen und die heutigen Menschen haben gemeinsame Vorfahren. Aber alle Affen laufen auf vier Beinen, sind behaart und haben ein viel kleineres Gehirn als die Menschen. Warum gibt es diese Unterschiede? Wann und wo haben sich die entscheidenden Entwicklungen abgespielt?
Wahrscheinlich hat der erste Übergang vom Affen zum Menschen in Afrika stattgefunden. 1974 fanden Forscher bei Ausgrabungen in Äthiopien in Ostafrika Knochenreste eines weiblichen Skeletts im Wüstensand. Sie waren 3,2 Millionen Jahre alt. Aus den Becken- und Oberschenkelknochen konnten sie sehen, dass das Wesen überwiegend aufrecht gegangen sein muss, wie ein Mensch. Die Archäologen nannten es „Lucy“.
„Lucy“ war eine Sensation, denn man glaubte, unseren ältesten Vorfahren entdeckt zu haben. Spätere Funde bewiesen, dass die ältesten menschenähnlichen Lebewesen sogar schon vor etwa sechs bis sieben Millionen Jahren in Afrika gelebt haben. Weil sie noch keine Werkzeuge anfertigten, bezeichnen Wissenschaftler sie als Vormenschen.
Von den Vormenschen bis zum modernen Menschen der Gegenwart war es ein weiter Weg. In diesem Kapitel erfährst du, unter welchen Bedingungen sich die Menschen über Millionen von Jahren entwickelt haben, wie die frühen Menschen ihr Überleben sicherten und ihr Zusammenleben gestalteten.

Die ersten Spuren menschlicher Jäger und Sammler, die Werkzeuge herstellen konnten, sind fast zwei Millionen Jahre alt. Der abgebildete Speer, der 1995 in Schöningen gefunden wurde, ist „erst“ 300 000 Jahre alt. Er ist dennoch eine Sensation, denn er ist der älteste Speer der Menschheit und beweist: Menschen haben damals bereits mit sehr guten Jagdwaffen gemeinsam große Tiere erlegt. Anfangs lebten die Menschen eine sehr lange Zeit von Jagd, Fischfang und Wildpflanzen. Dann trat ein großer Wandel ein: Die Menschen ließen sich in Dörfern nieder, bauten Getreide an und hielten Tiere. Wie bestimmte die Natur das Leben der Menschen? Wann begannen sie, die Umwelt zu ändern?

Was wir über die Frühzeit der Menschen wissen, haben Forscher aus ihren Knochen, Werkzeugen oder Schmuckstücken geschlossen, die im Boden oder in Höhlen gefunden wurden. Die Schrift kannten die Menschen damals noch nicht. Dafür hinterließen sie aber kunstvolle Malereien und Skulpturen.
Zu den ältesten Kunstwerken der Menschheit gehören Tier-Mensch-Mischwesen. Stellen sie Götter dar? Was dachten die Menschen über das Leben und den Tod?

Für den Bau eines Großsteingrabes mussten viele Menschen zusammenarbeiten. Ob sie von jemandem dazu gezwungen wurden oder es freiwillig taten, ist bis heute ein Rätsel. Wann entstanden Formen von Herrschaft und Macht?

Als die Menschen lernten, Metall zu verarbeiten, legten sie manchen Toten kostbare Dinge ins Grab. Wir erkennen dadurch erste Unterschiede zwischen Arm und Reich. Wie lebten die Menschen miteinander? Wie teilten sie Aufgaben unter sich auf?

Altsteinzeit

2,5 Mio. Jahre v. Chr. | 10 000 v. Chr. | 9000 v. Chr. | 8000 v. Chr.

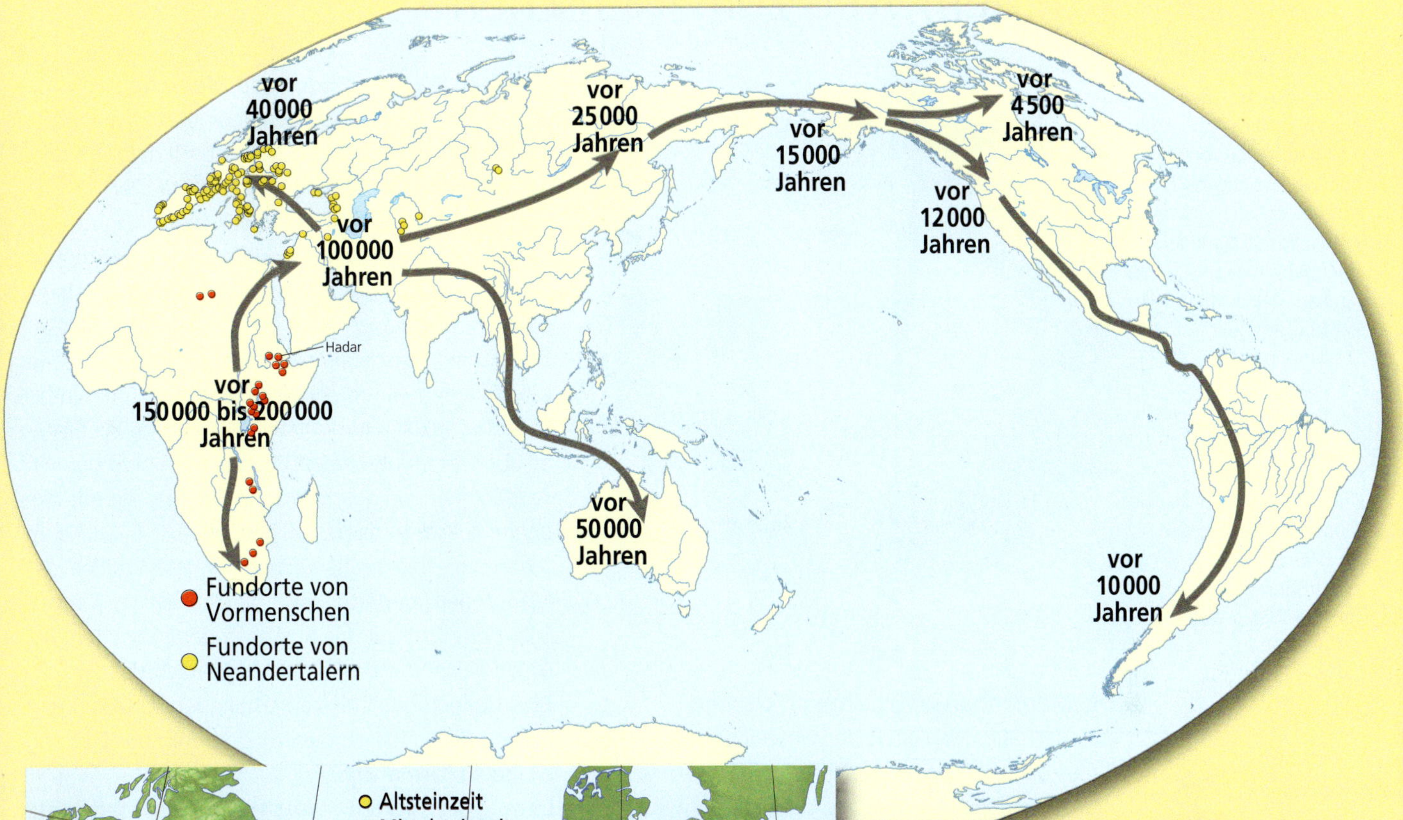

M 2 Ausbreitung des Jetztmenschen über die Erde
Der Jetztmensch traf bei seiner Ausbreitung auf einen älteren Verwandten: den Neandertaler. Die Neandertaler starben aus, die Jetztmenschen setzten sich durch.

M 3 Wichtige Fundorte der Ur- und Frühgeschichte, die du in diesem Kapitel kennenlernst

1. *Beschreibe die Karte M2.*
2. *Verorte den Vormensch „Lucy" (M1) auf dem Zeitstrahl. Überlege, wie weit der Zeitstrahl dafür zurückgehen müsste.*

Mittelsteinzeit | Jungsteinzeit | Bronzezeit | Eisenzeit

7000 v. Chr. | 6000 v. Chr. | 5000 v. Chr. | 4000 v. Chr. | 3000 v. Chr. | 2000 v. Chr. | 1000 v. Chr. | Chr. Geburt

Auf dem Weg zum Menschen

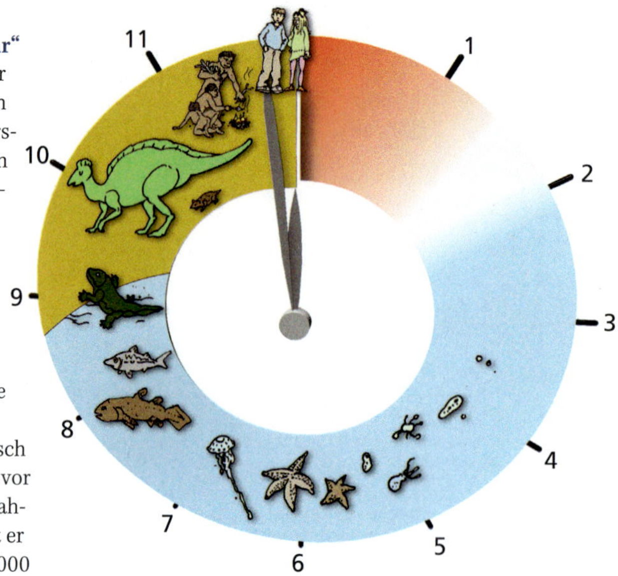

M 1 „Erdzeituhr“
Unsere Erde ist vor 5 Milliarden Jahren entstanden. Die ersten Menschenaffen lebten vor 30 Millionen Jahren. Da sind auf der „Erdzeituhr“ bereits 11 Stunden und 38 Minuten vergangen. Die Menschenart, die heute auf der Erde lebt – der moderne Mensch – entwickelte sich vor ungefähr 150 000 Jahren. In Europa lebt er „erst“ seit etwa 45 000 v. Chr.

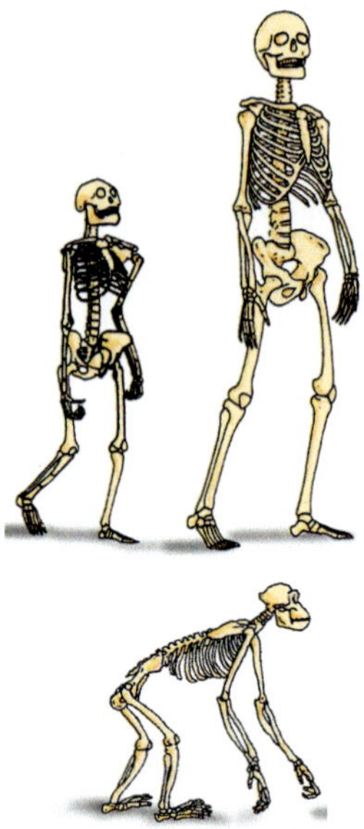

M 2 Skelette von Vormensch „Lucy“, einem modernen Menschen und einem Schimpansen zum Vergleich
„Lucys“ Skelett konnte aus den Funden vollständig rekonstruiert werden (vgl. S. 30).

Die Menschheitsgeschichte erforschen

Aus den ältesten Zeiten der Geschichte haben wir keine schriftlichen Aufzeichnungen – die Schrift wurde erst später erfunden. Unser Wissen stammt allein von Überresten der Menschen: von Knochenfunden oder Werkzeugen, Schmuck, Häusern und Gräbern. Sie liegen heute im Erdboden. Auf ihre Erforschung haben sich Archäologen spezialisiert.
Die Forscher, die sich mit dem Ursprung des Menschen befassen, untersuchen versteinerte Knochen (Fossilien) und ordnen sie den Schritten auf dem Weg zum Menschen zu. Das gleicht einem Puzzle, bei dem die allermeisten Stücke fehlen – denn dass sich Millionen Jahre alte Knochen erhalten, ist sehr selten. Daher gibt es noch viele offene Fragen. Jeder neue Fund kann die Geschichte des Menschen, wie sie jetzt erzählt wird, verändern.

Was verbindet Affen und Menschen?

Aus Fossilfunden erarbeiten Forscher den Stammbaum des Menschen. Die ersten affenähnlichen Lebewesen gab es vor über 60 Millionen Jahren. Vor 18 Millionen Jahren entstand der Zweig der Menschenaffen (**Hominiden**). Vor etwa 7 Millionen Jahren teilte sich dieser nochmals auf: in die heutigen Menschenaffen und die Menschen. Bis dahin hatten Schimpanse und Mensch gemeinsame Vorfahren.

Auf dem Weg zum heutigen Menschen

Auf den Körperbau bezogen beginnt die Geschichte des Menschen vor etwa 6 Millionen Jahren mit dem aufrechten Gang (**Vormensch**). Die aufrechte Haltung brachte Vorteile: Der Vormensch konnte Gefahren schneller erkennen und hatte die Hände frei. Zu seiner Nahrung zählten gesammelte Pflanzen und vermutlich auch Aas.
Doch zum Menschsein gehört noch mehr. Vor etwa 2,5 Millionen Jahren entwickelte sich der „geschickte Mensch“ (lat. Homo habilis). Er konnte Werkzeuge aus Steinen und Kieseln herstellen. Daher nennen Archäologen die geschichtliche Epoche, die mit ihm beginnt, **Altsteinzeit**. In den etwa 2,6 Millionen Jahren, die diese älteste und längste Epoche der Menschheit dauerte, veränderte sich in kleinen Schritten nicht nur das Aussehen der Menschen. Zugleich vergrößerte sich nach und nach das Gehirn. Forscher erkennen dies an erhaltenen Schädeln und ordnen die Funde ab diesem Zeitpunkt der Gattung Homo zu (**Urmensch**).
Dem „geschickten“ folgte der „aufgerichtete Mensch“ (lat. Homo erectus). Er nutzte und kontrollierte das Feuer und jagte in Gruppen Tiere. Der „Homo erectus“ konnte sprechen und damit Informationen an andere weitergeben. Mit dem Feuer konnte er wilde Tiere abhalten und durch Kochen, Backen und Rösten seinen Speiseplan erweitern.
Ebenfalls in Afrika entwickelte sich vor etwa 150 000 Jahren schließlich der „einsichtige, verständige Mensch“ (lat. **Homo sapiens**), der **Jetztmensch**. Er ist unser direkter Vorfahr und unterscheidet sich im Körperbau nicht von uns. Er breitete sich über die ganze Welt aus und kam vor etwa 45 000 Jahren auch nach Europa.

1. *Stelle auf der „Erdzeituhr“ fest, wie spät es war, als die ersten modernen Menschen die Erde bevölkerten.*
2. *Beschreibe die Unterschiede zwischen Vormensch, modernem Mensch und Schimpanse (M2).*
3. *Arbeite aus dem Verfassertext heraus, welche Eigenschaften den Menschen vom Tier unterscheiden.*

M 3 Fundorte der Hominiden aus M6 (rot) und des Steinwerkzeugs aus M4 (blau)

M 4 Werkzeug aus Geröllgestein
Fundort Hadar (Äthiopien),
Alter: 1,7 Millionen Jahre
Beim Aneinanderschlagen von Steinen können Teile abspringen. So entstehen einfache Werkzeuge mit scharfen Kanten

M 5 Der Urmensch verlässt Afrika

Der Forscher Friedemann Schrenk schreibt:

Es ist wahrscheinlich, dass es dem frühen Homo erectus gelang, Feuer nutzbar zu machen. Feuer entsteht oft natürlich, etwa durch Blitzschlag. [...] Auch erste Hinweise auf gezielte Jagd stammen von Homo erectus. Aus Funden von Steinwerkzeugen und Tierknochen mit Schnittspuren [...] ist zu schließen, dass eine Zerlegungstechnik entwickelt war. So konnte Jagdbeute [...] systematisch ausgeschlachtet werden. [...] Die Fähigkeit, das Feuer zu nutzen, und die Jagdtechniken waren wichtige Voraussetzungen, um Afrika zu verlassen. Möglicherweise war die Jagd eine entscheidende Triebkraft, um in entfernten Gebieten nach Beute zu suchen.

Friedemann Schrenk, Die Frühzeit des Menschen: Der Weg zum Homo sapiens, München [5]2008, S. 99 - 101

M 6 Der Mensch entwickelt sich

Forscher erschließen die Entwicklung des Menschen aus vielen einzelnen Funden. Schädel sind u. a. deshalb aussagekräftig, weil sie die Gehirngröße erkennen lassen.

Fundbezeichnung: Qafzeh IX entdeckt 1969
Gattung/Art: Homo sapiens (vernunftbegabter Mensch)
Fund: Schädel einer Frau aus der Qafzeh-Höhle bei Nazareth (Israel)
Alter: ca. 100 000 - 90 000 Jahre
Gehirngröße: 1 554 cm³
Starb mit 20-25 Jahren, wurde bestattet, neben ihr fand sich das Skelett eines Kleinkindes.

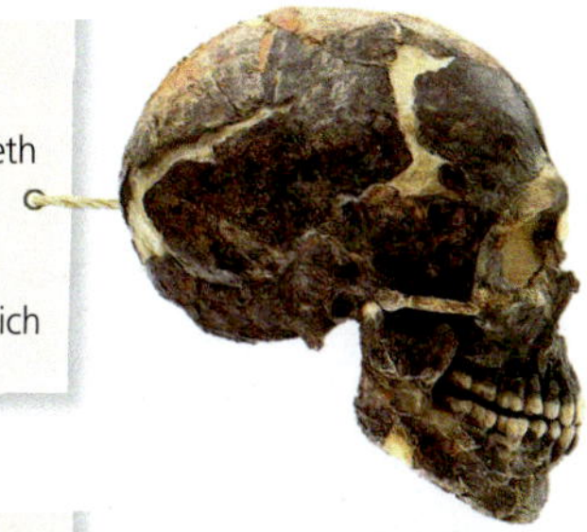

Spitzname: „Steinheimerin" entdeckt 1933
Gattung/Art: Homo heidelbergensis (Heidelberg-Mensch, nach einem Fund bei Heidelberg)
Fund: Schädel einer Frau aus Steinheim an der Murr, Deutschland
Alter: ca. 250 000 Jahre
Gehirngröße: ca. 1 100 cm³
Im Schädel fand sich der Abdruck eines Hirntumors.

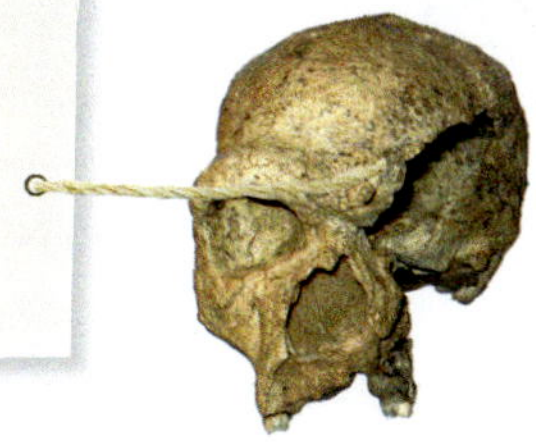

Fundbezeichnung: Sangiran 17 entdeckt 1969
Gattung/Art: Homo erectus (aufgerichteter Mensch)
Sangiran, Insel Java (Indonesien)
Alter: ca. 800 000 Jahre
Körpergröße: ca. 1,60 m
Gehirngröße: ca. 1 000 cm³
Zur Art Homo erectus gehören die ältesten außerhalb Afrikas gefundenen Fossilien von Hominiden.

Spitzname: „Mrs. Ples" entdeckt 1947
Gattung/Art: Australopithecus africanus (Südaffe aus Afrika)
Fund: Schädel aus Sterkfontein (Südafrika)
Alter: ca. 2,1 Millionen Jahre
Körpergröße: 1,05 m
Gehirngröße: 485 cm³
Schädel einer Frau oder eines männlichen Jugendlichen.

1. *Ordne den Fossilien in M6 die Begriffe Vormensch, Urmensch und Jetztmensch zu. Begründe deine Entscheidung.*
   Achte dabei auf das Alter des Fundes und den Namen der Gattung.
2. *Erkläre, warum Forscher den Ursprung des Menschen in Afrika vermuten (M3 - M6).*
3. *Überlege, welche Fragen Schrenk (M5) stellt, um einen neuen Fund richtig beschreiben und einordnen zu können.*
4. *Stelle eine Vermutung an, wofür die Urmenschen das Werkzeug M4 benutzten.*
5. *Erkläre, wie sich der Mensch entwickelte.*
   Tipp: Nutze die Materialien und Aussagen dieser Seiten und verwende die Fachbegriffe. Gliedere deine Erzählung in die Abschnitte Vormensch, Urmensch und Jetztmensch.

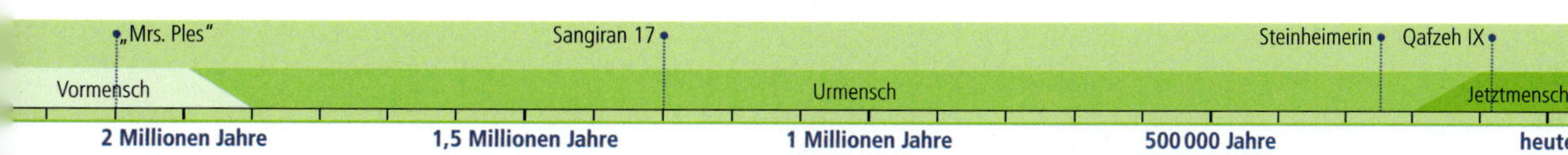

Wie lebten unsere Vorfahren?

M 1 Ausdehnung des Eises während der letzten Eiszeit
Die letzte Kaltzeit (auch Eiszeit genannt) dauerte von 115 000 bis 10 000 Jahren vor heute. Wo heute Meer ist, gab es aufgrund des niedrigeren Meeresspiegels an vielen Stellen Festland.

Warmzeiten, Kaltzeiten

Im Verlauf ihrer Geschichte war die Erde starken Klimaschwankungen ausgesetzt. Das letzte Eiszeitalter begann vor 2,6 Millionen Jahren. In ihm wechselten sich Warm- und Kaltzeiten ab. Mit den Klimaschwankungen veränderte sich nicht nur die Tier- und Pflanzenwelt. Forscher gehen davon aus, dass die Anpassung des Menschen an neue Lebensbedingungen mitverantwortlich ist für seine Entwicklung.

M 2 Neandertaler
Lebensgroße Rekonstruktion von Alfons und Adrie Kennis in modernem Anzug, 2012, im Neanderthal Museum Mettmann

Vom Neandertaler ...

Ein Menschentyp passte sich besonders gut an die Kaltzeit an: der **Neandertaler**. Er lebte vor etwa 100 000 bis 30 000 Jahren in Europa. Der Neandertaler war im Vergleich zum heutigen Menschen kleiner und schwerer, seine Kiefer waren kräftiger. Als Jäger, die sich überwiegend von Fleisch ernährten, trotzten die Neandertaler der Kälte und der Knappheit an nährstoffreicher pflanzlicher Nahrung. Sie verwendeten Werkzeuge, trugen Kleidung und Schmuck. Heute sind Archäologen aufgrund von Funden der Meinung, dass die Neandertaler sich mit einer gut entwickelten Sprache verständigten, für Alte, Kranke und Verletzte sorgten und vielleicht auch um ihre Toten trauerten.

... zum Jetztmenschen

Zeitgleich lebten in Afrika Menschen, die körperlich von uns nicht zu unterscheiden sind: die Jetztmenschen. Vor etwa 45 000 Jahren kamen sie nach Europa. Neandertaler und Jetztmenschen lebten über Jahrtausende nebeneinander und haben sich wohl teilweise auch vermischt. Während sich die Jetztmenschen über die ganze Erde ausbreiteten, starben die Neandertaler vor rund 30 000 Jahren aus. Die Gründe dafür sind noch immer ungeklärt.

Leben in der Eiszeit

Im letzten Abschnitt der Kaltzeit vor 40 000 bis 10 000 Jahren lagen die Durchschnittstemperaturen in Mitteleuropa etwa 10 °C niedriger als heute. Deshalb wuchsen nur Büsche, Birken und sumpfiges Grasland.

Die Jetztmenschen kamen in der eiszeitlichen Umwelt als **Jäger und Sammler** gut zurecht. Sie erfanden zahlreiche neue Werkzeuge, darunter Speerschleudern, Harpunen, Angelhaken und Nähnadeln aus Knochen. Sie jagten Wildrinder, Wildpferde, Mammute, Wollnashörner, Rentiere und Riesenhirsche, aber auch Kleintiere wie Schneehasen, Vögel und Fische. Dazu sammelten sie Beeren, Pilze, Wurzeln und Eier.

Die Menschen mussten ihr Leben nach der Jagd und den Jahreszeiten richten. Viele Monate im Jahr zogen sie in Gruppen umher und folgten den Wanderungen ihrer Beute. Die Menschen der Eiszeit waren **Nomaden**, lebten also nicht an einem festen Ort. Felsvorsprünge, Höhleneingänge und Zelte boten Schutz vor Kälte, Regen und wahrscheinlich auch Tieren.

1. *Zähle Kenntnisse und Fertigkeiten auf, die nötig waren, um in der Eiszeit zu überleben.*
2. *Die Umwelt und die Lebensbedingungen spielten eine wichtige Rolle bei der Entwicklung des Menschen. Begründe diese Aussage mithilfe deiner Ergebnisse aus Frage 1.*
3. *Nenne die wesentlichen Unterschiede zwischen Neandertalern und Jetztmenschen. Lege dafür eine Tabelle an.*

Neandertaler* Jäger und Sammler* Nomaden

M 3 Zelt aus Tierhäuten
Nachbau eines Zeltes, das Eiszeitjäger vor etwa 15 000 Jahren in Gönnersdorf am Rhein zwischen Bonn und Koblenz errichteten

M 6 Vogeljagd am Rhein vor 12 000 Jahren
Landschaftsrekonstruktion von Dietrich Evers, 1978
Der Jäger benutzt für die Vogeljagd eine Speerschleuder.

M 7 Harpunenspitze aus Knochen
Fundort: Kesslerloch (Schweiz), Länge: 15 cm, Alter: ca. 12 000 Jahre
Eine Erfindung des Jetztmenschen.

M 4 Klingenwerkzeuge aus Stein
Fundort: Martinsberg bei Andernach, Alter: ca. 13 000 Jahre

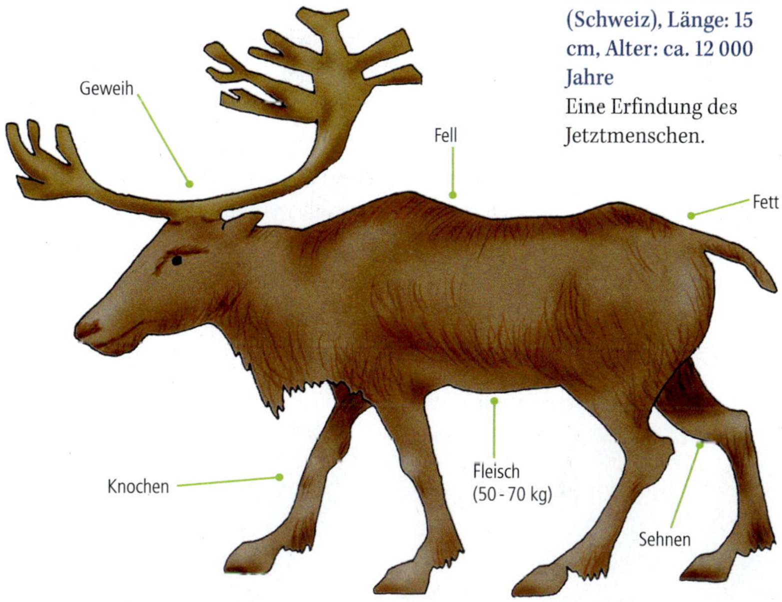

M 8 Nutzung eines Rentieres

M 5 Im Innern eines Zeltes

Der Archäologe Gerhard Bosinski schreibt über einen Fund in Gönnersdorf:

Im Innern einer Behausung in Gönnersdorf lag neben der Feuerstelle ein Mammutoberschenkel, der ursprünglich aufrecht gestanden hatte und die Stütze einer Grillvorrichtung war. Dicht neben der Feuerstelle war ein Rengeweih so eingegraben, dass die Zacken der Schaufel eine Gabel über dem Feuer bildeten.

Zur Beleuchtung dienten Steinlampen, in deren Höhlung sich Fett und ein Docht befanden. Der Docht bestand vermutlich aus einem Wacholderzweig. Platten aus Quarzitstein sind erhitzt worden; vielleicht um darauf Fleisch zu braten. Im Innenraum der Häuser hat man mehrere kleine Gruben ausfindig gemacht, die vermutlich mit Leder ausgekleidet waren. Sie dienten als Kochgruben.

Zit. nach: Internetseite der Universität Koblenz, 2003 www.fh-koblenz.de/koblenz/remstecken/rhine98/Rheinlandschaft/projectgruppen/5.umweltgeschichte/97sieferle/naturlandschaft.htm [Zugriff: 22. 03. 2003]

1. *Beschreibe das Zelt eines Eiszeitjägers (M3) mithilfe des Textes (M5).*
2. *Begründe, warum der Forscher in seinem Text die Wörter „wahrscheinlich", „vielleicht" und „vermutlich" benutzt (M5).*
3. *Stelle in einer Tabelle die Verwendungsmöglichkeiten von Geweih, Fell, Fett, Knochen, Fleisch und Sehnen des Rentieres (M8) zusammen. Beachte den Lehrbuchtext sowie M3 bis M7.*
4. *Schreibe eine Geschichte zum Leben der eiszeitlichen Jäger und Sammler. Nutze dazu den Lehrbuchtext und die Materialien M3 bis M8. Stelle dein Ergebnis in der Klasse vor. Erläutere, was du in deiner Geschichte erfunden hast und was du mit Tatsachen belegen kannst.*

Kunst in Höhlen

M 1 Höhle von Lascaux
Foto von 2010
An den Wänden der Höhle von Lascaux in Südfrankreich haben Menschen vor etwa 17 000 Jahren mit Holzkohle und farbiger Erde mehr als 2 000 Tierzeichnungen gemalt oder in den Fels geritzt. 1994 wurden in der südfranzösischen Chauvet-Höhle Malereien entdeckt, die sogar bis zu 30 000 Jahre alt sind.

Filmtipp:
Die Höhle der vergessenen Träume; Regie: Werner Herzog, 2011

Internettipp:
Einen animierten Rundgang durch die Höhle von Lascaux findest du unter Mediencode 31021-09

Geritzt, gemalt, geformt

Vor etwa 35 000 Jahren entstanden die ersten Kunstwerke der Menschheit: Tierbilder auf Höhlenwänden. Sie wurden eingeritzt oder mit Farbpulver aufgetragen, das aus Ocker (gelb), Rötel (rot), Mangan und Kohle (schwarz), Kalzit oder Kaolin (weiß) bestand. Mit roter Farbe gesprühte Handumrisse in Bilderhöhlen Südfrankreichs und Spaniens sind die ersten bekannten Zeugnisse, mit denen Menschen bewusst Abbilder von sich selbst hinterlassen haben.

M 2 Bison-Figuren aus Lehm
Männliches und weibliches Tier in der Höhle Tuc d'Audoubert in Frankreich, Alter: ca. 17 000 Jahre
Für die 63 und 61 cm langen Tierdarstellungen benötigten die Künstler etwa 90 kg Lehm.

Viele Rätsel

Früher haben Forscher die Tierbilder in Höhlen als Ausdruck eines Jagdkultes gedeutet. Aber: Selten sind die gejagten Tierarten dargestellt. Auch gibt es auf Höhlenbildern dieser Zeit keine Jagdszenen. Wenn Menschen dargestellt sind, dann handelt es sich um Tier-Mensch-Mischwesen, die vielleicht als Tiere verkleidete Menschen zeigen. Sollen die Mischwesen Gottheiten darstellen oder Medizinmänner?

Ganz genau werden wir das wohl nie wissen. Eines aber ist sicher: Die Höhlenbilder verraten uns, dass die Menschen die Tiere genau beobachteten und sie in lebendig wirkenden Bildern wiedergeben konnten. Die Mühe, die sie sich machten, zeigt, dass die Kunstwerke für sie von großer Bedeutung waren.

Bedürfnisse der Menschen durch Spuren deuten

In manchen Höhlen haben sich im Lehmboden Fußabdrücke von Menschen erhalten. Aus ihnen haben Forscher schon geschlossen, dass Jugendliche mit Erwachsenen in die Höhlen kamen, um zu feiern, beispielsweise den Übergang in die Welt der Erwachsenen. Für die etwa 300 Fußspuren in der Höhle Tuc d'Audoubert in Südfrankreich vermuten sie neuerdings, dass ein Jugendlicher und ein Erwachsener sie hinterließen – als sie zwei Bisonfiguren aus Lehm schufen.

Gräberfunde wie Skelette und Grabbeigaben deuten darauf hin, dass vielleicht schon die Jetztmenschen der Altsteinzeit hofften, nach ihrem Leben auf der Erde in eine andere Welt überzuwechseln. Sie betteten ihre Toten sorgfältig und gaben ihnen Werkzeuge und Nahrung mit ins Grab.

1. *Die meisten Malereien liegen tief in den Höhlen ohne Tageslicht. Nenne dafür mögliche Gründe.*
2. *Informiere dich im Internet, was die Menschen in den Höhlenmalereien abbildeten. Erläutere, was wir daraus über ihren Alltag, ihre Kultur und ihr Weltbild erfahren.*
3. *Die Höhlen von Lascaux und Chauvet gehören zum Weltkulturerbe der UNESCO. Begründe, warum sie für uns heute eine so große Bedeutung besitzen.*

M3 Tanz mit dem Löwenmann

Die Kunst der Altsteinzeit weckt unsere Fantasie. Die Schriftstellerin Gabriele Beyerlein hat sich folgende Geschichte ausgedacht:

„Tanzt!", forderte der Löwenmann sie auf, nahm eine Trommel und begann zu singen. Hundertfach warfen die Tiergeister seine Stimme zurück. Der Rhythmus der Trommel erfüllte die Höhle, fuhr den Jungen in die Glieder. Sie tanzten. Und je länger sie tanzten, desto lebendiger wurden ihnen die Bilder an den Wänden, desto mehr erfüllte sie die Schönheit, die Kraft und die Weisheit der Tiere, desto vollständiger ergriff sie deren Geist.
Eins fühlten sie sich mit der gesamten Natur. Eins fühlten sie sich mit der unsichtbaren Welt der Geister. Eins fühlten sie sich mit sich selbst. Sie tanzten, bis sie in einen tiefen Schlaf fielen. Die Trommel verstummte. Der Stammesälteste nahm Löwenmaske und Löwenfell ab und bettete beides in eine Nische der Höhle, bis er sie wieder brauchen würde für eine Einweihungsfeier von anderen Jungen. Für diese hier war seine Aufgabe vollbracht. Sie würden Männer werden, die nie die Ehrfurcht verlören vor den Tieren, den Geistern und der Größe der Natur. So etwa könnte es gewesen sein.

Gabriele Beyerlein und James Field, Steinzeit. Die Welt unserer Vorfahren, Würzburg 2008, S. 41

M4 Flöte aus einem Vogelknochen

Aus dem Knochen eines Schwans, Länge: 12,6 cm

Diese Flöte aus der Geißenklösterle-Höhle bei Blaubeuren ist fast 40 000 Jahre alt. Sie zählt zu den ältesten entdeckten Musikinstrumenten der Welt. Welche Musik mag man wohl mit ihr gemacht haben?

M5 „Löwenmensch"

Mammutelfenbein, Höhe: 28 cm, Alter: 35 000 - 40 000 Jahre

Figur aus der Höhle „Hohlenstein" bei Ulm. Forscher streiten, ob hier ein Mann, eine Frau oder ein geschlechtsloses Wesen dargestellt ist.

M6 Venus von Willendorf

Kalksteinskulptur aus Willendorf, Österreich, Größe: 11 cm, Alter: ca. 27 000 Jahre

Frauendarstellungen unterschiedlicher Art wurden in zahlreichen altsteinzeitlichen Fundstätten Europas und Asiens gefunden. Einige weisen Bohrungen auf, sodass sie als Amulett getragen werden konnten.

1. *Suche dir eines der Kunstwerke M1, M2, M4, M5 oder M6 aus. Beschreibe mit eigenen Worten, was dargestellt wird und welche Technik und Materialien die Künstler genutzt haben.*
2. *Vergleiche die Funde: Welche sind einfach und welche auch für Forscher nur schwer in ihrer Bedeutung zu bewerten? Beziehe den Verfassertext in deine Überlegungen mit ein.*
3. *Begründe, welche Bestandteile der Geschichte M3 auf Forschungen beruhen und welche erfunden sind.*
   Denke daran, dass wir aus den Steinzeiten nur gegenständliche Quellen haben. Achte also besonders auf die Nennung von Objekten.

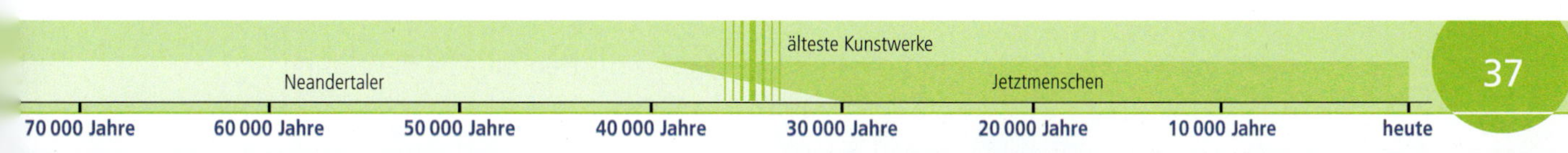

Das Leben ändert sich

M1 **Leben in einem Dorf um 5000 v. Chr.**
Zeichnung, um 1990
Rekonstruktion nach Ausgrabungen in Köln-Lindenthal.

Es wird wärmer

Vor etwa 12 000 Jahren begann eine Erwärmung des Klimas in Europa. Die Pflanzenwelt veränderte sich, kälteliebende Tiere zogen fort. Die Menschen stellten sich darauf ein, indem sie am Rande der Wälder, an Flüssen und Seen ihre Lagerplätze errichteten. Fischfang und das Sammeln von Früchten gewannen gegenüber der Altsteinzeit an Bedeutung. Pfeil und Bogen, Werkzeuge mit kleinen bearbeiteten Feuersteinen, erste Boote aus ausgehöhlten Baumstämmen und die ersten Beile aus zugeschlagenem Stein für die Holzbearbeitung zeugen von dieser Umstellung. Archäologen nennen diesen Abschnitt der Ur- und Frühgeschichte **Mittelsteinzeit**.

M2 **Brunnen aus Eichenbohlen**
Rekonstruktion nach Funden aus der jungsteinzeitlichen Siedlung von Erkelenz-Kückhoven (Rheinland), 5090 v. Chr.

Info: Steinzeiten
Archäologen unterscheiden drei Abschnitte:
In der Altsteinzeit lebten die Menschen als Jäger und Sammler. Sie waren nicht sesshaft.
In der Jungsteinzeit betrieben sie Ackerbau und Viehhaltung. Sie wohnten in Dörfern.
Die Mittelsteinzeit ist die Zeit des Übergangs zwischen beiden Lebensweisen.

Internettipp: '
Zur jungsteinzeitlichen Siedlung und Grubenanlage Herxheim bei Landau siehe Mediencode 31021-10

Eine neue Lebensweise aus dem Osten

Während in Mitteleuropa die Menschen in einer veränderten Umwelt weiter als Wildbeuter lebten, gingen im Nahen Osten und im Nildelta Menschen dazu über, Getreide anzubauen und Tiere zu halten, um Fleisch und Milch zu gewinnen. Sie bauten Dörfer, in denen sie dauerhaft wohnten (**Sesshaftigkeit**). Im Verlauf vieler Jahrhunderte breitete sich die sesshafte Lebensweise über Griechenland, das Donaugebiet und Süddeutschland nach Norden aus. Archäologen schließen aus Funden, dass Bauern aus dem Osten ihre Wirtschaftsweise mitbrachten. Eine Zeit lang lebten Wildbeuter und erste Bauern nebeneinander, bis sich die neue Lebensform durchsetzte. Mit ihr begann ein neuer Abschnitt der Geschichte, die **Jungsteinzeit** (**Neolithische Revolution**).

Erste Bauern in Mitteleuropa

Die ersten Bauern der Jungsteinzeit besiedelten ab 5500 v. Chr. in Mitteleuropa zunächst besonders fruchtbare Gebiete. Ihre Keramikgefäße waren mit bandförmigen Linien verziert. Ihre Häuser waren über weite Gebiete ähnlich gebaut. Die Toten begruben die ersten Bauern ebenfalls einheitlich auf der Seite liegend. Archäologen fassen die Hinterlassenschaften der ersten Bauern in Mitteleuropa als Kultur zusammen: die Kultur der „Bandkeramik".

M3 **Tongefäß der ersten Bauern in der Pfalz**
Bandkeramik im Rhein-Main-Schraffurstil aus Herxheim, um 5000 v. Chr.

In der Jungsteinzeit bauten die Menschen Dörfer und brannten Gefäße aus Ton. Begründe dies mit der neuen Lebensweise.

Mittelsteinzeit* Sesshaftigkeit Jungsteinzeit (Neolithische Revolution*)

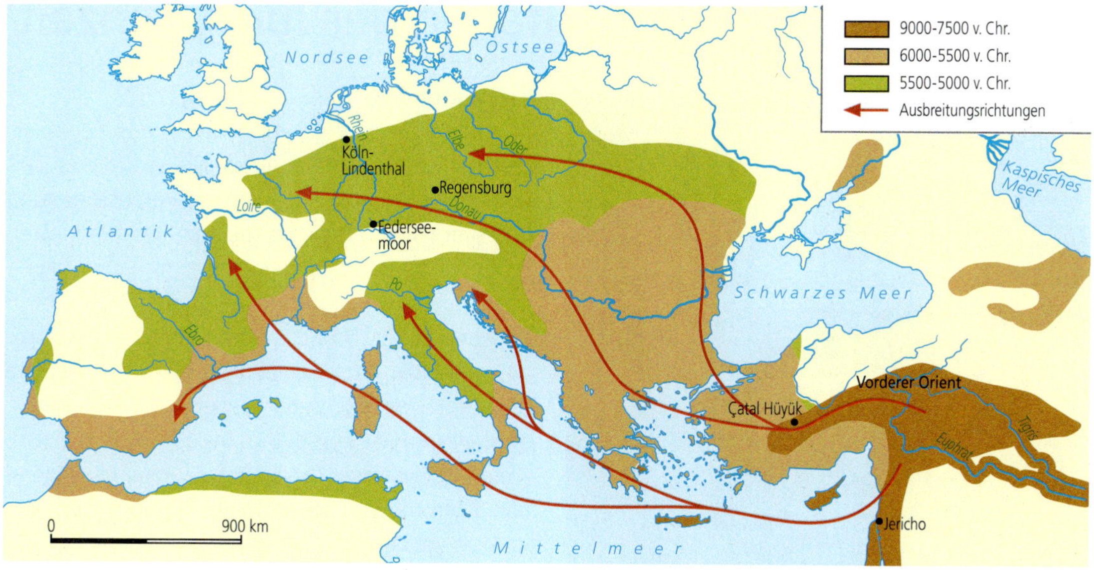

M 4 Ausbreitung der bäuerlichen Lebensweise

Lesetipp:
Gabriele Beyerlein und Herbert Lorenz, Die Sonne bleibt nicht stehen. Eine Erzählung aus der Jungsteinzeit, Würzburg 2014

M 5 Wildbeuter und Bauern begegnen sich

Die Schriftstellerin Gabriele Beyerlein hat sich folgende Geschichte ausgedacht:

Aus dem Wald heraus sahen sie, wofür sie keine Worte kannten. Da standen riesige Häuser mit schilfgedeckten Dächern. Schweine wühlten im Dreck, und Menschen gingen einer seltsamen Tätigkeit nach: Sie traten und schlugen Körner aus Unmengen vertrockneter Halme, welche die Kinder nicht kannten. Ein Mädchen der Bauern kam vom Fluss her und trug ein großes Ding auf dem Kopf. Die Kinder starrten. Ein Junge unter ihnen fasste sich ein Herz und lief zu dem Mädchen, fragte: „Was machst du da?" Es lachte: „Ich hole Wasser!" und setzte das Tongefäß ab. Neugierig sah es den Jungen an. „Du kommst aus dem Wald?" Er nickte. „Ich heiße Rikut", sagte er. „Und ich Mire", erwiderte das Mädchen. Sie schwiegen und sahen sich an. „Willst du?", fragte Rikut und hielt Mire seinen Beutel Haselnüsse hin. Mire nahm den Beutel und lächelte. „Warte!", sagte sie, rannte ins Haus und kam mit einem Beutel zurück. „Das ist Brot!", erklärte sie. Er bedankte sich. „Abends bin ich immer am Fluss!", sagte sie und ging. Das Brot teilte Rikut mit den anderen. Doch nach dem Nüsse-Sammeln lief er nicht mit zurück zum Lager. Er lief zum Fluss. So etwa könnte es gewesen sein.

Gabriele Beyerlein und Herbert Lorenz, Die Sonne bleibt nicht stehen. Eine Erzählung aus der Jungsteinzeit, Würzburg 2014, S. 45 (gekürzt)

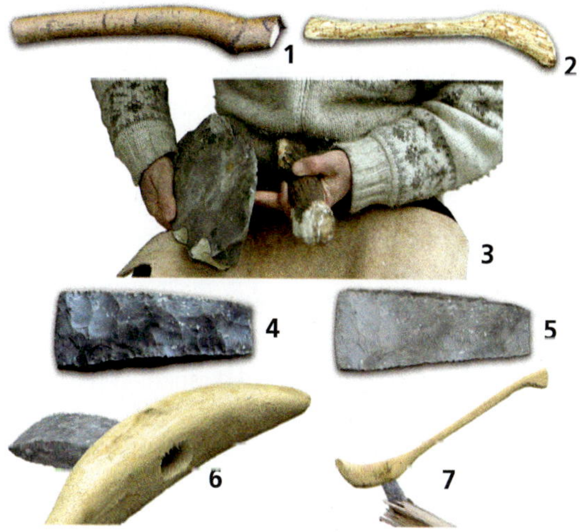

M 6 Jungsteinzeitliches Beil
Nachbau eines Beils aus Holz und Feuerstein, Fotos von 2012
Mit diesen Werkzeugen konnten die Menschen Bäume fällen und Holzbalken zurichten.

1. *Wie hat sich das Leben verändert? Ordne Gegenstände und Tätigkeiten in eine Tabelle ein: Spalte 1 „Letzte Wildbeuter: Mittelsteinzeit", Spalte 2 „Erste Bauern: Jungsteinzeit".*
2. *Beschreibe den auf der Karte dargestellten Vorgang. Mit welchen Mitteln gelingt es dem Zeichner, die Veränderungen darzustellen?*
3. *Erkläre, warum Forscher einen Klimawandel für die Veränderungen verantwortlich machen.*
   Tipp: Stelle Überlegungen an: 1. Wie änderte sich das Klima? – 2. Welche Folgen hatte das für die Umwelt? – 3. Wie reagierte der Mensch?
4. *Schreibe eine Fortsetzung der Geschichte M5: Rikut nimmt Mire mit in sein Lager und zeigt ihr, wie er lebt.*
5. *Beschreibe die Arbeitsschritte beim Bau eines Steinbeils. Weist Unterschiede und Gemeinsamkeiten zur heutigen Herstellung von Beilen nach.*

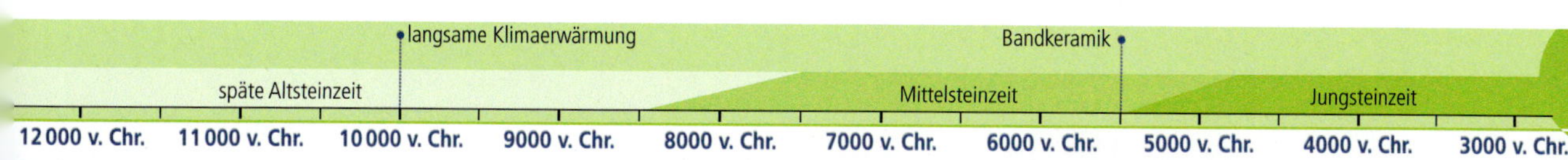

Hart verdientes Brot? Alltag in der Jungsteinzeit

M 1 Webstuhl in einem jungsteinzeitlichen Haus vor ca. 7 000 Jahren
Rekonstruktion aus dem Museum für Ur- und Frühgeschichte in Weimar, um 2000
Webgewichte, meist aus Ton oder Stein, hielten die Fäden straff.

Fortschritt oder Rückschritt?

Wissenschaftler streiten, ob das Leben in der Jungsteinzeit für die Menschen einen Fortschritt oder einen Rückschritt bedeutete. Zwar konnten mit Ackerbau und Viehhaltung mehr Menschen ernährt werden, denn nach der Verbreitung der Sesshaftigkeit wuchs die Bevölkerung. Gleichzeitig war aber die Abhängigkeit von einer guten Ernte und einer erfolgreichen Vorratshaltung groß. Das Risiko von Missernten, ansteckenden Tierkrankheiten, Feuer und ausgelaugten Böden war groß. Spuren von Verletzungen an Skeletten zeigen, dass Menschen in dieser Zeit Streit um Weide- und Jagdgebiete manchmal auch gewaltsam austrugen.

M 2 Wagen mit Scheibenrädern aus Holz
Nachbau von 2004 nach Moorfunden der Zeit um 3000 v. Chr. aus Niedersachsen
Länge mit Deichsel: 4 m, Breite: 1,50 m, Durchmesser der Räder: 90 cm.
Solche Wagen waren eine Hilfe zum Befördern von Lasten, aber schwer zu lenken und anfällig für Rad- und Achsenbrüche.

Viel zu tun

Sesshaftigkeit ist für uns heute etwas Selbstverständliches. Für die Menschen, die in früheren Zeiten lebten, war es eine gewaltige Herausforderung und sehr riskant. Denn sie mussten um ihren festen Wohnsitz herum genügend Nahrung haben, damit sie das ganze Jahr überleben konnten. Anhand von Knochen fanden Wissenschaftler heraus: Erwachsene wie Kinder haben körperlich hart gearbeitet. Sie mussten Tiere hüten und melken, Getreide ernten, entspelzen und mahlen, Brot backen, Wasser holen, Kleidung herstellen, Vorräte trocknen und einlagern, den Wald roden, Häuser bauen, Keramik brennen, Werkzeuge herstellen und vieles mehr.

Zahlreiche Erfindungen

Mit Ackerbau und Viehhaltung erfanden die Menschen neue Geräte: Holzspaten und -pflug, Sicheln mit scharfen Feuersteinklingen für die Ernte, Hacke und Beil mit geschliffenen Steinen für die Holzbearbeitung. Das Korn und andere Vorräte lagerten in Gefäßen aus gebranntem Ton, die auf Töpferscheiben geformt wurden (Keramik). Aus Schafwolle oder Flachsfasern ließen sich Fäden spinnen und mit einfachen Webstühlen Stoffe weben. Die Erfindung des Rades und rollender Wagen vor etwa 5 500 Jahren beschleunigte den Austausch von Waren und Kenntnissen. Bemerkenswert ist, dass in Moorgebieten bereits vor fast 7 000 Jahren Holzbohlenwege angelegt worden waren.

Mit dem Übergang zu Ackerbau und Viehzucht übernahmen die Menschen auch völlig neue Bestattungssitten. Am Ende der Jungsteinzeit bauten sie in manchen Gegenden Europas monumentale Großsteingräber für ihre Toten. Überreste dieser besonderen archäologischen Denkmäler findet man vor allem in Norddeutschland, vereinzelt auch in Rheinland-Pfalz.

Ordne die Erfindungen der Jungsteinzeit folgenden Bereichen des täglichen Lebens zu: Ernährung, Transport, Kleidung.

M 3 Großsteingrab
Rekonstruktion mit Originalsteinen aus Hadamar-Oberzeuzheim, datiert ca. 3500 bis 2800 v. Chr., Foto von 2009

M 4 Bau eines Großsteingrabes
Rekonstruktion, 2002
Großsteingräber wurden aus Findlingen, sehr großen, einzeln liegenden Steinen, errichtet. Ein Archäologe hat für das Großsteingrab Kleinenkneten in Niedersachsen berechnet: Für das Zusammentragen von 90 Findlingen (ca. 300 Tonnen) und einem Erdhügel von 700 m³ brauchten 100 Arbeiter bei einem 10-Stunden-Tag etwa dreieinhalb Monate.

M 5 Mädchen beim Mahlen von Getreide
Rekonstruktion aus dem Museum für Urgeschichte(n) Zug (Schweiz), 2003

M 7 Backofen, etwa 4500 Jahre alt
Rekonstruktionszeichnung nach einem Fund aus dem Moordorf Taubried (Federseemoor)
Zuerst wurde das Korn zu Mehl zerrieben. Danach vermengte man es mit Wasser, Sauerteig (einer Art Hefe) und Salz zu einem Teig, der zu einem Fladen geformt und auf einen Backteller gelegt wurde.

M 6 Einfacher satt in der Jungsteinzeit?

Eine Archäologin schreibt:

Wissenschaftler sind sich uneinig, wer leichter und besser satt wurde: Jäger und Sammler oder Ackerbauern und Viehhalter? Landwirtschaft und Tierzucht sorgen bis heute für eine ausgewogene und kalorienreiche Ernährung einer großen Bevölkerungszahl. An Skeletten aus der Jungsteinzeit wie auch aus späteren Epochen stellen Forscher aber immer wieder Zeichen für Mangelernährung fest. Insbesondere Kinder in der Wachstumsphase scheinen nicht ausreichend und abwechslungsreich genug gegessen zu haben. So verdanken wir zwar den Menschen der Jungsteinzeit die Erfindung des Brotes – ob sie davon aber alle satt wurden, ist eine interessante Frage.

Eigenbeitrag Miriam Sénécheau

1. *Archäologen schließen: „Die Menschen in der Jungsteinzeit teilten sich ihre Arbeit. Einige planten und organisierten die Gemeinschaftsarbeiten." Überprüfe diese Behauptungen mithilfe des Verfassertextes und M3-7.*
2. *Erkläre mithilfe des Verfassertextes, M5, M6 und M7, was die Bauern tun mussten, bis sie Brot verzehren konnten.*
3. *Begründe, was die Erfindungen M1-M5 und M7 mit der Lebensweise in der Jungsteinzeit zu tun haben. Warum hätten sie den Menschen der Altsteinzeit wenig genutzt?*
4. *Bildet euch ein eigenes Urteil: War das Leben in der Jungsteinzeit gegenüber der Mittelsteinzeit ein Fortschritt oder Rückschritt?*
   Nutzt zur Diskussion alle Materialien und Aussagen der Seiten 38 bis 41.

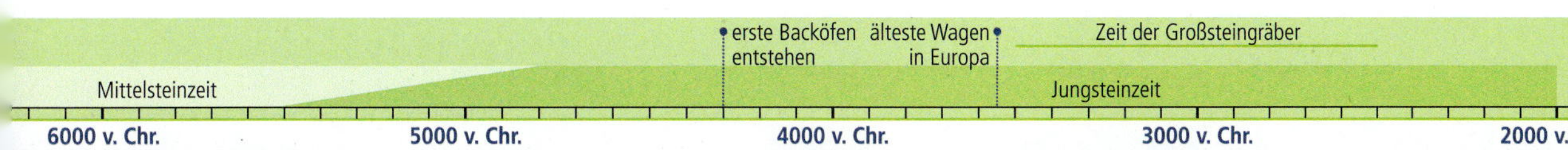

Metalle ersetzen Stein

M 1 Beil des „Ötzi" und seine Leiche im Eis
Foto der Leiche beim ersten Bergungsversuch am 21. September 1991
Die Beilklinge ist aus Kupfer, der Schaft aus Eibenholz.

Internettipps:
Informationen über „Ötzi" findest du unter Mediencode 31021-11

Besondere Funde

Stell dir vor, du wanderst in den Bergen und findest im Eis die gut erhaltene Leiche eines Mannes, dazu Teile seiner Ausrüstung. Genau das ist 1991 Wanderern aus Nürnberg passiert: in 3200 m Höhe in den Ötztaler Alpen. „Ötzi" – so wurde der Mann aus dem Eis bald genannt – besaß ein besonderes Beil: Es hatte eine Klinge aus Kupfer! Die Spitzen seiner Pfeile und die Klinge seines Dolches waren hingegen noch aus Feuerstein. Damit stand fest: „Ötzi" lebte am Übergang von den Stein- zu den Metallzeiten. Sein Todesjahr bestimmten Forscher auf die Zeit zwischen 3350 und 3120 v. Chr.

Kupfer – Bronze – Eisen

Bald wurden Waffen, Werkzeuge und Schmuck immer häufiger aus Metallen hergestellt. Die Steinzeiten endeten und die Metallzeiten begannen. Im Vorderen Orient setzten sie schon ab dem 7. Jahrtausend v. Chr. ein. Etwa 3000 Jahre später entdeckte man dort auch, dass durch Verschmelzen von Kupfer und Zinn ein neues Metall hergestellt werden konnte: Bronze. Es ließ sich leicht formen, war aber härter als Kupfer und Gold. Bald darauf lernten die Menschen, Eisenerze zu gewinnen und zu verarbeiten. Werkzeuge und Waffen aus Eisen waren noch härter und schärfer als die aus Bronze. Sie wurden nicht gegossen, sondern glühend mit dem Hammer geschmiedet. All diese Kenntnisse und Fähigkeiten brachten Händler nach Mittel- und Nordeuropa. Hier wurde seit 2400 v. Chr. Bronze hergestellt (**Bronzezeit**) und ab etwa 1000 v. Chr. Eisen verarbeitet (**Eisenzeit**).

Arbeitsteilung und Handel werden wichtig

Weil die Verarbeitung von Metall besondere Kenntnisse erfordert, spezialisierten sich Handwerker auf diese Tätigkeiten: Berufe wie Bergarbeiter, Metallgießer und Schmied entstanden. Eine **Arbeitsteilung** setzte sich durch.
Nun spielte der Handel eine immer größere Rolle: Händler lieferten die Rohstoffe für Bronze, denn Kupfer und Zinn waren nicht am selben Ort zu finden. Sie tauschten sie gegen fertige Metallwaren, Felle, Bernstein, Salz und Nahrungsmittel.

Die Ungleichheit nimmt zu

Aus der Bronze- und Eisenzeit gibt es einige Gräber mit so kostbaren Grabbeigaben, dass Archäologen sie als „Fürstengräber" bezeichnen. Waren diese Menschen durch Handel reich geworden? Übten sie Herrschaft über die Dorfgemeinschaft oder in einer größeren Region aus? Hatten sie vielleicht besondere Aufgaben in Religion und Kult?
Aus der Bronze- und Eisenzeit sind auch die ersten mit aufwändigen Schutzmauern befestigten Siedlungen bekannt. Auch das Schwert als Waffe wurde erfunden. Erstmals scheinen Reichtum, Macht, Herrschaft und Ansehen archäologisch nachweisbar.

1. *Recherchiere im Internet über „Ötzi". Verfasse einen Bericht zu den Themen: „Wer war der Mann aus dem Eis?" und „Warum ist der Fund eine Sensation?"*
2. *Gib mit eigenen Worten die Entwicklung in der Metallherstellung wieder.*
3. *Erkläre, wie Metalle das Zusammenleben in der Gesellschaft veränderten.*

M 2 Eine Marktszene in der Bronzezeit
Rekonstruktion für eine archäologische Ausstellung, 2010

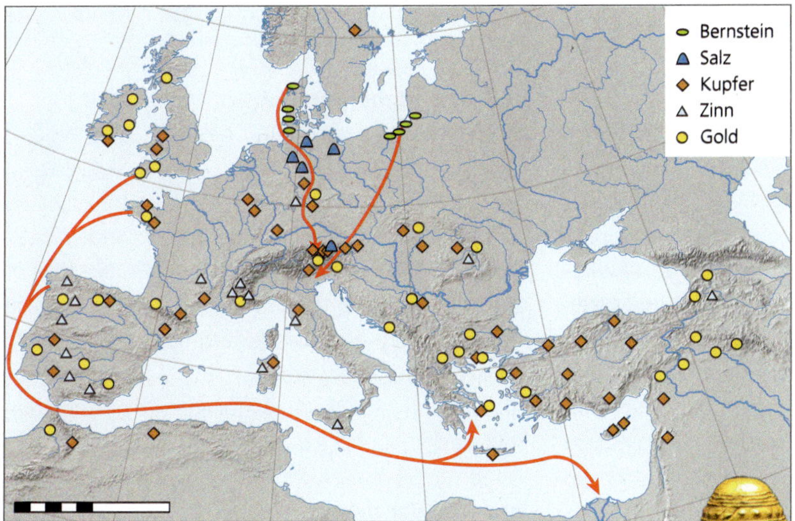

M3 Rohstoffe und Handelswege in der Bronzezeit (2200 - 800 v. Chr.)

M4 Symbol von Reichtum und Macht

Der Archäologe Knut Rassmann zieht folgende Schlüsse aus der Bedeutung des Goldes:

Bereits am Beginn der Bronzezeit sind Goldgegenstände vor allem aus außerordentlich reichen und aufwändig errichteten Grabdenkmalen bekannt. [...] Das Gold besaß nicht allein aufgrund seiner Seltenheit einen hohen materiellen Wert. Die größere Bedeutung lag vielmehr in seiner ideellen, symbolischen Stärke, die in seiner Unvergänglichkeit und dem sonnengleichen gelbgoldenen Glanz begründet war.

Bei der Bewertung der Bronze und ihrer Auswirkung auf die bronzezeitlichen Gemeinschaften eröffnet der Blick auf die Geschichte des Goldes eine interessante Perspektive: Obwohl es für die Herstellung von Arbeitsgeräten und Waffen nahezu keinen Wert besaß, war das Gold Auslöser zahlreicher Entdeckungsreisen und sogar Kriege. [...] Sein Einfluss ging jedoch zuerst von der gewaltigen Potenz aus, Reichtum und Macht anzuhäufen und zur Schau zu stellen. Ähnlich muss man sich wohl für die Bronze vorstellen, dass sie über ihre technische Bedeutung als Werkstoff hinaus starken Einfluss auf die gesellschaftliche und geschichtliche Entwicklung hatte.

Knut Rassmann, Die Bronzezeit – Innovation und Beharrung, in: Spuren der Jahrtausende. Archäologie und Geschichte in Deutschland, herausgegeben von Uta von Freeden und Siegmar von Schnurbein, Stuttgart [2]2003, S. 164

M5 Mädchen von Molzbach

Rekonstruktion der Kleidung eines 17- bis 20-jährigen Mädchens aus der Bronzezeit nach einem Grabfund bei Molzbach (Kreis Fulda), ca. 1600 bis 1250 v. Chr.

Sie ist im hessischen Landesmuseum in Kassel zu sehen.

Im Grab wurden kostbare Schmuckstücke gefunden, die beweisen: Das Mädchen muss sehr reich gewesen sein. Besonders selten sind der breite Gürtel aus verziertem Bronzeblech und die 43 Besatzstücke aus Weißmetall, die ihr Gewand verzierten.

M6 Goldener Hut von Schifferstadt

Höhe: 29,6 cm, Gewicht: 350 g, Fundort: Schifferstadt, Rheinland-Pfalz, Zeit: um 1400 v. Chr.

Der prächtig verzierte Goldblechkegel ist eines der kostbarsten Kultobjekte der Bronzezeit. Wissenschaftler vermuten, dass er eine Götterfigur geschmückt hat oder einem Priester als religiöses Zeichen eines verbreiteten Sonnenkultes diente. Darüber hinaus könnte er als astronomischer Kalender genutzt worden sein. Die Ornamente sind systematisch so angeordnet, dass damit Zeiträume in Mond- oder Sonneneinheiten abgelesen werden konnten.

1. *Bronze braucht Handel. Erkläre den Zusammenhang mit der Karte M3.* Tipp: Stelle fest, wo die „Zutaten" für Bronze gewonnen werden konnten.
2. *Beschreibe die Funde M1, M5 und M6. Nenne Material und Funktion.*
3. *Untersuche, über welche Lebensbereiche (Herrschaft, Gesellschaft, Wirtschaft, Weltdeutung/Religion) uns die Funde M1, M5 und M6 Auskunft geben. Erstelle dazu ein Schaubild und ordne die Bilder den Bereichen zu.*
4. *Weise die Aussagen in M4 anhand der abgebildeten Funde nach. Suche gegebenenfalls im Internet weitere Fundbeispiele, die dies belegen.*
5. *Diskutiert in der Klasse, womit Menschen heute zeigen, dass sie viel Geld oder eine besondere Stellung haben.*

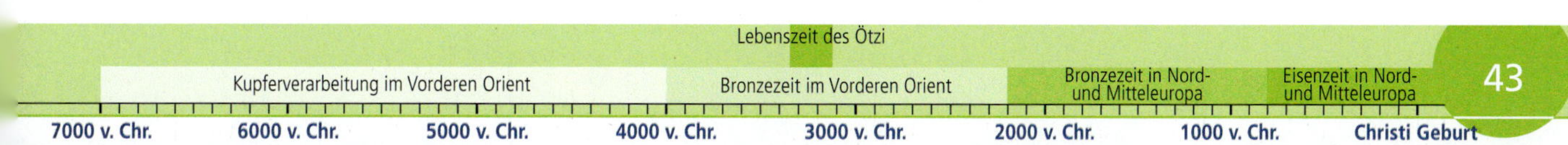

Über die Kelten

M1 Der „Keltenfürst vom Glauberg“
Statue aus Sandstein, 1,86 m hoch, 5. Jh. v. Chr.
Die dargestellte Person gehörte zur Oberschicht der Kelten und wird deshalb auch als „Fürst“ bezeichnet. Vermutlich war es ein Herrscher. Er könnte auch Aufgaben im Götterkult erfüllt haben.

Filmtipp:
Unter Mediencode 31021-12 ist eine Dokumentation über die Keltensiedlung „Altburg“ Bundenbach abrufbar

Wer waren die Kelten?

Asterix und Obelix aus dem gleichnamigen Comic sind Kelten. Die Römer nannten sie „Galli“ oder „Celtae“ („die Tapferen“). Die Kelten lebten zwischen dem 5. und 1. Jh. v. Chr. nördlich der Alpen. Auf ihren Kriegszügen, Wanderungen und Handelsreisen fanden die Kelten den Kontakt zum Mittelmeerraum. Von den Griechen und Römern lernten sie, wie man befestigte Höhensiedlungen und Städte baut. Eine Reihe von Ortsnamen geht auf keltische Ursprünge zurück, z. B. der römische Name von Speyer „civitas nemetum“, der an den keltischen Stamm der Nemeter erinnert.

Zu den besonderen Fähigkeiten der Kelten gehörte die Verarbeitung von Eisen. Ihre Eisenwaren waren überall begehrt. Keltische Schwerter galten als besonders scharf. Außerdem handelten die Kelten mit Salz und Fellen.

Schriftliche Informationen über die Kelten besitzen wir von antiken griechischen und römischen Geschichtsschreibern[1]. Die Kelten selbst hatten keine Schrift. Weil Wissenschaftler sich daher hauptsächlich aus Funden ein Bild von den Kelten machen, ordnen sie sie der Eisenzeit und damit immer noch der Ur- und Frühgeschichte zu.

M2 Kelten zum Anfassen
Rekonstruierte keltische Siedlung „Altburg“ bei Bundenbach
Einige befreundete Familien verbringen dort ihre Ferien und leben für einige Wochen im Jahr als Kelten wie vor über 2000 Jahren – „Living History“ als Urlaubstrend.

Keltische Verhältnisse

Die Gesellschaft der Kelten bestand aus Kriegern, Bauern, Handwerkern, Händlern und Sklaven. An der Spitze standen Anführer, die man vielleicht als „Fürsten“ bezeichnen könnte. Ihre besondere Stellung belegen reich ausgestattete Grabkammern unter aufgeschütteten Erdhügeln, wie sie etwa in Waldalgesheim (Rheinland-Pfalz) oder am Glauberg (Hessen) gefunden wurden.

Zu den einflussreichsten Mitgliedern der keltischen Bevölkerung gehörten die Druiden (dt. „die sehr Weisen“). Sie galten als Mittler zwischen den Göttern und den Menschen. Die Druiden spendeten den Göttern Opfer, sprachen Recht, erzogen die Jugend und befassten sich mit Heilkunst, Sternenkunde und Zukunftsdeutung.

In einer keltischen Stadt

Die Kelten errichteten im 3./2. Jh. v. Chr. in West- und Mitteleuropa erste stadtartige Siedlungen. Sie entstanden auf Bergrücken oder an wichtigen Verkehrswegen. Die Römer nannten eine solche Siedlung Oppidum (dt. „befestigter Ort“). In Rheinland-Pfalz gibt es noch Überreste auf dem Donnersberg bei Dannenfels oder dem Martberg bei Cochem-Zell.

Die keltische Siedlung auf dem Donnersberg, dem höchsten Berg der Pfalz, war eine der größten nördlich der Alpen. Wahrscheinlich war sie Zentrum eines Teilstammes der keltischen Treverer, deren Hauptort Trier war. Das Oppidum bot Platz für mehrere tausend Menschen. Überreste von Schlacken und Waren belegen, dass es Werkstätten gab. Vielleicht stellten die Handwerker dort Schmuck oder Glas her und verarbeiteten die um den Berg herum vorkommenden Erze. Vermutlich haben sie schon für den Export produziert. Die Siedlung wurde 50 v. Chr. verlassen. Warum, wissen wir nicht.

1. *Beschreibe die Figur (M1). Stelle fest, welche Schmuckstücke zu erkennen sind.*
2. *Viele sehen den Trend der „Living History“ kritisch. Finde heraus, was darunter zu verstehen ist und nimm dazu Stellung.*

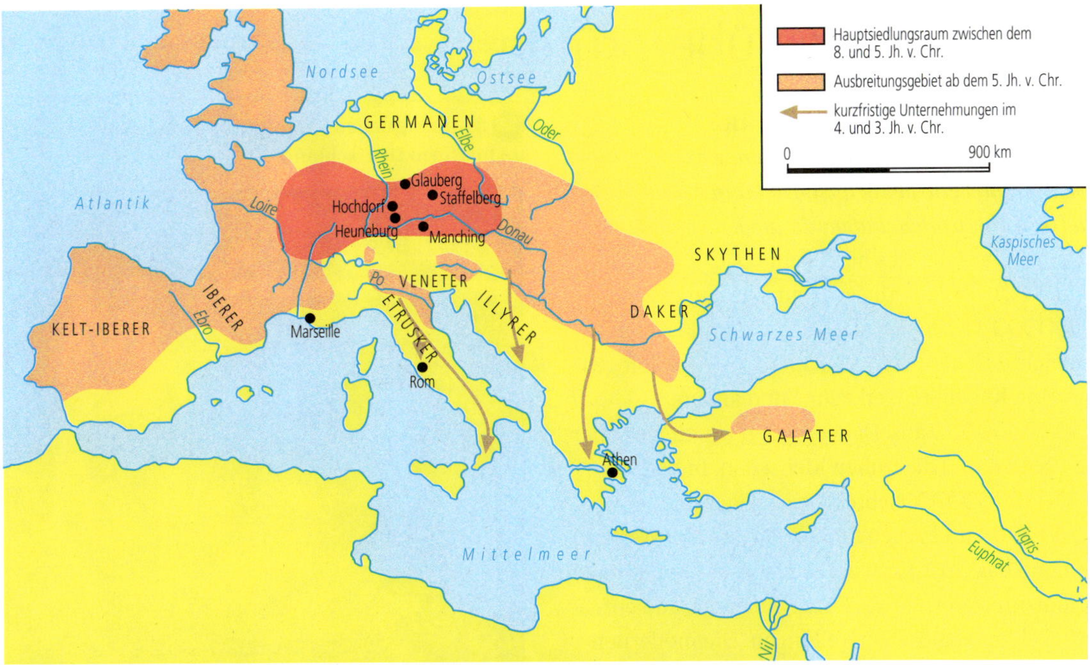

M 3 Wo die Kelten lebten

Internettipps:
Viele anschauliche Informationen zu den Kelten in Rheinland-Pfalz bietet Mediencode 31021-13

Lesetipp:
Neil Grant, Die Kelten, Nürnberg 2003

M 4 Keltensiedlung am Donnersberg in der Pfalz
3D-Rekonstruktion von Roland Seidel, 2011
Die stadtartige Siedlung hatte eine Fläche von 240 Hektar und war von einem monumentalen Befestigungsring mit fünf Toren, einem vier Meter hohen hölzernen Schanzwerk und einem breiten Erdwall umgeben. Die Mauern müssen weithin sichtbar gewesen sein und dienten vor allem der Machtdemonstration. Forscher schätzen, dass alleine 10 000 Bäume für den Bau des Walles nötig waren. Deshalb war der Donnersberg zu dieser Zeit unbewaldet.

M 5 Keltische Kunst
Verzierung einer keltischen Kanne aus Bronze und Eisen, 5. Jh. v. Chr.
Die Kanne wurde am Glauberg gefunden.

1. *Stelle mithilfe einer aktuellen Karte fest, in welchen Bundesländern das Siedlungsgebiet der Kelten liegt.*
2. *Recherchiert zur Keltensiedlung auf dem Donnersberg. Erstellt eine Wandzeitung.*
3. *Stelle einen „Kelten-Steckbrief" zusammen: Woher stammten die Kelten und was wissen wir über ihre Gesellschaft, Wirtschaft und Kultur?*
4. *Erläutere, woher unsere Informationen über die Kelten stammen.*

Kompetenzen überprüfen

M1 Kennst du die Fachbegriffe?

Der folgende Text fasst zusammen, was du in diesem Kapitel erarbeitet hast. Du kannst dein Sachwissen überprüfen, indem du die Lücken füllst.

Die Zeit, aus der uns noch keine ○○○○○○○○○-○○○○ Quellen überliefert sind, nennen wir ○○○○○○○○○○○○ oder auch Ur- und Frühgeschichte. ○○○○○○○○○○○○○○○○ (Archäologen) werten Knochen, Werkzeuge und andere ○○○○○○○○○○ aus. Daher wissen wir einiges über diese Zeit und die frühen Menschen. In der ○○○○○○○○○○○○ lebten sie als Jäger und ○○○○○○○ und zogen umher. Sie lernten, Werkzeuge und das ○○○○○ zu gebrauchen, stellten mit den Höhlenmalereien erste Kunstwerke her und entwickelten religiöse Vorstellungen. Die modernen Menschen, die ○○○○○○○○○○○○, haben sich vor 160 000 Jahren in Südostafrika entwickelt. Von dort haben sie sich vor ○○ ○○○ Jahren über Europa ausgebreitet.

Mit dem Übergang zur ○○○○○○○○○○○○○ lernten die Menschen, Getreide anzubauen und Tiere zu halten. Immer mehr Menschen ließen sich nieder und lebten in Siedlungen. Sie bauten Häuser, erfanden das Rad, legten Brunnen und Wege an, backten Brote, töpferten Gefäße und webten Kleidung. Eine neue Entwicklung der Menschheitsgeschichte begann mit der ○○○○○○○○○○, in der zunächst Bronze und später auch ○○○○○ zu Werkzeugen, Schmuckstücken und ○○○○○○ verarbeitet wurden. Allmählich setzte eine ○○○○○○○○○○○○○○ ein. Die einen blieben ○○○○○○ oder Hirten, andere wurden Handwerker und ○○○○○○○.

M2 Folgende Daten sind durcheinandergeraten

vor 6 bis 7 Mio. Jahren	Die Altsteinzeit beginnt.
vor 3,2 Mio. Jahren	In Afrika leben Vormenschen.
vor 2,5 Mio. Jahren	„Lucy“ lebt in Afrika.
vor 160 000 Jahren	Neandertaler leben im Nahen Osten und in Europa.
vor 130 000 Jahren	Der Jetztmensch entwickelt sich in Afrika.

M3 Bilzingsleben – der älteste Wohnplatz im heutigen Deutschland

1 See, Altwässer, Fluss
2 versumpfte Auen mit Schilfdickicht, Ried sowie Weidengebüsch
3 Vegetation in Tallage, meist Weidengebüsch und -dickicht
4 artenreiche Auenwälder mit Erlenbruch
5 lichter Eichen- und Buchsbaumwald mit Eibenbestand
6 vorwiegend Gebüschfluren mit Buchsbaum, Feuerdorn, Flieder, Kornelkirsche, Hasel, Berberitze, Wacholder usw.
7 offene Steppenwiesen
× Lagerplatz

Rekonstruktionsversuch, um 2000
Siedlungsspuren und Schädelfunde deuten darauf hin, dass im heutigen Bilzingsleben (Thüringen) bereits vor 400 000 Jahren Menschen siedelten, die in mit Schilf und Zweigen abgedeckten Hütten wohnten.

Museum für Ur- und Frühgeschichte				
Abteilung „Steinzeiten"			Abteilung „Metallzeiten"	
Raum Altsteinzeit	Raum Mittelsteinzeit	Raum Jungsteinzeit	Raum Bronzezeit	Raum Eisenzeit

M4 Archäologie im Museum
Die Gliederung der Ur- und Frühgeschichte in Epochen findet sich in vielen größeren Museen auch im Aufbau der Sammlungen wieder.

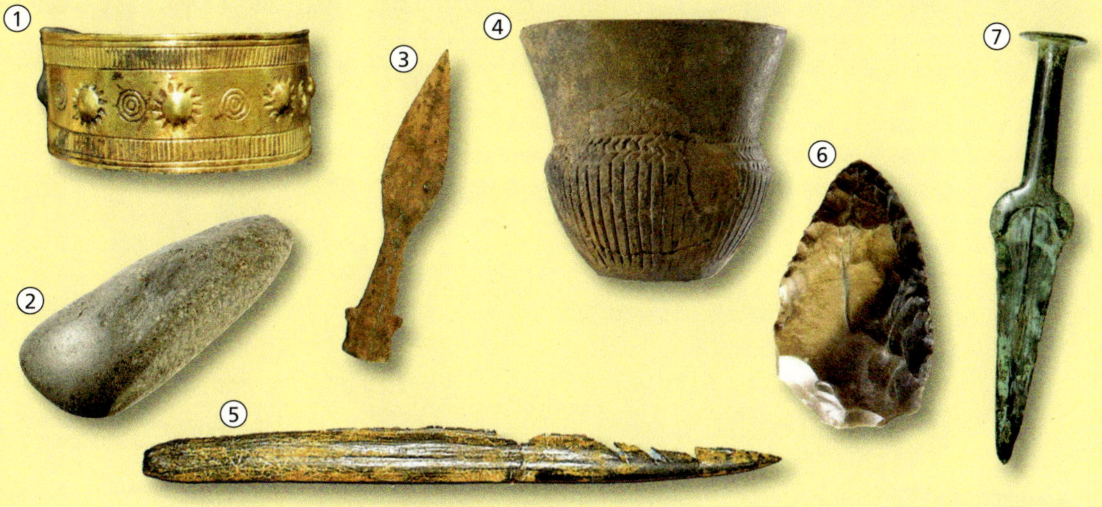

M5 Funde
Solche Gegenstände wurden und werden immer wieder im Boden gefunden.

① Getreide ernten

② Werkzeug herstellen und verwenden

③ Vorräte anlegen und später verzehren

④ mit Netzen und Harpunen Fische fangen

⑤ Musikinstrumente spielen

⑥ ein Haus bauen

⑦ einen Verstorbenen beerdigen

⑧ Metall schmelzen und in Formen gießen

M6 Leben heute
Alles, was auf den Zetteln links steht, können Menschen heute machen. Viele Tätigkeiten haben ihren Ursprung in der Ur und Frühgeschichte.

M7 Wie viel ist der „Ötzi" wert?

Das Nürnberger Ehepaar Simon, das 1991 den „Ötzi" gefunden hat, fordert vor Gericht einen Finderlohn, da der Fund der Allgemeinheit nützt und mit ihm Geschäfte gemacht werden. Stefan Beikircher vom Rechtsamt der Südtiroler Regierung erklärt:

Aber wie wollen Sie denn den Wert einer Leiche festlegen, sei sie auch noch so alt? [...] Wir können den Ötzi [...] nicht verkaufen und wir können ihn auch nicht versteigern wie ein wertvolles Gemälde.

Zit. nach: www.stern.de/panorama/wissen/mensch/streit--wie-viel-ist-oetzi-wert---3507682.html [Zugriff: 24.08.2015]

1. Schreibe die fehlenden Begriffe auf (M1).
2. Erstelle einen Zeitstrahl zur Frühgeschichte des Menschen. Trage darin folgende Daten ein: das Aussterben der Neandertaler, die Entstehungszeit der Höhlenmalerei in der Höhle von Lascaux sowie die ungefähre Lebenszeit von „Ötzi".
3. Ordne die Daten (M2) richtig zu und übertrage sie in den angelegten Zeitstrahl aus Aufgabe 2.
4. Beschreibe die Karte M3. Erläutere, warum die Menschen gerade diesen Platz auswählten.
5. Nach einem Museumseinbruch konnte die Polizei gestohlene Ausstellungsstücke sicherstellen (M5). Bringe sie in die richtigen Abteilungen und Räume zurück (M4) und erkläre den Beamten die Zuordnung.
6. Schreibe für das Museum zu jedem Raum eine kurze Führung, die folgende Informationen enthält: Lebensweise – Verhältnis zur Natur – wichtige Erfindungen und Neuerungen.
7. Ordne die Tätigkeiten in M6 der Epoche zu, in der sie erfunden wurden. Finde im Buch Bilder/Texte zu jeder Neuerung. Ergänze damit deinen Museumsführer aus Aufgabe 6.
8. Wie hättest du den Streit um den Finderlohn (M7) entschieden? Begründe dein Urteil.

3

Alte Kulturen im Mittelmeerraum

M 1 **Pyramiden in Giza (Ägypten)**
Foto um 2000

M 2 Parthenon-Tempel auf der Akropolis in Athen (Griechenland)
Foto von 2012

M 3 Kolosseum in Rom (Italien)
Foto von 2010

Alte Kulturen entdecken

Jedes Jahr reisen Millionen Touristen nach Ägypten, Griechenland und Italien. Viele machen Badeurlaub am Mittelmeer. Die meisten kommen aber auch, um sich die Überreste dieser alten Kulturen anzusehen, die vor vielen tausend Jahren entstanden sind.

Am Ende dieses Kapitels könnt ihr
- erklären, wann und wie sich die ägyptische, griechische und römische Kultur im Mittelmeerraum ausbreitete,
- darstellen, welche Rolle naturräumliche Bedingungen für die Entwicklung spielten,
- die drei Kulturen zeitlich und räumlich einordnen und vergleichen,
- benennen, welche Herrschaftsformen es gab und wie sie begründet wurden,
- beschreiben, wie Staat und Gesellschaft aufgebaut waren,
- erläutern, wie wirtschaftlicher Aufschwung und territoriale Ausbreitung zusammenhingen,
- begründen, welche Bedeutung die Religion hatte und
- beurteilen, unter welchen Bedingungen sich Hochkulturen entwickeln und welche Merkmale sie kennzeichnen.

1. *Die abgebildeten Bauwerke zählen zu den berühmtesten Überresten der alten Kulturen im Mittelmeerraum. Informiert euch, wozu sie erbaut wurden und welche Funktionen sie hatten.*
2. *Die Abbildungen stehen für verschiedene Bereiche (Herrschaft, Gesellschaft, Wirtschaft und Weltdeutung/Religion; siehe dazu auch S. 10) der alten Kulturen. Nennt sie und begründet eure Entscheidung.*
3. *Prüft, welche Bereiche (siehe Aufgabe 2) fehlen.*
   Tipp: Lest euch dazu die Aufzählung oben im Text noch einmal durch.

Orientierung gewinnen: Leben in der frühen Hochkultur Ägypten

Auch in Ägypten waren die Menschen anfangs Jäger und Sammler. Später wurden sie sesshaft und lebten als Bauern und Viehzüchter. Im Laufe der Zeit lernten sie Kupfer und Bronze als neue Werkstoffe kennen. Aber das Leben in Ägypten war dennoch anders als in den Gegenden, die du bis jetzt im Geschichtsunterricht kennengelernt hast. Die alten Ägypter hatten Fähigkeiten, die anderswo noch völlig unbekannt waren. Auch ihr Zusammenleben hatte andere Regeln.
Ägyptologen untersuchen, wie die Menschen im alten Ägypten lebten. Sie kommen zu dem Urteil: Ägypten war eine frühe Hochkultur. Im folgenden Kapitel erfährst du, was darunter zu verstehen ist und warum sich diese Kultur gerade in diesem **Raum** zu dieser **Zeit** entwickelte.

An der Spitze des ägyptischen Reiches stand fast immer ein König: der Pharao. In der 3000 Jahre langen Geschichte des alten Ägypten gab es ungefähr 350 Herrscher, aber nur wenige Herrscherinnen. Der Pharao herrschte über die Menschen und bestimmte über das Land. Für die alten Ägypter hatte er eine ganz besondere Stellung. Wie entstand die Herrschaft des Pharao? Wie konnte er seine Macht begründen? Was waren seine Rechte und Pflichten?

Die Gesellschaft im alten Ägypten bestand aus unterschiedlichen Gruppen. Nicht alle Ägypter hatten gleiche Aufgaben, Rechte und Pflichten. Wie sah die ägyptische Gesellschaft aus und wodurch unterschieden sich die Menschen voneinander? Welche Stellung nahmen Männer, welche nahmen Frauen ein? Wie organisierten die Menschen ihr Zusammenleben?

Der größte Teil Ägyptens besteht aus Wüste. Dennoch war das alte Ägypten ein reiches Land. Davon zeugen die Überreste prächtiger Bauwerke, kostbare Gräberfunde und andere Quellen, die von reichen Handelsgütern berichten. Wie war dies unter den extremen landschaftlichen Bedingungen möglich? Wie nutzten die Ägypter ihr Land? Welche Fähigkeiten brauchten sie dazu?

Die Ägypter hatten besondere Vorstellungen von der Welt, dem Leben und dem Tod. Diese hatten ganz entscheidenden Einfluss auf das Zusammenleben. Woran glaubten die Menschen und wovor hatten sie Angst? Wie versuchten sie, ihre Welt zu erklären?

5000 v. Chr. — 4000 v. Chr. — 3000 v. Chr.

Jungsteinzeit in Mitteleuropa

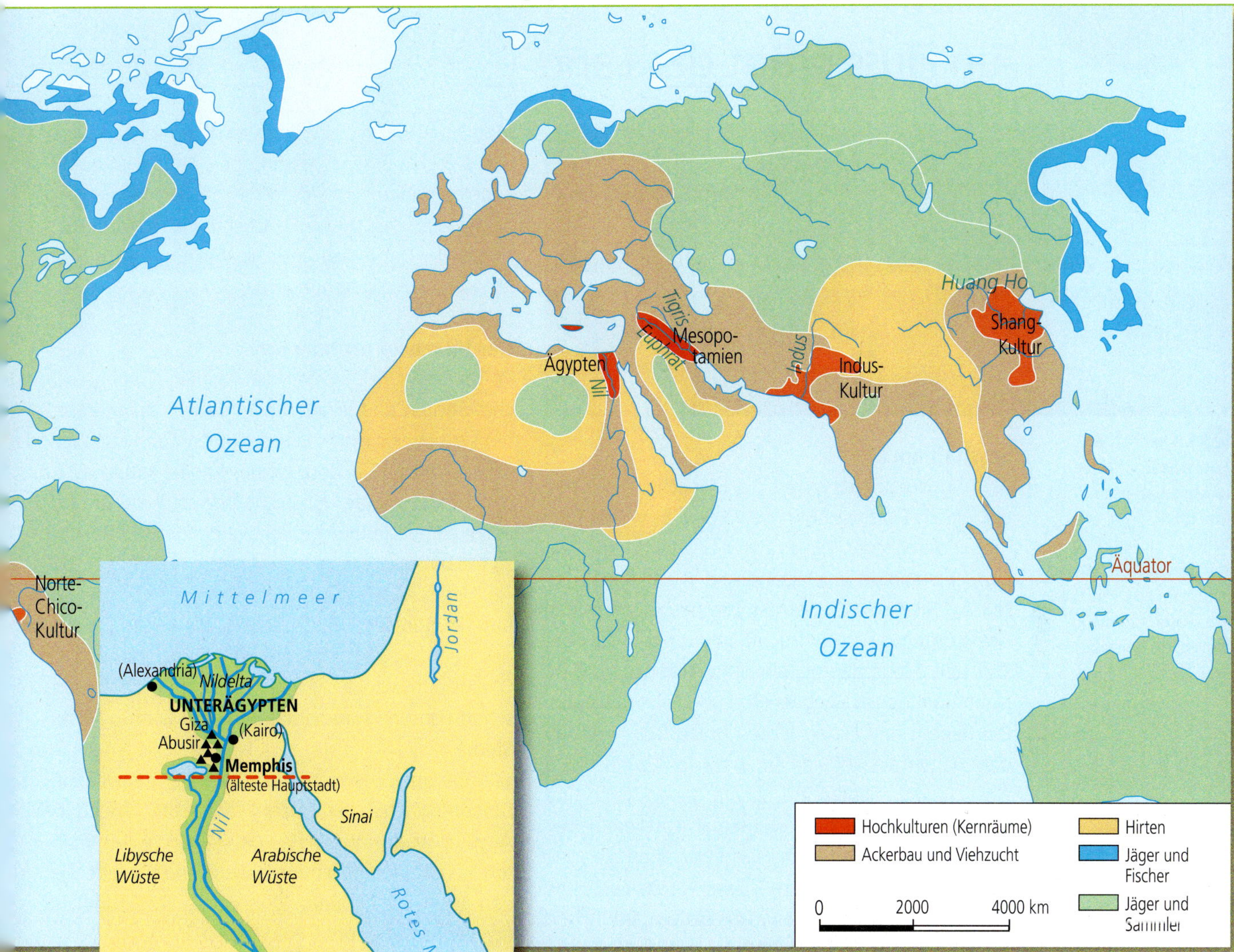

M1 Frühe Hochkulturen auf der Welt um 1800 v. Chr.

M2 Ägypten
Unterlauf des Nils
Mit fast 6700 km ist der Nil der längste Fluss der Erde.

1. *Beschreibe die Karte M1.*
2. *Zeige auf, wie die Menschen an den verschiedenen Orten der Welt ihr Überleben sicherten.*
3. *Diskutiert in der Klasse mögliche Gründe für die unterschiedlichen Lebensweisen.*
4. *Arbeitet in Kleingruppen die Besonderheiten Ägyptens (M2) heraus. Entwickelt Fragen, die sich aus der Karte ergeben.*

Zeit der ägyptischen Hochkultur

2000 v. Chr. | 1000 v. Chr. | Chr. Geburt

Bronzezeit in Mitteleuropa | Eisenzeit in Mitteleuropa

Ein Fluss prägt das Land

M 1 Das Niltal
Foto aus Beni Hasan in Mittelägypten, um 1960
Wie auf diesem Bild sah das Niltal schon im Altertum aus. Die Bauern lebten damals in ähnlichen Lehmhäusern.

Sesshaft am Nilufer

Auch in Nordafrika waren die Menschen am Ende der letzten Eiszeit sesshaft geworden. Es wurde wärmer und trockener. Wo es zuvor Grasland und Wald gab, entstand die lebensfeindliche Wüste Sahara. Nur am Nil waren die Verhältnisse besser: An seinen Ufern erstreckt sich ein fruchtbarer Streifen, auf dem sich viele Menschen niederließen. Hier konnten sie jagen und fischen, Vieh weiden und Felder anlegen. Die Bauern und Hirten lebten in Dörfern. Auf Feldern bauten sie Getreide an, in Gärten Gemüse und Obst. Rinder, Ziegen und Schafe gaben Milch und Fleisch. Esel und Ochsen wurden als Lasttiere gehalten. Aus den Fasern von Flachs machten sie Kleidung, Segel und Seile. Am Nilufer wuchs auch eine Pflanze, aus deren Stängeln man Matten, Boote und Schreibmaterial herstellen konnte: **Papyrus**.[1]

[1] Zu Papyrus siehe S. 62.

DVD-Tipp:
Der Nil: Königreiche am Fluss (BBC), 2005

Eine „Lebensader"

Jedes Jahr im Juni stieg der Nil an, denn im Mai begann die Regenzeit. Er überflutete die Ufer bis weit ins Landesinnere. Wenn das Wasser im September wieder sank, war der Boden feucht und mit fruchtbarem schwarzen Schlamm bedeckt. Der düngte das Land jährlich neu und gab Ägypten seinen alten Namen: „Kemet", schwarzes Land.

Manchmal war die Überschwemmung so stark, dass die Wassermassen Zerstörungen verursachten. In anderen Jahren wiederum fiel das Hochwasser so gering aus, dass zu wenig fruchtbarer Schlamm zurückblieb. Dann gab es schlechte Ernten und die Menschen mussten hungern.

Der Nil macht erfinderisch

Im Laufe der Zeit lernten die Ägypter, Gräben, Deiche, Becken und Schleusen zu bauen. Damit konnten sie sich vor Hochwasser schützen und das Wasser speichern. Ein Netz kleiner Kanäle leitete es zu den Feldern. Diese künstliche Bewässerung ermöglichte es, die immer größer werdende Bevölkerung zu ernähren.
Aufmerksame Beobachter stellten fest, dass die Nilflut alle 365 Tage wiederkehrte. Sie begann, wenn der Stern Sirius erstmals am Himmel sichtbar wurde. Daraus entwickelte sich die Astronomie, die Wissenschaft von den Himmelskörpern wie Sonne, Mond, Sterne.
Weil die Überschwemmung immer die Grenzmarkierungen zwischen den Feldern verwischte, fanden die Ägypter heraus, wie man von einigen festen Punkten aus mit langen Schnüren die Grenzen wieder genau ausmessen konnte. Dies wurde zur Grundlage der Vermessung, der Geometrie.

1. *Fasse zusammen, welche Bedingungen dazu beitrugen, dass die Ufer des Nils besiedelt wurden.*
2. *Erkläre, wie der Nil dem alten Ägypten zu seinem Namen verhalf.*
3. *Lege eine Tabelle an und liste Vor- und Nachteile des Lebens am Nil auf. Beurteile, ob der Nil zu Recht als Lebensader bezeichnet wird.*

M 2 Jahreszeiten
Die Ägypter teilten das Jahr nach dem Wasserstand des Nils in drei Jahreszeiten ein. Jede hatte vier Monate, die in drei 10-Tage-Wochen gegliedert waren. Nach diesen 360 Tagen (3 x 4 x 3 x 10) wurden am Jahresende fünf Zusatztage eingefügt.

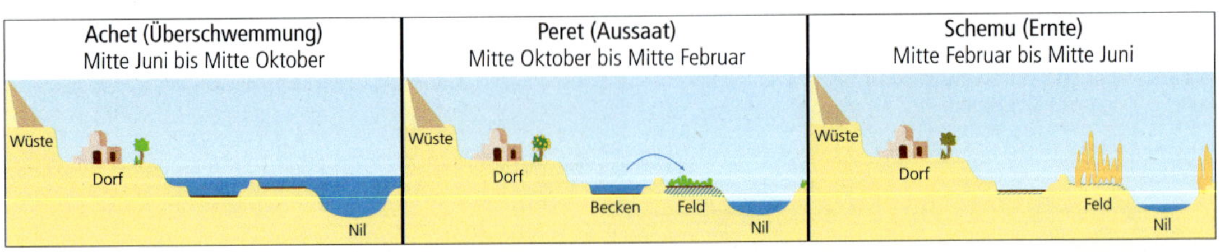

Papyrus*

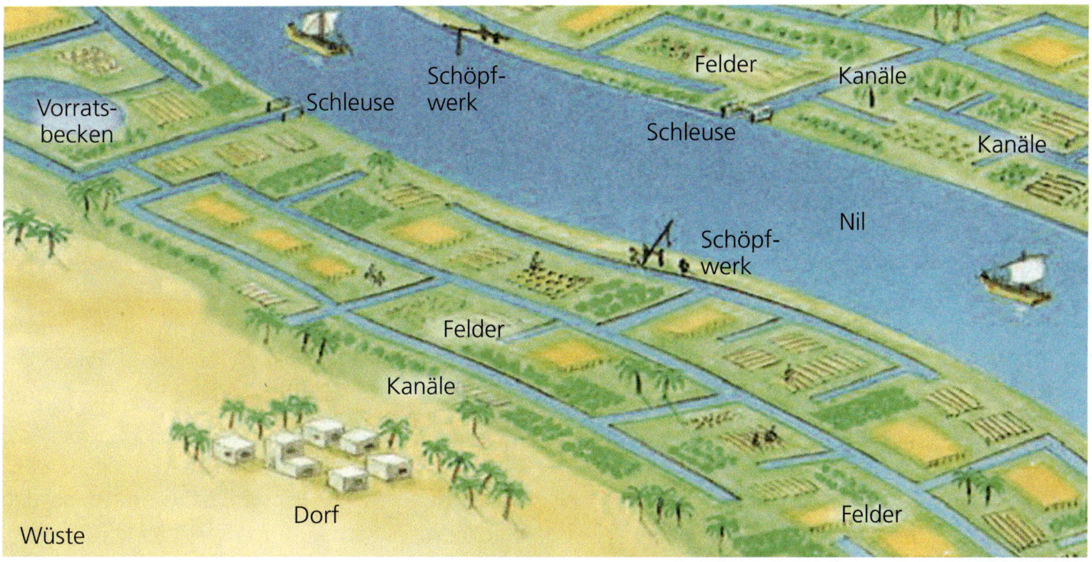

M 3 Zwischen Wasser und Wüste
Schaubild zur künstlichen Bewässerung im alten Ägypten, 2015

Internettipps:
Wissenswertes zum alten Ägypten findest du unter Mediencode 31021-14

Lesetipps:
- Anne Millard und Steve Noon, Leben am Nil, Starnberg 2003
- Florence Maruéjol, Ägypten, Köln 2006

M 4 Über den Nil

Die alten Ägypter nennen den Nil „Hapi" und verehren ihn als Gottheit. Folgendes Loblied widmen sie ihm um 1300 v. Chr.:

Sei gegrüßt, o Hapi, der aus der Erde hervorgegangen ist, gekommen, um Ägypten wiederzubeleben. O Hapi, Herr der Fische, der die Zugvögel nach Süden führt, der die Gerste erschafft und Emmerweizen entstehen lässt, um die Tempel festlich auszustatten. Wenn es einen Ausfall der Überschwemmung gibt, dann verarmt jedermann. Wenn Hapi den Räuber spielt, leidet das ganze Land. Erscheint er jedoch, ist das Land in Jubel, dann ist jeder Bauch erfreut. Jedes Gebiss nimmt dann ein Lächeln an. Er ist in der Unterwelt, aber Himmel und Erde werden von ihm gestützt, ihm, der die beiden Länder [Ober- und Unterägypten] erobert, der die Magazine füllt, der die Scheunen vergrößert, der dem Armen Besitz gibt. O Hapi, der Holz und alles, was benötigt wird, wachsen lässt, sodass es keinen Mangel gibt. O Hapi, der die Menschen bekleidet mit Flachs, den er geschaffen hat. Fließe, o Hapi, damit man dir opfert! Komm nach Ägypten, o Hapi, der seinen Frieden entstehen und die beiden Ufer gedeihen lässt.

Übersetzung nach Peter Dils (gekürzt und vereinfacht); Thesaurus Linguae Aegyptiae http://aaew.bbaw.de/tla/servlet/S05?d=d001&h=h001 [12.09.2014]

M 5 Vogeljagd am Nil
Wandgemälde aus dem Grab des Nebamun, um 1400/1390 v. Chr.
Der hohe Beamte Nebamun mit Frau und Kind bei der Vogeljagd. Die Vögel wurden mit Wurfhölzern erlegt. Die Jagd in den Sümpfen war ein beliebter Sport, aber auch eine Prüfung, die man bestehen musste, um ins Jenseits eingehen zu können (siehe dazu S. 68 f.).

1. *Erkläre die „drei Jahreszeiten" (M2). Welchen Nutzen hatten die Ägypter von diesem Kalender?*
2. *Arbeite mithilfe von M2 heraus, welche Jahreszeit in M3 dargestellt ist.*
3. *Beschreibe das Bewässerungssystem am Nil (M3).*
4. *Erläutere, warum die Ägypter den Nil als Gott verehrten (M4). Ziehe den Verfassertext zu Hilfe.*
5. *Recherchiere, welche Rolle der Nil im modernen Ägypten spielt.*
6. *Beurteile, ob sich die Bedeutung des Flusses mit dem Bau des Assuanstaudammes verändert hat.*

Die Herrschaft der Pharaonen

M 1 Tutanchamun
Sarg aus Gold, Glas und Halbedelsteinen, um 1325 v. Chr.
Der kunstvolle Sarg enthielt die Mumie (siehe S. 66) des Pharaos Tutanchamun. Er regierte von 1347 bis 1338 v. Chr. und starb bereits mit 18 Jahren.
Die ägyptischen Herrscher trugen entweder eine Krone oder das königliche Nemes-Kopftuch. Zu besonderen Anlässen wurde der künstliche, geflochtene Bart angelegt. In den Händen hält der Pharao Wedel und Krummstab als typische Bestandteile seiner Amtstracht.

Lesetipp:
Maja Nielsen, Tutanchamun – Das vergessene Königsgrab, Hildesheim 2011

Pharao – „großes Haus"

Zwischen dem 4. und 3. Jahrtausend v. Chr. entwickelten sich im Norden Ägyptens (Unterägypten) und im Süden (Oberägypten) zwei große Stämme. Um 3000 v. Chr. schlossen sie sich unter einem König zu einem Volk zusammen. In Ägypten entstand damit ein einheitliches Reich mit einem König an der Spitze, nach seinem Palast **Pharao** („großes Haus") genannt. Die Griechen bezeichneten diese Form der Alleinherrschaft später als **Monarchie**.
In den folgenden drei Jahrtausenden herrschten etwa 330 Pharaonen in Ägypten. Darunter kennen wir auch ein paar Königinnen wie Hatschepsut und Kleopatra VII., die letzte Herrscherin des Reiches.

Viel Macht – viele Aufgaben

Der Pharao bestimmte über alles. Er sorgte dafür, dass **Frieden** im Land herrschte, Recht gesprochen wurde und Abgaben gezahlt wurden. Er schickte Kaufleute in fremde Länder, um Handel zu treiben, organisierte die Bewässerung der Felder und die Vorratshaltung. In seinem Auftrag wurden Tempel, Paläste und Pyramiden[1] gebaut.
Der Pharao schützte das Land aber auch gegen Feinde und führte **Krieg** gegen andere Völker. In den zweieinhalbtausend Jahren nach der Reichsgründung wurde Ägypten nur selten von Feinden bedroht und nur ein einziges Mal erobert. Die Pharaonen wollten ihr Reich vergrößern. Thutmosis III. weitete in fast jährlichen Feldzügen sein Reich im 15. Jh. v. Chr. bis nach Vorderasien aus.

Ein übermenschlicher Herrscher?

Für die Ägypter war der Pharao weit mehr als ein normaler Mensch. Sie hielten ihn für den Sohn des Sonnengottes Re[2]. Wie Re im Himmel als König herrscht, so regiert der Pharao auf der Erde. Auch mit den anderen Göttern der Ägypter war der Pharao verwandt. Die alten Ägypter glaubten, dass ein Pharao nach seinem Tod selbst ein Gott werden würde. Deshalb galt er als rechtmäßig von den Göttern eingesetzter (legitimierter) Mittler zur Götterwelt.
Wichtigste Aufgabe des Pharaos war der Gottesdienst. Hunderte von Priestern halfen ihm dabei und brachten in seinem Auftrag Opfer für die Götter dar, denn der König konnte ja nicht mehrfach am Tag in jedem Tempel des Landes für jeden Gott sorgen.
Eine weitere Aufgabe des Pharaos bestand darin, die Maat wiederherzustellen. Die Ägypter verstanden darunter einen Zustand von Gerechtigkeit und Ordnung, den der Sonnengott Re bei der Erschaffung der Welt hervorgebracht haben soll. Aber seither sei dieser Urzustand durch Lügen, Gewalt und Übeltaten der Menschen dauernd bedroht.
Die Ägypter waren außerdem davon überzeugt, dass ihr König die Nilflut beeinflussen und für gute Ernten sorgen könne. Deshalb war es wichtig, dass er immer gute Verbindung zu den Göttern hielt.

1. *Gib wieder, wie die Bezeichnung Pharao entstand und was sie bedeutet.*
2. *Arbeite aus dem Text heraus, warum die Ägypter ihren Herrscher als gottähnlich ansahen.*
3. *Erkläre die Bedeutung der Maat.*
4. *Recherchiere, ob in heutigen Religionen ähnliche Vorstellungen existieren. Bereite einen Kurzvortrag vor.*
5. *Die Herrschaftszeichen Wedel und Krummstab (M1) haben ihren Ursprung in der Frühgeschichte Ägyptens. Informiere dich in einem Lexikon oder im Internet über ihre besondere Bedeutung.*
   Tipp: Der Krummstab ist noch heute ein Kennzeichen hoher kirchlicher Würdenträger.

[1] Zu den Pyramiden siehe S. 67.
[2] Zu den Göttern siehe S. 64.

Pharao* Monarchie Frieden Krieg

M 2 Lobgesang an den Sonnengott Re

Die älteste schriftliche Überlieferung dieses Lobgesangs (Hymnus) stammt aus dem 15. Jh. v. Chr. Er ist beim täglichen Gottesdienst für den Sonnengott Re vorgetragen worden:

Re hat den König an die Spitze des Landes der Lebenden gegeben bis in alle Ewigkeit, um dauerhaft die Menschen zu richten, die Götter zufriedenzustellen, die Maat [Weltordnung] zu verwirklichen und das Böse zu vernichten. Er gibt den Göttern Opferspeisen und den Verstorbenen Totenopfer. Der Name des Königs ist im Himmel wie Re [...]. Es jubeln die Menschen, wenn sie ihn sehen, das Volk bereitet ihm Beifallsstürme.

Zit. nach: Nadja Braun, Der Pharao als Priester und Stellvertreter Gottes. Untersuchungen zu einem Text aus dem königlichen Sonnenkult, Leipzig 2001 (unveröffentlichte Magisterarbeit)

M 4 Der Pharao beim Gottesdienst

Wandbemalung in der Hathor-Kapelle Thutmosis' III., um 1440 v. Chr.

Die Darstellung zeigt den Pharao Thutmosis III. (links) vor dem Gott Amun (siehe S. 64), der als König der Götter verherrlicht wurde. In der linken Hand hält der Pharao ein Gefäß mit Weihrauch, mit der rechten Hand spendet er Amun Wasser.

M 3 „Dieses Heer kehrte glücklich heim"

Die verschiedenen Feinde aus dem Osten heißen in den ägyptischen Quellen einfach „Asiaten" oder „Sandbewohner". Aus der Lebensbeschreibung des vornehmen Ägypters Uni (nach 2300 v. Chr.):

Seine Majestät bekriegte die asiatischen Sandbewohner, und seine Majestät sammelte ein Heer von vielen Zehntausenden aus ganz Oberägypten [...].
Dieses Heer kehrte glücklich heim, nachdem es das Land der Sandbewohner zerstört hatte. [...]
Dieses Heer kehrte glücklich heim, nachdem es ihre Feigenbäume und Weinstöcke abgeschnitten hatte.
Dieses Heer kehrte glücklich heim, nachdem es an den Häusern aller Menschen dort Feuer gelegt hatte.
Dieses Heer kehrte glücklich heim, nachdem es dort Truppen zu vielen Zehntausenden abgeschlachtet hatte.
Dieses Heer kehrte glücklich heim, nachdem es sehr viele Truppen von dort als Gefangene mitgebracht hatte.

Zit. nach: Adolf Ermann, Ägypten und ägyptisches Leben im Altertum. Neu bearb. von H. Ranke, Hildesheim [3]1984 (Neudruck der Ausgabe von 1923), S. 623 (gekürzt und vereinfacht)

M 5 Der Pharao als Feldherr

Nachzeichnung eines ägyptischen Reliefs, 19. Jh.

Das Bild zeigt Ramses II. in der Schlacht gegen die Hethiter 1285 v. Chr. als Sieger, obwohl sie unentschieden ausging.

1. *Beschreibe die Abbildungen (M1, M4, M5) und erkläre, woran ein ägyptischer König zu erkennen ist.*
2. *Erläutere, welche Haltung gegen Feinde M3 und M5 erkennen lassen.*
3. *Beurteile: Welche Aufgabe hatte das Bild M5?*
4. *Schreibe eine „Stellenanzeige" für den Pharao (M2-M5).*
5. *Überlege, welche Eigenschaften und Fähigkeiten ein guter Herrscher mitbringen sollte.*
6. *Nenne Beispiele für Menschen, die heute eine ähnlich mächtige Stellung einnehmen. Vergleiche mit dem alten Ägypten.*

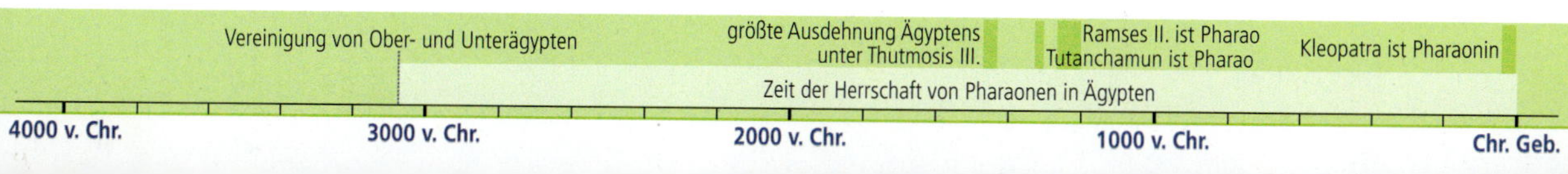

Wie die Ägypter zusammenleben

M 1 Eine Familie
Wandmalerei aus dem Grab des hohen Beamten Inherchau in Theben, um 1150 v. Chr.
Sie zeigt Inherchau (Mitte) mit seiner Frau, seinem Sohn und seinen Enkeln.

Eine geordnete Gesellschaft

Alle Frauen, Männer und Kinder, die in einem bestimmten Gebiet (z. B. einem Reich) zusammenleben und sich selbst als zusammengehörig betrachten, nennen wir eine Gesellschaft.
Die ägyptische Gesellschaft setzte sich aus unterschiedlichen Gruppen zusammen. In sie wurde man in der Regel hineingeboren. Es bestand eine von oben nach unten gegliederte Rangordnung (**Hierarchie**), in der jeder besondere Rechte, Pflichten und Aufgaben hatte.
An der Spitze standen der Pharao und seine Familie sowie die Priester und höchsten Beamten. Sie herrschten über die Masse des ägyptischen Volkes: niedere Beamte, Handwerker und vor allem Bauern.
Die ägyptische Gesellschaft hatte eine Besonderheit: Eine Person konnte mehrere Ämter gleichzeitig ausüben. Ein Offizier konnte also zum Beispiel ein hohes Priesteramt bekleiden, Bauern konnten zeitweise auch als niedere Priester oder Soldaten tätig sein.

Familie – Abbildung der großen Ordnung

Bilder und Figuren aus dem alten Ägypten zeigen Familien sehr harmonisch. Frauen waren geachtet und meist in gleicher Größe wie die Männer dargestellt. Wie kam es zu dieser außergewöhnlichen Anerkennung, über die sich andere Völker wunderten?
Für die Ägypter bildete die Familie einen Teil der großen, alles umfassenden Ordnung, der Maat. Von der Staatsordnung bis in den kleinsten Bereich des Alltagslebens sollte die göttliche Ordnung bestehen. Das galt auch für Ehe und Familie.

Frauen und Männer

Frauen und Männer hatten in der ägyptischen Gesellschaft eine vergleichbare Stellung. Frauen waren rechtlich unabhängig und den Männern gleichgestellt. Sie konnten ihre Rechte vor Gericht einklagen und über eigenen Besitz verfügen.
Die Geschlechter sollten jedoch im Leben unterschiedliche Aufgaben erfüllen: Der Mann war Familienvorstand und übte seinen Beruf aus. Die Hauptaufgabe der Frauen bestand in der Sorge um die Familie. Sie organisierten selbstständig den Haushalt, erzogen die Kinder und verwalteten den Besitz. Deshalb galten sie als die „Herrinnen des Hauses".
Nur wenige Ägypterinnen übten wichtige Ämter aus. Dennoch gab es Frauen, die Ägypten als Pharaonen regierten oder als hohe Priesterinnen politischen Einfluss erlangten.

Eltern und Kinder

Familie und Kinder waren den alten Ägyptern sehr wichtig. Die ägyptische Durchschnittsfamilie hatte nicht mehr als zwei Kinder, denn die meisten starben schon früh an Krankheiten. Die Eltern umsorgten liebevoll ihre Kleinkinder. Danach wurden die Kinder früh auf ihre späteren Aufgaben vorbereitet. Mädchen halfen der Mutter im Haus. Die Jungen erlernten meist den Beruf des Vaters.
Alle Kinder ab dem 5. Lebensjahr durften eine Schule besuchen, auch die Mädchen. Aber nur wenige Familien machten davon Gebrauch. Die Mädchen heirateten schon mit etwa vierzehn Jahren und mussten früh ihren eigenen Haushalt führen. Daher galt Schulbildung oft als überflüssig. Überhaupt blieb der Schulbesuch in der Regel auf die Oberschicht begrenzt. Die meisten Familien waren arm. Ihre Kinder mussten mitarbeiten und hatten keine Zeit für den Unterricht.

Beamte

Im Auftrag des Königs verwalteten die ägyptischen Beamten das Land. Es gab Beamte höherer, mittlerer und niederer Ränge. Die Wesire, die obersten Beamten, überwachten die Arbeit der ihnen unterstellten Beamten, sprachen Recht, gaben die Befehle des Pharaos weiter und leiteten Bauprojekte und Expeditionen. Sie stammten oft aus der Herrscherfamilie.

Ägyptische Beamte erfüllten auch religiöse Aufgaben. Als Priester unterstützten sie den König beim Kult für die Götter. Militärbeamte waren für die Organisation des Heeres zuständig und stellten im Kriegsfall die Armee auf.

Die Beamten gehörten zu den wenigen Ägyptern, die rechnen, schreiben und lesen konnten. Unabhängig von ihrer Aufgabe und Stellung wurden sie „Schreiber" genannt. Ihr Beruf brachte Macht, Ansehen und ein sicheres Einkommen. Die lange Ausbildung konnten sich nur wohlhabende Familien leisten. Oft wurde der Schreiberberuf vom Vater an den Sohn weitergegeben.

M 2 Schreiber
Kalksteinfigur, um 2500 v. Chr.
Im Schneidersitz wird der gespannte Schurz zu einer Schreibunterlage.

M 3 Stadtleben
Die Häuser waren aus Lehmziegeln, mehrstöckig und eng aneinander gebaut. Zwischen und in den Häusern wurden Esel, Ziegen, Gänse und anderes Kleinvieh gehalten. Katzen, Hunde und Affen waren beliebte Haustiere. Gekocht wurde auf offenen Küchenhöfen. Die Flachdächer dienten als Arbeits- und Lagerstätten.

Unfreie

Im alten Ägypten gab es auch Unfreie, die zur untersten Schicht der Gesellschaft zählten. Sie wurden für ihre Dienste mit allem Lebensnotwendigen versorgt, durften sich jedoch nicht frei bewegen und ihren Herrn verlassen. Meist waren es Kriegsgefangene.

Anders als später die Sklaven im antiken Griechenland und im alten Rom[1] wurden die Unfreien in Ägypten nicht als Sache behandelt. Sie besaßen Rechte und verfügten über Eigentum. Einige erlangten ihre Freiheit und stiegen sogar bis in die höchsten Beamtenränge auf.

[1] Zu den Sklaven in Griechenland und Rom siehe S. 94 f., 122 und 124.

1. *Gib den Aufbau der ägyptischen Gesellschaft in eigenen Worten wieder. Vgl. dazu die Methode auf S. 59.*
2. *Beschreibe die Figur (M2) und begründe, woran man den Schreiber und seine besondere Stellung erkennt.*
3. *Die Ägypterinnen waren ihren Männern in vielen Dingen gleichgestellt. Überprüfe diese Behauptung anhand des Verfassertextes.*
4. *Vergleiche die Stellung der Frauen und das Leben der Kinder in Ägypten mit heute.*
5. *Arbeite heraus, was die Unfreien von den übrigen Ägyptern unterschied.*

M4 Ein ägyptischer Ehevertrag

Der folgende Papyrustext stammt aus dem Jahr 219 v. Chr. Der Ägypter Heremheb bescheinigt darin seiner Frau Tais ihre Rechte in der Ehe:

Ich habe dich zur Ehefrau gemacht. Als deine Frauengabe habe ich dir zwei Silberlinge gegeben. Entlasse ich dich als Ehefrau, sei es, dass ich dich hasse, sei es, dass ich dir eine andere Frau vorziehe, so gebe ich dir zwei Silberlinge außer den zwei Silberlingen, die oben genannt sind und die ich dir als deine Frauengabe gegeben habe, also zusammen vier Silberlinge. Und ich gebe dir ein Drittel von allem und jedem, was wir von jetzt an gemeinsam besitzen. Die Kinder, die du mir geboren hast und die du mir noch gebären wirst, sind die Herren von allem und jedem, was mir gehört und was ich noch erwerben werde. Die Wertsumme deiner Sachen, die du mit dir in mein Haus gebracht hast, beträgt drei Silberlinge. Ich soll keinen Eid gegen dich wegen deiner Sachen geben können, die oben beschrieben sind, sagend: „Nein, du hast sie nicht mit dir in mein Haus gebracht." Deine Sachen, du hast sie mit dir in mein Haus gebracht, ich habe sie vollständig aus deiner Hand empfangen, ohne einen Rest. Mein Herz ist zufrieden mit ihnen. Wenn ich dich als Ehefrau entlassen werde oder wenn du zu gehen beliebst, so gebe ich dir die Sachen, die du mit dir in mein Haus gebracht hast, oder ihren Wert in Silber zurück. Mein ist ihre Verwahrung.

Zit. nach: Steffen Wenig, Die Frauen im Alten Ägypten, Wien/München 1969, S. 24 (gekürzt und vereinfacht)

M6 Ehepaar
Statue aus Kalkstein, um 2500 v. Chr.
Dargestellt sind der Hofbeamte Katepi und seine Frau Hetepheres. Die Statue wurde in Katepis Grab in Gizeh gefunden.

M5 Berufe im alten Ägypten

Lehre des Cheti aus dem 13./12. Jh. v. Chr., die er für seinen Sohn Pepi verfasst hat:

Siehe, es gibt nichts Besseres als das Schreiben [...]. Keinem Schreiber auf irgendeinem Posten wird es erbärmlich gehen. [...]

Ich habe den Kupferschmied bei seiner Arbeit gesehen an der Öffnung seines Schmelzofens. Seine Finger sind wie die „Dinger" der Krokodile. Er stinkt mehr als Fischlaich. [...] Der Schilfrohrschneider, er fährt flussabwärts in die Deltasümpfe, um für sich Pfeile zu ziehen. Nachdem er ein Vielfaches seiner Tätigkeit beim Arbeiten geleistet hat, da hat ihn auch die Mücke getötet. Der Schwarm Sandflöhe schlachtet ihn ab, sodass er niedergeschlagen ist. Und dann ist er mit Stichen zerschnitten. [...] Der Gärtner holt Wasser mit dem Tragejoch; jede seiner Schultern leidet unter Schwielen. Ein großes Geschwür ist auf seinem Nacken, das eitert. [...] Ich möchte dir auch noch den Fischer nennen. Er ist niedergeschlagener als jeder andere Berufstätige. Er hat nur seine Arbeit im Fluss zusammen mit den Krokodilen. Wenn seine Abgaben eingezogen werden, dann hat er zu jammern. Niemand hat ihm gesagt: „Das Krokodil lauert dort!" Die Angst blendet ihn. [...] Siehe, es gibt keinen Beruf, der wichtiger ist als dein Beruf [...]. Nützlicher ist für dich ein einziger Tag im Schulzimmer als eine Ewigkeit an Bergwerksarbeit. Es ist blitzschnell vorbei. [...] Siehe, es gibt keinen Schreiber, der kein Essen hat. [...] Bedanke dich bei deinem Vater und deiner Mutter, die dich auf den Weg des Lebens gesetzt haben!

Zit. nach: Stephan Jäger, Altägyptische Berufstypologien (Lingua Aegyptia. Studia monographica, Bd. 4), Göttingen 2004

1. *Gib die Bestimmungen des Vertrages (M4) mit eigenen Worten wieder.*
2. *Arbeite heraus, wovon der ägyptische Vater seinen Sohn in M5 überzeugen will. Welche Argumente bringt er vor?*
3. *Beurteile, ob die Beschreibung der Berufe in M5 der Realität entsprochen haben kann.*
4. *Erläutere mithilfe des Verfassertextes und der Materialien, wovon das Ansehen des Einzelnen im alten Ägypten abhing.*

Was kann ein Schaubild?

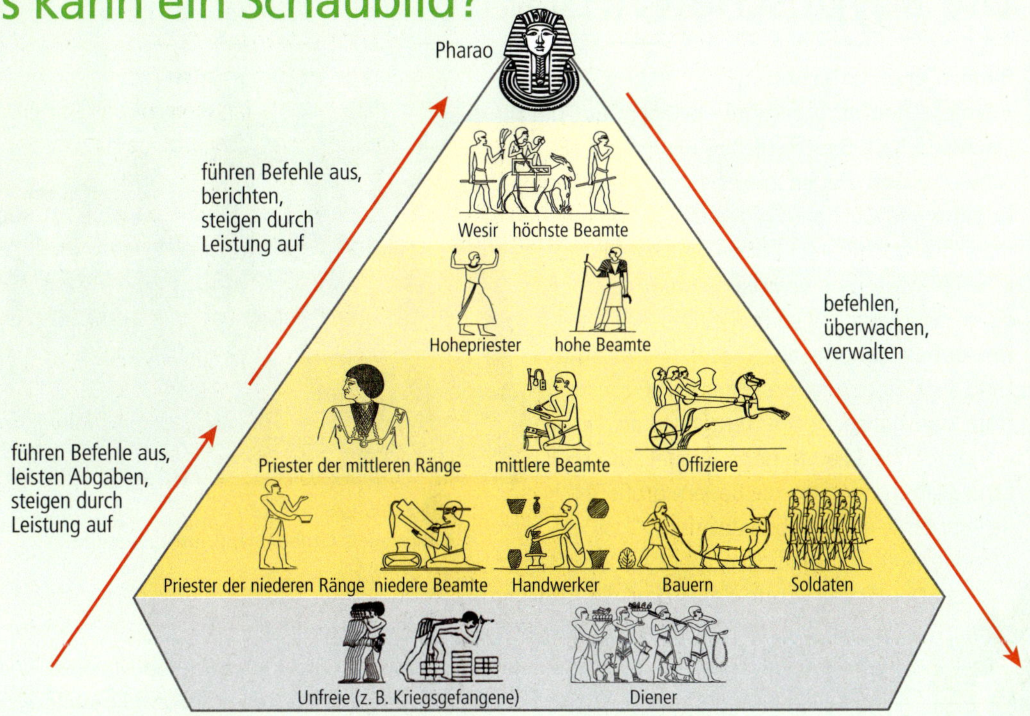

M Aufbau der Gesellschaft
In der ägyptischen Gesellschaft gab es eine klare gesellschaftliche Rangordnung, eine Hierarchie. Allerdings waren die Grenzen fließend. Zum einen konnte man durch Leistung aufsteigen und zum anderen übten die meisten Ägypter mehrere Ämter bzw. Tätigkeiten gleichzeitig aus.

Wie liest du ein Schaubild?

In einem Schaubild lässt sich übersichtlich zeigen, wie eine Gesellschaft oder ein Staat aufgebaut waren und vieles mehr.
Es kann gut Zusammenhänge und Beziehungen zwischen Teilen eines Ganzen darstellen.
Ein Schaubild über die Gesellschaft kann zeigen, wie Menschen eines Volkes miteinander leben, welche Beziehungen sie zueinander haben und welche Rechte und Pflichten bestehen.
Um es lesen zu können, musst du zunächst entscheiden, an welcher Stelle du am besten mit der Beschreibung beginnst. Halte auch danach eine sinnvolle Reihenfolge ein.
Entscheidend sind die Beziehungen zwischen den Bestandteilen eines Schaubildes. Beachte die verwendeten Zeichen. Manchmal ist die Form des Schaubildes wichtig für die Deutung.
Prüfe, welche Begriffe du erklären solltest.

Welche Fragen kannst du stellen?

1. Welche Ämter und Gruppen werden erwähnt? Wer hat wie Zugang zu ihnen, wer nicht?
2. Welche Teile der Bevölkerung werden gezeigt, welche nicht?
3. Wer arbeitet mit wem zusammen? Wobei?
4. Wer hat welche Aufgaben, Rechte oder Pflichten?
5. Wer hat wie viel Macht? Ist jemand von der Macht ausgeschlossen?
6. Überlege, welche Vor- und Nachteile ein Schaubild gegenüber einem Text hat.

Schreibe die Antworten jeweils auf, ordne sie auf einem Stichwortzettel und präge sie dir ein. Trage die Ergebnisse möglichst frei vor.

1. *Bearbeitet in Gruppen die sechs Fragen der Methodenseite. Begründet, welche ihr leicht beantworten könnt, welche nicht.*
2. *Die Griechen nannten die gesellschaftliche Rangordnung später „Hierarchie" (= heilige Ordnung). Erläutere, was sie damit über die Gesellschaftsordnung im alten Ägypten aussagten.*
3. *Stellt in einer Spielszene nach, wie Aufträge vom Pharao weitergegeben wurden.*
4. *Stelle fest, welche Besonderheiten die Grafik nicht wiedergibt. Finde eine andere Möglichkeit, den Aufbau der ägyptischen Gesellschaft grafisch umzusetzen.*
5. *Vergleiche die Gesellschaft des alten Ägypten mit unserer heutigen Gesellschaft.*

Die ägyptische Wirtschaft

Bauern erwirtschaften ...

Ägyptens Reichtum beruhte vor allem auf der Landwirtschaft: Bauern hielten Rinder, Schafe, Schweine und Ziegen und bauten Getreide, Gemüse und Obst an. Wegen des warmen Klimas, der fruchtbaren Böden und der künstlichen Bewässerung erwirtschafteten sie mehr, als sie selbst zum Leben brauchten.

Der Boden gehörte aber nicht ihnen. Alles Land war Eigentum des Pharaos. Einzelne Höfe und ganze Dörfer vergab er an Verwandte, hohe Beamte oder Tempel. Diesen Landbesitzern mussten die Bauern große Teile ihrer Ernte als Abgaben abliefern. Das Getreide wurde in staatlichen Speichern eingelagert. Der Pharao sorgte dafür, dass die Abgaben verteilt wurden. Die Bauern und alle, die selbst keine Nahrung erzeugten wie Beamte oder Handwerker, sollten das zum Leben Notwendige bekommen.

M 1 Pflügender Bauer
Holzmodell, um 2000/1900 v. Chr.
Ägypten gehört zu den Gebieten, in denen der Pflug erfunden wurde. Durch das Auflockern des Bodens waren höhere Erträge möglich.

... Beamte verwalten

Ägypten war in etwa 40 Bezirke (Gaue) eingeteilt. Königliche Stellvertreter (Statthalter) verwalteten sie. Eine Vielzahl an Beamten unterstützte sie dabei. Sie sammelten die Ernteabgaben der Bauern ein, kontrollierten und notierten die Vorratshaltung. Die Beamten konnten die Menschen auch für Arbeiten etwa auf großen Baustellen heranziehen. Dort überwachten sie die Arbeiten sowie die Ausgabe der Werkzeuge und Materialien. Ihre Aufzeichnungen sind noch heute in großer Zahl erhalten.

Jeder, was er am besten kann

Die Überschüsse des Landes und die zentrale Verteilung der Abgaben machten es möglich, dass nicht jeder Ägypter sein Essen selbst erwirtschaften musste.

So konnten sich die Menschen spezialisieren und verschiedene Berufe ausüben. Diese Formen der Organisation und Arbeitsteilung sind Kennzeichen einer frühen **Hochkultur**.

M 2 Bäcker
Holzmodell, Grabbeigabe, um 1900 v. Chr.

Handwerker

In größeren Siedlungen, Tempelanlagen und in der Nähe der Königsgräber[1] lebten die Handwerker: Bäcker, Töpfer, Schreiner und Bildhauer, Zimmerleute, Weber, Schmiede und andere. Sie stellten für die wohlhabenden Ägypter Waren für den täglichen Gebrauch her. Manche produzierten auch Luxuswaren, wie prächtige Möbel oder Schmuck für die Häuser der Reichen und vor allem für ihre prunkvoll ausgestatteten Grabkammern.

Auf den Märkten handelten die Ägypter nicht mit Geld, sondern sie tauschten ihre Waren. Der Handel mit anderen Ländern unterstand allein dem Pharao. In seinem Auftrag reisten Beamte in fremde Länder, um Edelhölzer, Gold, Edelsteine und Gewürze für die Paläste und Tempel einzukaufen. Denn diese kostbaren Güter gab es in Ägypten nicht.

1. *Nenne die Grundlagen der Wirtschaft im alten Ägypten.*
2. *Prüfe, welche Vorteile das Zusammenleben im alten Ägypten brachte.*
3. *Nimm die Rolle eines Beamten namens Ramose ein und erkläre deinem Sohn Arbeit und Bedeutung der Beamten für den ägyptischen Staat.*
4. *Beurteile die Bedeutung von Geometrie, Kalender und Zeitmessung (vgl. S. 52) für Wirtschaft, Herrschaft und Alltagsleben in Ägypten.*

Lesetipp:
Viviane Koenig und Michel Jay, Ägyptische Handwerker am Rand der Wüste, Paris 1986

[1] Zu den Königsgräbern vgl. S. 67.

M 3 Getreideernte
Malerei aus dem Grab des Feldvermessers Menna, um 1400 v. Chr. (Ausschnitt)

M 4 Ein Pharao an seine Handwerker

Auf einer Steinsäule lässt Ramses II. (1303-1213 v. Chr.) diese Rede an seine Handwerker festhalten:

Ihr baut für mich Denkmäler in großer Zahl. Ihr seid begeistert über die Arbeit mit wertvollem Gestein und fleißig im Herstellen von Denkmälern. So kann ich alle Tempel, die ich erbaut habe, ausstatten. Oh, ihr Unermüdlichen, ihr seid unersetzlich!

Ich, Ramses, bin es, der euch versorgt und aufzieht als meine Kinder. Eure Versorgung wird überfließen, es bleibt kein Wunsch offen. Zahlreich ist die Nahrung für euch. Ich habe eure Bedürfnisse erfüllt, damit ihr mit liebendem Herzen arbeitet. Ich kenne eure mühselige Arbeit. Die Speicher sind voll für euch mit Getreide, damit ihr nicht eine Nacht hungrig verbringt. Für euch habe ich die Speicher gefüllt mit Brot, Fleisch, Kuchen, Sandalen, Kleidung, Ölen zum Einreiben eurer Köpfe, um euch alle Jahre neu zu kleiden, und damit eure Füße immer heil bleiben mögen.

Ich habe Fischer ausgewählt, um euch Fisch zu bringen, und Weinbauern, um Wein anzubauen. All dies habe ich getan, damit es euch gut geht.

Zit. nach: Gabriele Höber-Kamel, Die Rede an die Handwerker, in: Kemet 3/1999, S. 12-15 (gekürzt und vereinfacht)

M 5 Die Lage des Bauern

Auf mehreren Papyri ist ein Text überliefert, der von den Lebensumständen der Bauern im alten Ägypten berichtet:

Erinnerst du dich an die Lage des Bauern während der Registrierung [Erfassung] der Ernte? Die Raupe nimmt eine Hälfte weg, das Nilpferd frisst den Rest. Die Mäuse sind zahlreich im Feld, die Heuschrecke kommt herab. Das Vieh frisst und die Spatzen nehmen weg: Wehe da dem Bauern! Den Rest auf dem Boden der Scheune, den erledigen vollends die Diebe. Das geliehene Vieh ist geschunden, das Gespann ist erschöpft vor lauter Dreschen und Pflügen. Dann landet der Schreiber am Uferdamm an, um die Ernte zu registrieren. Seine Begleiter haben einen Schlagstock dabei. Sie sagen: „Gib das Getreide her!" Er aber sagt: „Ich habe keines!" Da schlagen sie ihn mit krachenden Schlägen. Dann wird er gefesselt, in den Brunnen hinabgelassen und untergetaucht. Seine Frau und seine Kinder liegen in Fesseln. Seine Hilfsarbeiter gehen weg, sie fliehen und verlassen ihr Getreide.

Zit. nach: Stephan Jäger, Altägyptische Berufstypologien (Lingua Aegyptia. Studia monographica, Bd. 4), Göttingen 2004, S. 242 f. (vereinfacht)

1. *Erkläre, woher man so viel über die ägyptische Wirtschaft und Verwaltung weiß. Berücksichtige die Materialien M1 bis M5.*
2. *Arbeite heraus, was der Pharao den Handwerkern verspricht und was er von ihnen erwartet (M4).*
3. *Diskutiert, warum der Pharao die Handwerker so umwirbt (M4).*
4. *Beurteile, ob die Darstellung in M5 der Realität entsprochen hat. Berücksichtige auch M3.*

Schreiben will gelernt sein

M 1 Wie die alten Ägypter schrieben
Ein Papyrus mit hieratischer Schrift (links) und Hieroglyphen (rechts), um 1500 v. Chr.

Die erste Schrift

Etwa zu der Zeit, als die ersten Könige über ganz Ägypten herrschten, entwickelten die Ägypter eine Schrift. Sie sahen sie als ein Geschenk der Götter an. Deshalb nannten sie ihre Zeichen „Schrift der Gottesworte". Die Griechen übersetzten dies später mit **Hieroglyphen** – „heilige Zeichen". Davon verwendeten die Ägypter etwa tausend verschiedene.
Für das Schreiben mit Tusche und Pinsel waren die Hieroglyphenzeichen viel zu aufwändig. Deshalb entwickelten Schreiber vereinfachte Handschriften, die hieratische und später die demotische.

Die Verwendung der Schrift

Die Beamten nutzten die Schrift, um nicht den Überblick über die zahlreichen Abgaben zu verlieren. Sie notierten auf Vorratsgefäßen, was diese enthielten, woher der Inhalt stammte und wann sie gefüllt worden waren. Schreiber erstellten außerdem Listen und vermerkten Ernteerträge oder Hochwassertermine.

Bald formulierten die Ägypter auch längere Texte, von denen viele noch heute erhalten sind: Nachrichten aus fernen Orten, Taten der Pharaonen und Bitten an die Götter. Später schrieben sie auch Lieder, Gedichte, Erzählungen oder Lebensgeschichten auf: Die Ägypter erfanden die Literatur.
Die Schrift machte die Herrschaft der Pharaonen über das große Land Ägypten erst möglich. Im Palast wurden die Erträge des Landes erfasst und die Abgaben organisiert. Und wenn der Pharao einen Befehl erteilen wollte, musste er nicht mehr selbst verreisen oder einen Vertreter schicken – ein Brief mit Anweisungen reichte aus.

Worauf wurde geschrieben?

In Steinwände und Säulen wurden die Hieroglyphen mit Meißeln geschlagen und zum Teil ausgemalt. Sie sollten die Namen und Taten der Pharaonen festhalten oder Gesetze bekannt machen.
Für längere Texte erfanden die Ägypter einen besonderen Stoff, den Papyrus. Sie stellten ihn aus der gleichnamigen Pflanze her, die am Ufer des Nils wächst und bis zu vier Meter hoch wird. Die Herstellung von Papyrus war allerdings aufwändig und teuer. Deshalb nutzten die Ägypter meist preiswertere Materialien zum Schreiben wie Scherben aus Ton oder Stein. Diese eigneten sich gut für Notizen, Listen oder Schreibübungen der Schüler.

1. *Zähle alle Zwecke auf, für die du als Pharao schriftliche Aufzeichnungen machen würdest. Lies auch noch einmal S. 54 f.*
2. *Erkläre, warum Papyrus bei Schreibern sehr beliebt war, er aber im Alltag nur selten verwendet wurde.*
3. *Nimm zu den Fragen Stellung, a) warum die Schrift als ein Kennzeichen einer Hochkultur gilt und b) warum Geschichtsforscher sie als wichtigste Erfindung der Menschheit einschätzen.*

M 2 Die Herstellung von Papyrus
① Stängel der Papyrusstaude werden von der Rinde befreit. Das Mark wird in Streifen von ca. 30 cm Länge gespalten.
② Gewässerte Markstreifen werden auf ein Tuch gelegt. Darauf kommt rechtwinklig eine zweite Schicht.
③ Unter einem Tuch werden die Streifen mit einem Klopfer geschlagen, was sie fest miteinander verbindet.
④ Nach dem Trocknen wird das Blatt mit einem glatten Stein poliert.

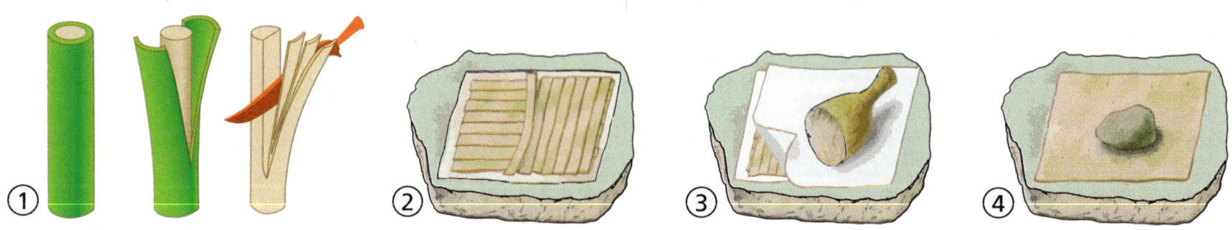

Die Entzifferung der Hieroglyphen

Das Wissen über die Hieroglyphen geriet nach dem Ende der Pharaonenzeit in Vergessenheit. Jahrhundertelang konnte niemand mehr die geheimnisvollen Zeichen lesen.

Erst mithilfe des Steins von Rosetta gelang dem Franzosen Jean-François Champollion im Jahre 1822 der große Durchbruch bei der Entzifferung.

Auf diesem großen dunkelgrauen Stein, der im Jahr 1799 nahe der Stadt Rosetta im Nildelta gefunden wurde, ist nämlich der gleiche Text in drei verschiedenen Schriften eingraviert: in Hieroglyphen, in Demotisch und in Griechisch.

Da Champollion wusste, dass die Königsnamen von ovalen Umrandungen (Kartuschen) umschlossen sind, konnte er durch den Vergleich mit dem griechischen Text die Namen „Ptolemaios" und „Kleopatra" entziffern. So fand er den Schlüssel zum Geheimnis der Hieroglyphen.

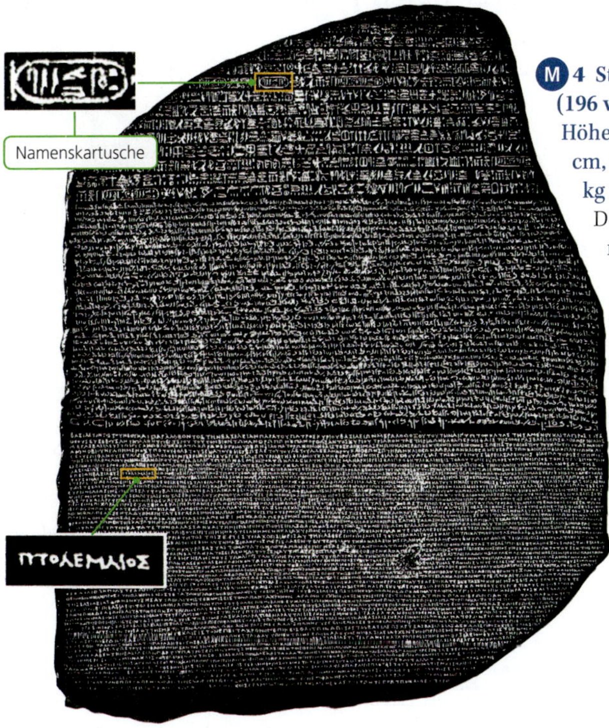

M4 Stein von Rosetta (196 v. Chr.)
Höhe 112 cm, Breite 76 cm, Gewicht ca. 800 kg
Der Name des Königs Ptolemaios ist oben in Hieroglyphen und unten in Griechisch geschrieben. Heute befindet sich der Stein im Britischen Museum in London.

Greifvogel	a	Schilfblätter	i (j)	Mund	r
Bein	b	Korb mit Henkel	k	gefalteter Stoff	s
Brunnenschacht	ch	Löwe	l	Teich	sch
Hand	d	Eule	m	Brotlaib	t
Schilfblatt	e	Wasser	n	Wachtelküken	u, v, w
Hornviper	f	Schlinge	o	Türriegel	z
Krugständer	g	Hocker oder Matte	p	Seil	tsch
Hof	h	Abhang	q	Schlange	dsch

M3 Einige ägyptische Schriftzeichen
Die ägyptischen Schriftzeichen können nicht einfach mit unserem Alphabet gleichgestellt werden. Es gibt zwar Hieroglyphen für einzelne Laute, aber viele stehen für ganze Silben oder sind einfache Darstellungen der Dinge, die sie bezeichnen. Von wenigen Ausnahmen abgesehen schrieben die alten Ägypter keine Vokale. Über die Aussprache wissen wir daher kaum etwas. Um sich dennoch über die Lesung der alten ägyptischen Texte zu verständigen, haben Wissenschaftler eine Umschrift (Transkription) entwickelt, in der die hieroglyphische Schreibung in die entsprechenden Laute umgesetzt wird.

1. *Schildere, welche Rolle der Stein von Rosetta bei der Entzifferung der Hieroglyphen spielte.*
2. *Schreibe deinen Namen in Hieroglyphen. Achte darauf, ihn genauso zu schreiben, wie er gesprochen wird. Setze hinter einen Mädchennamen und hinter einen Jungennamen !*
3. *Für uns ist Buchstabenschrift selbstverständlich. Doch auch wir verwenden Bildzeichen. Sammle Ideen, wo wir Bildzeichen verwenden. Stelle Vorzüge und Schwächen von Schrifttexten und Bildzeichen gegenüber.*

Lesetipps:
- Karl-Theodor Zauzich, Hieroglyphen ohne Geheimnis, Mainz 2012
- Rudolf Majonica, Das Geheimnis der Hieroglyphen. Die abenteuerliche Entschlüsselung der ägyptischen Schrift, München 2007

Internettipps:
Zu den Hieroglyphen siehe Mediencode 31021-15

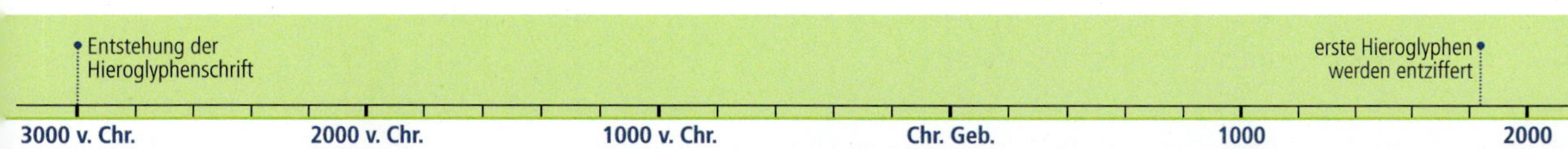

Die religiösen Vorstellungen der Ägypter – Götter, Tempel und Mumien

Re
Gott der Sonne, Vater aller Götter

Horus
Himmels-, Welten- und Lichtgott

Osiris
Gott des Jenseits

Thot
Gott der Schreiber und der Weisheit

Anubis
Gott der Totenriten

Ptah
Gott der Schöpfung

Amun
Wind- und Fruchtbarkeitsgott

M 1 Darstellung einiger ägyptischer Hauptgötter

Die Welt der Götter

Die Ägypter glaubten, dass in Pflanzen, Luft, Wasser, Sonne und vor allem Tieren göttliche Kräfte wohnen. Sie verehrten viele Götter, die sie sich in Menschen- oder Tiergestalt oder als Mischwesen mit menschlichem Körper und Tierkopf vorstellten.

Zu den wichtigsten Göttern zählen der Sonnengott Re, der falkenköpfige Himmelsgott Horus, sein Vater Osiris (Herrscher der Unterwelt), der ibisköpfige Mond- und Schreibergott Thot, der Gott Anubis mit Schakalkopf und Amun, der Hauptgott der Ägypter. Eine solche Verehrung vieler Götter nennt man **Polytheismus** (von griech. poly: viel und theos: Gott).

Die Ägypter entwickelten eine Lehre von den Göttern (Theologie). Dies ist ebenfalls ein Kennzeichen für eine Hochkultur.

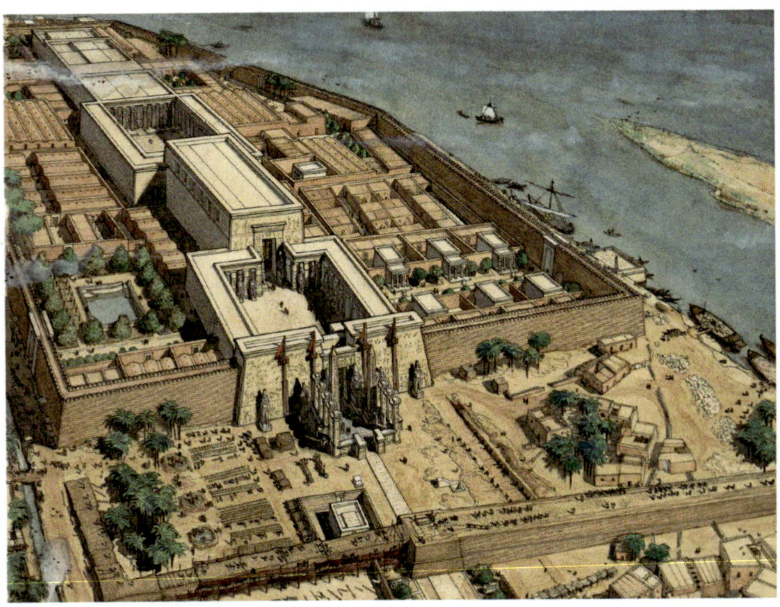

Wohnhäuser für die Götter

Die Ägypter bauten ihren Gottheiten Tempel. Sie galten als Wohnhäuser der Götter auf Erden. Die Bevölkerung durfte die Tempel nicht betreten. Die wichtigsten Gegenstände in den Tempeln waren die Götterstatuen. Die Ägypter glaubten, dass die Götter auf der Erde in diesen Kultbildern gegenwärtig sind. In den Tempeln wurden die Götterstatuen von Priestern so versorgt, als wären sie lebendig: Vor ihnen wurden Speisen und Getränke geopfert, Musik und Tänze aufgeführt. Oft wurden sie feierlich herumgeführt (Götterprozession).

Von der richtigen Anbetung und Verehrung der Götter (**Götterkulte**) hing nach ägyptischer Vorstellung der Wohlstand des gesamten Landes ab. Nur wenn die Götter zufrieden waren, ließen sie es Ägypten gutgehen. Die Tempel wurden deshalb von Pharaonen und reichen Ägyptern großzügig beschenkt.

Die größeren Tempelanlagen waren wichtige Wirtschaftsbetriebe und wie abgeschlossene Städte angelegt. Es gab eigene Schulen, Vorratshäuser, Werkstätten, Bibliotheken und Wohnungen. Neben den vielen Priestern arbeiteten dort auch Bauern, Handwerker, Ärzte, Schreiber und einfache Arbeiter.

M 2 Ein Tempel für Amun
Rekonstruktion von Jean-Claude Golvin, 1997
Zu den größten Tempeln am Nil gehört der für den Gott Amun im antiken Theben (heute Luxor).

Was kommt nach dem Tod?

Die Ägypter glaubten an ein Leben nach dem Tod. Das Reich der Toten nannten sie „Schöner Westen", weil sie es auf dem Westufer des Nils vermuteten. Reiche Ägypter ließen sich deshalb nach dem Tod mit Schiffen zum Westufer bringen und begraben.
Nach ägyptischer Vorstellung war ein Weiterleben nach dem Tod an zwei Bedingungen geknüpft: Der Körper musste erhalten bleiben und der Verstorbene hatte sich vor dem Totengericht zu behaupten.
Das Totengericht stellten sich die Ägypter in einer unterirdischen Halle vor. Bevor der Verstorbene dorthin gelangte, musste er allerlei Gefahren überwinden, etwa Krokodile, die seine Seele einfangen wollten. Am Ende des Weges musste sich jeder Ägypter vor Osiris, dem Gott der Unterwelt, für seine Taten verantworten.

Für die Ewigkeit

Um den Leichnam vor dem Verfall zu schützen, entwickelten die Ägypter die Mumifizierung[1]. Die ersten Mumien entstanden allerdings auf ganz natürliche Weise, indem man die Toten im heißen Wüstensand vergrub. Dort trockneten ihre Körper aus und blieben erhalten. Dies nutzten auch später noch die ärmeren Menschen.
Wohlhabende Ägypter ließen ihre Verstorbenen aber durch Einbalsamierung mumifizieren. Sie setzten sie in reich ausgestatteten unterirdischen Grabanlagen bei, die wie unterirdische Wohnhäuser angelegt waren. Sie sind geschmückt mit bunten Bildern und Reliefs, die Szenen aus dem Alltagsleben und dem Begräbnisritual zeigen. Man ließ auch Texte an den Wänden anbringen, die von den Leistungen der Verstorbenen erzählen.
Die Ägypter stellten sich das Leben im „Schönen Westen" ähnlich wie ihr irdisches Leben vor, mit dem Unterschied, dass es ewig dauerte. Deshalb bemühten sie sich schon zu Lebzeiten um eine möglichst prunkvolle Grabausstattung. Dazu gehörten Nahrungsmittel, Kleidung, Möbel, Schmuck, Dienerfiguren und sogar mumifizierte Haustiere. Im Jenseits sollte es an nichts mangeln.

M 3 Der Mund des Toten wird geöffnet
Ausschnitt aus dem Totenbuch des Schreibers Hunefer, Papyrus, um 1300 v. Chr.
Bevor die Mumie in den Sarg gelegt und das Grab verschlossen wurde, berührte ein Verwandter den Mund des Toten mit einem besonderen Gerät. Auf diese Weise sollte der Verstorbene wieder atmen, sehen, hören und Nahrung aufnehmen können, um im Jenseits weiterzuleben.

1. *Überlege, welche Funktion der Tempel und der Gottesdienst hatten.*
2. *Erkläre, warum es für die Ägypter so wichtig war, den Leichnam vor dem Verfall zu bewahren.*
3. *Begründe, warum die Ägypter ein Schiff als „Fahrzeug" ins Totenreich annahmen.*
4. *Recherchiere Quellen, die Auskunft über die Jenseitsvorstellungen und den Alltag der Ägypter geben. Vgl. dazu die Bilder in diesem Buch und die Internettipps auf S. 53.*
5. *Erkundige dich, wo es in deiner Nähe Museen oder Ausstellungen mit Objekten aus dem alten Ägypten gibt.*
6. *Informiere dich über die Ausstattung ägyptischer Gräber. Gestalte eine kleine Informationsbroschüre für ein Museum.*

Internettipp:
Unter Mediencode 31021-16 kannst du mehr über die ägyptischen Götter erfahren

M 4 Das Sonnenschiff des Pharaos Cheops
Modernes Modell eines ausgegrabenen Schiffes, ca. 2500 v. Chr.
Im Glauben der Ägypter zog die Sonne ihre Bahn am Himmel in einem Schiff. Deshalb sollte auch ihr König zu Schiff in die Götterwelt einfahren. Das Original des Schiffes wurde an der Pyramide des Cheops vergraben. Vermutlich diente es zum Transport seiner Mumie.

[1] Zur Mumifizierung siehe S. 66.

M 5 Mumie des Pharaos Ramses II.
Ramses II. starb 1213 v. Chr. Die Balsamierer entnahmen dem Toten Gehirn und Eingeweide, nicht aber das Herz. Die Organe bestatteten sie in besonderen Gefäßen (Kanopen). Anschließend wurde der Leichnam etwa 70 Tage in Natronsalz gelegt, um ihn auszutrocknen. Dann füllte man den Körper mit Papyrus und umwickelte ihn mit wohlduftenden Leinenbinden: Der Leichnam war nun eine Mumie. Er wurde in einen Sarg gelegt und bestattet.

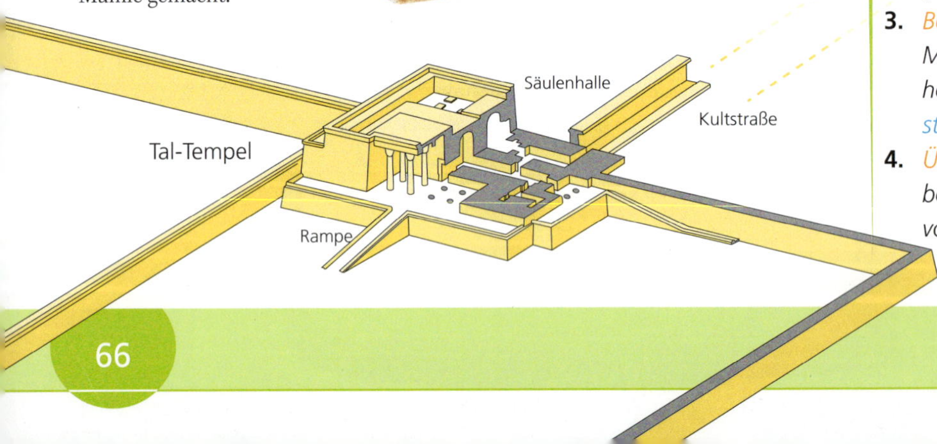

M 6 Tal-Tempel
Rekonstruktion eines Tempel-Grundrisses, wie er idealerweise ausgesehen haben könnte
Der Tempel war Teil des großen Pyramiden-Komplexes (vgl. M1 auf S. 67). Hierher wurde der tote König per Schiff gebracht, einbalsamiert und zur Mumie gemacht.

M 7 Uschebti
Kalkstein, bemalt, 24 cm, um 1200 v. Chr.
Ab etwa 1700 v. Chr. gaben die Ägypter den Toten kleine Figuren aus Stein, Ton, Wachs oder Holz mit ins Grab. Diese Uschebtis, häufig in Gestalt einer Mumie, sollten dem Verstorbenen im Jenseits dienen und ihm so ein Leben ohne Mühe ermöglichen.

M 8 Arbeiten im Totenreich
Das ägyptische Totenbuch ist eine Sammlung von Sprüchen aus der Zeit um 2300 v. Chr. Sie sollen dem Verstorbenen beim Weiterleben im Jenseits helfen. Dazu gehört auch dieser Uschebti-Spruch:

O ihr Uschebti, wenn ich verpflichtet werde, irgendeine Arbeit zu leisten, die dort im Totenreich geleistet wird; wenn nämlich ein Mann dort zu seiner Arbeitsleistung verurteilt wird, dann verpflichtest du dich zu dem, was dort getan wird, um die Felder zu bestellen und die Ufer zu bewässern, um den Sand (Dünger) des Ostens und des Westens überzufahren. „Ich will es tun, hier bin ich", sollst du sagen.

Zit. nach: Erik Hornung, Das Totenbuch der Ägypter, Zürich u. a. 1979, S. 48

M 9 Herzskarabäus
Grün glasierter Stein mit Gold, um 1300 bis 1100 v. Chr.
Der Käfer „Heiliger Pillendreher" (Skarabäus) legt seine Eier in selbst gedrehte Mistkugeln. Brechen diese auf, kommen junge Käfer heraus. Die Ägypter glaubten deshalb, die Käfer könnten sich selbst neu erschaffen und somit ewig leben. Daher sahen sie sie als heilige Tiere und Symbol für die Neubelebung und Wiedergeburt an. Die Ägypter fertigten Amulette in Gestalt von Skarabäen an. Dazu gehören auch die großen Herzskarabäen, die der Mumie auf die Höhe des Herzens gelegt wurden.

1. *Beschreibe den Vorgang der Einbalsamierung und des Begräbnisses (M5).*
2. *Erkläre den Zusammenhang zwischen Jenseitsglauben und Mumifizierung.*
3. *Begründe, warum die Ägypter ausgerechnet Mistkäfer verehrt haben (M9). Überlege, ob es heute vergleichbare Vorstellungen gibt, und stelle Beispiele vor.*
4. *Überprüfe, welche Informationen uns die Grabbeigaben über die Vorstellungen der Ägypter vom Leben nach dem Tod geben.*

Pyramiden und Gräber

Gigantische Grabstätten

In Ägypten standen früher etwa 80 Pyramiden. Vor über 4500 Jahren wurden die ältesten errichtet. Diese gewaltigen Steinbauten sollten eine Grabstätte und ein Denkmal der Pharaonen werden. Die drei bekanntesten kann man in Giza nahe der heutigen ägyptischen Hauptstadt Kairo bewundern.

Über 20 Jahre konnte der Bau einer Pyramide dauern. Etwa 4000 Menschen arbeiteten ständig daran. Während des jährlichen Nilhochwassers brachen tausende Bauern in den Steinbrüchen am Oberlauf des Nils zwei Millionen Steinblöcke und transportierten sie auf Schiffen zur Baustelle.

Die größte Pyramide ist die des Pharaos Cheops. Er regierte etwa um 2600 v. Chr. Jede Seite misst 230 m, ihre Höhe betrug ursprünglich 147 m. Die rund 2,3 Millionen Kalksteinblöcke der Pyramide wiegen im Durchschnitt 2,5 Tonnen, etwa so viel wie zwei Autos. Noch immer ist unklar, wie genau die Ägypter die gewaltigen Steine hoben und zusammenfügten.

Jede Pyramide war Teil einer großen Anlage. Dazu gehörten Totentempel, Prozessionsstraßen vom Nilufer her, kleinere Pyramiden für Königinnen und Prinzessinnen sowie Gräber hoher Beamter. Alles diente dazu, das Weiterleben des Herrschers im Jenseits zu ermöglichen und den Wohlstand des Volkes zu sichern. Deshalb war es für die Ägypter eine religiöse Pflicht und eine große Ehre, am Pyramidenbau mitwirken zu können.

Das Tal der Könige

Seit etwa 1500 v. Chr. ließen sich die Herrscher unterirdische Grabanlagen im Tal der Könige am Westufer des Nils nahe der Stadt Luxor bauen. Viele Pharaonen wurden dort mit kostbaren Grabbeigaben bestattet. Das berühmteste Grab gehört dem Pharao Tutanchamun[1]. Der britische Archäologe Howard Carter entdeckte 1922 sein versiegeltes Grab. Die Sensation bestand darin, dass alle Grabbeigaben und die Mumie des Königs erhalten waren. Die meisten anderen Königsgräber waren im Laufe der Jahrtausende Grabräubern zum Opfer gefallen.

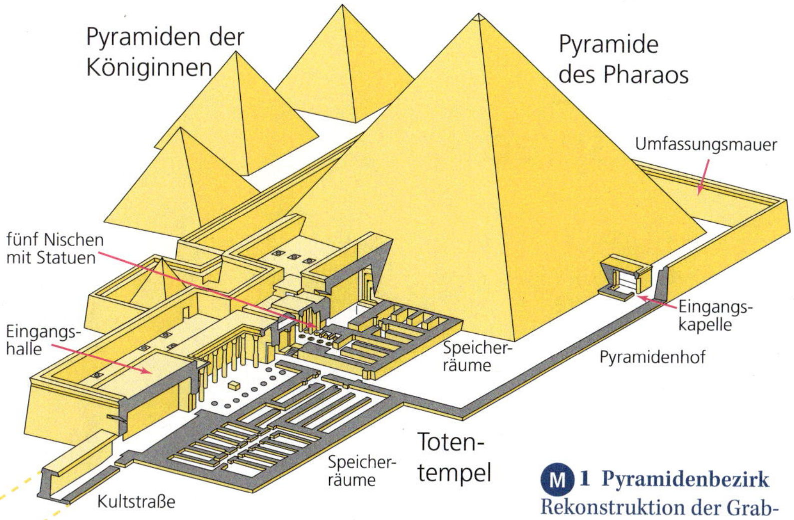

M 1 Pyramidenbezirk
Rekonstruktion der Grabbauten des Pharaos Pepi I. (um 2250 v. Chr.)

Handwerker für den König

In der Nähe vom Tal der Könige lag die Stadt Deir el-Medina. Hier wohnten mit ihren Familien die Handwerker, Bildhauer, Maler und Architekten, die die Gräber der Könige und Königinnen bauten. Um das Geheimnis der Grabanlagen der Pharaonen zu schützen, lebten sie völlig abgesondert vom übrigen Volk.

Die Überreste der Siedlung mit ihren Grundmauern und Gräbern sowie vor allem die vielen Tausend Scherben mit Texten und Zeichnungen aus Deir el-Medina sind wertvolle Quellen zum damaligen Alltagsleben.

M 2 Grabarbeiter
Foto, 2003 (Ausschnitt)
Auf diesem Kalkstein hat sich ein Handwerker aus Deir el-Medina bei seiner Arbeit im Tal der Könige abgebildet.

1. *Erläutere, welche Bedeutung die Pyramiden für die alten Ägypter hatten.*
2. *Die Pyramiden von Giza zählen zu den Sieben Weltwundern der Antike. Diskutiert, ob sie diese Auszeichnung noch immer verdient haben.*
3. *Recherchiert in einem Lexikon oder im Internet zu Deir el-Medina. Erstellt eine kleine Wandzeitung über das Leben, Wohnen und Arbeiten in der Handwerkersiedlung.*

Internettipps:
Mehr zu Pyramiden, den Gräbern und ihren Schätzen unter Mediencode 31021-17

[1] Blättere zurück zu S. 54.

Bau der großen Pyramiden | Tal der Könige | Zeit der Herrschaft von Pharaonen in Ägypten | 4000 v. Chr. | 3000 v. Chr. | 2000 v. Chr. | 1000 v. Chr. | Chr. Geb.

Auch Bilder können sprechen

Bilder können uns Geschichten erzählen und uns etwas über die Zeiten mitteilen, in denen sie entstanden sind. Du kannst sie zum Sprechen bringen, indem du Fragen an sie stellst. Nicht alle lassen sich bei jedem Bild beantworten. Oft musst du weitere Informationen einholen.
Du kannst bei der Arbeit mit Bildern in drei Schritten vorgehen:

1. Beschreibe das Bild!

- Wann und wo wurde es geschaffen oder veröffentlicht?
- Hat es ein besonderes Format?
- Welche Personen erkennst du auf dem Bild?
- Was tun die Personen?
- Wie sind sie gekleidet? Haben sie Gegenstände bei sich?
- Kannst du weitere Dinge oder Tiere auf dem Bild erkennen?
- Wie wirkt das Bild auf dich?

2. Erkläre die Zusammenhänge!

- Ist auf dem Bild etwas hervorgehoben? Woran erkennst du das?
- Wie sind die Personen dargestellt? Fällt dir dabei etwas auf? Sind es wirkliche Personen oder stehen sie für etwas?
- In welcher Beziehung zueinander sind die Personen dargestellt?

3. Bewerte das Bild!

- Zu welchem Zweck wurde das Bild hergestellt?
- Was sollte es dem Betrachter sagen?
- Welche Ereignisse und Vorstellungen haben für die Darstellung eine Bedeutung? Kannst du sie auf dem Bild wiederfinden?

M 1 Die „große Prüfung": das Totengericht
Ausschnitt aus dem „Totenbuch" des Schreibers Hunefer, Papyrus, um 1300 v. Chr.
Die Ägypter schmückten die Wände ihrer Grabkammern mit Bildern und Inschriften. Außerdem stellten sie „Totenbücher" her, Papyrusrollen, die sie den Mumien in den Sarg legten. Sie enthielten die Antworten, die der Verstorbene auf die Fragen des Totengerichts geben sollte.
Die ägyptischen Künstler zeichneten und malten über dreitausend Jahre nach den gleichen strengen Regeln. Derjenige galt als Meister, der den alten Vorbildern am meisten entsprach.

„**Große Fresserin**“: Sie fraß das Herz des Verstorbenen, wenn es schwerer als die Feder war. Dann konnte der Tote nicht in die Ewigkeit eingehen.

Thot, der Gott des Schreibens, des Wissens und der Weisheit

Der Tote und **Horus**, der Himmels- und Königsgott (Pharao)

Die vier **Horus-Söhne**: Wegbegleiter für die Himmelfahrt des Toten

Osiris, der oberste Richter und Herrscher im Jenseits; er hält Krummstab und Wedel als Zeichen seiner Herrschaft.

Nephthys und **Isis**: die Schwestern von Osiris; sie schützen und beweinen den Toten.

M2 „Ich bin rein …“

In einem Totenbuch, das um 1500 v. Chr. entstanden ist, legt ein Verstorbener folgendes Bekenntnis ab:

Ich habe kein Unrecht gegen Menschen begangen, und ich habe keine Tiere misshandelt.
Ich habe nichts „Krummes“ anstelle von Recht getan. […]
Ich habe keinen Gott beleidigt. […]
Ich habe kein Waisenkind an seinem Eigentum geschädigt.
Ich habe nichts getan, was die Götter verabscheuen.
Ich habe keinen Diener bei seinem Vorgesetzten verleumdet.
Ich habe nicht Schmerz zugefügt und niemanden hungern lassen, ich habe keine Tränen verursacht.
Ich habe nicht getötet, und ich habe auch nicht zu töten befohlen; niemandem habe ich ein Leid angetan.
Ich habe am Hohlmaß nichts hinzugefügt und nichts vermindert, ich habe das Flächenmaß nicht geschmälert und am Ackerland nichts verändert.
Ich habe zu den Gewichten der Handwaage nichts hinzugefügt und das Lot der Standwaage nicht verschoben.
Ich habe die Milch nicht vom Mund des Säuglings fortgenommen, ich habe das Vieh nicht von seiner Weide verdrängt. […]
Ich bin rein, ich bin rein, ich bin rein, ich bin rein!

Zit. nach: Altägyptische Dichtung, ausgew., übers. und erl. von Erik Hornung, Stuttgart 1996, S. 121 ff.

1. *Betrachte M1 genau. Erzähle nach, wie das Totengericht ablief. Dazu musst du die Zeichnung von links nach rechts wie einen Comic lesen.*
2. *Beim Totengericht mussten sich die Verstorbenen vor den Göttern für ihr Leben rechtfertigen. Diese Rechtfertigung wurde in einem „Totenbuch“ (M2) aufgeschrieben. Der Verstorbene wollte damit den Göttern beweisen, dass er sich an ihre Gebote gehalten hatte. Arbeite aus dem „Totenbuch“ die Gebote heraus, an die sich die Ägypter halten mussten.*

Eine weitere Hochkultur: Mesopotamien

M 1 Die Stadt Ur im 3. Jahrtausend v. Chr.
Ausschnitt aus einer Rekonstruktionszeichnung, um 1987
In Ur lebten zeitweise mehr als 30 000 Sumerer.

M 2 Mesopotamien
An den Flüssen Euphrat und Tigris im heutigen Irak schufen die Menschen etwa zur selben Zeit wie am Nil eine Hochkultur. Die Griechen nannten das Gebiet später Mesopotamien, d. h. „Land zwischen zwei Flüssen" oder „Zweistromland". Von den verschiedenen Staaten im Zweistromland wissen wir aus archäologischen Funden und schriftlichen Quellen. Auch das Alte Testament der Bibel berichtet von ihnen.

Ägypten war kein Einzelfall!

In der Jungsteinzeit haben sich in verschiedenen Gegenden der Welt Bauerngesellschaften zu Hochkulturen entwickelt. Vieles in ihnen war ähnlich wie in der ägyptischen Kultur, einige Merkmale waren anders als dort. Voraussetzung war immer ein besonders günstiger Raum an Flussufern. Er ermöglichte die Ernte von Überschüssen und eine Arbeitsteilung. All diesen Hochkulturen ist gemeinsam, dass die Menschen an großen Aufgaben wie Städtebau, Bewässerung, Tempeln oder Gräbern arbeiteten. Dies setzt eine Verwaltung voraus, die (außer in Südamerika) zur Entwicklung einer Schrift führte.
Die Kennzeichen Ägyptens hast du kennengelernt. Unten findest du einen „Steckbrief" der Hochkultur von Sumerern und Babyloniern in Mesopotamien.

Kultursteckbrief

Mesopotamien

Landwirtschaft: Ackerbau und Viehzucht an den fruchtbaren Ufern von Euphrat und Tigris. Die Wassermenge dieser Ströme war unberechenbar. Dies machte Be- und Entwässerungsanlagen und ihre dauernde Instandhaltung notwendig.
Siedlung: Etwa 90 % der Menschen lebten in Städten, die bis zu 20 000 Einwohner hatten. In allen gab es einen zentralen Tempelbezirk. Städte waren mit Mauern aus Lehmziegeln befestigt.
Herrschaft: Kein einzelner Staat, sondern bis zu 40 selbstständige Stadtstaaten. Jeder stand unter der Herrschaft eines Königs. Er führte sich auf die Götter zurück und war Priester des Stadtgottes.
Grundbesitz: Alles Land war Besitz der Götter und wurde von den Königen und Priestern verwaltet. Es wurde zur Bewirtschaftung vergeben. Auf alle Erträge wurden Abgaben erhoben.
Schrift: Für die Verwaltung der Abgaben wurde um 3300 v. Chr. die Keilschrift entwickelt.
Religion: Polytheistische Religion. Jede Stadt verehrte einen Hauptgott. Priester pflegten den Tempelkult.
Recht: Die Könige verfassten Gesetze und veröffentlichten sie schriftlich im ganzen Land.
Handel: Das Land war arm an Bodenschätzen. Notwendige Materialien (Kupfer, Zinn, Holz, Stein) und Luxusgüter (Gold, Elfenbein) wurden von Kaufleuten aus Nachbarländern eingeführt.

M3 „Auge um Auge, Zahn um Zahn!“

Zu den wichtigsten Zeugnissen der altorientalischen Geschichte gehören die Gesetze des Königs Hammurabi aus Babylon (vgl. M4). Eine Auswahl:

Wenn jemand als Belastungszeuge in einem Prozess, der ums Leben geht, auftritt und das, was er aussagt, nicht beweisen kann, dann soll er getötet werden. […] Wenn jemand den Tempel oder den König bestiehlt, so soll er getötet werden; auch wer das Gestohlene von ihm angenommen hat, soll getötet werden. […] Wenn jemand Raub begeht und ergriffen wird, so wird er getötet. […]

Wenn jemand zu faul ist, seinen Damm instandzuhalten, und dadurch ein Feld überschwemmt wird, so soll er den Schaden ersetzen. […]

Wenn ein Sohn seinen Vater schlägt, soll man ihm die Hände abhauen.

Wenn jemand einem andern das Auge zerstört, so soll man ihm sein Auge zerstören. Wenn er einem andern einen Knochen zerbricht, so soll man ihm einen Knochen zerbrechen. […]

Zit. nach: Gottfried Guggenbühl, Quellen zur Geschichte des Altertums, neu bearb. von Hans C. Huber, Zürich 1964, S. 10ff.

M4 Stele des Königs Hammurabi

Diorit (schwarzes Gestein), Höhe 2,25 m, Museum Louvre, Paris

Die Reliefsäule in Form eines Zeigefingers enthält in Keilschrift den Text der Gesetze des Königs Hammurabi. Oberhalb der Inschrift befindet sich ein Bildfeld: Der König steht vor einem Gott, der auf einem Thron sitzt. Der Gott überreicht dem König einen Ring und einen Stab, vielleicht einen Schreibgriffel.

M5 Zwei frühe Hochkulturen im Vergleich

Ägypten	Merkmal	Mesopotamien
Der Nil ist der einzige Strom; er hat keine Nebenflüsse		
		Der Wasserstand von Euphrat und Tigris ist unberechenbar
bessere Ernten durch künstliche Bewässerung		
Das Land ist von allen Seiten von Wüsten und Meeren umgeben	fremde Einflüsse	
Ein einziger Staat, vereinigt aus Ober- und Unterägypten	Staat und Herrschaft	
		Es gibt im Land bis zu 40 Kleinkönige
Hieroglyphenschrift	Schrift	
	Bauweise wichtiger Gebäude	Das Land ist arm an Steinen; Tempel und Paläste werden aus luftgetrockneten Lehmziegeln gebaut
polytheistische Religion		
Priester verantwortlich für den Kult in Tempeln		

1. *Stelle Beispiele aus M3 zusammen, die dir streng und grausam vorkommen. Erkläre, warum solche Strafen angedroht wurden.*
   Hinweis: Recherchiere, welche Strafen für die einzelnen Vergehen heute im Irak und bei uns verhängt werden.
2. *Begründe, warum Hammurabi sich vor einem Gott abbilden lässt (M4). Was besagt dies über die Gesetze, die darunter aufgeschrieben wurden?*
3. *Die Tabelle M5 ist unvollständig. Schreibe sie in dein Heft und ergänze die fehlenden Angaben. Beurteile, ob es mehr Gemeinsamkeiten oder mehr Unterschiede gegeben hat.*

Lesetipps:
- Memo Wissen entdecken, Bd. 81: Mesopotamien, München 2014
- Susanne Birker, Uruk – Keilschrift – Gilgamesch. Entdeckungsbuch: lesen – erkunden – verstehen, Hamm ²2013

Entstehung der Keilschrift

Babylonisches Reich unter König Hammurabi

4000 v. Chr. 3000 v. Chr. 2000 v. Chr. 1000 v. Chr. Chr. Geb.

Kompetenzen überprüfen

M 1 Kennst du die Fachbegriffe?

Der folgende Text fasst zusammen, was du in diesem Kapitel erarbeitet hast. Du kannst dein Sachwissen überprüfen, indem du die Lücken füllst.

In Ägypten siedelten sich vor über 5 000 Jahren immer mehr Menschen im Mündungsgebiet und den Ufern des Flusses ○○○ an. Hier entwickelte sich eine frühe ○○○○○○○○○○. Die Ägypter bauten Dämme, die sie vor den regelmäßigen Überflutungen schützten, und Bewässerungskanäle, um das Wasser für die Landwirtschaft zu nutzen.

An der Spitze der Bevölkerung standen Herrscher, die ○○○○○○ genannt wurden. Sie ließen sich wie ○○○○○○ verehren. Der Pharao betrachtete das ganze Land als sein Eigentum und herrschte unumschränkt. Seine wichtigsten Helfer waren gut ausgebildete ○○○○○○○○○. Sie verwalteten das große Reich. Die Einwohner mussten Abgaben leisten, beim Bau der ○○○○○○○○○ und dem Unterhalt der Tempel helfen.

Weitere Kennzeichen der ägyptischen Hochkultur sind die Verwendung von Schriftzeichen wie ○○○○○○○○○○○○, Gesetze, die Anlage von Städten, großartige Bau- und Kunstwerke, die Anfänge von Wissenschaft und ein ausgeprägtes religiöses Leben. Die Ägypter glaubten an viele Götter (○○○○○○○○○○○○). Sie bestimmten nach ihrer Vorstellung das Leben auf der Erde und im Jenseits. Die Bedeutung der ○○○○○○○○ zeigt sich im Totenkult mit ○○○○○○○○○○○○○ und Grabbeigaben.

Die ägyptische Hochkultur war kein Einzelfall. Dies beweist etwa die Kultur der Sumerer und Babylonier in ○○○○○○○○○○○○.

M 2 Merkmale einer Hochkultur

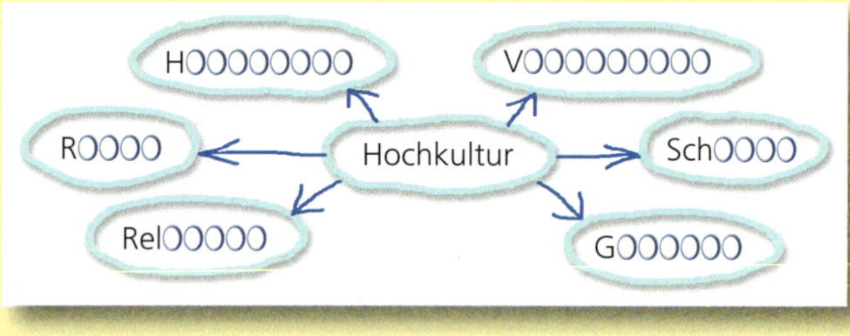

M 3 Hatschepsut

Figur aus Rosengranit, 15. Jh. v. Chr.

Hatschepsut, die Tochter des Pharaos Thutmosis I., gehört zu den bekannten Herrscherinnen Ägyptens. Sie regierte nach dem Tod ihres Vaters zunächst zusammen mit ihrem Halbbruder Thutmosis II. Als dieser starb, ließ sie sich selbst zum Pharao erklären und herrschte gemeinsam mit ihrem Stiefsohn Thutmosis III.

M 4 Sah so die ägyptische Gesellschaft aus?

M5 **Das Nilufer zu unterschiedlichen Jahreszeiten**

M7 Soll Nofretete zurück?

1912 entdeckte ein deutscher Archäologe bei Ausgrabungen in Ägypten die Büste der ägyptischen Königin Nofretete, der Frau des Pharaos Amenophis IV. (Echnaton), der von 1364 bis 1347 v. Chr. herrschte. Mit Genehmigung der Regierung wurde der sensationelle Fund 1913 nach Deutschland gebracht. Anfang 2011 forderte Ägyptens Chefarchäologe die Rückgabe der Büste. Schon Anfang 2002 hatte der ägyptische Kulturminister verlangt, die Figur „im Interesse der Menschheit" den Ägyptern zurückzugeben. Die deutschen Behörden lehnten die Rückgabeforderungen mit dem Hinweis ab, die Büste befinde sich aufgrund eines Vertrages rechtmäßig seit 1913 in Berlin.

Dieter Brückner, Eigenbeitrag

M6 **Schiffsmodell**
Grabbeigabe aus Holz, um 2000 v. Chr.
Das Modell dieses Reiseschiffes ist 69 cm hoch und 86 cm lang.

1. *Nenne die fehlenden Begriffe (M1).*
2. *Erstelle einen Zeitstrahl zur Geschichte Ägyptens und trage Daten und Ereignisse ein, die dir wichtig erscheinen. Begründe deine Auswahl.*
3. *Vervollständige mithilfe von M1 die Mindmap (M2) über Merkmale der Hochkultur. Prüfe, welche Kennzeichen noch fehlen.*
4. *Untersuche, was an der Figur der Hatschepsut (M3) auffällt. Erläutere die möglichen Gründe für die Darstellung.*
5. *Beurteile, ob der Rekonstruktionsversuch den Aufbau der ägyptischen Gesellschaft (M4) richtig wiedergibt. Welche Probleme birgt die Darstellung?*
6. *Vergleiche die beiden Bilder (M5) und ordne sie den ägyptischen Jahreszeiten zu. Stelle fest, welche Jahreszeit fehlt.*
7. *Erläutere, warum Toten Modelle wie M6 mit ins Grab gegeben wurden.*
8. *Bewerte, ob die Büste der Nofretete (M7) zurück nach Ägypten soll. Überlege, warum die Rückgabe für das Land so wichtig ist.*

Orientierung gewinnen: Leben im antiken Griechenland

„Die Olympischen Spiele feiern, heißt, sich auf die Geschichte berufen." Mit diesen Worten setzte sich der französische Historiker und Pädagoge Pierre de Coubertin in den 1890er-Jahren für die Wiederbelebung der antiken Sportwettkämpfe ein. Mit seiner Forderung stand er nicht allein. Auch unabhängig vom Sport beriefen sich seit langer Zeit immer wieder Menschen auf die „alten Griechen" und verehrten sie als Vorbilder. Woher kam das? Warum verwenden wir noch heute so viele griechische Begriffe in unserer Sprache, warum spielen wir noch heute Theaterstücke der alten Griechen und ahmen ihre Kunstwerke nach?

Mit den Griechen beginnt der Abschnitt des Altertums, den man **Antike** nennt (ca. 1000 v. Chr. bis ca. 500 n. Chr.). Die Antike ist die Geschichte der Griechen und Römer, die wichtige Grundlagen für das heutige Europa geschaffen haben. Am Ende des folgenden Kapitels könnt ihr euch die Frage stellen, ob oder in welcher Hinsicht die „alten Griechen" Vorbilder für uns waren und noch sein können.

In Griechenland entstand kein gemeinsamer Staat, sondern eine große Zahl kleiner Stadtstaaten: die Poleis. Einige Griechen verließen sogar ihre Heimat und gründeten neue Poleis an den Küsten des Mittelmeeres und am Schwarzen Meer. Im Laufe der Zeit wurden in Athen und anderen Orten Regeln entwickelt, die vielen Menschen ermöglichten, in ihrem Gemeinwesen mitzubestimmen. Warum lebten die Griechen in Stadtstaaten? Wie organisierten sie ihr Zusammenleben?

Obwohl die Griechen keinen gemeinsamen Staat hatten, sprachen sie dieselbe Sprache und fühlten sich als Volk mit gemeinsamer Kultur und Geschichte. Jedoch gab es in der griechischen Gesellschaft große Unterschiede. Wie sah die Gesellschaft im antiken Griechenland, wie der Alltag der Menschen aus? Welche Rolle spielten Frauen? Wie gingen die Griechen mit Fremden, wie mit Sklaven um?

Der größte Teil der Fläche Griechenlands ist Gebirge. Fruchtbare Flächen für den Ackerbau gibt es nur in den Flusstälern und einigen Buchten am Meer. Dafür hat das Land viele tausend Kilometer Küste – landschaftliche Bedingungen, die die Griechen in der Antike für sich zu nutzen wussten. Wie gelang es den Griechen, genauer dem Stadtstaat Athen, zu einer See- und Handelsmacht aufzusteigen? Wie wirkte sich dies auf die Gesellschaft aus?

Miteinander verbunden fühlten sich die Griechen auch, weil sie alle an die gleichen Götter glaubten. Sie erzählten sich viele Geschichten von Göttern und Helden und davon, wie sie in das Leben der Menschen eingriffen. Was verraten die Götter- und Heldensagen über die Geschichte und die Gedankenwelt der Griechen? Welche Bedeutung hatte ihre Religion für den Alltag und die Kultur, aber auch für Herrschaft und Politik des antiken Griechenland?

Blütezeit der griechischen Antike

1000 v. Chr. | 900 v. Chr. | 800 v. Chr. | 700 v. Chr. | 600 v. Chr. | 500 v. Chr. | 400 v. Chr. | 300 v. C

Späte Pharaonenzeit in Ägypten

M1 Griechenland um 750 v. Chr.

M2 Orte und Landschaften Griechenlands um 750 v. Chr.

1. *Beschreibe mit der Legende die Landschaft in Thessalien und auf der Peloponnes.*
2. *Zähle die Informationen der Karte M2 auf, die für die Geschichte Griechenlands von Bedeutung sein können.*
3. *Vergleiche die naturräumlichen Bedingungen Griechenlands mit Ägypten (M2, S. 51-53).*
4. *Begründe, warum die Landschaft die Gründung von Stadtstaaten durch die Griechen begünstigte.*

0 v. Chr. | 100 v. Chr. | Chr. Geburt | 100 n. Chr. | 200 n. Chr. | 300 n. Chr. | 400 n. Chr. | 500 n. Chr.

Die Griechen besiedeln den Mittelmeerraum

M 1 Im Schatten der Burg
Landschaftsbild, 1998
So stellt sich ein Künstler die Anfänge der Stadt Athen um 800 v. Chr. vor.

M 2 Eine nützliche Erfindung
Münze aus Athen, um 500 v. Chr., und 1-Euro-Münze aus Griechenland, 2002
Griechen waren die ersten in Europa, die Münzen prägten. Fast jede Polis hatte eigene Münzen. Münzen aus Athen erkannte jeder Grieche an der Eule und der Göttin Athene, der Schutzgöttin der Stadt.

Das Volk der Griechen entsteht

Am östlichen Mittelmeer muss es ab 1100 v. Chr. große Krisen gegeben haben: Die Bevölkerungszahl ging zurück; der Handel mit Ägypten und dem Vorderen Orient brach ab. Warum, wissen wir nicht, denn es gibt nur wenige Quellen.

Nach und nach wanderten neue Volksgruppen aus dem Norden in das heutige Griechenland ein. Wirtschaft und Kunst blühten allmählich wieder auf. Die Menschen nannten sich selbst Hellenen. Die Römer bezeichneten sie später als Graeci, Griechen.

Ein anderes Land – andere Lebensweisen

Das Land, in dem die griechische Kultur entstand, unterscheidet sich vom alten Ägypten:

- Griechenland ist vom Meer umgeben. In Buchten und auf den vielen Inseln lebten die Menschen von Landwirtschaft und Fischerei. Mit Schiffen können Waren und Ideen schnell ausgetauscht werden.
- Griechenland ist gebirgig. Im Bergland ist Landwirtschaft schwierig. Hohe Berge trennen die Lebensräume der Menschen voneinander.

Stadtstaaten und Hausgemeinschaft

Dies führte dazu, dass in Griechenland kein großer, zusammenhängender Staat, sondern viele kleine **Stadtstaaten** entstanden, die **Poleis**. Bauern, Fischer, Handwerker und Händler siedelten sich am Fuß von Hügeln an. Auf der Höhe bauten sie Burgen, in die sie sich bei Gefahr zurückzogen.

Jede Polis besaß einen Platz, auf dem sich die Bewohner trafen: die Agora. Die Stadtbürger bauten auch Tempel und öffentliche Gebäude. Eigentlich glichen die Stadtstaaten eher Dörfern, denn sie hatten meist weniger als 5000 Einwohner.

Das Leben der Menschen fand im oikos statt, der Hausgemeinschaft. Zu ihr gehörten die Verwandten einer Familie und die Bauern, die für sie arbeiteten sowie alle Äcker, Gebäude, Sklaven, Geräte und Vieh. Im Oikos erledigten die Menschen ihre tägliche Arbeit, um für alles zu sorgen, was sie zum Leben benötigten.

Auf der Suche nach einer neuen Heimat

Seit dem 8. Jh. v. Chr. verließen zahlreiche Griechen auf Schiffen ihre Heimat und siedelten an den Küsten des Mittelmeeres und des Schwarzen Meeres. Dabei nahmen die Auswanderer Land in Besitz und gründeten griechische Tochterstädte (**Kolonien**). Deshalb wird diese Entwicklung Kolonisation (lat. colere: Land bebauen) genannt.

Ursachen und Folgen

Die Gründe für diese Auswanderung (Migration) waren: Naturkatastrophen, Bevölkerungswachstum, Kriege, Streit zwischen führenden Familien sowie Armut und Hunger. Auch die Aussicht auf Landbesitz, Handelsgewinne und Abenteuer lockte manche Griechen in die Fremde.

Die Kolonisation trug zum inneren Frieden in vielen Poleis bei, denn die Unzufriedenen sahen eine Chance, ihre Lage zu verbessern. Sie förderte Seefahrt, Schiffbau und Handel: Bald bekam man rund ums Mittelmeer griechische Töpferwaren im Tausch gegen Getreide und andere nützliche Rohstoffe.

1. *Nenne die Gründe, weshalb in Griechenland kein großer Staat entstand, sondern viele Stadtstaaten. Sieh dir nochmals die Karte auf S. 75 an.*
2. *Überlege, wofür die Stadtstaaten (Poleis) und ihre Bürger das Geld ausgaben (M2).*

Poleis (Stadtstaaten)* Kolonien/Kolonisation

M 3 Land-, Stadt- und Höhlenbewohner

a) Der Dichter Homer erzählt im 8. Jh. v. Chr. die Irrfahrten des Helden Odysseus. Über die Rückkehr in das Haus seines Vaters Laërtes schreibt er:

Odysseus erreichte das bestens bestellte Landgut des Laërtes. Sein Haus war umgeben von Wirtschaftsgebäuden. Dort aßen und schliefen seine Sklaven.

b) Unterwegs hat Odysseus eine Stadt besucht:

Die Stadt hat hohe Mauern und Häfen auf beiden Seiten. Schmal ist ihr Zugang. Ihn säumen Schiffe, die an das Ufer gezogen wurden. Für alle gibt es einen Liegeplatz. Rings um den Tempel liegt der Versammlungsplatz. Hier stellt man Geräte für die Schiffe her, Taue, Segel und Ruder. Denn die Bewohner befassen sich nicht mit Bogen und Köcher, sondern mit Masten, Rudern und Schiffen.

c) Kyklopen, einäugige Riesen, schildert Homer so:

Die Kyklopen sind rechtlose Bösewichte. Sie pflanzen, säen und pflügen nicht mit ehrlicher Arbeit. Alles wächst bei ihnen ohne Säen und Ackern. Ihre Weinstöcke bringen Wein in üppigen Trauben hervor. Zeus bewässert ihn für die Kyklopen. Sie kennen weder Ratsversammlungen noch feste Gesetze. Auf Bergen hausen sie in tiefen Höhlen. Jeder macht sich eigene Gesetze für seine Frauen und Kinder. Keiner von ihnen sorgt für den anderen.

Nach: Homer, Odyssee 24.205-213, 6.262-272 und 9.105-116, in Prosa nacherzählt von M. Sanke

M 4 Warum auswandern?

Der Historiker Plutarch meint um 120 n. Chr.:

Damals gab es große Ungleichheit zwischen Arm und Reich. [...] Alle Leute waren bei den Reichen verschuldet. Sie bearbeiteten deren Land und mussten den sechsten Teil der Ernte abliefern. Oder sie dienten als Sklaven. Oder sie wurden in die Fremde verkauft. Viele waren gezwungen, ihre eigenen Kinder zu verkaufen, denn es gab kein Gesetz dagegen! Andere gingen in fremde Länder, um der Grausamkeit der Geldverleiher zu entkommen.

Nach: Plutarch, Parallelbiographien: Solon. – Große Griechen und Römer (übers. v. Konrat Ziegler), Bd. 1, Düsseldorf [3]2010, S. 224

M 5 Befragung der Pythia in Delphi

Malerei auf einer Schale, um 430 v. Chr.

Viele Poleis bemühten sich um einen Rat des Orakels von Delphi. Dort verehrten die Griechen den Gott Apollon. Er konnte das Dunkel der Zukunft durchdringen. Dabei half ihm die Priesterin Pythia. Die anwesenden Priester deuteten ihre Sprüche für die Ratsuchenden.

M 6 Griechen ziehen nach Afrika

Die Bürger von Thera gründen um 630 v. Chr. eine Kolonie in Nordafrika. Der Grieche Herodot schreibt zwei Jahrhunderte danach:

Grinnos war König auf der Insel Thera. Er reiste nach Delphi und brachte eine großes Opfer. Als er das Orakel fragte, was er tun sollte, bekam er die Anweisung, eine Stadt in Libyen zu gründen. Die Bürger aber taten nichts, denn niemand wusste, wo Libyen liegt. [...] Auf Kreta trafen sie einen Mann namens Korobios. Er berichtete, dass er einmal auf hoher See vom Kurs abgetrieben wurde. Dadurch sei er zur Insel Platea vor der Küste Libyens gekommen. Mit Korobios erkundeten einige Männer nun Libyen und die Insel. Danach fuhren die Leute aus Thera zurück in ihre Polis. Sie erzählten, dass sie eine Insel in Libyen besetzt hätten. Die Bürger beschlossen, auszulosen, wer dorthin geschickt werden soll. So sandten sie zwei Schiffe mit je fünfzig Ruderern nach Platea.

Josef Feix (Hrsg.), Herodot. Historien griechisch-deutsch, Bd. 1, München [2]1977, S. 613 f. (vereinfacht nacherzählt von M. Sanke)

M 7 Griechischer Tempel auf Sizilien

Foto von 2007

Bereits seit dem 8. Jh. gründeten griechische Siedler ihre Städte auch in Italien. Dort stehen die am besten erhaltenen griechischen Tempel, wie der abgebildete Concordia-Tempel von Agrigent auf Sizilien. Er wurde um 440 v. Chr. erbaut.

Lesetipp:
Anne Pearson, Das alte Griechenland, München 2011

1. *Schildere, wie sich nach Odysseus das Leben auf dem Landgut seines Vaters vom Leben in der Stadt unterschied (M3 a-b).*
2. *Prüfe mit M3 c folgende Aussage: „Die Griechen sind das positive Gegenteil der Kyklopen!“*
3. *Stelle Ursachen, Folgen und Ablauf der Kolonisation (Verfassertext, M4-M6) in einer Tabelle zusammen. Siehe dazu auch die Karte auf S. 79.*
4. *Noch heute verlassen viele Menschen ihre Heimat. Vergleiche die Ursachen damals und heute.*

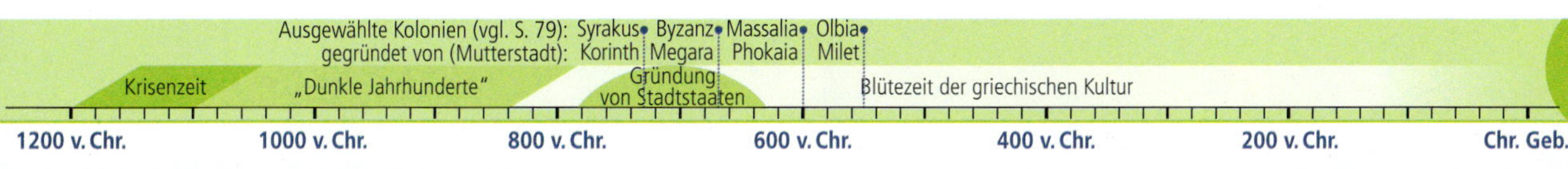

Geschichtskarten kannst du lesen

Was können Karten?

Landkarten geben Informationen über die Lage von Gebirgen, Flüssen, Orten, Straßen und anderen Merkmalen eines Gebietes.

Geschichtskarten enthalten noch mehr: Sie verknüpfen Erdkunde und Geschichte, indem sie zeigen, wie ein bestimmtes Gebiet in der Vergangenheit zu einem bestimmen Zeitpunkt ausgesehen hat. Es können auch Merkmale aus verschiedenen Zeiten und eingezeichnet sein und damit eine Entwicklung beschreiben (siehe S. 105). Wo siedelten die Menschen? Wie veränderten sich Lebensräume von Völkern und Ländergrenzen? Woher kamen Handelsgüter und wohin wurden sie auf welchen Wegen gebracht? Auch genaue Karten geben immer nur einen Teil der Gegebenheiten wieder.

Wie lese ich eine Geschichtskarte?

- Was ist das Thema der Karte?
- Über welche Einzelheiten informiert sie?
- Welche Gebiete zeigt sie?
- Welche Zeit behandelt sie?
- Zeigt sie den Zustand zu einem bestimmten Zeitpunkt oder eine Entwicklung über einen Zeitraum?
- Was bedeuten Symbole, Beschriftungen und unterschiedliche Farben?

M 1 Die Polis Athen im 5. Jh. v. Chr.

Die Überschrift nennt das Thema und gibt Auskunft, ob nur ein bestimmter Zeitpunkt oder auch eine Entwicklung angezeigt wird.

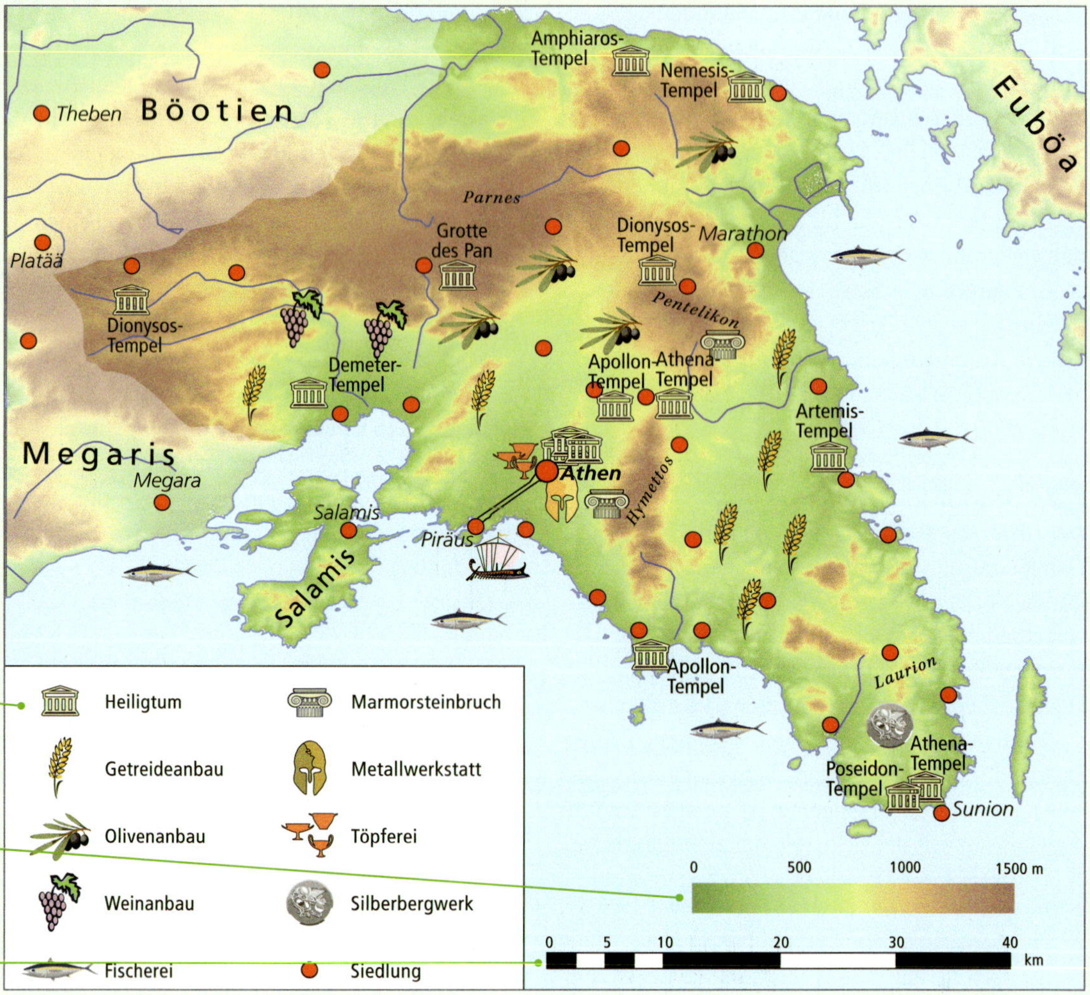

Die Legende gibt an, welche Informationen die Karte enthält und was die Symbole, Beschriftungen und Farben bedeuten.

Die farbige Höhenskala zeigt, wo das Land flach oder wo es gebirgig ist, und vermittelt so einen Eindruck von der Beschaffenheit des Geländes.

Die Maßstabsleiste hilft dir, Entfernungen zu ermitteln.

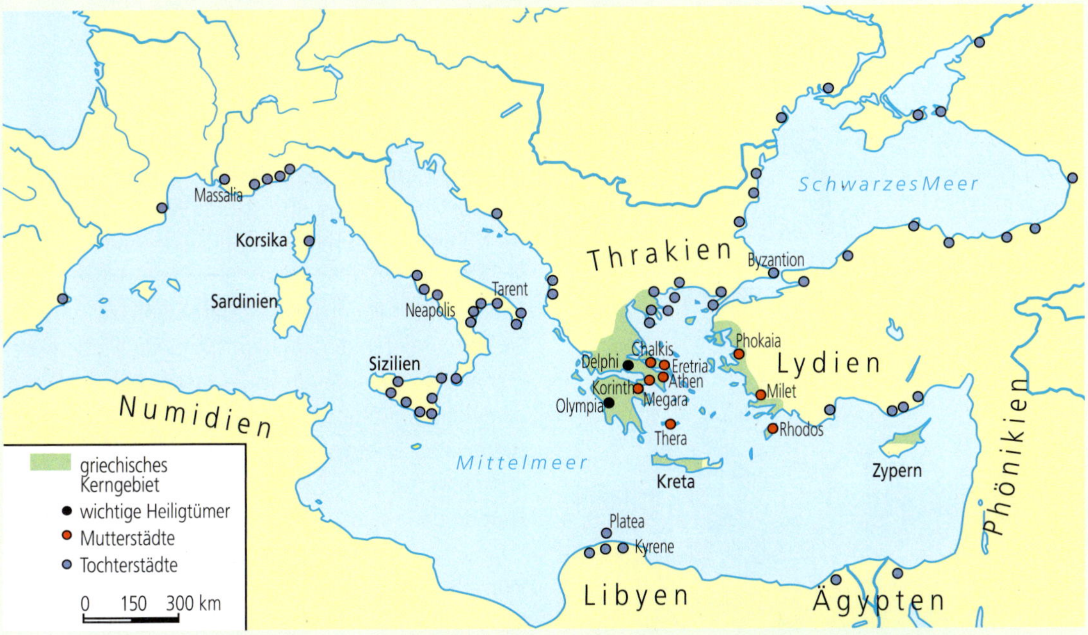

M 2 Wo die Griechen siedelten (750 - 550 v. Chr.)

M 3 Karte des Mittelmeerraums mit den heutigen Ländern (2013)

1. *Untersuche die Karte M2 zur griechischen Kolonisation mithilfe der Leitfragen.*
2. *Der Philosoph Platon ließ seinen Lehrer Sokrates im Jahre 399 v. Chr. sagen, die Griechen säßen „wie Ameisen oder Frösche um einen Teich". Erläutere mithilfe der Karte M2, was er damit meinte.*
3. *Stelle fest, in welchen modernen Staaten wir Überreste aus der Zeit der griechischen Auswanderung finden können (M2 und M3). Nimm dazu die Karte hinten im Buch zu Hilfe.*

Das Meer verbindet Menschen

M 1 **Nachbau eines griechischen Schiffes**
Foto von 1986
Im Jahr 1965 entdeckte ein Taucher bei Kyrenia an der Nordküste Zyperns das Wrack eines griechischen Schiffes. Es wurde von Archäologen untersucht und gehoben. Das Schiff aus dem 4. Jh. v. Chr. war so gut erhalten, dass 1985 ein genauer Nachbau angefertigt werden konnte.

Schiffe – die wichtigsten Verkehrsmittel

Jahr für Jahr strömen Touristen nach Griechenland. Sie wollen die Kunst und Kultur der alten Griechen kennenlernen oder Sonne, Meer und Ruhe auf einer der vielen Inseln in der Ägäis genießen. Bis Athen kommen die Reisenden meist mit dem Flugzeug, aber auf die Inseln gelangen sie oft nur mit Fähren.
Griechenlands lange Küsten und die vielen Inseln machten das Schiff schon im Altertum zu einem unentbehrlichen Verkehrsmittel für Menschen und Waren. Es ermöglichte den Griechen kulturelle und geschäftliche Kontakte zu ihren Nachbarn und die Gründung von Tochterstädten.

Ideen kommen über das Meer

Ein- und Auswanderung sowie Handel förderten die Begegnung der Hellenen mit anderen Kulturen. Schon in der Mitte des 2. Jahrtausends v. Chr. wurden Metalle und Luxusgegenstände aus Ägypten, Syrien und Kleinasien nach Griechenland eingeführt. Durch den Handel lernten die Griechen die Schrift der Phönizier kennen, die an den südlichen und westlichen Küsten des Mittelmeeres lebten. Aus ihr entwickelten sie im 9. Jh. v. Chr. das Alphabet.
Auch die Münzen, die die Griechen seit dem 7. Jh. v. Chr. prägten, haben sie nicht selbst erfunden: Sie übernahmen sie vom Volk der Lyder in Kleinasien. Die Geldwirtschaft löste den Tauschhandel ab.

Fremde Kulturen – neue Einflüsse

Von Kretern, Phöniziern, Babyloniern, Persern und Ägyptern erhielten die Griechen wichtige Anregungen für ihre Religion, Kunst und Wissenschaft. Dieser Kulturaustausch hinderte die Griechen nicht daran, alle Menschen mit einer für sie fremden Sprache, Religion und Lebensweise „Barbaren" zu nennen. Sie verwendeten diesen Begriff, weil die Sprache der Fremden in ihren Ohren so unverständlich wie „barbar" klang. Anfangs war das nicht böse gemeint, später aber sahen sie die Kultur der „Barbaren" als minderwertig an. So machten sie im Krieg besiegte Fremde ganz selbstverständlich zu Sklaven.

Warenaustausch und Personenverkehr

Mit Schiffen kamen begehrte Waren nach Griechenland. Im Gegenzug wurden wertvolle Produkte ausgeführt. Griechische Ärzte und Baumeister, die in Persien oder Ägypten arbeiten wollten, bestiegen in Athens Hafen ein Schiff. Andererseits lockten berühmte Philosophen und Redelehrer viele Interessierte aus den Ländern am Mittelmeer zu Studien nach Athen. Außer zu den großen Spielen und Heiligtümern reisten die Griechen nur in dringenden geschäftlichen Angelegenheiten. Dabei waren Schiffsreisen schneller und trotz der Piraten meist sicherer als der Landweg. Die Griechen benötigten viele Schiffe, deren Bau sie von den Phöniziern gelernt hatten. Auf den Werften war der Bedarf an Bauholz so enorm, dass ganze Wälder verschwanden.

M 2 **Griechische Amphore**
Höhe: 69 cm, 5. Jh. v. Chr.
Amphoren (dt. Doppelträger) waren die wichtigsten Transport- und Aufbewahrungsgefäße der Antike. In ihnen wurden Öl, Wein, Oliven, Datteln, Getreide, Honig und vieles mehr verschifft.
Amphoren fassten zwischen 5 und 50 Liter. Einfache Amphoren waren „Einwegbehälter": am Bestimmungsort wurden sie oft weggeworfen.

Phönizisches Alphabet ca. 1000 v. Chr.	Bedeutung	Griechisches Alphabet ca. 800 v. Chr.	Bedeutung	Lateinisches Alphabet ca. 500 v. Chr.
𐤀	'	Α	A(lpha)	A
𐤁	b	Β	B(eta)	B
𐤃	d	Δ	D(elta)	D
𐤄	h	Ε	E(psilon)	E
𐤊	k	Κ	K(appa)	K
𐤌	m	Μ	M(y)	M
𐤍	n	Ν	N(y)	N
𐤓	r	Ρ	R(ho)	R
𐤔	š	Σ	S(igma)	S
𐤅	u	Υ	Y(psilon)	Y
–	–	Ω	O(mega)	O

M 3 Die Entwicklung des Alphabets

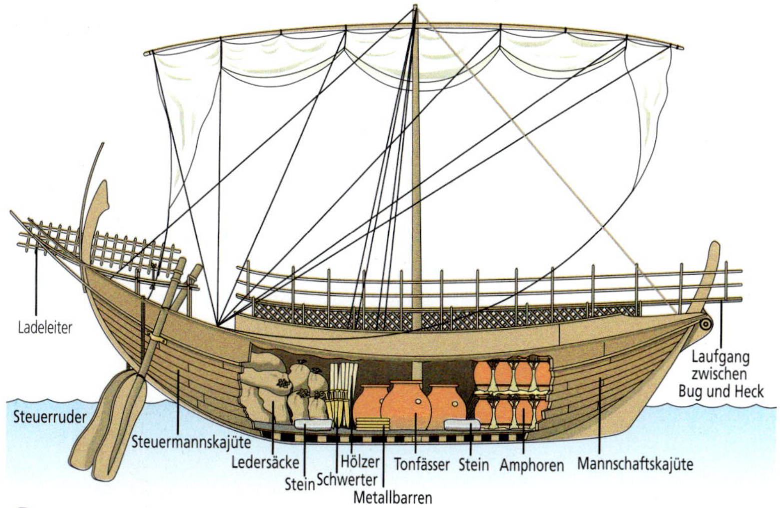

M 5 Griechisches Frachtschiff
Rekonstruktionszeichnung
Die Handelsschiffe waren selten über 20 m lang. Sie konnten zwischen 70 und 150 t laden.

M 4 Handeln und herrschen

In einer Schrift aus dem 5. Jh. v. Chr. wird festgestellt:

Die Athener allein sind imstande, über die Schätze Griechenlands und die der Barbarenländer zu verfügen. Denn, wenn irgendeine Stadt Überschuss an Schiffsholz, Eisen, Kupfer oder Flachs hat, wohin soll sie es exportieren ohne die Einwilligung Athens, des meerbeherrschenden Volkes? [...] Dem meerbeherrschenden Staat gewährt der Verkehr auch die Mittel zu allerlei Genüssen. Was es in Sizilien, Italien, auf Zypern, in Ägypten, in Libyen, in Pontusländern[1] oder in der Peloponnes oder sonst wo an Delikatessen gibt, das ist alles in Athen vereinigt.

Zit. nach: Michel Austin und Pierre Vidal-Naquet, Gesellschaft und Wirtschaft im alten Griechenland, München 1984, S. 259 (Übersetzer: Andreas Wittenburg)

[1] Pontusländer: Länder am Schwarzen Meer

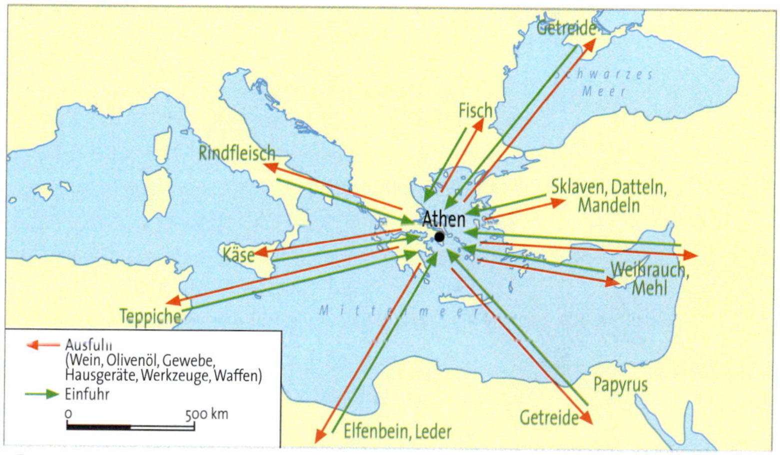

M 6 Athen – Zentrum des Handels

1. *Stelle fest, welche Waren nach Athen eingeführt wurden und woher sie kamen (M4 und M6). Präsentiere das Ergebnis in einer Tabelle.*
2. *Ein Schiff schaffte normalerweise 5 bis 6 Kilometer pro Stunde. Stelle fest, wie lange damals eine Fahrt von Athen nach Kyrene dauerte. Nutze dazu die Karte M2 auf S. 79.*
3. *Erkläre, woher wir einige unserer Kenntnisse über die Schifffahrt und den Handel der Griechen haben.*
   Ein Tipp: Damalige Unglücke sind heute unser Glück.

Luxusgegenstände aus dem Vorderen Orient werden nach Griechenland eingeführt
Entwicklung des griechischen Alphabets
Münzen und Geldwirtschaft in Griechenland
2000 v. Chr. | 1500 v. Chr. | 1000 v. Chr. | 500 v. Chr. | Chr. Geb.

Griechen gegen Perser

M 1 Perserkönige
Relief aus Persepolis (Ausschnitt), Hauptstadt des Perserreiches, 500 v. Chr.
Auf dem Thron sitzt König Dareios I. (521 - 485 v. Chr.). Vor Dareios wird Weihrauch abgebrannt. Ein Bote berichtet dem König.

Ein Volk von Barbaren?

Die Griechen wussten auch nach den Kriegen nicht viel über die Perser. Doch die Erinnerung an die Bedrohung, an den Krieg und den eigenen Sieg blieb lebendig. So kam es, dass die Perser schon bald als „Barbaren" und alles, was mit ihnen zusammenhing, als schlecht galt: Ihre Religionen wurden als Aberglaube belächelt. Auf ihre Lebensweise blickten die Griechen herab. Die Macht der Großkönige deuteten sie als Gewaltherrschaft, der sich die Untertanen mit verachtungswürdiger „Unterwürfigkeit" beugten.

Gefahr aus Asien?

Um 540 v. Chr hatten mächtige Könige ein persisches Großreich gegründet. Ihre Bogenschützen eroberten ein Gebiet nach dem anderen. Die Herrschaft reichte von Kleinasien bis Indien.

Die persischen Großkönige sahen sich als „Herrscher der Welt". Die Bewohner der eroberten Länder mussten Abgaben zahlen, durften aber ihre Religion und Kultur behalten.

Um 490 v. Chr. erschienen in den Städten Griechenlands Boten des Perserkönigs Dareios I. Als Zeichen der Unterwerfung forderten sie Erde und Wasser.

M 2 Ein Zweikampf
Weingefäß, Mitte 5. Jh.
Die Szene zeigt rechts einen persischen Krieger. Er hat alle Pfeile verschossen. Nun bleibt ihm nur noch sein Schwert gegen Schild und Lanze des Hopliten aus Sparta.

Gemeinsam gegen die Perser

Um 500 v. Chr. erhoben sich einige Städte Kleinasiens gegen die persische Herrschaft. Sie stürzten die Stadtherren und riefen Athen zu Hilfe. 498 setzten sie die persische Stadt Sardes in Brand. Um den Aufstand niederzuschlagen, zerstörten die Perser Milet. Daraufhin brachen die Perserkriege aus.

Im Jahr 490 v. Chr. siegten die Athener bei Marathon. Zehn Jahre später kehrten die Perser unter ihrem König Xerxes zurück, um ihre Niederlage zu rächen. Inzwischen hatten die Athener eine starke Kriegsflotte aufgebaut und ein Bündnis mit Sparta und anderen Stadtstaaten geschlossen. In der Seeschlacht bei Salamis unterlagen 480 v. Chr. die Perser. Ein Jahr später wurden sie bei Plataiai auch von einem griechischen Heer geschlagen.

Vom Bündnis zum Bürgerkrieg

Um künftig gerüstet zu sein, gründete Athen 477 v. Chr. den Attischen Seebund. Die meisten Städte der Ägäis traten ihm bei. Athen nahm darin großen Einfluss auf die Politik seiner Partner. Sein schneller Aufstieg zur Seemacht und seine Macht in Hellas machten Sparta Sorgen. Es fürchtete um seine Unabhängigkeit. 431 v. Chr. brach der Krieg zwischen Athen und Sparta und ihren Bündnispartnern aus. Dieser Peloponnesische Krieg dauerte 27 Jahre.

Schwere Zeiten für Athen

Die Athener hatten schon 460 v. Chr. begonnen, Athen und den Hafen Piräus mit den „Langen Mauern" zu umgeben. Kein Heer sollte die Stadt vom Meer abschneiden. Als die Spartaner anrückten, holten die Athener die Bewohner Attikas in die Stadt, führten die lebenswichtigen Güter mit Schiffen ein und griffen ihre Feinde von See aus an. Doch etwa ein Drittel der Menschen hinter den Schutzmauern starb an einer Seuche.

Trotzdem hielten die Athener stand. Die Entscheidung fiel erst, als der persische Großkönig eingriff – mit Geld. Er half Sparta beim Bau einer Flotte. Dafür ließ Sparta es zu, dass die Perser die griechischen Städte Kleinasiens eroberten. Schließlich ergaben sich die Athener. Die Langen Mauern wurden abgerissen, der Attische Seebund löste sich auf.

Athen wurde nie wieder so mächtig wie vor dem Krieg. Sparta aber blieb zu schwach, um auf Dauer ganz Griechenland zu beherrschen.

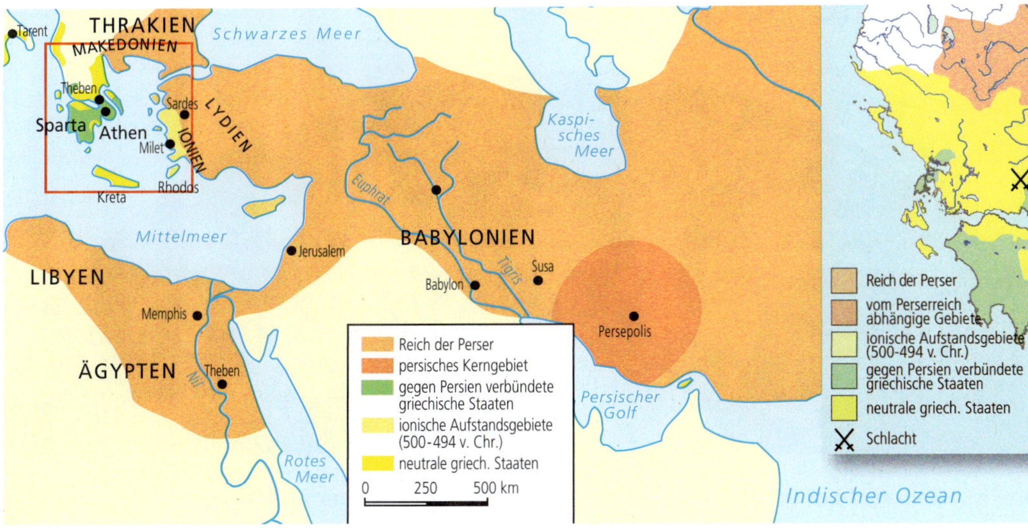

M 3 Griechenland und das Reich der Perser, um 500 v. Chr.

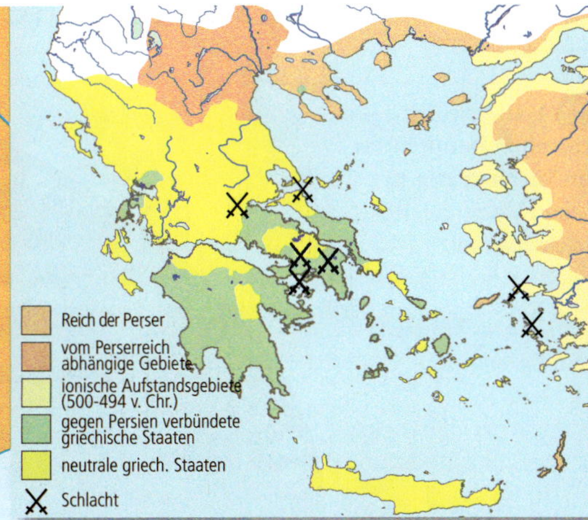

M 4 Bündnis gegen die Perser, 500 - 479 v. Chr.

Die Karte zeigt, welche Stadtstaaten sich zum Kampf gegen die Perser zusammenschlossen.

M 5 Wofür die Hellenen kämpfen

Über die Perserkriege informiert uns der griechische Historiker Herodot (490/480 - ca. 424 v. Chr.). Er berichtet von folgendem Gespräch zwischen dem persischen Heerführer Hydarnes und zwei Boten aus Sparta:

Ihr seht ja nicht nur an meiner Stellung, wie mein persischer Herr tüchtige Männer fördert. Jeder von euch könnte ein mächtiger Herr werden, wenn ihr euch meinem Großkönig ergebt.

Die Antwort der Spartaner:

Dein Rat, Hydarnes, ist bei uns nicht angebracht. Aus eigener Erfahrung kennst du nur das eine, nicht aber das andere. Du kennst nur die Unterordnung, die Freiheit aber hast du noch nicht schätzen gelernt. Sonst würdest du uns raten, nicht nur mit dem Speer, sondern auch mit der Axt für sie zu kämpfen.

Herodot, Historien VII, 130; zit. nach: Das Geschichtswerk des Herodot von Halikarnassos, übersetzt von Theodor Braun, Frankfurt am Main 2001 (stark vereinfacht)

M 6 Athener Untaten

Melos verhält sich im Peloponnesischen Krieg neutral und bleibt dem Seebund fern. Athen will es 416 v. Chr. zum Beitritt zwingen. Die Melier:

„Unser Vorschlag ist, dass wir eure Freunde sind, keiner Partei feind, dass ihr unser Land verlasst und wir einen Vertrag schließen, wie er zweckmäßig scheinen mag uns beiden."

Darauf lassen sich die Athener nicht ein. Sie belagern die Stadt viele Monate. Thukydides schreibt: Im folgenden Winter [...] ergab sich Melos auf Gnade oder Ungnade. Die Athener richteten alle erwachsenen Melier hin, soweit sie in ihre Hand fielen. Die Frauen und Kinder verkauften sie in die Sklaverei. Den Ort gründeten sie selber neu, indem sie später 500 attische Bürger dort ansiedelten.

Thukydides, Geschichte des Peloponnesischen Krieges V.112 und 116, übers. v. Georg Peter Landmann, München/Zürich 1993, Bd. 2, S. 807 - 811 (gekürzt und vereinfacht)

1. *Erinnert dich Abbildung M1 an ein Bild aus dem vorigen Kapitel? Stelle Vermutungen an: Was besagt die Ähnlichkeit über die Königsherrschaft der Perser?*
2. *Vergleiche das Reich der Perser mit dem Gebiet der Griechen (M3). Wie beurteilst du die Siegeschancen der Griechen?*
3. *Untersuche, ob Herodot Zeitzeuge des Gespräches gewesen ist (M5).*
4. *Erläutere, welchen Eindruck Herodot von den Persern vermitteln will, welchen von den Griechen (M5).*
5. *Bewerte die Handlungen der Athener gegen Melos (M6).*

Feste für die Götter

M1 Die zwölf griechischen Hauptgötter
Im Stil einer griechischen Vasenmalerei nachgestaltet

(1) **Zeus**
Göttervater, Himmels- und Donnergott
(2) **Hera**
Königin der Götter, Göttin der Ehe und Geburt
(3) **Hestia**
Göttin der Familie und des Herdfeuers
(4) **Ares**
Gott des Krieges
(5) **Apollon**
Gott des Lichts, der Musik und der Dichtkunst
(6) **Athene**
Göttin der Weisheit, der Kunst und des Krieges
(7) **Poseidon**
Gott des Meeres und der Erdbeben
(8) **Hermes**
Bote der Götter, Beschützer der Reisenden
(9) **Aphrodite**
Göttin der Liebe und der Schönheit
(10) **Artemis**
Göttin der Jagd
(11) **Hephaistos**
Gott der Handwerker und des Schmiedefeuers
(12) **Demeter**
Göttin des Ackerbaus

Internettipp:
Zu den Göttern und Olympia siehe Mediencode 31021-18

Götter – für alles verantwortlich

Was war am Anfang der Welt? Weshalb blitzt und donnert es? Warum gibt es Glück und Schmerz? Solche Fragen stellten sich die Griechen. Ihre Antwort: Für alles sind Götter verantwortlich.

Die Griechen stellten sich ihre Götter als Menschen vor, nie als Tiere. Götter hatten menschliche Schwächen, waren launisch oder eitel. Aber sie hatten übermenschliche Kräfte und waren unsterblich.

Alle Griechen verehrten gemeinsame Götter, in jeder Polis meist eine Gottheit besonders. In Athen war dies die Göttin Athene. Um den Willen der Götter zu erkunden, zogen die Griechen zu besonderen Orten und befragten Priesterinnen und Priester. Diese gaben ihnen Auskunft in rätselhafter Form (Orakel)[1].

Alles, was Griechen unternahmen, begannen sie mit Gebet und Opfer. Sie dankten den Göttern für ihre Hilfe oder versuchten, sie günstig zu stimmen. Die Menschen opferten ihnen Früchte des Feldes oder Tiere und bauten ihnen prächtige Tempel.

Sagenhafte Helden

Unter den Göttern standen die Heroen. Diese Helden hatten göttliche und menschliche Vorfahren. Sie besaßen übermenschliche Kräfte. Die Griechen erzählten sich viele Geschichten von Göttern und Heroen. Eine solche Sage nennen wir Mythos (dt.: Erzählung). Die berühmtesten stammen aus dem 8. Jh. v. Chr. von dem Sänger **Homer** aus Kleinasien: die „Ilias" über den Trojanischen Krieg und die „Odyssee" über die Irrfahrten des Helden Odysseus.

Olympia: Kult oder Spiele?

Regelmäßig veranstalteten die Griechen feierliche Umzüge, Tänze und Wettkämpfe. Diese Feiern boten den Stadtstaaten und ihren Bürgern Gelegenheit, Macht und Wohlstand zu zeigen. So stärkten sie ihr Zusammengehörigkeitsgefühl und den Stolz auf ihre Stadt.

In Olympia befanden sich Heiligtümer für den Gott Zeus und seine Frau Hera. Ab 776 v. Chr. sollen alle vier Jahre Sportwettkämpfe veranstaltet worden sein, an denen bald die meisten griechischen Stadtstaaten teilnahmen. Im Laufe ihrer tausendjährigen Geschichte änderten sich die Feiern. Aus einem Festtag wurden fünf. Immer mehr Sportarten kamen hinzu.

Zu den **Olympischen Spielen** sollten die Waffen ruhen. Zwar wurde dies nicht immer eingehalten, der „olympische Friede" schützte aber die an- und abreisenden Teilnehmer vor Überfällen.

Bei den Spielen in Olympia durften nur griechische Männer mit Bürgerrecht einer Polis mitmachen. Für die Frauen gab es eigene Wettkämpfe.

Traum vom Olympiasieg

Wer in Olympia gewann, den erwartete in seiner Heimat eine hohe Belohnung. Sieger aus Athen erhielten lebenslang im Rathaus kostenlos Essen. Olympiasieger waren so berühmt, dass Standbilder von ihnen aufgestellt wurden.

Vergleiche die griechischen Götter (M1 und Verfassertext) mit den Göttern des alten Ägypten (S. 64).

[1] Vgl. dazu auch S. 77.

Homer* Olympische Spiele

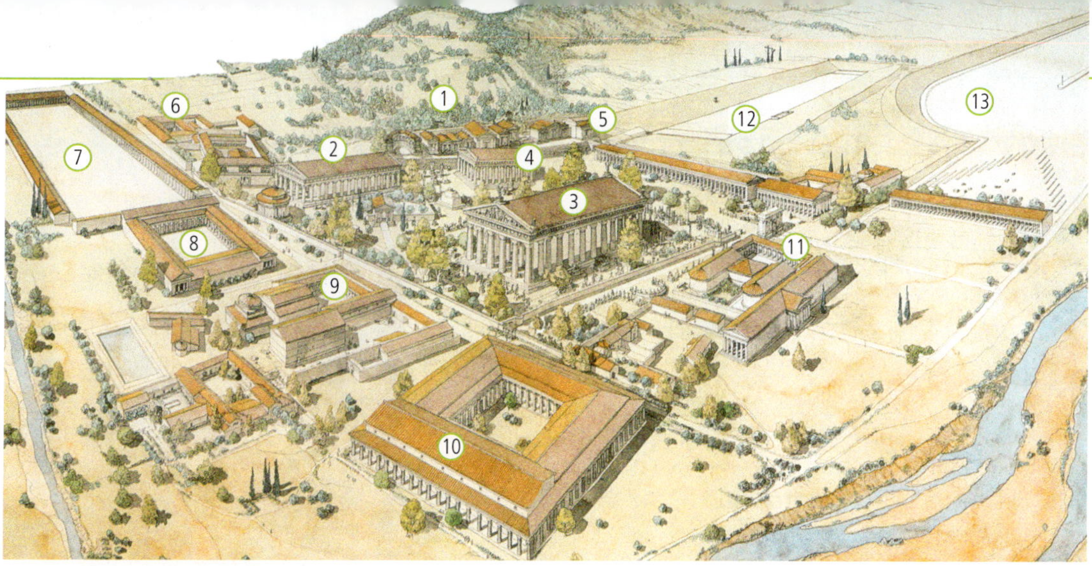

M 2 Olympia
Die Zeichnung von Jean-Claude Golvin (2003) zeigt das Heiligtum im 4. Jh. v. Chr.
(1) Heiliger Hain
(2) Tempel der Hera
(3) Tempel des Zeus
(4) Tempel der Kybele, der Mutter aller Götter
(5) „Schatzhäuser“, griechische Städte stellten hier kostbare Geschenke an die Götter aus
(6) Prytaneion, Tagungsort der Verwalter, Ort der Festmähler für die Wettkampfsieger
(7) Gymnasion, Übungsplatz der Läufer
(8) Palästra, Übungsplatz der Ringer, Boxer und Weitspringer
(9) Sitz der Priester
(10) Gasthof für vornehme Gäste
(11) Buleuterion mit Zeus-Altar, hier leisteten die Athleten den olympischen Eid
(12) Stadion mit Platz für 45 000 Zuschauer
(13) Hippodrom für Pferde- und Wagenrennen

M 3 Olympische Schattenseiten

Ein Journalist schildert den Ablauf der Spiele:

30 Tage vor den Spielen trafen die Sportler ein, um gemeinsam zu trainieren. Vor Publikum. Das war Vorschrift. In dieser Zeit machten sich die Kampfrichter ein Bild von den Bewerbern, stellten fest, wer olympiatauglich war und wer nicht. Weil sich nur wenige 30 Tage Verdienstausfall leisten konnten, hielt sich die Zahl der Teilnehmer in Grenzen, erst recht die Zahl der untauglichen. Wer nach Olympia kam, war meist ein Spitzenathlet. [...] Es kam vor, dass Städte Siegeskandidaten bei der Konkurrenz abwarben. Ein Top-Athlet namens Astylos siegte zuerst für Kroton. Vier Jahre später trat er für das offenbar reichere Syrakus an – und gewann. In Kroton beschlagnahmten sie daraufhin sein Haus und zerstörten seine Statuen.
Dass Gegner bestochen waren, kam ebenfalls vor: Der Boxer Eupolos flog auf, nachdem er drei Widersacher fürs Verlieren bezahlt hatte.

Harald Martenstein, Im Namen des Zeus. GEO Epoche 13, 2004, S. 106

M 4 Die Bedeutung der Spiele

Der Redner und Schriftsteller Isokrates aus Athen verfasst für die Olympischen Spiele von 380 v. Chr. eine „Festschrift“. Darin schreibt er:

Mit Recht lobt man diejenigen, welche die Festversammlungen eingeführt haben, denn sie überlieferten die Sitte, dass wir uns nach Verkündung des Gottesfriedens und nach Beilegung der schwebenden Feindschaften an einem Ort zusammenfinden, um den Göttern gemeinschaftlich Gebete und Opfer darzubringen. Dabei erinnern wir uns der bestehenden Verwandtschaft, verbessern für die Zukunft das gegenseitige Verständnis, erneuern alte und schließen neue Freundschaften.

Zit. nach: Isokrates, Panegyrikos 43 f. – Sämtliche Werke, übers. v. Christine Ley-Hutton, Bd. 1, Stuttgart 1993, S. 44 - 82, hier S. 51 f.

M 5 Fünfkämpfer mit ihrem Trainer
Trinkschale, um 490 v. Chr. (Ausschnitt)
Weitspringer hielten Gewichte in den Händen, um ihren Schwung zu vergrößern. Der Trainer korrigierte den Flug.

1. *Stelle mit M2 fest, welche Anlagen in Olympia dem Götterkult, welche dem Sport und welche dem Betrieb des Heiligtums dienten.*
2. *Begründe, warum Athleten abgeworben und Schiedsrichter bestochen wurden (M3). Was wird heute gegen Missbrauch getan?*
   Lies nach, was ein Olympiasieger erwarten durfte (Verfassertext).
3. *Schildere, welche Bedeutung die Olympischen Spiele 380 v. Chr. aus Sicht des Atheners Isokrates (M4) für die Griechen hatten.*
4. *Finde heraus, welches große internationale Sportereignis gerade stattfindet. Schreibe den Text von Isokrates in heutige Sprache um. Diskutiert, ob seine Meinung zur Aufgabe von Sportveranstaltungen noch gilt.*
5. *Jedem freien griechischen Mann standen die Olympischen Spiele offen. Begründe, warum dennoch mehr Reiche teilnahmen.*
6. *Präsentiere mithilfe digitaler Medien das Thema „Olympische Spiele“.*

776 v. Chr.: angeblich erste Olympische Spiele
Alle vier Jahre finden in Olympia Sportwettkämpfe statt
393 v. Chr.: Die Olympischen Spiele werden vom christlichen Kaiser verboten
1896: Wiederbegründung als „Olympische Spiele der Neuzeit“, die ersten Wettkämpfe finden in Athen statt

800 v. Chr. | 400 v. Chr. | Chr. Geb. | 400 | 800 | 1200 | 1600 | 2000

Herrscht in Athen das Volk?

Von der Monarchie zur Aristokratie

Der Stadtstaat Athen umfasste die Halbinsel Attika. Hier herrschten seit der Vorzeit Könige (Monarchie[1]). Sie wurden im 8. Jh. v. Chr. von Adligen entmachtet. Das waren Angehörige alter und reicher Familien, die von den Einkünften ihrer großen Landgüter lebten. Sie nannten sich selbst aristoi, was so viel wie „die Besten" bedeutet. Deshalb bezeichnet man die Form ihrer Herrschaft als **Aristokratie**.

Es kam vor, dass einer der Adligen die alleinige Herrschaft ohne die Zustimmung der anderen an sich riss. Das nannten die Griechen dann **Tyrannis**.

Streit um die Herrschaft

Die Bürger Athens empfanden die Herrschaft weniger Adliger zunehmend als ungerecht. Die Bauern litten unter der Last hoher Schulden bei den adligen Großgrundbesitzern. Wer seine Schulden nicht zurückzahlen konnte, verlor sein Land und seine Freiheit: Er geriet in die Schuldknechtschaft und musste für den Großgrundbesitzer arbeiten. Aber auch die Stadtbevölkerung, Handwerker und Kaufleute wollten die Bevormundung durch den Adel nicht mehr länger dulden, denn im Krieg mussten alle Athener die Polis verteidigen. Deshalb verlangten sie, an der Regierung beteiligt zu werden. Nach heftigen Aufständen bestellten die Athener im 6. Jh. v. Chr. einen Schlichter: den angesehenen, aber verarmten Adligen **Solon**[2]. Er führte erste **Reformen** durch, strich die Schulden der Bauern und machte alle Bürger für das Wohl Athens verantwortlich. Dazu teilte er die Athener nach ihrem Einkommen in vier „Klassen" ein, die jeweils ganz bestimmte Rechte und Pflichten hatten. Gemeinsam durften alle Bürger in der Volksversammlung mitreden.

Nach Solons Reformen war Athen keine Aristokratie mehr, denn nicht mehr die Herkunft, sondern das Vermögen entschied über die Rechte der Bürger in der Polis. Seine Idee: Wer reich ist und nicht arbeiten muss, hat Zeit für die Politik, kann viel für den Staat leisten und hat damit Anspruch auf mehr Rechte.

[1] Siehe dazu auch noch einmal S. 54.

[2] Vgl. zu Solon auch M5 auf S. 120.

M 1 Kopf des Perikles
48 cm hohe Marmorbüste nach einem Original von 440 v. Chr.
Perikles (um 490 bis 429 v. Chr.) stammte aus einer alten Adelsfamilie. Er wurde von 443 bis zu seinem Tod alljährlich in das Feldherrnamt gewählt. Seine häufige Wiederwahl beweist nicht nur sein Ansehen in der Bevölkerung, sondern auch, dass es in der attischen Demokratie möglich war, über lange Zeit eine führende Stellung zu behaupten.

Auf dem Weg zur Demokratie

Durch den Ausbau seiner Flotte und den Sieg über die Perser stieg Athen zur Großmacht auf. Damit gewannen auch die Männer aus der Unterschicht – immerhin rund 80 Prozent aller Bürger – an Bedeutung. Sie wussten, dass ihr Einsatz als Ruderer der athenischen Flotte unentbehrlich geworden war.

Dieses Selbstvertrauen der Unterschichten nutzten die adligen Volksführer Ephialtes und **Perikles**, um 462 v. Chr. die Volksherrschaft durchzusetzen. Sie schlossen damit eine Entwicklung ab, die im 6. Jh. v. Chr. mit Solon begonnen hatte.

Damit war die Entwicklung von der Königsherrschaft (Monarchie) über die Adelsherrschaft (Aristokratie) zu einer Staatsform abgeschlossen, die wir **Demokratie** nennen. Ihr Ziel war nach Aussage griechischer Geschichtsschreiber die „Herrschaft des Volkes über sich selbst".

Aristokratie* Tyrannis* Solon* Reformen* Perikles* Demokratie

Wie funktionierte die Volksherrschaft?

Von nun an teilten sich drei Einrichtungen die politische Macht:

- Der Rat der Fünfhundert übte die Regierungsgeschäfte aus. Hier wurden Anträge beraten, die in der Volksversammlung besprochen wurden. Die Mitglieder des Rates wurden aus Bürgern, die sich bewerben konnten, ausgelost. Sie trafen sich täglich und waren für ein Jahr im Amt.
- Streitfälle wurden von Volksgerichten entschieden. Um alle Bürger auch vor Gericht gleich zu behandeln, wurden jährlich 6000 Athener als Laienrichter (Geschworene) ausgelost. Kläger und Beklagte durften ihre Standpunkte vor dem Gericht öffentlich vortragen. Am Ende entschied dann eine geheime Abstimmung der Geschworenen über Schuld oder Unschuld des Beklagten.
- In der Volksversammlung konnten die Bürger gemeinsam über Fragen des öffentlichen Lebens entscheiden: über Gesetze, Krieg und Frieden, Einnahmen und Ausgaben. Jeder Teilnehmer konnte sich zu Wort melden und für seine Anträge werben. Alle hatten das gleiche Stimmrecht. Was zählte, war allein die Mehrheit der abgegebenen Stimmen. An den Volksversammlungen konnten Männer ab 18 Jahren teilnehmen. Sie mussten aber aus Athener Familien stammen.

Angst vor zu großer Macht

Die Athener wollten verhindern, dass ein Einzelner oder der Adel die Macht wieder an sich reißen konnte. Hierfür entwickelten sie bestimmte Maßnahmen. Dazu zählte etwa, dass jeder Bürger nur zweimal im Leben Ratsherr sein durfte. Die meisten Beamten wurden gelost und nicht gewählt. Zudem war ihre Amtszeit in der Regel auf ein Jahr befristet. Die Sitzungen des Rates fanden öffentlich statt, die Geschworenengerichte setzten sich aus ausgelosten Bürgern zusammen. Jährlich entschied ein „Scherbengericht" darüber, ob ein Politiker – aber eben nur einer – für zehn Jahre aus der Stadt verwiesen wurde.

M 2 Abstimmungsscherbe von 482 v. Chr.
Bei einem Scherbengericht ritzten die versammelten Bürger den Namen eines Politikers auf eine Scherbe, den sie aus der Stadt schicken wollten. Wurden mindestens 6000 Scherben (Stimmen) abgegeben, musste der gehen, dessen Name am häufigsten genannt wurde. Bemerkenswert war, dass der Verbannte sein Vermögen behielt.

Herrschte die Mehrheit?

Allerdings hatten in Athen nur die männlichen Bürger die Möglichkeit, sich an der Politik zu beteiligen. Alle anderen blieben ausgeschlossen: Frauen und Kinder, Metöken und Sklaven[1] durften nicht an der Volksversammlung teilnehmen. Aber auch viele Bürger kamen nicht zur Volksversammlung. Sie hatten keine Zeit für die Sitzungen. Sie mussten für ihren Lebensunterhalt hart arbeiten und konnten sich nicht leisten, Pflug oder Werkzeug wegzulegen, um zur Volksversammlung zu gehen. Seit ca. 400 v. Chr. half man ihnen ein wenig dadurch, dass jeder Teilnehmer an der Volksversammlung einen Geldbetrag ausgezahlt bekam. Dennoch hatten die reichen Bürger auch in der Demokratie die größte Macht. Sie hatten großes Ansehen, weil sie oft wichtige Gemeinschaftsaufgaben wie den Unterhalt eines Kriegsschiffes aus eigener Tasche bezahlten. Außerdem konnten sie die anderen durch ihre Bildung und Redekunst besser überzeugen.

[1] Zu Metöken und Sklaven lies S. 94 f.

M 3 Bleimarken 4. Jh. v. Chr.
Seit etwa 480 v. Chr. wurde die Teilnahme an Volksversammlungen und Geschworenengerichten vom Staat bezahlt: Die Teilnehmer erhielten eine solche Wertmarke, die gegen den entgangenen Tageslohn eingewechselt werden konnte.

1. *Gib mit eigenen Worten die politische Entwicklung des Stadtstaates Athen bis zum 4. Jh. v. Chr. wieder.*
2. *Erkläre, wie das Scherbengericht funktionierte.*
3. *Diskutiert in der Klasse, ob ihr das Scherbengericht für sinnvoll und gerecht haltet.*
4. *Unser Wort „Politik" stammt vom griechischen Wort „polis". Erläutere diesen Zusammenhang.*

Die Polis Athen ist völlig zerstritten – Solon führt neue Gesetze ein – Perserkriege – Perikles vollendet die attische Demokratie – Die demokratischen Einrichtungen in Athen bleiben bis etwa 320 v. Chr. erhalten

650 v. Chr. | 600 v. Chr. | 550 v. Chr. | 500 v. Chr. | 450 v. Chr. | 400 v. Chr. | 350 v. Chr.

M4 Athen in der 2. Hälfte des 5. Jh. v. Chr.
Rekonstruktionszeichnung, um 1990
① Akropolis
② Pnyx, Ort der Volksversammlungen
③ Münzanstalt
④ Brunnenhaus
⑤ Säulengang
⑥ Gerichtshof
⑦ Sitz der Feldherren
⑧ Sitz des Rates der 500
⑨ Agora (Fest-, Versammlungs- und Marktplatz)
⑩ Heilige Straße

M5 Für und gegen die Demokratie

In einem Schauspiel des Euripides von 424 v. Chr. sagt der Athener Theseus:

Niemanden hasst das Volk mehr als einen Alleinherrscher. Denn er sieht nicht die für alle geltenden Gesetze als höchstes Gut an, sondern er allein macht Gesetze, wie es ihm passt. Gleichheit gibt es nicht mehr. Wenn die Gesetze aber aufgeschrieben werden, gelten sie gleichermaßen für Arm und Reich. Der Arme kann sich genauso zu Wort melden wie der Reiche, wenn ihm Unrecht geschieht. Hat er Recht, siegt auch der kleine Mann über den großen. Der Leitspruch der Freiheit lautet so: Wer eine gute Idee hat, die dem Staat nützt, der trage sie in der Volksversammlung vor. Wer es wünscht, erntet Ruhm; wer nicht, kann auch schweigen. In welchem Staat gibt es also größere Gleichheit?

Euripides lässt einen Boten aus Theben sagen:

In der Stadt, aus der ich komme, herrscht ein Mann allein, nicht das einfache, ungebildete Volk. Es gibt niemanden, der das Volk durch Reden in seinem eigenen Interesse mal so, mal so beeinflusst. Wie kann überhaupt das Volk den Staat lenken, wenn es nicht mal gute Reden halten kann? Ein armer Bauer mag zwar auch denken können, doch wegen seiner vielen Arbeit kann er sich nicht um das Wohl des Volkes kümmern.

Zit. nach: Henning Ottmann, Geschichte des politischen Denkens. Die Griechen, Bd. 1/1: Von Homer bis Sokrates, Stuttgart/Weimar 2001, S. 203 f. (vereinfacht)

M6 Die Bevölkerung Athens
Um die Mitte des 5. Jh. v. Chr. lebten in der Polis Athen nach Schätzungen etwa 300 000 Menschen.

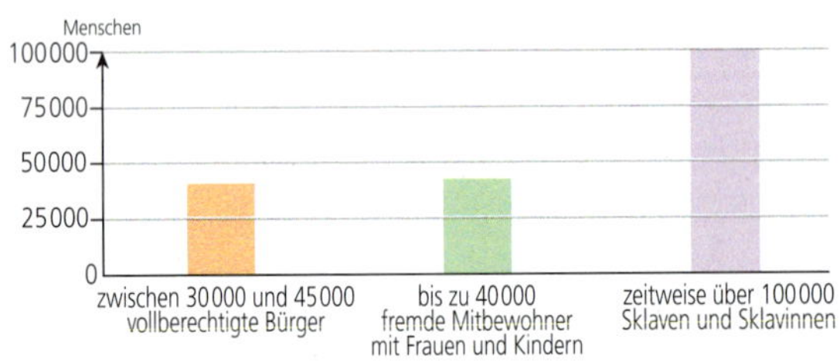

1. Beschreibe die Lage der Orte, die für politische Entscheidungen wichtig waren (M4).
2. Erkläre, was Theseus für das Wichtigste im Staat hält (M5).
3. Erläutere, was der Bote aus Theben bemängelt (M5). Begründe, in welcher Herrschaftsform er leben möchte.
   Tipp: Siehe dazu auch S. 86 und 89.
4. Arbeite aus M6 die ungefähre Zahl der Einwohner heraus, die keine Mitbestimmungsrechte hatten.
5. Prüfe, ob in Athen das Volk herrschte.

Formen der Herrschaft

M 1 Volksversammlung in Athen
Rekonstruktionszeichnung
Der Versammlungsplatz aus Stein entstand erst im 4. Jh. v. Chr. Auf der Pnyx war Platz für rund 6 000 Männer. Zuvor traf man sich auf dem nackten Felsen des Hügels. Die Versammlungen begannen bei Tagesanbruch und konnten mehrere Stunden dauern.

Lesetipp:
Hartmut Leppin, Die erste Demokratie. Athen im 5. Jahrhundert v. Chr., Hildesheim 2004

Ein König hat in der Regel die Macht geerbt und herrscht auf Lebenszeit; er allein
- ernennt Beamte,
- erlässt Gesetze,
- spricht Recht,
- entscheidet über Krieg und Frieden,
- ist oberster Feldherr und
- oberster Priester.

Das Volk hat kein Recht auf Mitsprache.

M 2 Monarchie

Familien vornehmer Abstammung (Adel) wählen für bestimmte Zeit aus ihren Reihen die, die
- Beamte ernennen,
- Gesetze erlassen,
- Recht sprechen,
- über Krieg und Frieden entscheiden,
- die Heerführer und
- die Priester stellen.

Das einfache Volk hat kein Recht auf Mitsprache.

M 3 Aristokratie

Bundesregierung
(Bundeskanzler/in und Minister/innen)

↑ wählt und kontrolliert

Bundestag
(beschließt Gesetze)

↑ wählen Abgeordnete für vier Jahre

alle Frauen und Männer über 18 Jahren, die die deutsche Staatsangehörigkeit besitzen

M 5 Demokratie bei uns heute
Bei den Bundestagswahlen von 2013 waren 31,8 Millionen Frauen und 30,0 Millionen Männer wahlberechtigt. Sie wählten 631 Abgeordnete.

Rat der Fünfhundert
- leitet die Volksversammlungen,
- bereitet die Gesetze vor,
- plant die Außenpolitik,
- kontrolliert die Beamten und
- beaufsichtigt das Staatsvermögen.

↑ jährlich durch Los

9 Archonten*
10 Heerführer
und etwa
700 Beamte,
die die Beschlüsse der Volksversammlung ausführen

*__Archonten__ (griech. archein: herrschen): die höchsten Beamten

↑ jährlich durch Los oder Wahl

Geschworenengerichte
(6 000 Richter)
zuständig für die allgemeine Rechtsprechung

Areopag
(ehemalige Archonten)
spricht Recht bei Mord, Brandstiftung und Verbrechen gegen den Staat

↑ jährlich durch Los

Volksversammlungen
Alle einheimischen und wehrpflichtigen Männer können an Volksversammlungen teilnehmen, Gesetze beschließen, über Krieg und Frieden entscheiden, Ratsmitglieder, Beamte, Heerführer (Strategen) und Richter durch Wahl oder Auslosung bestimmen.

Jugendliche, Frauen, fremde Mitbewohner (Metöken) und Sklaven sind ohne politische Rechte.

M 4 Demokratie in Athen, um 435 v. Chr.

1. *Überprüft, was die Größe des Platzes (M1) über die Beteiligung der Athener an der Volksversammlung aussagt. Beachtet auch M6 auf S. 88.*
2. *Beschreibt in Gruppenarbeit die drei Herrschaftsformen und erklärt die Unterschiede (M2 bis M4).*
3. *Nehmt an, ihr würdet in Athen um 435 v. Chr. leben. Stellt fest, wie viele Personen eurer Klasse mit 18 Jahren die Bürgerrechte nicht erhalten hätten. Bezieht eure Ergebnisse der Aufgaben 4 und 5 auf S. 88 ein.*
4. *Vergleicht die Demokratie in Athen (M4) mit unserer demokratischen Ordnung (M5). Nennt wichtige Unterschiede.*

Monarchie in Athen | Aristokratie in Athen | Perserkriege | Perikles vollendet die athenische Demokratie

1000 v. Chr. | 900 v. Chr. | 800 v. Chr. | 700 v. Chr. | 600 v. Chr. | 500 v. Chr. | 400 v. Chr.

Spartaner machen vieles anders

M 1 Durch Kampf zur Macht
Umzeichnung einer griechischen Vasenmalerei, ca. 640 v. Chr.
Im 10. bis 8. Jh. fochten die Griechen Zweikämpfe „Mann gegen Mann". Im 7. Jh. erfanden sie die geschlossene Schlachtreihe, die Phalanx („Walze"). Die Soldaten aus Sparta waren für diese Kampfweise berühmt.

Eroberer auf der Peloponnes

Nach 1000 v. Chr. wanderten Leute aus dem Norden Griechenlands auf die Peloponnes ein. Im fruchtbaren Tal des Eurotas gründeten sie fünf Dörfer. Aus ihnen entwickelte sich der Staat Sparta. An seiner Spitze standen seit dem 7. Jh. v. Chr. zwei Könige. Als die Bevölkerung wuchs und das Land knapp wurde, eroberten die Spartaner das fruchtbare Messenien. Das neue Land teilten sie gleichmäßig unter sich auf. Die Bevölkerung machten sie zu Staatssklaven (Heloten). Diese hatten keine Rechte, mussten das Land bewirtschaften und Abgaben leisten. Die Nachkommen der Besiegten, die nicht versklavt worden waren, nannten sie Perioken (dt. Umwohner). Sie zahlten Steuern und dienten im Heer, hatten jedoch keine Mitspracherechte.

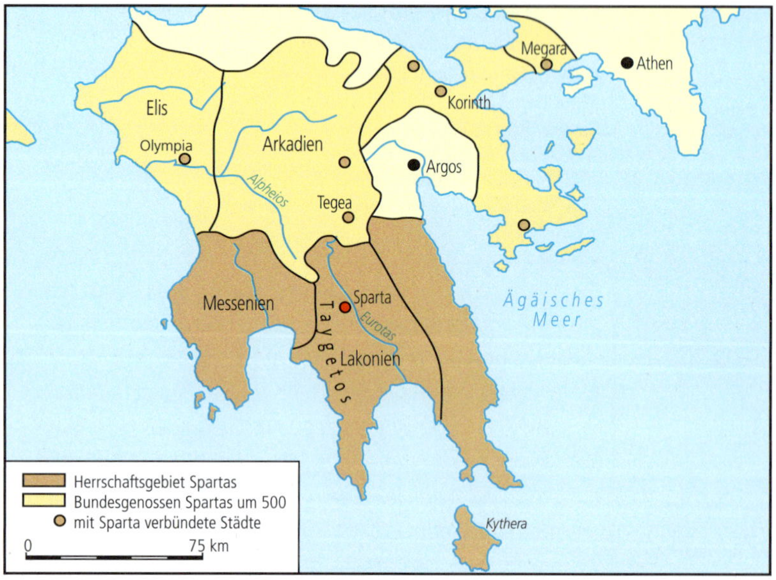

M 2 Aus fünf Dörfern wird eine Großmacht
Im 5. Jh. v. Chr. war Sparta auf dem Höhepunkt der Macht. Viele Städte waren mit Sparta verbündet. Es konnte auch über deren Soldaten verfügen.

Siege haben ihren Preis

Die Eroberer mussten ständig mit dem Widerstand der Heloten rechnen. Sie taten daher alles, um unbesiegbar zu bleiben.

Ein Junge aus Sparta wurde seinen Eltern mit sieben Jahren weggenommen. Er kam auf eine staatliche Militärschule. Dort erhielt er einfaches Essen, ein Bündel Stroh zum Schlafen und ein dünnes Gewand, das er bei jedem Wetter tragen musste. Die Tage waren ausgefüllt mit Kampfübungen und Sport. Es gab keine Ferien, auch nicht an Feiertagen. Den Jungen wurde beigebracht, Schmerzen auszuhalten, ihre Gefühle zu verbergen und sich knapp auszudrücken.

Den Mädchen ging es nur wenig besser. Die Spartaner glaubten, nur kräftige Frauen könnten gesunde Kinder bekommen.

Ein Staat wie eine Kaserne

Die rund 6000 ausgebildeten Soldaten, die Spartiaten, wohnten getrennt von ihren Familien in Tisch- und Zeltgemeinschaften wie im Krieg. Es war ihnen verboten, auf dem Feld zu arbeiten, Handel zu treiben oder einen anderen Beruf auszuüben.

Die Spartanerinnen mussten nicht in den Krieg ziehen. Sie verwalteten das Landgut der Familie und beaufsichtigten die Heloten. Die Männer waren davon abhängig, dass ihre Frauen gut wirtschafteten, denn ein Spartiat, der nichts zum Unterhalt seiner Tischgemeinschaft beitrug, verlor seine Rechte.

1. *Arbeite aus dem Bild heraus, wie eine Phalanx funktionierte und welche Vorteile sie bot.*
2. *Wenn etwas besonders einfach, anspruchslos oder karg ist, nennen wir es „spartanisch". Erkläre diese Redewendung.*

M 3 Spartanische Erziehung

Der Grieche Plutarch verfasst um 100 n. Chr. eine Lebensbeschreibung des spartanischen Gesetzgebers Lykurg. Der soll im 7. Jh. v. Chr. geherrscht haben. Zur spartanischen Erziehung heißt es darin:

Die Erziehung hielt er [Lykurg] für die größte und wichtigste Aufgabe des Gesetzgebers. Er ließ die Körper der Mädchen durch Laufen, Ringen, Diskus- und Speerwerfen kräftigen, damit sie gesunde Kinder zur Welt bringen. Weichlichkeit, Verzärtelung und alles weibische Wesen verbannte er. [...] Die Jungen der Spartaner aber gab Lykurg nicht in die Hände von Pädagogen, noch durfte jeder seinen Sohn aufziehen, wie er wollte. Vielmehr nahm er selbst alle, sobald sie sieben Jahre alt waren, zu sich und teilte sie in „Horden", in denen sie miteinander aufwuchsen, erzogen und gewöhnt wurden, immer beisammen zu sein.

Als Führer der „Horde" wählten sie denjenigen, der sich durch Klugheit und Kampfesmut auszeichnete. Sie hörten auf seine Befehle und unterwarfen sich seinen Strafen. So bestand die Erziehung wesentlich in der Übung im Gehorsam. Lesen und Schreiben lernten sie nur so viel, wie sie brauchten; die ganze übrige Erziehung war darauf gerichtet, dass sie pünktlich gehorchen, Strapazen ertragen und im Kampfe siegen lernten.

Zit. nach: Walter Arend (Bearb.), Altertum. Geschichte in Quellen, München ³1978, S. 143 f. (gekürzt und sprachlich vereinfacht)

M 4 Spartanisches Mädchen
Bronzefigur, Höhe: 12 cm, um 530 v. Chr.
Laufen, Ringen, Diskus- und Speerwerfen gehörten zu den von Mädchen ausgeübten Sportarten.

M 5 Sparta und Athen – ein Vergleich

Der Athener Geschichtsschreiber Thukydides urteilt um 420 v. Chr. über Sparta:

Wenn Sparta verwüstet würde und nur die Tempel und Grundmauern der Gebäude blieben, würde man später sicher [...] voller Unglauben seine Macht [...] bezweifeln. Und doch besitzen die Spartaner zwei Fünftel vom Peloponnes und stehen an der Spitze des Landes und vieler Verbündeter. Aber da sie nicht in einer Stadt beisammen wohnen und keine kostbaren Tempel und Bauten haben, sondern nach altgriechischer Art in Dörfern siedeln, könnte Sparta eher armselig wirken.

Wenn es aber Athen ebenso ginge, so würde seine Macht nach der sichtbaren Erscheinung der Stadt doppelt so hoch geschätzt werden, als sie wirklich ist.

Thukydides, Geschichte des Peloponnesischen Krieges, Buch 1.10, nach: Georg Peter Landmann (Übers.), a. a. O., S. 17-19 (frei übertragen)

M 7 Spartanischer Krieger
Bronzefigur, Höhe: ca. 13 cm, um 530 v. Chr.
Auf dem Schlachtfeld sollen die Spartiaten rote Hemden getragen haben, damit das Blut nicht zu sehen war. Im Gegensatz zu den anderen Griechen hatten sie lange Haare.

M 6 Regierung in Sparta

Sparta war eine Art von Monarchie: Zwei Könige aus den beiden mächtigsten Familien regierten die Polis gemeinsam. Im Krieg führten sie das Heer, im Frieden hatten sie nur religiöse Aufgaben. Dann regierte ein Rat der Ältesten, dem neben beiden Königen 20 Männer über 60 Jahren angehörten. Sie wurden auf Lebenszeit von allen vollwertigen Bürgern (Spartiaten) über 30 Jahren auf einer Volksversammlung gewählt. Auch diese war anders als in Athen: In Sparta wurde auf der Versammlung nicht über Entscheidungen des Rates diskutiert, sondern nur abgestimmt.

Markus Sanke, Eigenbeitrag

1. *Arbeite aus Plutarchs Beschreibung (M3) heraus, welche Ziele die Erziehung der Mädchen und der Jungen in Sparta hatte.*
2. *Wie wir heute wissen, wollte Plutarch mit seiner Darstellung (M3) vor allem den Unterschied zwischen Sparta und Athen hervorheben. Untersuche, welche Haltung er wohl zur spartanischen Erziehung hatte.*
3. *Stelle dir vor, du lebst im antiken Sparta: Was würde dir gefallen, was nicht? Begründe deine Entscheidung.*
4. *Erkläre Thukydides' Urteil (M5) mit der Lebensweise der Spartaner.*
5. *Sparta hatte bei den Olympischen Spielen jahrhundertelang die meisten Sieger. Finde die Ursachen heraus.*

Familienleben in Athen

M 1 Frauen bleiben unter sich
Vasenmalerei, um 550 v. Chr.
Griechische Frauen und Mädchen aus der Oberschicht leisteten Arbeit im Haus. Dort lebten sie in eigenen Frauenräumen. Ihr Auftreten in der Öffentlichkeit galt den Männern als unfein.

Männer herrschen auch im Alltag

Die meisten Bürger von Athen waren Bauern. Hinzu kamen selbstständige Handwerker und Markthändler. Die Hauptmahlzeit nahm die Familie abends ein. Es gab Brot, Käse, Oliven, Feigen, Honig, Gemüse und Fisch. Fleisch aßen viele Athener nur bei Opferfesten.

Reiche Bürger luden oft Freunde, Gelehrte und Künstler zu besonderen Gastmählern ein. Dabei traf man sich ohne Ehefrauen. Die Treffen begannen mit einem Opfer für die Götter, dann aßen, tranken, sangen oder diskutierten die Gäste.

M 2 Haus eines reichen Kaufmanns
Rekonstruktion, nach Ausgrabungen in der Stadt Olynth
① Eingangshalle; ② offener Innenhof; ③ Hausaltar; ④ Lagerraum; ⑤ Vorraum und ⑥ Männergemach, beide mit Mosaikfußboden; ⑦ Küche; ⑧ Rauchabzug, zugleich Räucherkammer; ⑨ Treppe; ⑩ offene Galerie; ⑪ oben Frauengemach, im Erdgeschoss Speiseraum der Familie; ⑫ im Erdgeschoss Empfangsräume

Frauen ohne Rechte?

Die Frauen Athens standen unter der Vormundschaft eines Mannes: Vater, Bruder oder Ehemann bestimmten über sie und vertraten sie vor Gericht. Sie hatten keine politischen Rechte und konnten keinen Grundbesitz erwerben. Zu ihren Aufgaben gehörte es, Kinder zu bekommen und zu erziehen, den Haushalt zu führen sowie Alte und Kranke zu pflegen. Töchter wuchsen im Haus auf und wurden auf ihre Rolle als Ehefrau und Mutter vorbereitet.

Frauen aus einfachen Familien mussten auch außerhalb des Hauses arbeiten, etwa als Weberinnen, Hebammen, Kindermädchen oder Händlerinnen.

Wer den angesehenen Familien angehörte, verließ das Haus nicht einmal zum Wasserholen oder Einkaufen, dies erledigten Sklaven.

Eine Möglichkeit gab es für Frauen, öffentlichen Einfluss auszuüben: Sie konnten Priesterinnen werden.

Kinderleben

Der Vater entschied über die Bildung der Kinder. Sie war nicht kostenlos. Deshalb lernten viele Kinder weder Lesen noch Schreiben. Reiche Eltern stellten Erzieher an. Das waren Sklaven, die die Söhne zum Lehrer begleiteten und die Hausaufgaben der Kinder überwachten. Neben dem Unterricht im Lesen, Schreiben, Rechnen und Sport mussten die Jungen Verse berühmter Dichter auswendig lernen.

Nur Mädchen aus reichem Hause lernten Lesen, Schreiben, Musizieren und Tanzen. Die Schulzeit der Jungen dauerte bis zum 18. Lebensjahr. Dann mussten sie Soldat werden. Viele heirateten erst zwischen 20 und 35. Mädchen wurden meist schon mit 14 Jahren verheiratet.

M3 Scheidung und neue Liebe

Über die Liebe des Perikles zu seiner zweiten Frau Aspasia schreibt der Historiker Plutarch um 100:

Aspasia war in Milet geboren [...]. Man sagt ihr nach, dass sie [...] sich nur für die mächtigsten und angesehensten Männer interessiert habe. [...] Wie einige glauben, wurde Aspasia von Perikles bloß wegen ihrer Weisheit und Staatsklugheit geschätzt, [...] obwohl sie kein ehrbares oder anständiges Gewerbe betrieb, sondern eine Menge Hetären[1] unterhielt. Bei alledem ist nicht zu leugnen, dass der Neigung des Perikles zu Aspasia eine wirkliche Liebe zugrunde lag. Denn er hatte [ursprünglich] eine Verwandte zur Gemahlin [...]. Da aber diese Verbindung beiden nicht gefiel, gab er sie mit ihrer Einwilligung einem anderen zur Frau und nahm nun selbst die Aspasia, die er auf das zärtlichste liebte, sodass er sie, wie man sagt, alle Tage, wenn er auf den Markt ging und wenn er wieder nach Hause kam, umarmte und küsste. [...] Aspasia soll in einem so großen Ruf gestanden haben, dass sogar Kyros [der König von Persien] der geliebtesten seiner [Frauen] den Namen Aspasia gab.

Zit. nach: Plutarch, Parallelbiographien: Perikles 24. – Große Griechen und Römer (übers. v. Konrat Ziegler), Bd. 2, Düsseldorf ³2010, S. 137 f.

M4 Frau und Kind

Figurengruppe aus gebranntem Ton, Höhe: ca. 11 cm, gefunden in Attika, 5. Jh. v. Chr.

Solche Tonfiguren könnten als Kinderspielzeug gedient haben, wurden aber auch in Tempeln geopfert.

M5 Im Haus – und außerhalb

Der Schriftsteller Xenophon schreibt zwischen 390 und 355 v. Chr. in einem Buch über Hauswirtschaft:

Es scheint mir, dass die Götter das Weibliche und das Männliche zusammengefügt haben, damit sie füreinander nützlich sind. Zuerst heiratet das Paar, um Kinder zu zeugen, damit die Menschen nicht aussterben. Dann wird durch die Vereinigung erreicht, dass sie sich im Alter gegenseitig stützen. Bei Menschen ist es nicht wie bei Tieren üblich, im Freien zu leben. Menschen benötigen ein Dach über dem Kopf. Wenn sie Vorräte unter dem Dach anlegen wollen, brauchen sie aber jemanden, der die Arbeit unter freiem Himmel verrichtet. Denn Pflügen, Säen, Pflanzen und Weiden sind Beschäftigungen im Freien. Aus diesen wird der Lebensunterhalt gewonnen. Sobald alles untergebracht ist, ist aber jemand erforderlich, der es verwahrt und die Arbeiten verrichtet, die innerhalb des Hauses anfallen. Der Schutz des Daches ist notwendig bei der Versorgung neugeborener Kinder. Unter einem Dach muss die Verarbeitung der Ernte und die Herstellung von Kleidung stattfinden. Da beide Tätigkeiten, die im Innern und die im Freien, ausgeführt und beaufsichtigt werden müssen, hat Gott die körperliche Beschaffenheit entsprechend ausgestattet. Und zwar die der Frau für Arbeiten und Besorgungen im Innern, die des Mannes hingegen für Tätigkeiten und Beaufsichtigungen außerhalb.

Zit. nach: Thomas Späth und Beate Wagner-Hasel (Hrsg.), Frauenwelten in der Antike, Stuttgart 2000, S. 327

[1] Hetären (griech. „Gefährtinnen") waren Frauen, die die männlichen Gäste eines Gastmahls (Symposium) unterhielten. Sie sagten Gedichte auf, machten Musik und tanzten. Sie sollten an der Unterhaltung der Männer teilnehmen und klug über Politik, Philosophie und Kunst sprechen. Während griechische Männer die geistige Bildung ihrer Ehefrauen für unnötig hielten, waren Hetären gebildet und informiert. Sie galten den Männern fast als ebenbürtig.

1. *Beschreibe mithilfe von M2 den Lebensraum einer Athener Frau.*
2. *Überprüfe heutiges Spielzeug darauf, ob Kinder damit bestimmte Rollen aus der Welt der Erwachsenen nachspielen. Vergleiche mit M4.*
3. *Arbeite aus M3 heraus, welche Möglichkeiten griechische Frauen und Männer hatten, eine Ehe einzugehen und aufzulösen.*
4. *Fasse zusammen, wie Xenophon (M5) die unterschiedlichen Rollen von Frauen und Männern begründet. Vergleiche seine Meinung mit unserer heutigen Ansicht über die Rechte und Pflichten der Geschlechter.*
   a) Finde heraus, warum sich Frauen und Männer nach Xenophon binden.
   b) Nenne Arbeiten, die Männer, und solche, die Frauen verrichten sollen.
   c) Suche im Text nach Begründungen für diese Unterscheidung.
   d) Beantworte die gleichen Fragen aus unserer heutigen Perspektive.
5. *Diskutiert in der Klasse, ob wir Athen wirklich eine „Demokratie" nennen dürfen, obwohl Frauen von vielen Lebensbereichen ausgeschlossen waren.*

Eine ungleiche Gesellschaft

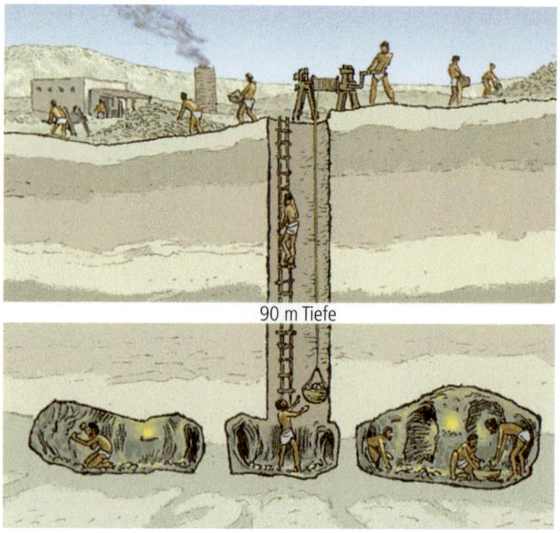

M 1 Silberbergwerk Laurion, Attika
Rekonstruktionszeichnung, 2009
In den Silberbergwerken von Laurion arbeiteten bis zu 20 000 Sklaven. Sie gehörten verschiedenen Besitzern oder waren angemietet.

Metöken – frei, aber keine Bürger

Jeder zehnte Bewohner Athens zur Zeit des Perikles war ein eingewanderter Fremder, ein Metöke. Die Metöken durften ihre Berufe frei wählen. Meist waren sie Kaufleute, die durch Fernhandel zu Athens Reichtum beitrugen. Athener selbst waren selten Händler.

Metöken konnten ihren Wohnort frei wählen, aber kein Land kaufen. Sie mussten mit in den Krieg ziehen, eine besondere Steuer zahlen und durften an den religiösen Festen der Athener teilnehmen. Politische Rechte besaßen sie aber nicht. Vor Gericht mussten sie sich von einem Athener vertreten lassen. Die Aufnahme in die Bürgerschaft war möglich, wenn 6 000 Bürger in einer Volksversammlung zustimmten.

Sklaven – keine Menschen, sondern Sachen

Im 5. Jh. v. Chr. war jeder dritte Bewohner Athens ein **Sklave**. Die meisten Sklaven kamen als Gefangene nach Athen. Ihre Zahl wuchs ständig, denn auch ihre Kinder blieben Sklaven. Griechen waren kaum darunter, denn den Athenern wurde verboten, Hellenen als Sklaven zu kaufen. Die meisten kamen vom Schwarzen Meer oder aus Kleinasien. Sklaven galten als „Menschenvieh" oder als Sachen, da sie angeblich keine Vernunft besaßen und nur zum Gehorchen geboren seien. Kaum ein Grieche bezweifelte das.

Eine Ausnahme war Alkidamas. Dieser griechische Philosoph aus dem 4. Jh. v. Chr. meinte: „Die Götter haben alle Menschen frei erschaffen, die Natur hat niemanden zum Sklaven gemacht."

Wofür wurden Sklaven gebraucht?

Die meisten Sklaven arbeiteten als Hausdiener, Lehrer oder Musiker. Reiche Bürger leisteten sich bis zu 50 Haussklaven. Andere arbeiteten in Handwerksbetrieben und Geschäften. Ihr Leben unterschied sich kaum von dem einfacher Bürger. Einzelne Sklaven gelangten als Verwalter eines Gutes oder Betriebes zu Wohlstand. Sie konnten freigelassen werden. Darüber entschied ihr Herr. Einige Reiche vermieteten Sklaven als Erntehelfer an kleine Bauern.
Der größte bekannte Sklavenhalter Athens um 430 v. Chr. war Nikias. In den Silbergruben von Laurion beschäftigte er über 1 000 Sklaven. In engen, dunklen Stollen förderten sie beim Qualm von Öllampen unter fürchterlichen Bedingungen kostbares Silbererz.

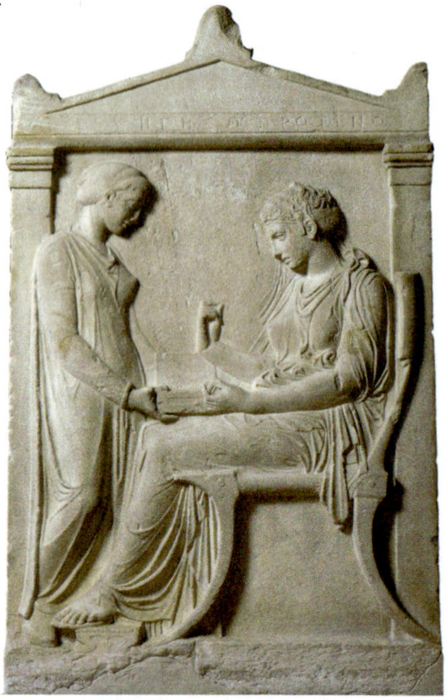

M 2 Grabstein einer Athenerin
Höhe: 1,52 m; um 410 v. Chr., gefunden in Athen
Die Frau rechts ist die verstorbene Hegeso. Dem Kästchen, das ihre Dienerin ihr reicht, entnimmt sie ein Schmuckstück. Es war aufgemalt und ist heute nicht mehr erkennbar.

M3 In einer Tongrube
Tontafel, 6. Jh. v. Chr., gefunden in Korinth
Mit einer Hacke löst ein Arbeiter (ein Sklave?) Tonklumpen von der Wand. Ein anderer sammelt den Ton in einem Korb. Ein dritter hebt einen Korb aus der Tongrube.

M4 Athen – eine Sklavenhaltergesellschaft?

Der Althistoriker Stefan Rebenich beleuchtet 2006 die Rolle der Sklaven in der Athener Gesellschaft:

Sklaven waren im Athen des 5. Jh. v. Chr. allgegenwärtig. Der wirtschaftliche Aufschwung ermöglichte vielen Bürgern und Metöken den Sklavenkauf. Sklaven waren grundsätzlich persönlich unfrei und Eigentum ihres Herrn. Ihre Tötung wurde nur als Totschlag geahndet. Sklaven waren meist Handelsware oder Kriegsgefangene. Die Mehrzahl kam aus dem Hinterland der Kolonisationsgebiete.
Am politischen Leben hatten Sklaven keinen Anteil. Schwere Strafen drohten ihnen, wenn sie eine Volksversammlung oder Ratssitzung besuchten. Mehrheitlich waren sie in der Wirtschaft tätig. Dennoch war Athen keine „Sklavenhaltergesellschaft", da die athenische Wirtschaft nicht ausschließlich auf der Arbeit von Sklaven basierte. Ein Bauer mit einem kleineren Anwesen hatte höchstens 1 - 2 Sklaven. Auf größeren Gütern gab es mehr, teilweise auch einen Gutsverwalter, der unfrei war. Besitzer großer Handwerksbetriebe hatten in seltenen Fällen bis zu 120 Arbeitssklaven. Es gab keinen Wirtschaftszweig, in dem nur Sklaven arbeiteten. Auf den Baustellen der Akropolis, in Steinbrüchen und Bergwerken waren immer auch freie Bürger und Metöken beschäftigt.

Zit. nach: Stefan Rebenich, Die 101 wichtigsten Fragen - Antike, München ²2008, S. 53 f. (gekürzt und vereinfacht)

M5 Keinesfalls mit ihnen scherzen ...

Der Athener Philosoph Platon äußert sich um 350 v. Chr. über die richtige Behandlung von Sklaven:

Sklaven sind ein Besitz, der sehr schwer zu handhaben ist. Das zeigt sich in ihren häufigen Aufständen, Diebstählen und Räubereien und dem dadurch hervorgerufenen Leiden.
Es gibt zwei Lösungen: Erstens soll man nicht Griechen, sondern vielmehr Leute von möglichst verschiedener Sprache zu Sklaven zu nehmen. Diese werden sich ihrem Schicksal williger fügen. Zweitens soll man sie richtig behandeln, nicht nur ihretwegen, sondern viel mehr für uns selbst: Wir sollen gegen unsere Sklaven weder Schandtaten noch Bosheiten begehen. Denn gerade gegenüber Leuten, bei denen es ungefährlich ist, ihnen Unrecht zu tun, zeigt sich, ob man in seinem Wesen das Recht liebt und das Unrecht verabscheut. Freilich muss man aber die Sklaven, wenn sie es verdienen, bestrafen. Man darf sie nicht verwöhnen, indem man sie wie freie Leute nur mit Worten ermahnt. Die Anrede an einen Sklaven muss fast immer ein Befehl sein. Man darf keinesfalls mit ihnen scherzen, mit Mägden so wenig wie mit Knechten, wie es viele tun. Das macht den Sklaven das Leben schwerer zum Gehorchen, ihnen selbst aber zum Befehlen.

Zit. nach: Platon, Nomoi 6, 777 f. – Werke in acht Bänden, hrsg. v. Gunther Eigler, Bd. 8.1, Darmstadt ³1990, S. 353 f. (gekürzt und vereinfacht)

1. *Erkläre den Unterschied zwischen Metöken und Sklaven.*
2. *Auf dem Grabstein M2 sind zwei Frauen abgebildet. Vergleiche ihre Darstellungen. Welche Merkmale können als Zeichen für die Stellung der Frauen gedeutet werden?*
3. *Beurteile, ob dieses Bild (M2) eine zuverlässige Quelle für den Umgang der Griechen mit ihren Haussklaven ist.*
   Tipp: Berücksichtige, dass diese Stele auf einem Friedhof öffentlich aufgestellt war, und frage dich, was der Auftraggeber wohl aussagen wollte.
4. *Vergleiche M3 mit M1. Begründe, wofür Griechen so viel Ton brauchten.*
   Tipp: Hinweise geben dir die Bilder auf S. 77, 80, 82, 84 f. und 93.
5. *Gib wieder, wie Stefan Rebenich in M4 die Frage beantwortet: „War Athen eine Sklavenhaltergesellschaft?" Arbeite heraus, wie er sein Urteil begründet.*
6. *Ein Sklave war für die Griechen ein „sprechendes Werkzeug". Weise diese Haltung mit M5 nach.*
7. *Stelle Vermutungen an, warum wir heute die Haltung der Griechen über die Sklaverei nicht verstehen können.*

Künstler und Philosophen

M 1 **Sokrates**
Marmorfigur, Höhe 27,5 cm, 2. Jh. v. Chr.
Sokrates philosophierte in der Öffentlichkeit und verfasste keine Schriften. Seine Lehre kennen wir v. a. aus den Büchern seines Schülers Platon. Im Jahr 399 v. Chr. wurde Sokrates vorgeworfen, die Götter nicht anzuerkennen und die Jugend zu verderben. Das Volksgericht verurteilte ihn zum Tode: Er musste einen Becher mit Gift trinken.

Internettipp:
Mehr über griechische Philosophen und ihre Art, über Probleme nachzudenken, erfährst du unter Mediencode 31021-19

Monumentalbauten für Kult und Kunst

Griechen liebten das Schöne, die Dichtung und die Kunst. Fast jede Polis hatte ein Theater, denn Schauspiele gehörten zu den öffentlichen Festen. Reiche Stadtbewohner ließen ihre Häuser von Künstlern ausmalen und mit Mosaiken verschönern.

Den größten Aufwand betrieben die Griechen bei den Tempeln. Sie waren ihre bedeutendsten Monumentalbauten. Als Haus der Götter sollten sie besonders groß, harmonisch und schön sein. Die ersten Tempel im 8. Jh. v. Chr. waren noch aus Holz. Später wurden sie vor allem aus Marmor gebaut.

Ein griechischer Tempel hatte einen großen, fensterlosen Raum, in dem das Götterbild stand. Er war von Säulen umgeben. Diesen Kultraum durften nur Tempeldiener betreten. Außen waren die Tempel reich mit Schmuck versehen. Länge und Breite, Zahl und Abstand der Säulen und die Maße aller Bauteile sollten perfekt zueinander passen – die Griechen strebten nach Harmonie. Griechische Kunstwerke dieser Zeit gelten noch heute als harmonisch und vollendet. Wir bezeichnen sie als „klassisch".

Wie bei den Ägyptern und anders als in unseren Kirchen waren im antiken Griechenland die Tempel keine Versammlungsräume für die Gläubigen. Gottesdienst und Opfer fanden unter freiem Himmel am Altar statt.

Philosophen fragen

Wie entstand die Welt? Warum geht die Sonne auf? Seit jeher stellten sich die Menschen solche Fragen. Was sich nicht einfach erklären ließ, führten sie auf Götter und Mythen zurück.

Seit etwa 600 v. Chr. gab es in Griechenland Männer, die die Natur mit anderen Augen ansahen: Sie waren neugierig, beobachteten genau und schrieben auf, was sie sahen. Und sie stellten noch schwierigere Fragen: Wie entstand das Leben? Was war am Anfang von allem? Diese fragenden Männer nannte man **Philosophen** (griech. philos: Freund; sophia: Weisheit).

Durch Fragen zur Wissenschaft

Einer von ihnen war Thales von Milet. Er und andere Denker stellten fest, dass man in der Natur immer wieder auf dieselben Zahlen und einfachen Figuren stößt, etwa, dass der Durchmesser jeden Kreis in zwei gleich große Hälften teilt. Mathematik und Geometrie wurden Wissenschaften, mit denen allgemeine Lehrsätze aufgestellt und schwierige Beweise erbracht werden konnten. An die Stelle der Mythen trat die Logik (griech. logos: Sprache, Vernunft). Das „logische" Denken wurde Grundlage der Wissenschaften.

Vom Mythos zur Logik

Die Philosophen des 5. und 4. Jh. v. Chr. fragten auch: Was können wir überhaupt wissen? Was ist gut oder böse? Wie sollen wir leben? Welches ist die beste Staatsform? Bei ihren Antworten nahmen sie immer weniger Rücksicht auf die Götter. Oft stritten sich die Anhänger des alten Glaubens und die Befürworter der „logischen" Sichtweise. Ein Opfer dieser Auseinandersetzungen wurde **Sokrates**. Sein Ziel war es, ohne Götter und durch ständiges Fragen das Gute und Gerechte herauszufinden. Die Athener verurteilten ihn zum Tode. Er nahm das Urteil an und lehnte es ab zu fliehen.

Kein Wunder, dass die Philosophen vorsichtiger wurden. Sie zogen sich von den öffentlichen Plätzen zurück und gründeten Schulen, um dort genauer über alle Bereiche des Lebens nachzudenken. Die bedeutendste Schule gründete **Platon** um 385 v. Chr. in Athen: die Akademie. Aus ihr ging **Aristoteles** hervor, einer der größten Denker aller Zeiten. Er war Platons Schüler, erforschte alle Wissensgebiete und schrieb über Physik, Biologie und Politik.

1. *Erkläre, warum Ägypter und Griechen Monumentalbauten errichteten. Stelle Gemeinsamkeiten und Unterschiede zwischen beiden Kulturen fest.*
2. *Den Denkern der griechischen Antike verdanken wir die europäische Philosophie. Beurteile ihre Bedeutung, die sie bis heute für unser Leben haben.*

Philosoph Sokrates* Platon* Aristoteles*

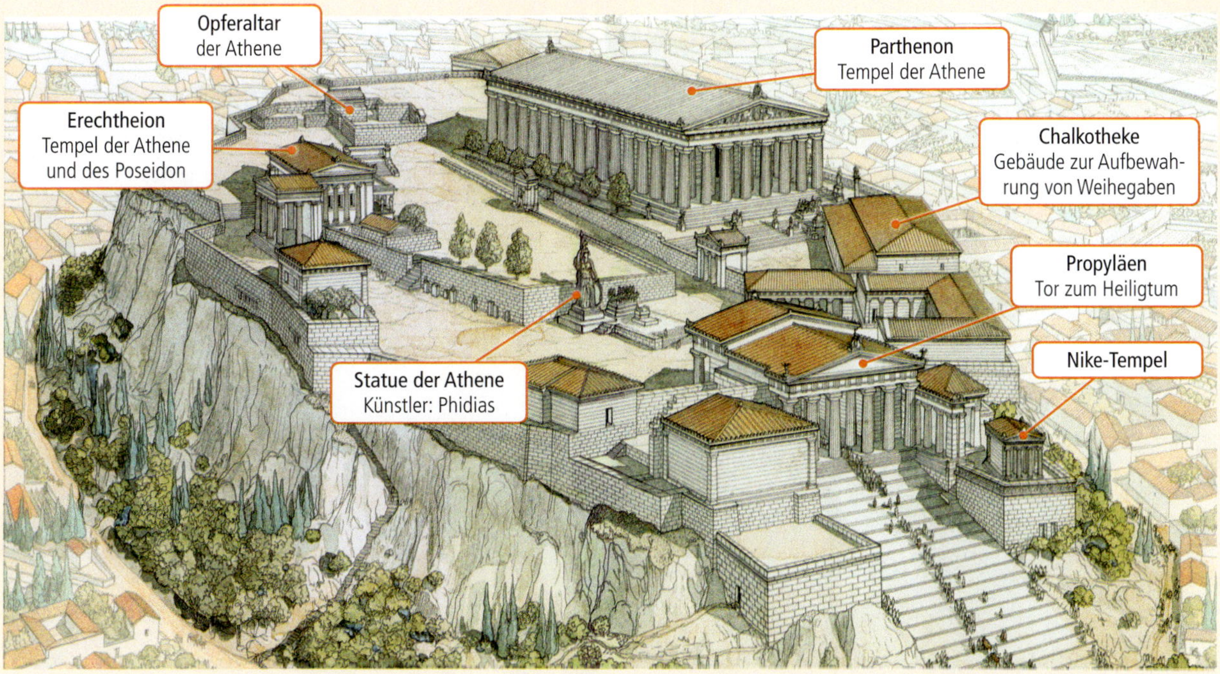

Internettipp: Unter Mediencode 31021-20 kannst du die Akropolis virtuell erkunden

M3 Die Akropolis von Athen Ende des 5. Jh. v. Chr.
Ansicht von Westen, Rekonstruktion von Jean-Claude Golvin, 2005
Auf dem Berg befand sich im 8. Jh. v. Chr. die Burg der Polis (siehe S. 76). Als Athen wuchs, verlor die Akropolis (griech. Oberstadt) ihre Verteidigungsfunktion und wurde in ein Heiligtum verwandelt. Ein Tempel für die Stadtgöttin Athene, der Parthenon, wurde gebaut. 480 v. Chr. zerstörten die Perser alle Bauten. Der Politiker Perikles (siehe S. 86) setzte einen Neubau durch: Die Akropolis sollte alle anderen griechischen Heiligtümer übertreffen. Der neue Parthenon wurde 447 - 433 v. Chr. gebaut. Darin stand ein Kultbild der Athene aus Gold und Elfenbein. Die Giebel trugen bunt bemalte Götterfiguren. Im Erechtheion (Erechtheus: angeblicher König der Frühzeit) waren die ältesten Kulte angesiedelt. Im Freien stand eine 9 m hohe Athene-Statue. Den Glanz ihrer vergoldeten Lanzenspitze konnten Seeleute von Ferne sehen.

M2 Sokrates und der Soldat Trasybulos

Sokrates will die Menschen zur Selbsterkenntnis führen und so zu einem sinnvollen Leben anregen. Deshalb verwickelt er die Leute gern in Gespräche:

Trasybulos: Guten Morgen, Sokrates!
Sokrates: Guten Morgen, Trasybulos! Gut siehst du aus in deiner Rüstung. Du bist wohl ein tüchtiger Soldat?
T(rasybulos): Klar! Ich habe im Kampf schon zehn Thebaner totgeschlagen.
S(okrates): Brav, Trasybulos; denn die Thebaner sind alle Lumpen.
T: Das hat unser General auch gesagt, Sokrates.
S: Und der General der Thebaner hat seinen Soldaten gesagt, alle Athener sind Lumpen.
T: Aber das stimmt doch nicht, Sokrates! Wir Athener sind keine Lumpen.
S: Sind denn die Thebaner Lumpen?
T: Meinst du etwa, unser General habe nicht Recht?
S: Ich weiß nicht, Trasybulos. Wir wollen das nächste Mal darüber weitersprechen.

Zit. nach: Gustav A. Süß, Sokrates – der Archetypus des Wahrheitssuchers, in: Praxis Geschichte 3/2003, S. 28

1. *Das Gespräch M2 zeigt, wie Sokrates Fragen stellte, um die Menschen zum Nachdenken zu bringen. Stellt die Szene in Zweiergruppen nach und entwickelt das Gespräch fort. Welche Fragen könnte Sokrates noch stellen?*
2. *Erkläre mit M2, warum manche Athener Sokrates für gefährlich hielten und vor Gericht stellten.*
3. *Stell dir vor, wie beeindruckt die Athener waren, wenn sie den Burgberg hinaufgestiegen waren und vor dem Parthenon standen. Die verzierten Giebel und Friese unter dem Dach konnten sie aber nicht genau erkennen. Erläutere, wem sie gefallen sollten (M3).*
4. *Versetze dich in die Rolle des Perikles um 450 v. Chr. Der Neubau der Akropolis-Bauten wird die Bürger sehr viel kosten. Versuche, die Athener in der Volksversammlung von deinem Plan zu überzeugen.*
   Tipp: Finde Gründe, die an die Religion der Athener anknüpfen, und solche, die sich auf Macht und Ansehen der Polis Athen beziehen.
5. *Forsche nach Bauwerken in Deutschland, die den griechischen Tempeln auf der Akropolis ähnlich sind.*

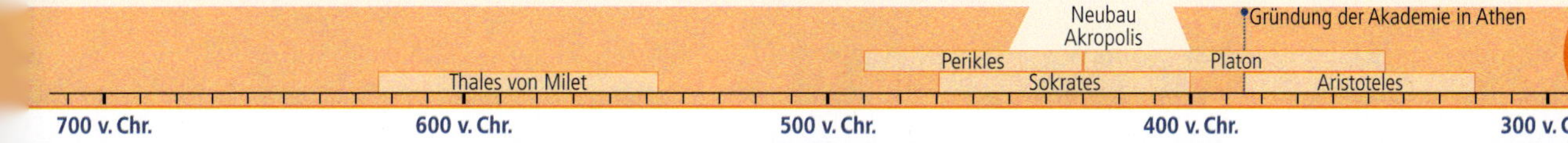

Alexander erobert ein Weltreich

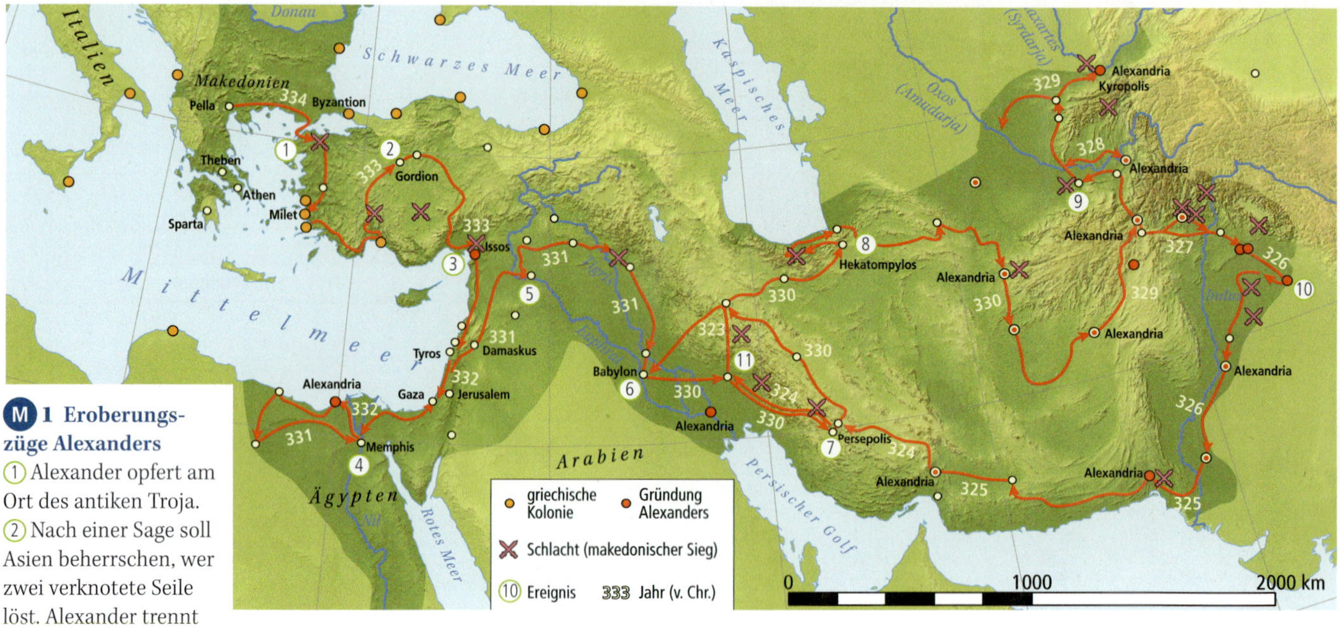

M 1 Eroberungszüge Alexanders
① Alexander opfert am Ort des antiken Troja.
② Nach einer Sage soll Asien beherrschen, wer zwei verknotete Seile löst. Alexander trennt den Gordischen Knoten – mit seinem Schwert.
③ Alexander nimmt Dareios' Familie gefangen.
④ Alexander lässt sich zum Pharao krönen.
⑤ Das Heer überquert den Euphrat und betritt persisches Kernland.
⑥ Alexander lässt sich in Babylon zum König von Asien ausrufen.
⑦ Das Heer erobert die persische Hauptstadt.
⑧ König Dareios stirbt.
⑨ Diener planen einen Mordanschlag auf Alexander. Er schlägt fehl.
⑩ Alexander will auch Indien erobern, aber seine Soldaten wollen in die Heimat zurück.
⑪ 10 000 Soldaten werden mit persischen Frauen verheiratet.

Makedonen und Griechen

Im Norden Griechenlands herrschte König Philipp II. über das Volk der Makedonier. Im 4. Jh. gelang es ihm, seine Herrschaft über Griechenland auszudehnen. Sein Sohn und Nachfolger **Alexander**, der später den Beinamen „Der Große" erhielt, wollte gemeinsam mit den Griechen das Großreich der Perser bekämpfen, um den Überfall vor 150 Jahren zu rächen. Er war von griechischen Lehrern erzogen worden und bewunderte die griechische Kultur.

Ein Weltreich entsteht …

334 v. Chr. zog Alexander mit einem Heer aus etwa 30 000 Makedoniern und Griechen nach Kleinasien – der Krieg gegen Persien begann. Alexanders Truppen besiegten die Streitmacht des persischen Großkönigs Dareios III., der zuletzt auf der Flucht starb.
In den eroberten Gebieten setzte Alexander oft einheimische Männer als Stellvertreter ein, behielt aber selbst die oberste Macht. Widerstand schlug er rücksichtslos nieder.
Im Jahr 327 v. Chr. zog Alexander mit seinen Truppen bis nach Nordindien. Zurück in Persien bemühte sich Alexander, Griechen, Makedonier und Perser zu vereinigen. Er heiratete persische Prinzessinnen und übernahm die Rolle des persischen Gottkönigs: Besucher mussten sich vor ihm auf den Boden werfen.

… und zerfällt

Alexander plante einen neuen Feldzug nach Arabien, da wurde er krank. 323 v. Chr. starb er mit 32 Jahren in Babylon. Das riesige Reich fiel in die Hände seiner obersten Feldherren. Diese kämpften gegeneinander um die Macht. Drei Herrschaften konnten sich behaupten: Griechische Königsfamilien herrschten seither in Ägypten, in Vorderasien sowie in Makedonien und Griechenland.

Die griechische Kultur wird verbreitet

Alexander der Große hatte in den eroberten Gebieten zahlreiche Städte nach griechischem Vorbild gründen lassen. Dort ließen sich Griechen und Makedonier nieder. Griechisch wurde zur wichtigsten Sprache und blieb im östlichen Mittelmeerraum noch Jahrhunderte vorherrschend. Griechische Tempel und Theater prägten bald das Bild der Städte, die vornehmen Einheimischen passten ihre Lebensweise an. Umgekehrt übernahmen die Griechen vieles aus der orientalischen Kultur, etwa die Verherrlichung der Herrscher als Götter. Diese Zeit bezeichnen wir als **Hellenismus**.

Nenne die heutigen Länder, durch die Alexander zog (M1). Nutze dazu die Karte hinten im Buch.

M 2 Alexanderschlacht
Fußbodenmosaik, 5,82 x 3,13 m. Pompeji, um 100 v. Chr.
Das Mosaik könnte die Kopie eines griechischen Gemäldes aus dem 3. Jh. v. Chr. sein. Dargestellt ist, wie Alexander (links) auf den persischen König Dareios III. trifft.

M 3 Anerkennung und Kritik

a) Der griechische Geschichtsschreiber Diodor stellt rund 200 Jahre nach Alexander fest:

In kurzer Zeit hat dieser König große Taten vollbracht. Dank seiner eigenen Klugheit und Tapferkeit übertraf er an Größe der Leistungen alle Könige, von denen die Erinnerung weiß. In nur zwölf Jahren hatte er nämlich nicht wenig von Europa und fast ganz Asien unterworfen und damit zu Recht weitreichenden Ruhm erworben, der ihn den alten Heroen und Halbgöttern gleichstellte.

b) Im 1. Jh. n. Chr. schreibt der römische Politiker und Philosoph Seneca:

Den unglücklichen Alexander trieb seine Zerstörungswut sogar ins Unerhörte. Oder hältst du jemanden für geistig gesund, der mit der Unterwerfung Griechenlands beginnt, wo er doch seine Erziehung erhalten hat? [...] Nicht zufrieden mit der Katastrophe so vieler Staaten, die sein Vater Philipp besiegt oder gekauft hatte, wirft er die einen hier, die anderen dort nieder und trägt seine Waffen durch die ganze Welt. Und nirgends macht seine Grausamkeit erschöpft halt, nach Art wilder Tiere, die mehr reißen als ihr Hunger verlangt.

Zit. nach: Hans-Joachim Gehrke, Alexander der Große, München [5]2008,

1. *Beschreibe die möglichen Probleme, die Alexanders Heer während der Eroberungszüge in Asien lösen musste.*
   Tipp: Berücksichtige die Zahl der makedonisch-griechischen Soldaten, die feindliche Bevölkerung und die Größe des Raums (M1).
2. *Erzähle den Feldzug Alexanders nach. Nutze dazu den Verfassertext, die Karte M1 und die Angaben zu den Ereignissen während des Krieges.*
   Tipp: Die Ereignisse auf dem Feldzug kannst du so erzählen: Im Jahr ... entschied Alexander / kämpfte das Heer ..., weil ... / Das führte zu ...
3. *Jahrhunderte nach Alexanders Tod wurde das Mosaik (M2) gelegt. Vergleiche die Gesichtsausdrücke. Welcher Moment der Schlacht ist zu sehen?*
4. *Kannst du erkennen, auf welcher Seite der Künstler steht? Begründe deine Aussage.*
5. *Vergleiche Diodors und Senecas Ansichten (M3 a und b). Wessen Urteil überzeugt dich mehr?*
6. *Diskutiert, ob Alexander den Beinamen „der Große" verdient hat.*

Kompetenzen überprüfen

M1 Kennst du die Fachbegriffe?

Der folgende Text fasst zusammen, was du in diesem Kapitel erarbeitet hast:

In der gebirgigen und küstenreichen griechischen Landschaft entstanden nach 800 v. Chr. viele selbstständige Stadtstaaten. Trotzdem sahen sich die Bewohner der einzelnen OOOOOO aufgrund ihrer verwandten Sprache, Religion und Dichtung als Einheit. Sie nannten sich OOOOOOOO, alle anderen Völker waren für sie OOOOOOOO. Das wichtigste Götterfest fand in OOOOOOO zu Ehren von OOOO und OOOO statt. Seit dem 7. Jh. nahmen daran auch Athleten aus dem ganzen griechischen Siedlungsgebiet teil. Die wachsende Bevölkerung und der geringe Ertrag des Bodens zwangen viele Griechen zur Auswanderung. Sie gründeten an den Küsten des Schwarzen Meeres und des Mittelmeeres zahlreiche OOOOOOOO.

In Athen entwickelte sich Mitte des 5. Jh. v. Chr. eine neue Staatsform: die OOOOOOOOOO. Nicht mehr allein der Adel, die OOOOOOOOOOO, regierten, sondern das OOOO. Jeder wehrfähige Athener konnte sich am politischen Leben sowie an der Rechtsprechung beteiligen. In der OOOOOOOOO-OOOOOOO hatten alle Bürger das gleiche Stimmrecht. OOOOOO, eingewanderte „Mitbewohner" und Sklaven hatten aber keine Bürgerrechte.

Die Dichtungen, Kunst- und Bauwerke der Griechen galten auch in späteren Zeiten als vorbildhaft und zeitlos schön. Noch heute verwenden wir viele Begriffe, die aus dem Griechischen abgeleitet sind. Griechische OOOOOOOOOOO und Wissenschaftler haben als erste versucht, die Natur zu erklären. Sie haben auch darüber nachgedacht, nach welchen Regeln die Menschen am besten in einer Gemeinschaft zusammenleben.

Das Zeitalter der Poleis ging zu Ende, als König Philipp II. von Makedonien ganz Griechenland unter seinen Einfluss brachte. Sein Sohn OOOOOO-OOO OOO OOOOO eroberte ein Reich, das sich von Makedonien und Griechenland bis zum Indus und zum Nil erstreckte. Er schuf die Voraussetzungen für den OOOOOOOOOO, die Verbreitung der griechischen Kunst und Kultur in der OOOOOO.

M2 Griechisch oder nicht?

Antike, Armee, Biathlon, Demokratie, Diktat, Drama, Filiale, Gastronomie, Klima, Luxus, Praxis, Strategie

M3 Echt oder gefälscht?

Nehmen wir an, ein heutiger Händler bietet einen Stein mit einer alt aussehenden Inschrift zum Verkauf an. Er behauptet, dass der Stein aus dem alten Athen stamme und die Inschrift die Grundregeln der athenischen Demokratie enthalte.

1. DIE ENTSCHEIDUNGEN ÜBER KRIEG UND FRIEDEN SOWIE ÜBER DIE GESETZE WERDEN IN DER VOLKSVERSAMMLUNG GEFÄLLT.
2. MÄNNER UND FRAUEN DÜRFEN AN DER VOLKSVERSAMMLUNG TEILNEHMEN.
3. IN DER VOLKSVERSAMMLUNG DÜRFEN ALLE MÄNNLICHEN BÜRGER REDEN.
4. ALLE MÄNNLICHEN BÜRGER NEHMEN AN DEN ABSTIMMUNGEN TEIL.
5. DIE MITGLIEDER DES RATES WERDEN AUS DEM KREIS DER BÜRGER GEWÄHLT.

M4 Bürgerrecht in Deutschland

In Deutschland wird rechtlich unterschieden zwischen Ausländern und den Staatsbürgern, die das Bürgerrecht der Bundesrepublik Deutschland besitzen. Männer und Frauen mit Bürgerrecht dürfen sich in Deutschland an politischen Entscheidungen beteiligen. Ausländer dürfen sich nicht an der Regierung Deutschlands beteiligen. Wer als Ausländer seit acht Jahren regelmäßig in Deutschland lebt, hat Anspruch auf Einbürgerung. Grundbesitz kann jeder erwerben, der den Kaufpreis zahlen kann.

Björn Onken, Eigenbeitrag

M5 Die olympische Idee

Pierre de Coubertin schreibt über den Sinn und Zweck der olympischen Idee:

Die Olympischen Spiele feiern, heißt, sich auf die Geschichte berufen. Sie ist es, die am besten den Frieden sichern kann. Von den Völkern verlangen, sich gegenseitig zu lieben, ist eine Art Kinderei; sie aufzufordern, sich zu achten, ist keine Utopie; aber um sich zu achten, muss man sich zunächst kennen.

Pierre de Coubertin, Der Olympische Gedanke. Reden und Aufsätze, Stuttgart 1967, S. 154 (Übersetzer: Hans-Joachim Lope)

M6 Die Olympische Flagge

Sie wurde 1920 bei den Spielen in Antwerpen zum ersten Mal gehisst.

M7 Die Ägypter sind anders

Herodot berichtet:

Wie der Himmel in Ägypten anders aussieht als anderswo [...], so haben die Ägypter auch ganz andere Sitten und Gewohnheiten als andere Menschen. So gehen bei ihnen die Frauen auf den Markt und treiben Kramhandel, während die Männer zu Hause bleiben und weben. [...] Lasten tragen die Männer auf dem Kopfe, die Frauen auf den Schultern. [...] Frauen versehen niemals Priesterdienste, weder bei Göttern noch bei Göttinnen, Männer dagegen bei allen beiden. [...]

Andere Leute leben nicht mit ihrem Vieh zusammen, die Ägypter leben mit ihm unter einem Dache. [...] Jeder Mann hat zwei Kleider, die Frau aber nur eins. [...] Die Griechen schreiben und rechnen von links nach rechts, die Ägypter dagegen von rechts nach links, und trotzdem sagen sie, sie schreiben nach rechts und die Griechen nach links.

Herodot, Historien II, 35f.; zit. nach: Das Geschichtsbuch des Herodot von Halikarnassos. Aus dem Griechischen von Theodor Braun, Frankfurt am Main 2001 (vereinfacht)

M8 Die Welt um 500 v. Chr.

Rekonstruktionsversuch von Jörg-Peter Röhl, 2000 (vereinfacht)

Die Karte entstand auf der Grundlage von Angaben aus dem überlieferten Werk des griechischen Geografen Hekataios von Milet (um 560 v. Chr. - um 480 v. Chr.).

Hyperboräer: Bewohner eines sagenhaften Landes im Norden Europas; **Eridanos:** sagenhafter Fluss am Ende der Welt; **Ripäisches Gebirge:** Gebirge auf der Nordseite der bewohnten Erde (Alpen?); **Istros:** Donau; **Zinn-Inseln:** Inseln vor England; **Säulen des Herakles:** Felsen von Gibraltar; **Pontos Euxeinos:** Schwarzes Meer; **Kasp. Golf:** östlicher Rand Europas (Kaspisches Meer)

1. *Schreibe die fehlenden Begriffe und Namen der Zusammenfassung (M1) in dein Heft.*
2. *Stelle fest, welche der in M2 genannten Begriffe auf das Griechische zurückgehen. Erkläre, was sie bedeuten.*
3. *Stelle auf dem Zeitstrahl zur Geschichte Griechenlands sieben Daten zu Herrschaft, Gesellschaft, Wirtschaft und Weltdeutung im antiken Griechenland zusammen.*
4. *Überführe den Händler in M3 als Betrüger. Überprüfe, welche Aussagen in der Inschrift nicht zum alten Athen passen.*
5. *Vergleiche die Rechte der Ausländer in Deutschland (M4) mit denen der Metöken in Athen. Lies dazu noch einmal S. 94 f.*
6. *Diskutiert in der Klasse Coubertins Idee (M5). Entspricht sie den alten griechischen Vorstellungen? Ist sie noch aktuell?*
7. *Überlege, inwiefern die Olympische Flagge Coubertins Idee unterstreicht (M6).*
8. *Gib wieder, was Herodot in Ägypten auffällt (M7). Schildere aus der Sicht eines Ägypters, was ihm in Griechenland auffallen würde.*
9. *Beschreibe die Karte M8 und nenne das Gebiet im Zentrum. Stelle Vermutungen an, warum es gerade dort angeordnet worden ist. Nebenbei: Schon im 5. Jh. v. Chr. waren diese Vorstellungen von der Lage der Erde umstritten.*

Orientierung gewinnen: Leben im Römischen Reich

Rom war am Anfang seiner Geschichte nur ein kleiner Stadtstaat am Ufer des Tibers. Schon rund 400 Jahre später war es Hauptstadt eines Weltreiches. Vom Hadrianswall zwischen England und Schottland im Norden bis in die Sahara in Nordafrika, von der Atlantikküste Portugals im Westen bis zum Rhein im Nordosten und zum Partherreich im Osten – das Römische Reich umfasste fast die ganze damals bekannte Welt. In der Mitte war das Mittelmeer, das die Bewohner des Römischen Reiches stolz „unser Meer" nannten.
Die Römer dachten, dass ihr Reich „ewig" bestehen würde. Wir wissen, dass daraus nichts wurde. Aber immerhin umfasst die römische Geschichte von ihren Anfängen bis zum Untergang des Römischen Reiches mehr als 1 000 Jahre. Die Republik und das Kaisertum wurden Vorbild für spätere politische Ordnungen. Auch das Judentum, das Christentum und der Islam haben ihre Wurzeln in der römisch geprägten Mittelmeerwelt. Am Ende dieses langen Kapitels wisst ihr, welche Spuren das Römische Reich in der Geschichte Europas hinterlassen hat.

Über 600 Jahre hatten die Römer eine Vormachtstellung im Mittelmeerraum (ca. 200 v. Chr. – 400 n. Chr.). Wie wurde aus einem Stadtstaat ein Weltreich? Wie konnten die Römer nach der Unterwerfung fremder Völker ihre Macht so lange Zeit bewahren? Und wie haben die Römer ihre Stadt regiert und dann ihr riesiges Reich organisiert und verwaltet?

Nicht jeder Bewohner Roms und des Römischen Reiches genoss das gleiche Ansehen und hatte die gleichen Rechte. Wie sah die gesellschaftliche Ordnung aus? Welche Rolle spielten die Familie und ihr Oberhaupt? Wie sah das Leben der vielen Sklaven aus, die durch die römischen Eroberungszüge als Kriegsgefangene ins Römische Reich kamen?

Die Römer betrachteten sich selbst als ein „Bauernvolk", dessen Wohlstand auf der Landwirtschaft beruhe. Trifft das auch noch für die Zeit zu, als sie eine Provinz nach der anderen erobert hatten? Welche Rolle spielten Handel und Handwerk für die Wirtschaft des Römischen Reiches?

Die Römer verehrten viele Götter mit Jupiter an der Spitze. Als sie ihren Herrschaftsbereich ausdehnten, lernten sie neue Religionen kennen. Welche Bedeutung hatte die Religion für ihre Herrschaft und ihr Zusammenleben? Wie gingen sie mit fremden Religionen um? Wie entwickelte sich das Christentum, das in einer römischen Provinz entstanden war?

Aufstieg Roms zur Großmacht
Blütezeit der griechischen Antike
1000 v. Chr. | 900 v. Chr. | 800 v. Chr. | 700 v. Chr. | 600 v. Chr. | 500 v. Chr. | 400 v. Chr. | 300 v.
Späte Pharaonenzeit in Ägypten

M 2 Der Hadrianswall, 2. Jh. n. Chr.
Foto um 1990

M 3 „Porta Nigra“ (dt. „Schwarzes Tor“) in Trier, Ende des 2. Jh. n. Chr.
Foto um 2010

M 4 Römisches Theater in Mainz, 1. Jh. n. Chr.
Foto um 2013

M 5 Legionslager in Lambaesis (Algerien), Anfang des 2. Jh. n. Chr.
Foto von 2004

M 1 Das Römische Reich zur Zeit seiner größten Ausdehnung, um 117 n. Chr.
Das Römische Reich war in Provinzen aufgeteilt, um die Verwaltung zu vereinfachen. Mit den Provinzen Germania Inferior (Niedergermanien) und Germania Superior (Obergermanien) gehörten auch Teile des heutigen Deutschland zum Römischen Reich.

M 6 Römische Kultstätte in Pergamon, 3. Jh. v. Chr.
Foto um 2011

1. *Nenne die heutigen Staaten, die ganz oder teilweise auf ehemals römischem Gebiet liegen. Vgl. die Karte hinten im Buch.*
2. *Du hast das alte Ägypten und das antike Griechenland kennengelernt. Stelle Vermutungen an, wie die enorme Vergrößerung des Römischen Reiches gelingen konnte.*
3. *Informiere dich, wie lange das alte Ägypten und die Demokratie in Athen andauerten, wann und warum ihre Herrschaft endete.*
4. *Recherchiere ein weiteres „Weltreich“ und notiere, wie lange es bestand. Begründe, was dir daran in Bezug auf Herrschaft, Wirtschaft, Gesellschaft und Weltdeutung besonders interessant erscheint.*

Bildung eines Weltreiches (Imperium) — **Untergang des Römischen Reiches**

v. Chr. | 100 v. Chr. | Chr. Geburt | 100 n. Chr. | 200 n. Chr. | 300 n. Chr. | 400 n. Chr. | 500 n. Chr.

Ein Dorf wird zum Weltreich

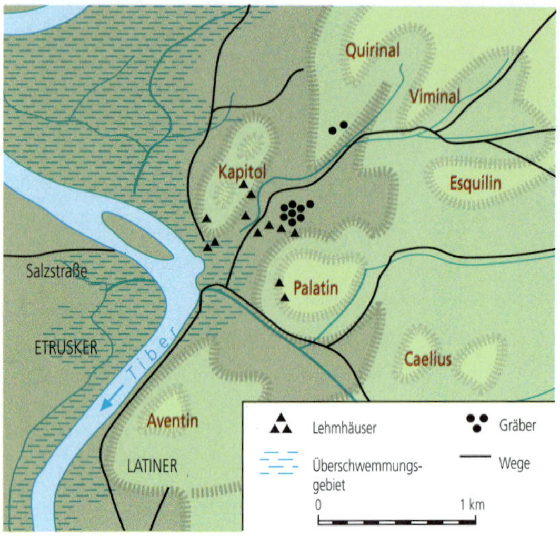

M 1 Rom um 900 v. Chr.
Es wird auch die Stadt auf den sieben Hügeln genannt. Auf dem Kapitol bauten die Römer die erste Befestigungsanlage.

M 2 Römisches Umland im 6. Jh. v. Chr.

Info: Roms Gründungssage
Die alten Römer erklärten sich die Geschichte ihrer Stadt gern durch Legenden. Eine besagt, dass Rom am 21. April 753 vor Christus von Romulus, einem Nachfahren des Trojaners Aeneas und der Göttin Aphrodite (röm. Venus) gegründet wurde. Lies die Gründungssage z. B. auf www.planet-wissen.de nach.

Rom wird besiedelt

Wer um 900 v. Chr. in die kleine Siedlung Rom kam, konnte nicht ahnen, dass dies die künftige Hauptstadt eines Weltreiches war. Auf den Hügeln Palatin und Kapitol standen ein paar Hütten und im feuchten Tal lag ein Friedhof.

Etwa ein bis zwei Jahrhunderte zuvor waren Völkergruppen nicht nur nach Griechenland, sondern auch in das heutige Italien gezogen. Dort, wo der Fluss Tiber an einer seichten Stelle (Furt) leicht überquert werden konnte und der Boden fruchtbar war, hatten sich Hirten und Bauern angesiedelt. Die Stelle war strategisch günstig, weil sie sich durch ihre Hügellage leicht verteidigen ließ und mit dem Tiber eine direkte Verbindung zum Meer besaß.

Um 700 v. Chr. schützte schon eine Mauer aus Lehmziegeln die kleine Stadt. Tempel, Häuser aus Stein und die erste Kanalisation wurden errichtet. Rom wuchs zu einem Stadtstaat nach griechischem Vorbild heran.

„Unser Meer!"

Die Römer waren ihren Nachbarn militärisch überlegen. Bis zum Jahr 270 v. Chr. konnte Rom ganz Italien unterwerfen. Durch die Eroberungen gerieten die Römer in Konflikt mit neuen Gegnern: Makedonien, Sizilien und Karthago. Das Ringen mit ihnen zog sich von 264 bis etwa 133 v. Chr. hin.[1]

Auch weite Teile des heutigen Spanien und die griechischen Staaten kamen unter römische Herrschaft. Das Mittelmeer wurde zu Roms „mare nostrum" (dt. unser Meer). Aus der Sicht der Zeitgenossen war Rom damit zur Weltmacht aufgestiegen.

Römer überall

In den folgenden Jahrhunderten eroberten römische Legionen, Heereseinheiten aus tausenden von Soldaten, die noch „fehlenden" Küstenregionen des Mittelmeeres sowie Gebiete bis zu Rhein, Donau und Nordseeküste. Weit und breit gab es für Jahrhunderte keinen Staat, der Roms Vorherrschaft bedrohen konnte. Schon bald bürgerte sich die Bezeichnung Imperium Romanum (dt. Römisches Reich) ein. Heute spricht man auch bei anderen Großreichen von einem **Imperium**.

1. *Beschreibe die Karten M1 und M2.*
2. *Begründe mithilfe der Karten M1 und M2, warum die Gründung Roms genau an dieser Stelle besonders günstig war.*

[1] Mehr zu Roms Kampf gegen Karthago auf S. 106 f.

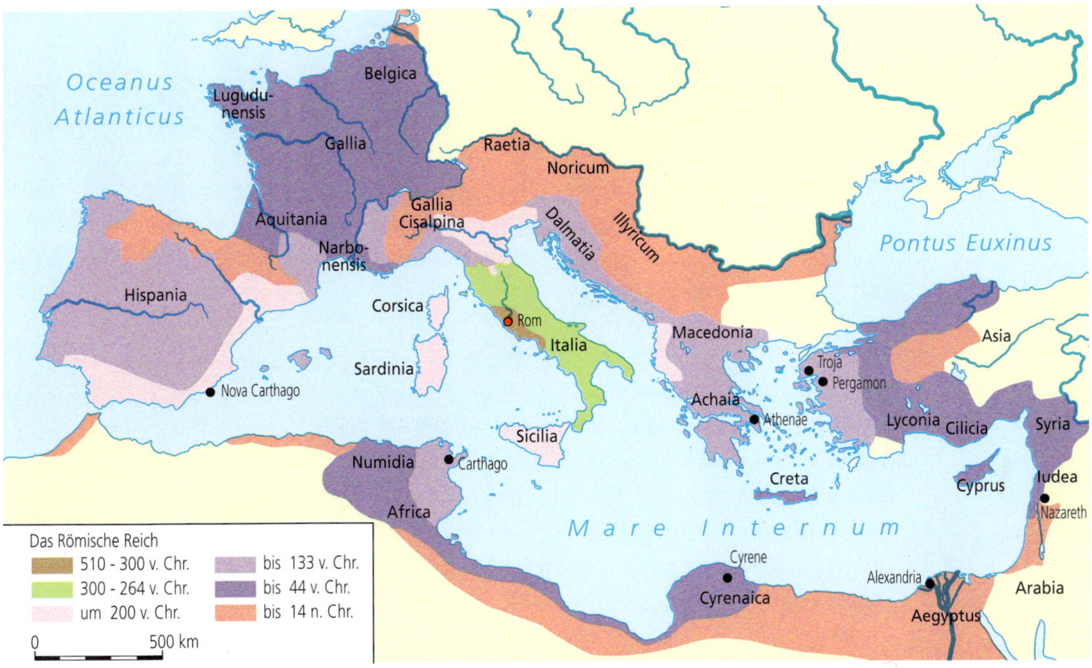

M3 Das Römische Reich dehnt sich aus
Die Vergrößerung des Machtbereiches nennen wir Expansion.

Internettipps:
Über das antike Rom und seine historischen Stätten findest du Informationen unter Mediencode 31021-21

M4 Rom im 4. Jh. n. Chr.
Stadtmodell von Italo Gismondi, (Maßstab 1:250), das 1935 begonnen und erst 1971 fertig wurde

① **Circus Maximus**: der älteste und größte Circus in Rom – die Wagenrennbahn war 600 m lang und 150 m breit, hier soll Platz für 225 000 Zuschauer gewesen sein
② **Palatin**: bevorzugtes Wohngebiet der Herrscher
③ **Wasserleitungen** (Aquädukte) des Kaisers Claudius (1. Jh.)
④ **Kolosseum**
⑤ **Forum Romanum** (siehe S. 116)
⑥ **Tempel des Jupiter** auf dem Kapitol
⑦ **Thermen des Kaisers Traian** (Anfang 2. Jh.)

1. *Nenne die wichtigsten Stationen Roms auf dem Weg zum Weltreich. Nimm den Verfassertext und die Karte M3 zu Hilfe.*
2. *Stelle Vermutungen an, mit welchen Schwierigkeiten die Herrschaft über ein solches Riesenreich verbunden war.*
3. *Seit dem 1. Jh. v. Chr. war Rom bereits eine Millionenstadt (M4). Diskutiert in der Klasse, was die Stadt brauchte, um so groß zu werden und so viele Menschen zu versorgen. Stellt eure Ergebnisse in einem Tafelbild dar.*

Herrschaft über ein Imperium

M 1 Der Kriegsgott Mars
Münze, nach 289 v. Chr.
In dem nach dem Gott benannten Monat März (ursprünglich der erste Monat des römischen Jahres) begann die Zeit der Kriegszüge.

Kriege um jeden Preis?

Innerhalb weniger Jahrhunderte erkämpfte sich Rom die Herrschaft über Gebiete auf drei Kontinenten rund um das Mittelmeer. Mehrfach erlitten die Römer dabei schwere Niederlagen, doch am Ende setzten sie sich immer durch.

Das zeigen beispielhaft die drei Kriege gegen Karthago. Mit seiner Kriegsflotte beherrschte die nordafrikanische Seemacht das westliche Mittelmeer. Lange Zeit waren die Beziehungen zwischen Rom und den Puniern – so nannten die Römer die Karthager[1] – friedlich gewesen. Das änderte sich, nachdem Rom um 275 v. Chr. die griechischen Städte in Süditalien erobert hatte.

264 v. Chr. kam es zum Ersten Punischen Krieg zwischen Rom und Karthago, weil beide Großmächte die reiche Insel Sizilien kontrollieren wollten. Die römische Landmacht entschloss sich, erstmals eine große Kriegsflotte zu bauen. Sie brauchte 23 Jahre, dann hatte sie genügend Erfahrung in der Seekriegsführung gewonnen. 241 v. Chr. musste sich Karthago geschlagen geben; Sizilien kam unter römische Herrschaft.

Im Zweiten Punischen Krieg (218-201 v. Chr.) nahm der karthagische Feldherr **Hannibal** Rache. Er zog mit seinen Truppen von Spanien über die Alpen, fiel überraschend von Norden ein und beherrschte nach 15 Jahren fast ganz Italien. Die Römer wehrten sich, indem sie das karthagische Spanien eroberten und Karthago selbst bedrohten. Hannibal musste zurückkehren und wurde 202 v. Chr. geschlagen.

Trotz seiner Niederlage blieb Karthago eine erfolgreiche Handelsmacht. Das wollten die Römer nicht dulden: Sie sorgten für einen Kriegsanlass und machten Karthago im Dritten Punischen Krieg (149 - 146 v. Chr.) dem Erdboden gleich. Seine Einwohner wurden versklavt, das Land dem Römischen Reich einverleibt.

Erfolg mit vielen Ursachen

Hauptursache für den militärischen Erfolg Roms war die Schlagkraft seiner Armeen. Diese bestanden bis ins 2. Jh. v. Chr. aus römischen Bürgern, die im Kriegsfall Kriegsdienst leisten mussten. Doch die häufigen und langen Kriege machten sie zu geübten Soldaten. Harte Strafen bei mangelnder Disziplin oder Feigheit, aber auch großzügige Belohnungen und Ehrungen für Tapferkeit und besondere Opferbereitschaft steigerten die Kampfkraft der Armeen zusätzlich. Weil die eroberten oder mit Rom verbündeten Gebiete Soldaten stellen mussten, konnte die Armee immer weiter vergrößert werden. Seit dem späten 2. Jh. v. Chr. wurden die Legionen obendrein durch Berufssoldaten gebildet.

Der Erste Punische Krieg konnte nur gewonnen werden, weil die Römer über viele Jahre ihr Ziel verfolgten, Seekriegserfahrung zu sammeln. Reiche Römer bezahlten aus ihrem Privatvermögen eine neue Flotte, als alle Schiffe durch die Punier vernichtet worden waren. Im Laufe der Zeit wurden die Römer Meister der Kriegführung. Ihre Soldaten, aber auch ihre weit reichenden Wurfgeschosse mit hoher Durchschlagskraft, ihre Rammböcke und ihre Belagerungstechnik machten sie zu gefürchteten Gegnern.

[1] Karthago war um 800 v. Chr. von dem Volk der Phönizier gegründet worden. Deshalb nannten die Römer die Karthager Punier (von lat. poeni für Phönizier).

M 2 Vom Feind lernen
Modellzeichnung eines römischen Kriegsschiffes aus den Punischen Kriegen
Beim Bau ihrer Kriegsschiffe nahmen sich die Römer die karthagische Flotte zum Vorbild und entwickelten sie weiter. Die Enterbäume am Bug bohrten sich mit einem langen Dorn in das gegnerische Schiff.

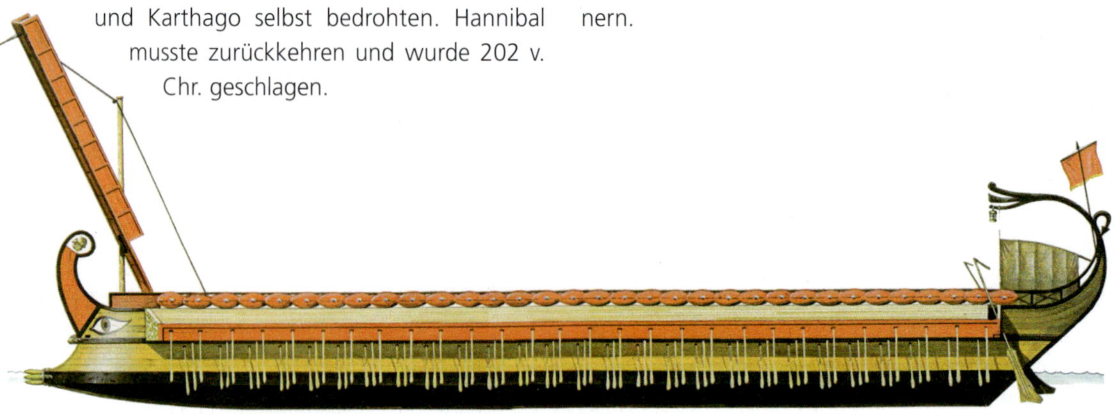

M 3 Das Heer verschanzt sich
Rekonstruktionszeichnung
Das römische Heer bestand zunächst aus vier Legionen von je etwa 6 000 Fußsoldaten. Die Soldaten mussten für ihre Ausrüstung selbst aufkommen. Sie trugen auf den Feldzügen neben den Waffen noch Werkzeuge zum Bau von Schutzwällen und Lagern, Töpfe und Pfannen sowie Proviant für mehrere Tage. Alles zusammen wog etwa 40 kg.

„Gerechte Kriege"?

Ihrer Meinung nach führten die Römer nur „gerechte" Kriege. Immer sahen sie im Gegner den Angreifer und beanspruchten das Recht, ihr Vaterland zu schützen – durch Verteidigung oder Angriff.
Die römische Führung verbreitete die Vorstellung, Rom sei von den Göttern dazu bestimmt, die Welt zu regieren. Aber es gab auch ganz handfeste Gründe, Kriege zu führen:

- Die wachsende Bevölkerung brauchte mehr Nahrung und damit mehr Ackerland und neue Siedlungsgebiete.
- Kriege boten ehrgeizigen Feldherren die Möglichkeit, Ruhm und Reichtum zu erwerben.
- Ihre Soldaten erhofften sich reiche Beute.
- Die Abgaben und Soldaten aus den eroberten Gebieten vermehrten den Reichtum und die militärische Kraft des Imperiums.

Eine Herrschaft – viele Methoden

Die Römer entwickelten verschiedene Strategien, um ihre Eroberungen abzusichern. Die meisten Städte und Stämme Italiens band Rom – freiwillig oder durch militärischen Zwang – mit Bündnisverträgen an sich. Die Bundesgenossen (lat. = socii) verpflichteten sich, Rom künftig in jedem Krieg mit Soldaten zu unterstützen. Als Gegenleistung gewährten die Römer ihnen Schutz und einen Teil der Kriegsbeute. Ein weiteres Mittel, die römische Vorherrschaft zu sichern, war die Gründung von Kolonien. Sie dienten anders als die Kolonien der Griechen vor allem militärischen Zielen. Hier wurden römische Bürger in neu gegründeten Städten angesiedelt, um das Gebiet zu sichern. Ostia, Roms späterer Hafen an der Tibermündung, war eine der ersten römischen Kolonien.

Die außerhalb Italiens eroberten Gebiete besetzten die Römer auch mit Soldaten und erklärten die Gebiete zu **Provinzen**: zu römischen Amtsbereichen, die den Weisungen eines römischen Statthalters unterworfen waren. Die Bewohner mussten Dienste leisten und Steuern zahlen. Die erste römische Provinz wurde 241 v. Chr. Sizilien. In späterer Zeit sicherten zudem Grenzbefestigungen das Reich vor feindlichen Angriffen.[2]

Aus Besiegten werden Römer

Um das Riesenreich mit wenig Verwaltungsaufwand regieren zu können, überließen die Römer in der Regel die meisten Entscheidungen den Einheimischen und tolerierten ihre Sitten und Bräuche. Dadurch empfanden viele die römische Herrschaft nicht als Fremdherrschaft.
Bündnisse, Kolonien und Provinzen trugen dazu bei, dass die besiegten Völker die römische Lebensweise annahmen oder sich die Kulturen vermischten. Denn so verbreitete sich während der Eroberung des hellenistischen Ostens ab dem 2. Jh. v. Chr. umgekehrt die griechische Lebensart in Rom.[3] Aus ehemaligen Feinden wurden Verbündete und aus vormals Unterworfenen wurden Römer.

Info: Griechischer Einfluss in Rom
Seit dem 2. Jh. v. Chr. eigneten sich immer mehr reiche Römer Kunst, Architektur, Literatur, Wissenschaften und Religion der Griechen an. Die Römer gaben sich sogar den Mythos von den trojanischen Ursprüngen ihrer Könige und setzten sich damit selbst in die Tradition der großen griechischen Kultur.

[2] Vgl. zum Limes S. 127.
[3] Vgl. S. 98 zum Hellenismus.

1. *Arbeite die Gründe für die drei Punischen Kriege heraus.*
2. *Fasse zusammen, wie es den Römern gelang, ein Weltreich zu erobern und zu verwalten.*
3. *Die meisten Römer betrachteten den Aufstieg zur Weltmacht als großen Erfolg und besondere Leistung. Bildet in der Klasse zwei Gruppen. Eine Gruppe übernimmt die Rolle der Römer, die andere die der besiegten Völker. Sammelt jeweils Argumente und nehmt dazu in einer Podiumsdiskussion Stellung.*
   Tipp: Anregungen liefern die Materialien auf den folgenden Seiten.

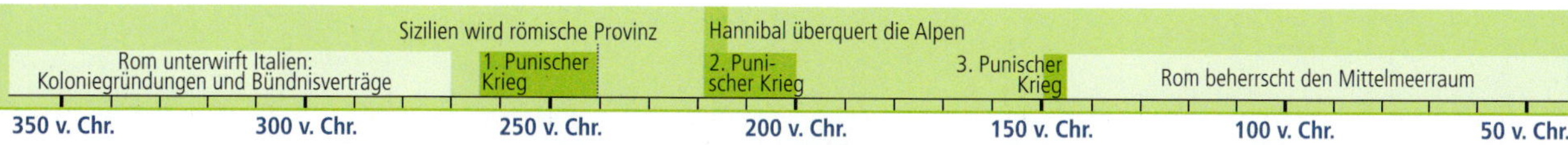

M 4 Römische Disziplin

Der Geschichtsschreiber Polybios (um 200-120 v. Chr.) berichtet:

Bei Wachvergehen tritt sogleich das Standgericht der Offiziere zusammen, und wenn der Betroffene verurteilt wird, ist die Strafe das Schlagen mit Stöcken [...]. Die meisten Verurteilten finden dabei schon im Lager den Tod [...].

Das Folgende rechnen die Römer als Verletzung der soldatischen Pflicht und Ehre und als Feigheit: wenn jemand aus Furcht seinen Platz verlässt; wenn jemand während des Kampfes aus Furcht eine Waffe fortwirft. Deshalb gehen viele in den Tod und wagen trotz vielfacher Übermacht des Feindes nicht, ihren Posten zu verlassen, aus Furcht vor der Strafe, die sie im eigenen Lager erwartet [...]. [...]

Wer bei der Einnahme einer Stadt als Erster die Mauer erstiegen hat, erhält einen goldenen Kranz. Ebenso, wer einem Kameraden, Bürger oder Bundesgenossen das Leben gerettet hat, indem er ihn mit seinem Schilde deckte.

Polybios, Historien 6, 37ff. nach: Walter Arend (Bearb.), Altertum. Geschichte in Quellen, München [3]1978, S. 420f. (vereinfacht)

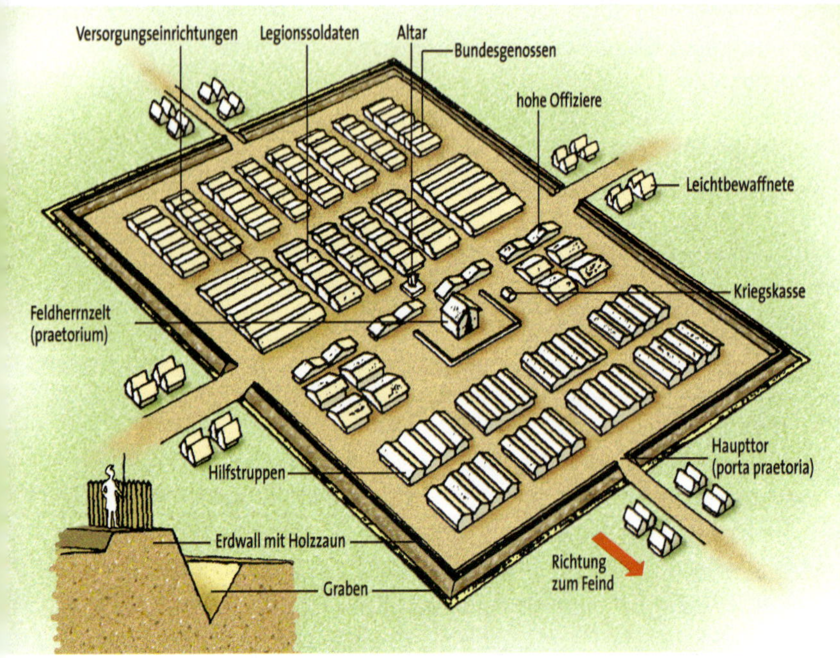

M 5 Ein römisches Lager
Vereinfachter Grundriss

M 6 Die Stärke Roms

Polybios beschreibt das militärische Potenzial der Römer und ihrer Verbündeten:

Die Summe der zur Verteidigung Roms im Felde stehenden Truppen belief sich also auf über 150 000 Mann zu Fuß und an 6 000 Reiter, die ganze Masse der waffenfähigen Mannschaft aber der Römer und ihrer Bundesgenossen auf über 700 000 Mann zu Fuß und gegen 70 000 Reiter. Gegen diese unternahm Hannibal seinen Einfall in Italien mit weniger als 20 000 Mann.

Polybios, Historien 2, 24 nach: Hans-Joachim Gehrke und Helmuth Schneider (Hrsg.), Geschichte der Antike. Quellenband, Stuttgart 2007, S. 222 (übersetzt nach H. Drexler)

M 7 Verwaltung einer Provinz

Im Jahr 69 v. Chr. schreibt der römische Politiker, Redner und Philosoph Cicero (106-43 v. Chr.) über die Verwaltung der römischen Provinz Gallia Transalpina im heutigen Südfrankreich:

M. Fonteius war Statthalter der Provinz Gallia[1], die aber aus Stämmen und Völkerschaften folgender Art besteht: Teils führten sie [...] erbitterte und langjährige Kriege mit dem römischen Volk, teils wurden sie bald [...] unterworfen [...], bald durch unsere Triumphzüge und Siegesdenkmäler gedemütigt, bald vom Senat durch die Einziehung von Ackerland und Städten bestraft [...].

In eben dieser Provinz liegt Narbo Martius [heute Narbonne], eine Ansiedlung (colonia) unserer Bürger, ein Vorposten des römischen Volkes und ein Bollwerk, das man vor eben diese Völker geschoben und ihnen entgegengestellt hat [...].

An der Spitze dieser Provinz [...] stand, wie bemerkt, M. Fonteius; die noch Feinde waren, unterwarf er; die es in allerjüngster Zeit zuvor gewesen waren, zwang er, das strafweise eingezogene Ackerland zu verlassen; den Übrigen, die oft in schweren Kriegen überwunden worden waren [...], befahl er, große Kontingente an Reitertruppen für die Kriege zu stellen, die das römische Volk damals im ganzen Erdkreis geführt hat, sowie hohe Geldbeträge zu deren Besoldung und eine sehr beträchtliche Menge Getreides zum Unterhalt (der Legionen) für den spanischen Krieg zu beschaffen.

Cicero, Rede für Fonteius 11-15, zit. nach: Hans-Joachim Gehrke und Helmuth Schneider (Hrsg.), a. a. O., S. 246 (übersetzt nach M. Fuhrmann)

[1] Zur Eroberung Galliens siehe S. 114.

M 8 Gerechte Kriege

Cicero äußert sich dazu im 1. Jh. v. Chr.:

Ungerechte Kriege sind diejenigen, die ohne Grund unternommen werden. Denn ohne den Grund, sich zu rächen oder aber die Feinde zurückzuschlagen, kann kein gerechter Krieg (bellum iustum) geführt werden. Kein Krieg kann als gerecht gelten, wenn er nicht angesagt und erklärt worden ist und wenn nicht die Forderung auf Rückgabe des Eigentums erhoben worden ist.

An anderer Stelle schreibt er:

Allen, die das Vaterland bewahrt, ihm geholfen, es vergrößert haben, ist ein fester Platz im Himmel [...] bestimmt [...]. Nichts ist nämlich jenem höchsten Gott, der die ganze Welt lenkt, von dem, was auf Erden geschieht, willkommener als die Versammlung von Menschen, die durch Recht geeint sind, und die Gemeinschaften, die man Gemeinwesen (civitas) nennt [...].

Cicero, Über den Staat, 3, 35 nach: Hans-Joachim Gehrke und Helmuth Schneider (Hrsg.), a. a. O., S. 262 (übersetzt nach K. Büchner)

M 9 Über die Herrschaft Roms

Im Jahr 69 v. Chr. soll nach dem Geschichtsschreiber und Politiker Sallust (86 - 35 v. Chr.) ein von den Römern vertriebener Fürst aus Kleinasien folgenden Brief an seinen Nachbarfürsten in Armenien geschrieben haben:

Denn für die Römer gibt es seit eh und je diesen einzigen Anlass, mit allen Stämmen, Völkern und Königen Krieg zu führen: ihre unermessliche Begierde nach Herrschaft und Reichtum [...]. [...] Mit diesem Verhalten werden sie alles vernichten oder selbst zugrunde gehen.

Der römische Dichter Vergil (70 - 19 v. Chr.) schreibt um 20 v. Chr. über die Aufgabe der Römer:

Du, Römer, lenke durch deine Herrschaft die Völker! Bedenke, das kannst du am besten: gesitteten Frieden stiften, die Unterworfenen schonen und die Hochmütigen bezwingen.

Der griechische Geschichtsschreiber Diodor (um 80 - 29 v. Chr.) schreibt:

Die Römer errichteten ihre Weltherrschaft durch die Tapferkeit ihrer Heere und brachten sie zur größten Ausdehnung durch die überaus anständige Behandlung der Unterworfenen. [...] Den einen gaben sie Anteil am Bürgerrecht, anderen gestanden sie das gegenseitige Recht, nach eigenen Gesetzen zu leben, keinem trugen sie das frühere Unrecht härter nach als nötig. Wahrscheinlich, dies Übermaß an Milde war der Grund, dass Könige und freie Städte und schließlich ganze Völker aus freiem Willen sich der römischen Hegemonie eilends unterstellten. Als die Römer aber nahezu die ganze bewohnte Erde beherrschten, da begannen sie, ihre Herrschaft durch Terror und die Vernichtung der ansehnlichsten Städte zu sichern [...].

Erster Text: Sallust, Historiae/Zeitgeschichte VI, 5 und 21, übers. u. hrsg. v. Otto Leggewie, Stuttgart 1975
Zweiter Text: Vergil, Aeneis 6, 847ff., (übersetzt von Klaus Gast)
Dritter Text: Diodor, Bibliotheca historica 32, 4,4 nach: Walter Arend (Bearb.), a. a. O., S. 456

M 10 Beute aus dem griechischen Osten

Der römische Geschichtsschreiber Livius berichtet über das Jahr 186 v. Chr.:

Das zurückkehrende Heer führte den Luxus fremder Länder in Rom ein. Es waren [...] Soldaten, die zuerst Ruhebetten mit eisernen Füßen, kostbare Decken, Gewebe und Prunktische [...] nach Rom brachten. Zu den Speisen kamen jetzt Darbietungen von Zither- und Harfenspielerinnen und andere Vorführungen zur Erheiterung der Gäste; auch auf die Zubereitung der Speisen begann man mehr Sorgfalt und Geld zu verwenden. Der Koch, bei den Alten der wertloseste Sklave, stieg jetzt im Preis. Was eine bloße Dienstleistung gewesen war, galt jetzt als Kunst.

Livius, XXXIX, 6, 7ff., übers. u. gestrafft von Klaus Gast

M 11 Säulen eines Tempels auf dem Forum in Rom, 1. Jh. n. Chr.
Foto, um 2000

1. *Erläutere den Grundriss des Lagers (M5).*
2. *Erläutere, warum Polybios (M4) bestimmte Verhaltensweisen der Römer hervorhebt.*
3. *Prüfe, ob diese die römischen Erfolge erklären (M4, M6).*
4. *Arbeite heraus, nach welchen Grundsätzen der Statthalter in M7 die Provinz verwaltet hat.*
5. *Arbeite heraus, wie Cicero die Kriege Roms rechtfertigt. Beurteile die römischen Grundsätze des gerechten Krieges (M8).*
6. *Vergleiche die Urteile über die Herrschaft Roms (M9).*
7. *Untersuche, in welchen Lebensbereichen sich der griechische Einfluss zeigt (M10, M11). Suche in diesem Buch nach weiteren Hinweisen.*
8. *Prüfe: Handelt es sich bei den Materialien M4 bis M11 um Darstellungen oder Quellen?*

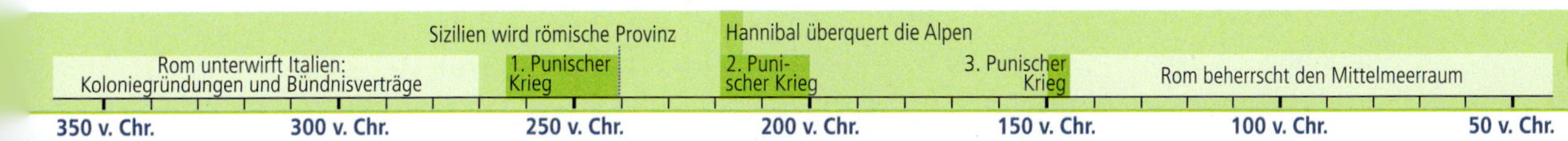

Wer regiert in Rom?

Rom wird Republik

Ursprünglich wurde der Stadtstaat Rom von einem König regiert (Monarchie). Um das Jahr 500 v. Chr. verbannten die vornehmen und reichen Römer den letzten König. Sie übernahmen selbst die „öffentlichen Angelegenheiten" (lat. res publicae) und verwandelten damit die Monarchie in eine **Republik**.

Alle wehrfähigen Männer Roms durften Regierungsbeamte wählen, Gesetze beschließen oder über Krieg und Frieden abstimmen. Dazu wurden unterschiedliche Volksversammlungen einberufen.

M 1 „Der Volksredner"
1,85 m hohe Bronzefigur, um 80 v. Chr.

Zahlreiche Ämter

An der Spitze des Stadtstaates standen zwei gewählte Konsuln. Im Krieg hatten sie den Oberbefehl über das Heer. Ihnen standen rund 30 weitere Beamte (Magistrate) zur Seite.

Um jede Rückkehr zu einer Königsherrschaft zu verhindern, wurde die Amtszeit aller Regierungsämter auf ein Jahr beschränkt und jedes Amt mit mindestens zwei Männern besetzt, von denen jeder gegen die Entscheidungen seines Kollegen Einspruch erheben konnte. Darüber hinaus durfte keiner dasselbe Amt zweimal, zwei Ämter gleichzeitig oder unmittelbar hintereinander bekleiden.

Wenn die Amtszeit eines Beamten abgelaufen war, kam er in den angesehenen „Rat der Alten", den **Senat**. Dem Senat gehörten 300 ehemalige Magistrate auf Lebenszeit an. Die Senatoren überwachten die Einnahmen und Ausgaben des Staates, empfingen auswärtige Politiker und schlossen Verträge mit anderen Staaten. Sie bereiteten Gesetze und Wahlvorschläge vor und gaben den Magistraten verbindliche „Ratschläge" für ihre Amtsführung. Daher waren die Senatoren die einflussreichsten Männer im Staat.

M 2 Stimmabgabe in einer Volksversammlung
Diese Silbermünze wurde unter der Aufsicht des Münzmeisters Publius Nerva um 113 v. Chr. geprägt.

Eine Sache des Volkes?

Anders als bei den Athenern entstand in Rom aber keine Demokratie. Denn die Stimmen der reichen Bürger zählten viel mehr als die der armen. Man diskutierte auf den Versammlungen auch nicht, sondern stimmte nur mit Ja oder Nein ab.

Alle politischen Ämter waren Ehrenämter. Gehälter gab es für die Arbeit nicht. Daher konnten es sich die meisten Römer auch gar nicht leisten, öffentliche Ämter zu übernehmen.

Die Macht im Staat übernahmen die **Patrizier**. Sie legitimierten (lat. legitimare = rechtfertigen) ihre Herrschaft damit, Nachfahren der „Väter" (lat. patres) zu sein, die angeblich die Stadt gegründet hatten. Sie wurden Feldherren, Beamte, Richter oder Priester. Um ihre besondere Stellung zu sichern, durfte ein Patrizier keine Frau aus dem Kreis der übrigen Bürger heiraten. Für sie waren Bauern, Handwerker, Händler und Tagelöhner – der größte Teil des Volkes (lat. plebs) – **Plebejer**.

Republik Senat* Patrizier* Plebejer*

M 3 Senatssitzung
Szenenfoto aus der TV-Serie „Rom“, 2005
Gezeigt wird hier eine Senatssitzung um das Jahr 60 v. Chr. in der Kurie. Äußeres Kennzeichen der Senatoren waren Tuniken mit einem breiten Purpurstreifen und ein goldener Siegelring. Den Vorsitz führte jeweils der Beamte, der den Senat einberufen hatte. Er saß den übrigen Senatoren gegenüber.

Die Plebejer setzen Rechte durch

Die Plebejer wussten, dass die Patrizier sie als Arbeitskräfte und Soldaten benötigten. Im Frieden sorgten sie für den Wohlstand Roms und im Krieg waren die vielen plebejischen Fußsoldaten wichtiger als die wenigen patrizischen Reiter. Sie forderten, mehr an der Politik beteiligt zu werden, und erstritten sich im Verlauf von 200 Jahren immer mehr Zugeständnisse, um ihre Rechte, ihr Leben und Eigentum gegen die mögliche Willkür der Patrizier zu schützen.

- Jährlich durften sie aus ihren Reihen Volkstribune wählen, die gegen Entscheidungen der Patrizier ein Veto (lat. veto: ich verbiete) einlegen konnten.
- Die mündlich überlieferten Gesetze wurden erstmals auf Bronzetafeln veröffentlicht und die Plebejer konnten sich darauf berufen (Zwölf-Tafel-Gesetz, um 450 v. Chr.).
- Patrizier und Plebejer durften heiraten.
- Plebejer konnten in höchste Staatsämter gewählt werden (367 v. Chr.).
- Kein Römer durfte mehr wegen Überschuldung versklavt werden (Aufhebung der Schuldknechtschaft 326 v. Chr.).
- Beschlüsse der Plebsversammlung (Plebiszite) waren für alle verbindliche Gesetze; sie mussten auch von den Patriziern befolgt werden, obwohl sie an diesen Versammlungen nicht teilnehmen durften.

Eine neue Führungsschicht

Trotzdem entstand in Rom auch jetzt keine Demokratie. Die Patrizier konnten verhindern, dass die Plebejer mächtig wurden. Zum einen ließen sie keine Ehen ihrer Kinder mit Plebejern zu, zum anderen war es üblich, dass ärmere Bürger sich einem einflussreichen Mitbürger unterstellten: Sie wurden so zu Klienten eines Patrons (dt. Schutzherr).

Die Klienten kamen regelmäßig in das Haus des Patrons und boten ihm ihre Dienste an. Er gewährte ihnen Schutz, vertrat sie vor Gericht und half in Notfällen. Strebte der Patron ein politisches Amt an, stimmten seine Klienten bei Wahlen für ihn. Klienten und Patron gelobten sich gegenseitige Treue. Sie galt lebenslang und wurde sogar auf die Kinder übertragen.

Im Laufe der Zeit entstand auf diese Weise eine aristokratische Führungsschicht von etwa 30 Patrizier- und besonders reichen Plebejerfamilien: die Nobilität (dt. „die Namhaften“). Sie allein bestimmte über Jahrhunderte die Politik Roms.

1. *Nenne die Ursachen für die Auseinandersetzungen zwischen Plebejern und Patriziern.*
2. *Arbeite aus den erkämpften Zugeständnissen die Nachteile heraus, unter denen die Plebejer litten.*
3. *Stelle Vermutungen an, wieso die Plebejer langfristig erfolgreich waren.*
4. *Begründe, warum das Klientelwesen eine neue Führungsschicht hervorbrachte.*

M4 Der Magen und die Glieder

Wie es an dem Tag des Jahres 494 v. Chr., dem ersten Höhepunkt im Streit zwischen den Plebejern und Patriziern, im alten Rom genau zugegangen ist, wissen wir nicht. Aber so, wie es unsere Hauptfigur Lucius Cornelius erlebt hat, könnte es schon gewesen sein ...

M5 Menenius Agrippa erzählt den Plebejern die Geschichte vom Magen und den Gliedern
Wandgemälde von August Eisenmenger, um 1885

Es schien ein Morgen wie viele andere zu sein. Der vornehme Lucius Cornelius ging zum Forum. Das Gedränge war so groß wie immer um diese Zeit. Aber plötzlich fiel Lucius Cornelius auf, dass die Leute heute nicht in die Stadt zum Marktplatz gingen. Nein, ganze Familien zogen mit all ihren Habseligkeiten aus der Stadt.

Da erkannte Lucius Cornelius in der Menge den Plebejer Quintus. „Was ist hier los?", wollte er wissen. Ohne den sonst üblichen Respekt gegenüber dem vornehmen Patrizier raunzte Quintus zurück: „Was soll schon los sein? Es reicht uns. Wir gehen." Lucius Cornelius war so verblüfft, dass er ganz vergaß, Quintus wegen seines groben Tons zu tadeln. „Was reicht euch? Wohin geht ihr?" Quintus baute sich breitbeinig vor ihm auf: „Wir haben es satt, dass ihr Patrizier, mit euren angeblich so vornehmen Vorfahren, hier in der Stadt schaltet und waltet, wie es euch in den Kram passt. Ihr plündert uns aus, ihr biegt euch die Gesetze so zurecht, wie ihr sie braucht. Wir arbeiten, und ihr schiebt euch die hohen Ämter gegenseitig zu. Ihr befehlt, wir buckeln! Jetzt hat es sich ausgebuckelt. Wir haben beschlossen, Rom zu verlassen und einen eigenen Staat zu gründen."

Quintus blickte Lucius Cornelius triumphierend an, dem bei diesen Worten beinahe die Luft weggeblieben wäre. „Und eure hübschen Töchter könnt ihr für euch behalten. Ihr gebt sie uns ja sowieso nicht als Bräute."

Auf dem Forum hatten sich unterdessen die Oberhäupter der Patrizierfamilien in heller Aufregung versammelt. Gerade rief einer mit sich überschlagender Stimme: „Sie erklären uns den Krieg. Wir müssen sie züchtigen. Das bedeutet Krieg! Bürgerkrieg!" „Und ich kann dir sagen, wer ihn verlieren wird: Wir!", lautete die knappe Antwort eines anderen. „Sie sind viel mehr als wir. Und den Zeitpunkt ihres Auszugs haben sie gut gewählt. Unsere Neider in der Nachbarschaft werden sich die Gelegenheit nicht entgehen lassen und uns angreifen. Wie sollen wir uns ohne Hilfe der Plebejer verteidigen?" „Er hat Recht", meinte ein Dritter. „Wir müssen versuchen, sie zurückzuholen." „Das kannst du gerne tun", spottete der erste Patrizier. „Ich bin gespannt, wie lange sie dich reden lassen." Nach langem Hin und Her ergriff Menenius Agrippa das Wort: „Ich werde gehen."

Im Lager der Plebejer wurde er mit einer Mischung aus Überraschung und Misstrauen empfangen. Als sich die Menge um ihn versammelt hatte, begann er: „Stellt euch einen Körper vor mit Kopf, Armen, Beinen, Rumpf und Magen. Eines Tages empörten sich die Glieder dieses Körpers. Denn sie mussten ja schließlich alle für den Magen arbeiten, der selbst nichts anderes tat, als faul ... –" Wütende Zwischenrufe unterbrachen ihn: „Wir wollen keine Märchen hören! Wir wollen endlich mitbestimmen, was im Staat geschieht, und wir wollen gerecht behandelt werden!"

Nur mühsam beruhigten einige der Umstehenden die aufgebrachte Menge. Menenius Agrippa konnte fortfahren: „Die empörten Glieder sprachen sich untereinander ab. Die Hände wollten keine Speisen mehr zum Mund führen, der Mund weigerte sich, Essen aufzunehmen, die Zähne hörten auf, Nahrung zu zerkleinern. Bald mussten sie aber erkennen, dass der ganze Körper verfiel. Sie selbst wurden immer schwächer, nur weil sie geglaubt hatten, sie könnten den Magen durch Hunger bestrafen und auf ihn verzichten." An dieser Stelle hörte Menenius Agrippa einfach auf zu sprechen. Wortlos ging er durch die Menge der schweigenden Plebejer zurück nach Rom.

Livius, Römische Geschichte II, 32 (nacherzählt von Dieter Brückner)

Grundlage der Erzählung ist die „Fabel vom Magen und den Gliedern", die der Geschichtsschreiber Livius (siehe M10, S. 109) in seiner „Römischen Geschichte" wiedergibt.

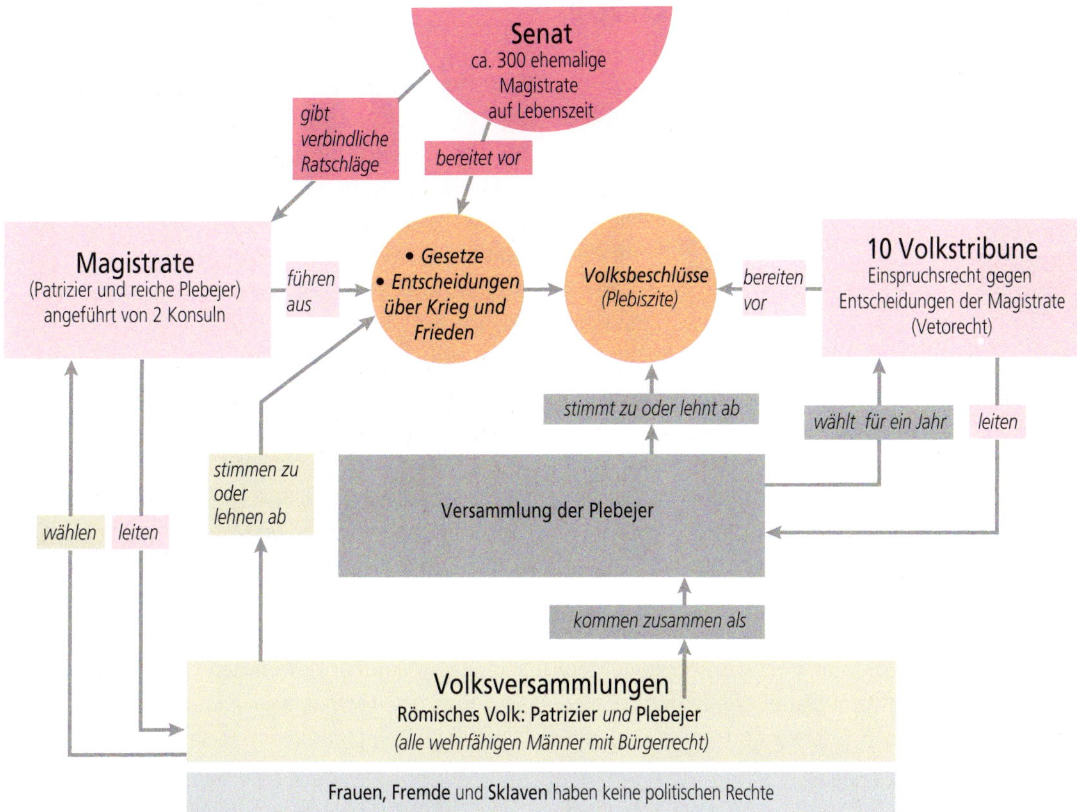

M 6 Die Verfassung der Römischen Republik
Da es bei den Römern keine geschriebene Verfassung wie unser Grundgesetz gab, kann diese Grafik nur einen ungefähren Einblick in die Herrschaftsform geben. Wichtige Entscheidungen wurden häufig auf anderen Wegen getroffen als in der Verfassung vorgesehen. Darüber hinaus änderte sich im Laufe der Zeit die Anzahl der Senatsmitglieder. Sie stieg von 300 auf 600 und zuletzt auf 900 Senatoren.

M 7 SPQR
Foto, um 2010
Die Abkürzung der Formel „Senat und Volk von Rom" (lat. Senatus Populusque Romanus) finden wir unter anderem auf Münzen und öffentlichen Gebäuden. Noch heute dient die Abkürzung in Rom – wie auf diesem Kanaldeckel – zur Bezeichnung öffentlichen Eigentums.

1. *Erkläre, was Menenius Agrippa den Plebejern mit der Fabel (M4) sagen wollte.*
2. *Beurteile, ob der Verfasser der Fabel eher auf der Seite der Patrizier oder der Plebejer steht.*
3. *Erstelle aus der Erzählung (M4) einen Comic mit dem Schluss, den du für wahrscheinlich hältst.*
4. *Erkläre, wer in der Römischen Republik herrschte. Wie war die Macht verteilt? Das Schaubild (M6) und der Verfassertext auf S. 110 f. helfen dir, diese Fragen zu beantworten.*
5. *Die Römer achteten darauf, dass alle Staatsämter (Magistrate) mit mindestens zwei Beamten besetzt waren. Außerdem blieben die Magistrate höchstens ein Jahr im Amt. Diskutiert die Vor- und Nachteile dieser Regelung.*
6. *Durch das Kürzel SPQR (M7) gaben die Römer zu erkennen, wie sie die Machtverteilung in ihrem Staat sahen. Prüfe, ob die Annahme stimmt.*

Kampf um die Republik

M 1 **Julius Caesar**
Diese 33 cm hohe Marmorbüste wurde wohl kurz nach Caesars Tod angefertigt.

[1] Zu Galliern und Germanen erfährst du auf S. 126 bis 131 mehr.

M 2 **Münze von 43/42 v. Chr.**
Die Münze ließ der Caesarmörder Brutus nach seiner Flucht prägen. Die Aufschrift EID[ibus] MAR[tiis] ist die abgekürzte Datumsangabe (an den Iden des März). In der Mitte ist eine Kappe (lat. pileus) zu sehen, wie sie freigelassene Sklaven trugen.

Ein erfolgreicher Feldherr

Einer der bekanntesten Römer ist Gaius **Julius Caesar**. Er wurde 100 v. Chr. in Rom geboren und stammte aus einer sehr alten, aber verarmten Familie. Als Statthalter von Provinzen in Oberitalien und Gallien[1] unterwarf er zwischen 58 und 50 v. Chr. alle nicht schon mit Rom verbündeten gallischen Völker. Außerdem unternahm er mehrere Kriege in Germanien und Britannien. Die Kriegserfolge machten Caesar zu einem sehr mächtigen und die enorme Kriegsbeute zudem zu einem sehr reichen Mann.

Ein mächtiger Politiker

Im römischen Volk besaß Caesar viele Anhänger. Er hatte auf eigene Kosten prächtige Spiele zur Unterhaltung der Römer veranstaltet. Außerdem nutzte er den Streit zwischen Reichen und Armen in Rom. Von Jugend an hatte Caesar sich für die einfachen Plebejer eingesetzt. Nun unterstützten sie ihn, da er ihnen Hilfe versprach. Auch auf seine Soldaten konnte sich Caesar verlassen. Viele von ihnen waren vor dem Eintritt ins Militär arm gewesen. Caesar kümmerte sich um sie und versprach ihnen eine gute Versorgung auch nach ihrer Dienstzeit.

„Ich kam, ich sah, ich siegte"

Nach dem Sieg in Gallien befürchtete die Mehrheit des Senats, dass Caesar zu mächtig werden könnte. Deshalb versuchten viele Senatoren, ihn daran zu hindern, in Rom wieder als Politiker aufzutreten. In einem widerrechtlichen Senatsbeschluss setzten sie Caesar als Statthalter und Heerführer ab. Dieser aber marschierte mit seinen ihm ergebenen Soldaten nach Rom. Ein Bürgerkrieg brach aus. Caesars Gegner flohen übers Meer zu den Truppen in den Provinzen, die dem Senat unterstanden. Caesar folgte ihnen rund ums Mittelmeer und gewann eine Schlacht nach der anderen. Aus dieser Zeit stammen Caesars stolze Worte: „Ich kam, ich sah, ich siegte" (lat. veni, vidi, vici).

Diktator in Rom

In Rom ließ sich Caesar ab 48 v. Chr. immer wieder auf Zeit das Amt des Diktators (**Diktatur**) übertragen. Diese Alleinherrschaft konnte jemand für maximal sechs Monate ausüben, allerdings nur in Notsituationen. Im Jahr 45 v. Chr. erhielt Caesar diese Stellung auf Lebenszeit. Die meisten Senatoren durften im Amt bleiben, aber Macht hatten sie keine mehr.

Sein Amt nutzte Caesar für Reformen: Er führte unter anderem den verbesserten Julianischen Kalender ein, gab Land in den Provinzen an römische Bürger oder Veteranen und plante große Bauten in Rom.

Der Senat überhäufte Caesar mit Ehrungen. Er durfte das Purpurgewand des siegreichen Feldherrn (Triumphator) mit goldenem Lorbeerkranz tragen, erhielt den Ehrennamen „Vater des Vaterlandes" und sein Geburtsmonat bekam den Namen Julius. Caesar regierte seitdem wie ein König. Dies war für die republiktreue Minderheit im Senat unerträglich.

Eine Gruppe von ca. 60 Senatoren, darunter auch Caesars Freund Brutus, wollte die Macht des Senats wiederherstellen. Die Männer vereinbarten, den Diktator gemeinsam zu ermorden. An den Iden des März (15. März) 44 v. Chr. kamen sie mit versteckten Dolchen in die Senatssitzung und töteten den Diktator.

1. *Nenne die wichtigsten Ereignisse in Caesars politischer Laufbahn. Erstelle einen Zeitstrahl und trage die Daten ein.*
2. *Erläutere, welchen Eindruck die Büste (M1) machen sollte.*
3. *Überlege, warum Brutus die Münze (M2) prägen ließ.*
4. *Diskutiert, ob es erlaubt sein kann, einen Tyrannen zu ermorden. Findet heraus, wie sich unser deutsches Grundgesetz dazu verhält.*
5. *Nehmt Stellung zu der Frage, warum Caesars Leben immer wieder verfilmt wurde.*

Geschichten über Geschichte

Viele Comics handeln in vergangenen Zeiten. Ein Beispiel dafür sind die Asterix-Hefte: In ihnen verhindern die beiden tapferen Gallier Asterix und Obelix durch Klugheit und mithilfe eines Zaubertranks, dass Julius Caesar und seine Römer ihr Dorf erobern. Was hat Asterix und was haben Comics dann aber in eurem Geschichtsbuch zu suchen?

In manchen Comics kommen Personen und Ereignisse aus der Geschichte vor. Aber Vorsicht: Im Comic werden Geschichte und Erfindung bunt gemischt. Dasselbe gilt für historische Jugendbücher. Deren Autoren wollen Interesse für die Geschichte wecken, aber kein historisches Sachbuch schreiben. Manchmal folgen sie den historischen Quellen, manchmal fügen sie etwas hinzu oder lassen weg, was ihnen langweilig erscheint. Beim Lesen fällt aber nicht immer auf, was von den Comicautoren frei erfunden wurde und was tatsächlich ein Vorbild in der Geschichte hat. Die folgenden Fragen können dir helfen, Comics und Geschichtserzählungen zu prüfen:

- Welche Handlung wird erzählt? Was davon hat sich tatsächlich ereignet? Was wurde erfunden, was weggelassen? Womit kann ich dies überprüfen?
- Welche Personen kommen vor? Sind sie historisch nachweisbar oder ausgedacht? Welche Eigenschaften und Charakterzüge haben sie? Entsprechen sie den historischen Personen? Lässt sich dies durch Quellen bestätigen oder widerlegen?

M1 Wie sah Caesar aus?

Der griechische Schriftsteller Plutarch schreibt:

Er war von hagerer Gestalt und hatte eine zarte weiße Haut […].

Der römische Schriftsteller Sueton berichtet:

Er soll von stattlicher Figur gewesen sein, weiße Haut, schlanke Gliedmaßen, ein etwas zu volles Gesicht, schwarze, lebhafte Augen […]. Um sein Aussehen war er allzu besorgt. […] Über seine Glatze war er sehr ärgerlich, da sie seinen Gegnern oft Anlass zu Witzen bot. Deshalb pflegte er seine Haare vom Scheitel nach vorn zu bürsten […].

Erster Text: Plutarch, Von großen Griechen und Römern, Caesar 17.2; zweiter Text: Sueton, Leben der Caesaren, Caesar 45

M2 „Wie alles begann …"

Asterix-Hefte erscheinen seit 1959 in Frankreich und seit 1967 in deutscher Übersetzung. Die abgebildete Seite ist aus: René Goscinny und Albert Uderzo: Gallische Geschichten mit Asterix und Obelix, übers. von Gudrun Penndorf, Stuttgart [2]1994, S. 6.

Lesetipp:

René van Royen und Sunnyva van der Vegt, Asterix. Die ganze Wahrheit, München [2]2008

1. *Nenne Gründe, weshalb Comics oft lustig wirken (M2).*
   Tipp: Die folgenden beiden Fragen helfen dir, die Ausschnitte aus Asterix auf ihre historische Wahrheit zu überprüfen.
2. *Überprüfe den ersten Satz: „Im Jahre 50 v. Chr. haben die Soldaten Roms die ganze bekannte Welt besetzt."*
3. *Finde heraus, welche Informationen aus den Quellen (M1) der Zeichner des Asterix-Comics übernommen hat. Siehe auch die Büste auf S. 114.*

Rettet Augustus die Republik?

M 1 Triumphzug auf dem Forum Romanum zur Kaiserzeit
Rekonstruierte Ansicht von Johannes Bühlmann und Friedrich von Thiersch, 1900/02
Auf dem Forum Romanum fanden Versammlungen, Gerichtsverhandlungen, religiöse Umzüge (Prozessionen) und Siegesfeiern (Triumphzüge) statt. So durfte beispielsweise ein Feldherr nach einer siegreichen Schlacht an der Spitze seiner Soldaten mit der Kriegsbeute und gefangenen Gegnern, die sie danach versklavten oder töteten, über das Forum ziehen.

(1) Tempel der Vesta, (2) Dioskuren-Tempel, (3) Basilica Julia, (4) Tempel des Jupiter, (5) Tempel des Saturn, (6) Bogen des Kaisers Tiberius, (7) Tempel des Kaisers Vespasian, (8) Staatsarchiv, (9) Tempel der Concordia, (10) Triumphbogen des Kaisers Septimius Severus, (11) Basilica Aemilia, (12) Rednertribüne, (13) Goldener Meilenstein

Gaius Octavius setzt sich durch

Nach Caesars Tod entbrannte ein neuer Bürgerkrieg um die Zukunft der res publicae. In ihm begann der Aufstieg des **Octavian** (Gaius Octavius). Sein Großonkel Caesar hatte ihn adoptiert und zum Erben bestimmt. Von nun an nannte sich der 18-Jährige Gaius Julius Caesar Octavianus. Gegen die Caesar-Mörder verbündete Octavian sich mit Antonius, einem Anhänger seines Adoptivvaters.

Nach dem Sieg wollte Octavian sein Erbe nicht mit Antonius teilen. Er warf ihm vor, eine unerlaubte und für Rom gefährliche Verbindung mit der ägyptischen Königin Kleopatra eingegangen zu sein. Rom erklärte Kleopatra und Antonius daraufhin den Krieg. Die Entscheidung fiel 31 v. Chr. in der Seeschlacht bei Actium an der Küste Griechenlands. Octavians Flotte siegte. Kleopatra und Antonius begingen Selbstmord.

Aus Octavian wird Augustus

Nach seinem Sieg über Antonius ließ Octavian mehr als 2000 politische Gegner umbringen, darunter 300 Senatoren. Er war nun der unumstrittene Herr des Römischen Reiches. Im Jahre 27 v. Chr. veranstaltete er einen Triumphzug und inszenierte vor dem Senat den Rücktritt von allen Ämtern. Die Senatoren protestierten und baten ihn, wenigstens in den von Feinden bedrohten Provinzen den Oberbefehl zu behalten. Als er zustimmte, wurde er vom Senat mit Ehrungen und Vollmachten überhäuft. Er erhielt den Oberbefehl über die Provinzen, in denen der größte Teil der Armee stand. Dazu verlieh man ihm den Ehrennamen **Augustus** (dt. „der Erhabene"; daraus wurde später die Formel Imperator Augustus, dt. Kaiserliche Majestät).

Octavian/Augustus* Princeps/Prinzipat*

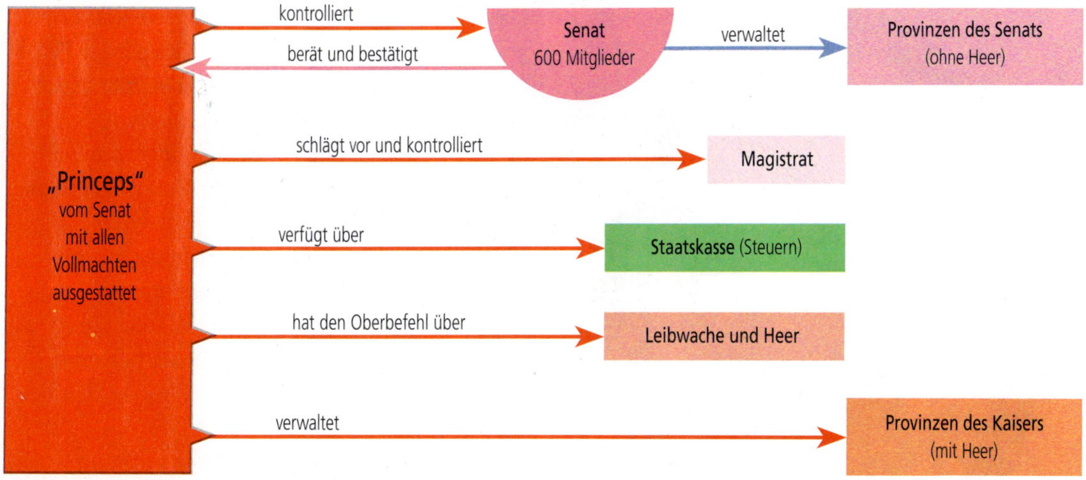

M2 Wie viel Macht hat der „erste Bürger"?

Ein mächtiger Mann

Augustus – unter diesem Namen ging Octavian in die Geschichte ein – hatte bald alle wichtigen Machtpositionen inne:

- Augustus erhielt auf Dauer die Rechte eines Volkstribunen; sie schützten ihn vor gerichtlicher Verfolgung und gaben ihm die Möglichkeit, Gesetze vor die Volksversammlung zu bringen.
- Er bestimmte die Senatoren.
- Er übernahm das Amt des Ersten Priesters, des obersten Wächters über Religion und Sitten.
- Augustus behielt lebenslang den Oberbefehl über alle römischen Truppen. Dem Senat blieb nur die Aufsicht über die befriedeten Provinzen.

„Erster Bürger"

Hinter einer republikanischen Fassade entstand eine Monarchie, ein Kaiserreich. Augustus aber behauptete, die Republik wiederhergestellt zu haben. Er überträfe die vom Volk gewählten Magistrate nicht an Macht, sondern nur durch das Maß der Verantwortung und sein persönliches Ansehen. In der Öffentlichkeit trug er wie die übrigen Senatoren die purpurgesäumte Toga. Er sah sich als **Princeps**, als „ersten Bürger" (lat. princeps civium) des Staates. Nach dieser Bezeichnung erhielt die Herrschaftsform des Augustus ihren Namen: der **Prinzipat**.

Die Kaiserzeit beginnt

Für weite Teile der Bevölkerung war es Augustus, der die über 100 Jahre andauernden Bürgerkriege beendet und eine Zeit des Friedens und Wohlstandes eingeleitet hatte: die Pax Augusta. Augustus setzte den Ausbau Roms zur prunkvollen Hauptstadt fort und rühmte sich später, „eine Stadt aus Ziegelsteinen vorgefunden und eine aus Marmor hinterlassen" zu haben. Die von ihm durchgeführten Spiele für das Volk übertrafen die seiner Vorgänger – von denen Caesars abgesehen. Kunstwerke, Inschriften und Münzen verbreiteten seine Taten. Zahlreiche Dichter verkündeten, mit Augustus sei ein „goldenes Zeitalter" angebrochen.

Augustus hatte selbst keine leiblichen Söhne. Nach dem Tod seiner Enkel machte er seinen Stiefsohn Tiberius durch Adoption zu seinem Nachfolger. Ihm vererbte er mit Zustimmung des Senats seine außerordentliche Macht. Tiberius Beinamen Julius Caesar Augustus zeigen, in wessen Tradition er sich stellte. Damit begann die eigentliche Kaiserzeit. Sie dauerte beinahe fünf Jahrhunderte. Der Name Caesar wurde zum Beinamen, später zum Titelbestandteil der römischen Kaiser, den „Caesaren". Er lebt in den Herrschertiteln „Zar" und „Kaiser" fort.

1. *Beschreibe das Schaubild M2.*
2. *Vergleiche die Macht des Senats mit der des „Princeps".*
3. *Begründe, weshalb Augustus nicht von den Senatoren ermordet wurde.*
4. *Prüfe, ob es sich beim Prinzipat um eine Monarchie handelt. Siehe dazu auch noch einmal S. 89.*

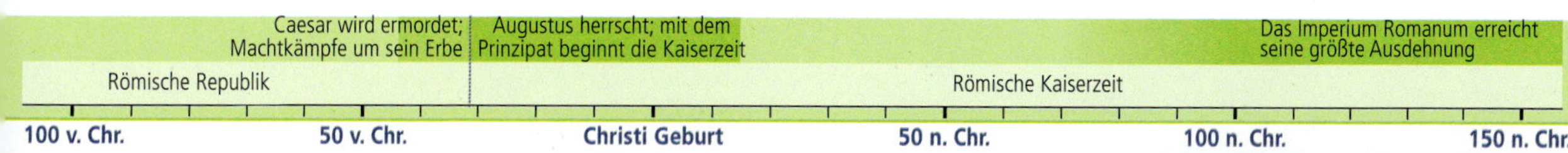

M3 Bildnis des Augustus
Etwa 8 cm hoher Anhänger, 2. Jh. n. Chr. (die Fassung stammt aus dem 17. Jh.)
Im Jahre 27 v. Chr. erhielt Augustus vom Senat „für die Rettung aller Bürger“ die „corona civica“, den Eichenkranz. Er wurde seit Langem für die Rettung eines Mitbürgers in der Schlacht verliehen (vgl. M4, S. 108). Dieses Ehrenzeichen nahm später mehr und mehr den Charakter eines Herrschaftssymbols an.

M4 Augustus legt Rechenschaft ab

Augustus fasst in seinem 76. Lebensjahr sein gesamtes politisches Handeln in einem „Tatenbericht“ zusammen. Dieser wird nach seinem Tode im Senat verlesen und seinem Wunsch gemäß dann in Bronzetafeln eingraviert und vor seinem Grabmal in Rom aufgestellt. In Ankara (Türkei) hat man eine Kopie des Textes an der Wand des dortigen Augustus-Tempels gefunden.

Im Alter von 19 Jahren stellte ich aus eigenem Entschluss und aus eigenen Mitteln ein Heer auf, mit dem ich die Gewaltherrschaft einer Partei in Rom beendete und die Republik in die Freiheit zurückführte [...].
Die meinen Vater getötet haben, habe ich in die Fremde getrieben und sie für ihre Tat in rechtmäßigen fünf Prozessen bestraft [...].
Ich habe zu Wasser und zu Land [...] Kriege auf dem ganzen Erdkreis geführt und als Sieger allen Bürgern Schonung gewährt, wenn sie um Verzeihung baten [...].
Die Diktatur, die mir in Abwesenheit und Anwesenheit vom Volk und Senat einstimmig angeboten wurde, habe ich nicht angenommen.
Princeps des Senats war ich bis zu dem Tag, an dem ich dies schrieb, 40 Jahre lang.
Die Senatsliste habe ich dreimal erneuert und drei Volkszählungen[1] durchgeführt [...].
Die Tür des Janus-Tempels, den unsere Vorfahren geschlossen haben wollten, wenn im ganzen Reich durch Siege gewonnener Friede eingetreten sei, was vor meiner Geburt seit der Gründung der Stadt zweimal geschehen war, ist unter meiner Führung durch Senatsbeschluss dreimal geschlossen worden.
Viermal habe ich mit meinem Geld die Staatskasse unterstützt [...]. Aus meinem Erbe habe ich in die Kriegskasse bezahlt, damit die Soldaten, die 20 Jahre und mehr gedient hatten, Prämien bekamen.[2]

Augustus, Res gestae, ausgewählt und übersetzt von Klaus Gast

M5 Wie die kaiserliche Macht entsteht

Der wohl bedeutendste römische Historiker, der Senator Cornelius Tacitus (um 56 - 117 n. Chr.), schreibt:

Sobald Augustus das Militär mit Geschenken, das Volk durch Getreidespenden, alle miteinander durch die Annehmlichkeit einer Friedenszeit für sich gewonnen hatte, erhob er allmählich höher sein Haupt und zog die Befugnisse des Senats, der Staatsverwaltung und der Gesetzgebung an sich. Dabei fand er keinen Widersacher, da die tatkräftigsten Männer auf den Schlachtfeldern geblieben oder den öffentlichen Verfolgungen zum Opfer gefallen waren, während die übriggebliebenen Angehörigen der Nobilität bereitwillig das Joch der Knechtschaft auf sich nahmen und dafür umso höher an Reichtum und Ehren stiegen [...].
So hatte sich denn die Staatsform gewandelt [...]. Die Gleichheit der Staatsbürger war beseitigt, und alle schauten nur noch auf die Befehle des Princeps [...].

Tacitus, Annalen I.2, übers. von Walther Sontheimer, Stuttgart 2005, S. 15f. (vereinfacht)

1. *M4 und M5 stellen unterschiedlich dar, wie die Macht ausgebaut und gesichert wurde. Stelle beide Sichtweisen gegenüber.*
2. *Erkläre, wie es zu den verschiedenen Darstellungen (M4 und M5) kommen konnte.*
3. *Erläutere, warum der Kranz (M3) zum Herrschaftssymbol wurde.*
4. *Beurteile, ob Augustus, wie er selbst behauptete, die Republik gerettet hat.*

[1] „Es begab sich aber zu der Zeit, dass ein Gebot von dem Kaiser Augustus ausging, dass alle Welt geschätzet würde …“ Kennst du diesen Text?
[2] Augustus nennt einen Milliardenbetrag und zählt seine Bauten auf, darunter elf neu erbaute und 82 renovierte Tempel.

Eine Statue als Quelle?

Auf die Wirkung kommt es an

Herrscherstandbilder sollen auf die Betrachter wirken. Um sie beurteilen zu können, müssen wir sie zunächst als Ganzes und dann in ihren Einzelheiten betrachten. Wichtig sind Größe, Kopf-, Arm- und Beinhaltung, Blickrichtung, Kleidung und Beigaben. Die Besonderheiten sind nicht zufällig gewählt, sondern sollen etwas Bestimmtes aussagen. Aus ihnen können wir erschließen, wie sich der Herrscher sah und wie er vom Volk gesehen werden wollte.

Was fällt auf?

- Augustus war etwa 1,70 m groß. Die Höhe der Statue beträgt aber 2,04 m.
- Augustus trägt einen verzierten Brustpanzer und eine Lanze.
- Um die Hüfte geschlungen hat Augustus einen Feldherrnmantel. Seine rechte Hand erhebt er in der Geste einer Ansprache an die Soldaten.
- Die Römer stellten nur ihre Götter barfuß dar.
- Die kleine Figur am rechten Bein soll der Liebesgott Amor sein, ein Kind der Venus, der Göttin der Liebe und Schönheit und der angeblichen Stammesmutter der Familie von Caesar und Augustus.

1. *Die Statue wurde wahrscheinlich im Auftrag des Senats aufgestellt. Untersuche, was sie den Bürgern bereits aus der Ferne und was sie ihnen bei näherer Betrachtung aussagen sollte.*
2. *Vergleiche die Geste mit der des „Volksredners" (S. 110).*
3. *Informiere dich, wie Staatsoberhäupter heute öffentlich dargestellt werden. Präsentiere Beispiele.*
4. *Begründe, welche Wirkung die heutigen Darstellungen erzielen sollen.*

M Augustus
Kopie einer Statue aus Primaporta bei Rom, nach 20 v. Chr.
Die Bemalung wurde nach Farbspuren der Originalstatue rekonstruiert. Die Lanze ist hinzugefügt worden. Augustus trägt einen Brustpanzer, auf dem dargestellt ist, wie der König der Parther dem Kriegsgott Mars die römischen Feldzeichen übergibt. Augustus hatte die Rückgabe der Feldzeichen 20 v. Chr. erreicht, nachdem die Römer sie in einer Schlacht 53 v. Chr. verloren hatten.

Herrschaft im Vergleich

M 1 Pharao – hoch über allen Menschen
Relief des Pharaos Ramses II. in seinem Tempel in Abu Simbel, um 1260 v. Chr.

[1] Zu Solons Reformen siehe S. 86.

M 2 Was ist Herrschaft?

Schon früh haben sich Menschen in Gemeinschaften zusammengeschlossen, da sie auf diese Weise besser als allein überleben konnten. Sie wünschten sich Ordnung, Sicherheit und Wohlstand. Dabei haben sie sich immer der Leitung einzelner Personen oder Gruppen anvertraut. Dies waren in der Regel Menschen, die sich durch besondere Fähigkeiten wie Kraft, Klugheit oder Frömmigkeit auszeichneten. Ihnen wurde die „Herrschaft" überlassen. Dafür gewährten sie Schutz und Hilfe. Die Beherrschten leisteten Gehorsam und zahlten Abgaben.

Verfassertext

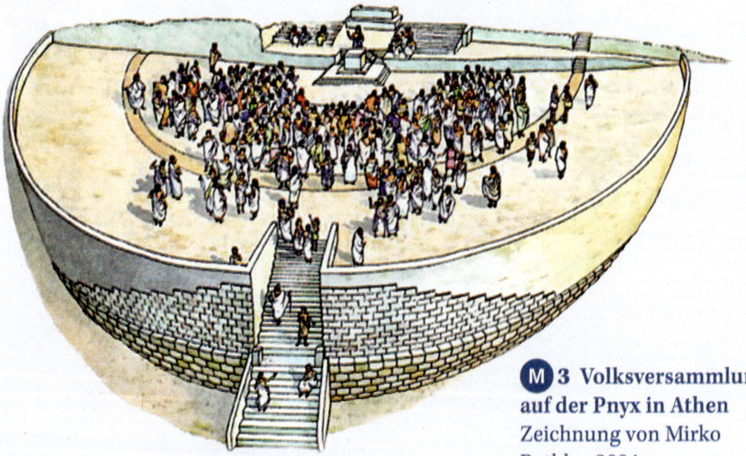

M 3 Volksversammlung auf der Pnyx in Athen
Zeichnung von Mirko Rathke, 2004

M 4 Lehre eines Mannes für seinen Sohn

Lehre, die ein Pharao gegen Ende des 3. Jahrtausends für seinen Sohn verfasst hat:

Tu du als König das Rechte, solange du auf Erden weilst. Beruhige den Weinenden, quäle keine Witwe, verdränge keinen Mann von der Habe seines Vaters und enthebe die Räte nicht ihrer Stellung. Hüte dich davor, ungerechterweise zu strafen. Schlage nicht selbst, das schickt sich nicht für dich; lass Übeltäter züchtigen oder nimm sie gefangen. So wird dein Land zu Wohlstand gelangen. Gott kennt die Widerspenstigen und schlägt ihre Sünden in Blut nieder.

Karl Hoenn (Hrsg.), Altägyptische Lebensweisheit, Zürich ²1975, S. 55

M 5 Die Herrschaft des Gesetzes

Der Dichter und Gesetzgeber Solon wird um 640 v. Chr. in Athen geboren. Er stammt aus einer alten aristokratischen Familie. 594 v. Chr. beginnt er in einer wirtschaftlich und politisch schwierigen Zeit als oberster Staatsbeamter (Archont) seine Reformen.[1] 572 v. Chr. zieht er sich aus der Politik zurück, reist viel und verfasst Dichtungen, in denen er seine Politik verteidigt.

Mir gibt das Herz den Befehl, die Athener so zu belehren:
Gilt kein Gesetz, wird viel Übel dem Staate zuteil.
Gilt das Gesetz, – es fügt zu schöner Ordnung das Ganze;
Die aber Unrecht tun, legt es in Fesseln zugleich.
[...]
Denn durch meine Macht
Hab ich Gewalt zugleich und Recht in eins gefügt,
Und redlich hab ich ausgeführt, was ich versprach.
Gesetze schrieb für Edle ich und Niedere,
Bestimmte jedem so das Recht, das ihm gebührt.
[...]
Hätte damals ich getan,
Was unsere Gegner wünschten, oder hätte ich
Getan, was unsere Freunde sich von mir erhofft –
Verwaist, geprellt um manchen Mann wär' diese
Stadt!

Solon, frg. 3,30ff. und 24 D, 15ff.; zit. nach: Werner Dahlheim, Die Antike. Griechenland und Rom von den Anfängen bis zur Expansion des Islam, Paderborn ⁶2002, S. 157

M 6 Die beste Verfassung?

Der griechische Geschichtsschreiber Polybios (vgl. M4, S. 108) schildert um 216 v. Chr. die römische Verfassung:

Es gab [...] drei Teile, die im Staat Gewalt hatten. So gerecht und angemessen aber war alles geordnet, waren die Rollen verteilt und wurden in diesem Zusammenspiel die staatlichen Aufgaben gelöst, dass auch von den Einheimischen niemand mit Bestimmtheit hätte sagen können, ob die ganze Verfassung aristokratisch, demokratisch oder monarchisch war. [...]

Nun will ich zeigen, in welcher Weise sie wiederum, wenn sie wollen, einander entgegenwirken oder sich gegenseitig unterstützen können. Wenn der Konsul im Besitz der geschilderten Machtvollkommenheit an der Spitze des Heeres ins Felde zieht, scheint er unumschränkte Gewalt zur Durchführung seiner Pläne zu haben, in Wirklichkeit aber bleibt er auf Volk und Senat angewiesen und ist ohne diese nicht in der Lage, seine Unternehmungen zu einem guten Ende zu bringen. Denn selbstverständlich bedarf das Heer dauernder Versorgung, ohne den Willen des Senats aber kann ihm weder Brotgetreide noch Kleidung noch Sold geliefert werden [...]. Denn in der Macht des Senats liegt es, wenn das Amtsjahr abgelaufen ist, ihm einen Nachfolger zu schicken oder ihm das Kommando zu verlängern. [...] Vollends ist es für sie notwendig, die Gunst des Volkes zu gewinnen [...]. Denn das Volk hat [...] alle Abkommen und Friedensverträge zu bestätigen oder abzulehnen. Vor allem muss der Konsul bei der Niederlegung seines Amtes vor dem Volk Rechenschaft über seine Handlungen abgeben. [...]

Der Senat wiederum, der doch so große Macht hat, ist erstens in allen politischen Angelegenheiten gezwungen, auf die Stimmung des Volkes zu achten und seine Wünsche zu berücksichtigen. Er kann die Untersuchung und Ahndung der schwersten Verbrechen gegen den Staat, auf die Todesstrafe steht, nicht durchführen, wenn das Volk nicht die Vorentscheidung des Senats bestätigt [...]. Vor allem aber, wenn nur ein einziger Volkstribun sein Veto einlegt, kann der Senat weder eine Beratung zu Ende führen noch auch nur zusammenkommen und eine Sitzung abhalten; die Volkstribunen aber sind stets verpflichtet zu tun, was das Volk will, und seine Wünsche zu beachten [...].

Ebenso ist wiederum das Volk vom Senat abhängig und muss sich nach ihm richten, im staatlichen wie im privaten Leben. Für alle öffentlichen Arbeiten [...] zur Wiederherstellung oder Neuerrichtung von Bauten [...] kommen die Unternehmer aus der breiten Masse des Volkes [...]. Die Entscheidung aber über all diese Dinge liegt beim Senat. [...] So hat der Senat vielerlei Möglichkeiten und Gelegenheiten, den Unternehmern großen Schaden zuzufügen und bedeutende Vorteile zuzuwenden. [...] Was aber die Hauptsache ist: Aus den Reihen der Senatoren werden die Richter gewählt für fast alle öffentlichen und privaten Prozesse [...]. Ebenso finden sie [die Bürger] sich nicht leicht bereit, den Plänen der Konsuln Hindernisse in den Weg zu legen, weil jeder einzelne und alle insgesamt im Felde ihrer Befehlsgewalt unterstehen.

Polybios, Historien, 6,1 ff., zit. nach: Walter Arend (Bearb.), Altertum. Geschichte in Quellen, München ^{3}1978, S. 417 f.

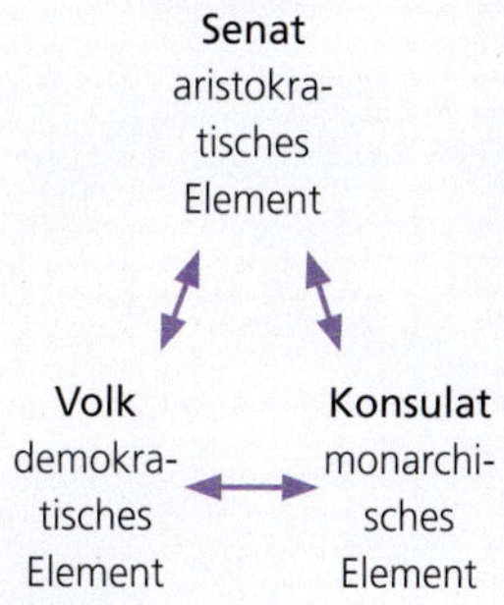

M 7 Die römische Mischverfassung

Projektvorschlag

Durch Vergleiche lassen sich Gemeinsamkeiten und Unterschiede, Stärken und Schwächen der verschiedenen Herrschaftsformen herausarbeiten. Die Materialien auf diesen Seiten fassen zusammen, was ihr in den vorangegangenen Kapiteln behandelt habt (vgl. S. 54 f., 86-91, 110-118).

1. *Erstellt eine Übersicht (Tabelle) über die Formen der Herrschaft, die ihr im Unterricht bis jetzt kennengelernt habt. Geht chronologisch vor und ordnet die Beispiele nach der Frage:*
   - *Wer herrscht? Einer, wenige oder viele?*
2. *Bildet Gruppen. Jedes Team wählt dann aus der erstellten Übersicht eine Herrschaftsform aus, die es noch einmal genauer untersucht. Geht dabei folgenden Fragen nach:*
   - *Wie kamen die Herrscher an die Macht?*
   - *Wie begründeten sie ihren Machtanspruch?*
   - *Wie übten sie ihre Herrschaft aus? Wer half ihnen dabei?*
   - *Hatte das Volk oder ein Teil der Bevölkerung ein Mitspracherecht bei der Bildung der Regierung, der Gesetzgebung oder anderen Entscheidungen?*
   - *Wurden die Herrscher kontrolliert? Konnten sie abgesetzt werden?*
   - *Welche Zeichen, Symbole oder Rituale benutzten die Herrscher?*
3. *Gestaltet in euren Gruppen jeweils ein Plakat, auf dem ihr eure Ergebnisse darstellt.*
4. *Vergleicht die Plakate aller Gruppen miteinander und arbeitet die Gemeinsamkeiten und Unterschiede heraus.*

Römische Gesellschaft – römische Familie

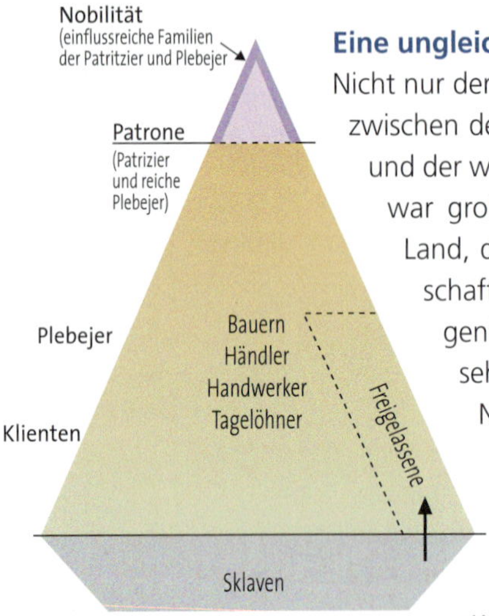

M 1 Die sozialen Verhältnisse in der Republik

[1] Tagelöhner: jemand, der meist keinen Beruf hat und nur tageweise für einen Arbeitgeber arbeitet

Eine ungleiche Gesellschaft?

Nicht nur der politische, auch der soziale Gegensatz zwischen der aristokratischen Elite, den Patriziern, und der wesentlich größeren Gruppe der Plebejer war groß. Den Patriziern gehörte das meiste Land, das sie von zahlreichen Sklaven bewirtschaften ließen. Dadurch verfügten sie über genügend Zeit für die Politik, konnten Ansehen und Einfluss gewinnen.

Nur wenige Plebejer waren als Kaufleute, Gutsbesitzer oder Unternehmer reich geworden. Noch weniger von ihnen gelang es, in die Nobilität aufgenommen zu werden. Alle Plebejer waren persönlich frei und besaßen das Bürgerrecht. Dennoch waren die meisten bei den Patriziern gering angesehen, weil sie ihren Lebensunterhalt durch einfache Arbeit als Bauern, Handwerker, Händler oder Tagelöhner[1] verdienten.

Viele Plebejer konnten nur mit Mühe ihre Familie ernähren. Im Kriegsfall mussten sie ihren Hof oder ihre Werkstatt verlassen und als Soldaten dienen. Viele verschuldeten sich bei den Großgrundbesitzern, um ihren Hof nicht zu verlieren.

Immer mehr arme Familien zogen vom Land in die Stadt, vor allem nach Rom. Arbeit suchten sie dort meist vergeblich, weil Sklaven oft billiger waren. Der einzige Reichtum dieser verarmten Bürger waren ihre Kinder. Deshalb nannte man sie **Proletarier** (lat. proles: Nachkommen).

M 3 Haus römischer Landarbeiter im 1. Jh. v. Chr.
Rekonstruktion von 2011

Sklaven

Sklaven galten rechtlich nicht als Person, sondern als Sache. Die meisten waren wie in Griechenland als Kriegsgefangene in die Sklaverei geraten. Die Zahl der Sklaven in Italien betrug im 1. Jh. n. Chr. etwa 2,5 Millionen – ein Drittel der Bevölkerung.

Die Lebensbedingungen der Sklaven konnten sehr unterschiedlich sein. Meist wurden sie als ungelernte Arbeiter, Diener, Köche oder Ammen beschäftigt, manchmal auch als Privatsekretäre, Lehrer und Ärzte. Einige leiteten im Auftrag ihres Herrn sogar Geschäfte und Handwerksbetriebe.

Viel schlechter erging es den Sklaven, die auf den Feldern, in Bergwerken und Steinbrüchen arbeiten oder auf Kriegsschiffen (Galeeren) rudern mussten.

Anders als in Athen wurden die Sklaven in Rom häufig freigelassen, etwa als Lohn für besondere Leistungen oder treue Dienste. Die Freigelassenen standen dann allerdings immer noch auf der niedrigsten sozialen Stufe, blieben ihren Herren weiter zu Diensten verpflichtet und hatten ihnen Gehorsam zu leisten.

M 2 Römische Luxusvilla
Rekonstruktion der Villa Romana del Casale auf Sizilien, erbaut Anfang des 4. Jh. n. Chr.
Das zum Teil erhaltene Anwesen erstreckte sich über ca. 1,5 Hektar, hatte ca. 50 Wohn-, Dienst- und Repräsentationsräume mit Böden aus kunstvollen Mosaiken, Säulengänge aus Marmor und eine eigene Thermenanlage.

Proletarier*

Der Vater und die „familia"

Grundlage der römischen Gesellschaft war die „familia". Dazu gehörten nicht nur Eltern und Kinder, sondern alle Generationen einer Familie und auch die Sklaven, Freigelassenen und anderen Bediensteten. An der Spitze des Familienverbandes stand das älteste männliche Mitglied – der „Pater familias" (dt. Vater der Familie).

Der „Pater familias" besaß die Entscheidungsgewalt über alle Angehörigen der „familia" und das Vermögen. Nur er konnte wählen, öffentliche Ämter übernehmen und sich und seine „familia" vor Gericht vertreten. Der „Pater familias" durfte die Familienmitglieder bestrafen, sogar mit dem Tode. Er war auch das religiöse Oberhaupt der Familie. Sich seinem Willen zu widersetzen, stellte einen Verstoß gegen die „Sitten der Vorfahren" dar (lat. mos maiorum) und konnte zum Ausschluss aus der Familie führen. Diese starke Stellung des römischen Familienoberhauptes, das Patriarchat, kennzeichnete die römische Gesellschaft.

Die Stellung der Frau

Die römische Gesellschaft wurde von Männern beherrscht. Nur sie durften wählen, vor Gericht aussagen und öffentliche Ämter übernehmen.

Für die Frauen gab es eine fest vorgegebene Rolle: die der Ehefrau und Mutter. Durch die Heirat eines römischen Bürgers erwarb eine Frau Ansehen; die Mutterschaft (vor allem von Söhnen) erhöhte es. Als „Mater familias" erzog sie die Kinder und verwaltete Haus und Hof.

Seit dem Ende des 3. Jh. v. Chr. konnten Paare einen Ehevertrag abschließen, bei dem die Frau im Besitz ihres Vermögens blieb. Diese Form der Ehe, die bald üblich wurde, konnte geschieden werden.

Auch wenn die Römer erwarteten, dass die Frau im Haus arbeitete, gab es viele berufstätige Frauen: Hebammen, Näherinnen, Friseurinnen, Gastwirtinnen und seltener Ärztinnen oder selbstständige Geschäftsfrauen. Einige Frauen aus vornehmen Familien konnten sogar Priesterinnen werden. Anders als in Athen lebten die Frauen also weniger zurückgezogen. Sie nahmen an den Mahlzeiten mit Gästen teil, gingen allein in die Öffentlichkeit und besuchten nicht nur Läden, sondern auch Theater und öffentliche Veranstaltungen.

Die Erziehung der Kinder

Der „Pater familias" bestimmte über Ausbildung, Beruf und oft die Ehepartner der Kinder. Mädchen waren mit zwölf Jahren volljährig, die Jungen mit 14. Meist wurden Mädchen zwischen dem 13. und 17. Lebensjahr verheiratet.

Die Mutter kümmerte sich um die kleinen Kinder. Wenn sie sieben Jahre alt waren, konnten sie auf eine Grundschule gehen. Diese kostete allerdings Schulgeld, sodass nur Kinder aus wohlhabenderen Familien in der Schule Lesen und Schreiben sowie etwas Griechisch lernten. Reiche ließen ihre Kinder auch von Hauslehrern unterrichten. Nur die Söhne und Töchter aus den vornehmsten Familien gingen auf eine höhere Schule. Danach konnte für die Jungen noch eine Ausbildung in Redekunst und Rechtswesen folgen.

M 4 Patrizier mit Ahnenbildnissen
1,65 m hohe Marmorstatue aus dem 1. Jh. v. Chr.

1. *Beschreibe die römische Gesellschaft (M1).*
2. *Nur freie römische Bürger durften eine Toga (M4) tragen. Ausländern und Sklaven war das untersagt. Diskutiert Vor- und Nachteile einer solchen „Kleiderordnung" für a) die damalige Zeit und b) die heutige Zeit.*
3. *Beurteile die wirtschaftliche Bedeutung der Sklaverei für Ägypten, Griechenland und Rom.*
4. *Erläutere den Begriff „Patriarchat" an einem Beispiel.*
5. *Vergleiche die „familia" sowie die Stellung der Frauen und Kinder bei den Römern mit der bei den alten Ägyptern (siehe S. 56 und 58) und den alten Griechen (siehe S. 92 f.).*

M 5 Reiche und Arme

Der Geschichtsschreiber Appian (2. Jh. n. Chr.) berichtet:

Die Reichen eigneten sich die umliegenden Höfe von Armen an, indem sie diese zum Verkauf überredeten oder sogar mit Gewalt vertrieben. So besaßen sie schließlich große Ländereien und nicht nur einzelne Höfe. Auf ihrem Land arbeiteten Sklaven als Landarbeiter und Hirten [...]. Auf diese Weise wurden die Mächtigen sehr reich und es gab immer mehr Sklaven im Land; die Bevölkerung Italiens dagegen schrumpfte, aufgerieben von Armut, Abgaben und Kriegsdienst.

Appian, Bürgerkriege 1,7 (übers. von Björn Onken)

M 6 Schmutzige und ehrenhafte Berufe

Cicero (siehe M8) über das Ansehen der Berufe:

Zuerst finden die Gewerbezweige Missbilligung, die sich den Hass der Menschen zuziehen, wie das Gewerbe der Zöllner oder das der Geldverleiher. Eines Freien aber nicht würdig und schmutzig ist der Erwerb aller Tagelöhner, deren Arbeitsleistung, nicht deren handwerkliche Fertigkeiten gekauft werden. In ihrem Fall ist der Lohn der Preis für die Sklavenarbeit. [...] Und alle Handwerker betätigen sich in einer schmutzigen Kunst, denn eine Werkstatt kann nichts Freies haben. Am wenigsten sind die Künste zu billigen, die Dienerinnen der leiblichen Begierden sind, Fischhändler, Fleischer, Köche, Geflügelhändler, Fischer [...].
Der Handel [...] hat, wenn er klein ist, als schmutzig zu gelten. Wenn er aber groß ist und Mittel hat, vieles von allen Seiten herbeischafft und ohne Lügen zuteilt, ist er wohl nicht zu tadeln. [...]
Von allen Dingen aber, aus denen irgendein Erwerb gezogen wird, ist nichts besser als der Landbau, nichts ergiebiger, nichts angenehmer, nichts eines Menschen, nichts eines Freien würdiger.

Cicero, Über die Pflichten, 1,150-151, zit. nach: Hans-Joachim Gehrke und Helmuth Schneider, a. a. O., S. 229 (übers. von K. Büchner)

M 7 Sklavenmarke aus Rom oder der Umgebung, 4. Jh. n. Chr.

Manche Sklaven trugen Marken am Halsband. Die abgebildete Aufschrift lautet sinngemäß: „Hindere mich an der Flucht und bringe mich zu meinem Meister, Viventius, der im Hof des Callistus wohnt, zurück."

M 8 Sklavenschicksale

Im Jahre 54 v. Chr. schreibt der Politiker und Philosoph Cicero (106 - 43 v. Chr.) seinem Schreibsklaven Tiro:

Ich bin tief beunruhigt wegen deiner Gesundheit [...]. So richte deinen Geist, den ich sehr hoch schätze, darauf, dass du ihn für mich und für dich bewahrst [...].
Ich habe nun deinen Brief in der Hand, geschrieben mit zittrigen Buchstaben; kein Wunder, bei einer so schweren Krankheit! Ich schicke dir Ägypta – weil er ein feinfühliger Mensch ist und dich zu lieben scheint – damit er dich umsorgt; und mit ihm einen Koch. Lebewohl!

Der jüdische Geschichtsschreiber Josephus, der an einem Aufstand der Juden gegen das Römische Reich teilgenommen hat (66 - 70 n. Chr.), berichtet:

Als die Soldaten vom Töten bereits ermüdeten, [...] befahl der spätere Kaiser Titus, nur die Bewaffneten und die aktiv Widerstand Leistenden zu töten, die übrige Menge aber lebend gefangen zu nehmen [...]. Von den jungen Leuten sonderte man die körperlich größten und ansehnlichsten aus und sparte sie auf für den Triumphzug. Von der übrigen Menge schickte man die Gefangenen, die älter waren als 17 Jahre, in die ägyptischen Bergwerke und Steinbrüche, die meisten aber verteilte Titus als Geschenke auf die Provinzen, wo sie in den Amphitheatern durch Schwert und wilde Tiere umkommen sollten. Gefangene unter 17 Jahren verkaufte er.

Erster Text: Werner Eck und Johannes Heinrichs (Hrsg.), Sklaven und Freigelassene in der Gesellschaft der römischen Kaiserzeit, Darmstadt 1993, S. 6 (vereinfacht)
Zweiter Text: Cicero, ad fam. 16,15 (übers. von Klaus Gast)

M 9 Ein Mann trauert

Aus der Grabrede eines Römers für seine Ehefrau (1. Jh. v. Chr.):

Ehen von so langer Dauer, die durch den Tod beendet, nicht durch Scheidung getrennt werden, sind selten. Ward es uns doch beschieden, dass unsere Ehe ohne eine Trübung bis zum 41. Jahre fortdauerte [...].

Was soll ich deine häuslichen Tugenden preisen, deine Keuschheit, deine Folgsamkeit, dein freundliches und umgängliches Wesen, deine Beständigkeit in häuslichen Arbeiten, deine Frömmigkeit, frei von allem Aberglauben, deine Bescheidenheit im Schmuck, die Einfachheit im Auftreten? Wozu soll ich reden von der Zuneigung zu den Deinen, deiner liebevollen Gesinnung gegenüber der ganzen Familie? [...]

Wir haben uns so die Pflichten geteilt, dass ich die Betreuung deines Vermögens übernahm und du über dem meinen wachtest [...]. Als ich vor politischer Verfolgung fliehen musste, warst du es, die mir mithilfe deines Schmuckes die meisten Mittel dazu verschaffte [...].

Jochen Martin, Das alte Rom. Geschichte und Kultur des Imperium Romanum, München 1994, S. 188, übersetzt von Hans-Jürgen Hillen (vereinfacht)

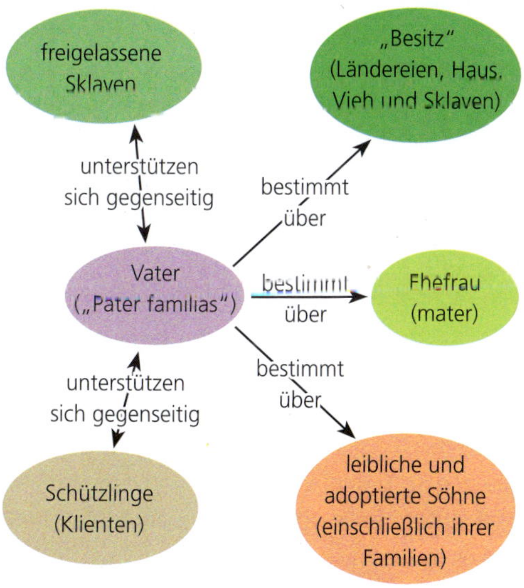

M 10 Die Macht des „Pater familias"

M 11 Römisches Ehepaar
Grabstele, 2. Jh. n. Chr.

1. Nenne die Gründe für die Armut vieler Römer (M5). Ziehe den Verfassertext auf S. 122 hinzu.
2. Erkläre: Welche Berufe sind nach Cicero (M6) schmutzig, welche ehrenhaft?
3. Untersuche, wessen Sicht Cicero in M6 wiedergibt.
4. Zwei Freunde kamen als Sklaven ins Römische Reich. Nach Jahren treffen sie sich wieder. Spielt die Begegnung in einem Rollenspiel. Legt das Schicksal der Sklaven in M8 zugrunde.
5. Arbeite aus der Grabrede (M9) heraus, was der Mann an seiner Frau schätzte.
6. Erläutere die Macht des „Pater familias" (M10).
7. Nimm Stellung, ob es bei uns noch patriarchalische Verhältnisse gibt.
8. Beurteile, welchen Eindruck die Darstellung des römischen Ehepaares (M11) vermitteln soll.

Römer und Barbaren

M 1 Keltischer Streitwagen
Rekonstruktion im Keltenmuseum Hallein (Salzburg) aus dem 1. Jh. v. Chr., Foto von 2009

Barbaren aus römischer Sicht

Das Wort Barbar („Stammler") hatten die Griechen für die Völker erfunden, die ihnen fremd waren.[1] Die Römer übernahmen den Barbaren-Begriff. Anders als bei den Griechen, die damit auch heldenhafte Kämpfer bezeichneten, war er bei den Römern grundsätzlich abwertend gemeint. Nach römischer Vorstellung stand dem Römischen Reich außerhalb seiner Grenzen eine Welt aus unzivilisierten, rohen und gewaltbereiten Menschen gegenüber. Barbaren – das waren für die Römer vor allem die Stämme und Völker im Norden Europas, die Kelten[2] und Germanen. Sie verkörperten das völlige Gegenteil der griechisch-römischen Zivilisation, die allen anderen Kulturen überlegen war.

Erfundene Völker

Kelten und Germanen kannten noch keine Schrift. Unsere Informationen stammen allein von archäologischen Funden und Beschreibungen durch Griechen und Römer.

Sicher ist, dass weder Kelten noch Germanen einheitliche Völker waren. Die Kelten verteilten sich auf viele verschiedene Stämme über ganz Mitteleuropa. Die Stämme, die im heutigen Frankreich, Belgien, der Westschweiz und den größten Teilen des linksrheinischen Deutschlands lebten, fasste Caesar als Gallier zusammen. Als er Mitte des 1. Jh. v. Chr. das Gebiet eroberte, wurde der Rhein zur Grenzlinie zwischen den linksrheinischen keltischen Galliern und den rechtsrheinischen germanischen Stämmen erklärt.

Die Sammelbezeichnung Germanen übernahmen die Römer wohl von den Galliern. Die Germanen selbst sahen sich als Angehörige ihrer verschiedenen Stämme, die im Gebiet zwischen Rhein, Donau und Weichsel lebten. Ein germanisches Einheitsbewusstsein gab es nicht. Im Gegenteil: Die Stämme führten oft Kriege gegeneinander. Dennoch hatten sie in ihrer Lebensweise viel gemeinsam. Sie wohnten in kleinen dorfartigen Siedlungen, betrieben Landwirtschaft überwiegend für den eigenen Bedarf und übten eine Vielzahl von Handwerkstechniken aus.

[1] Vgl. S. 80 und 82.
[2] Vgl. S. 44 f.

M 2 Wo die Stämme lebten
In den römischen Quellen genannte keltische und germanische Stämme und ihre Siedlungsgebiete im 1. und 2. Jh. in Auswahl.

Angst vor der „teutonischen Raserei“

Die Römer hatten erstmals Ende des 2. Jh. v. Chr. mit germanischen Stämmen Kontakt. Die Kimbern, Teutonen und andere waren über die Alpen gekommen und hatten ihnen einige Niederlagen zugefügt. Der Schrecken vor der „teutonischen Raserei“ blieb in Erinnerung.

Caesar stellte die Germanen in seinem Bericht über den Gallischen Krieg barbarischer und kriegerischer als die Gallier dar. Damit übernahm er die Ansicht antiker Geografen: Je weiter aus dem Norden, umso größer und wilder würden die Menschen.

Rund sechzig Jahre nach Caesar versuchte Kaiser Augustus, die germanischen Völker bis zur Elbe zu unterwerfen. Die römischen Legionen scheiterten jedoch 9 n. Chr. in der Varusschlacht. Es folgen zwar noch ein paar römische Rachefeldzüge, doch bald darauf gab sich das Imperium mit dem Rhein als Grenze zufrieden.

Ein langer Schutzwall

Seit dem Ende des 1. Jh. n. Chr. richteten sich die Römer darauf ein, die Grenze nach Germanien zu sichern. Sie errichteten Wälle, Mauern und Wachtürme, hinter denen sich militärische Befestigungsanlagen (Kastelle) befanden.

Der **Limes** erfüllte seinen Zweck bis ins 3. Jh. und war rund 550 km lang. Er trennte das gut verwaltete und wirtschaftlich erschlossene Römische Reich von dem weniger erschlossenen Siedlungsraum kleinerer Völker.

Nicht nur Feinde

Militärisch war der Limes kein uneinnehmbares Bollwerk, eher eine bewachte Grenzlinie. Über ihn hinweg gab es einen lebhaften Handel. Die Germanen lieferten den Römern Rohstoffe wie Holz und Blei, aus dem Imperium kamen im Gegenzug Waffen, Schmuck, Geschirr und Wein. Die Grenzposten kontrollierten also vor allem den Waren- und Personenverkehr.

Über die Grenze hinweg knüpften die Römer auch diplomatische Kontakte, um Unruhen und Aufstände zu verhindern. Zahlreiche germanische Anführer begaben sich mit ihren Leuten in römische Dienste. Sie wurden dafür bezahlt und konnten so am wirtschaftlichen Reichtum der Römer teilhaben.

M3 Limeskastell in Pohl bei Nassau
Foto von 2005
Die Rekonstruktion wurde zwischen 2009 und 2011 erbaut und steht als Freilichtmuseum Besuchern offen. Kritiker bemängeln allerdings, das Kastell entspreche nicht ganz den historischen Tatsachen.

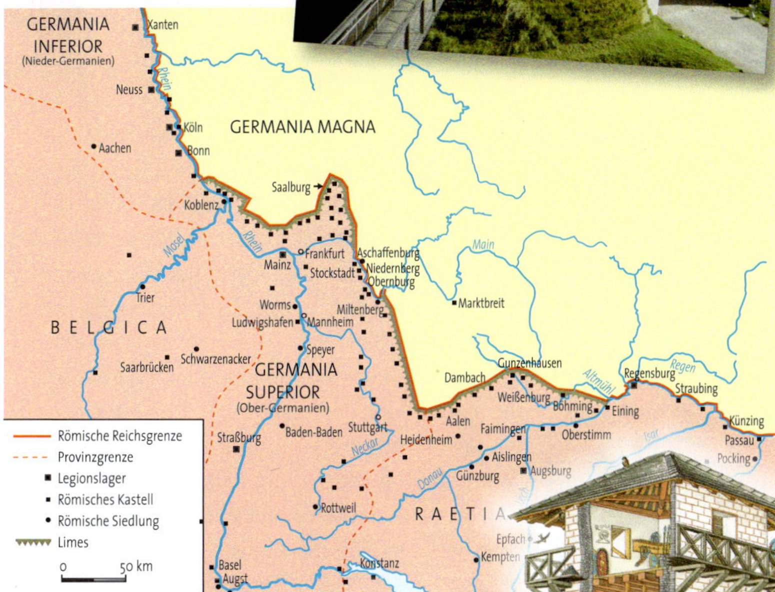

M4 Verlauf des Limes um 200 n. Chr.

1. *Schreibe einen Lexikonartikel zum Begriff „Barbar“. Beziehe auch dein Wissen aus dem Griechenland-Kapitel mit ein (S. 80, 82).*
2. *Erläutere, wie das römische Fremdbild entstehen konnte. Gibt es heute Vergleichbares?*
3. *Stelle fest, in welchen Bundesländern heute Spuren vom Limes zu finden sein müssten (M4).*
4. *Recherchiert in der Klasse mithilfe der Internettipps zum Limes in Rheinland-Pfalz. Erstellt eine kleine Ausstellung zu einzelnen Stationen (z. B. Reste oder Rekonstruktionen von Wällen, Wachtürmen, Kastellen etc.).*
5. *Der Ausbau des Limes wird in der Forschung auch als erstes Anzeichen römischer Schwäche gewertet. Nimm dazu Stellung.*
6. *Die römischen Grenzkastelle waren häufig Keimzellen ziviler Städte. Stelle Vermutungen an, warum dies so war.*

M5 Wachturm des obergermanischen Limes
Rekonstruktionszeichnung von 2005
Im Innern der Türme befanden sich Unterkünfte für die Soldaten, Vorratsspeicher, Magazine für Waffen und Werkstätten.

Internettipps:
Mehr über den Limes verrät Mediencode 31021-22

Germanische Völkerstämme ziehen nach Süden | Römischer Sieg über Kimbern und Teutonen | Caesar erobert Gallien | Römische Germanenfeldzüge | Varusschlacht | Aufbau einer römischen Provinzverwaltung in Germanien | Eroberung Britanniens | Eroberung rechtsrheinischer Gebiete | Römische Provinzen Nieder- und Obergermanien | Baubeginn am Limes zwischen Rhein und Donau | Bau des Hadrianwalls in Britannien | Fertigstellung des Limes

100 v. Chr. | 50 v. Chr. | Christi Geburt | 50 n. Chr. | 100 n. Chr. | 150 n. Chr. | 200 n. Chr.

M 6 Handel zwischen Germanen und Römern
Rekonstruktionszeichnung von Ute Thönissen, 2002

[1] Sueben: Sammelbezeichnung für verschiedene germanische Völkergruppen; der Stammesname überdauerte in der Bezeichnung „Schwaben".

[2] Die Aussage ist nicht richtig. Archäologische Funde belegen gewebte Kleidung in Nordeuropa seit dem 6. Jh. v. Chr.

Lesetipps:
- Hildegard Elsner, Die Germanen, Nürnberg 2010
- Hauke Kock, Germanen, Würzburg 2008

Internettipp:
Willst du mehr über die Germanen wissen? Dann gehe zu Mediencode 31021-23

M 7 Was weiß Caesar von den Germanen?

Caesar berichtet in seinem um 52 bis 50 v. Chr. verfassten Werk über den „Gallischen Krieg":

Der Stamm der Sueben[1] ist der weitaus größte und kriegerischste unter allen Germanen. [...] Es gibt bei ihnen kein Land, das in gesondertem Privatbesitz wäre [...]. Sie ernähren sich auch weniger von Getreide als überwiegend von Milch und Fleisch und sind viel auf der Jagd. Dieser Umstand, verbunden mit der Art der Ernährung, der täglichen Übung und der Freiheit der Lebensführung, die darin besteht, dass sie von Kind an nicht zu irgendwelchen Verpflichtungen oder zu Disziplin erzogen werden und nichts gegen ihren eigenen Willen tun, stärkt die Kräfte und bringt Menschen von ungeheurer Körpergröße hervor. Obwohl die Gegend dort überaus kalt ist, haben sie sich angewöhnt, in den Flüssen zu baden und nichts außer Fellen als Kleidung zu tragen.[2] Da diese sehr kurz sind, bleibt der größte Teil des Körpers nackt. Die Verbindung zu Handelsleuten wird vorwiegend zu dem Zweck aufrechterhalten, dass sie das, was sie im Krieg erbeutet haben, verkaufen können, weniger mit dem Wunsch, irgendetwas einzuhandeln.

Gaius Julius Caesar, De bello Gallico 4, 1-2; zit. nach: De bello Gallico/Der Gallische Krieg, übersetzt und herausgegeben von Marieluise Deißmann, Stuttgart 1980

M 8 Was fällt Tacitus auf?

Der römische Geschichtsschreiber Tacitus fasst um 98 n. Chr. das Wissen über die Germanen zusammen. Er selbst hat das Land nie gesehen.

Besitz und Verwendung von Gold und Silber reizt sie nicht sonderlich. Man kann beobachten, dass bei ihnen Gefäße aus Silber, Geschenke, die ihre Gesandten und Fürsten erhalten haben, ebenso gering geachtet werden wie Tonkrüge. [...]
Dass die Völkerschaften der Germanen keine Städte bewohnen, ist hinreichend bekannt, ja dass sie nicht einmal zusammenhängende Siedlungen dulden. Sie hausen einzeln und gesondert, gerade wie ein Quell, eine Fläche, ein Gehölz ihnen zusagt. Ihre Dörfer legen sie nicht in unserer Weise an, dass die Gebäude verbunden sind und aneinanderstoßen. Jeder umgibt sein Haus mit freiem Raum, sei es zum Schutz gegen Feuersgefahr, sei es aus Unkenntnis im Bauen. Nicht einmal Bruchsteine oder Ziegel sind bei ihnen im Gebrauch; zu allem verwenden sie unbehauenes Holz, ohne auf ein gefälliges oder freundliches Aussehen zu achten.

Tacitus, Germania 5 und 11; zit. nach: P. Cornelius Tacitus, Germania, Lateinisch/Deutsch. Übers., erl. und hrsg. von Manfred Fuhrmann, Stuttgart 1972 (leicht vereinfacht)

1. *Beschreibe das Geschehen auf dem Bild (M6). Was erfährst du über den Handel?*
2. *Untersuche, ob die Aussagen von Caesar und Tacitus (M7 und M8) Vorurteile über die Germanen enthalten. Vergleiche die Informationen mit M6.*
3. *Prüfe, inwiefern die Beschreibungen der Germanen uns Auskunft darüber geben, wie sich die Römer selbst sahen.*
4. *Überlege, welche Quellen du bräuchtest, um die Aussagen von Caesar und Tacitus (M7 und M8) zu überprüfen.*

Die Römer bei uns und anderswo

M 1 Zwei Arten von Galliern
Aus: Rene Goscinny und Albert Uderzo, Der Kampf der Häuptlinge, übersetzt von Gudrun Penndorf, Stuttgart 1984, S. 5

Die Römische Lebensart breitet sich aus

Mit ihren Soldaten brachten die Römer auch die römische Lebensweise in die eroberten Gebiete. Die Einheimischen nahmen die fremden Einflüsse meist bereitwillig auf. Diese Entwicklung, die das Leben in den Provinzen nachhaltig veränderte, nennen wir heute **Romanisierung**. Wie ging sie vor sich?

In den eroberten Gebieten warben die Römer Hilfstruppen zur Unterstützung der eigenen Armee an. Am Ende ihrer meist 20-jährigen Dienstzeit erhielten die ehemaligen Soldaten (Veteranen) dieser Einheiten das römische Bürgerrecht und ein Stück Ackerland in den eroberten Gebieten. Viele Veteranen ließen sich dauerhaft in den Provinzen nieder und führten neue landwirtschaftliche Anbaumethoden, Handwerkstechniken und Werkzeuge, Tiere und Pflanzen ein.

Von Anfang an beteiligten die Römer einflussreiche einheimische Familien an ihrer Herrschaft. Diese passten sich oft besonders schnell an, um die Unterschiede zu den neuen Herren auszugleichen.

Mit der römischen Verwaltung kam das Römische Recht in die eroberten Gebiete. Die lateinische Sprache vermischte sich mit den einheimischen Dialekten. Daraus gingen die heutigen „romanischen" Sprachen Italienisch, Französisch, Spanisch, Portugiesisch und Rumänisch hervor. Sogar die römische Religion mit ihren Tempeln und Tempelformen wurde übernommen; einheimische Kulte gingen zurück oder wurden zerstört.

Im Jahr 212 n. Chr. verlieh Kaiser Caracalla allen freien Bewohnern des Reiches das römische Bürgerrecht. Das verstärkte die Romanisierung. Die Provinzbewohner konnten nun auch öffentliche Ämter bekleiden und sogar in den Senat aufsteigen.

Immer mehr Städte

An den Küsten des Mittelmeeres fanden die Römer bereits befestigte Städte aus der Zeit der griechischen Kolonisation oder des Hellenismus vor. Das war in Mitteleuropa anders.

Unter römischer Herrschaft entstanden immer mehr Städte. Oftmals bildeten sich in der Nähe von Kastellen und an wichtigen Verkehrswegen kleine Dörfer. Dort hatten sich Händler und Handwerker niedergelassen, die mit den Soldaten, aber auch den Einheimischen Geschäfte machten. Manche Siedlungen entwickelten sich zu wichtigen Mittelpunkten von Verwaltung, Handel und Kultur. Hier lernte die einheimische Bevölkerung die bürgerliche römische Lebensart kennen. Die Städte Mainz, Koblenz, Andernach, Speyer, Trier und Worms sind ebenso aus römischen Gründungen oder befestigten Militärlagern entstanden wie Augsburg, Xanten, Neuss, Köln oder Bonn. Im 5. Jh. gab es in allen Provinzen über 1 500 Städte. Viele hatten mehr als 10 000 Einwohner.

Die Römer in Germanien

Ein kleiner Teil Germaniens war im Schutz des Limes in das Römische Reich eingegliedert worden. Die Römer erschlossen das Gebiet durch Straßen und organisierten es in Provinzen. Zur Sicherung der Provinzen dienten die zahlreichen Kastelle, die entlang der Flüsse und am Limes erbaut wurden.

In den neuen Provinzen wollten die Römer genauso gut leben wie in ihrer Heimat am Mittelmeer. Deshalb holten sie Handwerker und Architekten aus ihrer Heimat, bauten beheizbare Häuser aus Stein, Wasserleitungen, gepflasterte Straßen und Brücken. Olivenöl und andere Waren, die es nördlich der Alpen nicht gab, brachten Händler aus dem Süden.

Info:
Römisches Recht
Die Römer schufen ein ausgeklügeltes Rechtssystem. Den Anfang bildete das „Zwölf-Tafel-Gesetz" (siehe S. 111). Im 6. Jh. ließ Kaiser Justinian römische Rechtstexte sammeln. Dieses sogenannte Corpus Iuris Civilis bildete die Grundlage für fast alle europäischen Rechtsordnungen.

M2 **Überreste der römischen Kaiserthermen in Trier aus dem 4. Jh.**
Foto von 2013
Die Thermen wurden nie vollendet.

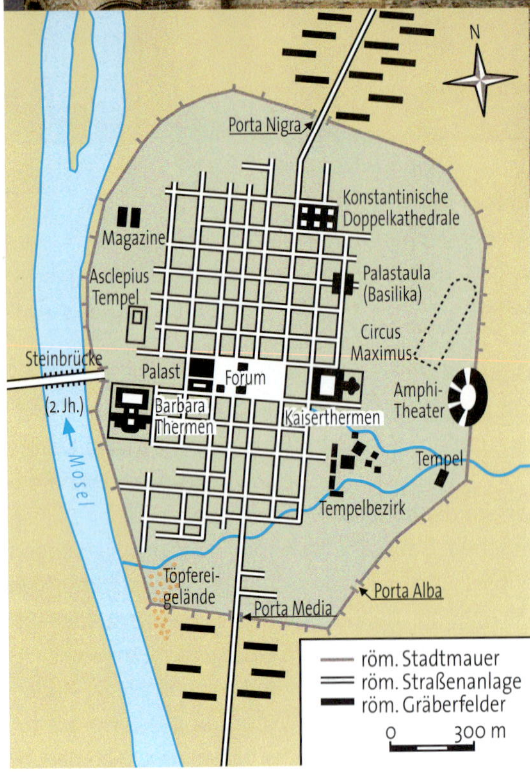

M3 **Stadtplan von Trier im 4. Jh.**
Zu dieser Zeit lebten in der Stadt etwa 80 000 Menschen.

Römisches in Rheinland-Pfalz

Der Großteil des heutigen Rheinland-Pfalz gehörte zur römischen Provinz Germania superior („Obergermanien")[1]. Die Römer machten Mogontiacum (Mainz) zur Hauptstadt. Die ehemalige keltische Siedlung war ab 50 v. Chr. Legionslager. Wegen der strategisch günstigen Lage am Main und an einem Knotenpunkt mehrerer großer römischer Fernstraßen wuchs Mainz schnell. Die Bewohner errichteten alle Bauten, die für eine römische Stadt typisch waren: Tempel, Foren, mehrstöckige Wohnhäuser und prächtige Stadtvillen, Denkmäler für die Götter, Thermen und Theater.

In Trier zeugen die Palastaula und die Kaiserthermen von der Bedeutung der Stadt in der Römerzeit. Die einstige Siedlung der Treverer entwickelte sich unter römischer Herrschaft seit etwa 15 v. Chr. zum Mittelpunkt des Moselgebietes. 293 wurde Augusta Treverorum (Trier) eine der vier Hauptstädte des Reiches.

Wie sehr die Pfalz über Jahrhunderte römisch geprägt war, davon zeugen zahllose Funde überall in der Region: seien es Überreste von römischen Straßen in Bacharach oder Germersheim, von Wasserleitungen in Mainz oder Zahlbach, von römischer Keramikproduktion in Rheinzabern, Trier und Sinzig, von Siedlungen, Villen und Weingütern in Mayen, Ungstein, Mehring oder Bollendorf, von Gräbern in Weißenau, Nehren und Bad Kreuznach, oder Tempelbezirken und Heiligtümern in Heckenmünster oder Wederath.

Nicht alles geht jedoch allein auf römischen Einfluss zurück. Als die römischen Truppen an den Rhein kamen, fanden sie bereits eine wirtschaftlich gut entwickelte Region vor mit weiten Handelsbeziehungen bis in den Mittelmeerraum.[2] Die Römer bauten darauf auf.

1. *Erkläre mithilfe des Verfassertextes und der Abbildung M1, was unter Romanisierung zu verstehen ist.*
2. *Untersuche den Stadtplan (M3). Welche Informationen enthält er über Politik (Herrschaft), Religion, Wirtschaft und Freizeit (Gesellschaft)?*
3. *Vergleiche den Stadtplan von Trier aus dem 4. Jh. mit einem aktuellen Stadtplan. Finde mithilfe der Abbildungen und Internettipps heraus, wo in der Stadt noch heute antike Spuren zu finden sind.*

Internettipp:
Informationen über das antike Trier und weitere Spuren der Römer in Rheinland-Pfalz findest du unter Mediencode 31021-24

[1] Vgl. die Karte auf S. 127.
[2] Vgl. S. 44 f.

M 4 Relief der Igeler Säule
Grabmonument (Rekonstruktion) der Tuchhändlerfamilie der Secundinier von etwa 250 n. Chr. in Igel bei Trier, Foto von 2014
Das 23 Meter hohe Grab war mit einem Familienporträt und Szenen aus dem Tuchhandel geschmückt. Es wurde an einer Straße errichtet und sollte den Reisenden nach dem Vorbild der römischen Eliten Wohlstand und Erfolg der Familie vor Augen führen.

M 5 Römerbrücke in Trier
Foto von 2006
Die römischen Brückenpfeiler aus dem 1. Jh. halten bis heute und sind damit die ältesten nördlich der Alpen.

M 7 Familiengrabstein
Grabstein aus Mainz-Weisenau, um 50 n. Chr.
Die vollständige Inschrift auf der Rückseite des Steines lautet: „Blussus, Sohn des Atusirus, Schiffer, 75 Jahre alt, liegt hier begraben. Menimane, seine Ehefrau, ließ den Stein zu Lebzeiten machen. Primus, ihr Sohn, hat den Stein aus Fürsorge setzen lassen."
Blussus, in römischem Gewand, trägt einen Geldbeutel. Seine Frau Menimane, in keltischer Tracht gekleidet, hält ein Wollknäuel, Spinnwerkzeug und ein Hündchen im Schoß. Im Hintergrund ist wahrscheinlich der Haussklave Satto abgebildet.

M 6 Britannien wird römisch

Der römische Geschichtsschreiber Tacitus (siehe M5, S. 118) berichtet in der Lebensbeschreibung seines Schwiegervaters Agricola, der 77 Statthalter der Provinz Britannien geworden ist, wie dieser die Romanisierung fördert:

Denn um die verstreut und primitiv lebenden Menschen, die infolgedessen leicht zum Krieg geneigt waren, durch Annehmlichkeiten an Ruhe und friedliches Verhalten zu gewöhnen, ermunterte Agricola sie persönlich und unterstützte sie mit staatlichen Mitteln, Tempel, öffentliche Plätze und Häuser in der Stadt zu bauen. Er lobte die Eifrigen und tadelte die Säumigen. So trat Anerkennung und wetteiferndes Bemühen an die Stelle des Zwanges. Ferner ließ er die Söhne der Vornehmen ausbilden, wobei er der natürlichen Begabung der Britannier gegenüber dem Lerneifer der Gallier den Vorrang gab.

So kam es, dass die Menschen, die eben noch die römische Sprache ablehnten, nun die römische Redekunst zu erlernen begehrten. Von da an fand auch unser Äußeres Beifall, und die Toga wurde häufig getragen; und allmählich gab man sich dem verweichlichenden Einfluss des Lasters hin: Säulenhallen, Bädern und erlesenen Gelagen. Und so etwas hieß bei den Ahnungslosen Lebenskultur, während es doch nur ein Bestandteil der Knechtschaft war.

Tacitus, Das Leben des Iulius Agricola 21, übers. von Rudolf Till, Berlin ²1976

1. *Erläutere, inwiefern die Igeler Säule (M4) und der Grabstein des Blussus (M7) Zeugnisse der Romanisierung sind. Untersuche dazu Namen, Kleidung, Frisuren, Bildsprache und Absicht der Grabsteine.*
2. *Schildere das Verhalten der Römer gegenüber der einheimischen Bevölkerung (M6).*
3. *Beurteile die Vor- und Nachteile der römischen Herrschaft in den eroberten Gebieten. Vgl. mit S. 107-109.*
4. *Spurensuche: Erkunde in deinem Heimat- oder Schulort mögliche römische Spuren. Skizziere den Fund in einem Steckbrief: seine damalige Funktion, seine Geschichte, seine historische Aufarbeitung und heutige Bedeutung. Stelle deine Ergebnisse der Klasse vor.*

Caesar erobert Gallien | Mogontiacum (Mainz) wird römisches Legionslager | Gründung der Stadt Trier | Aufbau einer römischen Provinzverwaltung (linksrheinisch) | Aus kleineren Siedlungen und Militäranlagen werden Städte (u. a. Mainz, Trier, Koblenz, Speyer, Andernach) | Köln und Mainz werden Hauptstädte der neuen Provinzen Nieder- und Obergermanien (bis Ende 3. Jh.) | Alle freien Provinzbewohner erhalten das römische Bürgerrecht

50 v. Chr. | Christi Geburt | 50 n. Chr. | 100 n. Chr. | 150 n. Chr. | 200 n. Chr.

Landwirtschaft und Handel

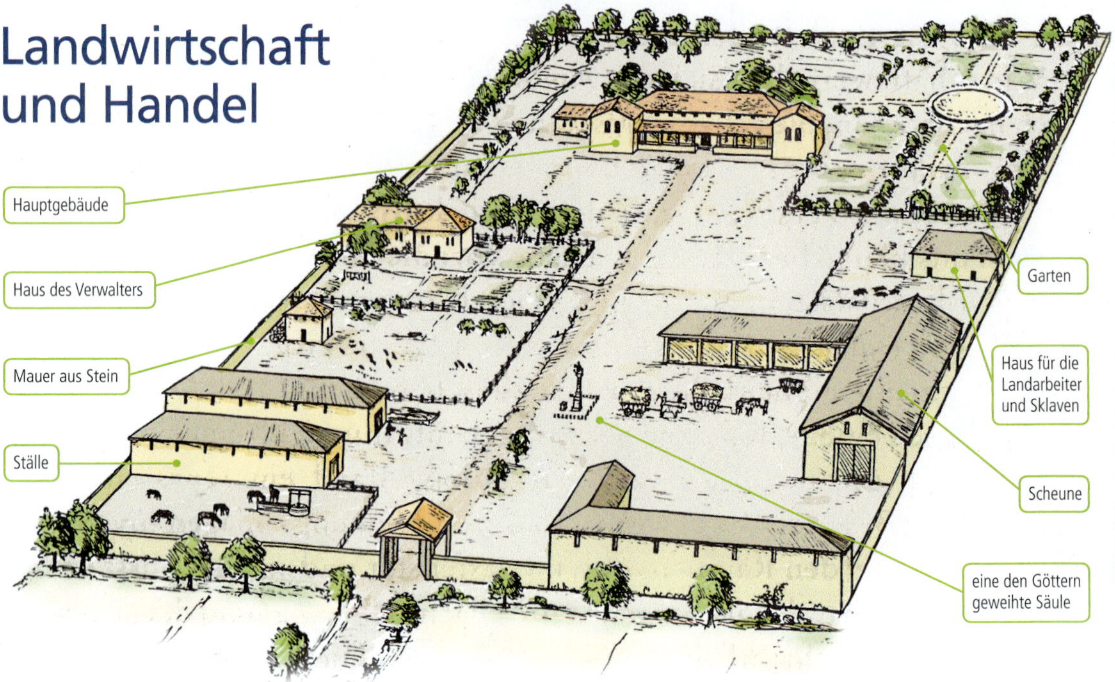

M 1 Römischer Gutshof (Villa rustica) in Südwestdeutschland
Rekonstruktionszeichnung

Das Landleben ändert sich

Um den Handel auszuweiten und die Soldaten zu versorgen, bauten die Römer die Landwirtschaft in den Provinzen aus. Dabei nahmen sie den Einheimischen fruchtbares Land weg und ließen Wälder roden. Die Ernteerträge steigerten die Römer durch Dünger und den eisernen Wendepflug. Sie legten Gärten an und führten Apfel- und Birnensorten, Edelkirschen, Pfirsiche, viele Gemüse-, Salat- und Gewürzpflanzen wie Fenchel, Gurke und Petersilie aus dem Mittelmeerraum ein. Auch der Weinanbau nördlich der Alpen geht auf die Römer zurück. Größere und kräftigere Rinder und Pferde aus Italien ersetzten die einheimischen Tiere. Katzen und kleine Hunde wurden als Haustiere gehalten.

Städte und Soldaten brauchen viele Waren

Die Millionenstadt Rom, aber auch viele andere Städte im Reich konnten nicht nur aus der näheren Umgebung versorgt werden. Aus Sizilien, Nordafrika und Ägypten wurde Getreide geliefert, aus Südspanien kamen riesige Mengen Olivenöl. Für die reichen Römer brachten die Händler Luxuswaren in die Städte: Gold und Silber, Edelsteine, kunstvolle Metallarbeiten, Spitzenweine, orientalische Datteln, sogar Pfeffer aus Indien und Seide aus China[1]. Und auch das Militär an den Grenzen musste mit Nahrungsmitteln versorgt werden.

Freie Fahrt für Händler

Während die Menschen nördlich der Alpen meist nur für den Eigenbedarf arbeiteten, trieben die Römer längst einen ausgedehnten Handel.

Die Schifffahrt war das Rückgrat der römischen Wirtschaft. Handelsschiffe fuhren über das gesamte Mittelmeer und über den Rhein und die Rhone. Zahlreiche Häfen entstanden. Die römische Flotte sorgte dafür, dass die Seewege frei von Piraten waren.

Außerdem gab es im Römischen Reich bessere Straßen und Brücken als je zuvor. Damit sollten Soldaten schnell an die Einsatzorte gelangen, doch auch die Händler durften sie nutzen.

Für den Handel war es zudem vorteilhaft, dass überall im Reich mit den gleichen römischen Münzen bezahlt werden konnte. Zölle mussten in nennenswerter Höhe nur an den Außengrenzen des Reiches entrichtet werden.

1. *Beschreibe M1 und zähle auf, was zu einer typischen Villa rustica dazugehörte.*
2. *Überlege, wie sich die neue Wirtschaftsweise auf das Leben in den Provinzen auswirkte.*

Exkursionstipps:
In Rheinland-Pfalz sind einige römische Gutshöfe rekonstruiert und für Besucher geöffnet worden:
- Römische Villa Otrang
- Archäologiepark Römische Villa Borg

Internettipps:
Spuren der römischen Landwirtschaft und des Handels in Rheinland-Pfalz kannst du unter Mediencode 31021-25 verfolgen

[1] Vgl. zu China S. 140 f.

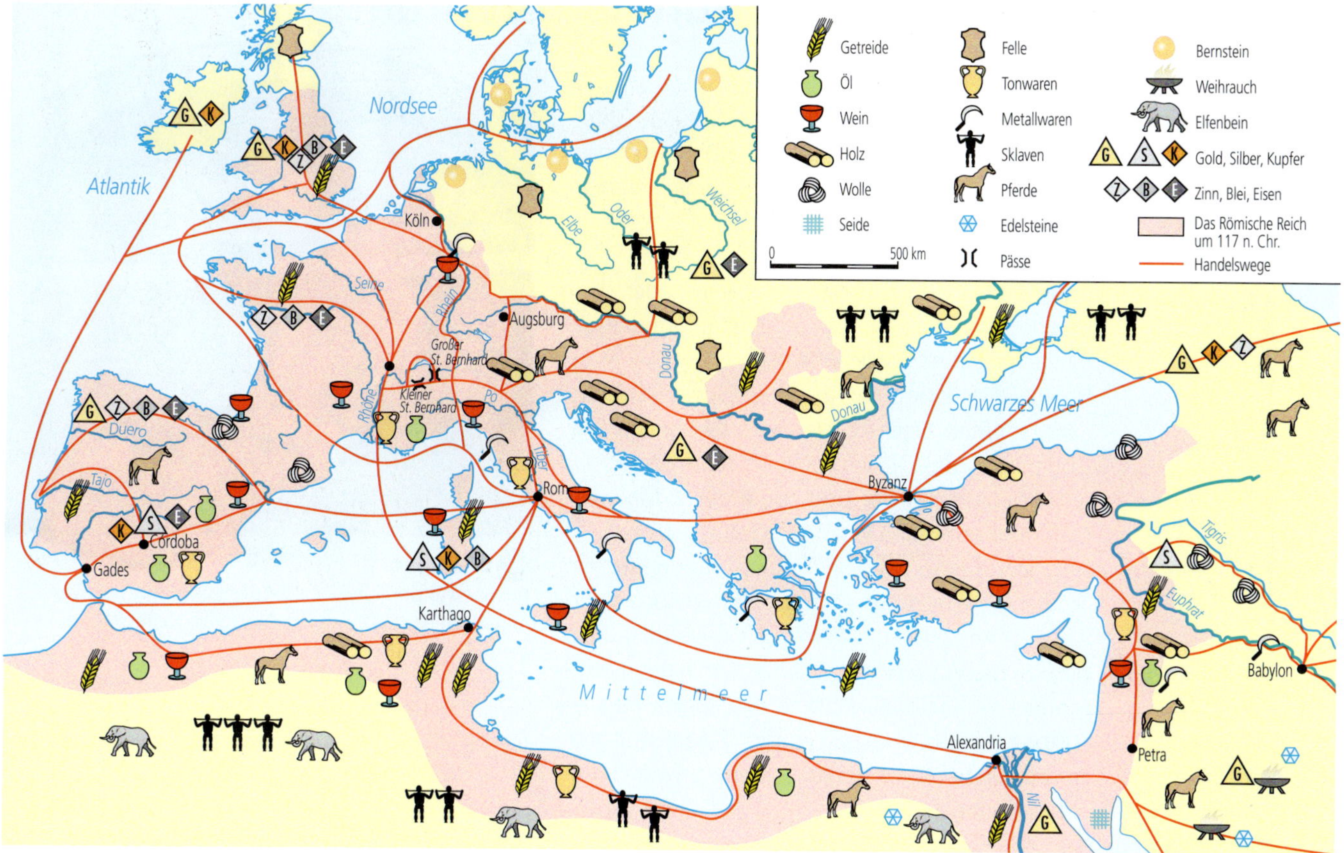

M 2 Fernhandel im Römischen Weltreich (1. - 3. Jh.)
Auf den Römerstraßen legte ein Warentransport bis zu 60 km pro Tag zurück.

Internettipp:
Zum römischen Straßennetz siehe auch Mediencode 31021-20

M 3 Römischer Straßenbau
Rekonstruktionszeichnung
Die römischen Straßen wurden systematisch vermessen und dokumentiert. Es gab sogar Straßenkarten ähnlich heutiger Netzpläne für U-Bahnen oder Busse. Eine mittelalterliche Kopie einer solchen Karte ist die Tabula Peutingeriana.

1. *Schreibe* einen fiktiven Reisebericht eines römischen Kaufmanns, der von Köln nach Alexandria und wieder zurück reist. *Beschreibe* seine Reiseroute, seine Transportmittel und Handelswaren. Nutze dazu die Karte M2.
2. *Beschreibe* die Arbeiten in M3.
3. *Erkläre* den Zweck
   a) der mehrfachen Schichtung der Straße
   b) der Wölbung der Straßendecke und der Straßengräben.
4. *Erstellt* gemeinsam eine Präsentation zum Thema „Die Bedeutung des römischen Verkehrsnetzes". Bildet Arbeitsgruppen und teilt das Thema auf, z. B. nach Aspekten wie Straßenbau und Schifffahrt, Regionen etc. Bezieht auch S. 140 f. zu China mit ein.

Vom Götterkult zum Christentum

Viele Götter, viele Kulte

Die Römer glaubten an viele Götter. Durch Opfer, Götterfeste und Gebete (Götterkult) hofften sie, diese wohlgesinnt zu stimmen und damit Gefahren abwehren und Fehler wiedergutmachen zu können. Die Natur war die Sprache der Götter. Ihren Willen glaubte man aus dem Lauf der Sterne oder dem Flug der Vögel herauslesen zu können. Naturkatastrophen galten als göttliche Strafen.

Der mächtigste Gott der Römer war Jupiter. Er hatte ganz ähnliche Eigenschaften wie der griechische Göttervater Zeus. Neben Jupiter thronte seine Frau Juno. Neptun war der Gott des Meeres, Mars der Gott des Krieges und Venus die Göttin der Liebe.

Auf dem Kapitol war dem Staatsgott Jupiter ein Tempel geweiht. Für die Siegesgöttin Victoria stand ein Altar im Senat, um Rom ihre Unterstützung zu sichern. Besonders wichtig war die Göttin des (Herd-)Feuers und der Familie, Vesta. Sie sorgte für den Fortbestand des Reiches. In ihrem Tempel auf dem Forum hüteten sechs Jungfrauen eine „ewig" brennende Flamme.

Der Kaiser – ein Gott?

Der Kaiser besaß für die Römer eine besondere Nähe zu den Göttern. Augustus ließ seinen verstorbenen Adoptivvater Caesar zum Gott erklären. Diese Vergöttlichung eines verstorbenen Vorgängers ahmten nachfolgende Kaiser nach. In der Kaiserzeit wurden die Herrscher oft schon zu Lebzeiten als „Divius" (dt. „Vergöttlichter") verehrt. Der Kaiserkult galt als Ausdruck der Loyalität gegenüber Rom. Wer ihn verweigerte, schloss sich damit aus der Gesellschaft aus.

M 1 Jupitersäule in Mainz
Kopie (9,25 m) der etwa 12 m hohen Originalsäule aus dem 1. Jh., Foto von 2014
Die Mainzer weihten die kostspielige Säule Jupiter für das Heil des Kaisers Nero (54 - 68 n. Chr.). Das Original wurde zerstört, nur wenige Teile sind erhalten. Außer Jupiter sind 27 weitere Götter dargestellt, unter anderem Herkules auf dem Sockel.

M 2 Mithras
Rekonstruktion eines Kultbildes aus einem Mithrasheiligtum des 2. Jh., das in Frankfurt-Heddernheim gefunden wurde
Auf dem Bogen sind die zwölf Sternbilder des Jahres zu sehen. Der Mithraskult stammt aus Persien und verbreitete sich im ganzen Reich, auch im heutigen Rheinland-Pfalz.

Ein Reich mit vielen Religionen

Die Römer waren in religiösen Dingen tolerant. In den Provinzen wurde zwar der offizielle römische Götter- und Kaiserkult gepflegt. Viele eroberte Völker behielten aber trotzdem den Glauben an ihre alten Götter bei. Zum Teil vermischten sich die Religionen mit griechisch-römischen Elementen.

Durch den Kontakt mit anderen Kulturen veränderten sich auch die römischen Glaubensvorstellungen. Schon während der Republik übernahmen die Römer die griechischen Götter und vereinten sie mit ihren. Seit der Kaiserzeit verehrten sie auch die ägyptische Göttin Isis. Aus dem Orient kam der Kult des Mithras, eines Gottes des Lichtes und der Wahrheit. Isis- und Mithrasverehrung gehören zu den Mysterienreligionen (Mysterien: geheime religiöse Feiern), religiösen Geheimkulten mit nur wenigen eingeweihten Anhängern. Diese und weitere Mysterienkulte verbreiteten sich im ganzen Römischen Reich. Sie boten etwas, das den alten römischen Kulten fehlte: Gefühl, Spiritualität und vor allem die Aussicht auf ein besseres Leben im Jenseits.

Christentum Jesus* Monotheismus* Konstantin I.* Papst*

Das Christentum entsteht

Gleichzeitig gewann auch eine andere Religion immer mehr an Bedeutung: das Christentum. Es ging von dem Juden **Jesus** aus Palästina aus. Seine Anhänger nannten ihn „Christus" (dt. „Gesalbter"), da sie in ihm den von Gott gesandten Erlöser sahen.
Jesus wurde um das Jahr 4 vor Beginn unserer Zeitrechnung geboren. Um das Jahr 30 verurteilten ihn die Römer zum Tod am Kreuz.
Nach seinem Tod verkündeten seine Anhänger die Botschaft von der Liebe des einen Gottes, der seinen Sohn Jesus Christus geopfert habe, um die Menschen von ihren Sünden zu erlösen und ihnen nach dem Tod ein ewiges Leben im Paradies zu gewähren. Die ersten Christengemeinden entstanden in Städten. Unter ihren Mitgliedern waren viele Frauen, Angehörige der Unterschichten und Sklaven.

Christen werden verfolgt

Die Christen glaubten nur an einen Gott (**Monotheismus**). Sie lehnten die römischen Götter und den Kaiserkult ab, hielten sich von Festen fern und feierten ihre Gottesdienste in Privathäusern. Dies machte sie zu Außenseitern, in den Augen mancher Römer sogar zu Staatsfeinden. Daher wurden die Christen immer wieder verfolgt.
Im 3. Jh. gab es schwere Probleme im Reich. Damals wurden die Grenzprovinzen von umherziehenden Völkern verwüstet.[1] Im ganzen Reich litten die Menschen unter Teuerungen und Not. Man suchte Schuldige und fand sie in der christlichen Minderheit. Ihre Gottesdienste wurden unter Androhung der Todesstrafe verboten, kirchliche Bauten und Kultgeräte zerstört und christliche Schriften verbrannt. Viele Christen gaben nach, zahlreiche waren jedoch bereit, für den Glauben ihr Leben zu opfern, und starben als Märtyrer.

M 3 Hinrichtung eines Verurteilten
Schale (Ø 18,2 cm) aus Nordafrika, 4. Jh.

M 4 Das Geheimnis der Christen
Grabinschrift aus einer Katakombe, einer unterirdischen Begräbnisstätte der frühen Christen
Der Fisch war das Zeichen für die christliche Glaubensgemeinschaft. Das griechische Wort für Fisch heißt ICHTHYS. Dahinter verbirgt sich die Formel: **I**esous **Ch**ristos **Th**eou (Gottes) **Y**ios (Sohn) **S**oter (Retter).

Das Christentum setzt sich durch

Im Jahr 313 erlaubte Kaiser **Konstantin I.** den Christen im ganzen Reich ausdrücklich, ihre Religion auszuüben (Toleranzedikt). Er räumte ihnen sogar Vorrechte ein: Kirchlicher Grundbesitz wurde steuerfrei und der Sonntag allgemeiner Feiertag. Der Überlieferung nach war dies Konstantins Dank für den Sieg gegen seinen Rivalen Maxentius im Jahre 312. Ihm sei vor der entscheidenden Schlacht ein Christuszeichen und die Inschrift „IN HOC SIGNO VINCES" („In diesem Zeichen wirst du siegen!") erschienen. Daraufhin habe er das Zeichen der Christen angenommen und gewonnen.
Die Nachfolger Konstantins haben die Heiden, also alle, die nicht an den christlichen Gott glaubten, immer mehr benachteiligt. Kaiser Theodosius (379-395) schließlich verbot 391 alle heidnischen Kulte. Das Christentum wurde Staatsreligion; die Christianisierung der Römer begann.

Glaube und Kirche überdauern

Der Siegeszug der Christen hing auch mit dem raschen Aufbau einer straffen Organisation zusammen. Bereits Ende des 1. Jh. leitete ein Vorsteher die Gemeinden und den Gottesdienst. Im 2. Jh. erhielt er die Bezeichnung „Bischof" (griech. episcopos: Aufseher). Er überwachte die Glaubenslehre und galt als alleiniger Vermittler zwischen Gott und den Menschen.
Das Römische Reich brach im 5. Jh. zusammen[2], nicht aber die christliche Kirche. Die Eroberer wurden selbst Christen,[3] der Bischof in Rom zum religiösen Oberhaupt im Westen. Seit dem 5. Jh. nennt er sich **Papst**. Bis heute ist Rom damit die Hauptstadt der katholischen Kirche.

[1] Vgl. das Kapitel zur Völkerwanderung auf S. 138f.
[2] Siehe ebda.
[3] Lies dazu ausführlich ab S. 148.

1. *Zähle zu möglichst vielen im Verfassertext genannten römischen Göttern verwandte griechische Gottheiten auf.*
2. *Beschreibe den Umgang der Römer mit Religion.*
3. *Stellt in einer Tabelle Merkmale der alten römischen Religion und des Christentums gegenüber. Wo gibt es Unterschiede, wo Gemeinsamkeiten?*

Jesus Christus lebt in Palästina und begründet den christlichen Glauben | Jesus wird gekreuzigt; seine Anhänger verkünden die christliche Lehre, erste Christengemeinden entstehen | Erste große Christenverfolgung | Das Christentum breitet sich im Römischen Reich aus | Schlimmste und letzte Christenverfolgung unter Kaiser Diokletian | Konstantin I. gewährt Christen Religionsfreiheit | Das Christentum wird alleinige Staatsreligion

Christi Geburt | 100 | 200 | 300 | 400

M 5 Kaiser und Götter
Römische Münze, geprägt 73 n. Chr.
Die Vorderseite zeigt Kaiser Vespasian (69 - 79) und auf der Rückseite eine Gottheit.

M 6 Matronenstein
Kopie eines Weihesteins aus dem 2./3. Jh. für die Matronae Vacallinehae aus Mechernich-Weyer, Foto von 2010
Die Matronen (Muttergöttinnen) wurden von der germanisch-keltischen Bevölkerung verehrt. Die Römer tolerierten den Kult und übernahmen ihn später sogar.

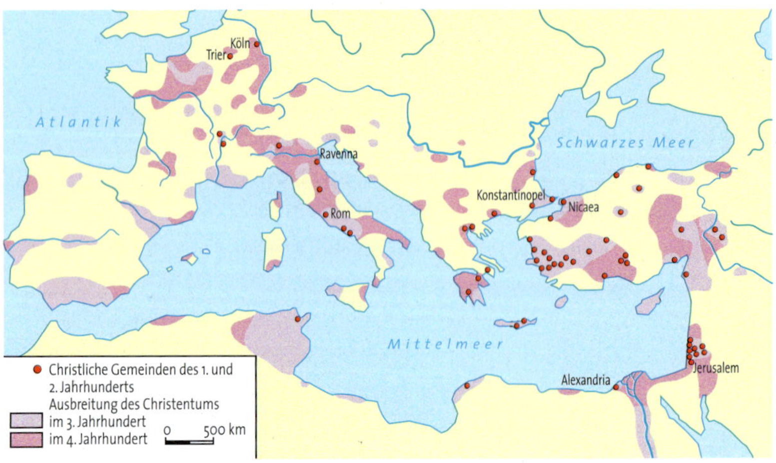

M 7 Ausbreitung des Christentums bis ins 4. Jh.

M 8 Alles gemeinsam

In der Apostelgeschichte in der Bibel (ca. 80 - 90 n. Chr. verfasst) beschreibt der Evangelist Lukas das Leben in der ersten christlichen Gemeinde:

All die vielen Menschen, die zum Glauben an Jesus gefunden hatten, waren ein Herz und eine Seele. Niemand von ihnen betrachtete etwas von seinem Besitz als persönliches Eigentum; alles, was sie besaßen, gehörte ihnen gemeinsam. [...]
Es gab unter ihnen niemand, der Not leiden musste. Denn die in der Gemeinde, die Grundstücke oder Häuser besaßen, verkauften sie, wenn es an etwas fehlte, brachten den Erlös herbei und legten ihn vor den Füßen der Apostel nieder. Das wurde dann unter die Bedürftigen verteilt.

Apostelgeschichte 4, 32-35. Übersetzung: Gute Nachricht Bibel, revidierte Fassung, durchgesehene Ausgabe in neuer Rechtschreibung, © 2000 Deutsche Bibelgesellschaft, Stuttgart

M 9 Das christliche Bekenntnis wird Gesetz

Theodosius (379 - 392 Kaiser im Osten, 388 - 395 im Gesamtreich) regelt im Jahr 380 mit dem weströmischen Kaiser das christliche Bekenntnis:

Alle unter Unserer milden Herrschaft stehenden Völker sollen nach Unserem Willen demjenigen Glauben angehören, den der heilige Apostel Petrus [...] den Römern mitgeteilt hat [...]. Wir glauben nämlich nach der Vorschrift der Apostel [...] an die Göttlichkeit des Vaters, des Sohnes und des Heiligen Geistes [...]. Diejenigen, die diesem Gesetze folgen, sollen den Namen katholische[1] Christen führen, die übrigen aber, die Wir als töricht und wahnwitzig erklären, sollen als Abtrünnige vom Glauben mit Ehrlosigkeit bestraft und mit dem Zorne Gottes und dann nach Unserer Entscheidung [...] mit einer Strafe belegt werden.

Gottfried Härtel und Frank-Michael Kaufmann (Hrsg.), Codex Justinianus, Leipzig 1991, S. 29 (vereinfacht)

[1] katholisch (griech. katholikos): allgemein; für alle

1. *Stelle fest, welche Gottheit auf der Münze (M5) zu sehen ist.*
2. *Informiere dich in deiner Heimatregion über Zeugnisse regionaler Kulte der Römerzeit (M6).*
3. *Untersuche die Karte M7.*
4. *Begründe, warum das Christentum für viele Menschen attraktiv war (M8).*
5. *Vergleiche M9 mit unserem heute geltenden Grundgesetz.*

Und was kommt nach dem Tod?

Was Juden, Christen und Muslime glauben
Die Römer aus angesehenen Familien ließen ihren Verstorbenen prunkvolle Grabmäler errichten, in die sie Geschirr, Schmuck, Öllampen, Spiegel oder Münzen legten. Eines stand für die Römer fest: Die Seele ist unsterblich. Sie stellten sich vor, dass sie wie ein Vogel im menschlichen Körper gefangen ist und nach dem Tod davonfliegt. Um in den Himmel zu gelangen, war es notwendig, sich im Leben tadellos zu verhalten. Sonst musste die Seele auf der Erde ziellos umherirren.
Die Christen glauben – wie die Juden und die Muslime – nur noch an einen einzigen Gott (Monotheismus). Ihr religiöses Handeln richten sie auf das Leben nach dem Tod aus. Gemeinsam ist den drei Religionen die Vorstellung von der Unsterblichkeit der Seele, die nach dem Tod aufersteht. Der Verstorbene wird beim Jüngsten Gericht von Gott entweder belohnt oder bestraft.

M 1 Über die Auferstehung der Toten
In einem alten Gebet der Juden heißt es:
Mächtig bist Du, Gott, für Zeit und Ewigkeit, Du wiederbelebst die Toten, groß ist Deine erlösende Kraft. Du ernährst die Lebenden in Barmherzigkeit, in großem Erbarmen wiederbelebst Du die Toten.
Im christlichen Glaubensbekenntnis heißt es:
Er [Jesus Christus] ist am dritten Tage auferstanden von den Toten, aufgefahren in den Himmel; er sitzt zur Rechten Gottes, des allmächtigen Vaters; von dort wird er kommen, zu richten die Lebenden und die Toten. Ich glaube an [... die] Auferstehung der Toten und das ewige Leben.
Über den Tag der Auferstehung steht im Koran:
Unser Herr, du wirst alle Menschen an einem Tag versammeln, an dem es keinen Zweifel gibt. [...] Jede Seele wird den Tod einmal schmecken. Euren Lohn bekommt ihr am Tag der Auferstehung. Wer dann dem Feuer entgeht und ins Paradies eingeht, der hat gewonnen.

Erster Text: Leo Trepp, Die Juden. Volk, Geschichte, Religion, Reinbek bei Hamburg 1998, S. 273; zweiter Text: Die Feier der Heiligen Messe. Messlektionar. Freiburg et al. 1981 etc.; dritter Text: Der Koran für Kinder und Erwachsene. Übersetzt und erläutert von Lamya Kaddor und Rabeya Müller, München 2008, S. 209

M 2 Christus kommt in den Himmel
Elfenbeinschnitzerei, um 400 n. Chr. (Ausschnitt)

M 3 Die Himmelfahrt des Propheten Mohammed
Buchillustration von 1436

Projektvorschlag

1. *Vergleicht die Aussagen der Juden, Christen und Muslime über die Auferstehung der Toten (M1).*
2. *Informiert euch über die Himmelfahrt von Jesus Christus und über die von Mohammed, den Begründer des Islam (vgl. dazu auch S. 182 f.). Beschreibe anschließend die Abbildungen M2 und M3. Erläutere die Unterschiede.*
3. *Die Vorstellungen der Menschen davon, wie das Weiterleben im Jenseits aussehen könnte, sind vielfältig und änderten sich im Laufe der Zeit. Gestaltet in der Klasse ein Wandplakat zu den Jenseitsvorstellungen a) der Ur- und Frühmenschen, b) der Kelten, c) der Ägypter, d) der Griechen, e) der Römer und f) der Anhänger der drei Weltreligionen – Juden, Christen, Muslime. Bildet dazu Gruppen und teilt die Themen untereinander auf. Arbeitet anschließend zusammen Gemeinsamkeiten und Unterschiede der Jenseitsvorstellungen heraus und stellt diese anschaulich dar.*

   Tipp: Legt vorher gemeinsam einen Zeitplan für die Vorbereitungen fest und verständigt euch darüber, welche Informationen in welcher Form und in welchem Umfang für die Themen ausgewählt werden sollen.

Warum zerfällt das Römische Reich?

M1 Zeugnis der Völkerwanderungszeit
Helm eines germanischen Anführers aus Krefeld-Gellep, Eisen, Bronze (vergoldet), Höhe 18 cm

Die Völkerwanderung

„Die Barbaren kommen" – dieser Schreckensruf war im Römischen Reich ab dem 3. Jh. immer häufiger zu hören. Rom musste seine Grenzen gegen immer neu heranrückende Gegner und Eindringlinge verteidigen, die die Römer schematisch als „Germanen" bezeichneten. Dazu siedelten sie einige dieser Gruppen in den Grenzregionen an. Sie sollten dort das Reich verteidigen. Die Ursachen dieser „Völkerwanderung" sind unklar: Suchten die Menschen neues Land für die wachsende Bevölkerung? War eine Klimaverschlechterung der Grund oder die Aussicht auf ein besseres Leben und reiche Beute?
Ende des 4. Jh. spitzte sich die Lage zu. Die Hunnen aus Zentralasien rückten gewaltsam aus Asien nach Europa vor und trieben ganze Bevölkerungsteile – Krieger, aber auch Frauen, Kinder und Alte – vor sich her.

Das Imperium gerät an seine Grenzen

Die Römer wollten die unerwünschten Eindringlinge zunächst an den Grenzen aufhalten. Doch es fehlte das Geld für eine Verstärkung der Armee. Um neue Gegner abzuwehren, nahm die römische Armee sogar Germanen als Soldaten auf. Schon bald konnte sie sie sich nur noch vom Halse halten, indem sie ihnen hohe Tribute – ähnlich heutigen Schutzgeldern – zahlte. An Rhein, Limes und oberer Donau drangen germanische Gruppen jedoch oft schlicht die Grenze und zogen plündernd durch das Imperium, bis sie sich irgendwo niederließen und dort die Macht übernahmen. Die Macht Roms verfiel immer mehr.

Ende des Römischen Reiches

Häufige Herrscherwechsel in Rom schwächten das Reich zusätzlich im Innern. Allein im Laufe des 3. Jh. gab es über 40 römische Kaiser. Um das Reich überhaupt regierbar zu halten, wurde es 395 in ein Westreich und in ein Ostreich (**Byzantinisches Reich**) mit je einem eigenen Kaiser geteilt.
Am Ende waren alle Anstrengungen vergebens: An zu vielen Grenzabschnitten gab es zu lange zu viele Angriffe. Schließlich setzte der germanische Heerführer Odoaker 476 den letzten Kaiser im inzwischen mehrfach von Germanen geplünderten Rom ab. In der Westhälfte Europas endete damit die Geschichte des Römischen Reiches. Das Oströmische Reich bestand hingegen noch beinahe weitere 1 000 Jahre. Hier regierte bis 1453 ein römischer Kaiser.

Stelle die Gründe für den Untergang Roms als Schaubild dar.

M2 Wie germanische Gruppen vielleicht durch Europa zogen
Szenenbild aus der ZDF-Dokumentation „Sturm über Europa", Teil 4: Die Erben des Imperiums. Film von Christian Feyerabend und Uwe Kersken, Erstausstrahlung 2002
Der letzte Teil der vierteiligen Dokumentation zeichnet die Züge der Franken, Angelsachsen und Goten ab dem 5. Jh. und die allmähliche Entstehung Europas bis zum Frankenreich im 8. Jh. nach (mehr dazu auf S. 148 ff.).

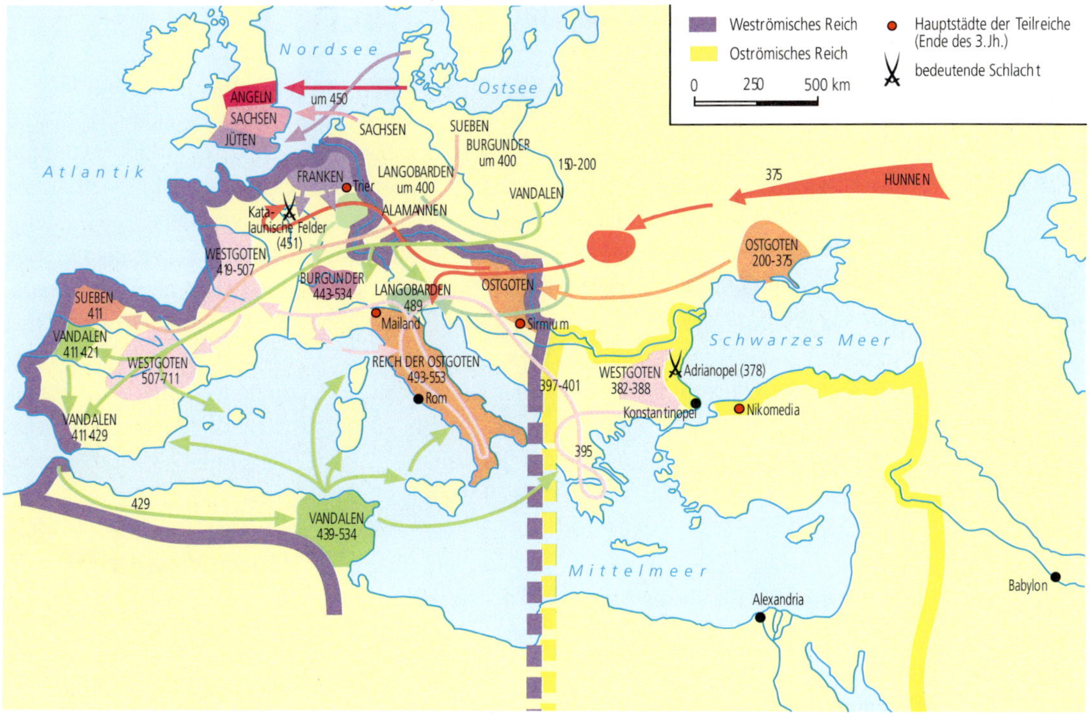

M 3 Schreckensnachricht

Der römische Geschichtsschreiber Ammianus Marcellinus (4. Jh.) schreibt:

Es verbreiteten sich schreckliche Nachrichten von Völkern im Norden, die neue Bewegungen in Gang gesetzt hatten, welche größer als gewöhnlich waren: In das gesamte Gebiet, das sich [...] bis zum Schwarzen Meer erstreckt, ergieße sich eine Masse von Barbaren unbekannter Herkunft, die von ihren Wohnsitzen durch plötzliche Gewalt vertrieben worden seien und zusammen mit ihren Angehörigen die Donau entlang hin- und herstreifen. Unsere Leute nahmen das zunächst aus dem Grund auf die leichte Schulter, weil sie gewohnt waren, aus jenen fernen Gegenden von Kriegen nur zu hören, wenn sie schon wieder beendet oder eingeschlafen waren. Doch dann kamen immer zuverlässigere Nachrichten von den Ereignissen, deren Bestätigung die Ankunft von Stammesgesandten lieferte, die flehentlich und beschwörend darum baten, dass ihr heimatlos gewordenes Volk diesseits des Flusses Aufnahme finde.

Zit. nach: Klaus Rosen, Die Völkerwanderung, München [4]2009, S. 16

M 4 Kriegszüge und Machtübernahmen

Wir sprechen zwar von „den“ Germanen, doch sind darunter verschiedene Stämme bzw. Gruppierungen zu verstehen. Einige davon veränderten sich während ihrer „Wanderungen“ ständig. Die farbigen Flächen zeigen, wo sich nach Angabe römischer Autoren Gruppen für eine längere Zeit niedergelassen haben. Wie man an den Westgoten sehen kann, unternahmen sie mehrere Versuche, in bestimmten Gebieten dauerhaft die Macht zu übernehmen. Auf den Katalaunischen Feldern gelang es einem Bündnis der Westgoten, Franken, Römer, Gallier und Burgunder, 451 die Hunnen zu besiegen.
Übrigens: Das römische „Britannia“ wurde damals von Angeln, Sachsen und Jüten erobert und aus „Britannia“ wurde „England“ (= „Angel-Land“).

Lesetipps:
Michael Schmauder, Die Völkerwanderung (Was ist was, Band 67), Nürnberg 2010

Internettipp:
Eine interaktive Karte zu den germanischen Wanderungsbewegungen findet sich unter Mediencode 31021-27

1. *Prüfe, ob Ammianus alle Ursachen für die Wanderungsbewegungen nennt (M3).*
2. *Nenne die heutigen Staaten, durch die als Goten, Alamannen, Franken und Sachsen bezeichnete Gruppen vermutlich zogen (M4). Nimm einen aktuellen Atlas oder die Karte hinten im Buch zu Hilfe.*
3. *Vergleiche die „Völkerwanderung“ mit der griechischen Kolonisation (S. 76 f. und 79).*

Seit 166 n. Chr.: erste germ. Einfälle an den Grenzen des Römischen Reiches
Der Limes wird aufgegeben
Die „Völkerwanderungszeit“ beginnt
Befestigung des Donau-Rhein-Limes als neue Nordgrenze
Germanen siedeln dauerhaft links des Rheins
Römische Niederlage bei Adrianopel
Westgoten plündern Rom
Das römische Imperium wird in ein Ost- und Weströmisches Reich geteilt
Angeln und Sachsen erobern England
Sieg gegen die Hunnen auf den Katalaunischen Feldern
Ende des Weströmischen Reiches

250 300 350 400 450

Eine weitere antike Kultur: das Kaiserreich China

M 1 „Erster erhabener Gottkaiser"
Buchmalerei, 18. Jh.
Mit Qin Shihuangdi (Ying Zheng, 259-210 v. Chr.) begann die geschichtlich dokumentierte Kaiserzeit Chinas. Er vereinte die kleineren Königtümer Chinas erstmals in einem größeren Kaiserreich.

Herrschaft

Als Kaiser Augustus den Thron bestieg, hatte auf der anderen Seite des Globus gerade ein anderes Reich eine mit Rom vergleichbare Größe und Macht erreicht: das Kaiserreich China. An der Spitze stand der Kaiser als Alleinherrscher. Bei der Regierung halfen ihm viele Beamte. Sie waren sehr angesehen, weil sie die schwierige chinesische Schrift lesen und schreiben konnten. Ihre vielen Briefe und Dokumente verfassten sie auf Papier.

Bevölkerung und Wirtschaft

Die meisten Chinesen waren Bauern. Sie sorgten für die Ernährung des Landes, zahlten Steuern und zogen als Soldaten in den Krieg. Die wenigsten Bauern besaßen eigenes Land. Der größte Teil musste den Boden der Großgrundbesitzer bewirtschaften.
Die Menschen im alten China wussten viel über Heilkunde und vollbrachten große technische Leistungen (z. B. Bau von Brücken und Mühlen). Kaufleute konnten im Fernhandel sehr reich werden. Frauen mussten ihren Ehemännern gehorchen. Sie betreuten den Haushalt und zogen die Kinder groß.

Religion

Die Chinesen verehrten ihre verstorbenen Vorfahren. Denn sie glaubten, dass diese großen Einfluss auf die Lebenden haben und später wiedergeboren werden. Besonders wichtig war die Verehrung der kaiserlichen Ahnen. Naturerscheinungen wie Erde und Himmel waren für die Chinesen Gottheiten.

Wussten Römer und Chinesen voneinander?

Schon in der Zeit des Augustus erkundeten römische Händler den Seeweg nach Osten und segelten mit Schiffen von Ägypten nach Indien. Einzelne Händler reisten von dort bis nach China weiter.
Die wichtigste Handelsverbindung zwischen Europa und China war seit dem Altertum die Seidenstraße. Über den 7000 Kilometer langen und gefährlichen Handelsweg wurden nicht nur Seide und Gewürze aus China und Gold, Edelsteine, Pelze und Keramik aus Europa ausgetauscht, sondern auch Wissen: über andere Länder, Religionen, Speisen, Handwerkstechniken und Modetrends.
Im Römischen Reich sammelten Gelehrte alle Informationen über ferne Länder, die sie bekommen konnten. Diese bestanden aber zum Teil aus fantasiereichen Vermutungen. Auch die Chinesen wussten von einem großen Reich im Westen, aber kein Chinese hat das Römische Reich selbst besucht. Wissen darüber erhielten sie durch Völker in Vorderasien und stellten sich vor, dass das Römische Reich ihrem Kaiserreich sehr ähnlich sei.

1. *Was kennzeichnet Herrschaft, Wirtschaft, Gesellschaft und Weltdeutung im alten China?* Vergleiche *mit Ägypten, Griechenland und Rom.*
2. Beschreibe *die Weltkarte des Ptolemaios (M2).*

Internettipp:
Mehr Infos zum alten China? Dann siehe Mediencode 31021-28

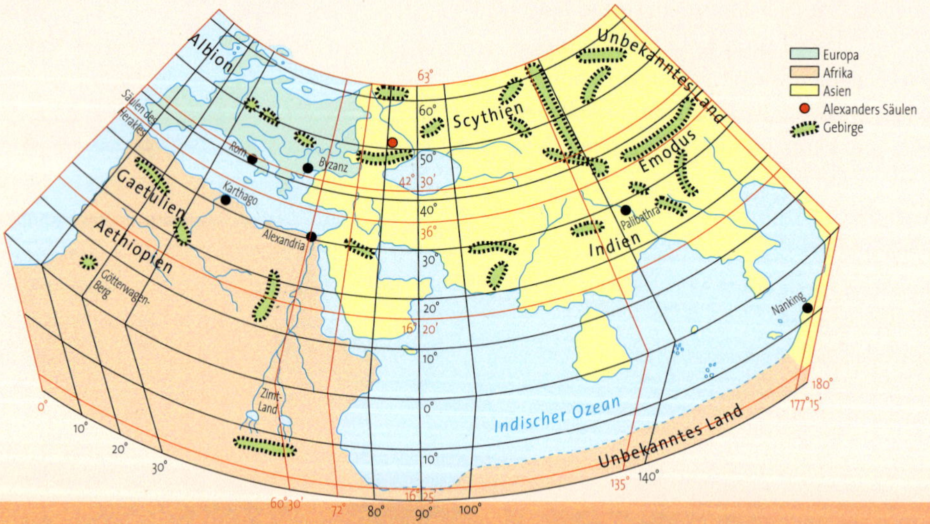

M 2 Weltkarte nach Ptolemaios
Ptolemaios von Alexandria fasste im 2. Jh. das geografische Wissen seiner Zeit in einem Buch zusammen. Nach seiner Beschreibung wurden Weltkarten gezeichnet. Auf ihnen waren auch Gebiete enthalten, die Ptolemaios nicht bekannt waren, die es aber nach seinen Berechnungen geben musste.

M3 Der Weg nach China

Der Gelehrte Ptolemaios, der im 2. Jh. n. Chr. in Alexandria lebt, berichtet über den Landweg nach China. Ptolemaios hat viele seiner Informationen aus dem heute verlorenen Werk des Marinos von Tyros, der am Anfang des 2. Jh. im östlichen Mittelmeerraum gelebt hat:

Die Route zu den Serern [Chinesen] ist durch den Handelsverkehr bekannt geworden. Marinos berichtet nämlich, dass der Makedonier und Kaufmann Maes aufgeschrieben habe, wie lang die Strecke sei; er sei zwar nicht selbst nach China gegangen, habe aber einige Leute zu den Serern gesandt.

Es scheint, dass Marinos den Berichten von Handelsreisenden misstraut hat. Marinos sagt, dass sie sich nicht darum bemühten, Kenntnisse zu erwerben, da sie nur an den Handelsgeschäften interessiert seien und zudem übertrieben sie die Länge der Wege, weil sie Angeber seien.

Nach: Ptolemaios, Geographia 1,11,6 - 8, Übersetzung: Klaudios Ptolemaios, Handbuch der Geographie, hrsg. von Alfred Stückelberger, Basel 2006, S. 85 (bearbeitet von Björn Onken)

M5 Überreste eines Grenzwalls aus dem 2. Jh.

Foto um 1990

Zum Schutz vor Angriffen nomadischer Reitervölker sicherten die chinesischen Herrscher die Grenze im Norden etwa seit dem 5. Jh. v. Chr. durch Grenzwälle aus Lehm, Reis und Stroh. Diese verliefen an anderer Stelle als die berühmten Abschnitte der Großen Mauer, die aus jüngerer Zeit (14. - 17. Jh.) stammen.

M6 Chinesischer Gutshof

Modell aus bemaltem Ton, 2. Jh. v. Chr.

Die Großgrundbesitzer waren reich und mächtig. Oft waren sie mit dem Kaiser verwandt. Zum Hof gehörten Wohnräume für die Familie und die Bediensteten, Ställe und ein Garten mit Brunnen.

M7 Einspänniger Reisewagen mit Baldachin

Chinesisches Bronze modell, 1./2. Jh.

M4 Ein Chinese beschreibt das Römische Reich

Die chinesische Chronik Hou Han shu wird in der ersten Hälfte des 5. Jh. von dem hohen Beamten Fan Yeh verfasst. Er berichtet darin auch über das Römische Reich im 1. bis 3. Jh. n. Chr.:

Sein Gebiet umfasst über 400 mit Mauern geschützte Städte. Die äußere Mauer der Städte ist aus Stein. Im Land wachsen neben Pinien und Zypressen auch alle anderen Arten von Bäumen und Pflanzen. Ihre Lebensgewohnheiten sind die folgenden: Sie widmen sich der Landwirtschaft und ziehen eine große Zahl von Maulbeerbäumen für den Seidenwurm. Sie alle rasieren ihre Köpfe, aber tragen mit Stickereien verzierte Kleidung. Ihr König fährt in einem kleinen Wagen überdacht von einem Baldachin. In allen Räumen seines Palastes sind die Säulen aus Glas, genau wie das Essgeschirr. Sie machen Münzen aus Gold und Silber.

Aus: Hou Han shu 88, zitiert nach: Donald D. Leslie und Kenneth H. J. Gardiner: The Roman Empire in Chinese Sources (Universitá di Roma „La Sapienzia", Studi Orientali XV), Rom 1996, S. 47 - 49 (übers. von Björn Onken)

1. *Erkläre die Rolle der Händler bei der Ausweitung des geografischen Wissens in römischer Zeit (M3).*
2. *Vergleiche den chinesischen Bericht (M4) über das Römische Reich mit deinem Wissen über Rom.*
3. *Überlege, wie die konkreten Vorstellungen des chinesischen Beamten (M4) entstanden sein könnten. Bewerte seinen Bericht als Quelle.*
4. *Stellt euch vor, chinesische Beamte möchten Rom besuchen. Erstellt für sie einen Reiseführer über das Römische Reich. Bildet dazu Gruppen mit 6 bis 10 Personen. Stellt dann jeweils euren Reiseführer den anderen Gruppen vor. Erläutert dabei, welche Informationen euch für die chinesischen Beamten besonders wichtig waren und warum.*

   Tipp: Ein guter Reiseführer beschreibt nicht nur berühmte Orte. Er gibt auch Hinweise zum Alltagsleben.

Kompetenzen überprüfen

M 1 Kennst du die Fachbegriffe?

Du kannst dein Sachwissen überprüfen, indem du die Lücken füllst.

Nach dem Sturz der Könige wurde der Stadtstaat Rom eine OOOOOOOO. In den OOOOOOOOOOOOO trotzten die OOOOOOOO den OOOOOOOOOO Rechte ab. Seitdem bestimmten OOOOO und OOOO die Politik.

In der römischen Gesellschaft war das älteste männliche Familienmitglied, der „OOOOO OOOOOOOO", das Oberhaupt der Hausgemeinschaft.

Bis zum 3. Jh. v. Chr. erkämpften sich die Römer die Herrschaft über Italien. Als das Römische Reich Anfang des 2. Jh. n. Chr. seine größte Ausdehnung erreichte, war es nach damaligem Verständnis ein OOOOOOOOO.

Die Römer gliederten die unterworfenen Gebiete in OOOOOOOOOOOO. Viele tausend Kilometer lange OOOOOOOO verbanden die Reichsteile untereinander und mit der Hauptstadt Rom. Weite Strecken der Reichsgrenzen waren durch einen OOOOO gesichert.

Zahllose Schriftquellen und Überreste belegen, dass sich vor allem in den Städten des OOOOOOOO Romanum die Lebensart, die Kultur und das Recht der Römer verbreiteten. Wir nennen diesen Vorgang OOOOOOOOOOOOO.

Nach einer langen Zeit ständiger Machtkämpfe und 30 Jahre nach der Ermordung OOOOOOO gelang es OOOOOOOO, eine Alleinherrschaft zu errichten. Damit ging die Republik zu Ende und die OOOOOOOOOO begann.

Da die Christen nur an einen Gott glaubten und die vielen Götter sowie den Kaiserkult ablehnten, wurden sie zunächst verfolgt. Unter Kaiser Theodosius wurde das Christentum Ende des 4. Jh. schließlich alleinige OOOOOOOOOOOOOO.

Während der „Völkerwanderung" drangen Menschen aus Nord- und Osteuropa in das Römische Reich ein. 395 n. Chr. wurde der Staat in ein Ost- und ein Weströmisches Reich geteilt. Im Osten übernahm OOOOOO, das zweite Rom, das römisch-hellenistische Erbe. Das weströmische Kaisertum endete 476 n. Chr.

M 2 Caesar Augustus
Münze mit dem Porträt des Augustus, 18 v. Chr.
Den Namen Caesar hatte Augustus gleich nach seiner Adoption übernommen.

M 3 Die römische Göttin „Viktoria" in Berlin
Foto, um 2000
Die Bronzefigur ist 8,30 m hoch. Sie krönt eine rund 67 m hohe Säule inmitten des Großen Tiergartens. Im Volksmund wird sie „Goldelse" genannt.

M 4 Sklaven

Der Schriftsteller Plutarch schreibt über den angesehenen Römer Cato:

Er [Cato] erwarb viele Sklaven, und zwar kaufte er vor allem Kriegsgefangene, die noch sehr jung und wie Hunde oder Füllen noch für Zucht und Erziehung empfänglich waren.

Walter Arend (Bearb.), Altertum. Geschichte in Quellen, München ³1978, S. 461

M 5 Römisches Weinschiff
Grabmal eines Weinhändlers, Neumagen, 3. Jh.

M 6 Ein beliebtes Geschirr
Gefäße aus dem 1. Jh. n. Chr., in der Rheinregion gefunden
Diese rote Keramik (Terra Sigillata, dt. gestempelter Ton) wurde zunächst in Italien hergestellt, im 1. Jh. n. Chr. aber vor allem in Südgallien, später auch in Germanien.

M 8 Rom – Hauptstadt der Welt

Der römische Philosoph und Politiker Seneca (ca. 1 - 65 n. Chr.) schreibt:

Betrachte, bitte, diese Volksmenge, für die die Häuser dieser unermesslichen Stadt kaum ausreichen: [...] Aus ihren Landstädten und Ansiedlungen, aus dem ganzen Erdkreis schließlich sind sie zusammengeströmt. Die einen hat der Ehrgeiz hergeführt, die anderen [...] eine offizielle Verpflichtung, die einen ein Auftrag, die anderen Genusssucht, die einen Leidenschaft zu höherer Bildung, die anderen Schauspiele; manche hat Freundschaft herbeigezogen, manche Geschäftstüchtigkeit, die hier viele Möglichkeiten findet; manche haben ihre Schönheit zu Markte getragen, manche ihre Fähigkeit der Rede.

Jede Art von Menschen ist in der Stadt zusammengekommen, die auf Fähigkeiten und Schwächen hohe Preise setzt. [...] Sehen wirst du, der größere Teil ist es, der seine Heimat verlassen hat und gekommen ist in die größte freilich und schönste Stadt, aber dennoch nicht die seine.

L. Annaeus Seneca, Philosophische Schriften, Bd. 2: Dialoge VII - XII, hrsg. von Manfred Rosenbach, Darmstadt [4]1993, S. 307 - 309 (vereinfacht)

M 9 Das Imperium für Selberbauer
Standbild des PC-Spiels „Imperium Romanum", 2008
In dem Echtzeitstrategiespiel mit detailgetreuen historischen Nachbildungen muss der Spieler als Siedler im alten Rom eine funktionierende Stadt bauen.

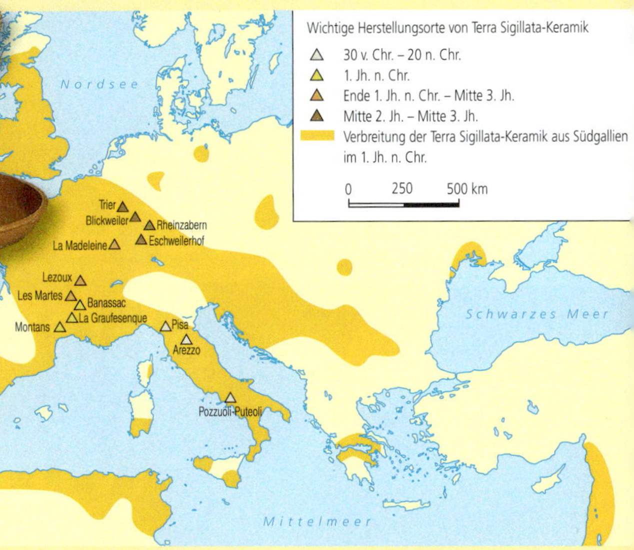

M 7 Verbreitung von Terra Sigillata-Keramik

1. *Schreibe die fehlenden Begriffe und Namen der Zusammenfassung (M1) in dein Heft.*
2. *Erstelle einen Zeitstrahl zur Geschichte Roms. Trage Daten und Ereignisse ein, die dir wichtig erscheinen, um die Herrschaft, Gesellschaft, Wirtschaft und Weltdeutung im Römischen Reich zu verstehen. Begründe deine Auswahl.*
3. *Informiere dich über die Bedeutung der römischen Göttin Viktoria (M3) und den Anlass zur Errichtung der Säule. Begründe, warum auf Name und Figur immer wieder zurückgegriffen wird. Finde Beispiele.*
4. *Untersuche, wie man in Ägypten, Griechenland und Rom Sklave wurde. Nutze dazu das Register hinten im Buch. Vergleiche mit M4.*
5. *Ohne technische Neuerungen oder Weiterentwicklungen (z.B. im Schiffbau) wäre das Römische Reich nicht groß geworden. Nimm Stellung zu dieser Aussage. Vgl. auch M5 sowie S. 106 bis 109, 129 bis 131 und S. 133 im Buch.*
6. *Kann die Aussage aus Aufgabe 5 auch für Griechenland und Ägypten gelten? Vergleiche!*
7. *Erkläre, welche wichtigen Erkenntnisse die Verbreitung der Terra Sigillata-Keramik den Archäologen und Historikern liefert (M6, M7).*
8. *Arbeite heraus, was Rom für Seneca ausmacht (M8).*
9. *Nicht nur die Römer, auch die Ägypter und die Griechen bezeichneten Fremde mitunter als Barbaren. Bildet Gruppen und beschreibt aus der Sicht eines Römers, eines Griechen und eines Ägypters Barbaren. Stellt Gemeinsamkeiten und Unterschiede der Sichtweisen auf einem Plakat dar.*
10. *Benedikts Mutter ermahnt ihn, mehr für die Schule zu lernen. Er entgegnet: „Aber ich lerne für die Schule! Ich spiele ein PC-Spiel über das Römische Reich!" (M9). Nimm Stellung zu Benedikts Argument.*

4

Die Grundlegung Europas im Mittelalter

M1 Die Unterwerfung der Bürger von Gent
Miniatur aus dem 15. Jh.

M2 Mittelalterliche Weltkarte
Londoner Psalterkarte, um 1265
Im Zentrum der Weltkarte befindet sich Jerusalem.

M 3 Monatsbild August
Ausschnitt aus dem Fresko des Adlerturms in Trient (Italien), 1400

M 4 Monatsbild Dezember
Ausschnitt aus dem Fresko des Adlerturms in Trient (Italien), 1400

Typisch Mittelalter?

Jeder hat sein eigenes Bild vom „Mittelalter". Manche sprechen vom „finsteren Mittelalter" und denken dabei an Unfreiheit, Gewalt und Seuchen. Andere sind von der Epoche fasziniert, probieren mittelalterliche Kleidung, Instrumente, Spiele und Speisen aus. Auch Romane, Filme und Computerspiele über das Mittelalter sind beliebt. Alte Städte, Kirchen und Klöster, Mittelaltermärkte, Gauklerfeste und Ritterspiele locken immer mehr Besucher an.

Wahrscheinlich denken heute deshalb die meisten Menschen, wenn sie „Mittelalter" hören, sofort an Ritter und Burgen. Aber nur wenige Menschen wohnten damals auf einer Burg und noch weniger von ihnen waren Ritter. Dann war das Leben im Mittelalter also ganz anders, als wir es uns vorstellen? Am Ende dieses Kapitels kannst du dir ein neues eigenes Bild machen und feststellen, was sich in den rund tausend Jahren alles verändert hat. Eines ist sicher: Im Mittelalter wurden die Grundlagen für unser heutiges Europa gelegt.

1. *Beschreibe, was du auf den Bildern siehst. Welche Gruppen von Menschen, welche Lebensräume und welche Tätigkeiten kannst du erkennen?*
2. *Ordne die Bildelemente den Bereichen Herrschaft, Wirtschaft, Gesellschaft und Religion zu. Begründe deine Zuordnung.*
3. *Stelle erste Vermutungen an, welche Bedeutung die Religion für die Menschen im Mittelalter gehabt haben könnte. Begründe deine Meinung mithilfe der Bilder.*

Orientierung gewinnen: Die Grundlegung Europas im Mittelalter

Ganz gleich, wie wir das „Mittelalter" heute sehen: Den Zeitgenossen selbst war die Bezeichnung unbekannt. Sie entstand erst im 15. und 16. Jh., als die Menschen ihre Vorbilder wieder verstärkt in der Antike suchten. Für sie lagen tausend Jahre „in der Mitte" zwischen ihnen selbst und der Antike. Sie behaupteten, in dieser langen Zeit sei der Fortschritt der Antike verloren gegangen und es habe nur Rückschritte gegeben. Deshalb sprachen die Menschen des 15./16. Jh. von einem dunklen Zeitalter. Bis heute gibt es diese Vorstellung vom „finsteren Mittelalter". Aber ist diese Vorstellung richtig?

„Mittelalter" nennen Historiker die Zeit von 500 bis 1500 n. Chr. Natürlich nicht auf den Tag genau: Die Antike endete nicht am 31.12.499 n. Chr. und am 01.01.500 begann das Mittelalter. Zwischen beiden Epochen liegt eine lange Übergangszeit. Herrschaft, Wirtschaft, Gesellschaft und Religion wandelten sich in einer Region oft ganz allmählich und fast unmerklich, manchmal aber auch ganz abrupt und gewaltsam. Um bei all diesen Veränderungen die Orientierung zu erleichtern, gliedern die Historiker die Epoche in das Frühmittelalter, Hochmittelalter und Spätmittelalter.

Es ist auch unmöglich, für das Mittelalter genaue Landkarten zu zeichnen. Nach dem Ende des Römischen Reiches entstanden in Europa verschiedene Königreiche. Deshalb gab es keine festen Grenzen, denn in jedem Reich kam es auf den König und die Fürsten an, wie weit ihre Macht reichte.

Wie kam ein König oder Kaiser in sein Amt? Wie hat er seine Herrschaft gerechtfertigt? Wie regierte er, wen brauchte er dazu und wer konnte seine Herrschaft einschränken? Welche Rolle spielte die Kirche für die weltliche Herrschaft?

Wie sah die gesellschaftliche Ordnung aus und wie wurde sie gerechtfertigt? Welche unterschiedlichen Lebensbereiche gab es? Wie lebten die Menschen auf dem Land und in der Stadt? Wie sah ihr Alltag aus? Welche Rechte und Pflichten, welche Lebensperspektiven hatten sie?

Wie sorgten die Menschen im Mittelalter für ihr Auskommen? Welche Bedeutung hatte die Landwirtschaft und wie veränderten sich Arbeit und Lebensbedingungen? Welche Rolle spielten die Städte und der Handel?

Welche Bedeutung hatte der Glaube für die Menschen im Mittelalter. Welche Religionen und Kulturen trafen aufeinander? Wie war ihr Verhältnis zueinander und wodurch wurde es beeinflusst?

M 2 Europa um 1250

Antike

500 v. Chr. | 250 v. Chr. | Chr. Geburt | 250 n. Chr. | 500 n. Chr.

M 1 Das Reich der Karolinger im Jahr 751

M 4 Europa um 1500

M 3 Das Reich zur Zeit der Ottonen im 10. Jh.
(siehe auch S. 157)

1. *Untersuche die Karten und beschreibe*
   a) die jeweilig gezeigten Räume bzw. den Kartenausschnitt,
   b) die Herrschaftsgebiete
   c) die Einzelheiten, über die Karten und Legenden informieren.
2. *Erläutere, was die Karten noch verraten. Geben sie Hinweise darauf, wer alles herrscht?*
3. *Vergleiche die Entwicklung der Herrschaftsgebiete auf den Karten. Wo sind die größten Veränderungen zu erkennen?*
4. *Fasse die Entwicklung des Reiches (Größe, Machtbereiche im Reich, Bezeichnung) zusammen.*
5. *Notiere dir alle Fragen (Was? Warum? Wann? Wie?), die dir bei dem Vergleich der Karten einfallen und die sich nicht beantworten lassen.*

rühmittelalter	Hochmittelalter	Spätmittelalter	Neuzeit	
750 n. Chr.	1000 n. Chr.	1250 n. Chr.	1500 n. Chr.	1750 n. Chr.
Fränkische Reiche	Heiliges Römisches Reich		Heiliges Römisches Reich Deutscher Nation	

Von der Antike zum Mittelalter: Das Reich der Franken entsteht

Fremde Gruppen – neue Machthaber

Seit dem 3. Jh. vollzog sich im Römischen Reich ein tief greifender Wandel: Viele Gruppen von Menschen – von den Römern allgemein „Germanen" genannt – wanderten ein, manche friedlich, um zu siedeln, andere kämpften und überfielen Städte. Die Vorgänge waren mit ein Grund für das Ende des Weströmischen Reiches.

Historiker gehen heute davon aus, dass es sich bei diesen Gruppen nicht um ganze „Völker" handelte, sondern eher um Kriegsverbände. Ihre Namen erhielten die Goten, Langobarden, Burgunder, Alamannen, Sachsen und Franken durch römische Schriftsteller.

Wo sich die Einwanderer dauerhaft niederließen, übernahmen sie die Macht. Manche ihrer Häuptlinge nannten sich **Könige**. Sie kannten keine Schrift und keine Städte und brachten ihre Sprachen und ihre eigene Lebensweise mit. Viele römische Einrichtungen, Kenntnisse und Fähigkeiten wurden vergessen und verschwanden. In der Westhälfte Europas vermischten sich also im 5. und 6. Jh. römische Tradition und Kultur, Christentum und germanische Lebensformen. Daraus entstanden im **Mittelalter** die Völker Europas.

Zum Beispiel die Franken

Wie auf dem Gebiet des Römischen Reiches aus „Altem" „Neues" entsteht, zeigt das Beispiel der Franken. „Franci" (lat. die Mutigen, die Freien) nannten die Römer einige germanische Gruppen. Sie siedelten zunächst am Niederrhein und vergrößerten ihren Siedlungsraum im 3. und 4. Jh. in Richtung der römischen Provinz Gallien. Ihre Könige wurden Verbündete der Römer und sicherten die Grenzen des Reiches gegen andere Germanen.

Im Jahr 481 oder 482 wurde der aus dem Königsgeschlecht der **Merowinger** stammende Chlodwig (= Ludwig) König. Er einigte die verschiedenen Gruppen der Franken und besiegte den letzten römischen Statthalter in Gallien. So entstand aus einem kleinen Königtum ein neues großes Reich: das Frankenreich.

M1 Goldmünze Chlodwigs
Die Münze ahmt römische Vorbilder nach: Anstelle des Kaisers ist der Frankenkönig dargestellt.

M2 Die Eroberungen Chlodwigs

Ein christliches Königtum

Während die Franken Heiden waren und fränkisch sprachen, lebten in der ehemaligen römischen Provinz auch weiterhin viele Christen, die Latein sprachen. Chlodwig wollte diese verschiedenen Gruppen in seinem Reich einigen und damit seine Herrschaft festigen. Deshalb ließ er sich in Reims taufen, vermutlich im Jahr 498. Das genaue Jahr ist umstritten. Das Frankenreich wurde ein christliches Königtum auf ehemals römischem Boden.

Chlodwig und seine Nachfolger vergrößerten das Herrschaftsgebiet. Sie verbreiteten das Christentum und schützten ihr Reich vor Angriffen der Muslime. Zeitgenössische christliche Geschichtsschreiber stellten dies als Erfolg der „Europäer" dar.

1. *Beschreibe die Ausdehnung des Frankenreiches unter Chlodwig (M2).*
2. *Manche sprechen von „Völkerwanderung", wenn viele Menschen in ein Land kommen, um dort zu leben. Beurteile, ob dieser Ausdruck zutreffend ist – damals und heute.*

Könige* Mittelalter Merowinger*

M3 König Chlodwig empfängt die Taufe

Der Bischof und Geschichtsschreiber Gregor von Tours berichtet um 575 in seiner „Frankengeschichte", wie es zur Taufe Chlodwigs gekommen sein soll:

Die Königin aber ließ nicht ab, in ihn zu dringen, dass er den wahren Gott erkenne und ablasse von den Götzen[1]. Aber auf keine Weise konnte er zum Glauben bekehrt werden, bis er endlich einst mit den Alamannen in Krieg geriet. Als die beiden Heere zusammenstießen, kam es zu einem gewaltigen Blutbad, und Chlodwigs Heer war nahe daran, völlig vernichtet zu werden. Als er das sah, erhob er seine Augen zum Himmel und sprach: „Jesus Christ, Chrodechilde[2] verkündet, du seiest der Sohn des lebendigen Gottes. Hilfe, sagt man, sollst du den Bedrängten geben, Sieg denen, die auf dich hoffen – ich flehe dich demütig an um deinen mächtigen Beistand: Gewährst du mir jetzt den Sieg über diese meine Feinde, so will ich an dich glauben und mich taufen lassen auf deinen Namen. Denn ich habe meine Götter angerufen, aber sie sind weit davon entfernt, mir zu helfen." Und da er solches gesprochen hatte, wandten die Alamannen sich um und begannen zu fliehen. Der König verlangte getauft zu werden. Er ging zum Taufbade hin, sich rein zu waschen von dem alten Aussatz (des Unglaubens).

Zit. nach: Gregor von Tours, Historiarum libri decem 2, 30-31, hrsg. von Rudolf Buchner (Ausgewählte Quellen zur deutschen Geschichte des Mittelalters 1), Darmstadt 1959, S. 117-119 (Übersetzer: Wilhelm Giesebrecht)

M4 Über die Franken

Agathias, ein Rechtsgelehrter aus dem Oströmischen Reich, beschreibt im 6. Jh. das Merowingerreich:

Die Franken sind keine Nomaden, wie das bei den Barbaren so häufig der Fall ist. Sie machen Gebrauch von römischer Verwaltung und römischem Recht. Mit den Römern gemeinsam haben sie Handelsrecht, Eherecht und die Verehrung Gottes. Sie haben Beamte und Priester. Wie es scheint, sind sie für ein Barbarenvolk recht zivilisiert und kultiviert: Von den Römern unterscheiden sie sich tatsächlich nur durch Sprache und Tracht. Was ich am meisten an ihnen bewundere, ist ihre Rechtschaffenheit und Eintracht. [...] Natürlich drohen die Könige einander und ihre Heere ziehen ins Feld. Wenn sich die Franken dann aber wirklich gegenüberstehen, ziehen sie die Verständigung vor und setzen ihre Könige in diesem Sinn unter Druck: Es ist bei ihnen weder Recht noch Gewohnheit, dass wegen Streitigkeiten unter den Königen der Staat in eine Krise gerät. Eben deswegen besitzen die Franken starke Macht und feste Gesetze. Sie haben nichts von ihren Gebieten verloren, sondern noch viel dazugewonnen.

Zit. nach: Karl Ferdinand Werner, Die Ursprünge Frankreichs bis zum Jahr 1000, Stuttgart 1989, S. 332 f.

M5 Der Frankenkönig Childerich

Die Rekonstruktionszeichnung zeigt den Merowinger Childerich, den Vater Chlodwigs in Kleidung und Ausrüstung nach seinem Grabschmuck, der 1653 in Tournai gefunden wurde. Die Ausrüstung ist römisch, der Siegelring trägt die Inschrift: CHILDIRICI REGIS („König Childerich") und weist ihn als Verbündeten der Römer aus. Lange Haare trugen bei den germanischen Völkern nur die Vornehmen; sie galten als Ausdruck von Macht und Lebenskraft, insbesondere bei Königen.

[1] Götze: abfälliger Ausdruck für heidnische Götter

[2] Chrodechilde: Ehefrau von Chlodwig

1. *Nenne die Gründe, die Chlodwig zu seiner Taufe veranlasst haben sollen (M3).*
2. *Untersuche, was Gregor von Tours mit seinem Bericht ausdrücken wollte (M3). Wozu diente die „Taufgeschichte"?*
3. *Stelle dar, welche Sichtweise Agathias auf die Franken (M4) hat. Welche Eigenschaften hebt er hervor und warum?*
4. *Begründe, warum das Merowingerreich als „fränkisch-römisches Reich" bezeichnet werden kann (M1, M3-M5).*

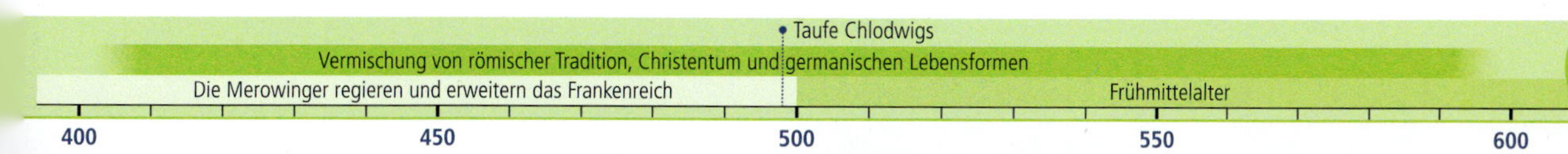

Die Karolinger – Erben Roms?

Filmtipp:
Karl der Große und die Sachsen. ZDF-Reihe „Die Deutschen II", 2009

Lesetipp:
Maria Regina Kaiser, Karl der Große und der Feldzug der Weisheit, Würzburg 2009

[1] Siehe S. 138.

Die Karolinger lösen die Merowinger ab

Ungefähr drei Jahrhunderte lang kamen die fränkischen Könige aus der Familie der Merowinger. Sie waren am Ende aber nur noch dem Namen nach Könige; die tatsächliche Macht im Frankenreich hatten andere fränkische Fürsten, vor allem aus der Familie der **Karolinger**.

Um selbst Könige zu sein, fehlte ihnen jedoch das königliche Blut, also die Verwandtschaft mit den Merowingern. Diesen Mangel glich der Karolinger Pippin 751 aus: Er sicherte sich kurzerhand die Zustimmung des Papstes. Dann ließ er sich von den Mächtigen des Reiches zum König wählen und von den fränkischen Bischöfen mit heiligem Öl salben. Damit begründete Pippin eine neue Herrscherfamilie: die Dynastie der Karolinger.

Als Gegenleistung für die päpstliche Unterstützung verteidigte Pippin den Papst erfolgreich gegen Angriffe der Langobarden, die in Italien ein Königreich errichtet hatten. Diese mussten daraufhin Gebiete abtreten, die Pippin dem „heiligen Petrus" schenkte. Aus dieser Schenkung entstand der spätere Kirchenstaat, der Vatikan.

Eroberer mit Kreuz und Schwert

Als Pippin 768 starb, teilten seine Söhne das Reich unter sich auf, wie es bei den Franken üblich war. Der jüngere Sohn, Karlmann, starb schon 771, sodass sein Bruder Karl König des gesamten Frankenreiches wurde. Später nannte man **Karl „den Großen"** (lat. Carolus Magnus, daraus franz. Charlemagne), auch wegen seiner militärischen Erfolge. Er eroberte das Langobardenreich und machte sich dort selbst zum König. Wenige Jahre später rückten seine Soldaten über die Pyrenäen in Spanien ein, wo die muslimischen Mauren herrschten. Über 30 Jahre kämpften fränkische Heere gegen die Sachsen, um sie zu unterwerfen und zur Not mit Waffengewalt zum christlichen Glauben zu bekehren. 804 war ihr Gebiet in das Frankenreich eingegliedert.

M1 Kopf Karls des Großen
Vorderseite einer Silbermünze (Dinar), zwischen 804 und 814 in Mainz geprägt

Kaiser der Römer und „Vater Europas"

Das Herrschaftsgebiet der Franken wurde durch die Eroberungen der Karolinger zum größten Reich im westlichen Europa. Schon manche Zeitgenossen nannten Karl deshalb „Vater Europas". Im Osten war der byzantinische Kaiser der mächtigste Herrscher.[1] Karl der Große wollte nicht hinter ihm zurückstehen.

Als Papst Leo III. von römischen Adligen überfallen und vertrieben wurde, zog Karl mit seinem Heer nach Rom dem Papst zu Hilfe. Zum Dank krönte Leo ihn am Weihnachtstag 800 in der Peterskirche zum römischen **Kaiser**. Seit dem Ende des Römischen Reiches gab es erstmals wieder einen Kaiser in Rom. Karls Krönung ist Ausdruck der sogenannten **Reichsidee**: er wollte als Nachfolger der römischen Kaiser das antike Reich wiederherstellen.

Die antike Kultur lebt wieder auf

Karl Lieblingsort war Aachen. Hierher holte er viele Gelehrte. Diese Männer – in der Regel Geistliche – beschäftigten sich mit der Antike. Am Hof sprachen die Menschen aus den verschiedenen Regionen Latein als gemeinsame Sprache. Römische und byzantinische Bauten dienten als Vorbilder. Diese Wiederbelebung der Antike wurde später „Karolingische Renaissance" genannt. Karl bemühte sich aber auch um die Erhaltung der germanischen Heldenlieder aus der Völkerwanderungszeit und regte eine germanische Grammatik an.

1. *In jedem Jahr wird in Aachen der Karlspreis verliehen. Er ist für Politiker, die sich besonders für ein friedliches Europa einsetzen. Findest du es richtig, dass dieser wichtige Europa-Preis nach Karl dem Großen benannt ist? Begründe deine Meinung.*
2. *Untersuche, ob der Autor des Verfassertextes Karl den Großen positiv oder negativ darstellt.*
3. *Vergleiche das Münzbild M1 mit dem auf S. 136 (M5). Erkläre, welche Botschaft Karl mit dieser Münze vermitteln wollte. Berücksichtige auch die Informationen des Verfassertexts.*

M2 Karl wird Kaiser

Einhard, der Sohn einer vornehmen Familie aus der Maingegend, kommt 790 als Lehrer an den Hof Karls des Großen. Er hat eine Vita Karls, eine Beschreibung seiner Lebensgeschichte, verfasst. Darin schreibt er:

Karls letzte Reise nach Rom hatte mehrere Gründe. Die Römer hatten Papst Leo schwer misshandelt, ihm die Augen ausgestochen und die Zunge ausgerissen, sodass er sich gezwungen sah, den König um Schutz zu bitten. Daher begab sich Karl nach Rom, um die verworrenen Zustände der Kirche zu ordnen. Das dauerte den ganzen Winter. Bei dieser Gelegenheit erhielt er den Kaisertitel, der ihm anfangs so zuwider war, dass er erklärte, er würde die Kirche selbst an jenem hohen Feiertag nicht freiwillig betreten haben, wenn er die Absicht des Papstes geahnt hätte. Die Eifersucht der oströmischen Kaiser, die ihm die Annahme der Titel schwer verübelten, ertrug er dann allerdings mit erstaunlicher Gelassenheit.

Einhard, Das Leben Karls des Großen, übers. v. Evelyn Firchow, Stuttgart 1968, S. 59 (vereinfacht)

M3 Byzantinische Sicht

Der oströmisch-byzantinische Geschichtsschreiber Theophanes (um 760 - 817) berichtet in seiner Chronik:

Im selben Jahre erhoben sich in Rom die Verwandten des seligen Papstes Hadrian, die das Volk auf ihre Seite gebracht hatten, gegen Papst Leo, und nachdem sie ihn gefangengenommen hatten, ließen sie ihn blenden. Sie vermochten aber nicht sein Augenlicht zum Erlöschen zu bringen, da die Leute, die ihn blenden sollten, menschlich mit ihm verfuhren und ihn schonten. Er floh zum Frankenkönig Karl, der grausame Rache an den Feinden des Papstes nahm und ihn wieder auf seinem Thron einsetzte. Seit jener Zeit steht Rom unter der Macht der Franken. Als Belohnung dafür krönte der Papst ihn am 25. Dezember [...] zum römischen Kaiser in der Kirche des heiligen Apostels Petrus, nachdem er ihn vom Kopf bis zu den Füßen gesalbt und ihm das kaiserliche Gewand angelegt und die Krone aufgesetzt hatte.

Zit. nach: Wolfgang Lautemann (Bearb.), Mittelalter. Geschichte in Quellen, Bd. 2, München 1975, S. 71

M4 Das Reich der Karolinger im 8./9. Jh.

M5 Karl der Große wird von Papst Leo III. zum Kaiser geweiht
Buchmalerei (5,6 x 8,5 cm) aus der Gothaer Weltchronik, um 1270

1. *Einhard schreibt, Karl sei die Verleihung des Kaisertitels „zuwider" gewesen (M2). Stelle Vermutungen an, was Einhard damit andeuten wollte.*
2. *Vergleiche Einhards Bericht (M2) mit dem des oströmischen Geschichtsschreibers (M3).*
3. *Diskutiert, welche Vermutungen aus Aufgabe 1 durch die Ergebnisse der folgenden Aufgabe sowie der Aufgabe 3 auf S. 150 gestützt und welche dadurch unwahrscheinlich oder sogar widerlegt werden.*

Wie regiert ein König?

Der König auf Durchreise

Die Herrscher zur Zeit Karls des Großen hatten viele Aufgaben: Sie mussten das Reich vergrößern, die Grenzen sichern und im Innern für Recht und Frieden sorgen. Im Auftrag des Papstes schützten sie die Kirche und halfen den christlichen Glauben zu verbreiten.

Eigentlich hätte der König überall gleichzeitig sein müssen, um seine Macht zu zeigen und seine Befehle durchzusetzen. Eine Hauptstadt oder eine Verwaltung wie im Römischen Reich gab es nicht. Deshalb reiste der König fast ohne Pause durch sein Reich, in jedem Jahr mehrere tausend Kilometer. Er regierte „vom Sattel aus" (**Reisekönigtum**).

Das Reisen war beschwerlich, denn feste Straßen gab es nur wenige. Am angenehmsten war die Reise mit dem Schiff stromabwärts auf den großen Flüssen, dem Rhein oder dem Main. In Klöstern wie Lorsch und Fulda, in Bischofsstädten wie Mainz und Köln oder in seinen besonders ausgebauten Königshöfen, den Pfalzen wie Frankfurt und Aachen, machte der König Station.

Begleitet wurde er stets von mehreren hundert bis tausend Mann und doppelt so vielen Pferden. Das vornehme Gefolge aus Bischöfen, Äbten und weltlichen Fürsten machte die Würde des Königs weithin sichtbar.

Der reisende Königshof musste an jedem Ort versorgt werden. Für die Klöster und Pfalzen bedeutete deshalb ein längerer Aufenthalt des Königs eine große Belastung.

Kein König regiert allein

Das viele Personal war aber auch nötig, um den König bei seinen vielen Aufgaben zu beraten und die Reichsgeschäfte zu erledigen. Männer im Gefolge des Königs planten seine Reisen und kümmerten sich um den königlichen Grundbesitz. Die wichtigsten vier Hofämter waren: der Marschall für die Ausrüstung des Heeres, der Kämmerer für die Kasse, der Mundschenk für die Getränke und der Truchsess für das Essen.

Besonders wichtig für die Verwaltung des Reiches war die Hofkapelle. Mitglieder waren schriftkundige Geistliche. Sie stellten unter Aufsicht eines Kanzlers Urkunden aus und berieten den Herrscher.

Auf Hof- und **Reichstagen** traf er sich mit den Fürsten zur Beratung. Hier wurden wichtige Entscheidungen des Reiches getroffen, Streitfälle entschieden, Recht gesprochen, Boten aus fernen Teilen des Reiches und Gesandte aus fremden Ländern empfangen.

Der König durfte jeden Rechtsfall entscheiden, er konnte aber nicht überall persönlich für Ordnung sorgen. Deshalb ließ er sich durch einflussreiche Adlige, Bischöfe und Äbte vertreten. Darüber hinaus war das Land in Grafschaften eingeteilt; der König ernannte Adlige zu Grafen, die dort in seinem Auftrag herrschten. Sie sprachen Recht, verfolgten Straftäter, zogen Abgaben ein und führten die beschlossenen Maßnahmen durch. Königsboten beaufsichtigten die Grafen. Für die Verwaltung und Sicherung der Grenzgebiete (Marken) sorgten Markgrafen.

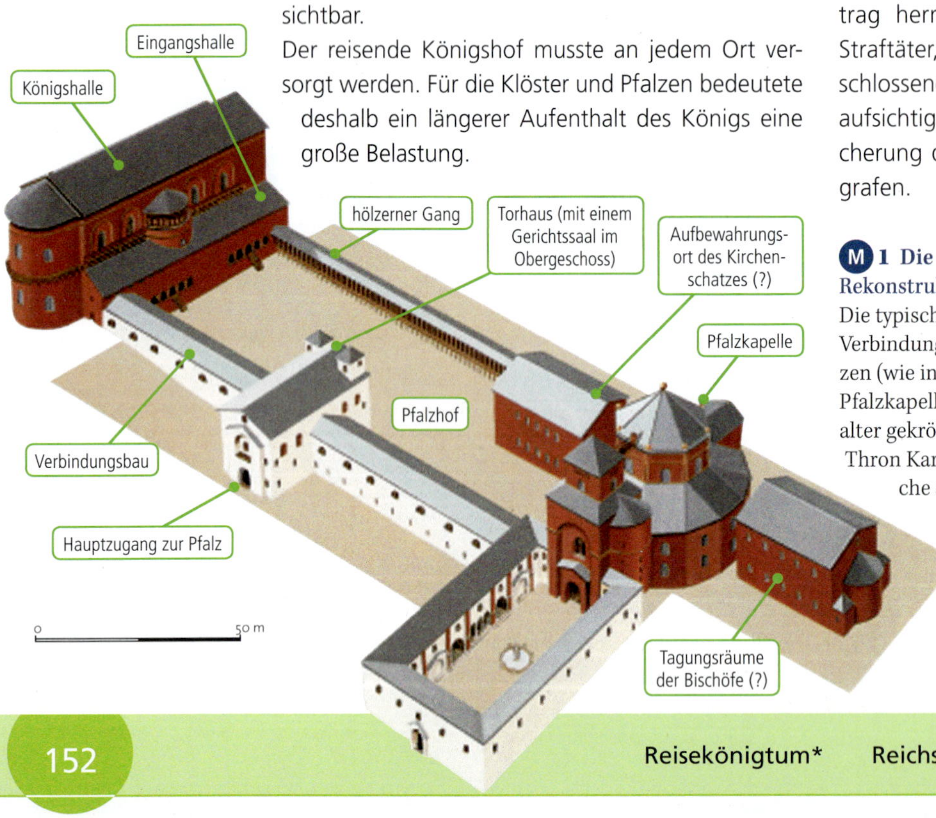

M 1 Die Pfalz in Aachen
Rekonstruktionszeichnung
Die typische Anlage mit Königshalle, Kirche und einem Verbindungsbau dazwischen gab es auch in anderen Pfalzen (wie in Frankfurt und Ingelheim). In der Aachener Pfalzkapelle wurden fast alle deutschen Könige im Mittelalter gekrönt; nach der Krönung nahmen sie auf dem Thron Karls des Großen Platz, der in der achteckigen Kirche auf einer Empore steht. Die Pfalzkapelle ist noch heute erhalten. Zur Pfalz gehörten auch noch andere Gebäude (Wirtschaftsgebäude, Ställe usw.). Weil sie aber aus Holz gebaut waren, ist von ihnen nichts mehr erhalten.

M2 Wo war Karl der Große?

Schriftliche Quellen nennen uns für 775 und 776 folgende Aufenthaltsorte:

775

Januar: Reichstag in Quierzy
26. März: Karl feiert das Osterfest in Quierzy
nach dem 20. April: Aufbruch nach Diedenhofen; spätestens ab 3. Mai in Diedenhofen
24. Mai bis 26. Juni: Aufenthalt in Quierzy
28. Juli bis 3. August: Aufenthalt in Düren
nach dem 3. August: Sachsenfeldzug
Stationen: Hohensyburg – Eresburg – Brunsburg – Aufenthalt im Raum Minden/Lübbecke (Sieg über die Westfalen)
spätestens ab 25. Oktober: Aufenhalt in Düren
November: Aufenthalt in Diedenhofen
spätestens ab Anfang Dezember: Aufenthalt in Schlettstadt, wo Karl das Weihnachtsfest feiert und von einem Aufstand in Italien erfährt; er beschließt, nach Italien zu ziehen

776

April: Aufenthalt in Treviso
spätestens ab 9. Juni: Aufenthalt in Vicenza
ab 17. Juni: Aufenthalt in Ivrea
Juli: Reichsversammlung in Worms (danach Niederwerfung der Sachsen, die die Eresburg zerstört haben)
Weihnachten: Aufenthalt in Herstal

Nach: Elmar Wagener, Ein Reisender in Sachen Politik, in: Praxis Geschichte 2/88, S. 33

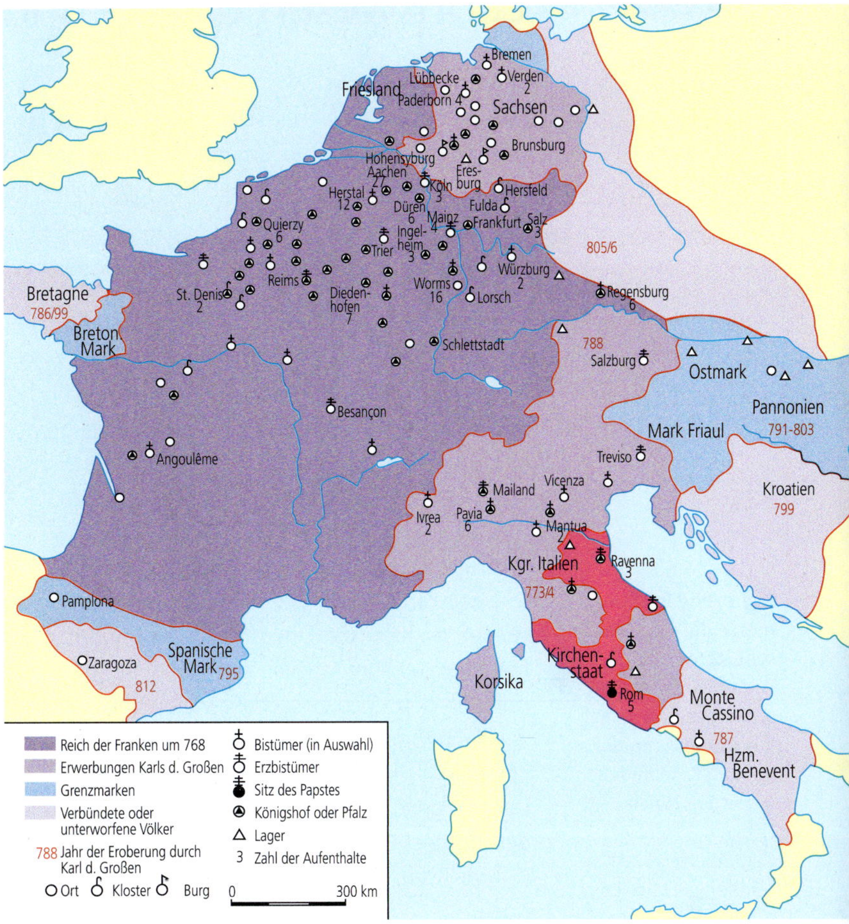

M4 Das Reich Karls des Großen mit den wichtigsten Aufenthaltsorten des Königs

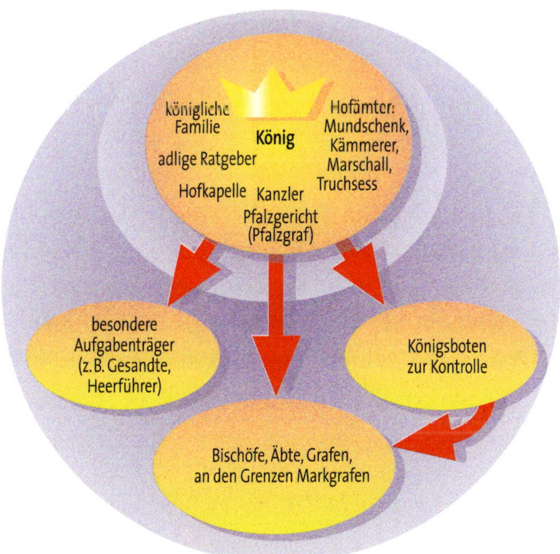

M3 Der König und seine Helfer

1. *Erstelle eine Liste der wichtigsten Aufenthaltsorte Karls des Großen.*
2. *Stelle fest, wo besonders viele Pfalzen lagen. Erkläre, warum die Pfalzen so unterschiedlich verteilt waren (M4).*
3. *Wähle zwei Städte im Reich Karls des Großen aus (M2). Recherchiere mithilfe einer digitalen Karte im Internet, wie weit die Städte auseinanderliegen, und rechne aus, wie viele Kilometer der König mit seinem Gefolge durchschnittlich an einem Tag zurücklegte.*
4. *Erkläre mithilfe von M1-M4 und des Verfassertextes, wie der König sein Reich regierte.*

Lehnswesen und Grundherrschaft

Land bringt Macht

Die Grundlage jeder Herrschaft im Mittelalter war Grundbesitz. Der größte Grundbesitzer war der König. Land besaß auch der Adel. Aus ihm stammten Könige und Herzöge (die höchsten Fürsten), Grafen, Bischöfe und Äbte. Aber auch freie Bauern besaßen Grund und Boden.

Wer viel Land und mehrere Höfe besaß, ließ diese von Dienstmannen (Ministerialen) verwalten. Mit Unterstützung von sogenannten „Meiern" (von lat. maior: Vorsteher) zogen die Ministerialen die grundherrlichen Abgaben ein, beaufsichtigten die Dienste und sorgten für Schutz und Ordnung der Höfe.

Wer über Land und Leute verfügt

Nur wer Land besaß, war wirklich frei. Aber immer wieder reichten die Einkünfte vieler Bauern nicht mehr aus, um ihre Familien zu ernähren und für den König in den Krieg zu ziehen. Viele gaben deshalb ihre Freiheit auf; sie unterstellten sich und ihre Nachkommen als **Hörige** dem Schutz eines Grundherrn. Der Hof gehörte nun dem Grundherrn; ihm musste der unfreie Bauer Dienste und Abgaben leisten (Frondienste), aber keinen Kriegsdienst mehr für den König.

M 1 Wie funktionierte die Grundherrschaft?
Die adlige Grundherrschaft bestand meist aus einem Haupthof, mehreren Nebenhöfen sowie den Höfen der Hörigen. Mächtige Grundherren wie Kaiser, Könige, Fürsten und die Kirche besaßen mehrere tausend Höfe.

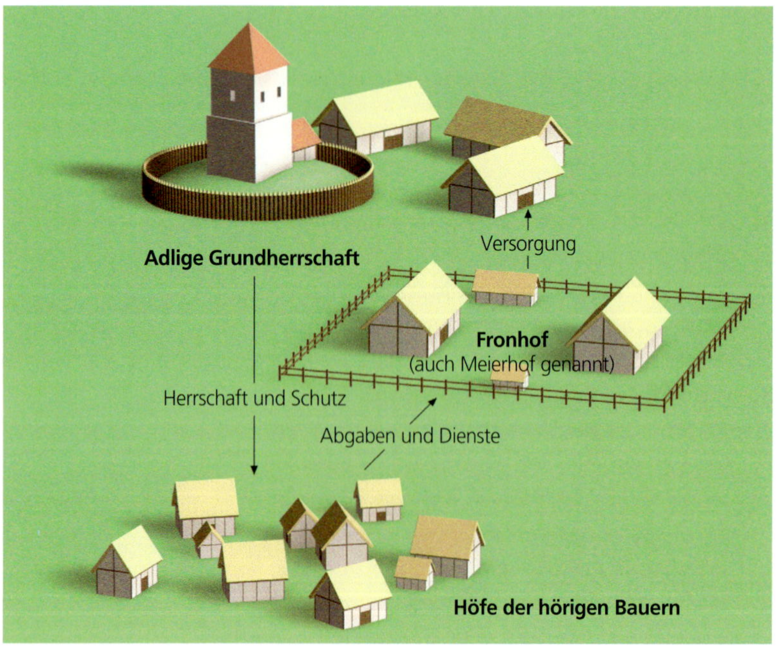

Bauern, die das Land des Herrn als dessen Diener bearbeiteten, galten als **Leibeigene**. Ohne Zustimmung des Grundherrn durften sie das Land nicht verlassen. Der Grundherr war auch Richter über sie und durfte sie bestrafen. Wenn der Grundherr das Land vererbte, verkaufte oder verlor, gehörten auch die unfreien Bauern mit ihren Familien dem neuen Herrn. Die Macht der Grundherren über Land und Leute nennen wir **Grundherrschaft**.

Herrscher brauchen Helfer

Mittelalterliche Herrschaft war nicht nur von Grundbesitz, sondern vor allem von persönlichen Beziehungen abhängig. Könige und Fürsten besaßen zwar das meiste Land. Um ihre Macht auch durchsetzen zu können, brauchten sie aber treue Gefolgsleute. Dauerhafte Unterstützung sicherten sie sich, indem sie ihren Helfern Land „liehen". So entstand das **Lehnswesen**: Unfreie Dienstmannen (Ministeriale) oder Adlige erhielten für ihre Dienste Land mit den darauf lebenden Menschen und Tieren. Der „verliehene" Grundbesitz hieß Lehen, die Empfänger **Vasallen**. Beide Seiten versprachen sich gegenseitig Treue und Schutz. Kam der Vasall seinen Diensten nicht nach, durfte der Lehnsherr das Lehen einziehen. Verletzte der Herr seine Pflichten, brauchte der Vasall ihm keine Gefolgschaft mehr zu leisten. Ein Lehen durfte noch an weitere Lehnsnehmer (Untervasallen) weitergegeben werden. Das Lehnsverhältnis endete anfangs nach dem Tod des Lehnsherrn oder Vasallen. Später betrachteten die Lehnsnehmer das Lehen als ihren Besitz und vererbten es. Durch die Erblichkeit der Lehen entstand damit bis zum 10. Jh. eine abgeschlossene Gruppe von ungefähr 200 Personen: Die Großen des Reiches wählten den König[1] und hatten besonderen Einfluss. Der König musste auf ihren Rat und ihre Wünsche Rücksicht nehmen. Mit ihnen teilte er die Herrschaft.

Die Zeit, in der Lehnswesen und Grundherrschaft die Grundlagen der Macht bildeten, wird als Epoche des **Feudalismus** (lat. feudum: Lehen) bezeichnet. Sie dauerte in Europa bis ins 19. Jh. hinein.

Fasse zusammen: Auf welchen Grundlagen beruhte Herrschaft im Mittelalter?

[1] Siehe dazu S. 160 f.

Leibeigener/Höriger | Grundherrschaft | Lehnswesen | Vasallen* | Feudalismus*

M 2 Der König belehnt Fürsten

Bild aus der Heidelberger Handschrift des Sachsenspiegels, um 1330

Zwei Fürsten bieten einem Vasallen die Belehnung an. Der Vasall legt seine Hände zwischen die seines Lehnsherrn. Dabei wird er etwa folgenden Schwur geleistet haben: „Deine Feinde sind meine Feinde, deine Freunde sind meine Freunde. Ich will dir immer treu und gegenwärtig sein, wenn du mich brauchst." Nebenbei: Der Vasall nimmt hier das Lehen von dem Lehnsherrn entgegen, der selber ein Lehen hat (die Fahne lässt darauf schließen).

M 3 Befehl an die Vasallen

In einem Brief, der nach 804 geschrieben worden ist, fordert Karl der Große den Abt des Klosters von Altaich (Bayern) auf, seinen Vasallenpflichten nachzukommen:

Im Namen des Vaters und des Sohnes und des Heiligen Geistes [...]. Wir teilen dir mit, dass wir in diesem Jahre den großen Reichstag nach Ostsachsen zusammengerufen haben [...]. Deshalb befehlen wir dir, am 17. Juni mit allen deinen wohlbewaffneten und -ausgerüsteten Leuten an dem genannten Platze dich einzustellen, also sieben Tage vor der Messe des heiligen Johannes des Täufers. Du wirst also wohlvorbereitet mit deinen Leuten an dem genannten Platze erscheinen, um von hier aus [...] eine militärische Expedition durchzuführen; das heißt mit Waffen und Gerät und aller anderen kriegerischen Ausrüstung, mit Proviant und Bekleidung. Jeder Berittene soll Schild, Lanze, Schwert und Hirschfänger haben, dazu Bogen, Köcher mit Pfeilen, und eure Packwagen sollen Vorräte aller Art mitführen, Spitzhacken und Äxte, Bohrer, Beile, Spaten, eiserne Grabscheite und alle anderen Werkzeuge, die man bei einem Feldzug braucht. Die Lebensmittel müssen vom Reichstag an gerechnet drei Monate reichen, Waffen und Bekleidung ein halbes Jahr [...].

Die Geschenke, die du uns auf unserem Reichstag abzuliefern hast, übersende Mitte Mai dahin, wo wir uns dann aufhalten werden [...]. Lasse dir dabei keinerlei Nachlässigkeit zuschulden kommen, wenn dir an unserer Gnade gelegen ist.

Zit. nach: Wolfgang Lautemann (Bearb.), Mittelalter. Reich und Kirche. Geschichte in Quellen, München ²1978, S. 76f.

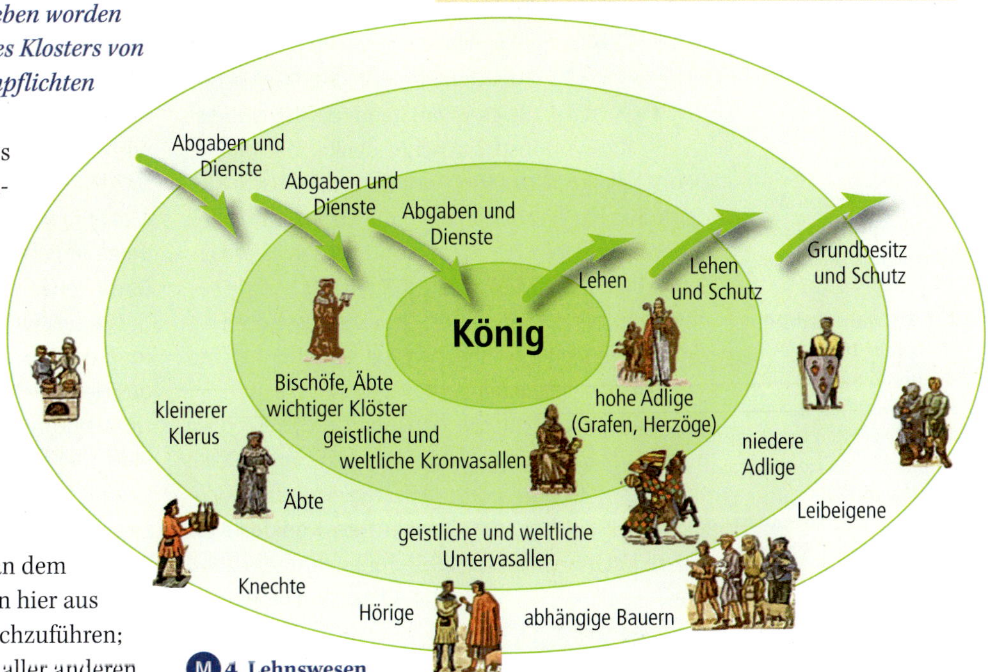

M 4 Lehnswesen

Die schematische Darstellung stellt die Verhältnisse vereinfacht dar. Lehen wurden nicht nur von König zu Kronvasall und von Kronvasall zu Untervasall vergeben, sondern auch auf derselben Ebene von Kronvasall zu Kronvasall oder in seltenen Fällen von Untervasallen zu Kronvasallen. Grundsätzlich waren Lehnsbeziehungen nur unter Freien (Adligen) möglich. Kein Abhängiger konnte daher Lehen vergeben.

1. *Beschreibe M2. Begründe, wer Lehnsherr und wer Vasall ist.*
2. *Stellt die Szene in M2 in der Klasse nach. Diskutiert eure Eindrücke aus der Sicht von Lehnsherren und Vasallen, die Geste und Haltung bei euch hinterlassen.*
3. *Versetze dich in die Rolle des Abtes und schreibe einen Antwortbrief (M3). Woher nahm er die Geräte, die Ausrüstung und den Proviant?*
4. *Erläutere die Darstellung des Lehnswesens in M4. Begründe den Zusammenhang von Lehnswesen und Grundherrschaft.*
5. *Gestalte ein Schaubild zum Lehnswesen in Pyramidenform. Begründe, welche Vor- und Nachteile die Darstellung im Vergleich zu M4 bietet. Achte dabei besonders auf das Verhältnis von König und Kronvasallen (siehe Verfassertext auf S. 152 und 154).*

Herrschaft im Namen Gottes

M1 Die Teilreiche des ehemaligen Frankenreiches nach 880

M2 Krönungsbild Heinrichs II.
Buchmalerei, um 1002
Kaiser Heinrich II., Urenkel des ersten Ottonenherrschers Heinrich I., wurde 1002 in Mainz zum König und 1014 in Rom zum Kaiser gekrönt.

Von der fränkischen zur deutschen Geschichte

Im Januar 814 starb Karl der Große. Sein Reich blieb nicht lange bestehen. Unter seinen Nachfolgern zerfiel es in kleinere Teilreiche. Daraus entstanden später Frankreich, Italien und das Deutsche Reich.

Aus dem Ostteil des fränkischen Reiches entstand im 10. Jh. das ostfränkische Reich, das später Deutsches Reich genannt wurde. Dort musste sich der König die Macht vor allem mit den mächtigsten Kronvasallen, den Herzögen von Sachsen, Franken, Schwaben und Bayern teilen. Kein König konnte seine Macht behaupten, wenn er nicht aus einer Herzogsfamilie stammte und sich mit anderen mächtigen Familien verbündete.

919 wählten die Fürsten den Herzog von Sachsen Heinrich I. zum König. Damit war ein neues Reich entstanden. Über hundert Jahre regierten die Nachkommen Heinrichs, die Ottonen, als Könige (919-1024). Nach Heinrichs Tod 936 folgte ihm sein Sohn Otto I. Dieser ließ sich in Aachen zum König krönen. Er zeigte damit, dass er sich als Nachfolger der fränkischen Herrscher verstand. Als Otto – wie einst Karl der Große – dem Papst militärisch gegen seine Gegner half, erhielt er dafür 962 den Kaisertitel durch den Papst in Rom. Seither hatte der ostfränkische oder deutsche König Anspruch auf die Kaiserkrone des **Heiligen Römischen Reiches**.

„Deutscher König"?

Otto selbst nannte sich „König der Franken", meist aber nur „König". Einen „deutschen König" oder ein „deutsches Reich" kannte man im Mittelalter nicht. Das deutsche Volk ist im Mittelalter aus verschiedenen Völkern und Herrschaften erst allmählich zusammengewachsen.

Könige und Kirche

Da sie die Lehen nun vererbten, waren die Herzöge den Ottonen zu mächtig. Sie wollten ein Gegengewicht schaffen. Daher gründeten sie Reichsbistümer und -klöster. Ihnen schenkten die Könige weltliche Macht in Form von Land und Leuten und überließen ihnen andere Einkünfte und Rechte (**Reichskirche**). Dafür verlangten sie, dass die Bischöfe und Äbte sie mit ihrem Gefolge versorgten, ihnen bei der Verwaltung des Reiches halfen und bewaffnete Krieger für das Heer stellten.

Um die Kontrolle über die verschenkte Macht zu erhalten, ernannten sie enge Vertraute und Verwandte zu Bischöfen und Äbten und kontrollierten deren Einsetzung (**Investitur**).

Das war nur möglich, weil der König als direkt von Gott eingesetzter Herrscher galt. Der König, und nicht der Papst galt als Vertreter Christi auf Erden. Nach damaligem Verständnis war er damit ein Geistlicher und kein Laie (Nichtgeistlicher). Deshalb nahm er für sich auch das Recht in Anspruch, die Wahl und Absetzung von Päpsten zu beeinflussen.

Aber schon im 10. Jh. regte sich dagegen Widerstand. Die Kirche fürchtete eine Abhängigkeit von den weltlichen Herrschern und forderte ihre Freiheit und Unabhängigkeit.

1. *Nenne die Länder, die später aus den fränkischen Teilreichen entstanden (M1).*
2. *Begründe, warum man das Reich der ottonischen Könige nicht „deutsches Reich" nennen sollte.*
3. *Erkläre, warum die Ottonen versuchten, ihre Herrschaft auf Bischöfe und Äbte zu stützen.*
4. *Auch ohne die Übersetzung der Inschriften gibt das Bild (M2) Auskunft über das Verständnis des Königtums. Erkläre diese Aussage.*

M3 Heil dem neuen König!

Der sächsische Geschichtsschreiber Widukind berichtet in seiner „Sachsengeschichte" über die Krönung Ottos I. 936 in Aachen. Der Erzbischof von Mainz empfängt den neuen König in der Pfalzkapelle und spricht zu den versammelten Fürsten:

„Sehet, ich bringe euch den von Gott erwählten und von dem mächtigen Herrn Heinrich bestimmten, nun aber von allen Fürsten zum König gemachten Otto. Wenn euch diese Wahl gefällt, so hebt die rechte Hand zum Himmel empor." Darauf hoben alle die Rechte in die Höhe und wünschten mit lautem Zuruf dem neuen Herrscher Heil. Dann schritt der Erzbischof mit dem König, der nach fränkischer Art in eng anliegender Tracht gekleidet war, hinter den Altar, auf dem die königlichen Herrschaftszeichen lagen. Er trat an den Altar, nahm das Schwert und sprach zum König: „Empfange dieses Schwert und vertreibe mit ihm alle Feinde Christi, die Heiden und schlechten Christen. Denn durch Gottes Willen ist alle Macht im ganzen Frankenreich dir übertragen, zum dauernden Frieden aller Christen." Sodann nahm er die Spangen und den Mantel und bekleidete ihn damit. Danach nahm er Zepter und Stab und sprach: „Diese Zeichen sollen dich ermahnen, mit väterlicher Strenge deine Untertanen zu leiten." Darauf wurde er mit dem heiligen Öl gesalbt und mit dem goldenen Diadem gekrönt und zum Thron geleitet.

Zit. nach: Albert Bauer und Reinhold Rau (Hrsg.), Quellen zur Geschichte der sächsischen Kaiserzeit, Darmstadt ²1977, S. 85-89

M5 Das Reich zur Zeit der Ottonen

Die Herzöge von Franken, Sachsen, Bayern, Schwaben und Lothringen waren die mächtigsten Fürsten im Reich. Aus ihren Reihen wurde der König gewählt. Marken (oder Markgrafschaften) waren Grenzgebiete im Osten des Reiches. Die Markgrafen hatten die Aufgabe, in ihrem Gebiet die Reichsgrenze zu sichern.

M4 „Gekrönt mit dem goldenen Diadem" – die Reichskrone

Die Reichskrone wurde im 10. Jh., vielleicht schon zur Kaiserkrönung Ottos I. angefertigt. Sie besteht aus acht bogenförmigen Platten mit Perlen und Edelsteinen und einem Kreuz auf der Stirnplatte. Das Kreuz und die Inschrift PER ME REGES REGNANT („Durch mich herrschen die Könige") deuten auf Christus hin: In seinem Auftrag herrscht der König. Die Krone und die anderen Reichsinsignien (Reichsschwert, Reichskreuz und Reichsapfel) befinden sich heute in der Wiener Hofburg. Sie waren bis zum Ende des Reiches 1806 in Gebrauch.

1. *Vergleiche das Reich der Ottonen (M5) mit dem Reich Karls des Großen (S. 151 und 153, M4). Was fällt dir auf?*
2. *Otto I. sah sich selbst als Nachfolger Karls des Großen. Zeige auf, wo dies in Widukinds Bericht (M3) zu erkennen ist.*
3. *Vergleiche Widukinds Bericht (M3) mit den Bildern M2 und M4. Erkläre, warum der König über den Fürsten steht.*

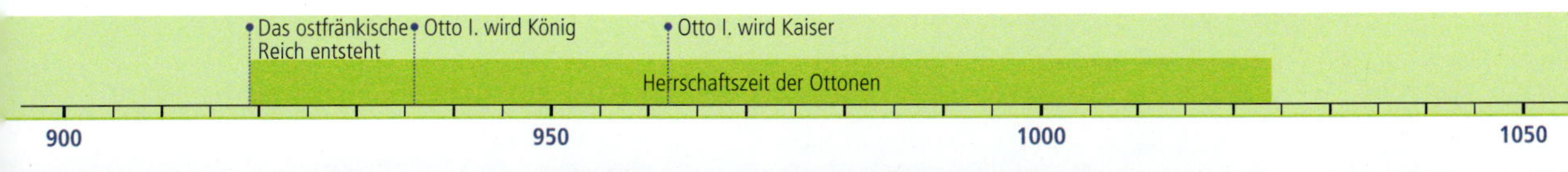

König oder Papst – wer hat die Macht?

M 1 Die Zeichen des Bischofs: Stab und Ring, 11. Jh.
Die Herrschaftszeichen erhielt der Bischof vom König bei der Investitur, der Einsetzung in sein Amt.

Der Papst fordert die Freiheit der Kirche

Im 11. Jh. störten sich immer mehr Menschen daran, dass die Kirche so viele weltliche Aufgaben hatte. Konnten Bischöfe, die wie Fürsten lebten und herrschten, noch richtig für das Seelenheil der Menschen da sein? Besonders Papst **Gregor VII.** setzte sich leidenschaftlich für eine neue Kirche ein: Die Bischöfe sollten keinen Dienst mehr für die Könige leisten. Von nun an sollten nur noch die Kardinäle, die nach dem Papst höchsten Geistlichen in der Kirche, einen neuen Papst wählen. Kein Geistlicher sollte mehr durch einen Laien in sein Amt eingesetzt werden. Überhaupt sollte die Kirche nur noch Gott dienen.

Der Streit um die Investitur …

Die Forderungen des Papstes fielen in eine Zeit, als das Königtum in der Dynastie der Salier (1024-1125) in eine Krise geraten war. Nach dem Tod seines Vaters war 1056 der erst sechsjährige **Heinrich IV.** König geworden. Für den König war das Investiturverbot des Papstes gefährlich, da die von ihm eingesetzten Bischöfe seine Macht stützten. Aber auch viele Bischöfe wollten sich vom Papst keine Vorschriften machen lassen. Für sie war der Papst als Bischof von Rom nur ein Kollege und kein Vorgesetzter. Außerdem wollten sie nicht auf ihre fürstlichen Rechte verzichten, die ihnen der König gab.

M 2 Szene an der Bronzetür des Domes in Gnesen (Polen)
Bronzerelief von 1175
Dargestellt ist ein Ereignis aus dem 10. Jh.

… wird zum Machtkampf …

Als 1075 Heinrich IV. trotzdem einen neuen Erzbischof einsetzte, griff Papst Gregor VII. ihn an. Der König forderte den Papst daraufhin auf, er solle sein Amt niederlegen. Das konnte der Papst nicht hinnehmen. Er verhängte über Heinrich IV. den Kirchenbann: Er schloss ihn aus der Gemeinschaft der Gläubigen aus, sprach ihm die Herrschaft über das Reich ab und verbot allen Christen, ihm zu dienen.
Damit war ein heftiger Machtkampf ausgebrochen:

- Für den König bedeutete das Verbot der Investitur, dass er die Kontrolle über die Reichskirche und die ihr geschenkte Macht verlor.
- König und Papst stritten darum, ob der König sich in kirchliche Angelegenheiten einmischen durfte und wer über dem anderen stand.
- Die Fürsten sahen eine günstige Gelegenheit, den König unter Druck zu setzen und ihre Macht zu stärken: Sie verweigerten ihm die Gefolgschaft und wählten mehrfach Gegenkönige.

Was folgte, ging als „Gang nach Canossa" in die Geschichtsbücher ein: Heinrich zog im Winter 1077 über die Alpen nach Canossa in Italien und bat Papst Gregor VII. barfuß und im Büßergewand, den Bann aufzuheben. Der Papst musste den Kaiser wieder in die Kirche aufnehmen.

… mit langfristigen Folgen

Aber erst 1122, mehrere Jahrzehnte nach dem Tod von Heinrich und Gregor, fanden ihre Nachfolger eine Lösung für den „**Investiturstreit**". Sie beendeten den Machtkampf mit einem in Worms beschlossenen Vertrag zwischen Kirche und Reich (Konkordat): Der König verzichtete darauf, die Bischofswahlen zu beeinflussen. Die Bischöfe blieben aber Vasallen des Königs und waren ihm zu Treue und Gefolgschaft verpflichtet. Mit dem Investiturstreit und dem Wormser Konkordat begann die Entwicklung, geistliche und weltliche Herrschaft in Europa zu trennen.

1. *Stelle gegenüber, was aus Sicht von König/Kaiser und Papst jeweils für bzw. gegen die Einsetzung von Bischöfen und Äbten sprach.*
2. *Beschreibe das Relief M2 und finde einen Titel für die Abbildung.*

M3 Eine historische Zäsur?

Der Historiker Martin Clauss beurteilt den „Gang nach Canossa", den der Chronist Lampert von Hersfeld 1078/1079 beschrieben hat:

Im Oktober 1076 versammelten sich die Fürsten des Reiches in Tribur. [...] Lampert von Hersfeld schildert, dass man drauf und dran gewesen sei, einen neuen König zu wählen. Man fand sich dann aber doch zu einem Kompromiss bereit: Papst Gregor VII. sollte auf einer Fürstenversammlung, die für den 2. Februar 1077 nach Augsburg einberufen wurde, über Heinrich, seine Lebens- und Amtsführung entscheiden. Voraussetzung für den Fortbestand des Königtums war die Lösung vom Bann. [...] Heinrich [...] machte sich auf den Weg nach Italien, um Gregor VII. abzufangen, bevor dieser mit den Reichsfürsten zusammenkommen konnte. [...] Der Übergang in Schnee und Eis muss sehr schwierig gewesen sein. Lampert von Hersfeld schildert die Strapazen für Mensch und Tier sehr plastisch [...]. Heinrich erreichte Italien, bevor Gregor VII. seinerseits die Alpen überquert hatte. Heinrich nahm Verhandlungen mit dem Papst auf. [...] Um seiner Forderung nach einer Lösung des Bannes Nachdruck zu verleihen, vollzog Heinrich ein Buß- und Unterwerfungsritual: An drei aufeinanderfolgenden Tagen zog er barfuß vor das Tor der Burg Canossa und harrte in der Kälte aus. Diese öffentliche Geste der Demut sollte Gregor dazu bewegen, Heinrich wieder in die Kirche aufzunehmen. Ob dies Teil der Verhandlungen oder Heinrichs eigene Initiative war, ist nicht mehr zu entscheiden.

Am 28. Januar 1077 löste Gregor Heinrich vom Kirchenbann [...]. Am gleichen Tag verpflichtete sich Heinrich eidlich, sich dem Urteil des Papstes zu unterwerfen [...].

Jenseits aller Wertungen wird in der Rückschau deutlich, dass Canossa eine historische Zäsur darstellte. [...] Die Einheit von kirchlicher und weltlicher Macht war zerbrochen. [...] Nun richtete der Papst über den König. Das Papsttum hatte sich als Institution von überregionaler Bedeutung – neben und in Konkurrenz zum deutschen Königtum etabliert. Das salische Königtum wurde von Gregor VII. konsequent als „deutsch" bezeichnet: regnum Teutonicum oder rex Teutonicus.

Martin Clauss, Die Salier, Darmstadt 2011, S. 54 - 56 und 59

M4 Die „Zweischwerterlehre"
Illustration im Rechtsbuch des Sachsenspiegels, 1442
Christus überreicht Papst und Kaiser die Schwerter der geistlichen und weltlichen Macht.

1. *Recherchiere zwei verschiedene bildliche Darstellungen des „Gangs nach Canossa" (M3) und vergleiche.*
2. *Beurteile, welche Darstellung des „Gangs nach Canossa" dem historischen Geschehen wohl am nächsten kommen könnte.*
3. *Erkläre, warum für die Herrschaft Heinrichs IV. die Wiederaufnahme in die Kirche notwendig war.*
4. *Arbeite heraus, wie Martin Clauss das Ereignis bewertet (M3).*
5. *Erläutere anhand des Bildes M4 die sogenannte „Zweischwerterlehre". Vergleiche mit der Abbildung M2 auf S. 156.*
6. *Schreibe Sprechblasen für Kaiser und Papst (M4): Was denken beide von den Vereinbarungen des Wormser Konkordats?*
7. *Informiere dich, wie das Verhältnis von Staat und Kirche heute in Deutschland und Frankreich geregelt ist.*
   Tipp: Denke z. B. an das Unterrichtsfach Religion an staatlichen Schulen oder die Finanzierung der Kirche.

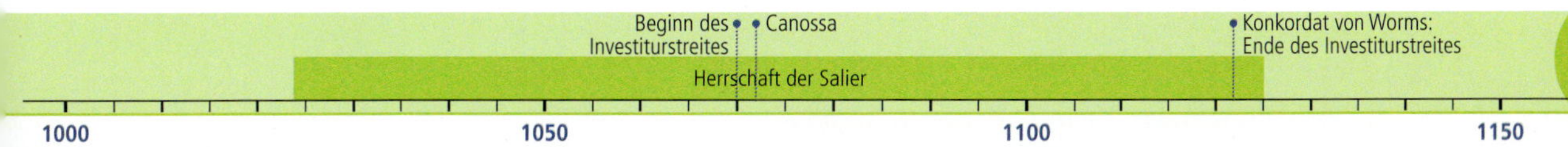

Die Fürsten: ungekrönte Könige?

M 1 Die sieben Kurfürsten
Aus der Bilderhandschrift des Kurfürsten Balduin von Trier, um 1340
Die sieben Kurfürsten wählen Heinrich VII. aus der Familie der Luxemburger zum König. Über den Kurfürsten befinden sich ihre Wappen. Kurfürst Balduin gab das Bild in Auftrag. Er war der Bruder Kaiser Heinrichs IV. und einer der einflussreichsten Reichsfürsten des Mittelalters.

Könige und Vasallen streiten um die Macht

Nicht immer konnte ein König sich darauf verlassen, dass die Fürsten ihn als ihren obersten Lehnsherrn tatsächlich unterstützten, wie es ihre Pflicht als seine Lehnsnehmer und Vasallen war. Die Reichsfürsten wollten keinen starken Herrscher über sich. Daher betonten sie ihr Recht „seit alters her", dass jeder König von den Fürsten gewählt werden musste. Starb ein König ohne männlichen Nachfolger und erlosch damit das Herrscherhaus, wählten sie oft schwache Nachfolger, die ihnen ihre Macht nicht streitig machten. Mehrfach erklärten einige Fürsten einen König für abgesetzt, wenn sie mit dessen Herrschaft unzufrieden waren. Dann wählten sie einen Gegenkönig und es kam häufig zum Krieg.

Eine Wahl als Tauschgeschäft?

Die Nachfolge der Könige im Reich war lange nicht eindeutig geregelt. Oft wurde der älteste Sohn schon als Kind zum Nachfolger bestimmt und gekrönt. Dies setzte aber die Zustimmung der Reichsfürsten voraus. Der Sohn erbte das Königsamt daher nicht, sondern wurde gewählt.
Gerade wenn ein König schwach war oder sich mehrere Bewerber um die Krone stritten, konnten die Kronvasallen ihre Macht ausdehnen. Dann ließen sie sich für die Wahl und Unterstützung von den Bewerbern Rechte übertragen oder bezahlen.

Kaiser Friedrich II. aus der Dynastie der Staufer[1] verzichtete zum Beispiel gegenüber den Fürsten auf Zoll- und Münzrechte sowie auf das Recht, Festungen zu errichten, um die Wahl seines Sohnes zum deutschen König zu erreichen.
Spätere Könige versuchten vergeblich, ein Erbkönigtum durchzusetzen und einmal aufgegebene Vorrechte wiederzubekommen. Manche verkauften sogar weitere Rechte an die Fürsten, wenn sie Geld brauchten.
Dadurch konnten die Fürsten ihre Herrschaftsgebiete und damit ihre Macht immer weiter ausbauen. Im späten Mittelalter und zu Beginn der Neuzeit regierten viele Fürsten in ihren Gebieten wie ungekrönte Könige. Sie wurden zu mächtigen **Landesherren**, die gegenüber dem König und Kaiser immer selbstbewusster auftraten.[2]

Wer darf den König wählen?

Erst im Laufe der Zeit wurde der Kreis der wahlberechtigten Fürsten kleiner. 1273 wählten erstmals sieben **Kurfürsten** (von kur: Wahl) den König und zukünftigen Kaiser. 1338 legten sechs der Fürsten in einer Vereinbarung ihr ausschließliches Recht fest, den König zu wählen.
Kaiser Karl IV. bestätigte die sieben Königswähler 1356 in einem Reichsgesetz, der „**Goldenen Bulle**": die Erzbischöfe von Mainz, Köln und Trier, der König von Böhmen, der Pfalzgraf bei Rhein, der Herzog von Sachsen und der Markgraf von Brandenburg. Damit sich die Zahl der Königswähler nicht beliebig vermehrte, durften die Kurfürstentümer nicht geteilt werden.
Die „Goldene Bulle" machte die Kurfürsten zu den höchsten Würdenträgern nach dem König.
Ab 1438 stellt die Familie der Habsburger mit nur einer Ausnahme die Könige und Kaiser des Reiches bis zu dessen Ende 1806. Die letzte Wahl und Krönung fand 1792 in Frankfurt am Main statt.

1. *Recherchiere die Wappen der sieben Kurfürsten (M1), um herauszufinden, wo Erzbischof Balduin von Trier abgebildet ist.*
2. *Fasse zusammen, wie sich das Verhältnis von König und Reichsfürsten veränderte.*

[1] Die Staufer stellten von 1138 bis 1254 die deutschen Kaiser und Könige.
[2] Siehe dazu ausführlich S. 250 f.

Landesherren Kurfürsten* Goldene Bulle*

M2 Rechte für die Fürsten

Aus dem „Gesetz zugunsten der Fürsten" (lat. Statutum in favorem principum) Kaiser Friedrichs II. vom Mai 1232:

1. Keine neue Stadt oder Burg darf auf geistlichem Gebiet weder von Uns noch von sonst jemandem unter irgendeinem Vorwande errichtet werden.
2. Neue Märkte dürfen die alten nicht beeinträchtigen.
3. Niemand darf zum Besuch eines Marktes gezwungen werden.
4. Alte Straßen dürfen nur mit der Einwilligung der auf sie Angewiesenen verlegt werden. […]
6. Jeder Fürst soll seine Freiheiten, Gerichtsbarkeiten, Grafschaften und Centen[1] […], ob sie nun frei in seiner Hand oder zu Lehen gegeben sind, nach der bewährten Gewohnheit seines Landes unangefochten genießen.
7. Die Centgrafen[2] haben ihre Gerichtsbarkeit vom Landesherrn oder dem von ihm Belehnten zu empfangen. […]
17. Wir werden in keinem Lande eines Fürsten Geld schlagen lassen, wodurch die Münze dieses Fürsten an Wert verliert. […]
19. In Unseren Städten hat der Ankläger dem Angeklagten an dessen Gericht zu folgen, außer der Angeklagte, der fürstlicher Untertan ist, wird in der Stadt aufgegriffen; in diesem Falle muss er sich in ihr verantworten.

Zit. nach: Wilfried Hartmann (Hrsg.), Frühes und hohes Mittelalter 750-1250. Deutsche Geschichte in Quellen und Darstellung, Bd. 1, Stuttgart 1995, S. 405 f. (vereinfacht)

M3 Ein König kommt ins Amt

Die in der „Goldenen Bulle" von 1356 festgelegte Form der Wahl bleibt bis 1806 in Kraft:

Nachdem die Kurfürsten in die Stadt Frankfurt eingezogen sind, sollen sie sogleich bei Anbruch des folgenden Tages in vollzähliger Anwesenheit die Messe „de Sancto Spiritu" (dt. „vom Heiligen Geist") singen lassen, damit der Heilige Geist ihre Herzen erleuchte […].

Wenn nun diese Messe zu Ende ist, sollen alle Kurfürsten an den Altar herantreten, um folgenden Eid in der Landessprache zu leisten: „Ich schwöre auf diese hier gegenwärtig vor mir liegenden heiligen Evangelien Gottes, dass ich gemäß der Treue, zu der ich gegen Gott und das Heilige Römische Reich verpflichtet bin, nach all meinem Verstand und meiner Einsicht mit Gottes Beistand der Christenheit ein weltliches Oberhaupt wählen will, das heißt einen römischen König und künftigen Kaiser, der dazu geeignet ist, und dass ich meine Wahlentscheidung ablegen werde ohne alle Verabredung, Belohnung, Entgelt oder Versprechen – so wahr mir Gott helfe und alle Heiligen." Wenn nun die Kurfürsten oder ihre Gesandten diesen Eid geleistet haben, sollen sie zur Wahl schreiten […].

Wer so zum römischen König gewählt worden ist, soll sogleich nach vollzogener Wahl, bevor er in irgendwelchen anderen Angelegenheiten oder Geschäften aus Vollmacht des Heiligen Reiches seine Tätigkeit beginnt, den geistlichen und weltlichen Kurfürsten alle ihre Privilegien, Rechte, Freiheiten und Vergünstigungen, alten Gewohnheiten und auch Würden und alles, was sie vom Reich bis zum Tag seiner Wahl empfangen und besessen haben, ohne Verzug und Widerspruch durch seine Siegel bestätigen und bekräftigen.

Zit. nach: Die Goldene Bulle, nach König Wenzels Prachthandschrift, mit der dt. Übersetzung von Konrad Müller und einem Nachwort von Ferdinand Seibt, Dortmund ³1989, S. 108 ff. (vereinfacht)

M4 Die Kurfürsten ziehen zur Wahl
Holzschnitt aus einer Sammlung von Reichsgesetzen von 1485
Die Kurfürsten trafen sich seit 1257 zur Königswahl in der Freien Reichsstadt Frankfurt am Main.

[1] Cent: niederes Gericht
[2] Centgraf: Vorsitzender der Centen

1. **Arbeite heraus**, inwiefern die Urkunde (M2) die Macht des Kaisers schwächte und die der Fürsten stärkte.
2. **Zähle** die Verpflichtungen **auf**, die der Eid der Kurfürsten enthält (M3). **Erläutere** ihre Bedeutung.
3. **Fasse zusammen**, wozu Wähler und Gewählter unmittelbar nach der Wahl verpflichtet wurden (M3). **Begründe**, welchen Zweck diese Verpflichtung gehabt haben könnte.
4. **Erkläre**, warum die Kurfürsten auch als „Säulen des Reiches" bezeichnet wurden und nicht der König.

Erstmals im ostfränkischen Reich Königswahl durch die Fürsten
Königswahl durch Kurfürsten
„Goldene Bulle": Reichswahlgesetz bis 1806
900 | 1000 | 1100 | 1200 | 1300 | 1400

Die Ständegesellschaft: eine göttliche Ordnung?

M 1 **Die drei Stände**
Malerei aus einer französischen Handschrift, 14. Jh.

Drei Stände

Nach mittelalterlichem Denken war es für das Zusammenleben vor allem wichtig, dass es jemanden gab, der für das Seelenheil der Menschen betete, jemanden, der sie schützte, und jemanden, der sie mit seiner Arbeit ernährte. Deshalb teilte man die Menschen in drei Gruppen: in Geistliche (Priester, Mönche und Bischöfe), Adlige (Kaiser bzw. Könige und Fürsten) und Bauern, Handwerker und Kaufleute. Man stellte sich vor, dass Gott jeden Menschen durch seine Geburt in eine dieser Gruppen stellte, und nannte diese Gruppen Stände. Damit galt die **Ständeordnung** als grundsätzlich unveränderlich. Eltern vererbten ihren Stand an ihre Kinder.

Nicht alle Menschen sind gleich

Für uns ist es selbstverständlich, dass die Menschen grundsätzlich gleich sind, obwohl sie sich nach ihrem Vermögen, nach ihren Berufen und Fähigkeiten unterscheiden.

Im Mittelalter war das anders. Da galt es als ganz natürlich, dass die Menschen ungleich waren. Beten und Kämpfen erschien wichtiger und daher vornehmer als die mühsame und oft schmutzige Handarbeit.

Daher hatten Geistliche und Adlige Vorrechte vor dem Dritten Stand der einfachen Leute: Adlige durften Burgen bauen, Waffen tragen oder zur Jagd gehen. Geistliche waren von den meisten Steuern befreit. Adlige und Geistliche mussten sich nur vor Richtern aus ihrem eigenen Stand verantworten. Die Vornehmsten unter ihnen hatten das Recht, den König zu wählen und zu beraten.

Erster und Zweiter Stand bildeten eine kleine Minderheit in der mittelalterlichen Gesellschaft. Sie grenzten sich von der Masse des Dritten Standes sorgfältig ab. Heiraten zwischen Angehörigen des Adels und des einfachen Volkes waren so gut wie undenkbar, oft sogar verboten.

Die Herkunft bestimmt das Leben

Adelige lebten meist mit ihrem Gefolge auf dem Herrenhof ihrer Grundherrschaft oder auf einer Burg. Die meisten Geistlichen waren Mönche und lebten in einem Kloster. Lebensraum der Angehörigen des Dritten Standes waren die Stadt oder der Bauernhof und das Dorf.

In diesem Lebensraum gingen die Menschen festen Tätigkeiten nach: Die Adligen übten sich im Kampf, verwalteten ihre Güter oder gingen zur Jagd, die Geistlichen widmeten sich dem Studium heiliger Schriften und dem Gottesdienst. Die einfachen Leute arbeiteten als Bauern, Handwerker oder Kaufleute bzw. als deren Knechte oder Gehilfen.

Diese klare Aufteilung der Gesellschaft nach der Ständeordnung war eine religiöse Idealvorstellung. Die Realität sah oft anders aus, denn der Stand entsprach nicht unbedingt der sozialen Stellung. Gerade in den Städten war die soziale Gliederung viel dynamischer und vielfältiger. So konnten Bürger sehr reich werden und einen adligen Lebensstil pflegen; umgekehrt gab es viele arme Adlige, die wie Bauern lebten.

Ungleiche Bedingungen

Viel einschneidender waren die Unterschiede in der Lebenserwartung. Die Kost der einfachen Leute war eintönig und oft nicht ausreichend: Sie bestand überwiegend aus Hülsenfrüchten, Getreidebrei, Brot und Eiern, etwas Gemüse und Obst aus dem Garten oder Pilzen und Beeren aus dem Wald. Fleisch oder Fisch lagen selten auf dem Teller.

Schlechte und eintönige Ernährung und harte Arbeit von Tagesanbruch bis Sonnenuntergang führten dazu, dass einfache Leute eine geringere Lebenserwartung hatten als Adlige und Geistliche. Sie wurden selten älter als dreißig Jahre. Vor allem die Kindersterblichkeit war hoch. Mehr als die Hälfte der Kinder wurde keine 14 Jahre alt.

1. *Beschreibe M1 und M4. Erkläre, woran sich die Stände jeweils erkennen lassen.*
2. *Vergleiche, worin sich die Ständeordnung von unserer heutigen Gesellschaft unterscheidet.*

M2 „Gottes Haus ist dreigeteilt ...“

Bischof Adalbert von Laon schreibt um 1030 dem französischen König:

Im Glauben ist die Christenheit einheitlich, doch gliedert sie sich in drei Stände. Das weltliche Recht zeigt hingegen eine Teilung in zwei Standesgruppen: Der Freie und der Knecht haben ja nicht dasselbe Recht. An der Spitze stehen zwei, der eine ist der König, der andere der Kaiser; durch deren Gebot soll der Staat gesichert dastehen. [...]

So gliedert sich also das Haus des Herrn, obschon einheitlich dem Glauben nach, in drei Teile: Die einen beten, die anderen kämpfen, die dritten arbeiten. Diese drei existieren zugleich und sind untrennbar verbunden. Vom Dienst des einen hängt die Tätigkeit der beiden anderen ab, so unterstützen sie sich alle wechselseitig. So ist also dieser Verband einheitlich und gleichzeitig dreigeteilt.

Zit. nach: Siegfried Epperlein, Bäuerliches Leben im Mittelalter, Köln 2003, S. 245 (leicht verändert)

M3 Eine göttliche Ordnung

Die einflussreiche Kirchenlehrerin Hildegard von Bingen erklärt Mitte des 12. Jh.:

Gott achtet bei den Menschen darauf, dass sich der niedere Stand nicht über den höheren erhebe, wie es einst Satan und der erste Mensch getan. Wer steckt all sein Viehzeug zusammen in einen Stall: Rinder, Esel, Schafe, Böcke? Da käme alles übel durcheinander! So ist auch darauf zu achten, dass nicht alles Volk in eine Herde zusammengeworfen werde. Es würde sonst eine böse Sittenverwilderung einreißen, wenn der höhere Stand zum niedrigen herabgewürdigt und dieser zum höheren aufsteigen würde. Gott teilt sein Volk auf Erden in verschiedene Stände, wie die Engel im Himmel in verschiedene Gruppen geordnet sind [...].

Zit. nach: Hiram Kümper und Michaela Pastors, Mittelalter, Schwalbach/Ts. 2008, S. 72

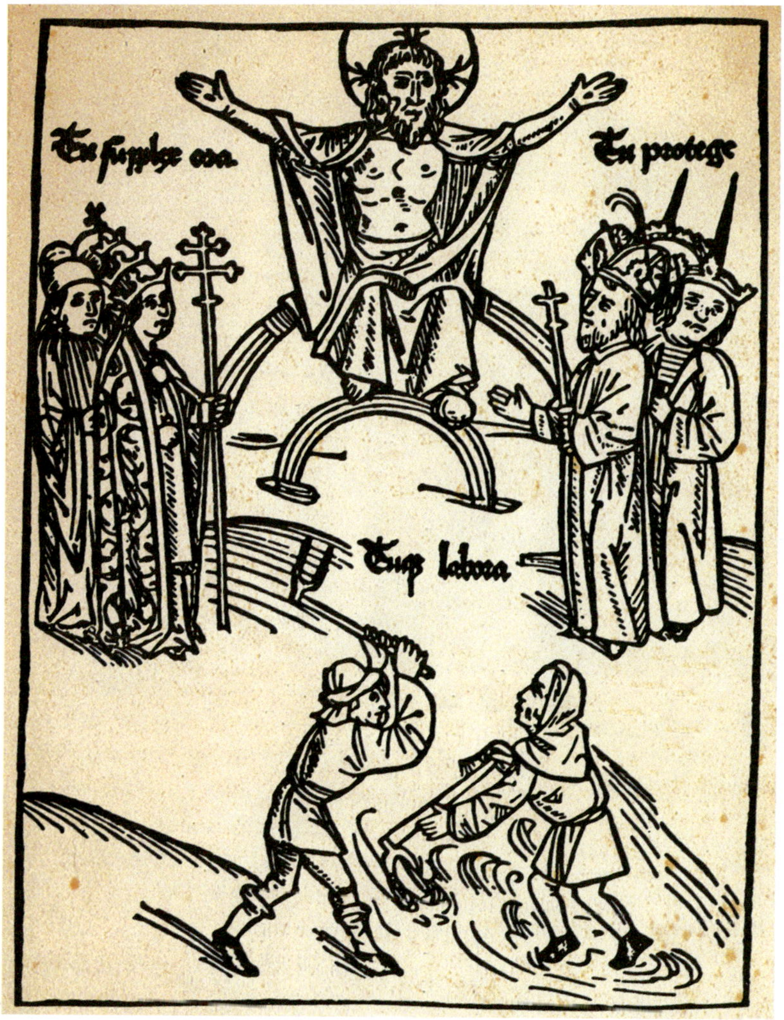

M4 Christus teilt den drei Ständen ihre Aufgaben zu
Holzschnitt, Heidelberg 1488

Das Bild zeigt den auf einem Regenbogen, dem Symbol der Verbindung zwischen Himmel und Erde, thronenden Weltenrichter Christus. Links von ihm der Papst mit einem weiteren Geistlichen, rechts der Kaiser und ein Fürst und in der unteren Mitte zwei Bauern. Die Beschriftungen lauten übertragen: „Du bete demütig!“ „Du schütze!“ „Und du arbeite!“

1. *Arbeite aus M2 und M3 heraus, wie die Autoren jeweils die Lehre von den drei Ständen begründen.*
2. *Diskutiert in der Klasse, was für und was gegen die Ständegesellschaft spricht (M1 bis M4).*

Männer und Frauen: klare Rollen?

M1 Standesgemäße Heirat eines vornehmen Mädchens mit einem älteren reichen Mann
Monatsbild „April" aus dem Breviarium Grimani), um 1500

M2 Tätigkeiten von Frauen
Illustrationen aus dem Hausbuch der italienischen Familie Cerruti, 14. Jh.

Hausgemeinschaft und Ehe

Adlige und Bauern hatten eine Gemeinsamkeit: Sie lebten in einer Hausgemeinschaft. Dazu gehörten neben dem Ehepaar und den noch unverheirateten Kindern auch das Gesinde und zum Teil auch unverheiratete Verwandte. Die Familie gewährte ihren Mitgliedern Hilfe und Schutz.

Die Vorstellungen von der Ehe bestimmte die Kirche. Sie erklärte die Ehe für unauflöslich und forderte, dass die „Frau dem Manne untertan" sein solle. Die Ehe hatte im Mittelalter vor allem einen Zweck: Aus ihr sollten Nachkommen hervorgehen, an die der Besitz vererbt werden konnte und die im Alter für ihre Eltern sorgten. Heiraten durfte nur, wer ein sicheres Einkommen hatte. Adlige konnten sehr jung verheiratet werden, oft zwischen 12 und 14 Jahren. Gehilfen im Handwerk benötigten die Zustimmung ihres Meisters und das Gesinde auf dem Land die seines Herrn. Deshalb heirateten sie oft erst mit Ende 20 oder Anfang 30, zum Teil aber auch gar nicht.

Liebe stellte in der Regel nicht die Grundlage für eine Ehe dar. Normalerweise vereinbarten die Eltern die Ehen ihrer Kinder, und ihnen ging es vor allem darum, was die künftigen Eheleute in die Ehe mitbrachten, aus welcher Familie sie stammten und von welchem Stand sie waren. Auch beim Adel dürften Liebesheiraten selten gewesen sein. Adlige Familien schlossen mit einer Ehe nämlich auch zugleich ein Friedens- und Bündnisversprechen.

Männer und Frauen

Die Frau stand im Mittelalter unter der Herrschaft ihres Mannes. Dieses Rollenverständnis blieb auch in den folgenden Jahrhunderten bestehen. Aber Frauen waren nicht rechtlos und nicht ohne Macht. So gab es Herrscherinnen oder Fürstinnen, die gleichberechtigt mit ihrem Mann oder stellvertretend für ihren minderjährigen Sohn regierten. Deshalb war es so wichtig „standesgemäß" zu heiraten. Denn die Königin oder die Herzogin erteilte die Befehle, nicht die Frau.

Land, Haus und Hof wurden nur an Söhne vererbt. Daher mussten die Töchter entweder ohne Lohn im Familienbetrieb mitarbeiten oder sich als Mägde auf umliegenden Gehöften verdingen. In den Häusern der Händler, Handwerker und Bauern besorgten die Frauen den Haushalt, erzogen die Kinder und arbeiteten im Betrieb mit. In den Städten erhielten Frauen mit der Zeit mehr Rechte und Freiheiten. So gab es in Köln z.B. eigene Zünfte von Handwerkerinnen. Im späten Mittelalter bildeten sich mit den sogenannten Beginen religiöse Gemeinschaften von Frauen, die fromm und ehelos lebten.

„Geschichtslose" Frauen?

Nur wenige Frauen haben im Mittelalter selbst Texte geschrieben. Ein großer Teil der Quellen, die über Frauen berichten, wurden von Männern verfasst, meist Geistlichen oder Medizinern. Wenn sie über Frauen schrieben, verrät das viel über ihre Ansichten, aber wenig über das Leben der Frauen. Von ihrem Alltag „erzählen" fast nur archäologische Quellen. Daher spricht man von einer Art „Geschichtslosigkeit" der einfachen Frauen im Mittelalter.

Schreibe einen Dialog zwischen einer mittelalterlichen Adligen und einer Bäuerin, die sich über ihr Leben unterhalten.

M3 Ehegemeinschaft

Burkard Zink steigt vom armen Kaufmannsgehilfen zum reichen Kaufmann auf. Mitte des 15. Jh. verfasst er eine Chronik der Stadt Augsburg, in die er auch seine Lebensgeschichte einfügt. Darin berichtet er über seine Hochzeit und die ersten Ehejahre:

Sie war eine ehrbare arme Frau und brachte mir (als Mitgift) nicht mehr als ein kleines Bettlein und ein Kühchen und sonst bescheidenen ärmlichen Hausrat zu wie Pfannen etc. [...] Freilich hatte ich sicherlich auch nicht viel: Ich besaß zwar ein gutes Gewand, aber nicht viel angesparte Pfennige. [...] Nachdem wir Hochzeit miteinander gehalten hatten, da wusste ich freilich nicht, was ich tun sollte, denn ich hatte nichts. [...] Da beriet ich mich mit meiner Hausfrau. Die war mir auch hold, tröstete mich und sprach: „Mein Burkard, halte Dich gerade und verzage nicht, lass uns einander helfen, so wollen wir wohl auskommen. Ich will an dem Rad spinnen und kann jede Woche wohl 4 Pfund Wolle ausspinnen, das bringt 32 Pfennige." Und da die Frau so voller Trost war, da fasste ich Mut und dachte: Nun – ich kann doch ein wenig schreiben. [...] Es war ein Kleriker an der Kirche „Unserer lieben Frau" [...]. Der war mir wohlgesonnen [...]. Meine Frau und ich saßen zusammen, ich schrieb und sie spann [...]. Doch wir sind oft beieinander gesessen die ganze Nacht. Es ging uns ganz gut, und wir verdienten, was wir brauchten.

Zit. nach: Gerhard Fouquet und Ulrich Mayer (Hrsg.), Lebenswelten 2. Quellen zur Geschichte der Menschen in ihrer Zeit. Alteuropa 800 bis 1800, Stuttgart 2001, S. 93f. (übertragen von Gerhard Fouquet)

M4 „Das boshafte Weib"
Holzschnitt von Erhard Schoen, um 1540

M5 Sind Männer klüger als Frauen?

Die französische Schriftstellerin und Philosophin Christine de Pizan schreibt als erste für Frauen über Frauen. In ihrem „Buch von der Stadt der Frauen" (1405) berichtet sie von einer erfundenen Stadt, die nur von Frauen erbaut wird. Darin geht es auch um das Verhältnis von Männern und Frauen:

Noch einmal sage ich dir mit allem Nachdruck: Wenn es üblich wäre, die kleinen Mädchen eine Schule besuchen und sie im Anschluss daran, genau wie die Söhne, die Wissenschaften erlernen zu lassen, dann würden sie genauso gut lernen und die letzten Feinheiten aller Künste und Wissenschaften ebenso mühelos begreifen wie jene. Zudem gibt es ja solche Frauen. [...]

Und so schließt man vom bloßen Augenschein, von der Beobachtung darauf, Frauen wüssten generell weniger als Männer und verfügten über eine geringere Intelligenz. In verschiedenen [...] Gegenden wirst du ebenfalls Wesen antreffen, die in ihrer Einfalt Tieren gleichen. Und dennoch kann es nicht den geringsten Zweifel geben: Die Natur hat sie mit ebenso vielen körperlichen und geistigen Gaben ausgestattet, wie die weisesten und erfahrensten Männer, die in den Städten und Kommunen leben. Dies alles ist jedoch mit mangelnder Bildung zu erklären, auch wenn ich dir gesagt habe, unter den Männern und den Frauen seien manche eben klüger als andere.

Christine de Pizan, Das Buch von der Stadt der Frauen, München 1990, S. 94f.

M6 Nonnen beten
Buchmalerei aus Frankreich, spätes 13. Jh. (Ausschnitt)
Trotz der zum Teil strengen Klosterregeln (siehe dazu S. 168f.) bot das Leben als Nonne den Frauen Freiheiten, die sie sonst kaum hatten: sie konnten sich Bildung aneignen und mussten keinen Mann heiraten, den sie nicht liebten. Männliche Bevormundung gab es im Kloster generell nicht.

Internettipp:
Zum Leben der Frauen im Mittelalter siehe Mediencode 31021-29

1. *Arbeite aus M3 bis M5 die Ansichten zum Verhältnis von Männern und Frauen heraus.*
2. *Gestalte ein Poster, auf dem du Tätigkeiten und Stellung von Männern und Frauen im Mittelalter darstellst. Ziehe auch andere Abbildungen aus diesem Kapitel hinzu.*
3. *Stelle Informationen zum Verhältnis von Frauen und Männern in Deutschland heute zusammen. Vergleiche die mittelalterlichen Rollenbilder von Männern und Frauen mit der heutigen Situation.*
   Tipp: Starte eine Umfrage und/oder suche im Internet nach statistischen Informationen, z. B. beim Statistischen Bundesamt zur Verteilung der Berufe, zu Ehe und Familie.

Wie lebt der Adel?

Wer gehörte dazu?

Könige, Herzöge, Grafen, Bischöfe und Äbte stammten im Mittelalter aus adligen Familien. Höchste Adelspflicht war es, ein gerechter Herr zu sein, die Untertanen zu schützen und für sie zu sorgen. Im Notfall führte der Herr Fehde, um sein Recht mit Waffengewalt zu verteidigen. Genau wie der König war der adlige Herr ständig unterwegs. Denn seine Besitzungen lagen über weite Gebiete verstreut. Außerdem musste er dem König folgen, wenn dieser zu Hoftagen und Kriegszügen rief.

Ein neuer Adel entsteht

Auch die Ritter gehörten zum Adel. Das Wort bedeutete im 11. Jh. „bewaffneter Reiter". Dazu zählten alle, die mit Pferd und Rüstung in den Krieg zogen, vor allem einfache Adlige oder Ministeriale. Letztere waren ursprünglich unfreie Dienstmannen, die für ihre Herren – Könige und Fürsten – kämpften und deren Güter, Burgen und Städte verwalteten oder andere Dienste leisteten. Die Ministerialen leisteten ihren Herren einen Treueid wie fürstliche Vasallen. Mit der Zeit nannten sich die Ministerialen nach den Burgen, die sie verwalteten und auf denen sie lebten, z. B. die Herren „von Katzenelnbogen" oder „von Eltz", und verhielten sich wie Fürsten. Im Laufe der Zeit wurden Ritterlehen erblich, der Ritter konnte den Familienbesitz an seine Söhne vererben. So entstand ein neuer Adel.

M 1 Spiel auf Leben und Tod
Buchmalerei aus der Manessischen Liederhandschrift, Anfang 14. Jh.
Ritterliches Verhalten zeigte sich am ehesten im Turnier: Fairness im Kampf, Schonung des Gegners, Einsatz für die Ehre. Das Turnier war Unterhaltung und sportliches Training für den Kampf. Beim Zweikampf ritten zwei Ritter gegeneinander an und versuchen den Gegner mit der Lanze aus dem Sattel zu stoßen.

Ein Ideal anstreben

Im 12. Jh. erhielt „Ritter" eine zusätzliche Bedeutung, die in den Wörtern „ritterlich", „höflich" und „Kavalier" (franz. chevalier: Ritter) bis heute fortlebt. Ritterlich war ein Mann, der ein christliches Leben führte, sich gut kleidete und benahm, das heißt Vernunft und Mäßigung im Kampf, in der Liebe oder beim Essen und Trinken zeigte. Ein Ritter wurde man erst nach langer Ausbildung und einer feierlichen Ritterweihe. Der Alltag war hingegen oft wenig „ritterlich": Die meisten Ritter mussten Haus bzw. Burg, Hof und Felder bestellen. Kam es zum Krieg, waren diese selten heldenmütig: Die Ritter zündeten die Dörfer und Felder des Gegners an.

Auch Damen leben ritterlich

Ein junges Mädchen aus dem niederen Adel musste sich mit Hauswirtschaft und Spinnrad beschäftigen. An den großen Höfen lernten die Mädchen lesen und erhielten Einblicke in die lateinische oder französische Literatur. Einige Töchter aus vornehmen Häusern wurden im Reiten sowie in der Falkenzucht und -jagd unterrichtet. Manche dieser Frauen waren gebildeter als ihre männlichen Altersgenossen und erreichten als Dichterinnen und Hofdamen hohes Ansehen, wie die französische Schriftstellerin Christine de Pisan[1], die um 1400 lebte.

Als Kämpfer nicht mehr zeitgemäß

Im späten Mittelalter bot selbst die stärkste Ritterrüstung gegen die Geschosse der Armbrüste und Handfeuerwaffen keinen Schutz mehr. Im 14. und 15. Jh. verarmten viele einfache Ritter. Ihre Einnahmen aus dem Grundbesitz sanken, während gleichzeitig die Kosten für eine standesgemäße Lebenshaltung stiegen. Manche Ritter versuchten mit Gewalt, diese Entwicklung aufzuhalten.

Manche Begriffe und Redensarten kommen aus der Welt der Ritter: „jemandem mit offenem Visier begegnen" oder „für jemanden eine Lanze brechen". Findet gemeinsam noch weitere Redensarten und schreibt kurze Erklärungen. Gestaltet damit ein großes Plakat und fertigt dazu passende Zeichnungen an.

[1] Vgl. S. 165.

M2 Glanzvolle Feste feiern und die Armen nicht vergessen

Die „Geschichte der Welfen", eine Familienchronik der Herzogsfamilie der Welfen, berichtet um 1190 über Herzog Welf VI.:

Sein ganzes Bestreben war, in großem Prunk zu leben, der Jagd zu frönen, sich Festgelagen und Vergnügungen hinzugeben und in Festlichkeiten und verschiedenen Schenkungen sich großzügig zu erweisen. Einen nicht geringen Teil des Geldes verteilte er an verschiedene Klöster für das Heil seiner Seele. Besonders aber stiftete er der Kirche von Steingaden, die er gegründet hatte. Den Rittern und Genossen seines Hofes gab er zu angemessenen Zeiten glänzende Waffen und kostbare Kleider. Verfolgte und alle, die bei ihm Zuflucht suchten, nahm er überaus gnädig auf; ebenso eifrig kümmerte er sich um Almosen und die Sorge um Arme, Blinde und Aussätzige. Kurzum: So sehr er sich anstrengte, noch mehr auszugeben, umso mehr gefiel es Gott, ihm noch mehr zu geben.

Zit. nach: Schwäbische Chroniken der Stauferzeit 1, hrsg. von E. König, Stuttgart 1938, S. 68-72, (übersetzt, gekürzt und vereinfacht von A. Bühler)

M3 Ritterliche Pflichten

In dem um 1200 entstandenen Versroman „Tristan" von Gottfried von Straßburg wird der zum Ritter geschlagene Tristan von seinem königlichen Onkel belehrt:

„Sieh, Tristan, mein Neffe", sagte er, „jetzt, da dein Schwert gesegnet ist und du Ritter geworden bist, denke nach über ritterliche Werte und über dich und wer du bist. Deine Abkunft und Würde halte dir vor Augen. Sei bescheiden und aufrichtig, wahrhaftig und wohlerzogen. Sei gütig zu den Elenden und stolz zu den Mächtigen. Pflege und verbessere deine äußere Erscheinung. Ehre und liebe alle Frauen. Sei freigebig und verlässlich, und arbeite immer daran."

Gottfried von Straßburg, Tristan, nach dem Text von Friedrich Ranke neu herausgegeben und übersetzt von Rüdiger Krohn, Stuttgart [2]1981, S. 307f.

M4 Lärm, Enge und Gestank

Der fränkische Reichsritter Ulrich von Hutten beschreibt 1518 einem Freund seinen Alltag auf der Burg Steckelberg bei Fulda:

Die Burg, ob sie auf dem Berg oder in der Ebene liegt, ist nicht als angenehme Wohnung, sondern als Festung gebaut. […] Innen ist sie eng und durch die Stallungen für Vieh und Pferde zusammengedrängt. Überall stinkt es nach Schießpulver, und dann die Hunde und ihr Dreck […]. Reiter kommen und gehen, darunter Räuber, Diebe und Wegelagerer. Man hört die Schafe blöken, die Rinder brüllen, die Hunde bellen, die Arbeiter auf den Feldern schreien, die Fuhrwerke und Karren knarren und rattern […]. Der ganze Tag bringt vom Morgen an Sorge und Plage, ohne Pause Unruhe und Betrieb. Äcker müssen gepflügt und umgegraben werden, Weinberge müssen bestellt, Bäume gepflanzt, Wiesen bewässert werden. […] Wenn aber ein schlechtes Erntejahr kommt, wie in dieser mageren Gegend meistens, dann haben wir fürchterliche Not und Armut.

Zit. nach: Arno Borst, Lebensformen im Mittelalter, Frankfurt am Main [14]1995, S. 174f.

M5 Burg Eltz
Foto von 2011
Die Höhenburg in der Eifel wurde im 12. Jh. an einem Handelsweg zwischen der Mosel und dem fruchtbaren Mittelrheinbecken erbaut. Sie konnte nie erobert werden.

1. *Nenne die Aufgaben des Adels (M2). Erkläre, warum auch prächtige Feste und die Hilfe für die Armen zu den Aufgaben eines Adligen gehörten.*
2. *Stelle mithilfe von M3 Pflichten und Tugenden der Ritter in einer Tabelle gegenüber. Ziehe auch den Verfassertext hinzu.*
3. *Zählt auf, welche Aufgaben des Ritters in dem Bericht Ulrichs von Hutten fehlen (M4).*
4. *Schreibe einen Antwortbrief an Hutten. Berücksichtige dabei die Informationen zum Leben des Adels (Verfassertext, M2).*
5. *Sammelt in der Klasse eure Vorstellungen vom Leben als Ritter. Vergleicht anschießend mit M2, M3 und dem Verfassertext. Überlegt, woher unsere heutigen Vorstellungen stammen.*

Klöster als Orte der Kultur und Bildung

M 1 Mönche beten
Buchmalerei aus Frankreich, um 1460

M 2 Eine Klosteranlage
Modell nach dem Klosterplan von Sankt Gallen, 9. Jh.
(1) Ställe
(2) Gesinde
(3) Gästehaus
(4) Brauerei und Bäckerei
(5) Schule
(6) Haus des Abtes
(7) Haus für Aderlässe
(8) Arzt
(9) Hospital
(10) Gebäude für Novizen (angehende Mönche, die ausgebildet und geprüft werden)
(11) Friedhof
(12) Wärter
(13) Speicher für Getreide und Früchte
(14) Werkstätten
(15) Speisesaal, Kleiderkammer
(16) Küche
(17) Mühle
(18) Stampfe
(19) Raum zum Trocknen (von Lebensmitteln)

Gemeinsam für Gott leben

Schon im frühen Mittelalter gab es fromme Männer und Frauen, die ihr Leben ganz Gott widmen wollten. Sie gingen „aus der Welt" und lebten im **Kloster** als Mönche oder Nonnen ohne Besitz und unverheiratet unter der Leitung eines Abtes oder einer Äbtissin. Der Abt (vom spätlateinischen abbas für „Vater") war der Vorsteher des Klosters und der Lehrmeister der Mönche; ihm mussten sie gehorchen, wie es die Regel vorschrieb. Anfangs hatte jedes Kloster eine eigene Ordnung. Seit dem 9. Jh. übernahmen die Klöster in ganz Europa die Regel des heiligen **Benedikt von Nursia**. Somit waren alle Mönche „Benediktiner" und alle Nonnen „Benediktinerinnen". Später entstanden weitere Orden, die sich an diesem Vorbild orientierten.

Gebet – Arbeit – Studium

„Bete und arbeite" (ora et labora) war ein Leitsatz der Benediktiner. Der Tagesablauf im Kloster war in feste Zeiten für Gebet und Arbeit eingeteilt. Von Sonnenaufgang bis Mitternacht versammelten sich die Mönche siebenmal zum Gebet. Dazwischen arbeiteten sie auf den Feldern, in den Weinbergen, den Ställen und Werkstätten des Klosters für ihren Lebensunterhalt. Denn sie wollten unabhängig von der Welt sein. Mönchen und Nonnen bewirtschafteten den klösterlichen Grundbesitz jedoch nicht allein. Zahlreiche abhängige Bauern und Leibeigene arbeiteten auf den Ländereien gegen Abgaben und Dienste.

Auch die geistige Arbeit war Dienst für Gott. Zu einem Kloster gehörten deshalb auch eine Bibliothek, eine Schreibstube (Skriptorium) und eine Schule. In den Männerklöstern wurden die Jungen, in den Frauenklöstern die Mädchen auf das Klosterleben vorbereitet. Sie lernten aber nicht nur Gebete und Psalmen – Lieder im Alten Testament der Bibel –, sondern auch die lateinische Sprache, Reden auf Latein, Mathematik, Astronomie und Musik (Notenlehre). In den Skriptorien fertigten Schreiber und Buchmaler prächtige Handschriften: Bibeln und Messbücher sowie die Bücher der antiken Gelehrten wurden von den Mönchen abgeschrieben und studiert. Die meisten Texte der Griechen und Römer sind uns heute nur erhalten, weil die Mönche sie bewahrt haben.

Reich für die Armen

Die wichtigste Aufgabe der Mönche und Nonnen blieb das Gebet, die Zwiesprache mit Gott und den Heiligen. Sie beteten für alle Christen, vor allem für diejenigen, die ihrem Kloster besonders nahe standen. Deshalb schenkten reiche Herren den Klöstern viel Land. Sie beauftragten so die Mönche, für ihr Seelenheil in besonderer Weise zu beten und an ihrer Stelle gute Werke zu tun: Die Mönche versorgten die Armen und Kranken der Umgebung mit Nahrung und Pflege. Manche Klöster gaben den Armen so viel, dass sie selbst kaum überleben konnten. Andere Klöster wurden so reich, dass die Mönche wie fürstliche Herren lebten.

1. *Beschreibe, was die Männer auf dem Bild (M1) als Mönche kennzeichnet.*
2. *Erstellt in der Klasse gemeinsam ein Schaubild zum Thema: „Was leisteten Klöster im Mittelalter?" Überlegt, wer heute bei uns diese Aufgaben übernimmt.*
3. *Beschreibe den Aufbau einer Klosteranlage (M2). Erkläre, welchen Zwecken die Gebäude dienten.*

M3 Vorschriften

Auszüge aus der von Benedikt von Nursia nach 529 verfassten Klosterregel:

Arme erquicken, Nackte bekleiden, Kranke besuchen, Tote begraben, in der Trübsal zu Hilfe eilen, Trauernde trösten. Mit dem Treiben der Welt brechen […]. Böses nicht mit Bösem vergelten. Kein Unrecht tun, das zugefügte Unrecht aber mit Geduld ertragen. Die Feinde lieben […]. Nicht stolz sein, nicht der Trunksucht ergeben sein, nicht ein Vielfresser sein, nicht schlafsüchtig sein, nicht träge sein […]. Vor dem Tage des Gerichtes in Furcht sein. Vor der Hölle zittern. […] Seinen Mund vor böser und verderblicher Rede bewahren. Vieles Reden nicht lieben […]. Den Eigenwillen hassen. Den Befehlen des Abtes in allem gehorchen […]. Gehorsam ohne Zögern ist der vorzüglichste Grad der Demut.

Müßiggang ist ein Feind der Seele. Deshalb müssen sich die Brüder zu bestimmten Zeiten der Handarbeit und zu bestimmten Zeiten wiederum der Lesung göttlicher Dinge widmen.

Zit. nach: Hans Urs von Balthasar, Die großen Ordensregeln, Einsiedeln [7]1994, S. 197ff.

M4 Kritik aus den eigenen Reihen

Der Mönch Lampert von Hersfeld (siehe auch S. 159) schreibt im 11. Jh.:

Einige Mönche hatten keinen Eifer für göttliche Dinge und lebten nur für Geld und Erwerb. Um Abteien und Bistümer zu erhalten, lagen sie in unverschämtester Weise den Fürsten in den Ohren, und zu kirchlichen Ehrenstellen suchten sie nicht wie unsere Väter auf dem Wege der Tugenden, sondern auf dem abschüssigen Pfad der Schmeichelei […] zu gelangen. Für ein armseliges Ämtlein versprachen sie täglich ganze Goldberge […]. Die Welt wunderte sich über die Quellen solcher Geldströme und konnte es nicht fassen, wie sich die Schätze […] bei einfachen Leuten anhäufen konnten, die […] der Menschheit vorlogen, dass sie außer einer bescheidenen Verpflegung und Kleidung nichts besäßen.

Zit. nach: Johannes Bühler, Klosterleben im Mittelalter, Frankfurt a. M. 1989, S. 179f.

M5 Glaube und Kunst gehören zusammen
Evangelienbuch („Lorscher Evangeliar"), um 810
Das prachtvolle Buch wurde in der Bibliothek des Klosters Lorsch aufbewahrt, im Mittelalter einem Zentrum von Macht, Kunst und Bildung. Wahrscheinlich war es ein Geschenk Karls des Großen für das Kloster.

1. *Erläutere den Leitsatz der Benediktiner „Bete und arbeite" (ora et labora) mithilfe von M3.*
2. *Gib wieder, was Lampert kritisiert (M4).*
3. *Begründe, warum Könige und Fürsten einem Kloster auch wertvolle Bücher wie M5 schenkten.*
4. *Informiere dich über das Klosterleben heute und vergleiche mit dem Mittelalter.*

Alles Bauern? Leben und Arbeiten auf dem Land

M 1 Monatsbild Januar
Flämische Buchmalerei, um 1530

M 2 Monatsbild März
Flämische Buchmalerei, 1473

„Nichts ohne Mühsal"

In Mitteleuropa lebten im frühen Mittelalter nur wenige Menschen. Es gab riesige Laubwälder, ausgedehnte Sümpfe und Moore. In dieser Wildnis lagen einzelne Bauernhöfe, Gutshöfe, Klöster, Dörfer und wenige Städte.

Die Qualität des Bodens, der Wechsel der Jahreszeiten, das Klima und das Wetter bestimmte das Leben der Menschen auf dem Land. Die Arbeit war hart.

Mit dem Hakenpflug, von Ochsen gezogen, wurde die Erde oberflächlich aufgerissen. In jedem Jahr wurde die eine Hälfte des Ackerbodens gepflügt und eingesät; die andere Hälfte blieb unbearbeitet (brach) liegen, damit sich der Boden erholen konnte.

Trotz aller Mühe war die Ernte nicht ergiebig: Vorräte gab es keine. Jede Missernte in zu trockenen oder zu nassen Sommern bedeutete Hunger. Dürre, Getreidefäule und Viehseuchen bedrohten nicht nur die einfachen Bauern. Ein schlechtes Erntejahr spürten alle, die Bauern und ihre Herren.

Mehr Äcker – mehr Menschen

Neun von zehn Menschen lebten von der Landwirtschaft. Macht und Einfluss hatten die, die mehr Land besaßen als die anderen: die adligen Grundherren.

Diese versuchten ständig, fruchtbares Ackerland neu zu gewinnen. Seit dem 10. Jh. ließen sie Wälder roden, Sümpfe trockenlegen und Marschen, d. h. fruchtbares Schwemmland, an der Küste eindeichen. In ihrem Auftrag wurden neue Dörfer planmäßig angelegt.

Um genügend Menschen für diesen Landesausbau zu gewinnen, versprachen die Grundherren den abhängigen Bauern (Hörigen) niedrigere Abgaben und weniger Frondienste als üblich und genehmigten mehr Ehen. Als Folgen des Landesausbaus wurden mehr Familien gegründet; die Bevölkerung nahm seit dem 11. Jh. stark zu.

M 3 **Bockwindmühle**
Flämische Buchmalerei, 1338-1345
Mühlen gehen auf römische und arabische Vorbilder zurück. In Mitteleuropa nutzt man die Windkraft seit dem 12. Jh. Zu dieser Zeit verbreiteten sich auch die Bockwindmühlen.
Zur Funktion: Der kastenförmige Aufbau saß auf einem dicken Eichenstamm (Bock) und musste mit der Stange in den Wind gedreht werden.

M 4 **Turmwindmühle aus dem 15. Jh.**
Foto von 2009
Turmwindmühlen wie die abgebildetet „Steprather Mühle" am Niederrhein verbreiteten sich ab dem 13. Jh. in Europa. Die Turmkappen waren meist von innen drehbar und konnten leichter zum Wind ausgerichtet werden.

Bessere Anbaumethoden ...

Eine weitere Ursache für das Bevölkerungswachstum war eine Klimaerwärmung. Sie ließ die Ernteerträge steigen, sodass mehr Menschen ernährt werden konnten. Außerdem hatten die Bauern gelernt, den Boden besser zu bearbeiten. Der Feldanbau wurde auf die **Dreifelderwirtschaft** umgestellt: Das Sommergetreide wurde im Frühjahr gesät und im Spätsommer geerntet, das Wintergetreide wurde im Herbst gesät und war im nächsten Frühsommer reif. Es gab jetzt also zwei Ernten im Jahr und dadurch deutlich höhere Erträge. Außerdem wurde der Boden mit Mist, Laub oder Mergel (ein kalkhaltiges Gestein) gedüngt.

... und bessere Geräte

Dazu kamen technische Neuerungen:

- Den hölzernen Hakenpflug ersetzte jetzt der Räderpflug mit eiserner Pflugschar und Streichbrett. Der Boden wurde nicht mehr nur aufgerissen, sondern gewendet. Die Saat konnte besser wachsen.
- Dank des Kummets, ein gepolsterter Kragen, konnten anstelle von Kuhen und Ochsen Pferde vor Pflug und Wagen gespannt werden. Das Kummet verteilte die Zuglast besser; sie wurde dadurch auf mehr als das Drei- bis Vierfache erhöht.
- Hufeisen schützten die Pferde vor Verletzungen und machten sie trittsicherer.
- Eggen, Sensen und Dreschflegel kamen ab dem 12. Jh. zum Einsatz.
- Es wurden immer mehr Wind- und Wassermühlen gebaut.

Die Ernteerträge konnten dadurch um das Doppelte, teilweise sogar das Dreifache gesteigert werden.

Wandel mit Folgen

Der Alltag der Landbevölkerung blieb mühsam und arbeitsreich. Dennoch wandelte sich ihr Leben:

- Bei gutem Wetter konnten sie mehr erwirtschaften, als sie verbrauchten und an den Grundherrn abliefern mussten. Die Überschüsse verkauften sie auf Märkten. So konnte auch die wachsende Bevölkerung in den Städten ernährt werden.
- Mit den Einnahmen gewöhnte sich die ländliche Bevölkerung an Münzgeld. Von den Erträgen kauften sie bei Handwerkern Geräte, Kleidung und Haushaltswaren.
- In größeren Dörfern ließen sich Handwerker nieder. Damit begann auch auf dem Land die Arbeitsteilung Einzug zu halten.

1. *Beschreibe in M1 und M2 die Tätigkeiten der Bauern. Benenne mithilfe des Verfassertextes die verwendeten Hilfsmittel und Werkzeuge.*
2. *Vergleiche die beiden Mühlenarten M3 und M4: Welche Vor- und Nachteile haben sie? Wo hat man welchen Typ wohl errichtet?*
3. *Erläutere, welche Bedeutung die Veränderungen in der Landwirtschaft für die Menschen hatte.*
4. *Untersuche, wie das Verhältnis von Mensch und Natur im Text dargestellt wird.*

M 5 Alle unter einem Dach
Schnitt durch ein Bauernhaus, wie es um 1300 ausgesehen haben könnte (Rekonstruktionszeichnung)
Die Familie sitzt auf dem gestampften Lehmboden um die Feuerstelle und isst Getreidebrei.
Die Wände der Bauernhäuser bestanden aus Holz und lehmverputztem Flechtwerk.

M 6 Bevölkerungsentwicklung in Europa
Die Zahlen beruhen auf Schätzungen.

im Jahre 300:	16,8 Mio.
im Jahre 600:	11,9 Mio.
im Jahre 1000:	23,7 Mio.
im Jahre 1340:	53,9 Mio.

Josiah C. Russel, Artikel „Bevölkerung", in: Lexikon des Mittelalters, Bd. 2, München/Zürich 1983, Sp. 14

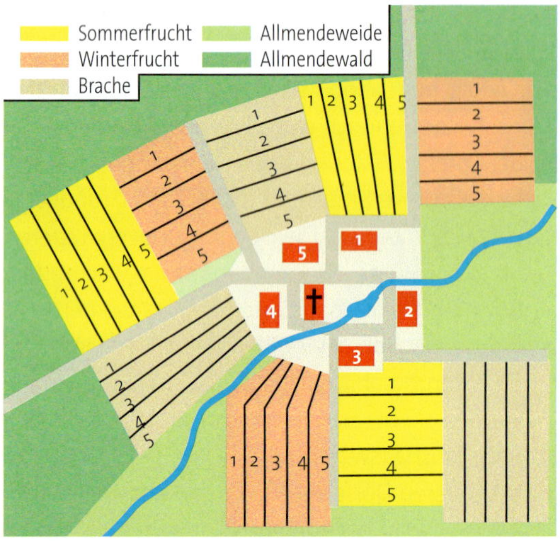

M 7 Die Dreifelderwirtschaft
Das Feld war in Gewanne (Feldstücke) für Sommergetreide, Wintergetreide und Brache eingeteilt. Darin besaß jeder Bauer einen oder mehrere Flurstreifen; sie grenzten unmittelbar aneinander und konnten nur in Zusammenarbeit mit dem Nachbarn bebaut werden. Daraus ergab sich der Flurzwang: Alle Bauern eines Gewannes mussten die gleiche Frucht anbauen. Die Allmende (mittelhochdeutsch: das Allgemeine) war das gemeinsame Eigentum an Wald, Weide, Ackerland und Teichen. Dort durften die Dorfbewohner ihr Vieh weiden lassen, Bau- und Brennholz schlagen, Eicheln und Bucheckern für die Schweinemast sammeln oder fischen.

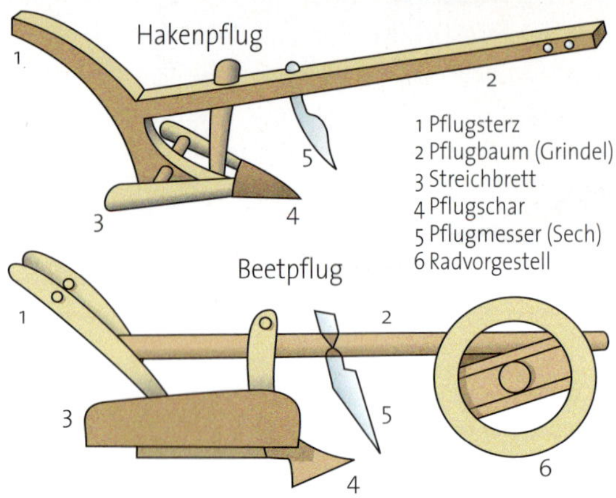

M 8 Fortschritte in der Pflugtechnik
Die entscheidende Neuerung am Beetpflug (Räderpflug) ist die geschwungene Pflugschar aus Eisen. Sie wendet die aufgerissene Scholle um. Dadurch wird der Boden besser durchlüftet und das Unkraut zerstört.

1. *Das Mädchen auf dem Bild M5 nennen wir Agnes. Wie stets kümmert sie sich um ihre kleine Schwester. Spiele mit deinem Sitznachbarn ein Rollenspiel: Einer versetzt sich in die Rolle von Agnes, der andere in die Rolle eines Besuchers aus unserer Zeit. Beschreibt euch jeweils euer Haus und das Leben mit eurer Familie.*
   Tipp: Denkt daran, auch vermeintlich Selbstverständliches zu erklären, denn dem anderen ist eure Lebensweise völlig fremd, also Baumaterialien und Bauweise des Hauses, die täglichen Arbeiten und Abläufe, wo die Familie schläft, isst und sich wäscht etc.
2. *Beurteile, wie sich das Leben der Bauern zwischen dem 8. und dem 13. Jh. verändert hat (M1-M8).*

Neues hinter Stadtmauern

M 1 Das „goldene Mainz“
Kolorierter Kupferstich von Franz Behem, 1565
Mainz hatte am Ende des Spätmittelalters und zu Beginn der Frühen Neuzeit etwa 10 000 Einwohner. Zum Vergleich: Die größte deutsche Stadt war zu der Zeit Köln mit etwa 40 000 Einwohnern. In Venedig und Florenz lebten im Spätmittelalter bereits jeweils etwa 150 000 Menschen.
Der Beiname „goldenes Mainz“ (lat. aurea Moguntia) ist eine Anspielung auf das goldene Rom und dessen zentrale Stellung, die es für das Christentum einnahm. Mainz sah sich damit als eine Art „zweites Rom“, denn der Mainzer Erzbischof war der bedeutendste Kirchenfürst im Reich und nach dem Papst der zweithöchste Mann in der Kirche.

Alte und neue Städte

Während der Völkerwanderungszeit waren hunderte alter römischer Städte verfallen und verlassen worden. Als Folge des Bevölkerungswachstums seit dem 11. Jh. entstanden in den deutschen Gebieten neue **Städte**, zunächst

- in ehemaligen römischen Siedlungen wie Köln, Mainz, Trier, Augsburg und Regensburg, die Bischofssitze waren oder wurden;
- in Marktorten oder an Messeplätzen, die an alten römischen Heer- und Handelsstraßen lagen;
- in Kaufmannssiedlungen an Fernstraßen, Flüssen und Küsten wie zum Beispiel in Haithabu bei Schleswig.
- Die meisten Städte gingen aber aus befestigten Plätzen, Pfalzen und Burgen, Kirchen und Klöstern hervor.

Zu Beginn des 12. Jh. gab es im Deutschen Reich etwa 50, Ende des 15. Jh. über 3 000 Städte. Rund 90 Prozent davon hatten aber weniger als 2 000 Einwohner.

M 2 Ältestes Mainzer Stadtsiegel von 1150
Die mittelalterliche Stadt herrschte über ihre Bewohner und das Umland. Deshalb hatte sie ein Siegel wie andere Herrscher auch. Das Siegelbild zeigte die besonderen Merkmale, auf die die Stadt stolz war. In Mainz war das der Patron des Bistums, der heilige Martin.

Vom Markt zur Stadt

Könige, Fürsten, Grafen und Bischöfe förderten die Entwicklung von Städten in ihrem Herrschaftsgebiet. Als Stadtherren richteten sie Märkte ein, schützten die Kaufleute bei der An- und Abreise, ließen Maße und Gewichte überprüfen sowie Münzen prägen. Dafür erhoben sie Zölle, Marktgebühren und andere Abgaben. Um die Städte zu stärken, gewährten sie den Kaufleuten Sonderrechte (Privilegien) und befreiten sie teilweise von Diensten und Abgaben.

„Stadtluft macht frei!“

Die alte Redensart stammt zwar nicht aus dem Mittelalter, aber sie nennt ein wichtiges Merkmal der mittelalterlichen Stadt: Wenn ein Unfreier ein Jahr lang in der Stadt gelebt hatte, ohne dass sein Herr ihn zurückholte, dann war er ein freier Mann.
Stadt und Land entwickelten sich zu zwei unterschiedlichen Rechtsbereichen. Sichtbare Trennungslinien waren die Stadtmauern. Wer in ihrem Schutz wohnte, nannte sich stolz **Bürger**.

Lesetipp:
Dietlof Reiche, Der Bleisiegelfälscher, Weinheim [7]2009

Internettipp:
Mehr zum Leben in den mittelalterlichen Städten erfährst du unter Mediencode 31021-30

M3 **Teilansicht einer Stadt des 13. Jh.**
Rekonstruktionszeichnung, um 1985
Überall in der dicht bebauten Stadt waren die Straßen eng und düster, voller Unrat, Kot und Abwässer. Krankheiten konnten sich rasch ausbreiten. Ab dem 13. Jh. begann man mit dem Bau von Abzugsrinnen oder Sickergruben, ab dem 14. Jh. wurden die ersten Straßen mit Stein gepflastert und seit dem 15. Jh. die Abfallbeseitigung geregelt.

Wer hat in der Stadt das Sagen?

Die Städte wurden zunächst von Vertretern der Stadtherren verwaltet. Sie erhoben die Zölle, prägten Münzen, überwachten die Märkte, Maße und Gewichte. Auch sorgten sie dafür, dass die Stadt im Kriegsfall genug Soldaten stellte.
Dies führte zu Konflikten mit den reichen und selbstbewussten Kaufmannsfamilien, den Patriziern. Das waren wenige Familien, die sich als älteste und vornehmste Familien der Stadt ansahen und eine Art Adel in der Stadt bildeten. Diese Patrizier forderten nun mehr Freiheiten und Rechte. So setzten sie zum Beispiel im Laufe des 12. und 13. Jh. durch, dass sie selbst Recht sprechen und die Geschicke der Stadt lenken durften. Oft kauften sie den Stadtherren gemeinsam diese Privilegien ab.

Kämpfe hinter Stadtmauern

Manchmal erkämpften sich die Patrizier die Selbstverwaltung aber auch mit Gewalt. Wo dies gelang, wurden aus ehemaligen Königsstädten **Reichsstädte** und aus Bischofsstädten sogenannte „Freie Städte“, wie etwa Lübeck, Köln, Frankfurt am Main, Mainz und Speyer. Sobald die Patrizier ihre Städte selbst verwalten durften, legen sie in einer Ratsverfassung die Regeln für das Zusammenleben fest.
Doch damit trat in vielen Städten noch keine Ruhe ein: Die Handwerker forderten, ebenfalls mitreden und -entscheiden zu dürfen. Da die Patrizier das Stadtregiment nicht teilen wollten, kam es vielerorts zu Handwerkeraufständen. Sie waren aber nicht überall erfolgreich. Überhaupt ging es bei diesen Aufständen nie um gleiche Rechte für alle, sondern um mehr Rechte für die eigene Gruppe.

Frei, aber nicht gleich

Die Einwohner einer mittelalterlichen Stadt waren zwar alle frei, aber nicht gleich. Nur wer ein eigenes Haus in der Stadt oder ein bestimmtes Vermögen besaß, war Bürger der Stadt. Und nur wer aus einer Patrizierfamilie oder einer besonders vermögenden und angesehenen Kaufmanns- und Handwerkerfamilie stammte, konnte in der Stadt mitbestimmen. Wer nichts hatte, wie Lehrlinge, Gesellen, Tagelöhner, Gehilfen und Dienstboten – und das war in den meisten Städten weit mehr als die Hälfte ihrer Einwohner –, genoss zwar den Schutz der Stadt, war aber kein Bürger und hatte nichts zu sagen.

Randgruppen und Aufsteiger

Noch schlechter ging es den untersten Gruppen: Bettlern, Gauklern, Schaustellern, Hausierern, Dirnen, Henkern, Totengräbern und Juden. Sie konnten jederzeit aus der Stadt gewiesen werden.
Auch in der Stadt gab es also eine strenge Hierarchie. Es gab aber einen wichtigen Unterschied zur Ständegesellschaft außerhalb der Stadt: Wer wirtschaftlich erfolgreich war und Besitz erwarb, konnte hier leichter aufsteigen.

1. *Stelle in einer Tabelle gegenüber, was die Lebensräume Stadt und Land unterschied.*
2. *Informiere dich über das Siegel oder Wappen deines Wohnortes.*

M4 Konrad gründet einen Markt

Herzog Konrad von Zähringen gewährt Kaufleuten 1120 ohne Absprache mit dem König folgende Rechte:

Aller Nachwelt und Mitwelt sei kundgemacht, dass ich, Konrad, an dem Platz, der mir als Eigengut gehört, nämlich Freiburg, einen Marktort gegründet habe, im Jahr des Herrn 1120. [...] Daher habe ich jedem Kaufmann für den Hausbau ein Grundstück zugeteilt und angeordnet, dass mir und meinen Nachkommen von jedem Grundstück ein Schilling gängiger Währung als Zins jährlich am Fest des heiligen Martin zu zahlen ist. [...]

Ich verspreche also allen, die meinen Marktort aufsuchen, im Bereich meiner Macht und Herrschaft Frieden und sichere Reise. Wenn einer von ihnen in diesem Raum ausgeplündert wird und mir den Räuber namhaft macht, werde ich das Entwendete zurückgeben lassen oder den Schaden selbst bezahlen. [...]

Alle, die Besitz am Marktort haben, sollen ohne Verbot Wiesen, Flüsse, Weiden und Wälder nutzen dürfen. – Allen Geschäftsleuten erlasse ich den Marktzoll. – Ich werde meinen Bürgern niemals ohne Wahl einen anderen Vertreter des Stadtherrn und einen anderen Priester vorsetzen, sondern wen immer sie dazu wählen, werden sie von mir bestätigt bekommen. [...]

[...] Jede Frau soll dem Mann in der Erbfolge gleichgestellt sein und umgekehrt. – Auch darf jeder, der an diesen Ort kommt, hier frei wohnen, wenn er nicht jemandes Knecht ist und den Namen seines Herrn zugibt. Dann kann der Herr den Knecht in der Stadt belassen oder nach Wunsch wegführen. Wenn aber der Knecht den Herrn verleugnet, soll der Herr mit sieben Nächstverwandten vor dem Herzog beschwören, dass es sein Knecht ist; dann kann er ihn haben. Wenn einer aber über Jahr und Tag ohne solche Hemmung geblieben ist, soll er sich fortan sicherer Freiheit erfreuen.

Zit. nach: Arno Borst, Lebensformen im Mittelalter, Frankfurt a. M. / Berlin / Wien 1979, S. 396f. (vereinfacht)

M5 Die Bürger regieren ihre Stadt

Der Rat und die Bürger von Köln legen 1396 fest, wie die Stadt regiert werden soll. Diese „Verfassung" bleibt 400 Jahre lang gültig:

Wir [d. h. die Zünfte und alle Bürger] haben geschworen und bestimmen mit dieser Urkunde, dass wir den Rat der Stadt Köln unterstützen und ihm treu sind in allen Dingen. Ausgenommen sind die Dinge, die er auf keinen Fall erlauben oder ausführen darf, wenn nicht die ganze Gemeinde zugestimmt hat: Er darf keinen Kriegszug unternehmen, keine Bündnisse oder Verträge mit irgendwelchen Herren oder Städten schließen und im Jahr nicht mehr als 1000 Gulden auf einmal ausgeben. Nach einem halben Jahr soll jeweils die Hälfte des Rates ersetzt werden. Das heißt, dass zur nächsten Kirchweihe eine Hälfte des Rates ausscheidet und eine andere Hälfte dafür nachrückt. So sitzt jeder, der in den Rat gewählt wird, ein ganzes Jahr im Rat.[1]

Zit. nach: Joachim Deeters und Johannes Helmrath (Hrsg.), Quellen zur Geschichte der Stadt Köln 2, Köln 1996, S. 16 - 24

M6 Marktkreuz in Trier
Foto, um 2000
Zeichen für Marktrecht und Marktfrieden aus dem 10. Jh.

[1] Der halbjährliche Ratswechsel war am Johannistag (24. Juni) und am Weihnachtstag (25. Dezember).

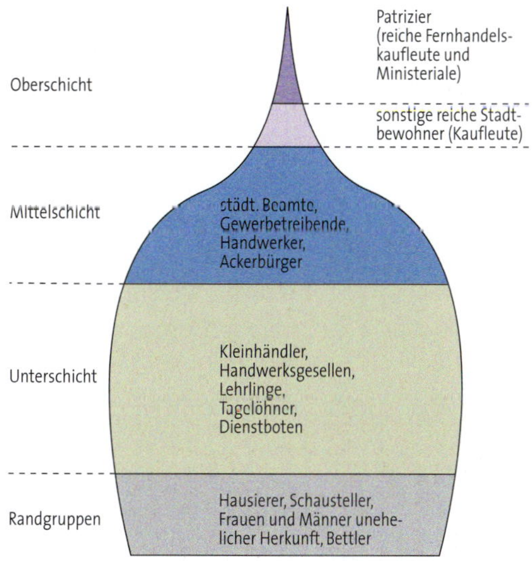

M7 Stadtbewohner
Das Schaubild informiert darüber, welche Anteile die jeweiligen Gruppen/Schichten an der Bevölkerung insgesamt hatten. Aber es ist nicht ganz genau. So fehlen in dieser Grafik Juden, Geistliche und Mitglieder der Orden. In einigen Städten war aber im 15. Jh. etwa jeder zehnte Bewohner Geistlicher.

1. *Schildere, welche Vorteile Konrad von Zähringen den Kaufleuten bot und was er sich davon versprach (M4).*
2. *Begründe, warum der Kölner Rat über bestimmte Punkte nicht selbst entscheiden durfte (M5).*
3. *Überlege, warum jeweils nach einem halben Jahr die Hälfte der Kölner Ratsherren ausgetauscht wurde (M5).*
4. *Zeige am Beispiel M7 Möglichkeiten und Probleme schematischer Darstellungen auf. Vergleiche auch noch einmal mit S. 59.*

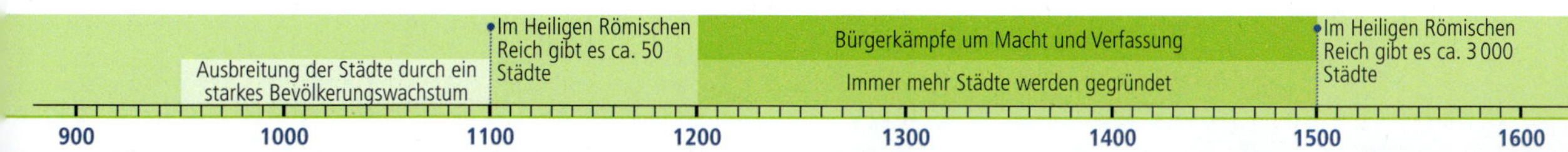

Gemeinsam sind wir stark!

Markt, Handel und Gewerbe

Neben der Freiheit von Grundherrschaft hatte die Stadt zwei weitere Hauptkennzeichen, die sie vom Dorf unterschieden: Ihre Einwohner lebten in der Regel nicht von der Landwirtschaft, sondern waren Handwerker und Händler.

In jeder Stadt gab es einen Markt. Auf ihm boten die Bauern aus der Umgebung regelmäßig Nahrungsmittel zum Kauf an. Händler brachten Güter und Rohstoffe aus anderen Regionen oder sogar fremden Ländern hierher.

Mit Handwerksprodukten und noch mehr durch den Handel mit Luxusgütern aus fremden Ländern konnten große Vermögen erwirtschaftet werden. Auf den Märkten wurde aber nicht nur gehandelt. Hier erfuhr man Neues, bekam Ideen und sah Sensationen.

Gilden und Zünfte

Die städtischen Kaufleute schlossen sich in Gilden, die Handwerker in **Zünften** zusammen. So konnten sie ihre wirtschaftlichen Interessen gegenüber fremden Städten, aber auch gegenüber dem Rat der eigenen Stadt besser vertreten.

Wie die Gilden achteten die Zünfte auf die Preise für die Waren und kontrollierten deren Qualität. Wer schlecht arbeitete, dem wurde „das Handwerk gelegt", d.h. er musste seinen Betrieb schließen. Nur wer eine vier- bis zwölfjährige Ausbildung hinter sich brachte, konnte Geselle werden und später vielleicht Meister. Und nur Zunftmitglieder durften Handwerksmeister sein. Dieser Zunftzwang begrenzte die Zahl der Betriebe und verhinderte ortsfremde Konkurrenz. Er nahm aber auch vielen Gesellen die Möglichkeit, sich selbstständig zu machen und so in die Bürgerschaft aufzusteigen.

Internettipp:
Zur Hanse vgl. Mediencode 31021-31

M 1 Hamburger Hafen mit Kran
Miniatur aus dem Hamburger Stadtrecht, um 1500
Boote und kleine Schiffe bringen Fracht zu den draußen vor Anker liegenden Seeschiffen. Rechts stehen Reeder, Seeleute und Kaufleute. Im Haus tagt wahrscheinlich ein Gericht, vor dem ein Streit verhandelt wird.

Koggen und Kontore – die Hanse

Fernhändler benötigen sichere Handelswege. Da weder der Kaiser noch die Fürsten sichere Straßen und Meere garantieren konnten, halfen die Kaufleute sich selbst, beispielsweise gegen Seeräuber. Sie schlossen sich zu Handelsgesellschaften zusammen und versprachen sich gegenseitig Schutz und Hilfe.

Der bedeutendste Zusammenschluss von Fernkaufleuten war die **Hanse**. Aus dem Bund der Kaufleute wurde ein Bund ihrer Heimatstädte; ihm gehörten etwa 200 Städte an. Mit ihren typischen Schiffen, den Koggen, segelten Kaufleute bis nach Bergen, Stockholm, Riga und Nowgorod. Aus kleinen Kaufmannssiedlungen entwickelten sich nach und nach bedeutende Handels- und Hafenstädte. Vor allem im Nord- und Ostseeraum richtete die Hanse Kräne und Speicher sowie Niederlassungen, sogenannte Kontore, ein.

Die Vertreter der Hansestädte versammelten sich zum Hansetag. Hier entschieden sie über Zölle, Handelsfreiheiten und Durchfahrtsrechte. Sie legten fest, welche Städte in die Hanse aufgenommen oder aus dem Bund ausgeschlossen wurden. Die Macht der Hanse machte die Meere sicherer und schaltete Konkurrenten aus. Die Hanse führte sogar Kriege, um ihre Handelsinteressen durchzusetzen, wie 1370 gegen Dänemark.

Hamburg, Bremen, Lübeck und weitere Städte nennen sich noch heute stolz „Hansestadt". Sie erinnern damit an die Zeit, als sie in der Hanse eine bedeutende Rolle spielten.

1. *Erkläre die heutige Bedeutung der Redewendungen „jemandem das Handwerk legen" und „jemandem ins Handwerk pfuschen". Informiere dich über ihre Herkunft.*
2. *Noch heute finden wir in alten Städten Hinweise auf die Bedeutung der Handwerkszünfte. Bildet kleine Gruppen und erkundet in eurem Schul- oder Wohnort solche Spuren etwa am Rathaus oder in Kirchen. Gestaltet eine Wandzeitung zum Thema.*
   Tipp: Auch Straßennamen geben Auskunft.

M 2 Die Hanse beherrscht Nord- und Ostsee

M 3 Die Zünfte haben feste Regeln

Im Jahr 1412 legen die Beutel- und Gürtelmacher in ihren Statuten die Regeln für ihre Zunft fest:

Begehrt ein Beutler oder Gürtler, unser Genosse zu werden, so soll er das Bürgerrecht und die Aufnahme in unsere Zunft erwerben. Er soll uns gute Briefe aus seinem Geburtsort bringen, dass er ehelich geboren sei, so wie es die heilige Kirche fordert. [...] Auch soll er Briefe bringen von seinem Handwerk, von dem Meister, bei dem er seine Lehrjahre gedient hat und wo er zuletzt gearbeitet hat. Ein jeder Bruder, der das Handwerk der Beutler gewinnen will, der soll in der Werkstatt des Zunftmeisters ein Paar Lederhosen und ein Paar gefütterter und mit Seide verzierter Handschuhe machen. Dieses Werk soll er dem Zunftmeister vorlegen, und vollbringt er es nicht, so soll er weiterwandern und lernen bis zum nächsten Jahr. Macht ein Bruder eine falsche Arbeit, so sollen sie ihm die Zunftmeister fortnehmen und sie auf dem Rathaus abliefern, die Arbeit soll vernichtet werden, und derjenige, der sie gemacht hat, dem Rat so viel Strafe zahlen wie die Arbeit wert war.

Zit. nach: Dieter Starke (Hrsg.), Herrschaft und Genossenschaft im Mittelalter. Stuttgart ²1971, S. 100f.

M 4 Weber am Trittwebstuhl
Zeichnung aus Nürnberg, um 1425

1. *Beschreibe die Karte M2. Bestimme dabei den Wirtschaftsraum, die Handels- und Warenwege der Hanse.*
2. *Erstelle ein Werbeplakat für die Beutel- und Gürtelmacher, auf dem die Qualität ihrer Arbeit beworben wird (M3).*
3. *Begründe, inwiefern man die Zünfte und die Hansen als Motoren für Produktion, Handel und Konsum bezeichnen kann.*

Ausbreitung der Städte durch ein starkes Bevölkerungswachstum
Im Heiligen Römischen Reich gibt es ca. 50 Städte
Gründung des 1. Städtebundes im Rheinland
Der Städtebund der Hanse ist auf dem Höhepunkt seiner Macht
Bürgerkämpfe um Macht und Verfassung
Immer mehr Städte werden gegründet
Im Heiligen Römischen Reich gibt es ca. 3 000 Städte

900 | 1000 | 1100 | 1200 | 1300 | 1400 | 1500 | 1600

Handel als Wegbereiter von politischen und kulturellen Kontakten?

Austausch und Kulturkontakte

Tourismus wie heute gab es im Mittelalter nicht. Aber es gab Händler, vor allem Fernhändler, die auf dem Landweg oder auf dem Meer weite Strecken zurücklegten. Es gab Pilger, die zu heiligen Orten reisten. Viele Christen pilgerten nach Jerusalem, Rom, Santiago de Compostela und Köln; Muslime vor allem nach Mekka[1]. Außerdem zogen Menschen in andere Länder, um Kriege zu führen. Bei all diesen Reisen kamen sie mit fremden Lebensweisen, Sprachen und auch Religionen in Kontakt.

Händler in fernen Ländern

Schon vor dem 11. Jh. waren Händler aus Venedig, Genua und anderen italienischen Seestädten in das östliche Mittelmeer gefahren, um Gewürze, Weihrauch, Elfenbein oder Baumwolle zu kaufen und Rohstoffe wie Felle, Holz, Getreide, Pferde und Waffen zu verkaufen.

Einige reisten sogar bis ins ferne Asien. Der Bekannteste von ihnen war Marco Polo. Gemeinsam mit seinem Vater und seinem Onkel, Kaufleuten aus Venedig, brach der 17jährige Marco 1271 oder 1275 zum Großkhan der Mongolen nach Khanbaliq (Peking/Beijing) auf. Dort lebte er als Berater am Hof des Großkhans und kehrte erst nach zwanzig Jahren nach Venedig zurück. Sein Reisebericht klingt noch heute abenteuerlich.

Von den Arabern lernen

Mit den Kreuzzügen[2] nahm die Zahl der Christen zu, die die Lebensweise der Muslime kennenlernten und Nahrungsmittel und Rezepte übernahmen. Auch in der Metall-, Textil-, Keramik- und Lederverarbeitung, der Papierherstellung sowie bei der Errichtung von Krankenhäusern (Hospitälern) machte sich arabischer Einfluss bemerkbar. Im Gegenzug übernahmen Muslime Anregungen zum Bau von Festungen, zur Belagerungstechnik und Ausrüstung der Reiter.

Die Araber hatten bereits im 9./10. Jh. – oft mit jüdischer Unterstützung – begonnen, altgriechische, persische und indische Texte in die eigene Sprache zu übertragen. Sie sicherten damit der Nachwelt viele antike Werke. Seit dem Ende des 10. Jh. zogen christliche Gelehrte in das muslimische Spanien, um Studien zu betreiben und arabische Werke ins Lateinische zu übersetzen. Sie übernahmen von den Arabern das Rechnen mit Buchstaben (Algebra), das heutige Zahlensystem, erfuhren mehr über die Sterne und Planeten, lernten viel über den Kreislauf des Blutes und über Heilpflanzen.

Alles hat seine Grenzen

Fernreisen blieben im Mittelalter die Ausnahme. Mit fremden Kulturen kamen nur wenige Reiche und Gebildete in Kontakt. Und auch wer weit gereist war, baute deswegen noch lange nicht seine Vorurteile und seine Überheblichkeit ab. Die meisten Christen und Muslime sahen in den jeweils Anderen nach wie vor meist „Ungläubige" und Feinde. Asiaten zog es überdies selten nach Europa. Vor allem China sah sich als Zentrum der Welt („Reich der Mitte"), das nur von Barbarenvölkern umgeben schien. Doch all das verhinderte letztlich nicht, dass Handelsstraßen entstanden und ein vielfältiger Kulturaustausch möglich wurde.

1. *Nenne Gründe für Reisen im Mittelalter*
2. *Arbeite die Bereiche heraus, in denen die Kulturen voneinander lernten.*
3. *Prüfe die Frage der Überschrift mithilfe des Verfassertextes.*

[1] In Mekka verehren die Muslime die Kaaba, einen heiligen Stein; siehe S. 187.

[2] Vgl. dazu S. 192 ff.

Lesetipp:
Roland Müller, Die abenteuerliche Reise des Marco Polo, München 2007

M1 Sonderbares China: Geld aus Papier!
Illustration aus einer französischen Handschrift von Marco Polos Reisebericht, um 1400
Europäische Reisende tauschen ihr Münzgeld in chinesisches Papiergeld um. Unter einem Baldachin thront der mongolische „Kaiser"; er ist (abgesehen von der Krone) wie ein europäischer Herrscher dargestellt.

M2 Arabisches im deutschen Wortschatz

Viele Wörter in unserer Sprache stammen aus dem Arabischen oder – durch die Araber vermittelt – aus dem Persischen und Indischen, z. B.:

Algebra, Alkali, Alkohol, Aprikose, Azur, Baldachin, Benzin, Chemie, Damast, Diwan, Droge, Drogerie, Gamasche, Gaze, Ingwer, Jacke, Kaffee, Kandis, Karaffe, Kattun, Kümmel, Lack, Laute, Limonade, Magazin, Marzipan, Matratze, Muskat, Musselin, Orange, Rose, Safran, Sandale, Satin, Schal, Sirup, Sofa, Spinat, Tabak, Taft, Zenit, Ziffer, Zimt, Zucker.

Nabil Osman, Kleines Lexikon deutscher Wörter arabischer Herkunft, München [8]2010

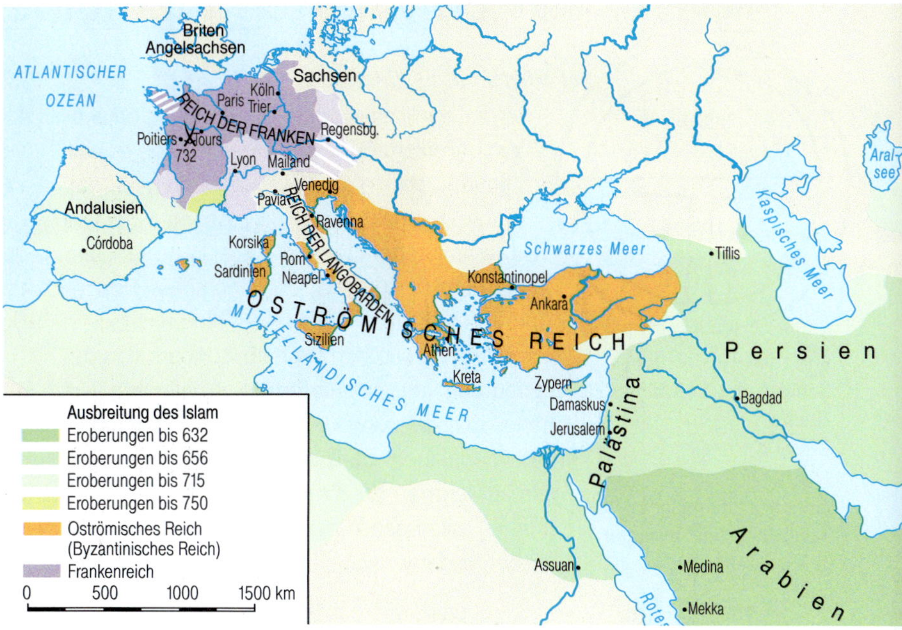

M4 Ausbreitung der Kulturen im 7. und 8. Jh.

M3 Arabisch oder Latein?

Zur Zeit, als Andalusien unter der Herrschaft der arabischen Mauren steht, sind die dort lebenden Juden und Christen dem Staatsvolk der Muslime untergeordnet. Sie dürfen aber ihre Religion frei ausüben. Der christliche Theologe und Dichter Álvaro von Córdoba schreibt um um 850:

Meine Glaubensgenossen lesen gerne die Gedichte und die Geschichten der Araber. [...] Weh uns, alle jungen Christen, die sich durch ihre Begabung auszeichnen, kennen nur noch die arabische Sprache und Literatur! [...] Welch ein Schmerz! Die Christen haben sogar ihre eigene Sprache vergessen! Kaum einer unter tausend von uns versteht es noch, einen korrekten lateinischen Brief an einen Freund zu schreiben. Wenn es aber darum geht, arabisch zu schreiben, wirst du zahlreiche Personen finden, die sich mit größter Eleganz in jener Sprache ausdrücken und die Gedichte verfassen, welche vom künstlerischen Standpunkt aus besser sind als jene der Araber selbst.

Zit. nach: Arnold Hottinger, Die Mauren. Arabische Kultur in Spanien, Zürich [3]1997, S. 63f.

M5 Ratschläge für die Reise nach China

Ein Praxishandbuch für Handelsreisende nach Asien (um 1340) empfiehlt:

Mit neun bis elf Monaten musste der Kaufmann rechnen, bis er in Khanbaliq eintraf. Unterwegs brauchte er Dolmetscher für die Turksprachen und das Kumanische. Daran sollte er nicht sparen. Auch eine Frau war nützlich, wenn sie kumanisch sprach. Der Kaufmann sollte sich einen Bart wachsen lassen, um nicht aufzufallen. Die Waren konnten auf Ochsen-, Kamel- oder Pferdekarren transportiert werden. Das Silbergeld musste man dreißig Tagesreisen vor dem eigentlichen Ziel in chinesisches Papiergeld umtauschen. Dann konnte man in Khanbaliq die begehrte Seide aus China erwerben.

Zit. nach: Folker Reichert, Erfahrung der Welt. Reisen und Kulturbegegnung im späten Mittelalter, Stuttgart 2001, S. 188f.

1. *Ordne die Lehnwörter in M2 nach Sachgebieten. Schlage diejenigen nach, die du nicht kennst.*
2. *Arbeite heraus, worüber sich Álvaro von Córdoba beschwert (M3).*
3. *Erläutere, was die Quelle M3 über das Verhältnis zwischen Muslimen und Christen aussagt.*
4. *Stelle die Erfahrungen zusammen, die ein Handelsreisender nach Ostasien machte (M1, M5). Nenne mögliche weitere. Ziehe S. 140f. hinzu.*
5. *Diskutiert, was wir heute von anderen Kulturen lernen können.*

Karten erklären Weltbilder

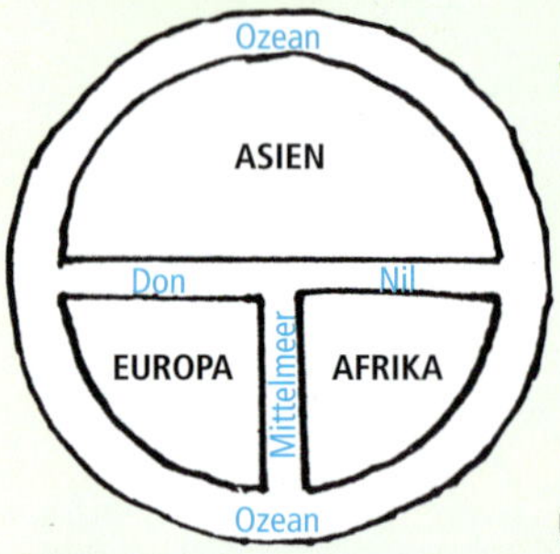

M1 Mittelalterliches Schema der Erdoberfläche
Dieses Kartenschema tauchte erstmals um 600 in einer Schrift von Isidor von Sevilla auf. Die Eintragungen wurden hinzugefügt.

Was sind historische Karten?

Karten sind keine „neutralen" oder „objektiven" Medien. Ganz im Gegenteil: Seit es Karten gibt, stellen sie Deutungen der Welt dar. Denn sie reflektieren das Wissen und Denken ihrer Entstehungszeit. Welche Informationen von dem Kartografen aufgenommen wurden und welche Orte er wo eintrug, hing nicht allein von der geografischen Lage ab, sondern von der Bedeutung, die eine Information oder ein Ort hatte. So rücken etwa mittelalterliche Weltkarten des Abendlandes ganz selbstverständlich Jerusalem als Zentrum des Christentums in den Mittelpunkt. Karten geben damit das Weltbild der Zeit wieder, in der sie erstellt wurden.

M2 Eine arabische Karte
Kopie der Weltkarte des arabischen Gelehrten al-Idrisi von 1456; Durchmesser ca. 23 cm
Vorlage dieser Karte war eine 350 x 150 cm große, auf einer Silberplatte gravierte Weltkarte, die al-Idrisi im Jahre 1154 für den König von Sizilien in Palermo angefertigt hatte und die verloren ging. Die Karte ist gesüdet und durch Breitengrade in Zonen geteilt. Der heiße Süden und der kalte Norden sind entsprechend antiker Überlieferungen unbewohnt.

Wir unterscheiden Geschichtskarten von historischen Karten. Geschichtskarten zeigen geografische Verhältnisse früherer Zeiten, jedoch nach heutigem Wissensstand. Demgegenüber wurden historische Karten in einer vergangenen Epoche erstellt und zeigen die Verhältnisse nach dem damaligen Verständnis und Wissensstand.

Die Weltkarte des Humanisten Hartmann Schedel (1440-1515) ist eine solche historische Karte. Sie ist in seiner 1493 erschienenen „Weltchronik" abgedruckt. Diese erzählt die Geschichte der Welt von ihrer Erschaffung bis in Schedels Gegenwart.

Diese Weltkarte bildet nicht nur das geografische Wissen seiner Zeit ab. Sie enthält auch eine Fülle biblischer, geschichtlicher und naturkundlicher Eintragungen. Was wollte Schedel damit zeigen?

Die folgenden Fragen helfen dir, historische Karten zu lesen:

- Wer hat die Karte erstellt oder in Auftrag gegeben?
- Wann und wo ist die Karte erstellt oder publiziert worden?
- Auf welchen Raum, welche Zeit und welches Thema bezieht sich die Karte?
- Welche Bedeutung haben die Farbflächen (Länder, Glaubensrichtungen etc.), welche die Symbole (Orte, Handelswege, Ereignisse etc.)?
- Lässt sich durch den Vergleich mit anderen Karten/weiteren Quellen feststellen, ob bestimmte Gegebenheiten oder Entwicklungen hervorgehoben oder ausgelassen werden?
- In welchen historischen/politischen Zusammenhang lässt sich die Karte einordnen?
- Welche Ursachen, Entwicklungen und Folgen lassen sich aus der Karte ablesen?
- An wen wendet sich die Karte?
- Welche Absicht verfolgt sie?
- Ist eine bestimmte Sichtweise, ein besonderes Weltbild erkennbar?
- Welche Fragen kann die Karte beantworten, welche nicht?

Platzierung der Karte in der Weltchronik:
Zuordnung zum zweiten Weltalter der biblischen Geschichte

Begleittext:
zur Aufteilung der Welt in drei Erdteile

Männer am Bildrand:
biblische Stammväter der Erdteile, die Söhne Noahs: Sem, Ham (hier: Cam) und Jafet (Iaphet)

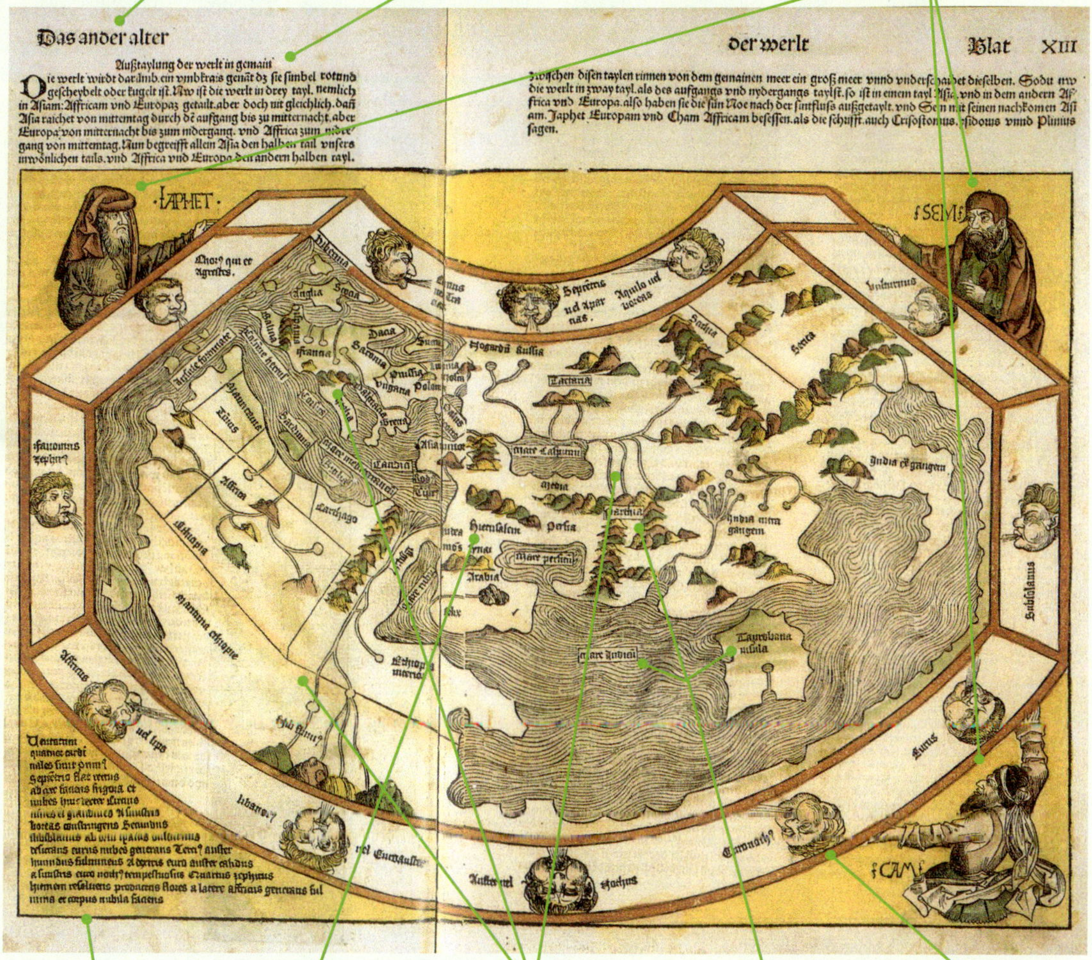

Erklärung der Verortung der Erdteile in der Karte

Jerusalem:
Zentrum der christlichen Welt

Erdteile Europa, Afrika und Asien

Kennzeichnung von Meeren, Inseln und Ländern

Köpfe mit geblähten Backen:
symbolisieren die zwölf Winde

M 3 Weltkarte von Hartmann Schedel, 1493
Der Text über der Karte beginnt mit den Worten: „Außtaylung der werlt in gemain. Die werlt wirdt darumb ein umbkrais genant, dz sie simbel rotund geschey-belt oder kugelt ist. Nw ist die werlt in drey tayl, nemlich in Asiam, Africam vnd Europaz getailt."

1. *Beschreibe die Weltkarte Schedels (M3) mithilfe der Fragen auf der vorigen Seite.*
2. *Vergleiche die Weltkarte mit den Karten M1 und M2. Stelle fest, worin sie sich unterscheiden.*
3. *Finde heraus, wie die Karte M3 ausgerichtet ist, d. h. welche Himmelsrichtung oben ist.*
4. *Überlege: Sieht der Kartograf die Erde als Scheibe oder als Kugel? Lässt sich dies anhand der Karte feststellen?*
5. *Schedels Absicht war, die Erde geografisch möglichst genau nachzubilden. Auf der anderen Seite wollte er aber die Welt weiterhin als göttliche Schöpfung ins Bild setzen. Erläutere, woran man das erkennt.*

Drei Religionen prägen das Mittelalter

Internettipps:
Viele Informationen zu den drei Religionen findest du unter Mediencode 31021-32

Die drei Religionen des Buches

So unterschiedlich die drei großen Weltreligionen **Islam**, **Judentum** und Christentum auf den ersten Blick erscheinen, haben sie doch Wesentliches gemeinsam: Alle drei glauben an einen einzigen Gott (Monotheismus). Und alle drei Religionen besitzen eine Heilige Schrift, an der sich die Gläubigen orientieren: die Thora, die Heilige Schrift der Juden, die christliche Bibel und der Koran, die wörtliche Offenbarung Gottes im Islam. Sie werden deshalb auch „Religionen des Buches" genannt.

Die Juden und das Römische Reich

Nach langer Fremdherrschaft hatten die Juden um 160 v. Chr. wieder eine eigene Herrschaft mit der Hauptstadt Jerusalem errichten können. Dies feiern die Juden heute noch im Chanukka-Fest. Doch 63 v. Chr. geriet das Land unter römische Herrschaft und wurde zur Provinz Judäa, auch Palästina genannt. Gegen die römische Besatzungsmacht unternahmen die Juden mehrere große Aufstände. Die Römer zerstörten den Tempel in Jerusalem, das Heiligste des Judentums, und vertrieben die jüdischen Bewohner schließlich 134 n. Chr. aus Jerusalem.

Fortan lebten die Juden in der Diaspora (griech. „Verstreuung"), also verstreut in fremden Ländern. Dennoch blieb für sie Jerusalem der Mittelpunkt ihres Glaubens und ihrer Hoffnungen.

Juden und Christen

Im Laufe des 4. Jh. wurde das Christentum im Römischen Reich Staatsreligion. Die Juden waren die größte nichtchristliche Glaubensgemeinschaft. Auch wenn das Christentum aus dem Judentum entstanden war, achtete der byzantinische Kaiser[1], der bis ins 7. Jh. Palästina beherrschte, streng darauf, dass die Juden nicht nach Jerusalem zurückkehrten. Er schränkte ihre Freiheiten stärker ein als die Herrscher im Westen.

Eine neue Religion: der Islam

In Arabien entstand im 7. Jh. eine dritte „Religion des Buches": der Islam. Als Gründer gilt der Prophet **Mohammed**, der auch weite Teile Arabiens beherrschte. Die Verbindung von Religion und Staat kennzeichnet den Islam bis heute.

Die Araber hatten vorher an verschiedene Götter geglaubt. Von den Christen und Juden lernten sie den Glauben an einen einzigen Gott kennen. So gelten ihnen z. B. auch Moses und Jesus als Propheten. Jerusalem ist auch für den Islam eine heilige Stadt, da sich dort mit dem Felsendom und der al-Aqsa-Moschee wichtige muslimische Heiligtümer befinden.

Über die Frage der Nachfolge des Propheten spalteten sich die Muslime in Schiiten (von arab. Schia: Partei) und Sunniten. Die Sunniten bilden heute die Mehrheit der Muslime. Für sie ist neben dem Koran die Sunna, eine im 8. Jh. aufgezeichnete Sammlung aller von Mohammed überlieferten Sprüche und Verhaltensweisen, Maßstab ihres Handelns.

M1 Altstadt von Jerusalem heute

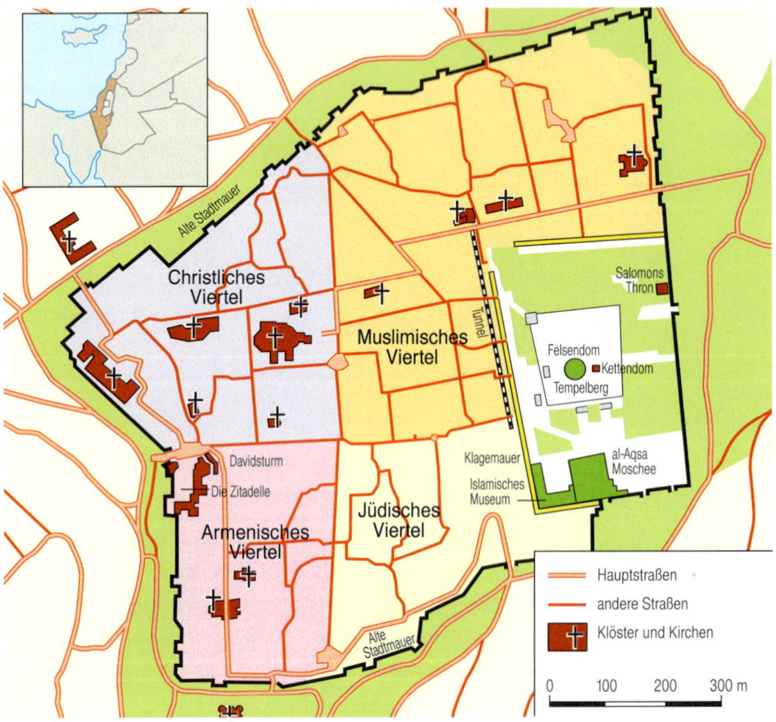

1. *Fasse zusammen, was dazu geführt hat, dass die Juden an so vielen verschiedenen Orten als Minderheit gelebt haben.*
2. *Arbeite heraus, was die drei „Religionen des Buches" jeweils kennzeichnet.*
3. *Untersuche den Stadtplan und das Luftbild von Jerusalem (M1). Erkläre, warum Jerusalem für die drei Weltreligionen wichtig ist.*

[1] Lies dazu noch einmal S. 138 und 150.

M2 Der Islam und sein Verhältnis zu Judentum und Christentum

Auszüge aus dem Koran:

2, 62: Wer immer an Allah glaubt und an den Jüngsten Tag[1] und das Rechte tut, die haben ihren Lohn bei ihrem Herrn, und Furcht kommt nicht über sie, und nicht werden sie traurig sein.

2, 111-113: Und sie sprechen: „Nimmer gehen ein ins Paradies andere als Juden oder Nazarener[2].“ Solches sind ihre Wünsche. Und es sprechen die Juden: „Die Nazarener (fußen) auf nichts.“[3] Und es sprechen die Nazarener: „Die Juden (fußen) auf nichts.“ Und doch lesen sie die Schrift.[4] Allah aber wird richten unter ihnen am Tag der Auferstehung über das, worin sie uneins sind.

3, 67: Abraham war weder Jude noch Christ; vielmehr war er reinen Glaubens, ein Muslim[5], und keiner von denen, die Gott Gefährten geben.[6]

Nach: Der Koran, übersetzt von Max Henning, Stuttgart 1960

M3 Synagoge und Ecclesia

Figuren am Westportal der Liebfrauenkirche in Trier, nach 1230

Die linke Figur verkörpert die Kirche (Ecclesia) des Neuen Testaments. Daneben steht die Synagoge. Sie steht für das Judentum des Alten Testaments. Die Figuren am Kirchenportal sind Kopien; die Originale befinden sich im Museum am Dom in Trier.

M4 Christen und Muslime

Ein moderner Wissenschaftler schreibt über die beiden Religionen:

Der Islam steht dem Christentum sehr nahe und zugleich sehr fern. Trotz vieler Gemeinsamkeiten widersprechen sich die Lehren des Christentums und die Aussagen des Islam in zentralen Punkten. So weist der Islam den christlichen Glauben an die Dreifaltigkeit[7], an die Gottheit Jesu Christi und an die Erlösung durch Christus zurück. Das Christentum hingegen erkennt die verbindliche göttliche Sendung Mohammeds und die Autorität des Koran nicht an. Diese grundsätzlichen Unterschiede haben bis jetzt jedes religiöse Gespräch zwischen Christen und Muslimen zum Scheitern verurteilt.

Adel Theodor Khoury (Hrsg.), Lexikon religiöser Grundbegriffe. Judentum, Christentum, Islam, Wiesbaden 2007, S. XXXVI f. (Autor: Ludwig Hagemann)

M5 Mohammed und Jesus auf dem Weg zu Jesaja

Persische Malerei, 15. Jh.

Für die Muslime gilt Mohammed (arab. „der Gepriesene“, um 570 - 632) als Prophet Gottes (Allahs), der den Islam begründet hat. Die Muslime halten auch Jesus für einen Propheten, aber nicht für den Sohn Gottes wie die Christen. Mohammed ist ohne Gesicht abgebildet. Denn Muslime durften sich von ihm und Allah kein genaues Bild machen.

1. *Abraham lebte im 2. Jahrtausend v. Chr. Alle drei Religionen sehen in Abraham ein großes Glaubensvorbild und verehren ihn bis heute. Recherchiere, warum. Nimm dann Stellung zum Auszug 3, 67 des Koran (M2).*
2. *Untersuche die Aussagen der Figuren in M3. Berücksichtige dabei die Gegenstände, die sie bei sich tragen, und wie diese dargestellt sind. Der Mediencode auf der linken Seite hilft dir dabei.*
3. *In M4 ist von Gemeinsamkeiten zwischen Christentum und Islam die Rede. Nenne sie.*
4. *Beurteile, was überwiegt: die Unterschiede oder die Ähnlichkeiten zwischen den drei Religionen?*

[1] An ihm richtet Gott über alle Menschen.
[2] Christen (nach Jesus von Nazareth)
[3] d. h.: Sie haben Unrecht in ihrem Glauben.
[4] das Alte Testament der Bibel
[5] Muslim heißt übersetzt „der sich Gott Unterwerfende“.
[6] d. h. die noch andere Götter verehren
[7] die drei Gestalten Gottes: Gottvater, Gottsohn (= Jesus Christus) und Heiliger Geist

Zerstörung des Tempels in Jerusalem
Vertreibung der Juden aus Jerusalem
Christentum wird Staatsreligion im Römischen Reich
Beginn der islamischen Zeitrechnung
Ausbreitung des Islam im Mittelmeerraum
Chr. Geb. | 100 | 200 | 300 | 400 | 500 | 600 | 700

Gotteshäuser als Spiegel der Religiosität

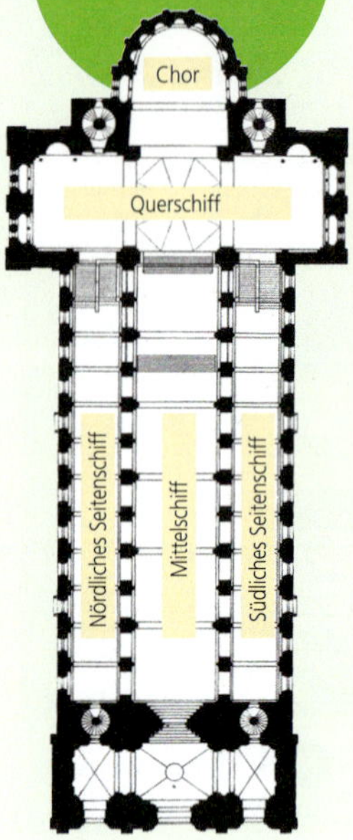

M 1 Grundriss des Doms zu Speyer
Grundform einer romanischen Basilika ist das Kreuz aus Mittelschiff, Querschiff und Chor. Das Mittelschiff ist doppelt so breit und doppelt so hoch wie ein Seitenschiff.

Für Christen ist eine Kirche ein Haus Gottes. Sie dient dem Lob Gottes und erzählt mit ihren Bildern und Figuren vom christlichen Glauben. Eine prächtige Kirche ist aber auch ein stolzes Zeichen ihrer Erbauer, des Königs oder des Bischofs oder der Bürger der Stadt. Fast alle Gebäude waren im Mittelalter aus Holz errichtet, sogar in der Stadt. Die großen Kirchen aber waren aus Stein gebaut. Sie sind daher oftmals die einzigen Bauwerke, die uns aus dem Mittelalter erhalten sind.

Runde und spitze Bögen – Romanik und Gotik

Bis ins 13. Jh. hatten die Kirchen wuchtige Mauern und kleine Fenster. Im Innern waren die mächtigen Säulen mit runden Bögen verbunden. Rundbögen zierten auch die Fenster und Portale (Eingangstüren). Weil diese Bauformen an die römische Architektur der Antike erinnern, nennt man sie „romanisch" und die Zeit, in der so gebaut wurde, Romanik (ca. 1000-1250).

Ab dem 12. Jh. setzte sich zuerst in Frankreich, dann überall in Europa ein neuer Stil durch: die Gotik. Die Baumeister achteten jetzt darauf, dass mehr Licht in den Kirchenraum einfallen konnte. Sie wollten zeigen, dass Gott die Quelle des Lichtes ist, und in der hell erstrahlenden Kirche das Wirken Gottes sichtbar machen. Deshalb mussten die Wände leichter und „durchlässiger" werden. Statt dicker Säulen wurden schlanke Bündelpfeiler errichtet, die Mauern wurden mit vielen hohen Fenstern geöffnet. Spitze Bögen über den Fenstern und im Deckengewölbe lassen den ganzen Kirchenraum nach oben zum Himmel streben. Durch bunte Glasfenster flutete farbiges Licht herein. Oft war die Decke blau und mit goldenen Sternen ausgemalt. So fühlten sich die Menschen in der gotischen Kirche wie unter einem steinernen Himmelszelt.

M 2 Der Dom zu Speyer, Blick von Nordwesten
Der Speyerer Dom, im 11. Jh. unter den Kaisern Heinrich III. und Heinrich IV. erbaut, ist mit 134 m Länge der größte romanische Kirchenbau in Deutschland. In der Krypta (Unterkirche) wurden mehrere mittelalterliche Könige und Königinnen beigesetzt. Seit 1981 ist der Kaiserdom zu Speyer Teil des UNESCO Welterbes.

M 3 Kölner Dom
Luftaufnahme, um 2005
Der Kölner Dom wurde 1248 begonnen und im Mittelalter nie fertig gestellt, sondern erst 1880. Der Bau einer gotischen Kirche zog sich oft über Jahrhunderte hin und musste manchmal aus Geldmangel unterbrochen oder ganz aufgegeben werden. Gotische Gewölbe können wie im Kölner Dom über 40 m hoch sein. Der Kölner Dom ist seit 1996 Teil des UNESCO Welterbes.

Wir können Baugeschichte „lesen"

Wenn du die Baustile Romanik und Gotik unterscheiden kannst, hilft es dir, die Bauzeit mittelalterlicher Kirchen zu bestimmen. Besonders interessant ist es, wenn in einer alten Kirche beide Stile vorkommen. Wie kann das sein? Oftmals wurde eine romanische Kirche im späten Mittelalter als unmodern empfunden. Sie wurde dann mit moderneren, gotischen Formen umgebaut. Der Umbau begann im Osten, dem Hauptteil der Kirche, wo der Altar steht, und wurde meist nicht zu Ende geführt. Wir können heute noch die Baugeschichte an einer solchen Kirche ablesen: An einen neueren gotischen Bauteil im Osten schließt im Westen noch der ältere romanische Teil an.

Internettipps:
Wenn du mehr über die großen Kirchenbauten des Mittelalters wissen möchtest, schau nach unter Mediencode 31021-33

M 4 Dom (links) und Liebfrauenkirche (rechts) in Trier
Foto von 2002

1. *Erstelle eine Tabelle und trage darin die Merkmale des romanischen und des gotischen Baustils ein. Achte auf Mauern, Säulen, Fenster, Portale und Türme.*
2. *Zeige an den Abbildungen M2 und M3 die typischen Merkmale von Romanik und Gotik auf.*
3. *Überlege, wann die beiden Kirchen (M4) gebaut worden sein könnten, und begründe deine Vermutungen.*
4. *Betrachte (z. B. im Internet) den Dom in Worms, die Abtei Maria Laach, die Katharinenkirche in Oppenheim und die Liebfrauenkirche in Oberwesel. Beschreibe ihre Stilmerkmale. Begründe jeweils, ob es eine romanische oder eine gotische Kirche ist.*
5. *Untersuche die Stilmerkmale einer Kirche an deinem Wohn- oder Schulort. Stelle fest, ob es eine mittelalterliche oder eine jüngere Kirche ist. Auch neuzeitliche Kirchen ahmen manchmal mittelalterliche Bauformen nach. Man spricht dann vom „neuromanischen" oder „neugotischen" Stil.*
6. *Erläutere, wie der Bau der Kirchen die religiösen Vorstellungen der Menschen widerspiegelt.*

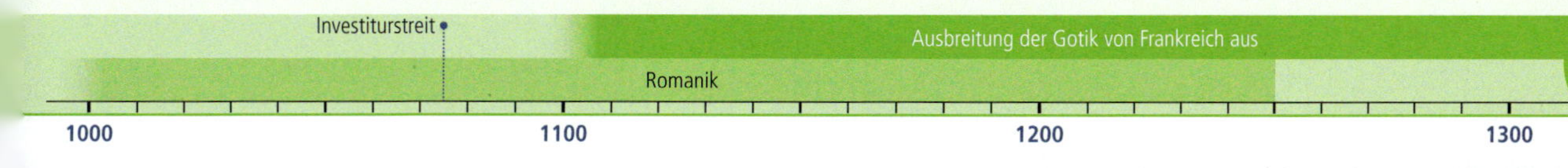

Essen, beten, reisen – wie die Religion den Alltag der Menschen beeinflusst

M 1 **Pilger auf dem Weg nach Jerusalem, ins Heilige Land**
Französische Buchmalerei, um 1412

Gott im Himmel – die Heiligen auf Erden

Ganz gleich, welcher Religion die Menschen angehörten – sie bestimmte ihren Alltag.

Alle Christen glaubten an Gott, an seinen Sohn Jesus und den heiligen Geist. Ihre Sorgen und Wünsche vertrauten sie Gott und den Heiligen an. Und nur wer sündenfrei lebte, konnte hoffen, nach dem Tod in den Himmel zu kommen.

Der Jahresablauf gliederte sich nach den großen Festen der Kirche. Zudem wurde an jedem Tag ein Heiliger verehrt. Der Sonntag galt als heiliger Tag der Ruhe. In den 40 Tagen von Aschermittwoch bis Ostern – der Fastenzeit – wurde in der Regel nur abends eine Mahlzeit gegessen und auf Fleisch, Milch, Alkohol und Eier verzichtet.

Im Laufe des Mittelalters nahm die Verehrung der Heiligen zu. Gläubige unternahmen Wallfahrten und pilgerten zu berühmten Reliquien, den sterblichen Überresten oder Gegenständen von Heiligen.

Synagoge, Thora und Rabbiner

Mittelpunkt einer jeden jüdischen Gemeinde ist die Synagoge (Versammlungshaus). Jeder Raum kann zur Synagoge werden, wenn in ihm die Thora – eine handgeschriebene Rolle mit dem hebräischen Text der fünf Bücher Mose – aufbewahrt werden.

Die Grundlage des jüdischen Zusammenlebens in Familie und Gemeinde ist der Talmud. Dieses um 500 n. Chr. abgeschlossene Hauptwerk des Judentums legt die Thora aus und kommentiert sie. Es enthält auch Speisegesetze wie das Verbot, Schweinefleisch zu essen, und das Gebot der Beschneidung der Jungen am achten Lebenstag. Zur Synagoge durften es höchstens tausend Schritte sein. Daher lebten die Juden in der Regel in der Nähe der örtlichen Synagoge.

Am Schabbat – nach jüdischer Zeitrechnung der siebte Tag, der am Freitagabend beginnt, darf nicht gearbeitet werden. Gemeinsam begeht die Gemeinde die Feste des jüdischen Kalenders: zum Beispiel den Jom Kippur, den Versöhnungstag, oder das Pessach, das Fest der Erinnerung an den Auszug der Israeliten aus Ägypten.

Sich Gott unterwerfen – der Islam

Nach der Lehre des Islam ist Allah Schöpfer des Himmels und der Erde. Er ist Richter der Gläubigen und verlangt nach ihrem Tod Rechenschaft über ihre Taten. Die Frommen kommen in die Gärten des Paradieses, die Sünder in die Hölle.

Jeder Muslim beweist Allah seinen Gehorsam, indem er die Regeln des Zusammenlebens erfüllt, die der Koran vorgibt. Der Koran besteht aus den Offenbarungen, die der Prophet Mohammed empfangen und verkündet hat. Die wichtigsten Regeln für einen Muslim sind die „Fünf Säulen des Koran": das öffentliche Glaubensbekenntnis, das tägliche rituelle Gebet, die sozialen Spende, das Fasten während des Ramadan und die Wallfahrt nach Mekka.

Die Moschee ist Gebets- und Versammlungsort der Gläubigen. Ursprünglich rief der Muezzin (dt. Künder, Ausrufer) vom Minarett, dem Turm der Moschee, fünfmal am Tage zum Gebet.

1. *Informiere dich über den Aufbau von Synagoge, Moschee und Kirche im Mittelalter. Vergleiche!*
2. *Recherchiere zu der Pilgerfahrt der Muslime nach Mekka (M4) und dem christlichen Jakobsweg gestern und heute. Vergleiche die Anzahl der Pilger, ihre Gründe, Kleidung, Regeln und Bräuche. Präsentiere deine Ergebnisse.*

Internettipps:
Unter Mediencode 31021-32 erfährst du mehr über die Religionen und ihre Bedeutung im Mittelalter

M 2 Volksfrömmigkeit und Aberglaube

Der Mittelalterhistoriker Arnulf Krause zur christlichen Religion im Mittelalter:

Die Dorfkirche bildete den Mittelpunkt der Gemeinschaft – nicht nur, weil sie der Friedhof umgab, sondern auch weil der Platz vor dem Gotteshaus als Versammlungsort diente. Insofern die Kirche schon über Glocken verfügte, markierten diese den festen Tagesablauf: Sie riefen zum Gottesdienst, zeigten die Stunden des Tages an und wurden in der Not zum Alarm geläutet.

Die Welt des Mittelalters füllte sich damals mit Kapellen und Wegkreuzen, mit Kirchen und Kathedralen […]. Die Schar der christlichen Heiligen wuchs; oftmals verehrte man sie an Quellen oder in Hainen, wo früher heidnische Gottheiten angebetet worden waren. […] Obwohl die Kirche die Wirkung von Wundern genauer fasste und sogar einschränkte, blieb das gemeine Volk dem Wunderglauben zutiefst verbunden […]. Dabei mischten sich christliche und abergläubische Vorstellungen […]. Dieser Aberglaube respektierte Gott, Dreifaltigkeit und Heilige und fürchtete sich vor Teufel und Dämonen. Aber zumeist glaubte man eben auch an kleinere Wesen und Geister, denen man Opfer darbrachte: Feen, Nixen, Wassermänner und dergleichen mehr.

Arnulf Krause, Europa im Mittelalter, Frankfurt a. M. 2008, S. 192 f.

M 3 Die fünf Säulen des Islam

Der Koran schreibt jedem Muslim folgende fünf Pflichten vor:

- Das Glaubensbekenntnis: „Ich bezeuge, dass es keine Gottheit außer Gott gibt und dass Mohammed der Gesandte Gottes ist."
- Die Pflichtgebete: Die täglichen Gebetszeiten sind die Stunde vor Sonnenaufgang, der Mittag, Nachmittag, nach Sonnenuntergang und bei Einbruch der Nacht.
- Das Almosengeben: eine genau geregelte Steuer, deren Erträge zu verwenden sind für Arme, Bedürftige, die steuereinziehenden Beamten und anderes mehr.
- Das Fasten: Während des ganzen Ramadan (der 9. Monat des islamischen Kalenders) darf von Morgengrauen bis Sonnenuntergang nicht gegessen, getrunken, geraucht und kein Geschlechtsverkehr gepflegt werden. Ausnahmen für Reisende, Schwangere, Kranke sind möglich.
- Eine Pilgerfahrt nach Mekka.

M 4 Muslimische Pilger vor der Kaaba in der Großen Moschee in Mekka
Türkische Miniatur, 16. Jh.
Für die Araber war die Kaaba (dt. Würfel) schon vor dem Islam eine heilige Stätte gewesen. Mohammed machte sie zum Hauptheiligtum der Muslime. Noch heute betet jeder Muslim in Richtung der Kaaba nach Mekka.

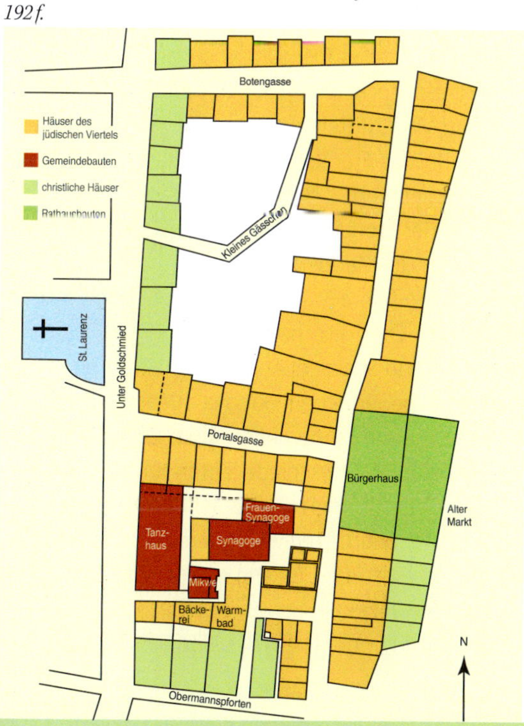

M 5 Das Judenviertel in Köln bis 1349
Die jüdischen Häuser sind orange eingefärbt. Das jüdische Tanzhaus diente als Gebäude für Festveranstaltungen. Die Mikwe ist ein rituelles Bad.

1. *Notiere in einer Tabelle, welche Funktionen die Kirche und die Glocke für eine Dorf- oder Stadtgemeinschaft erfüllten. Schreibe in die zweite Spalte, wer oder was heute diese Aufgabe übernimmt.*
2. *Weise im Text M2 nach, dass nicht alle Christen dasselbe glaubten.*
3. *Begründe, warum die jüdischen Gebäude in Städten wie Köln eng beieinander lagen (M5 und Verfassertext).*
4. *Stelle Vermutungen darüber an, warum gerade im Mittelalter die Religion für die Menschen und ihr Zusammenleben so wichtig war.*
5. *Erstellt ein Rollenspiel, in dem sich ein Christ, ein Jude und ein Muslim des Mittelalters über ihre Vorschriften und Lebensweisen austauschen.*

Zusammenleben, ausgrenzen oder unterwerfen?

M 1 La Mezquita in Córdoba
Säulenhalle aus dem 10. Jh., Foto von 2012
Mezquita bedeutet Moschee. Ursprünglich stand an dieser Stelle eine Kirche. Sie wurde den Christen vom arabischen Emir (arab.: Befehlshaber) abgekauft. Nach der christlichen Rückeroberung Córdobas 1234 wurde die Moschee wieder in eine Kathedrale umgewandelt.

Christen, Juden und Muslime in Spanien

Im Jahre 711 setzte ein muslimisches Heer von Marokko in Nordafrika nach Spanien über. Die Mauren, wie die Araber von den Spaniern genannt wurden, eroberten in kurzer Zeit den größten Teil des Landes.[1] Nur das nördliche Bergland blieb unter christlicher Herrschaft. Dort entstanden mehrere christliche Königreiche. Von ihnen ging die sogenannte „Rückeroberung" (Reconquista) aus. Ab dem 11. Jh. konnten die christlichen Könige die muslimischen Herrscher immer mehr zurückdrängen.
Córdoba war die Hauptstadt der arabischen Herrschaft von al-Andalus. So nannten die Araber ihr spanisches Reich. Mit ihrem großen Wissen und ihrer Lebensweise wurden die Mauren zu Vorbildern für ganz Europa.[2] Die arabischen Eroberer zwangen niemanden zum Islam. Christen und Juden lebten in relativ großer Freiheit zusammen unter islamischer Herrschaft, waren aber den Muslimen nicht gleichgestellt und mussten eine Sondersteuer zahlen.

[1] Vgl. die Karte auf S. 179.

Internettipp:
Zum Zusammenleben von Juden und Christen siehe auch Mediencode 31021-34

[2] Vgl. S. 178 f.

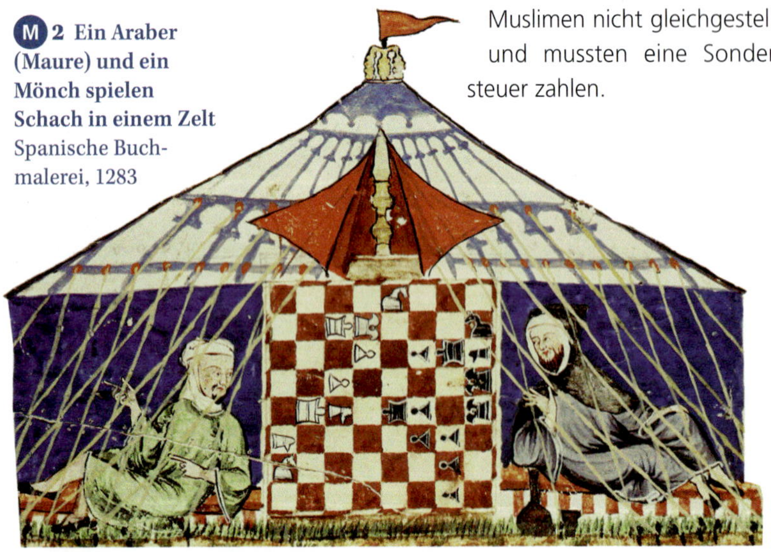

M 2 Ein Araber (Maure) und ein Mönch spielen Schach in einem Zelt
Spanische Buchmalerei, 1283

Reconquista und Ende der Toleranz

Durch die Reconquista wurden die Christen nach und nach Herren des Landes. Anfangs gewährten sie Juden und Muslimen ähnliche Freiheiten wie zuvor die muslimischen Herrscher. Erst ab dem späten 13. Jh. wurden die Christen in Spanien immer intoleranter gegenüber den anderen Religionen. Als sie 1492 ganz Spanien beherrschten, wurden Juden und Muslime vor die Wahl gestellt: Entweder sie wurden Christen oder sie mussten das Land verlassen. Viele Muslime gingen nach Nordafrika, Tausende von Juden fanden Aufnahme am östlichen Mittelmeer. Dort war ein neues muslimisches Reich entstanden: das Osmanische Reich der Türken.

Juden – die „Fremden" nebenan

Schon in der Römerzeit gab es jüdische Gemeinden in Köln, Mainz und Trier. Ob sie nach dem Untergang des Römischen Reiches weiter bestanden, ist nicht bekannt. Vom Mittelmeergebiet aus kamen jüdische Händler in das Frankenreich. Am Rhein entstanden neue Gemeinden, z. B. in Worms und Speyer, aber auch an der Donau sowie vereinzelt in Städten im Osten, z. B. in Magdeburg. Bischöfe riefen jüdische Fernhändler in ihre Städte und statteten sie mit Privilegien aus. Die jüdischen Gemeinden durften ihre religiösen und sozialen Angelegenheiten selbst entscheiden. Die jüdischen Händler trieben Handel mit den Ländern am Mittelmeer und im Orient.
Trotz religiöser Unterschiede lebten Juden und Christen über Jahrhunderte meist friedlich auf engem Raum zusammen. Der Wohnbereich der jüdischen Gemeinde – oft die „Judengasse" – war kein abgeschlossener Bezirk; in den Bischofsstädten befand er sich meistens in der Nähe des Domes.

M 3 Jüdische Gemeinden und Siedlungsgebiete vom 1. bis zum 11. Jh.

Für das jüdische Volk begann das Leben in der Verbannung (Diaspora) mit der Zerstörung des Tempels in Jerusalem durch die Römer 70 n. Chr. Bis zu den Judenverfolgungen im 14. Jh. erhöhte sich die Zahl der jüdischen Gemeinden in Deutschland auf etwa 1 000.

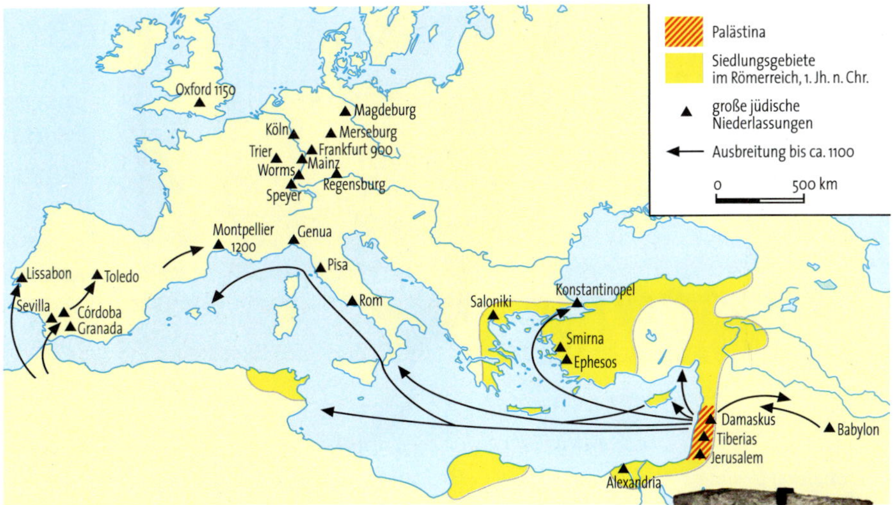

Im 11. Jh. änderte sich die Lage der Juden durch die **Kreuzzüge**[1]. Sie wurden immer öfter als „Feinde Christi" dargestellt. Religiöse Fanatiker plünderten und zerstörten ihre Häuser, vertrieben und töteten sie. Die jüdischen Gemeinden etwa von Worms, Mainz, Trier und Metz fielen solchen religiösen Ausschreitungen – **Pogromen** – zum Opfer. Lediglich in Speyer konnten sich die Juden unter dem Schutz des Bischofs retten.

Die Juden wurden in den christlichen Reichen zunehmend ausgegrenzt. Die Päpste verurteilten zwar die Gewalt gegenüber jüdischen Mitbewohnern, doch sie verlangten seit der Mitte des 12. Jh. eine stärkere Abgrenzung zwischen Christen und Juden. Die Kirche beschloss 1215 zunächst für Spanien, Sizilien und die Kreuzfahrerstaaten in Palästina, wo Christen, Muslime und Juden zusammenlebten, dass Nichtchristen äußerlich leichter erkennbar sein müssten. Im 13. Jh. entstanden Wahnvorstellungen, dass die Juden den Christen schaden wollten. Aus England wurden die Juden 1290 ausgewiesen, aus Frankreich 1309. Die Macht des Königs reichte jedoch nicht nach Südfrankreich, so blieben dort jüdische Gemeinden bestehen

Sündenböcke gesucht

Eine erneute Welle von Pogromen löste die Pest aus. Die Seuche – auch „Schwarzer Tod" genannt – wütete besonders zwischen 1347 und 1351. Die Krankheitserreger wurden entweder wie Schnupfen und Grippe durch eine Tröpfcheninfektion oder durch den Biss des Rattenflohs verbreitet. Rund ein Drittel der europäischen Bevölkerung starb daran.

Die Menschen hatten keine Erklärung für die Seuche. So beschuldigten viele die Juden, sie hätten die Brunnen vergiftet. 1348/49 gab es in zahlreichen Städten Pogrome, denen Tausende von Juden zum Opfer fielen. In keiner Stadt blieb eine jüdische Gemeinde bestehen.

Dennoch siedelten Juden immer wieder neu in den Städten. In der Neuzeit wurden ihnen von Mauern umgegebene Wohnbezirke zugewiesen, die abends und an christlichen Feiertagen verschlossen wurden. Dafür entstand später die Bezeichnung „Ghetto", nach dem Namen des Judenviertels in Venedig. Vor allem auf dem Land lebten die Juden in den Dörfern weiterhin direkt neben den Christen.

In Polen hatte der König Juden schon 1264 großzügige Freiheiten gewährt: Sie konnten Handwerksberufe ausüben, bekamen besonderen Schutz und durften sich in eigenen Gemeinden selbst verwalten. Der polnische König warb damit gezielt tüchtige Leute an, die in seinem Land die Wirtschaft voranbrachten. Aufgrund der zunehmenden Vertreibung der Juden aus dem Westen wanderten viele nach Polen aus.

1. *Recherchiere zu der Geschichte des Ortes, an dem die Mezquita von Córdoba (M1) steht.*
2. *Erzähle, wie sich das Verhältnis von Christen, Juden und Muslimen im Mittelalter entwickelte.*
3. *Beschreibe, wie sich die jüdischen Gemeinden ausgebreitet haben (M3).*
4. *Arbeite die Gründe heraus, die der Text für die Verfolgung der Juden nennt.*
5. *Informiere dich, welche Regeln im Judentum für Friedhöfe gelten. Erkläre, was die Auflösung des Friedhofs aus jüdischer Sicht bedeutete (M4).*

M 4 Grabstein der Chana (Hanna) in der Liebfrauenkirche Koblenz
Foto von 2013

Nach Vertreibung der Juden aus dem Erzstift Trier 1418 eignete sich der Trierer Kurfürst auch den alten jüdischen Friedhof in Koblenz an und vergab das Grundstück als Viehweide zum Lehen. Die Grabsteine wurden beim Ausbau der Liebfrauenkirche verwendet. Man fand sie bei Arbeiten in den 1960er und 1970er-Jahren. Einer hängt zur Erinnerung an die Verfolgungen und Vertreibungen in der Kirche; die übrigen Steine wurden auf den neuen jüdischen Friedhof gebracht.

Zeitleiste: Beginn des Investiturstreites • Judenverfolgungen während des 1. Kreuzzuges • Reconquista in Spanien • Ausbruch der Pest in Europa • Judenverfolgungen in Mitteleuropa
1000 – 1100 – 1200 – 1300 – 1400

M5 Muslimische und christliche Reiterheere
Buchmalerei in einer Liedersammlung des Königs Alfons X., Spanien, 13. Jh.

M6 Muslime im Königreich Kastilien

Über die Folgen der „Reconquista" schreibt der Historiker Kay Peter Jankrift:

Ferdinand I. von León-Kastilien [behandelte] die Muslime von Viseu im Jahre 1055 als Kriegsbeute, sprich Sklaven. […] Ein anderes Bild zeigt sich nach der Rückeroberung Toledos durch Alfons VI. […] So gestattete Alfons den Muslimen, frei in der Stadt zu bleiben sowie ihre Häuser und ihren Besitz zu behalten […]. Tatsächlich aber scheinen nur wenige Muslime das Angebot zum Bleiben angenommen zu haben. Ein Großteil […] wanderte in benachbarte, noch muslimisch dominierte Gebiete […] aus. […]

Für die ersten Jahrzehnte nach der christlichen Rückeroberung Toledos ergibt sich […] noch ein anderes Bild christlich-muslimischer Begegnungen. So tauchen unter den Zeugen der Rechtsgeschäfte während des 12. Jh. häufig Muslime neben Christen auf. […] Im 13. Jh. aber hatten sich die Verhältnisse entscheidend geändert. Anpassung oder Auswanderung waren nunmehr die Alternativen. So lässt sich insgesamt festhalten, dass […] Kontakte zwischen Muslimen und Christen soweit eingeschränkt waren, dass von einem Zusammenleben kaum mehr die Rede sein kann. […] Vor diesem Hintergrund liegt der Schluss nahe, dass die Mudejaren[1] im Königreich Kastilien eine Parallelgesellschaft bildeten, die über kurz oder lang zum Untergang verurteilt war.

Kay Peter Jankrift, Muslime im Königreich Kastilien. Von der herrschenden Mehrheit zur beherrschten Minderheit, in: Klaus Herbers und Nikolas Jaspert (Hrsg.), Integration – Segregation – Vertreibung. Religiöse Minderheiten und Randgruppen auf der Iberischen Halbinsel, Münster 2011, S. 173 f. und 177 f.

[1] Mudejaren: Muslime unter christlicher Herrschaft in Spanien

M7 Lehrer aus Rom oder Gallien

1125 beginnt König Alfons I. von Aragón einen Feldzug gegen die Muslime. Ein mönchischer Chronist berichtet, dass sich 1126 die Christen von al-Andalus dem König auf dessen Rückzug anschließen:

Wir und unsere Vorfahren sind bisher unter Heiden erzogen worden; wir sind getauft und wir folgen mit gutem Willen dem christlichen Gesetz, aber wir konnten nie die Lehre der vollkommenen göttlichen Religion kennenlernen. Denn aufgrund unserer Unterwerfung unter die Ungläubigen, von denen wir schon lange unterdrückt werden, haben wir es weder gewagt, Lehrer aus Rom oder Gallien zu erbitten, noch sind diese wegen der Rohheit der Heiden, denen wir einst gehorchten, zu uns gekommen. Nun aber freuen wir uns dementsprechend über euer Kommen, und wir wollen, unseren Geburtsort zurücklassend, mit unseren Frauen und Besitztümern mit euch gehen.

Zit. nach: Wiebke Deimann, Die christliche Minderheit in al-Andalus. Situation und Wahrnehmung der Mozaraber seit dem 11. Jahrhundert, in: Klaus Herbers und Nikolas Jaspert (Hrsg.), a. a. O., S. 122

M8 Das Judenprivileg von Speyer

Bischof Rüdiger von Speyer gesteht den Juden im Jahr 1084 die folgenden Rechte zu:

Als ich den Weiler Speyer zu einer Stadt gemacht habe, habe ich geglaubt, die Ehre unseres Ortes um ein Vielfaches zu vergrößern, wenn ich hier auch Juden ansammelte. Ich siedelte also die Versammelten außerhalb der Gemeinschaft und des Wohnbezirks der übrigen Bürger an. Jenen Ort also habe ich ihnen unter der Bedingung übergeben, dass sie jährlich dreieinhalb Pfund Speyerer Geldes zahlen. In der gesamten Stadt habe ich ihnen das Recht zugestanden, Gold und Silber frei zu tauschen und alles zu kaufen und zu verkaufen, was sie wünschen. Auch dies habe ich hinzugefügt, dass ein fremder Jude, der bei ihnen zu Gast ist, dort keinen Zoll zahlen muss. Schließlich [habe ich verfügt], dass wie der Stadtrichter unter den Bürgern so auch ihr Synagogenvorsteher über alle Klagen, die sie untereinander erheben oder die gegen sie erhoben werden, entscheiden soll.

Zit. nach: Julius H. Schoeps und Hiltrud Wallenborn (Hrsg.), Juden in Europa. Ihre Geschichte in Quellen, Bd. 1, Darmstadt 2001, S. 120 f.

M 9 Judenverfolgungen in Mainz

Der jüdische Geschichtsschreiber Solomon bar Simson aus Mainz beschreibt um 1140 die Judenverfolgungen von 1096, bei denen etwa 5000 Menschen ums Leben kamen:

Es war am Neumondstag des Monats Siwan [25. Mai 1096], da kam der Graf Emicho, der Feind aller Juden – seine Gebeine mögen in einer eisernen Mühle zermalmt werden – mit einem großen Heere und lagerte nebst den Irrenden und dem Pöbel außerhalb der Stadt in Zelten, denn die Tore der Stadt waren vor ihm verschlossen. Auch er hatte sich vorgenommen, als Kreuzfahrer zu ziehen [...]. Damals, als der Wüterich nach Mainz kam, um nach Jerusalem zu ziehen, waren die Ältesten des Volkes zu ihrem Bischof Ruthart gegangen und hatten ihn mit 300 Mark Silber bestochen [...], dass er in Mainz bei ihnen blieb. Er brachte die ganze Gemeinde in sein innerstes Gemach und sagte: „Ich willige ein, euch beizustehen." Auch der Graf[1] sprach: „Auch ich will bei ihm hier bleiben euch zum Beistand" [...] und beide, der Bischof und der Graf, willigten ein und sprachen: „Wir werden mit euch sterben oder euch am Leben erhalten." [...] Es war am dritten Tage im Siwan [27. Mai 1096] [...], da kam Emicho, der Bösewicht und Judenfeind, mit seinem ganzen Heere vor das Tor, und die Städter öffneten ihm das Tor. [...] Israels Männer umgürteten sich ein jeder mit seinen Waffen im inneren Hofe des Bischofs und näherten sich alle dem Tor, um mit den Irrenden und den Städtern zu kämpfen, und sie kämpften gegeneinander bis in die Mitte des Tores. Aber unsere Sünden verursachten, dass die Feinde siegten und die Tore einnahmen. [...] Auch die Leute des Bischofs, welche sie doch ihres Beistands versichert hatten, flohen zuerst und lieferten sie so der Hand der Feinde aus; denn wie ein zerknicktes Rohr waren sie ihnen. Auch der Bischof selbst floh aus seiner Kirche, denn auch ihn wollten sie töten, weil er Gutes für Israel gesprochen hatte.

[...]. Die Feinde trafen gleich bei ihrem Eindringen in den Hof dort einige der vollkommen Frommen an mit unserem Rabbi Isaak bar Mosche, einem scharfsinnigen Gelehrten. Dieser streckte zuerst seinen Hals hin und sie hieben ihm den Kopf ab. [...]; sie wollten nicht in die Gemächer flüchten, um eine Stunde länger leben zu können, denn in Liebe nahmen sie das himmlische Strafgericht an. [...] Da schlugen die Feinde alle, die sie dort fanden, mit Schlägen des Schwertes, des Würgens und der Vernichtung. Als die in den Gemächern Versammelten solche Tat der Gerechten sahen und wie die Feinde über sie herfielen, da schrien sie alle: „Es ist das Beste, unser Leben zum Opfer zu bringen!" Und die Frauen dort gürteten mit Kraft ihre Lenden und schlachteten ihre Söhne und Töchter und dann sich selbst; viele Männer stärkten sich und schlachteten ihre Frauen, ihre Kinder und ihr Gesinde [...].

Zit. nach: Julius H. Schoeps und Hiltrud Wallenborn (Hrsg.), Juden in Europa. Ihre Geschichte in Quellen, Bd. 1: Von den Anfängen bis zum späten Mittelalter, Darmstadt 2001, S. 183 - 187

[1] Burggraf Gerhard, oberster weltlicher Richter in Mainz

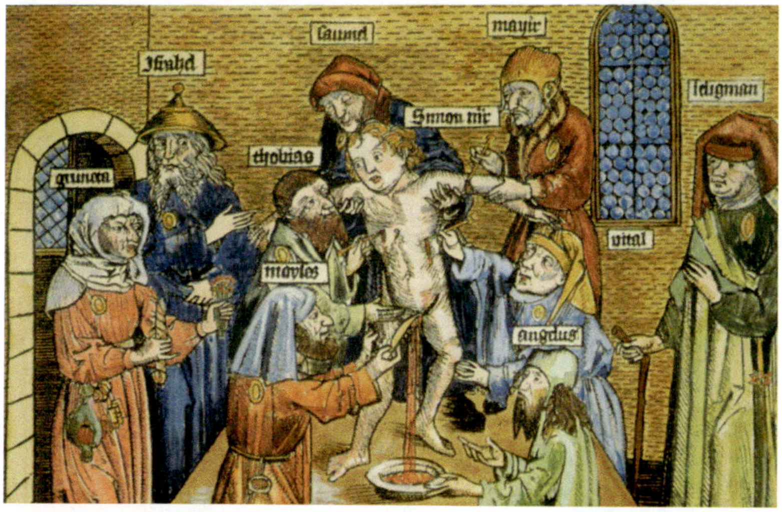

M 10 Vorurteile

Abbildung aus der Schedel'schen Weltchronik von 1493

Seit dem Ende des 12. Jh. kursierte in Europa das Gerücht, die Juden ermordeten Kinder, um ihnen das Blut für Zaubertränke abzuzapfen. In Wahrheit war gerade den Juden der Umgang mit Blut durch ihre religiösen Gesetze streng verboten. Zu den erfundenen Vorwürfen gegen Juden gehörte neben „Ritualmord" auch „Hostienschändung" und „Brunnenvergiftung".

1. *Beschreibe M5. Welches Heer befindet sich auf welcher Seite?*
2. *Beurteile die Lebensbedingungen der iberischen Muslime (M6).*
3. *Zeige die Gründe dafür auf, warum die Christen nach Frankreich auswanderten (M7).*
4. *Erkläre, warum der Bischof in Speyer Juden aufgenommen hat (M8).*
5. *Arbeite die Rechte heraus, die der Bischof den Juden gewährt (M8). Was lässt sich daraus auf die Situation der Juden anderorts schließen?*
6. *Stelle die Haltungen der unterschiedlichen Personen und Gruppen gegenüber den Juden grafisch in einer kleinen Beziehungsskizze dar (M9).*
7. *Erläutere die Reaktionen der Juden bei der Eroberung des Bischofspalastes und weise die Begründungen für diese Handlungen am Text nach.*
8. *Stelle Vermutungen an, warum sich die haltlosen Anschuldigungen gegen Juden hartnäckig hielten (M10). Gibt es aktuelle Parallelen?*

Die Kreuzzüge – Religionskriege zwischen Christen und Muslimen?

M 1 **Kreuzritter**
Buchmalerei aus dem 13. Jh.

Hilferuf aus Konstantinopel

Im 11. Jh. drangen die Heere der Seldschuken, einer türkischen Fürstendynastie, aus dem Innern Asiens bis zum östlichen Mittelmeer vor. Sie eroberten Syrien und Palästina und nahmen Jerusalem ein. 1071 besiegten sie die Byzantiner. Dadurch wurden die Pilgerwege nach Jerusalem unterbrochen, unbewaffnete Wallfahrer überfallen und ausgeraubt. Im März 1095 bat der byzantinische Kaiser Papst Urban II. und die katholischen Fürsten um Hilfe. Das war bemerkenswert, weil sich die griechisch-orthodoxe Kirche 1054 von der römisch-katholischen Kirche im Streit getrennt hatte.

„Gott will es!"

Im November 1095 trafen sich der Papst, 300 Bischöfe und Äbte sowie einige Ritter auf einer großen Kirchenversammlung im französischen Clermont. Dort rief der Papst zur bewaffneten Wallfahrt gegen die Feinde des christlichen Glaubens – die „Heiden" – und zur Befreiung Jerusalems auf.
Urban II. versprach allen Teilnehmern einen Ablass, einen Nachlass der Strafen für ihre Sünden. Seine Rede muss die Zuhörer beeindruckt haben. Tausende machten sich auf nach Jerusalem. Sie riefen: „Deus lo vult!" („Gott will es!") und hefteten sich Kreuze aus Stoff an die Kleidung. Nach der Kirchenversammlung verbreiteten Bischöfe und Wanderprediger den Aufruf des Papstes.

Pilger und Kreuzritter

Die Menschen „nahmen das Kreuz", wie man damals sagte, um gegen die „Ungläubigen" zu kämpfen. Religiöser Eifer und der versprochene Nachlass der Sündenstrafen veranlassten Christen, den Aufrufen zu folgen. Unter der Führung von Herzögen, Grafen und Bischöfen zogen 1096 etwa 90 000 Menschen in fünf großen Heeren aus Westeuropa in den Orient. Nicht einmal jeder Zehnte war ein Adliger oder Ritter, ein Drittel der Teilnehmer war unbewaffnet.
Manche Gruppen überfielen als Erstes jüdische Gemeinden in Frankreich und am Rhein und ermordeten viele Juden. Denn sie machten keinen Unterschied zwischen Juden und Muslimen; alle waren für sie „Heiden". Unabhängig davon marschierten die Kreuzritterheere unter der Führung der Fürsten. Die Kreuzritter selbst sahen sich als „bewaffnete Pilger". Der religiöse Sinn einer Pilgerreise, nämlich Buße für die begangenen Sünden zu tun, wurde mit dem Gedanken vom „gerechten Krieg" gegen die „Feinde des christlichen Glaubens" verknüpft. Das Wort „Kreuzzug" ist erst später entstanden.

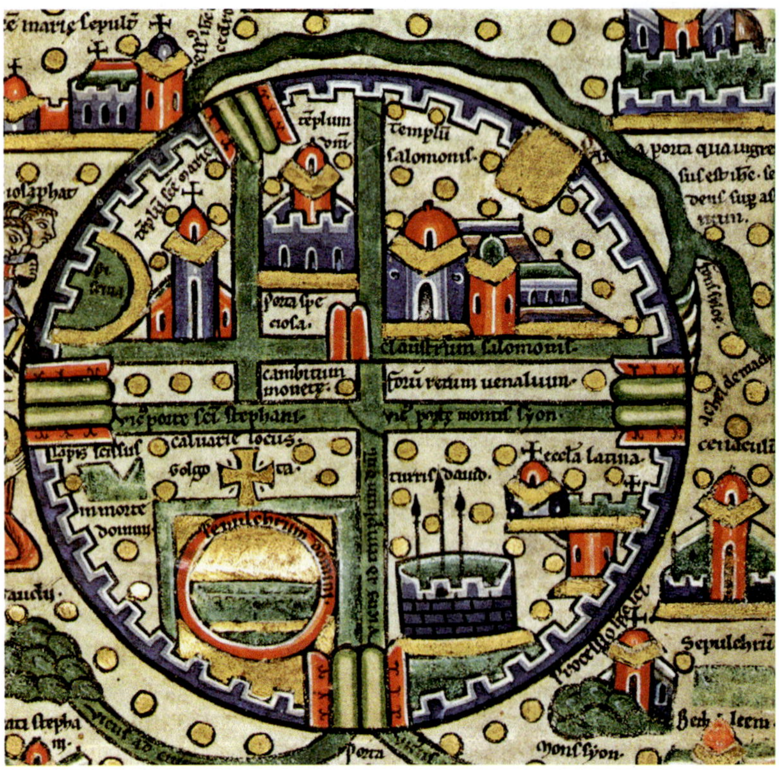

M 2 **Karte Jerusalems aus der Kreuzfahrerzeit**
Um 1170/80
Osten ist auf dieser Karte oben. Links oben neben dem senkrechten grünen Balken in der Mitte befindet sich der Felsendom unter dem Namen „Tempel des Herrn" (lat. templum domini), rechts daneben die al-Aqsa-Moschee unter der Bezeichnung „Tempel Salomons" (lat. templum Salominis).

M3 Die Kreuzzüge im 11. und 12. Jh.

Die „Befreiung" Jerusalems

Im Herbst 1096 kamen die ersten Heere in Konstantinopel an. Sie unterstellten sich aber nicht wie versprochen dem byzantinischen Kaiser, sondern verfolgten eigene Interessen: Jerusalem war das Hauptziel der Kreuzritter.

Das Klima, das Gelände, die Ernährung und die Kampfweise der Muslime mit Pfeil und Bogen waren ihnen fremd. Nur etwa 20 000 erreichten im Juni 1099 Jerusalem. Sie belagerten die Stadt fünf Wochen, erstürmten und plünderten sie und richteten ein Blutbad unter Muslimen, dort lebenden Juden und Christen an. Aus der Wallfahrt war ein Eroberungskrieg geworden. Die „Befreiung" Jerusalems sahen viele Christen als Erfolg, der mit Gottes Hilfe erreicht worden war.

„Kreuzfahrerstaaten" entstehen

Während die meisten Kreuzzugsteilnehmer heimkehrten, richteten einige Fürsten in den eroberten Gebieten an der Mittelmeerküste vier christliche „Kreuzfahrerstaaten" ein: das Königreich Jerusalem, das Fürstentum Antiochia und die Grafschaften Edessa und Tripolis. Bei Streitigkeiten zwischen den Fürsten der „Kreuzfahrerstaaten" suchten diese schon ab Beginn des 12. Jh. immer wieder Bündnisse mit muslimischen Herrschern zur Unterstützung. Bis Ende des 12. Jh. ließen sich etwa 100 000 „Lateiner" dort nieder. Sie blieben in der Minderheit gegenüber der ansässigen Bevölkerung. Diese bestand aus verschiedenen religiösen Gruppen wie Griechen, Juden, Armeniern oder Arabern. Auch in einigen Gebieten islamischer Herrscher stellten nicht die Muslime die Mehrheit der Bevölkerung.

Fortgesetzte Kriege

Die Franji („Franken"), wie die Araber sie nannten, führten weiter Krieg gegen ihre Nachbarn. Aber ein zweiter Kreuzzug (1147-1149) schlug fehl. Sultan Saladin vereinte die Muslime von Syrien bis Ägypten zum gemeinsamen Kampf gegen die Christen. Er verstand seinen Kampf als „Dschihad". 1187 eroberte er Jerusalem zurück.

Auch in einem dritten Kreuzzug (1189-1192) konnten der englische und der französische König Jerusalem nicht zurückgewinnen. Die Eroberung der Festung Akkon durch die Muslime 1291 bedeutete das Ende der christlichen Kreuzfahrerstaaten in Palästina.

Info Dschihad:
(arab. Bemühung, Anstrengung): ursprünglich nur die Bemühung um den Glauben. Bei der Ausbreitung des Islam bekam der Kampf für den Glauben auch eine kriegerische Bedeutung. Die Übersetzung „Heiliger Krieg" trifft den Sinn nicht richtig.

Lesetipp:
Harald Parigger, Das Zeitalter der Kreuzzüge. Gottfried von Bouillon und die Schlacht um Jerusalem, Würzburg 2010

1. *Fasse zusammen: Welches Ziel verfolgten die Kreuzzüge?*
2. *Vergleiche die Karte von Jerusalem (M2) mit dem Stadtplan M1 auf S. 182. Suche in dem modernen Stadtplan den „Tempel des Herrn" und den „Tempel Salomons". Warum wurden sie in M2 so bezeichnet?*
3. *Stelle fest, zu welchen Staaten die Gebiete der Kreuzfahrerstaaten (M3) heute gehören. Nimm die Karte hinten im Buch zu Hilfe.*
4. *Arbeite den Zusammenhang von Kreuzzügen und der Verfolgung von Juden im Reich heraus.*
5. *Prüfe mit Hilfe des Verfassertextes, ob in den Kreuzzügen ausschließlich Christen gegen Muslime kämpften.*

Beginn des 1. Kreuzzuges • Eroberung Jerusalems • Ende der christlichen Kreuzfahrerstaaten
Reconquista in Spanien
1000 1100 1200 1300

„Heiliger" Kampf? Ein Ereignis – viele Perspektiven

M 2 „Ihr Leute!"

969 besetzen byzantinische Soldaten islamische Gebiete im Norden Syriens und Mesopotamiens. Daraufhin ruft der 23-jährige arabische Dichter und Prediger Ibn Nubata seine Landsleute zum Kampf („Dschihad") auf:

Eure Feinde verüben in euren Siedlungen Untaten und erreichen ihrer Hoffnung Ziel, weil ihr euch des heiligen Kampfes enthaltet. [...]

Wo ist der Eifer im Glauben? Wo ist die Scharfsicht der Überzeugung? Wo ist die Furcht vor den Flammen der Hölle? Wo ist das Vertrauen auf Gottes Garantie? Hat Er der Allmächtige doch in der Offenbarung gesagt: „Ja, wenn ihr standhaft und gottesfürchtig seid und sie über euch kommen in wilder Hast, wird euer Herr euch helfen mit 5 000 gezeichneten Engeln. [...] Der Sieg kommt allein von Gott, dem Mächtigen und Weisen." [...]

Auf zum Dschihad, auf, ihr, die ihr gewiss seid! Auf zum Sieg, auf, ihr, die ihr standhaft seid! Auf zum Paradies, auf, die ihr voll Streben seid! Auf zum Höllenfeuer, auf, ihr, die ihr auf der Flucht seid! Der Dschihad ist die feste Grundlage des Glaubens, das weiteste Tor der göttlichen Gunst und der höchste Grad des Paradieses. Wer es darin treu mit Gott meint, kann zwischen zwei Wegen suchen und wählen: zwischen Glück und dem Sieg in Bälde und dem Triumph durch die Märtyrerschaft in Zukunft.

Zit. nach: Franz-Josef Brüggemeier und Gerhard Hoffmann (Hrsg.), Menschen im Jahr 1000, Freiburg/Basel/Wien 1999, S. 119-121 (leicht verändert)

M 1 Ein Christ wird von Muslimen geköpft
Illustration in einer Kreuzzugschronik, Frankreich, 14. Jh.
Auf der Säule sitzend schaut ein „heidnisches Symbol" zu.

M 3 „Gott will es!"

Die Rede, die Papst Urbans II. auf dem Konzil von Clermont am 27. November 1095 zur Befreiung Jerusalems gehalten haben soll, wird zwölf Jahre später von einem Augenzeugen, dem Mönch Robert von Reims, aufgeschrieben:

Ihr Volk der Franken, ihr Volk nördlich der Alpen, ihr seid, wie eure vielen Taten erhellen, Gottes geliebtes und auserwähltes Volk. [...] Aus dem Land Jerusalem und der Stadt Konstantinopel kam schlimme Nachricht an unser Ohr: Das Volk im Perserreich, ein fremdes Volk, ein ganz gottfernes Volk, eine Brut von ziellosem Gemüt und ohne Vertrauen auf Gott, hat die Länder der dortigen Christen besetzt, durch Mord, Raub und Brand entvölkert und die Gefangenen teils in sein Land abgeführt, teils elend umgebracht; es hat die Kirchen Gottes gründlich zerstört oder für seinen Kult beschlagnahmt [...]. Wem anders obliegt nun die Aufgabe, diese Schmach zu rächen, dieses Land zu befreien, als euch? Euch verlieh Gott mehr als den übrigen Völkern ausgezeichneten Waffenruhm, hohen Mut, körperliche Gewandtheit und die Kraft, den Scheitel eurer Widersacher zu beugen [...]. Kein Besitz, keine Haussorgen sollen euch fesseln. Denn dieses Land, in dem ihr wohnt, [...] fließt nicht vor Fülle und Wohlstand über und liefert seinen Bauern kaum die bloße Nahrung. [...] Tretet den Weg zum Heiligen Grab an, nehmt das Land dort dem gottlosen Volk, macht es euch untertan! Gott gab dieses Land in den Besitz der Söhne Israels; die Bibel sagt, dass dort Milch und Honig fließen. Die Stadt Jerusalem ist der Mittelpunkt der Erde, das fruchtbarste aller Länder [...]. Sie erbittet und ersehnt Befreiung, sie erfleht unablässig eure Hilfe. [...] Schlagt also diesen Weg ein zur Vergebung eurer Sünden; nie verwelkender Ruhm ist euch im Himmelreich gewiss.

Arno Borst, Lebensformen im Mittelalter, Frankfurt am Main/Berlin/Wien 1979, S. 318ff.

M 4 Die Einnahme Jerusalems

Wilhelm von Tyrus, christlicher Einwanderer in Jerusalem und ab 1175 Bischof von Tyrus, berichtet in seiner Geschichte der Kreuzfahrerstaaten über die Eroberung Jerusalems 1099:

Es geschah sicherlich nach gerechtem Urteil Gottes, dass die, welche das Heiligtum des Herrn mit ihren abergläubischen Gebräuchen entweiht und dem gläubigen Volk entzogen hatten, es mit ihrem eigenen Blut reinigen und den Frevel mit ihrem Tode sühnen mussten. [...] Im Tempelbezirk sollen an die zehntausend Feinde umgekommen sein. [...] Andere taten sich in Scharen zusammen und gingen in die Häuser, wo sie die Familienväter mit Frauen und Kindern und dem ganzen Gesinde herausrissen und entweder mit den Schwertern durchbohrten oder von den Dächern herabstürzten, dass sie den Hals brachen. [...]
Als endlich auf diese Weise Ordnung in der Stadt hergestellt war, legten sie die Waffen nieder, wuschen sich die Hände, zogen reine Kleider an und gingen dann demütigen und zerknirschten Herzens, unter Seufzen und Weinen, mit bloßen Füßen, an den ehrwürdigen Orten umher, welche der Erlöser durch seine Gegenwart heiligen und verherrlichen mochte, und küssten sie in großer Andacht. Bei der Kirche zu den Leiden und der Auferstehung des Herrn kamen ihnen sodann das gläubige Volk der Stadt und der Klerus, welche beide seit so vielen Jahren ein unverschuldetes Joch getragen hatten, voll Dankes gegen ihren Erlöser, der ihnen wieder die Freiheit geschenkt, entgegen [...].

Zit. nach: Hagen Schulze und Ina Ulrike Paul (Hrsg.), Europäische Geschichte. Quellen und Materialien, München 1994, S. 982 f.

M 5 Die Rückeroberung Jerusalems

a) Aus der Geschichtsschreibung des Ibn al-Atir (1160-1233) zur Rückeroberung Jerusalems 1187:

Auf der Kuppel des Felsendomes stand im Scheitel ein großes vergoldetes Kreuz; als die Muslime am Freitag in die Stadt einzogen, kletterten einige von ihnen oben auf die Kuppel, um das Kreuz zu entfernen. Die Muslime riefen Allah akbar vor Freude, die Franken schrien vor Schmerz und Bestürzung.

b) Aus der Geschichtsschreibung des Imad ad-Din (1125-1201):

Wie sollte [der Sultan] sich nicht die Eroberung des starken Jerusalem zum Ziel nehmen und der Moschee al-Aqsa, die auf Frömmigkeit gegründet ist, denn es ist der Sitz des Propheten, das Haus der Heiligen, der Ort der Anbetung der Frommen, den die großen Heiligen der Erde und die Engel des Himmels besuchen? Hier ist der Ort der Sammlung und der Auferstehung (am Jüngsten Tage); hier steht der Felsen, von dem der Weg des Auffahrens (des Propheten zum Himmel) ausging[1]; über seinem Haupt erhebt sich die stolze Kuppel wie eine Krone; [...]. Wer weiß, ob Gott nicht durch uns Jerusalem seine schönste Gestalt zurückgibt, so, wie er es geehrt hat, indem er es zusammen mit seiner edelsten Schöpfung am Anfang der Sure[2] erwähnt hat [...].

Zit. nach: Francesco Gabrieli (Hrsg.), Die Kreuzzüge aus arabischer Sicht, Augsburg 1999, S. 192 und 199 f. (Übersetzer: Lutz Richter-Bernburg und Barbara Kaltenborn Stachau Palombini)

[1] Vom Jerusalemer Tempelberg soll der Prophet Mohammed auf einem pferdeähnlichen Reittier, dem Buraq, in den Himmel aufgefahren sein.

[2] Die Überlieferung der Nachtreise Mohammeds geht auf die Sure 17,1 zurück.

M 6 Der Felsendom
Foto, um 2000
Der Felsendom auf dem Tempelberg ist neben der al-Aqsa-Moschee eines der Hauptheiligtümer des Islam und der älteste erhaltene muslimische Sakralbau überhaupt. Er wurde 691 über dem Felsen errichtet, wo die Himmelfahrt Mohammeds stattgefunden haben soll. Er birgt zudem den Stein, auf dem nach biblischer Überlieferung Abraham seinen Sohn Isaak nicht opfern musste.

Projektvorschlag

Bildet Arbeitsgruppen und wählt jeweils eines der drei Themen aus. Sucht anschließend gemeinsam Beispiele für moderne „Kreuzzüge" und diskutiert daran die Frage: Sind „Kreuzzüge" unter bestimmten Bedingungen gerechtfertigt?

1. „Gott will es"?

a) *Vergleicht die Aufrufe M2 und M3. Untersucht dabei, wer die Verfasser sind, wie sie die Gegner beschreiben, welche Versprechen sie machen und wie sie den Krieg begründen.*

b) *Erklärt auf der Grundlage von M2 und M3, was ein „heiliger Krieg" ist.*

2. Feindbilder als Mittel zum Zweck?

a) *Gestaltet auf der Grundlage von M2 bis M5 ähnliche Feindbilder wie M1 und gebt ihnen eine Überschrift.*

b) *Zeigt auf, welche Wirkung solche Feindbilder haben können und erklärt, welchem Zweck sie dienen.*

3. Wem gehört Jerusalem?

a) *Arbeitet aus den beiden Texten M4 und M5 heraus, wie die Eroberung Jerusalems gerechtfertigt wird.*

b) *Nehmt Stellung: Wem gehört Jerusalem?*

Tipp: Lest auch die Hinweise zur Methode „Perspektivenwechsel" auf S. 216 f.

Kompetenzen überprüfen

M 1 Kennst du die Fachbegriffe?

Karl der Große herrschte über das größte Reich, das im Frühmittelalter auf dem Gebiet des ehemaligen Römischen Reiches entstanden ist. Aus dem Ostteil des Reiches wurde im 10. Jh. das Deutsche Reich mit einem König an der Spitze. Seit Otto I. waren die Könige Anwärter auf die Kaiserwürde über das ○○○○○○○○ ○○○○○○○○○ ○○○○○○.

Die mächtigsten geistlichen und weltlichen Fürsten, die sieben ○○○○○○○○○○, setzten die Königswahl durch. Die von den Königen verliehenen Gebiete, Ämter und Rechte, die ○○○○○, sahen die weltlichen Fürsten bald als ihr Eigentum an.

Die Päpste wollten im ○○○○○○○○○○○○○○○○ die Einflüsse der Kaiser auf Papst und Kirche beenden. Der Streit stärkte letztlich die deutschen Fürsten. Sie wurden allmählich zu unabhängigen Landesherren.

Die mittelalterliche Gesellschaft gliederte sich in drei ○○○○○○: die ○○○○○○○○○○○, den ○○○○ und die ○○○○○○ und Bürger der Städte. Diese Ordnung galt als gottgewollt und unveränderlich. Geistliche und Adlige hatten mehr Rechte als Bauern und Stadtbürger. Wer von einem Herrn Land zur Bewirtschaftung erhalten hatte, musste ihm Abgaben und Dienste leisten. Diese Verhältnisse nennen wir ○○○○○○○○○○○○○○○. Durch Neuerungen in der Landwirtschaft wie vor allem der ○○○○○○○○○○○○○○○○○○○○ stiegen die Erträge. Die Bevölkerung wuchs. Könige, Fürsten und Bischöfe gründeten zahlreiche Städte. Den reichen und angesehenen Bürgern, den ○○○○○○○○○○, übergaben sie die Rechte, die Stadt selbst zu verwalten. Erst im 14./15. Jh. erstritten sich in einigen Städten die in ○○○○○○○ organisierten Handwerker ein Mitspracherecht. Viele Städte schlossen sich zu Bünden zusammen. Die ○○○○○ war der mächtigste Städtebund des Mittelalters.

Im 11. Jh. eroberten Muslime die Heiligen Stätten. Der Papst rief die Christen zu einem ○○○○○○○○ auf, dem weitere folgten. Nach 200 Jahren mussten sich die Christen geschlagen zurückziehen. Zu den Schattenseiten dieser Zeit gehört die Ausgrenzung und Verfolgung der ○○○○○.

M 2 Kaiser und Papst
Bild aus der Heidelberger Handschrift des „Sachsenspiegels", um 1330

M 3 König, Kaiser, Papst – richtig oder falsch?

- Viele Menschen im Mittelalter unternahmen oft lange Reisen.
- Könige und Fürsten verstanden sich immer gut.
- Die Könige im Heiligen Römischen Reich regierten von einer Hauptstadt aus.
- Wir wissen viel über das Leben der Frauen im Mittelalter.
- Im Mittelalter wurden neue Methoden in Handel und Landwirtschaft eingeführt.

M 4 Was fasziniert uns heute am Mittelalter?

Thomas Martin Buck, Professor für Geschichte und ihre Vermittlung, gibt 2009 diese Antwort:

Das Mittelalter bedient [...] den modernen Traum einer zwar fremden, aber doch einfachen, klaren, ursprünglichen, überschaubaren und verständlichen Welt in der Hightech-Gesellschaft.

Thomas Martin Buck, Das Mittelalter zwischen Vorstellung und Wirklichkeit, in: ders. und Nicola Brauch (Hrsg.), Das Mittelalter zwischen Vorstellung und Wirklichkeit, Münster 2011, S. 53

M 5 Programm eines Mittelaltermarktes

M 7 Das christliche Weltbild
Vereinfachte Nachzeichnung einer Weltkarte aus dem 13. Jh. (Ausschnitt).

M 6 „Der Auszug zum Markte"
Kupferstich von Martin Schongauer, um 1470/73

1. Schreibe die fehlenden Begriffe (M1) auf.
2. Beschreibe das Bild M2 und prüfe, ob es das Verhältnis von Papst und Kaiser richtig wiedergibt.
3. Überprüfe die Aussagen von M3 und begründe deine Antwort.
4. Die Begeisterung für das Mittelalter ist nicht gleichbedeutend mit dem Wunsch, in dieser Vergangenheit zu leben. Diskutiert die Aussage mithilfe von M4.
5. Untersuche M5 daraufhin, was in welcher Form als „Mittelalter" präsentiert wird. Begründe, warum diese Aspekte auf Mittelaltermärkten aufgenommen werden, andere nicht.
6. Stelle mit deinem Sitznachbarn folgende Szene nach: Ein Bauer kommt in die Stadt (M6). Er will wissen, was der Satz „Stadtluft macht frei" für ihn bedeutet. Ein Bürger erklärt es ihm.
7. Beurteile, wo man im Mittelalter besser gelebt hat: auf dem Land oder in der Stadt?
8. Auf der Karte M7 bildet Jerusalem den Mittelpunkt der Welt. Erläutere diesen Eintrag.
9. Diskutiert gemeinsam auf Grundlage von M7 und eurem Wissen über die drei Religionen die Redewendung von einem „christlichen Mittelalter" in Europa.
10. Unterscheide in einer Tabelle: Was hat sich im Verlauf der 1000 Jahre Mittelalter verändert, was ist gleichgeblieben? Beurteile, was dafür und dagegen spricht, das Mittelalter als einheitliche Epoche zu betrachten (siehe dazu auch S. 19).

5

Welt im Wandel: die Frühe Neuzeit

Ⓜ **1 Das heliozentrische Weltbild des Kopernikus**
Illustration aus Andreas Cellarius' „Harmonia macrocosmica", 1661

Ⓜ **2 Nachbau der Santa Maria, mit der Kolumbus 1492 den Atlantik überquerte**
Foto von 1990

Beginn einer neuen Zeit?

M 3 800 Mal Martin Luther auf dem Marktplatz von Wittenberg
Installation des Künstlers Ottmar Hörl, Foto vom 11. August 2010

Um 1500 herrschte die Auffassung, dass sich die Planeten und die Sonne um die Erde drehen. Der Jurist und Arzt Nikolaus Kopernikus war anderer Meinung. Er stellte das alte Planetensystem kurzerhand auf den Kopf und entwarf auf der Grundlage seiner wissenschaftlichen Studien ein neues: das kopernikanische Planetensystem.
Eine neue astronomische Theorie war auch der Grund, warum sich Christoph Kolumbus, ein Seefahrer aus Genua, etwa um dieselbe Zeit auf den Seeweg nach Westen machte, wo er Indien vermutete. Stattdessen landete er in Amerika und gilt seither als „Entdecker" der „neuen Welt".
Wenige Jahre später geriet in Europa auch der katholische Glaube ins Wanken. Der Theologie-Professor Martin Luther protestierte in Wittenberg gegen die katholische Kirche und brachte damit eine neue Glaubensbewegung in Gang: die Reformation.
Neues entwickelte sich auch im Bereich der Herrschaft: In Frankreich erhob Ludwig XIV. – der „Sonnenkönig" – den Anspruch, alleine zu herrschen. Damit wurde er zum Vorbild, nicht nur für die mächtigen Könige, sondern auch die kleinen Fürsten.
Endete damit das Mittelalter und begann hier die Neuzeit? An welchen Ereignissen genau man dies festmacht, dazu haben Historiker unterschiedliche Meinungen. In einem sind sich jedoch einig: dass sich um 1500 ein beschleunigter Wandel in der Geschichte Europas vollzog und damit eine neue Ära begann: die Frühe Neuzeit.

Die folgenden Kapitel gehen auf Ursachen und Wirkungen dieser Zeit ein. Dabei untersuchen wir folgende Fragen:

- Welche Ursachen hatte dieser um 1500 einsetzende beschleunigte Wandel?
- Was änderte sich zu Beginn der „Neuen Zeit"?
- Warum brachen Entdecker aus der „Alten Welt" auf?
- Wie veränderte sich die Wirtschaft in einer Zeit, in der die Welt „wächst"?
- Welche Folgen hatten die Veränderungen für das Weltbild der Menschen?
- Wie wirkte sich dies auf die Herrschaft, das Zusammenleben der Menschen und ihren Glauben aus?

M 4 Der „Sonnenkönig" Ludwig XIV.
Rückseite einer Schaumünze (Medaille) von 1664
Die Umschrift ist das Motto seines Herrscherverständnisses: „Nec pluribus impar" (dt. „Keiner kommt ihm gleich").

1. *Ordnet den vier Bildern die jeweils passende Überschrift zu: neuer Glaube, neue Herrschaft, neues Denken, neue Welten.*
2. *Habt ihr schon von Kopernikus, Kolumbus, Luther und dem „Sonnenkönig" Ludwig XIV. gehört? Zählt gemeinsam auf, was ihr über diese historischen Persönlichkeiten wisst, und tragt es auf einem Plakat zusammen.*
3. *Notiert Fragen, die ihr zu diesen Personen und den damit verbundenen Entwicklungen habt. Vervollständigt, korrigiert und beantwortet eure Informationssammlung dann am Ende des Kapitels auf der Grundlage eures gewonnenen Wissens.*

Orientierung gewinnen: Neues Denken – neue Welten

Seit dem 14. Jh. nahm die Zahl der Gelehrten, Künstler und Unternehmer zu, die meinten, in einer Zeit zu leben, in der Neues gedacht und gewagt werde, in der nicht mehr gelte, was bisher gegolten hatte, und nicht mehr geglaubt werde, was bisher geglaubt wurde. Die Antike galt den gebildeten Menschen dabei als Vorbild. Deshalb wird die Zeit zwischen dem 14. und 17. Jh. auch als Renaissance bezeichnet. „Renaissance" bedeutet „Wiedergeburt". In kurzer Zeit wurden zahlreiche Entdeckungen und Erfindungen gemacht. Auf allen Gebieten gab es große Veränderungen und Fortschritte.
Andere jedoch wollten keine Veränderungen. Denn der Kampf der Ideen war auch ein Kampf um die Macht. Ihre Macht weiteten die Europäer seit dem 15. Jh. auf andere Gebiete der Welt aus. Lange Zeit wussten die Europäer nur sehr wenig über andere Kontinente. Die neuen Erkenntnisse und Techniken macht es ihnen nun möglich, zu fernen Kontinenten – „neuen Welten" – aufzubrechen. Die Europäer suchten günstige Handelswege nach Asien – auch über das Meer. In Afrika und Amerika trafen die Europäer auf ganz fremde Kulturen. Sie drangen mehr und mehr in ihnen bisher unbekannte Länder vor. Doch sie kamen meist nicht als friedliche Entdecker und Handelspartner, sondern als Eroberer.

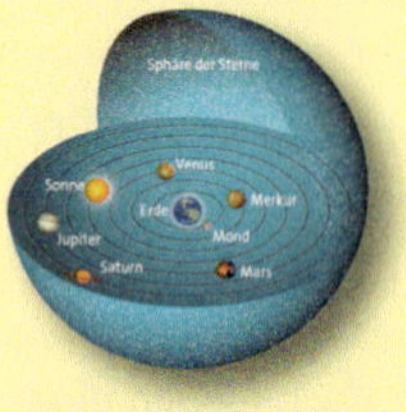

Erfindungen und Entdeckungen veränderten das Denken und damit auch das Zusammenleben der Menschen.
Welche Erfindungen und Entdeckungen sorgten für grundlegenden Wandel? Welche Veränderungen traten ein? Und wie wirkten sich diese auf die Vorstellungen der Menschen von Gott und der Welt aus, in der sie lebten?

Die Europäer entdeckten Amerika und fanden den Seeweg nach Ostasien. Sie fanden damit einen Zugang zu fremden überseeischen Kulturen. Doch es ging den Europäern nicht um Austausch, sondern um Macht.
Wie dehnten die Europäer ihre Herrschaft auf die überseeischen Gebiete aus? Welche Folgen hatte dies für Europa und die Bevölkerung in den beherrschten Gebieten? Welche Rolle spielte dabei der Glaube?

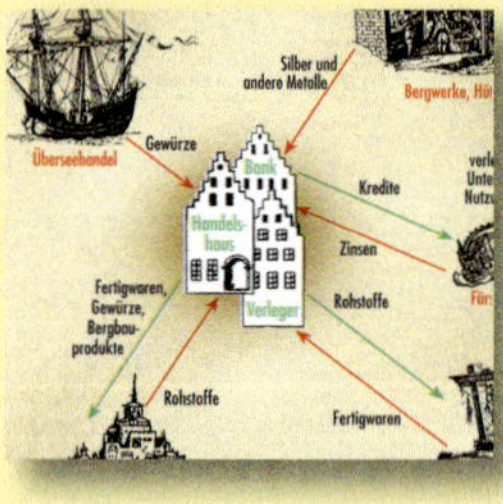

Die Entdeckungsfahrten der Frühen Neuzeit eröffneten den Europäern Zugang zu ausgedehnten Handelsräumen und neuen Märkten. Europa wurde Mittelpunkt einer weiträumigen, aber bis um 1800 noch schwach vernetzten Weltwirtschaft.
Wie veränderte sich die Wirtschaft und wer profitierte davon? Wie sah dieses weltweite wirtschaftliche Netzwerk aus und welche langfristigen Folgen hatte dieser Wandel?

Immer mehr Menschen erhielten Zugang zu Wissen. Das Bildungsmonopol von Adel und vor allem des Klerus wurde gebrochen. Bildung wurde nicht nur zu einem Schlüssel für Fortschritt, sondern auch für gesellschaftlichen Wandel, denn sie machte Aufstieg möglich.
Wie veränderte sich die Gesellschaft, wer profitierte davon und wie wirkte sich dies auf andere Bereiche aus?

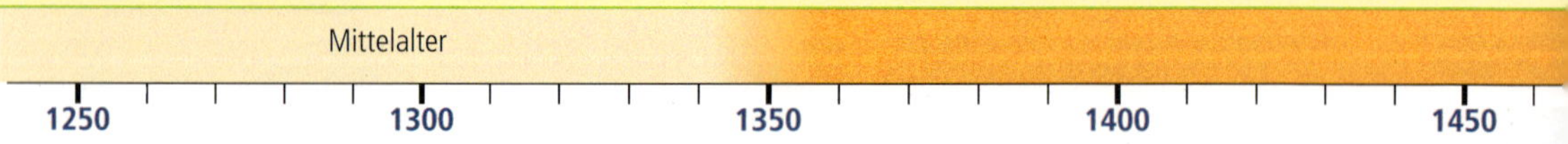

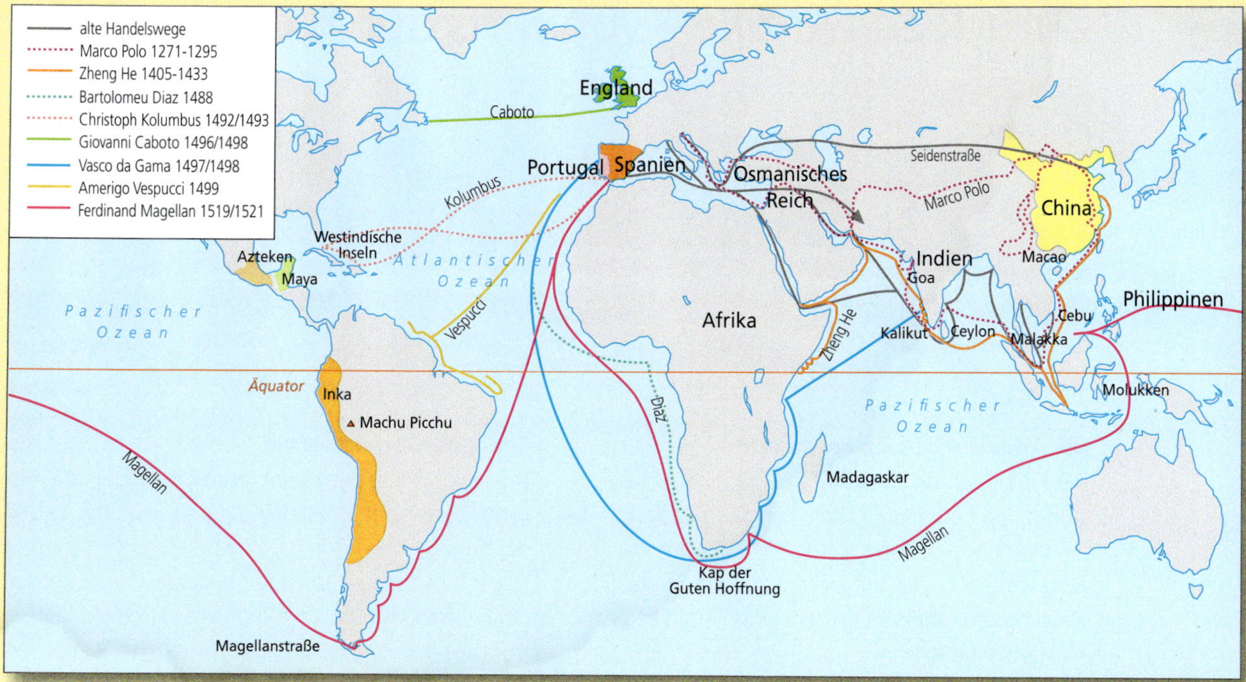

M 1 Forschungs-, Handels- und Eroberungsreisen bis 1521 (Auswahl)

M 2 Mitteleuropa um 1560

1. *Arbeite* die Routen der Seereisen *heraus* (M1), indem du die wichtigsten Stationen notierst.
2. *Stelle fest*, ob diese Seereisen (M1) alle der Frühen Neuzeit zuzuordnen sind.
3. *Stelle Vermutungen an*, wie sich der Handel durch die neuen Routen veränderte.
4. *Beschreibe* die Karte M2 und *skizziere* die Herrschaftsverhältnisse in Europa.

Zurück zur Antike – vorwärts durch die Antike?

M 1 Der ideale Stadtplatz der Renaissance
Gemälde eines unbekannten Künstlers aus Florenz, Ende des 15. Jh.
Das Bild zeigt einen Platz mit umliegenden Gebäuden, der so nie verwirklicht wurde.

Die Antike wird wiederentdeckt

Die Kirche sah die antike Kunst und Literatur als anstößig und heidnisch an. Kirchengelehrte hatten die antiken Werke zwar gesammelt, aber nur die Teile abgeschrieben, die mit der kirchlichen Lehre übereinstimmten. Viele Schriften lagen unbeachtet in Klosterbibliotheken.

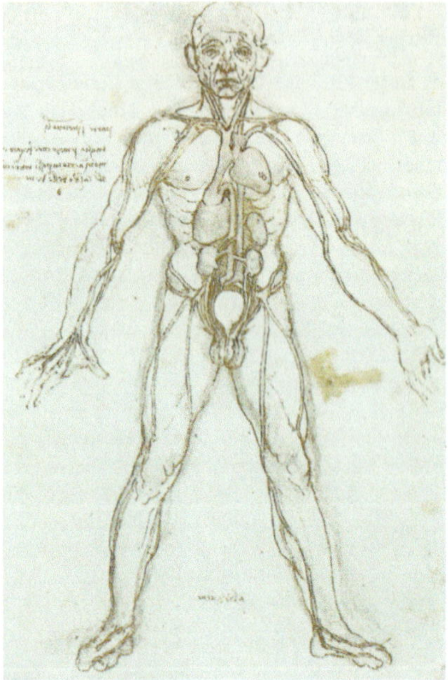

M 2 Figur mit Herz, Lunge und Hauptschlagadern
Zeichnung von Leonardo da Vinci, um 1490

Seit dem 13. Jh. interessierten sich immer mehr Dichter und Gelehrte für die antike Kultur. Sie lernten nun Latein und Griechisch, um die Werke verstehen und übersetzen zu können. In den Schriften des römischen Schriftstellers und Politikers Cicero aus dem 1. Jh. v. Chr. fanden sie den Begriff „studia humanitatis“. Er bedeutete so viel wie „Fähigkeiten, die jeder braucht, um sich zum wirklichen Menschen auszubilden“. Dazu zählten Grammatik, Redelehre (Rhetorik), Geschichte, Dichtkunst und Philosophie. Wer sich damit beschäftigte, wurde „Humanist“ genannt. Später bezeichnete man deshalb die geistige Bewegung als **Humanismus** oder **Renaissance**, also als „Wiedergeburt“ der Antike. Die Kunst der Renaissance breitete sich über ganz Europa aus. In den deutschen Gebieten setzte sie sich am Ende des 15. Jh. durch. Für einige Historiker beginnt mit Humanismus und Renaissance eine andere Epoche[1]: die **Neuzeit**.

Ein neues Menschenbild

Die Humanisten begannen, die mittelalterliche Weltordnung infrage zu stellen. Für sie war das Leben nicht mehr allein durch göttliche Fügung vorherbestimmt. Sie waren der Meinung, dass der Mensch der Mittelpunkt der von Gott geschaffenen Welt sei und aus eigener Kraft seinen Erfolg im Leben erkämpfen könne. Der „ideale“ Mensch sollte klug, höflich und weltoffen sein, sich als Krieger oder Staatsmann, Gelehrter und Künstler betätigen. Geburt und Standesgrenzen sollten keine Rolle mehr spielen, dafür umso mehr die Bildung.

Künstler und Universalgelehrte

Als herausragendes Beispiel für einen Gelehrten und Künstler der Renaissance gilt Leonardo da Vinci. Er war nicht nur ein Maler, sondern zudem der größte Erfinder der Renaissance und entwickelte Ideen u. a. für Fluggeräte oder Tauchboote.
Er und andere Künstler der Renaissance, wie der Maler und Bildhauer Michelangelo, wollten die Menschen möglichst naturgetreu abbilden. Deshalb zerlegten sie heimlich Leichen, was von der Kirche verboten war. In ihren Kunstwerken sollte jeder Mensch etwas ganz Besonderes, ein „Individuum“, sein. Menschen waren auf Bildern oder auf Denkmälern nun nicht mehr nur „Beiwerk“ oder Nebensache gegenüber Christus, Heiligen oder Engeln.

1. *Forsche nach, wo es in deiner Region Gebäude im Stil der Renaissance-Architektur gibt (M1). Wodurch zeichnet sich dieser Stil aus?*
2. *Suche hier im Buch oder im Internet nach mittelalterlichen Bildern. Prüfe, ob dort Menschen tatsächlich nur „Beiwerk“ sind.*

[1] Siehe dazu S. 19 und 243.

M 3 Fliegender Mensch
Nachbau eines Fluggerätes, das Leonardo da Vinci entwickelt hat
Es befindet sich mit vielen anderen Modellen im Schloss Clos Lucé in Frankreich, wo da Vinci 1519 starb.
Die meisten seiner technischen Entwürfe überstiegen die Möglichkeiten seiner Zeit und konnten erst im 19. Jh. gebaut werden.

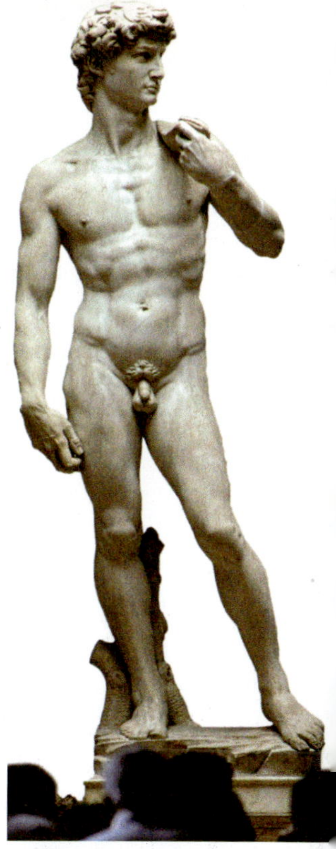

M 6 David-Statue von Michelangelo, 1501-1504
Michelangelos Darstellung des biblischen Helden David, der den Riesen Goliath mit einer Steinschleuder besiegt, stellte das neue Idealbild des Menschen vieler Künstler und Gelehrten der Renaissance dar. Viele Zeitgenossen hielten die Skulptur jedoch für überheblich und schamlos.

M 4 Leonardo – mehr als ein Künstler

Leonardo stellt etwa um 1482 dem Herzog von Mailand in einem Schreiben seine Fähigkeiten vor:

1. Ich habe Pläne für sehr leichte, aber dabei starke Brücken, die sich ganz leicht befördern lassen und mit denen man den Feind verfolgen und manchmal auch fliehen kann, und solche für andere, feste Brücken, die weder durch Feuer noch im Kampf zerstört und leicht und bequem abgebrochen und errichtet werden können […].

2. Ich kann bei der Belagerung eines Platzes das Wasser aus den Gräben ableiten und zahlreiche Brücken, Rammböcke, Sturmleitern und andere zu einem solchen Unternehmen gehörende Geräte machen […].

4. Ferner habe ich Pläne für Bombarden, mit denen man kleine Steine schleudern kann, fast so, als ob es hagle, und deren Rauch dem Feind gewaltigen Schrecken einjagt […].

6. Ferner werde ich sichere und unangreifbare gedeckte Wagen bauen, die mit ihren Geschützen durch die Reihen des Feindes fahren und jeden noch so großen Haufen von Bewaffneten zersprengen werden […].

10. In Friedenszeiten kann ich mich wohl mit jedem anderen in der Baukunst messen, sei es bei der Errichtung öffentlicher und privater Gebäude oder bei der Leitung des Wassers von einem Ort zum anderen.

Ferner werde ich bei der Bearbeitung von Marmor, Erz und Ton sowie in der Malerei wohl etwas leisten, was sich vor jedem anderen, wer immer es sei, sehen lassen kann.

Leonardo da Vinci, Tagebücher und Aufzeichnungen, hrsg. von Theodor Lücke, München ²1952, S. 889 f.

M 5 „Ein einzigartiges Geschöpf"

Der italienische Gelehrte Giovanni Pico della Mirandola verfasst 1486 eine Rede, in der er Gott zu Adam sagen lässt:

Den übrigen Wesen ist ihre Natur durch die von uns vorgeschriebenen Gesetze bestimmt und wird dadurch in Schranken gehalten. Du bist durch keinerlei unüberwindliche Schranken gehemmt, sondern du sollst nach deinem eigenen freien Willen, in dessen Hand ich dein Geschick gelegt habe, sogar jene Natur dir selbst vorherbestimmen. Ich habe dich in die Mitte der Welt gesetzt, damit du von dort bequem um dich schaust, was es alles in dieser Welt gibt. Wir haben dich weder als einen Himmlischen noch als einen Irdischen, weder als einen Sterblichen noch einen Unsterblichen geschaffen, damit du als dein eigener, vollkommen frei und ehrenhalber schaltender Bildhauer und Dichter dir selbst die Form bestimmst, in der du zu leben wünschst. Es steht dir frei, in die Unterwelt des Viehes zu entarten. Es steht dir ebenso frei, in die höhere Welt des Göttlichen dich durch den Entschluss deines eigenen Geistes zu erheben.

Giovanni Pico della Mirandola, Über die Würde des Menschen, übers. von Herbert Werner Rüssel, Leipzig 1940, S. 48 f.

1. *Zähle auf, für welche Arbeiten sich Leonardo in dem Brief anbietet (M4). Welche fachlichen Kenntnisse waren dazu nötig?*
2. *Fasse zusammen, wodurch sich der Mensch bei Pico della Mirandola auszeichnet (M5). Stelle das mittelalterliche Menschenbild gegenüber.*
3. *Überlege, welche Chancen und Gefahren darin liegen, dass der Mensch die Welt nach seinem „eigenen freien Willen" verändern kann (M5).*
4. *Begründe, warum da Vinci als typischer „Renaissance-Mensch" gilt. Blättere weiter und lies dazu auch S. 204 f.*
5. *Diskutiert in der Klasse, welche Merkmale eines „Renaissance-Menschen" ihr heute noch für wichtig haltet.*

1475-1564 Michelangelo
1452-1519 Leonardo da Vinci
Der Humanismus breitet sich aus
Frühe Neuzeit
Mit der Renaissance beginnen Denken, Wissenschaft und Kunst der Neuzeit
1300 1400 1500 1600

Albrecht Dürer – mehr als ein Künstler

Der bedeutendste Künstler der Renaissance nördlich der Alpen war Albrecht Dürer. Seine Zeitgenossen schätzten ihn als Maler so hoch wie die Künstler Italiens. Seine Holzschnitte und Kupferstiche machten ihn berühmt. Sie waren weit verbreitet.
Dürer war mehr als ein hervorragender Künstler. In mehreren Büchern fasste er seine Studien zur Malkunst, zur Geometrie und über den menschlichen Körperbau zusammen. In einigen seiner Abhandlungen zur Geometrie stieß er bis an die Grenzen der damaligen Mathematik vor. Nach seinem Buch über die Befestigungskunst wurden in Nürnberg und in Straßburg Stadtmauern konstruiert.

Lesetipp:
Mona Horncastle und Barbara Yelin, Kunst-Comic Albrecht Dürer, München 2011

M1 „Das große Rasenstück"
Zeichnung mit Wasser- und Deckfarben, um 1503

M2 Albrecht Dürer – Lebensdaten

1471	geboren als drittes Kind eines Nürnberger Goldschmiedes
1484	Beginn einer Goldschmiedelehre bei seinem Vater
1486	Ausbildung in einer Malerwerkstatt in Nürnberg
1490	Wanderschaft in die Zentren der Malkunst am Oberrhein (Basel, Straßburg, Colmar)
1494	Rückkehr nach Nürnberg; er heiratet die Tochter eines angesehenen Patriziers in Nürnberg und richtet sich eine Werkstatt ein; Reise nach Venedig
nach 1495	es entstehen zahlreiche Gemälde, Zeichnungen, Kupferstiche und Holzschnitte im Auftrag verschiedenster Personen und Institutionen
1505/06	Reise nach Italien (Venedig, Bologna, Rom)
1509	Mitglied im Großen Rat der Stadt Nürnberg; Erwerb eines großen Hauses (heute Albrecht-Dürer-Haus)
1512	Kaiser Maximilian I. beauftragt ihn mit vielfältigen Aufgaben und zahlte ihm dafür jährlich einen Betrag
1520/21	Reise in die Niederlande zu Kaiser Karl V.
1521	Rückkehr nach Nürnberg; verstärkte Studien zu Malerei, Perspektive, Befestigungslehre und Geometrie
ab 1524	Veröffentlichung der Studien in mehreren Büchern
1528	gestorben in Nürnberg

M5 „Selbstbildnis im Pelzrock"
Ölgemälde von Albrecht Dürer, 1500
Die lateinische Inschrift auf der rechten Seite des Bildes – hier kaum lesbar – lautet übertragen: „So malte ich, Albrecht Dürer aus Nürnberg, mich selbst mit meinen eigenen Farben im Alter von 28 Jahren."

M3 Bedeutung der Proportionslehre

Dürer schreibt dazu um 1520:

Außerhalb der Messung oder ahn einen Verstand einer guten Maß kann kein gut Bild gemacht werden, und ein gut Bild muß mit großer Mühe und Arbeit gemacht werden. Dann es geht nit unbesunnen zu. Dann die Linien, dormit man ein Bild umzeucht, kann weder mit Zirkelen noch Richtscheitlinien[1] umzogen werden. Dorum ist not, daß man findt, wie ein Bild auf das gnäuest der Natur gmäß soll abgemessen werden. Dann durch recht Gemessens würd Künstlichs gemacht.

Albrecht Dürer, Schriften und Briefe, hrsg. von Ernst Ullmann, Leipzig 1978, S. 179

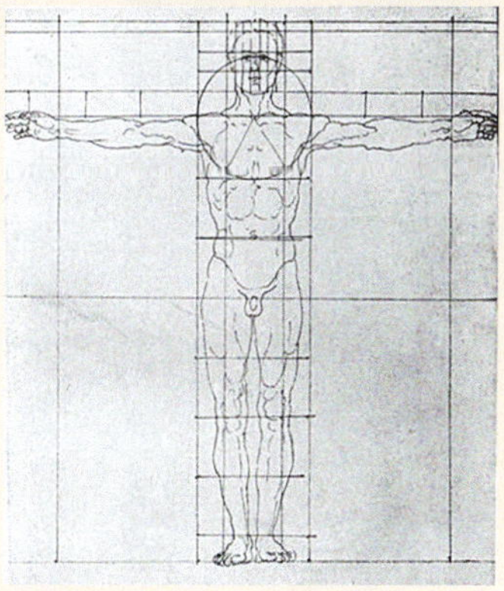

M4 Männliche Proportionsfigur im Netz
Federzeichnung von Albrecht Dürer aus einem Skizzenbuch von 1508

M6 „Eine Anmaßung sondergleichen"

Der Journalist und Kunsthistoriker Hanno Rauterberg schreibt 2012 über Dürers „Selbstbildnis im Pelzrock":

Ein solcher Blick war nicht vorgesehen, nicht für Könige, nicht für Kardinäle, erst recht nicht für einen Künstler, der 1500, als das Bild entstand, noch nicht mal eine größere Werkstatt besaß. Für alle galt ausnahmslos die Regel: Auf Porträts wird der Kopf von der Seite gezeigt, im Profil oder Halbprofil. Der frontale Blick war exklusiv der vera icon vorbehalten, dem wahren Bild des Jesus Christus. Dürer brach diese Regel – und gleich noch eine weitere.

Denn er posiert nicht nur als Messias, er verkleidet sich auch als mächtiger, reicher, vornehmer Bürger. Eigentlich war damals die Gesellschafts- so streng wie die Kleiderordnung: keine Pelze für Bauern, nur Fuchs, Lamm und Iltis für „gemeyne Burger und Handtwercker", und einzig die Obersten der Oberen durften sich mit dem samtigen Rückenfell des Marders schmücken, mit dem sich Dürer auf seinem Bild so stolz präsentiert. Auch das also eine Anmaßung sondergleichen: In der Welt ist er ein rechtes Nichts, in seiner Kunst aber gewinnt er alle Macht.

Die Zeit vom 16. Mai 2012, S. 47

[1] Richtscheit: schmales Brett mit parallelen Flächen und geraden Kanten

1. *Lies M3 zum besseren Verständnis laut und arbeite die Kernaussage heraus.*
2. *Das Selbstbildnis (M5) gilt als Ausdruck eines „Renaissance-Menschen". Erkläre! Berücksichtige dabei auch M6.*
3. *Erstellt in der Klasse eine Ausstellung mit Bildern von Leonardo da Vinci und Albrecht Dürer. Berücksichtigt ihre Arbeitsgebiete.*

Die Macht des gedruckten Buches

Handgeschriebene Bücher

Im Mittelalter musste jedes Buch, wenn man es vervielfältigen wollte, abgeschrieben werden. Das war sehr mühsam. Um eine Bibel abzuschreiben und mit Bildern zu versehen, benötigten besonders ausgebildete Schreiber und Maler mehrere Jahre.

Vor Erfindung des Papiers schrieb man auf Pergament, das aus enthaarten und geglätteten Tierhäuten bestand. Die wenigen Bücher, die es gab, waren deshalb sehr wertvoll. Sie kosteten so viel wie ein kleines Landgut.

Das Abschreiben von Büchern war wegen des großen Aufwandes vor allem in Klöstern durchgeführt worden. Damit aber hatte die Kirche einen großen Einfluss auf die Buchproduktion gehabt. Bücher mit neuem Wissen, das ihrer Lehre widersprach, wollte sie nicht verbreiten.

Die Idee des Johannes Gutenberg

Die Zahl der Menschen, die lesen und schreiben konnten, nahm seit dem späten Mittelalter immer mehr zu. Damit stieg der Bedarf an Büchern. Um Texte leichter vervielfältigen zu können, begannen erste Drucker, Buchseiten „druckverkehrt" auf Holzplatten zu schnitzen.

M 1 Druckerwerkstatt
Nachträglich kolorierter Kupferstich von Matthäus Merian d. Ä., 1632

Der Mainzer Goldschmied **Johannes** Gensfleisch, genannt „**Gutenberg**" (ca. 1400-1468), hatte eine bahnbrechende Idee: Er wollte nicht mehr mit starren Platten, sondern mit beweglichen „Lettern" (Buchstabenstempelchen) drucken, die er nach dem Druck wiederverwenden und neu kombinieren konnte. Es dauerte viele Jahre lang, bis es Gutenberg gelang, sein erstes Buch zu drucken. Schließlich konnte er aus den vielen Lettern verschiedene Druckplatten herstellen und mit Druckerschwärze färben. Sie wurden dann in einer Druckerpresse, die Gutenberg aus einer Weinpresse entwickelt hatte, auf feuchte Papierbögen gedrückt – also „gedruckt".

Weniger Kosten, weniger Fehler

1452 bis 1455 druckte Gutenberg mit diesem Verfahren in Mainz 180 Bibeln, die jeweils nur ein Zehntel eines abgeschriebenen Buches kosteten.

Der Buchdruck war nicht nur billiger und schneller. Beim Drucken schlichen sich weniger Schreibfehler und Verständnisfehler ein als beim Abschreiben.

Ausbreitung neuer Ideen

Ohne den Buchdruck hätten sich viele andere Entwicklungen der Renaissance langsamer verbreitet. Wer nun eine wichtige Entdeckung machte, konnte einen Text darüber schreiben und ihn in großer Zahl vervielfältigen lassen. Die gedruckten Bücher wurden auf Buchmessen in den großen Städten verkauft. Schon im 15. Jh. entstand in Frankfurt am Main ein bedeutender Buchmarkt. Es war der Anfang der Frankfurter Buchmesse, die noch heute in jedem Jahr stattfindet. Auf diese Weise erfuhren die Gelehrten überall in Europa sehr schnell von den Entdeckungen und Ideen ihrer Kollegen.

1. *Erkläre, welche Rolle die Katholische Kirche in Bildung und Wissenschaft vor der Erfindung des Buchdrucks in Europa spielte.*
2. *Nenne die Veränderungen durch den Buchdruck mit beweglichen Lettern.*

M2 „... dass gewisse Leute diese Kunst missbrauchen“

Erzbischof Berthold von Mainz erlässt am 22. März 1485 folgendes Gesetz:

Obwohl die Druckerkunst es leicht macht, die Werkzeuge der Bildung zu beschaffen, so haben wir doch erfahren, dass gewisse Leute diese Kunst missbrauchen. Sie haben nämlich Bücher, die von göttlichen Dingen handeln, aus der lateinischen in die deutsche Sprache übersetzt. Laien[1] und ungelehrte Menschen und das weibliche Geschlecht, in deren Hände die Bücher fallen, können nicht das wahre Verständnis herauslesen. Da der wahre Anfang der Buchdruckkunst in diesem unserem goldenen Mainz mit Gottes Willen hervorgetreten ist, soll auch von uns diese Kunst geschützt werden. Daher befehlen wir, keine Werke aus der lateinischen oder sonst einer Sprache ins volkstümliche Deutsch zu übersetzen, wenn nicht die Werke vor der Drucklegung durch Doktoren der Universität Mainz durchgesehen und zum Druck freigegeben wurden.

Zit. nach: Joachim Leuschner, Die Kirche des Mittelalters, Stuttgart 1962, S. 46 f.

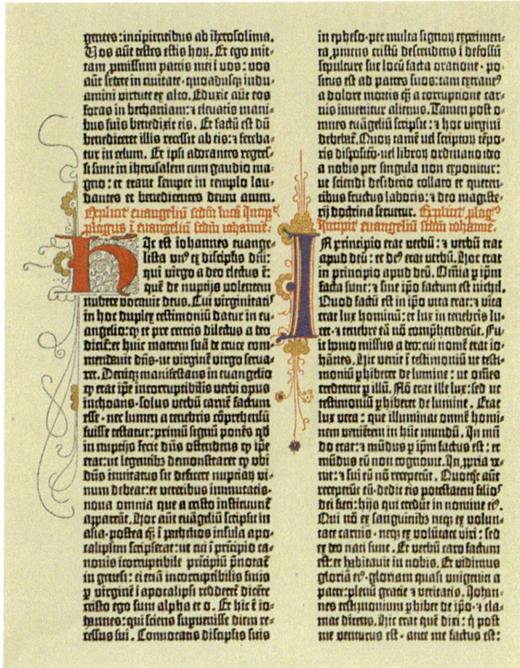

M3 Ausschnitt aus einer Seite der Gutenberg-Bibel von 1455

Die verzierten Anfangsbuchstaben wurden nach dem Druck mit der Hand eingefügt.

Lesetipp:
Wiebke von Thadden, Thomas und die schwarze Kunst. Ein Roman aus der Frühzeit des Buchdrucks, Weinheim 2001

Exkursionstipp:
Gutenberg-Museum Mainz

Internettipps:
Das Gutenberg-Museum und die Göttinger Ausgabe der Gutenberg-Bibel kannst du auch im Internet anschauen; siehe Mediencode 31021-35

[1] Laien: Menschen ohne Priesterweihe

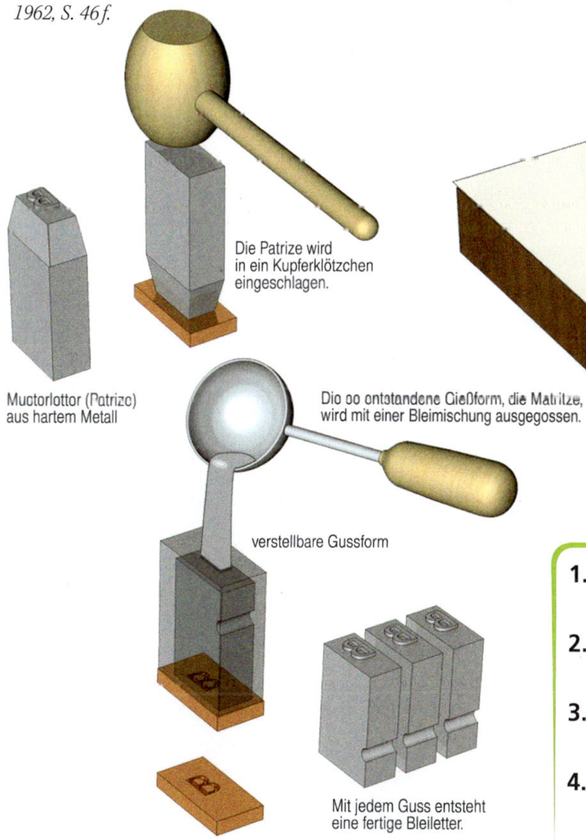

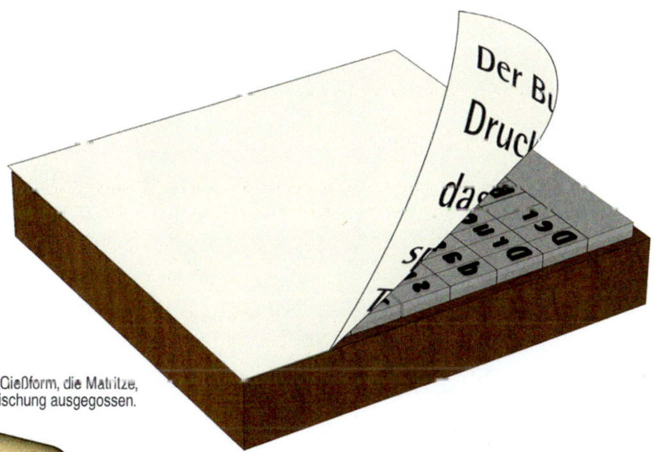

M4 Herstellung der beweglichen Lettern

Jede Schriftart hatte eine oder mehrere Einkerbungen. So konnten die Drucker schnell erkennen, ob versehentlich ein Buchstabe einer anderen Schriftart genommen wurde.

1. *Fasse zusammen, welche Werkzeuge und Materialien eine Buchdruckerei benötigte.*
2. *Beschreibe die einzelnen Arbeitsschritte des Buchdrucks mithilfe von M1 und M4.*
3. *Prüfe an Verfassertext und Materialien, auf welche Kunden Drucker wie Gutenberg hoffen durften.*
4. *Diskutiere, ob es deiner Meinung nach Gründe geben kann, die gegen die Veröffentlichung eines Buches sprechen.*

Ein neues Weltbild entsteht

Das antike und das mittelalterliche Weltbild

Geografische Karten sind heute unentbehrlich. Sie sollen exakt sein und helfen, sich zurechtzufinden. Während des Mittelalters sollten Karten und Darstellungen des Weltalls auch das religiöse Weltbild wiedergeben. Da laut Bibel die Erde mit den Menschen die wichtigste Schöpfung Gottes war, musste sie auch im Zentrum des christlichen Weltbildes stehen. Es stimmte mit den Vorstellungen antiker Gelehrter überein, vor allem mit denen des Griechen Claudius Ptolemäus, der im 2. Jh. n. Chr. im ägyptischen Alexandria gelebt hatte. Ptolemäus glaubte, die Erde stehe unbeweglich im Mittelpunkt des Weltalls. Dieses **geozentrische Weltbild** (griech. geo = Erde) ging davon aus, dass sich die Sonne und die Planeten um die Erde drehen.

Lesetipps:
Luca Novelli, Galilei und der erste Krieg der Sterne, Würzburg 2005

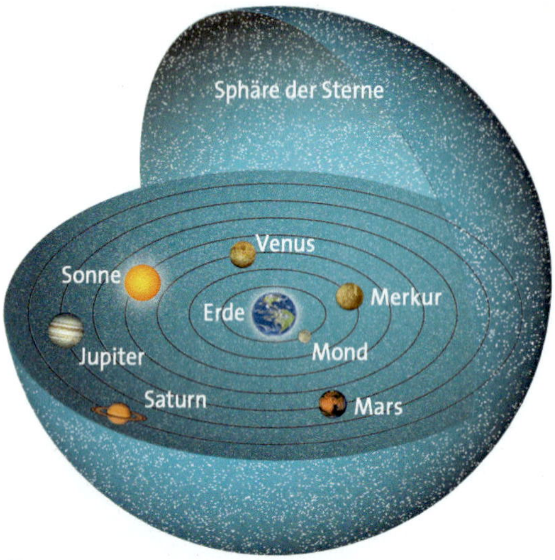

M 1 Das geozentrische Weltbild

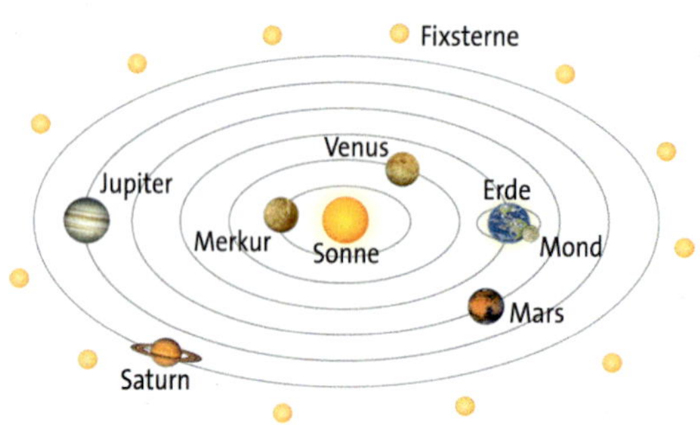

M 2 Das heliozentrische Weltbild nach Galilei

Erste wissenschaftliche Kritik

Der Astronom **Nikolaus Kopernikus** (1473-1543) führte eigene Himmelsbeobachtungen und Berechnungen durch. Er bemerkte, dass Ptolemäus sich geirrt haben musste. Nicht die Sonne und die Planeten drehten sich um die Erde, sondern die Planeten – unter diesen die Erde – um die Sonne. Für Kopernikus galt deshalb das „**heliozentrische Weltbild**" (griech. helios = Sonne). Er rückte die Erde aus dem Zentrum des mittelalterlichen Weltbildes und erklärte sie zu einem „gewöhnlichen Himmelskörper".
Kopernikus zögerte jedoch, seine Erkenntnis allgemein bekannt zu machen, denn er war sich unsicher. Einige Erscheinungen konnte er noch nicht erklären. Damit hatte er zum Weltbild des Ptolemäus noch kein schlüssiges Gegenmodell.

Konflikte mit der alten Ordnung

Als Nebenprodukt von Experimenten für Brillengläser entstand um 1600 das Teleskop. Mit dieser Erfindung ließen sich viel genauere Himmelsbeobachtungen anstellen. So beobachtete **Galileo Galilei**, ein Wissenschaftler aus Pisa, mit einem selbst hergestellten Teleskop, dass um den Planeten Jupiter Monde kreisen. Galilei veröffentlichte die Entdeckungen. Er begründete auch, dass die Sonne im Mittelpunkt des Universums steht und die Erde um die Sonne kreist. Erstmals nahm ein Astronom keine Rücksicht mehr darauf, dass seine Erkenntnisse dem christlich-mittelalterlichen Weltbild widersprachen.
Die Kirche fühlte sich herausgefordert. Kardinal Bellarmino brachte Galileo vor die Inquisition[1], ein kirchliches Gericht. Es wollte öffentlich feststellen, dass der Glaube an die göttliche Schöpfung nicht durch menschliches Wissen bezweifelt werden dürfe. Die Richter drohten ihm wegen seiner „Irrlehren" mit der Todesstrafe. Um sein Leben zu retten, widerrief Galilei seine Erkenntnisse. Doch sie blieben bekannt und wurden von den Wissenschaftlern weiterentwickelt.

1. *Überlege, warum die Kirche das geozentrische Weltbild verteidigte.*
2. *Anfang des 17. Jh. setzte sich eine neue Auffassung von Wissenschaft durch. Beschreibe sie.*

[1] Inquisition (lat. inquisitio = gerichtliche Untersuchung): kirchliches Gericht, das „Irrlehren" verfolgen und bestrafen sollte. Die Inquisitoren waren Ankläger, Verteidiger und Richter zugleich. Die Inquisition schreckte nicht vor grausamen Methoden zurück, um die Einheit des Glaubens zu bewahren. Auch Folter wurde eingesetzt. Denn man glaubte, dass Gott denen, die die Wahrheit sagen, Kraft gibt, um alle Qualen zu ertragen.

M3 Die Erde bewegt sich

Im Vorwort zu seinem Werk „Über die Kreisbewegungen der Himmelskörper“ (1543) schreibt Kopernikus:

Die Meinung von der Unbeweglichkeit der Erde [schien] durch das Urteil vieler Jahrhunderte bestätigt, ich dagegen behaupte, die Erde bewege sich. Als ich nun die Unsicherheit der mathematischen Überlieferung über die zu berechnenden Kreisbewegungen lange überlegt hatte, da fand ich bei Cicero[1], dass die Erde sich bewege. Nachher fand ich auch bei Plutarch[2], dass einige andere ebenfalls dieser Meinung gewesen seien. Ich war der Meinung, dass es auch mir wohl erlaubt wäre, zu versuchen, ob unter Voraussetzung irgendeiner Bewegung der Erde zuverlässigere Erklärungen für die Kreisbewegung der Weltkörper gefunden werden könnten als bisher. Und so habe ich denn durch viele und lange Beobachtungen endlich gefunden, dass die Erde und die Planeten sich um die Sonne drehen.

Nikolaus Kopernikus, Über die Kreisbewegungen der Weltkörper, hrsg. von G. Klaus, Berlin 1959, S. 4ff.

M4 Weil nicht sein kann, was nicht sein darf?

Kardinal Roberto Bellarmino, der Berater des Gerichts gegen Galilei, schreibt am 12. April 1615:

Wenn man behaupten will, die Sonne stehe wirklich im Mittelpunkt der Welt und bewege sich nur um sich selbst, und die Erde bewege sich mit der größten Schnelligkeit um die Sonne, so läuft man damit große Gefahr, nicht nur alle Philosophen und Theologen zu reizen, sondern auch unseren heiligen Glauben zu beleidigen, indem man die Heilige Schrift eines Fehlers überführt.

Ich füge noch hinzu, dass derjenige, welcher geschrieben hat: die Sonne geht auf, und sie geht unter und kehrt zu ihrem Ort zurück, Salomo[3] ist, der der weiseste unter allen Menschen und sehr gelehrt in allen menschlichen Wissenschaften war.

Zit. nach: Jean-Pierre Verdet, Der Himmel, Ordnung und Chaos der Welt, übers. von Urs und Justus Schmitt-Ott, in: Abenteuer Geschichte, Bd. 16, Ravensburg 1991, S. 175ff.

M5 Nachbildung des Wohnraums von Galileo Galilei (Florenz)
Foto, um 1980

M6 Fernrohre
Diese beiden Fernrohre fertigte Galilei selbst an. Erfunden hat er sie nicht. Die Idee, durch Kombination von zwei Linsen entfernte Gegenstände größer erscheinen zu lassen, scheint zuerst in Italien um 1590 entwickelt worden zu sein. Gebaut wurde das erste Fernrohr wahrscheinlich 1608 von einem Brillenmacher in Holland.

[1] Marcus Tullius Cicero (106-43 v. Chr.): römischer Redner und Politiker
[2] Plutarch (46-ca. 120): griechischer Philosoph und Geschichtsschreiber
[3] Salomo: König des alten Israel (ca. 966-926 v. Chr.). Er galt als Verfasser von Teilen des Alten Testaments der Bibel.

1. *Gib in eigenen Worten wieder, wie Kopernikus (M3) seine neuen Thesen begründete. Erkläre, weshalb er sie nicht veröffentlichen wollte.*
2. *Nenne die Argumente, die Kardinal Bellarmino (M4) gegen das heliozentrische Weltbild anführte.*
3. *Vergleiche die Methoden, mit denen Kopernikus und Galilei auf der einen Seite und Kirchenmänner wie Bellarmino auf der anderen Seite zu ihrer Weltvorstellung kamen (M1-M6 und Verfassertext).*
4. *Stelle dir vor, du wärst damaliger Berater des Papstes. Der Papst ist sich unschlüssig, wie er sich zu Galileis Thesen verhalten soll. Mache dem Papst in einem Rollenspiel klar, welche Folgen die möglichen Entscheidungen hätten. Welchen Rat würdest du geben?*

Erkenntnisse für Entdecker

M 1 Der „Erdapfel" von Martin Behaim, 1492
Martin Behaim ließ diese Erdkugel im Jahr 1492 in Nürnberg anfertigen. Sie hat einen Durchmesser von 51 cm und besteht aus Pappe und Gips.

Das Wissen über die Welt

Islamische Gelehrte haben das Wissen über die Welt gesammelt: aus den Schriften der Antike sowie aus China und Indien. Und sie haben es auch weiterentwickelt. Auf Sizilien und in Spanien wurden die arabischen Bücher ins Lateinische übersetzt. So profitierten auch christliche Gelehrte von den Leistungen der Muslime.[1] An der Pariser Universität Sorbonne wurde bereits im frühen 13. Jh. gelehrt, dass die Erde keine Scheibe ist.
Diese Erkenntnis war vor allem für die Seefahrt wichtig. Der älteste überlieferte Globus des Nürnberger Wissenschaftlers Martin Behaim zeigt uns die Welt, wie man sie sich 1492 vorstellte.[2]

Handel als Triebkraft

Der Wunsch nach exotischen Gewürzen und kostbaren Schätzen, vor allem Gold, lockte die Europäer in die Ferne. Das Buch des Kaufmanns Marco Polo aus Venedig, der bis nach China gereist war und am Hof des Kaisers Kublai Khan gelebt hatte, wurde ein „Bestseller" des Mittelalters. Doch es ist umstritten, ob Marco Polo alles wirklich selbst erlebt hat. China unterhielt eine ständige Verbindung mit dem Westen über die Seidenstraße durch Asien sowie über den Seeweg. Anfang des 15. Jh. unternahm China selbst große Expeditionen bis nach Ostafrika.

„High Tech" für die Seefahrt

Dafür fehlten den Europäern lange die nötigen Kenntnisse, geeigneten Schiffe und Instrumente. Die Kapitäne der Koggen, der Frachtschiffe der Hanse, segelten auf Nord- und Ostsee ohne Seekarte und bis etwa 1400 auch ohne Kompass. Tagsüber hielten sie sich in Sicht des Landes oder der Inseln, nachts orientierten sie sich am Polarstern. Fahrten über das weite Meer waren lebensgefährlich.
Seit Jahrhunderten wurden die begehrten Waren aus Asien über Land und arabische Zwischenhändler transportiert. Weil dies mühsam, gefährlich und teuer war, suchten Herrscher, Kaufleute und wagemutige Seefahrer nach einer Lösung: dem direkten Seeweg nach Asien.
Die Seefahrt konnte jetzt von den neuen Erkenntnissen profitieren. Mit verbesserten Schiffstypen wie der Karavelle, genaueren Karten und Messinstrumenten wie dem Stundenglas, dem Astrolab, dem Kompass und dem Jakobsstab zur Winkelmessung hatten die ersten Entdeckungsfahrer die „High Tech" ihrer Zeit an Bord. Trotzdem riskierten sie noch Kopf und Kragen, wenn das Land hinter dem Horizont verschwand. Denn wo ihr Schiff gerade schwamm, wussten sie trotzdem nicht genau.

M 2 Astrolab von 1079/80 aus Saragossa (Spanien)
Das Astrolab wurde in der Spätantike erfunden, von den Arabern in Byzanz entdeckt, weiterentwickelt und nach Europa gebracht. Dort war es auch in der Frühen Neuzeit noch im Einsatz.
Der Seemann richtete das Instrument am Horizont aus, drehte den Arm mit dem Visier, bis das Sonnenlicht durch die Löcher fiel und las auf der Skala die Höhe der Sonne über dem Horizont ab. So konnte er den Breitengrad berechnen.

M 3 Kompass, um 1500
Die ältesten Hinweise auf einen Kompass stammen aus China (um 1100). Seine heutige Form erhielt er im 13. Jh., angeblich von italienischen Seefahrern, die ihn über die Araber kennengelernt haben sollen.

1. *Erkläre, warum der Globus für die damalige Zeit eine große Leistung war.*
2. *Zeige den Zusammenhang von Wissenschaft und Entdeckungsfahrten auf.*

[1] Siehe S. 178 f.
[2] Vgl. die Karte auf S. 181.

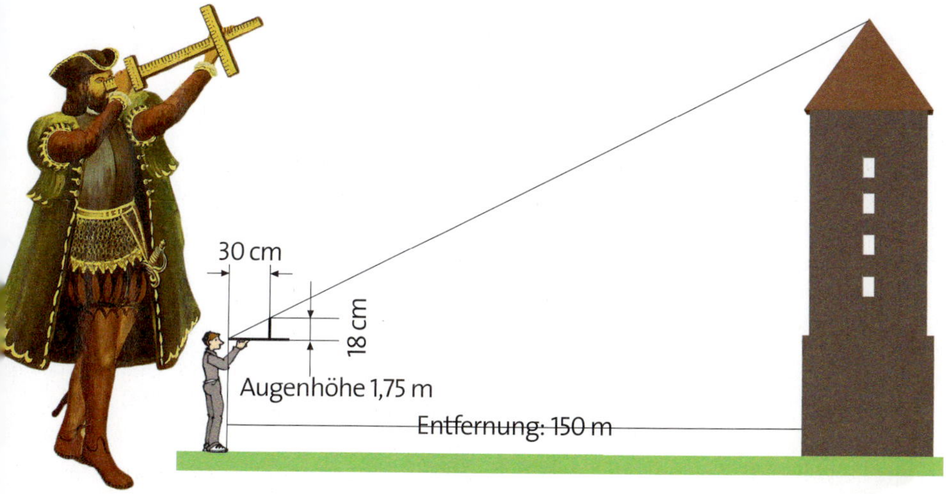

M4 Winkelmessung mit dem Jakobsstab

Der Jakobsstab ist nach seinem Erfinder benannt, dem jüdischen Gelehrten Jakob Levi ben Gerson, der im 14. Jh. in Avignon lebte. Mit seiner Hilfe kann man die Höhe oder die Entfernung von Gebäuden und Gegenständen messen.

Für Seeleute war der Jakobsstab besonders nützlich. Denn mithilfe des Polarsterns und mathematischer Formeln konnten sie bestimmen, auf welchem geografischen Breitengrad sie sich gerade befanden.

Der Seemann richtete den Stab auf den Horizont und hielt die Spitze des kurzen beweglichen Querstabs in einer Linie mit dem Stern. Der lange Stab hatte eine Gradeinteilung. Der Winkel des Querstabes zeigte die Höhe des Sterns über dem Horizont. Daraus ließ sich der Breitengrad ermitteln.

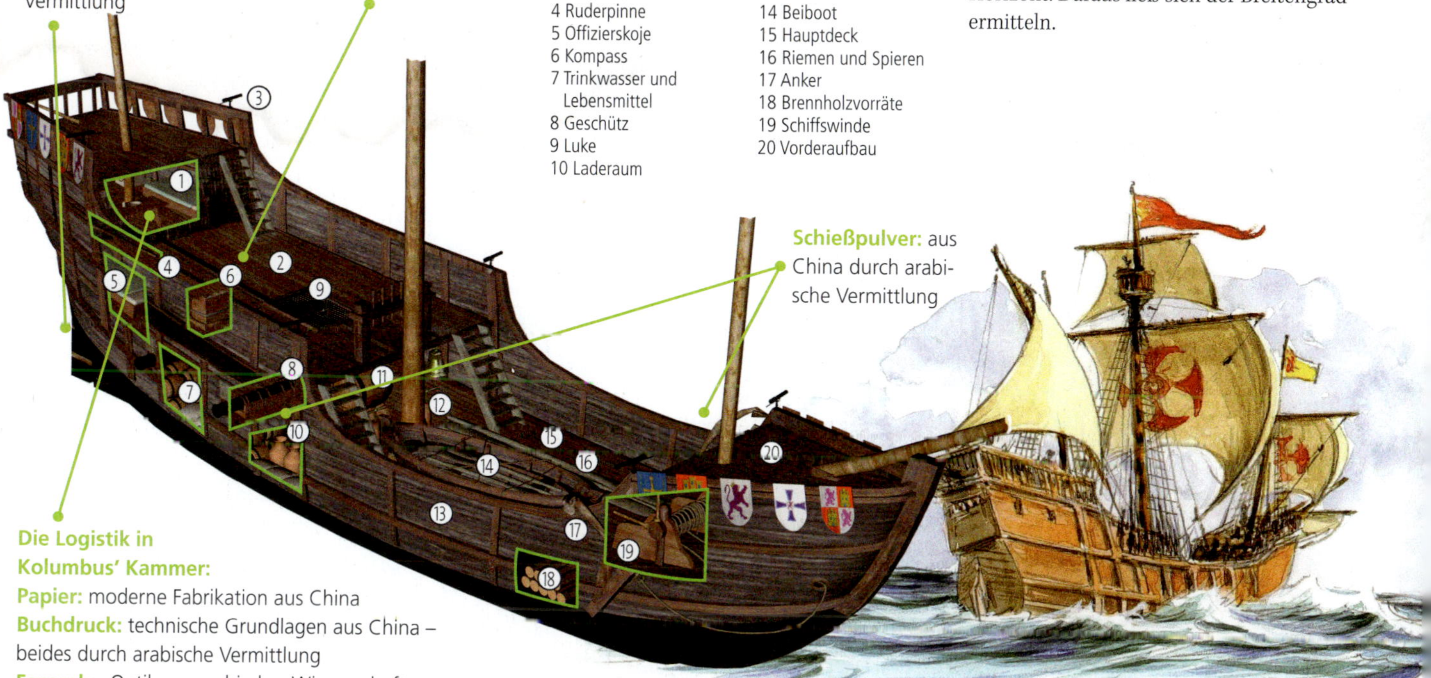

Die Logistik in Kolumbus' Kammer:
Papier: moderne Fabrikation aus China
Buchdruck: technische Grundlagen aus China – beides durch arabische Vermittlung
Fernrohr: Optik aus arabischer Wissenschaft
Navigationsinstrumente zur astronomischen Orientierung: jüdische und arabische Wissenschaft
Dezimales Zahlen- und Rechensystem: aus indischer und arabischer Wissenschaft

M5 Wissenschaft und Technik aus dem Nahen und Fernen Osten

Am Beispiel der Santa Maria, des Schiffes von Christoph Kolumbus (siehe die beiden nächsten Seiten), wird deutlich, wie die christliche Seefahrt vom Wissen und Können der Muslime profitierte.

1. *Fertige dir einen Jakobsstab aus Karton und bestimme selbst die Höhe von Gebäuden (M4). Präsentiere dein Ergebnis vor der Klasse und erläutere, wie du vorgegangen bist.*
   Tipp: Bei der Berechnung kann dir bestimmt deine Mathelehrerin oder dein Mathelehrer helfen.
2. *Erstelle eine Tabelle der wissenschaftlichen und technischen Erfindungen aus M5. Ordne (von oben nach unten) die Errungenschaften nach Bereichen (z. B. Navigation).*
3. *Die christliche Seefahrt profitierte vom Wissen anderer Kulturen. Begründe diese Aussage mit M5 und dem Verfassertext.*

Wettlauf nach Indien – Entdeckung Amerikas

Im Westen den Osten suchen

Nach den Eroberungen der Osmanen war der Landweg nach China und Indien für den europäischen Handel gesperrt. Deshalb suchten die Portugiesen den Weg nach Indien um Afrika herum. 1487 umsegelte der Portugiese Bartolomeu Dias die Südspitze Afrikas. Sie wurde später „Kap der Guten Hoffnung" getauft.

M 1 Porträt des Kolumbus von Sebastiano del Piombo, 1519
Es gilt als das realistischste Porträt in Spanien.

Der Italiener **Christoph Kolumbus** schlug den Weg nach Westen über den Atlantik vor. Die Spanier erkannten eine Chance, den Rivalen Portugal beim Wettlauf nach Indien zu überholen. Der spanische König nahm Kolumbus in seine Dienste.

Ein genialer Irrtum

Kolumbus bekam drei Schiffe zur Verfügung. Von den Kanarischen Inseln aus stach er am 9. September 1492 in See. Am 12. Oktober erreichte er die Bahamas. Von dort aus entdeckte er die Antillen-Inseln Haiti und Kuba. Im Frühjahr 1493 kehrte Kolumbus nach Spanien zurück. Das Königspaar bereitete ihm einen prunkvollen Empfang und machte ihn zum Generalgouverneur und Vizekönig der entdeckten Gebiete. Kolumbus unternahm noch drei Fahrten über den Atlantik. Bis zuletzt glaubte er, den westlichen Seeweg nach Indien gefunden zu haben. Die Bewohner der entdeckten Gebiete nannte er deshalb Indios.

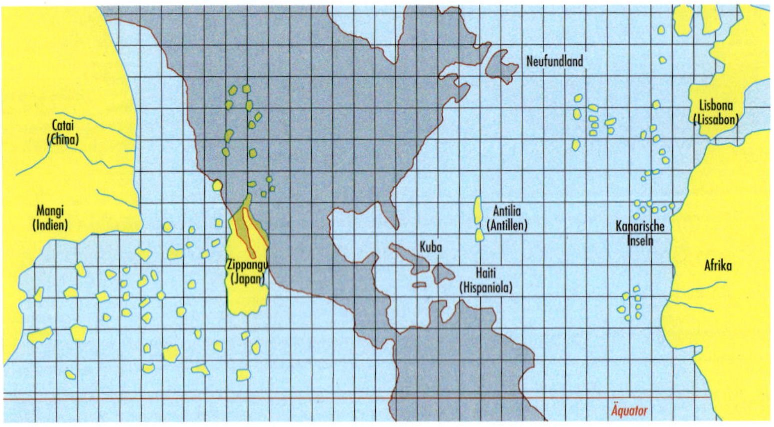

M 2 Rekonstruktion eines Ausschnitts der Karte Toscanellis von 1474
Zum Vergleich, grau eingezeichnet, die wirkliche Verteilung der Landmassen. Toscanelli schätzte die Entfernung zwischen den Kanarischen Inseln und Japan (Zippangu) auf 3 000 Seemeilen (1 Seemeile = 1 852 km).

America

Die Veröffentlichung des Reiseberichtes von Kolumbus spornte andere Seefahrer an. Amerigo Vespucci aus Florenz erforschte 1499 bis 1501 die südamerikanische Küste. Er erkannte, dass er sich nicht in Asien, sondern auf einem neuen Kontinent befand. Aufgrund von Vespuccis Bericht gab der deutsche Kartograf Martin Waldseemüller 1507 auf einer Karte der „Neuen Welt" den Namen „America".

Immer weiter

1498 erreichte der Portugiese Vasco da Gama auf dem kürzesten Seeweg Indien. Sein Landsmann Ferdinand Magellan versuchte 1519 im Auftrag der spanischen Krone erneut, auf dem westlichen Seeweg nach Indien zu kommen. Er starb 1521 auf der Philippinen-Insel Mactan.
Der unter englischer Flagge segelnde Italiener Giovanni Caboto entdeckte 1497 die Küste Nordamerikas. Doch die Engländer zeigten kein Interesse, da sie dort weder Gold noch Silber fanden.[1]

Die Welt wird in zwei Hälften geteilt

Spanien und Portugal stritten sich um die entdeckten Gebiete. Der Papst entschied den Streit: Im Vertrag von Tordesillas teilte er die Welt entlang eines Längengrades durch den Atlantik: Westlich davon gehörte alles Spanien, östlich davon Portugal. Spanien durfte nun sein Kolonialreich in Amerika errichten, während Portugal das Monopol des Indienhandels bekam. Portugal begnügte sich mit Stützpunkten in Afrika und Asien, um seine Handelswege abzusichern. Die Vereinbarung hielt jedoch nur hundert Jahre. Andere europäische Mächte wie England, Frankreich und die Niederlande gründeten dann ebenfalls Kolonien in Übersee.

1. *Begründe, warum um 1500 ein „Wettlauf nach Indien" stattfand.*
2. *Berechne den Abstand zwischen Asien und Europa auf der Karte von Toscanelli (M2) in Kilometern und vergleiche mit dem tatsächlichen (12 500 km). Überlege, was dies für Kolumbus' Planung bedeutete.*

[1] Blättere zurück zu S. 201.

M3 Begegnung mit den Ureinwohnern

Kolumbus schreibt Erlebnisse seiner ersten Entdeckungsreise 1492/93 in sein Bordbuch, das er für das spanische Herrscherpaar verfasste. Das Buch ist im Original nicht erhalten. Teile werden von seinem Sohn veröffentlicht. Der folgende Text ist eine Rekonstruktion. Über die erste Begegnung mit den amerikanischen Ureinwohnern heißt es darin:

12. Oktober. Ich kniete nieder, als ich festen Boden unter den Füßen hatte, und dankte Gott, indem ich die Erde küsste. Dann entfaltete ich das königliche Banner und rief die beiden Beamten der Krone zu Zeugen an, dass ich im Namen des Königs und der Königin von Spanien von der Insel Besitz ergriff. Die Eingeborenen, glaube ich, sehen mich für einen Gott und die Schiffe für Ungeheuer an. Ich überwand ihre Scheu und Angst, indem ich Halsketten und rote Kappen an sie verteilen ließ. Bald wagten sie es, heranzukommen und uns vorsichtig zu berühren. Vor allem unsere Bärte versetzten sie in maßloses Erstaunen.

Ihr Anblick ist für uns überraschend, denn sie unterscheiden sich von allen Menschenrassen, die wir bisher gesehen haben. Sie gehen umher, wie Gott sie geschaffen hat, Männer sowohl als Frauen, und bemalen ihre schön geformten Körper mit grellen Farben. Ihre Haut ist von rötlich-gelber Farbe, ihr Haar tiefschwarz und glatt – nicht kraus wie das der afrikanischen Völker. Auffallend ist, dass sie alle jung sind.

Sie sind ohne Zweifel gutmütig und sanft. Ihre einzigen Waffen sind Lanzen mit einer Spitze aus Stein oder dem Knochen eines Fisches. Das Eisen kennen sie nicht. Auch mit unseren Schwertern wussten sie nichts anzufangen. Ich glaube, man könnte sie leicht zum Christentum bekehren, denn mir schien, dass sie keiner Sekte angehörten. Auf der Heimfahrt werde ich sechs dieser Männer mitnehmen, um sie dem König und der Königin zu zeigen. Außerdem sollen sie unsere Sprache erlernen.

13. Oktober. Die Angst der Indianer vor unseren Schiffen scheint geschwunden zu sein. Sie brachten uns als Geschenke Papageien, aus Baumwolle verfertigtes Garn und eine Art Brot mit, das sie aus einer Wurzel zubereiten, die den Namen Yuka trägt. An unseren Geschenken hatten sie viel Freude. Sie scheinen zu glauben, dass alles, was aus unseren Händen kommt, überirdische Kraft besitzt.

Ich bemerkte, dass sich manche Indianer die Nase durchlöchern und in die so entstandene Öffnung ein Stück Gold gesteckt haben. Sie tauschen das Gold, das sie offenbar für wertlos ansehen, gern gegen Glasperlen ein, doch verbot ich diesen Tauschhandel sofort. Das Gold gehört der Krone[1] allein! Ich fragte die Eingeborenen, woher das Gold stamme, und erfuhr, dass es auf ihrer Insel gefunden werde, in geringen Mengen nur. Aber im Süden gebe es ein Reich, wo ein König aus Gefäßen von purem Gold esse und trinke. Ich fragte weiter, ob dieses Reich Cipango[2] heiße, doch verstanden sie mich nicht. Dennoch gibt es für mich keinen Zweifel mehr: Der König ist derselbe, dessen prächtige Stadt Marco Polo beschrieben hat.

Zit. nach: Robert Grün (Hrsg.), Das Bordbuch des Christoph Columbus, Stuttgart 1983, S. 96 - 98

M4 Kolumbus landet auf der Insel Guanahani (San Salvador)
Kupferstich von 1594
Das Bild stammt aus einem Reisebericht, den ein Frankfurter Verleger über 100 Jahre nach Kolumbus' Landung veröffentlichte. Das Bild zeigt mehrere Szenen der Landung von Kolumbus, die sich in Wirklichkeit nacheinander ereigneten.

Lesetipps:
- Armin Maiwald, Dieter Saldeck und Peter Brandt, Christoph Columbus und das Wachsen der Welt, Würzburg 2006
- Kirsten John, Wer war Kolumbus?, Berlin 2010

[1] Gemeint ist der König von Spanien.
[2] Cipango: Japan. Kolumbus dachte, er sei wie Marco Polo in Asien gelandet.

1. *Erkläre, warum Kolumbus vermutete, in Japan gelandet zu sein (M2, M3).*
2. *Prüfe, ob der rekonstruierte Bericht in M3 mit dem Bild M4 übereinstimmt. Welche der beiden Darstellungen ist glaubwürdiger? Begründe.*
3. *Untersuche M3 auf Textstellen, die Kolumbus direkt für das spanische Herrscherpaar geschrieben, vielleicht sogar extra erfunden haben könnte.*
4. *Stelle gegenüber, was laut rekonstruiertem Bericht (M3) und dem Bild (M4) den Indianern und was den Spaniern wertvoll bzw. wertlos scheint.*
5. *Diskutiert, wodurch der Wert einer Sache entsteht. Beurteilt dabei auch den Tausch in M3.*

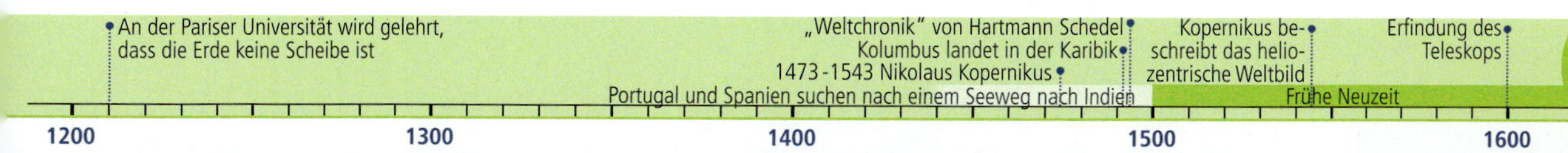

Mit Bibel und Schwert

M 1 Die aztekische Hauptstadt Tenochtitlán
Holzschnitt von 1572
Das Bild entstand nach Skizzen des Konquistadors Hernán Cortés. Als die Spanier die Stadt 1521 eroberten, hatte sie etwa 250 000 Einwohner. Den Mittelpunkt bildet der Opfertempel. Um ihn herum lagen die Paläste der Herrscher. 1521 wurde Tenochtitlán dem Erdboden gleichgemacht und an seiner Stelle Mexiko-Stadt errichtet.

Inka, Maya und Azteken

Kolumbus und seine Nachfolger waren in der Heimat mächtiger Hochkulturen gelandet: den Kleinstaaten des alten Volkes der Maya auf der Halbinsel Yucatan, dem aufstrebenden Reich der Azteken in Zentralmexiko und dem Riesenreich der Inka in Südamerika.
An der Spitze der einheimischen (indigenen) Völker standen Herrscher, die wie Götter verehrt wurden. Die Städte hatten gepflasterte Straßen, prächtige Tempel und große Paläste. Ihre Kunstwerke aus Keramik, Textilien, Gold und Silber sind Teile einer großartigen Kultur. Die Maya besaßen damals schon seit über 1 000 Jahren eine eigene Schrift und ein großes Wissen. Die Völker Alt-Amerikas kannten aber weder Pferde noch Wagen. Auch Eisen war ihnen fremd.

Die Ankunft der Konquistadoren

Die Spanier kamen als Eroberer (span. conquistador) in die „Neue Welt". Unter ihrem Anführer Hernán Cortés landeten sie 1519 in Mexiko, unter Francisco Pizarro begann 1531 die Eroberung des Inka-Reiches. Die Azteken hielten die Fremden vielleicht zunächst für Götter und die Pferde für übernatürliche Wesen. Sie erkannten aber bald ihren Irrtum.

Gier und Grausamkeit

Die Konquistadoren suchten Gold, Silber und Perlen. In knapp 15 Jahren eroberten sie die mittel- und südamerikanischen Reiche. Sie siegten, weil sie mit ihren Pferden, Bluthunden und modernen Waffen den Einheimischen überlegen waren und sich mit List und Gewalt in deren Machtkämpfe einmischten. Die Spanier errichteten zunächst Handelsstationen an der Küste. Später bauten sie Befestigungen und Städte, um von dort aus das eroberte Land zu erforschen, zu verwalten und die Natur- und Bodenschätze auszubeuten. Mit diesen Kolonien[1] begann die Europäisierung der Welt.
Die Spanier zwangen die indigene Bevölkerung zur Sklavenarbeit in Bergwerken und auf Plantagen für Zuckerrohr und Baumwolle. Grausame Strafen, die harte Zwangsarbeit und Krankheiten aus Europa, gegen die die Einheimischen nicht immun waren, führten dazu, dass sie zu Tausenden starben.

Wo bleibt das Christentum?

Mit den Konquistadoren kamen christliche Missionare in die „Neue Welt". Sie wollten die Einheimischen zum katholischen Glauben bekehren. Trotz aller Anstrengungen blieben viele Indianer ihrer alten Religion treu, die nach christlichem Verständnis Götzenverehrung und schwere Sünde waren. Im Auftrag der Kolonialverwaltung wurden „Ungläubige" oft grausam bestraft, ihre heiligen Gegenstände und Stätten zerstört.
Die christlichen Missionare unternahmen meist nichts gegen die schlimme Lage der Ureinwohner. Nur einige Mönche prangerten schon 1510 das Elend der Menschen in der Karibik an. Seit der Eroberung Kubas 1514 protestierte der Geistliche Bartolomé de Las Casas beim spanischen König gegen die Gräueltaten an der einheimischen Bevölkerung. Dies führte 1542 zu einem Gesetz zum Schutz der Indios, das Mord, Folter und Versklavung verbot.

1. *Beschreibe das Stadtbild von Tenochtitlán (M1).*
2. *Prüfe an der Abbildung M1, ob diese von einem Europäer gezeichnet wurde.*
3. *Erstelle Plakate über die Inka, Maya und Azteken und präsentiere sie.*

Lesetipps:
- Peter Ackroyd, Geschichte der Welt. Inka, Maya und Azteken, München 2005
- GEOlino Extra 26/2011

[1] Lies dazu mehr auf den folgenden Seiten.

M2 Empfang durch den Aztekenkönig

Der Franziskanermönch Bernardino de Sahagún beginnt 1540 als erster damit, Zeugenberichte der mexikanischen Bevölkerung aufzuzeichnen und in einem Buch zu veröffentlichen. Hier folgen Auszüge aus zwei Kapiteln daraus:

IM SIEBZEHNTEN KAPITEL wird erzählt, wie die Spanier den König Moctezuma[1] beim Eintritt in den Palast begleiteten und was dort geschah. Und nachdem man am Palast angelangt und hineingegangen war, ergriffen sie ihn, behielten ihn in Gewahrsam und unter Aufsicht. Aber die anderen entkamen. Und danach wurden alle Geschütze abgefeuert. Alles lief durcheinander, nach der einen und nach der anderen Seite, alles Volk geriet in Verwirrung.

Und nachdem sie an dem Schatzhause, das Teocalco genannt wird, angelangt waren, wurde alles Glänzende hervorgeholt. Danach wurde das Gold abgelöst, das an den Schilden befestigt war, und an allen den Abzeichen. Und nachdem alles Gold abgelöst war, zündeten sie alle die verschiedenen Kostbarkeiten an, steckten sie in Brand; alles verbrannte. Und das Gold schmolzen die Spanier in Barren, und die grünen Edelsteine, so viel ihnen gefielen, nahmen sie an sich. Sie nahmen alles, was sie fanden, was ihnen gefiel.

IM ZWANZIGSTEN KAPITEL wird erzählt, wie die Spanier die Mexikaner töteten und ermordeten, die dem Huitzilopochtli[2] ein Fest feierten, an dem Orte, der „Tanzplatz des Gottes" genannt wird. Und während man tanzte, im Reigentanz sang, kamen die Spanier heraus, zum Kriege gerüstet. Sie verschlossen überall die Ausgänge und Eingänge, die Adlerpforte, am kleinen Palast. Und danach treten die Mörder in den Tempelhof ein, darauf umringen sie die Tanzenden. Viele durchbohren sie mit der Eisenlanze und erschlagen sie mit dem Eisenschwert.

Zit. nach: Emir Rodriguez Monegal (Hrsg.), Die Neue Welt. Chroniken Lateinamerikas von Kolumbus bis zu den Unabhängigkeitskriegen, Frankfurt am Main 1982, S. 153 und 161f. (gekürzt und sprachlich leicht überarbeitet; aztekische Namen sind an die gängige Schreibweise angepasst)

M3-5 Auf dem Weg nach Tenochtitlán

Die Bilder stammen aus einem indianischen Geschichtswerk, das nur aus Bildern besteht – dem Lienzo de Tlaxcala. Sie wurden vor 1560 aufgezeichnet. Auf dem ersten Bild übergeben die Bewohner der Stadt Xaltelolco Cortés Tribute. Darunter wird die Stadt Michoacan erobert. Auf dem letzten Bild wird Cortés vom Aztekenkönig Moctezuma empfangen. Auf M3 und M5 ist auch die tlaxkaltekische Sklavin von Cortés als Übersetzerin zu sehen.

[1] Moctezuma II. herrschte von 1502 bis zu seinem Tod 1520 über das Aztekenreich.

[2] Bei den Azteken galt die Sonne als Ursprung für alles Leben. Deshalb wurde der Sonnengott Huitzilopochtli von ihnen besonders verehrt.

1. *Fasse zusammen, wie die Spanier in M2 beschrieben werden.*
2. *Beschreibe, wie die Spanier und Azteken in M3-M5 dargestellt werden.*
3. *Erkläre, wie die Spanier den Palast Moctezumas und das Aztekenreich erobern konnten, obwohl sie in der Minderheit waren.*
4. *Überlege, warum es die Spanier als gerechtfertigt betrachteten, die Einheimischen zu berauben und gewaltsam zum christlichen Glauben zu bekehren.*

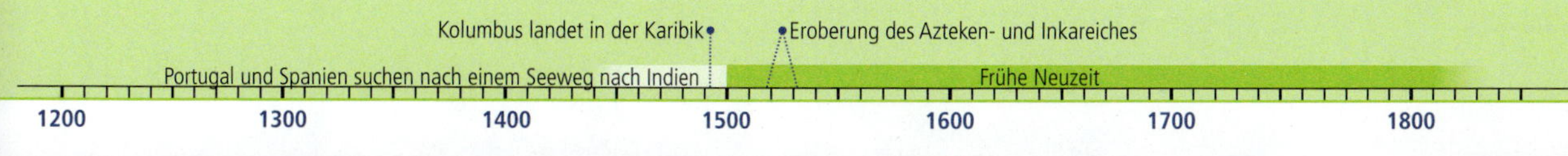

Perspektiven wechseln: Spanier oder Indios

Wie könnt ihr mit Quellen und Darstellungen umgehen, die voneinander abweichen oder sich sogar widersprechen?

- Zunächst müsst ihr überhaupt erkennen, dass ein Geschehen oder eine Entwicklung aus einer bestimmten Perspektive (Sicht) beschrieben wird, dass der Verfasser des Textes einen eigenen Standpunkt einnimmt. Achtet dazu auf die Sprache, besonders auf wertende Nomen, Verben und Adjektive.
- Prüft beim Vergleich von Texten, was der eine erwähnt, der andere aber vielleicht weglässt.
- Um die Quelle auf ihre Glaubwürdigkeit hin zu überprüfen, ist es auch wichtig zu wissen, wer der Autor des Textes ist, wann, wo und in wessen Auftrag er den Text verfasst hat.

M 2 Maya-Zeichnung, Anfang des 16. Jh.

M 1 Die Spanier kommen!

Wie die Inkas auf die spanischen Seefahrer reagieren, schildert folgender Bericht, den ein Geistlicher Anfang des 17. Jh. überliefert hat:

Boten brachten die Nachricht von der Ankunft der Spanier vor den Inka-Herrscher. Sie erzählten, am Strande seien sonderbare Fremdlinge, wie man sie nie vorher gesehen habe, gelandet; sie hätten neue Lehren und Gesetze gepredigt; sie seien so tapfere Männer, dass sie keine Gefahr fürchteten; sie gingen in Kleider gehüllt von Kopf bis Fuß, seien weiß, hätten Bärte und ein wildes Aussehen. Sie sprachen noch von vielen anderen Dingen, die den Inka erstaunten, und als er sie fragte, von welchem Teile der Welt die Männer gekommen seien, antworteten sie, sie wüssten nicht mehr, als dass jene in großen hölzernen Häusern übers Meer führen, diese lenken und wenden und damit hin und her fahren könnten und kommen und verschwinden, wohin sie wollten; bei Nacht begäben sie sich aufs Meer und schliefen in ihren Häusern, und bei Tag gingen sie wieder an Land [...].

Der Inka war sprachlos über das Gehörte, und ihn überkam eine solche Bestürzung und Wehmut, dass er sich allein in sein Gemach zurückzog und nicht mehr herauskam bis zum Anbruch der Nacht.

Da kamen weitere Boten von der Küste und ließen ihn wissen, jene Leute seien in ihre Häuser und königlichen Paläste eingedrungen, hätten sie geplündert und alle Schätze mitgenommen.

Zit. nach: Eberhard Schmitt (Hrsg.), Dokumente zur Geschichte der europäischen Expansion, Bd. 2, München 1984, S. 387 f. (vereinfacht)

M 3 Gier nach Gold

Ein Dokument altmexikanischer Kultur ist uns durch den Franziskaner Fray Bernardino de Sahagún überliefert worden, der aztekische Erzählungen, Traditionen und Berichte gesammelt und um 1558 aufgeschrieben hat. Er überliefert folgenden aztekischen Augenzeugenbericht aus dem Jahre 1518:

Sie [die Azteken] schenkten den Göttern [den Spaniern] goldene Banner und Fahnen aus Quetzalfedern[1] und goldene Halsketten. Als sie das Gold in ihren Händen hatten, brach Lachen aus den Gesichtern der Spanier hervor, ihre Augen funkelten vor Vergnügen, sie waren entzückt. Wie Affen griffen sie nach dem Gold und befingerten es, sie waren hingerissen vor Freude, auch ihre Herzen waren angesteckt von den Strahlen des Goldes.

Nur nach Gold hungerten und dürsteten sie, es ist wahr! Sie schwollen an vor Gier und Verlangen nach Gold. Gefräßig wurden sie in ihrem Hunger nach Gold, sie wühlten wie hungrige Schweine nach Gold. Sie rissen die goldenen Banner an sich, prüften sie Zoll für Zoll, schwenkten sie hin und her, und auf das unverständliche fremde Rauschen im Wind antworteten sie mit ihren wilden, barbarischen Reden.

Zit. nach: Miguel León-Portilla und Renate Heuer (Hrsg.), Rückkehr der Götter. Die Aufzeichnungen der Azteken über den Untergang ihres Reiches, Frankfurt am Main 1986, S. 43

[1] Quetzalfedern: die Schwanzfedern des Vogels Quetzal; sie waren bei den Azteken als Schmuck sehr geschätzt und in erster Linie den Fürsten vorbehalten.

M4 Die Spanier auf Kuba

1511 kommen die Spanier auf die Insel Kuba. Bartolomé de Las Casas berichtet:

Ein königlicher Beamter, der […] dreihundert Indios zugeteilt bekam, hatte nach drei Monaten durch die Arbeiten in den Gruben zweihundertsiebzig davon zu Tode gebracht, sodass ihm von allen nur dreißig blieben; das ist nur der zehnte Teil. Danach gab man ihm wiederum dieselbe Zahl und noch mehr; doch er brachte sie wiederum um, und je mehr man ihm gab, desto mehr mordete er, bis er selbst starb und der Teufel seine Seele nahm. In drei oder vier Monaten starben in meinem Beisein mehr als siebentausend Kinder, weil ihre Väter und Mütter sie in die Gruben schickten. Und ich sah noch weitere gräuliche Dinge. Daraufhin beschlossen die Spanier, auf die Jagd nach den Indios zu gehen, die sich in den Bergen aufhielten. Dort richteten sie absonderliche Verheerungen an, und so verwüsteten und entvölkerten sie die ganze Insel.

Zit. nach: Christoph Strosetzki (Hrsg.), Der Griff nach der Neuen Welt. Der Untergang der indianischen Kulturen im Spiegel zeitgenössischer Texte, Frankfurt am Main 1990, S. 274

M5 „Denn das ist die natürliche Ordnung"

Der spanische Theologe und Geschichtsschreiber Juan Ginés de Sepúlveda begründet um 1545 das Vorgehen der Spanier gegen die Indios:

Da die Indianer ihrer Natur nach Sklaven, Barbaren, rohe und grausame Gestalten sind, lehnen sie die Herrschaft der Klugen, Mächtigen und Vortrefflichen ab, anstatt sie zu ihrem eigenen Besten zuzulassen, wie es einer natürlichen Gerechtigkeit entspricht.

Denn der Körper muss der Seele, die Begierde der Vernunft, die rohen Tiere dem Menschen, das heißt also das Unvollkommene dem Vollkommenen, das Schlechte dem Besseren unterworfen sein. Denn das ist die natürliche Ordnung.

Zit. nach: Richard Konetzke, Lateinamerika seit 1492, Stuttgart 1970, S. 8

M6 „Wie die Indianer das Gold aus den Bergen graben"

Kupferstich aus dem 9. Band der „Sammlung von Reisen in das westliche Indien (America)" von 1601

Die Darstellung des Bergwerkes ist frei erfunden. Die Gold- und Silberminen von Potosi (im heutigen Bolivien) wurden 1545 entdeckt. Der im selben Jahr gegründete Ort entwickelte sich zu einer der größten Städte der damaligen Welt. 1585 lebten dort auf rund 4000 m Höhe etwa 120000 Menschen.

M7 Amerika und Europa

Karikatur aus Südamerika von 1992

Der Text auf dem Schild heißt übersetzt: „1492: Die amerikanischen Ureinwohner entdecken die Neue Welt …" Der Zeichner legt dem Indianer folgende Worte in den Mund: „Hey! Das wird ein großartiger Ort sein, sobald wir diese Leute beseitigt, ihnen ihr Land geraubt und ihre Kultur zerstört haben werden!"

1. *Erläutere, wie die Indios die Spanier wahrnehmen. Arbeite Textstellen heraus, in denen verschiedene Sichtweisen erkennbar sind. Begründe deine Auswahl.*
2. *Erkläre die Aussageabsicht des Zeichners (M7). Worin besteht der Perspektivenwechsel in dem Bild?*
3. *„Entdeckungsfahrten – Fluch oder Segen?" Führt zu diesem Thema ein Streitgespräch. Versetzt euch dazu in die Rolle eines heutigen Europäers und eines Südamerikaners.*

Kolonialismus und Sklavenhandel

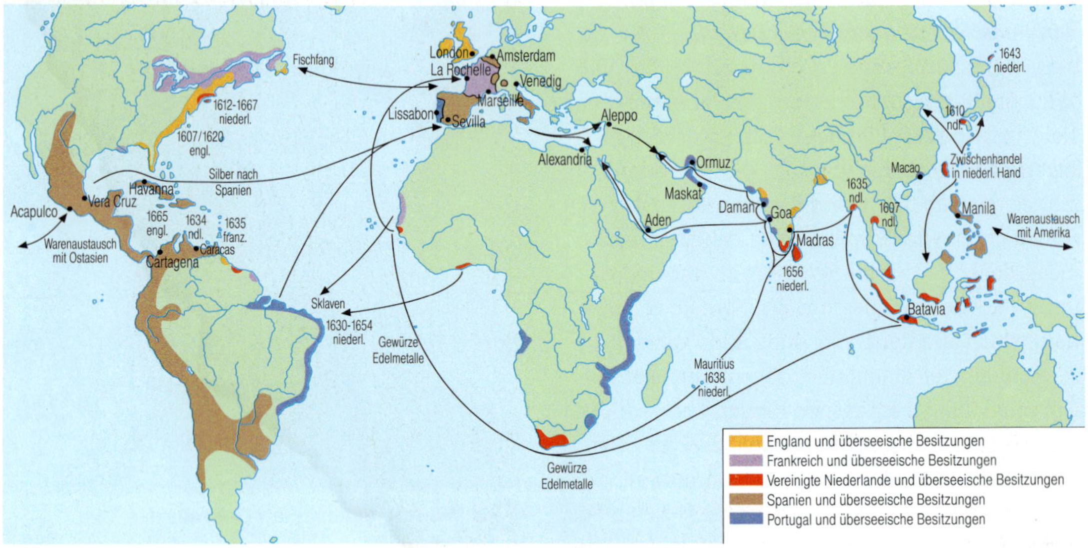

M 1 Europäische Kolonialreiche und Hauptwege des Kolonialhandels im 16./17. Jh.

Europäische Expansion

Die europäische Expansion nach Übersee, die im 15. Jh. mit den Entdeckungs- und Eroberungsfahrten der Spanier und Portugiesen ihren Anfang nahm, veränderte die Welt von Grund auf.

Die Spanier hatten nahezu ganz Süd- und Mittelamerika erobert und ein riesiges Kolonialreich unter spanischer Herrschaft aufgebaut. Anders gingen die Portugiesen, später auch die Engländer, Franzosen und Holländer vor: Sie gründeten **Handelskolonien**. Von einzelnen Stützpunkten an den afrikanischen, asiatischen oder südamerikanischen Küsten aus trieben sie Handel mit Gold, Edelmetallen und Sklaven oder gründeten Plantagen, auf denen in Europa gefragte Güter wie Tabak oder Zucker produziert wurden.

Neue Sklaven für die Kolonien

Weil so viele Indianer starben und nicht mehr als Sklaven gehalten werden durften, suchte man nach neuen billigen Arbeitskräften. Afrikanische Sklaven galten als gesundheitlich robuster und körperlich stärker als die Indianer. So entstand ein Handel mit afrikanischen Sklaven, die nach Amerika verkauft wurden. Die Spanier erteilten dafür die Erlaubnis an Handelsgesellschaften aus anderen Ländern. Die Sklaven wurden in Silberbergwerken und später auf großen Plantagen in Nord- und Südamerika eingesetzt.

Der Dreieckshandel

Wie viele Afrikaner vom 16. bis zu Beginn des 19. Jh. Opfer des Sklavenhandels wurden, kann man nur schätzen: Mindestens elf Millionen Menschen erreichten Amerika lebend. Aber vermutlich ebenso viele fanden den Tod, entweder bei der Sklavenjagd in Afrika selbst oder durch die unmenschlichen Bedingungen des Transports auf den Schiffen. Die europäischen Sklavenhändler gewannen Einheimische als Helfer bei der Jagd nach Sklaven. Afrikanische Herrscher führten Kriege gegen Nachbarvölker und verkauften Gefangene an die Europäer. Dafür bekamen sie von den Europäern Waffen, Alkohol, Stoffe, Glasperlen und andere wertlose Gegenstände.

Die meisten gefangenen Sklaven wurden auf die westafrikanische Insel Gorée gebracht und von dort aus verschifft. Auf der anderen Seite des Atlantiks nahmen die Schiffe dann an Bord, was die Sklaven auf den amerikanischen Plantagen produziert hatten (**Dreieckshandel**).

Der Sklavenhandel zerstörte auch die afrikanischen Kulturen. Die Europäer dagegen hatten von den billigen Arbeitskräften und Rohstoffen große wirtschaftliche Vorteile.

1. *Erkläre mithilfe der Karte M1 den Unterschied zwischen Herrschafts- und Handelskolonien.*
2. *Erstelle ein Schema, das den Dreieckshandel erklärt.*

Lesetipps:
- Harriet Beecher-Stowe, Onkel Toms Hütte, München 2006
- R. G. Grant, Die Geschichte der Sklaverei, München 2010

M2 Kaiserliche Erlaubnis

Karl V., deutscher Kaiser und spanischer König, gibt im Jahr 1528 der Kaufmannsfamilie Welser aus Augsburg folgende Vollmacht:

Wir geben euch Erlaubnis, dass ihr oder wer eure Vollmacht hätte, 4 000 Negersklaven, davon wenigstens ein Drittel weiblichen Geschlechts, nach den genannten Inseln und dem Festland bringen und dort verteilen könnt, gemäß der dafür euch ausgestellten Verordnung. Wir stellen die Bedingung, dass die angegebene Zahl von Sklaven innerhalb von vier Jahren ab Datum dieses Vertrages hinüberzubringen ist. Dafür habt ihr uns 20 000 Golddukaten[1] zu zahlen. Wir erteilen euch die Lizenz, um die Neger von diesen unseren Reichen oder vom Königreich Portugal und dessen Inseln und Ländern auf Schiffen unserer Untertanen oder des Königs von Portugal zu transportieren. Ihr seid verpflichtet, auf den genannten Inseln oder dem Festland die Sklaven zum Preis von 55 Dukaten für jeden und nicht für mehr zu verkaufen.

Richard Konetzke, Lateinamerika seit 1492, Stuttgart 1971, S. 31

M4 Auf amerikanischen Plantagen
Kolorierter Kupferstich von 1595
Die Abbildung zeigt, wie Sklaven aus Zuckerrohr Zucker gewinnen. Unter den Menschen, die auf den Plantagen unter menschenunwürdigen Bedingungen Sklavenarbeit verrichteten, waren auch viele Weiße, oft mittellose Europäer, die ihre Schuld bei den Kolonialherren als „Sklaven auf Zeit" abarbeiten mussten.

M3 Sklavenjagd

Der englische Kaufmann John Hawkins berichtet 1567/68:

[Wir] erreichten am 18. November [1567] Kap Verde[2]. Wir setzten an dieser Stelle 150 Mann an Land, in der Hoffnung, etliche Neger einfangen zu können. Aber wir bekamen nur wenige zu fassen, und auch diese nur unter großen Verlusten und unter Inkaufnahme zahlreicher Verwundungen bei unseren Leuten; Schuld trugen daran vor allem vergiftete Pfeile [der Eingeborenen]. Obwohl die Verletzungen anfänglich kaum nennenswert schienen, kam von den Verwundeten kaum einer mit dem Leben davon.

Von da an brachten wir unsere Zeit vor der Guineaküste zu und suchten eifrigst die Flussgebiete vom Rio Grande bis nach Sierra Leone ab, bis zum zwölften Tag des Januar. Doch in all der Zeit hatten wir keine 150 Neger zusammenbekommen. Trotzdem zwangen uns die Krankheit unserer Männer und die fortgeschrittene Jahreszeit zur Abfahrt von der afrikanischen Küste. Aber gerade in diesem Augenblick erreichte uns ein Bote von einem König, der sich von benachbarten Königen bedrängt sah und der uns um unsere Hilfe bat. Er sagte uns zu, dass alle Neger, die bei diesen Kämpfen gefangen würden, gleich ob von seinem Stamm oder von uns, uns gehören sollten. Daraufhin entschlossen wir uns, ihm Hilfe zu leisten, und entsandten 120 von unseren Leuten.

Zit. nach: Eberhard Schmitt (Hrsg.), Dokumente zur Geschichte der europäischen Expansion, Bd. 4, München 1988, S. 71 f.

[1] Der Dukat entsprach einem Gulden. In jener Zeit verdiente ein Nürnberger Handwerksgeselle ca. 27 Gulden im Jahr.

[2] Kap Verde: Inselgruppe vor Westafrika

1. *Arbeite heraus, wie viel Umsatz das Geschäft mit den Sklaven einbrachte, ohne dabei die anderen Kosten (Transport usw.) zu berücksichtigen (M2).*
2. *Bewerte den Preis eines Sklaven im Vergleich zu dem angegebenen Einkommen eines Handwerksgesellen (M2, Anm. 1).*
3. *Erkläre, wer vom Sklavenhandel profitierte (M2 und M3).*
4. *Erstelle eine Anklageschrift gegen einen Sklavenhändler. Welche Gründe würdest du dabei vorbringen?*

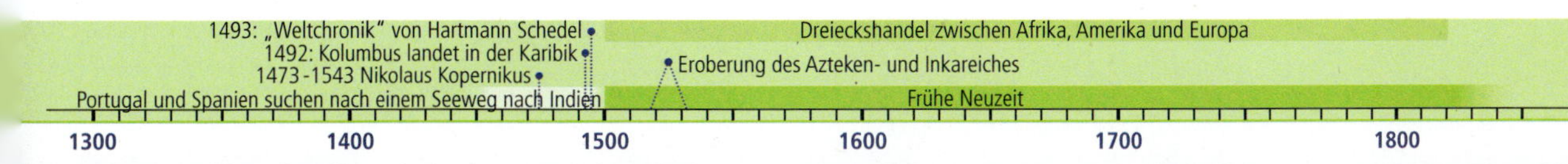

Der 12. Oktober 1492 – ein Wendepunkt?

Im Bordbuch von Christoph Kolumbus heißt es unter dem Datum „11. und 12. Oktober": „Da die Karavelle ‚Pinta' schneller war als die anderen beiden Schiffe und mir vorgefahren war, so entdeckte man an Bord der ‚Pinta' zuerst das Land [...]. Als erster erspähte dieses Land ein Matrose, der Rodrigo da Triana hieß, wiewohl ich um 10 Uhr nachts vom Aufbau des Hinterschiffes aus ein Licht bemerkt hatte."[1]

Anschließend wird weiter ausgeführt, dass Kolumbus das Licht als Anzeichen für nahe liegendes Land hielt. Folglich hätte er also als erster die unbekannte Insel gesehen. Die Nachricht von den Entdeckungen sprach sich nach seiner Rückkehr wie ein Lauffeuer in Europa herum. Obwohl von Anfang an die Bedeutung dieses Ereignisses allen bewusst war, wurde der Tag der Entdeckung für viele Jahrhunderte nicht gefeiert.

1792 feierten italienische Einwanderer in den USA erstmals den „Columbus Day". Sie gedachten dabei vor allem der Tatsache, dass es ein katholischer Italiener gewesen war, der Amerika entdeckt hatte.

Im Jahre 1937 wurde der Kolumbus-Tag in den USA zu einem nationalen Feiertag erklärt. Seitdem feiern die US-Amerikaner jeden zweiten Montag im Oktober die erste Reise des genuesischen Seefahrers.

In Spanien und in Spanischamerika begann man erst viel später, den 12. Oktober zu feiern. 1892 gab es in Spanien staatliche Gedenkveranstaltungen, und aus dieser Zeit stammen auch eine Reihe von Kolumbus-Denkmälern in Barcelona, Valladolid oder Madrid. Zwischen 1917 und 1928 erklärten dann verschiedene hispanoamerikanische Staaten den 12. Oktober zum Feiertag („Tag der Rasse", „Tag des Spaniertums").

Als sich das 500-jährige Jubiläum der ersten Kolumbus-Fahrt näherte, war klar, dass es am 12. Oktober 1992 unzählige nationale und internationale Feierlichkeiten geben würde. Schon Jahre vorher begannen Auseinandersetzungen darüber, wie der Tag angemessen zu gestalten sei.

M 1 Kolumbus-Denkmal in Madrid (Spanien)
Foto von 1997
Am 12. Oktober 1892, 400 Jahre nach Kolumbus' Ankunft in Amerika, wurde das Denkmal auf der Plaza de Colon in Madrid eingeweiht. Auf dem Sockel befinden sich vier Reliefs mit Szenen zur Entdeckungsreise des Kolumbus, darunter wie hier zu sehen der Empfang des Kolumbus durch Isabella I. von Kastilien.

[1] Zit. nach: Christoph Kolumbus, Bordbuch, Frankfurt am Main/Leipzig 2006, S. 42 f.

M 2 Straßenparade am Kolumbus-Tag auf der Fifth Avenue in New York City
Foto vom 13. Oktober 2003

M3 Kolumbus und die USA

In einer Erklärung von George Bush, dem 41. Präsidenten der Vereinigten Staaten von Amerika, heißt es am 10. Oktober 1991 zum bevorstehenden Kolumbus-Tag:

Wir feiern jedes Jahr am Kolumbus-Tag all das, was dieser meisterliche Seemann für unsere Nation bedeutet. Für viele Generationen verkörperte Kolumbus den Forscher- und Entdeckergeist – und den Anfang von Amerika.

[…] So erinnert uns die Geschichte von Christoph Kolumbus daran, dass jede erfolgreiche Forschung und Entdeckung mit dem Willen beginnt, seine Ziele höher zu stecken, neue Horizonte zu suchen und dorthin zu gehen, wohin einen die eigenen Vorstellungen und Erfahrungen führen. […]

Am Kolumbus-Tag feiern wir aber nicht nur den Geist des Lernens, sondern auch die Geschichte unserer Nation. Die Begegnung von Kulturen, die Christoph Kolumbus ermöglichte, markierte den Beginn eines neuen Kapitels in der Geschichte. Der darauf folgende Austausch von Wissen, Ressourcen und Ideen zwischen der Alten und der Neuen Welt führte zur Entwicklung zweier Kontinente und zur Geburt einer Nation, die für Freiheit und Möglichkeiten steht.

[…] Es ist der Moment, das reiche Erbe der eingeborenen Völker Amerikas und unsere Stärke als eine Nation von Einwanderern zu feiern. An diesem Tag feiern wir auch die engen Bande, die uns mit unseren Nachbarn in Mittel- und Südamerika und in der Karibik verbinden, da wir gemeinsame Erben der Kolumbus-Reise sind.

www.presidency.ucsb.edu/ws/index.php?pid=20090#axzz1W3UfK4O5 [10. 07. 2015; übersetzt von Ulrich Mücke]

M4 Nichts zu feiern

Den 12. Oktober 1992 nehmen Indianerorganisationen zum Anlass für Protest. Am 21. Juli 1990 verabschieden sie nach einem ersten Treffen der Indianischen Völker in Quito (Ecuador) folgende Erklärung:

1. Wir beschließen die völlige Ablehnung der Feierlichkeiten zum fünfhundertsten Jahrestag. Wir verpflichten uns, dieses Datum in eine Gelegenheit zu verwandeln, unsere Einheit und den kontinentalen Kampf für unsere Freiheit zu verstärken.
2. Wir halten an unserem nicht verhandelbaren Projekt der Selbstbestimmung und der Eroberung unserer Autonomie im Rahmen der Nationalstaaten und innerhalb einer neuen Ordnung fest. […]
3. Wir beteuern unsere Entschlossenheit, unsere Kultur, unsere Bildung und Religion als Grundlagen unserer Identität als Volk zu verteidigen. […]
8. Wir klagen an, dass die indianischen Völker Opfer von Gewalt und Verfolgung sind, was eine offene Verletzung der Menschenrechte bedeutet. Wir fordern daher, unser Recht auf Leben, auf Land und auf die freie Organisation und die freie Umsetzung unserer Kultur zu respektieren. […]

Unsere Kampagne muss dem Prinzip der Solidarität mit allen Befreiungskämpfen der Völker gehorchen mit dem Ziel, multilateral[1] Beziehungen auf internationaler Ebene zu erreichen.

„Quinto Centenario". Stimmen aus Lateinamerika – ein Presserückblick, Hamburg 1993, S. 61 (übersetzt von Ulrich Mucke)

[1] multilateral: vielseitig, auf verschiedenen Ebenen

M5 Denkmal zum 500. Jahrestag der ersten Fahrt des Kolumbus in Puerto Rico

Foto, um 2010

Das Denkmal wurde 1992 auf der Plaza del Quinto Centenario in San Juan errichtet. Es hat die Form eines indianischen Totempfahls, der häufig der Darstellung von Mythen oder Geschichten diente.

Projektvorschlag

Bildet drei Arbeitsgruppen. Wählt jeweils ein Thema aus und präsentiert euer Ergebnis anschließend vor der Klasse.

1. Denkmäler vergleichen

a) *Vergleicht die beiden Denkmäler M1 und M5.*

b) *Erklärt, welche Sichtweise auf Kolumbus und den 12. Oktober 1492 jeweils deutlich wird.*

2. Kolumbus und die USA

a) *Arbeitet heraus, mit welchen Traditionen des 12. Oktober der Präsident den Kolumbus-Tag verknüpft.*

b) *Erläutert, wie Kolumbus und seine Ankunft in Amerika bewertet werden.*

3. Kolumbus aus Sicht der indianischen Völker

a) *Gebt die Forderungen der Erklärung M4 wieder.*

b) *Erläutert, welche symbolische Bedeutung hier der 12. Oktober 1992 erhält.*

Gemeinsame Diskussion

a) *Vergleicht den Umgang mit dem 12. Oktober in M1 bis M4. Erläutert die Gründe für die Haltungen.*

b) *Beurteilt, ob der 12. Oktober gefeiert werden sollte. Sammelt dazu Pro- und Kontra-Argumente und haltet diese auf einem Plakat fest.*

Geld und Macht

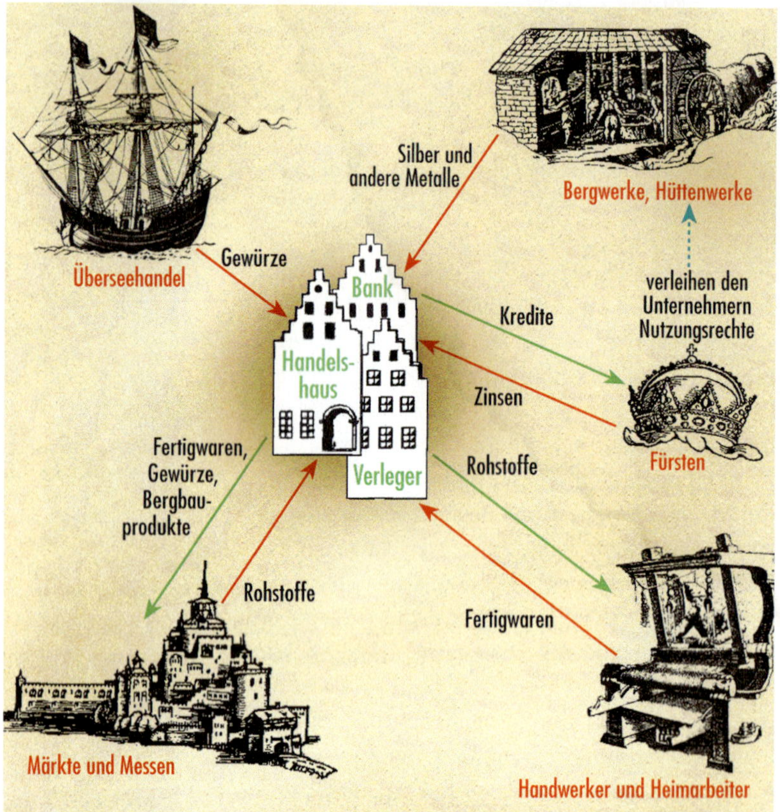

M 1 Eine Handelsgesellschaft um 1500

Gewinn geht über alles

Während der Renaissance setzte sich eine neue Auffassung von Arbeit und Einkommen durch: Ziel der Unternehmer war nicht mehr ein zum Leben ausreichendes Auskommen, sondern ein möglichst hoher Gewinn. Clevere Unternehmer wurden zu Verlegern: Sie „legten" Handwerkern und Heimarbeitern ihre Rohmaterialien zur Bearbeitung „vor". Da zur Tuchherstellung beispielsweise mehr als 20 Arbeitsgänge notwendig waren, förderten die Verleger die Arbeitsteilung und verteilten ihre Aufträge auf mehrere Betriebe. Häufig verliehen sie die erforderlichen Arbeitsmittel, beispielsweise Webstühle. Die Verleger, die den meist auf dem Lande lebenden Heimarbeitern und Handwerkern nur einen geringen Lohn zahlten, konnten Waren billiger und schneller liefern als das „zünftige" Handwerk. Zugleich versuchten sie, einziger Anbieter eines Produktes oder Rohstoffes zu werden. Hatten die Unternehmer das erreicht, konnten sie die Preise erhöhen und die Löhne senken, um noch mehr zu verdienen.

Fernhändler, Bankiers und Unternehmer

Für die Fernhändler war es gefährlich, ihre Einnahmen als Münzen bei sich zu tragen. In den italienischen Handelsstädten wurden deshalb im 13. Jh. aus Geldwechslern Bankiers, die Zahlungen ohne Bargeld über Wechsel[1] und Schecks ermöglichten. Die Bankiers finanzierten auch riskante Entdeckungsreisen, aufwändige Hofhaltungen und teure Kriege. Päpste, Kaiser und Landesherren überließen ihnen dafür oft neben Steuern und Zöllen das Recht, Bodenschätze zu heben. Der Abbau von Silber, Kupfer und Blei versprach höchste Gewinne, erforderte aber viel Kapital. Deshalb gründeten mehrere Kaufleute eine Gesellschaft, in denen sie ihr Geld zusammenlegten. Die erfolgreichsten Unternehmer betrieben gleichzeitig Verlage, **Manufakturen** – Arbeitshäuser, in denen verschiedene Handwerke in Arbeitsteilung Waren produzierten –, Fernhandel, Bankgeschäfte und Bergbau. Diese Wirtschaftsform heißt **Frühkapitalismus**.

Kaufleute werden mächtig

Beispiele für die erfolgreichsten Unternehmer des Frühkapitalismus sind die Familien Medici aus Florenz und Fugger aus Augsburg. Die Medici waren als Kaufleute im Tuchhandel reich geworden, besaßen große Handelsunternehmen und die größte Bank Europas. Durch ihren Reichtum erlangten sie Ansehen und großen Einfluss in der Politik.
Zur reichsten Familie ihrer Zeit wurden die Fugger. Auch ihre Vorfahren waren wie die Medici einfache Textilhändler gewesen. Die Fugger bauten einen Verlag auf, später investierten sie in Bergwerke. Bald kontrollierten sie die gesamte Blei-, Silber- und Kupferproduktion in Europa. Schließlich gründeten sie um 1500 ihre eigene Bank. Sie verliehen riesige Summen an Päpste, Fürsten und sogar den Kaiser. Diese wiederum verschafften der Familie Fugger Vorteile gegenüber anderen Geschäftsleuten. 1514 erhob der Kaiser Jakob Fugger, der auch „der Reiche" genannt wurde, in den Adelsstand.

1. *Beschreibe das Schaubild (M1).*
2. *Erstelle einen Lexikonartikel zu dem Begriff „Frühkapitalismus".*
3. *Unterscheide, welche wirtschaftlichen Entwicklungen bereits im Mittelalter und welche erst in der Frühen Neuzeit stattfanden.*

[1] Wechsel: schriftliche Verpflichtung zur Zahlung bis zu einem bestimmten Zeitpunkt

M 2 Die Fugger zu Beginn des 16. Jh. in Europa
Die Fugger beteiligten sich an der Finanzierung von Entdeckungsfahrten. Sie waren in Südamerika aktiv und machten beim Sklavenhandel mit.

M 3 Der Reichtum der Fugger

Der Historiker Heinz Schilling schreibt 1994 über das Kapital der Fugger-Familie 1527:

Bergwerke	270 000 Gulden
Sonstige Immobilien	150 000 Gulden
Waren (v. a. Kupfer)	380 000 Gulden
Bargeld	50 000 Gulden
Ausstände[1]	1 165 000 Gulden
Privatkonten der Familie	430 000 Gulden
Schwebende Geschäfte[2]	70 000 Gulden

Bedenkt man, dass ein mittlerer Bauernhof etwa 150 Gulden wert war, ein hoher Staatsbeamter mit 700 bis 800 Gulden Jahresgehalt zufrieden sein musste und in Augsburg die untere Oberschicht bereits bei einem Vermögen von 450 Gulden begann, während jeder Bürger mit weniger als 50 Gulden Gesamtbesitz als steuerbefreiter „Habenichts" galt, so wird der ungeheure Reichtum des Augsburger Großbürgertums deutlich.

Zit. nach: Heinz Schilling, Ruhe im Sturm – der historische Hintergrund der Augsburger Jahreszeiten-Bilder, in: „Kurzweil viel ohn' Maß und Ziel". Alltag und Festtag auf den Augsburger Monatsbildern der Renaissance, hrsg. vom Deutschen Historischen Museum Berlin, München 1994, S. 21-23

M 4 Fuggerkontor
Miniatur aus dem Trachtenbuch des Matthäus Schwarz, 1526
Der Ausschnitt zeigt Jakob II. Fugger (rechts) und seinen Chefbuchhalter Matthäus Schwarz. Das Buch auf dem Tisch zeigt die Seitenüberschriften „uns soll" (links) und „wir sollen" (rechts). Dahinter verbirgt sich die doppelte Buchführung, die festhielt, welche Waren gekauft und bezahlt oder welche verkauft und bezahlt worden waren.

Lesetipp:
Harald Parigger, Fugger und der Duft des Goldes. Die Entstehung des Kapitalismus, Würzburg 2009

Internettipp:
Zu Geschichte und Bedeutung der Fugger informiert Mediencode 31021-36

[1] Ausstände: das, was andere den Fuggern noch schulden
[2] Schwebende Geschäfte: zurzeit noch laufende Geschäfte

1. *Nenne die heutigen Staaten Europas, in denen die Fugger tätig waren.*
2. *Untersuche mithilfe des Verfassertextes, welche Unternehmungen der Fugger aus der Karte M2 nicht hervorgehen.*
3. *Im Hintergrund von M4 sind die Aktenfächer einzelner Kontore zu sehen. Kannst du die Namen der Städte entziffern (Ofen = Budapest und Antorff = Antwerpen)? Worüber mögen die beiden gerade sprechen? Schreibe einen Dialog über ein Geschäft. Nutze dazu M2 bis M4.*
4. *Weise nach, wie der Historiker in M3 für die Leser den „ungeheure(n) Reichtum des Augsburger Großbürgertums" veranschaulicht.*

Alltag in der Frühen Neuzeit

Die Ständegesellschaft wandelt sich

Auch in der Frühen Neuzeit galt die Ständeordnung. Aber seit Ende des Mittelalters gab es innerhalb der Stände immer mehr Abstufungen. Die Unterschiede zeigten sich nicht nur im Besitz, sondern auch in den Kleiderordnungen, die von den Stadt- oder Landesherren angeordnet wurden.

Manchmal konnte es nun gelingen, durch Vermögen, Heirat oder Bildung in einen höheren Stand aufzusteigen. Das zeigte sich vor allem im **Bürgertum**, das durch Bildung und wirtschaftlichen Erfolg immer mehr an Einfluss gewann: Juristen, Ärzte, Theologen und Kaufleute gelangten in städtische Führungsschichten oder wurden zu Hof- und Staatsbeamten. Verdiente Bürger konnten in den Adelsrang erhoben werden.[1]

Am Rand der Gesellschaft

Häufige Missernten, durch Unwetter oder Kriege verursacht, konnten zu Wirtschaftskrisen führen und die einfache Landbevölkerung, kleine Handwerker und Krämer um ihr Auskommen bringen. Not wurde bis ins 19. Jh. hinein nicht durch soziale Maßnahmen der Herrscher oder „den Staat" gelindert, sondern durch kirchliche, städtische oder private Almosen.

Viele Menschen mussten sich als Bettler oder umherziehende Hausierer, Gaukler und Schausteller durchschlagen. Sie zählten zu den Randgruppen, zu denen auch Vertreter „unehrlicher" oder „schmutziger" Berufe (z.B. Totengräber, Henker, Dirnen) gehörten.

Auch für die Juden hatte sich seit dem Mittelalter wenig geändert. Sie galten weiterhin als Außenseiter und wurden in der Frühen Neuzeit aus vielen Städten aufs Land vertrieben.

Wo sie bleiben durften, regelten „Judenordnungen" das Zusammenleben. Sie legten etwa das Schutzgeld fest, das die Juden zahlen mussten, um sich frei bewegen zu dürfen. Auch schrieben sie genau vor, wo die Juden leben durften – wie in vielen anderen Orten war dies eine abgegrenzte „Judengasse" – oder welchen Geschäften sie wann und wo nachgehen durften.

M 1 Wormser Juden
Zeichnungen aus dem 16. Jh.
Die Juden mussten gut sichtbar den „Judenfleck", einen gelben Ring, an der Kleidung tragen.

Haus und Familie

Damals gehörten nicht nur Eltern mit ihren Kindern zum Haushalt, sondern auch die Großeltern, unverheiratete Brüder und Schwestern. Dazu kamen noch die Knechte, Mägde sowie Gesellen und Lehrlinge. Wer zu keinem Haushalt gehörte, war „unbehaust", was so viel bedeutete wie ungeschützt. Nur die Mitglieder eines Haushalts besaßen eine gewisse Sicherheit, denn der Hausherr beschützte sie und sorgte für das wirtschaftliche Auskommen.

Männerrollen – Frauenrollen

Innerhalb eines Haushaltes hatte jeder seinen festen Platz. Der Hausherr bestimmte über alle Mitbewohner. Auch außerhalb des Hauses waren in Handel und Politik, in der Rechtsprechung und im Militär allein die Männer zuständig. Mochte eine Frau noch so geistreich und tatkräftig sein – sie stand stets im Schatten der Männer.

Die Bäuerin kümmerte sich um Haus und Hof, in der Regel verkaufte sie auch Gemüse, Eier und Obst auf dem Markt. Die Frau des Handwerksmeisters musste neben ihren alltäglichen Aufgaben im Haus auch in der Werkstatt mitarbeiten. Einen eigenen Handwerksbetrieb durfte sie – anders als noch im späten Mittelalter – nicht selbst führen. Die Bürgersfrau hatte Ehefrau, Haushälterin und Gastgeberin zu sein. Diese bürgerliche Vorstellung von der Rolle der Frau entstand im 16. Jh. und wurde im 18. Jh. zum Vorbild für alle anderen Stände.

Ganz gleich, welchem Stand eine Frau angehörte: Ihre wichtigste Aufgabe bestand darin, (männliche) Kinder zu bekommen. Wohlhabende konnten sich Ammen und Kindermädchen leisten. Dennoch war die Erziehung in erster Linie Sache der Mütter.

1. *Vergleiche die Gesellschaft der Frühen Neuzeit mit der des Mittelalters. Erstelle dazu eine Tabelle, die du nach Kategorien ordnest, z.B. Ständeordnung und Gruppen, Lebensverhältnisse, Familienstrukturen etc.*
2. *Werte deine Ergebnisse aus Frage 1 aus und begründe, was nach deinem Vergleich eher zutrifft: Kontinuität oder Wandel?*

[1] Zur wachsenden Bedeutung des Bürgertums siehe S. 226 und 230f.

M 2 Feste Rangordnung in Trier

Bei städtischen Prozessionen, die zu kirchlichen Festen wie Fronleichnam stattfinden, ist die Reihenfolge genau festgelegt. In Trier folgen nach Jugend, Geistlichkeit und Allerheiligstem, das von dem Kurfürsten und dem Erzbischof getragen wird, die Stände:

- Hinter dem Himmel auf beiden Seiten ging die Leibgarde, in deren Mittel ging der Adel,
- die Hofräte,
- die Stadtdiener mit ihren Spießen,
- die Ratsherren,
- die Domherrenbediensteten,
- die Zünfte [...], nach deren Range als:
  Wollweber,
  Bäcker,
  Metzger,
  Schuhmacher und Lauer [Lohgerber]
  [usw.]
- Bauern, dahinter die Bauernweibsleut, die den Schluss machten.

Zit. nach: Klaus Gerteis, Sozialgeschichte der Stadt Trier 1580-1794, in: Kurt Düwell und Franz Irsigler (Hrsg.), 2000 Jahre Trier, Bd. 3: Trier in der Neuzeit, Trier ²2000, S. 61-98, hier S. 69

M 4 Das Wohnzimmer
Kupferstich von Claudine Stella-Bouzonnet, Ende des 17. Jh.

M 3 Hausvater und Hausmutter
Nürnberger Kupferstich aus dem 16. Jh.

Unter dem Bild M3 steht folgender Text:

Ein jeder Hausvatter und Mann/
Also sein Haus soll richten an.
Gottfürchtig lieben Kind und Weib/
Auch sein Gewerb mit Ehren treib.
Und sich befleissen Nachts und Tag/
Was der Haushaltung nutzen mag.
Wo er thut dessen treulich pflegen/
So ist mit i[h]m der Göttlich Segen.
Und ist ein rechter Gottes Tempel/
Gibt seinen Kindern gut Exempel.

Eine Ehefrau welche Gott gehorcht/
Und liebt ihren Eheman mit furcht/
Zeucht ihre Kinder sich zu üben.
In Gottes Wortt/die Eltern lieben.
Auch gebürt einer frommen Frauen/
Auff das Gesind und Haus zuschauen/
Der Küchen wart mit Tranck und Speis/
Das bringt ihr nutz/lob/ehr und preis.
Und lernet ihre Kinder auch/
Gottfürchtig/und ehrlichen brauch.

Zit. nach: Richard van Dülmen, Kultur und Alltag in der frühen Neuzeit, Bd. 1: Das Haus und seine Menschen 16.-18. Jahrhundert, München 1990, S. 40

1. *Begründe, warum die Reihenfolge für öffentliche Prozessionen genau festgelegt war (M2).*
2. *Erläutere den Text zum Bild M3. Welche Vorstellung von Mann und Frau spiegelt sich darin? Welche Funktion erfüllt die Ehe?*
3. *Beschreibe die Abbildung M4 und überlege, wer die abgebildeten Personen sein könnten. Erkläre, inwiefern das Bild Auskunft über einen für die Frühe Neuzeit typischen Haushalt gibt.*

Beginn einer „Wissensgesellschaft"

M 1 Schulalltag
Holzschnitt, 1592

Die Universitäten

Vor allem im frühen Mittelalter waren die Fürsten auf die lese- und schreibkundigen Geistlichen angewiesen. Ohne diese hätten sie nicht einmal eine Urkunde verfassen können.

Im Spätmittelalter wollten die Herrscher von den Geistlichen unabhängig werden. Deshalb gründeten sie in ihren Ländern eigene **Universitäten**. Dort wurden vor allem ihre Beamten für die Verwaltung ausgebildet. Neben Philosophie, Geschichte, Rechtskunde und Medizin sollten die Studenten auch alles lernen können, was für einen „vollwertigen Menschen" nötig war: Grammatik, Redekunst (Rhetorik), Musik bzw. Dichtkunst, Arithmetik, Astronomie, Geometrie und Dialektik[1] – die „sieben freien Künste". Deshalb wurden die Universitäten Zentren des Humanismus.

Die Kirche verliert die Kontrolle über die Bildung

Im Mittelalter bestimmte die Kirche, was gelesen werden durfte. Zunächst gab es nur Kloster- und Domschulen. In ihnen bildete die Kirche die zukünftigen Geistlichen aus. Unterrichtet wurde deshalb neben Latein, Lesen und Schreiben vor allem Religion.

Ab dem 13. Jh. entstanden in den Städten immer mehr nichtkirchliche Schulen. Für Handel und Gewerbe brauchte man eine andere Ausbildung als für zukünftige Mönche und Priester. Handwerker und Kaufleute schickten ihre Kinder in die Schulen, damit sie lesen und rechnen sowie Geschäftsbriefe und Verträge schreiben lernten. Für viele Berufe, wie vor allem den des Fernkaufmanns, wurde auch das Erlernen von fremden Nationalsprachen wichtig. Latein war für viele aber immer noch wichtig, denn dies war die Sprache, die von den Gebildeten überall in Europa verstanden wurde. Die stark zunehmende Bedeutung von schriftlichen Aufzeichnungen schuf die Voraussetzung für die Teilnahme des Bürgertums am geistigen Leben und für eine „bürgerliche" Kultur. Das Bildungsmonopol des Klerus war gebrochen.

Frauen und Bildung, Frauen und Macht

Ämter in der Kirche und Beamtenstellen im Staat gab es nur für Männer. In den Universitäten wurden keine Studentinnen aufgenommen. Trotzdem gab es gebildete und einflussreiche Frauen. Sie lebten in Nonnenklöstern und in den Adelsfamilien. **Karl V.**, der von 1519 bis 1556 Kaiser war und zuvor bereits König von Spanien, herrschte über große Reiche in Europa und Amerika. Dabei halfen ihm seine Ehefrau, seine Tanten und Schwestern. Sie verwalteten für ihn Königreiche und Provinzen. Manchmal führten sie in seinem Auftrag Kriege und handelten wichtige Verträge aus. Doch dies waren Ausnahmen. Die meisten Frauen besaßen deutlich weniger Rechte als die Männer. Sie hatten daher weniger Möglichkeiten, ihr Leben nach eigenen Vorstellungen zu gestalten.

1. *Erkläre, wie das Bildungsmonopol der Kirche durchbrochen wurde.*
2. *Vergleiche M1 mit deinem Schulalltag. Stelle in einem Bild den heutigen Schulalltag dar.*

[1] Dialektik: die von alten Philosophen entwickelte Lehre vom richtigen (wissenschaftlich korrekten) Diskutieren und Argumentieren

M2 Wissenschaft für Frauen?

In dem Bestseller „Colloquia familiaria" (1518, dt.: „Gespräche") des Humanisten Erasmus von Rotterdam gibt es folgenden Dialog zwischen dem Abt Antronius und der gebildeten Magdalia:

Antronius: Ich weiß nicht, wie es kommt, dass die Wissenschaft für eine Frau ebenso wenig passt wie der Packsattel für den Ochsen.

Magdalia: Aber du kannst doch nicht leugnen, dass der Packsattel für einen Ochsen immer noch besser passt als der Bischofshut für einen Esel oder ein Schwein! Welche Meinung hast du von der Jungfrau Maria?

Antronius: Die allerbeste.

Magdalia: Hat sie sich nicht mit Büchern beschäftigt?

Antronius: Das hat sie schon, aber nicht mit solchen.

Magdalia: Was las sie denn?

Antronius: Die Stundengebete. [...] Nach der Benediktinerregel.

Magdalia: Nun gut. Was denkst du von Paula und Eustochium[1]? Haben sie sich nicht mit der Heiligen Schrift beschäftigt?

Antronius: Aber heute ist das außergewöhnlich.

Magdalia: So außergewöhnlich war damals ein ungelehrter Abt, und heute ist das gang und gäbe; damals ragten die Fürsten und Kaiser nicht weniger durch ihre Bildung als durch ihre Machtstellung hervor. Aber es ist auch heute doch nicht so außergewöhnlich, wie du glaubst: Es gibt in Spanien und in Italien nicht wenige und besonders vornehme Frauen, die sich mit jedem beliebigen Manne messen könnten, in England die Frauen aus dem Hause des Morus, in Deutschland die Frauen aus der Familie Pirckheimer und Blarer[2]. Und wenn ihr nicht achtgebt, wird es noch dahin kommen, dass wir in den Theologenschulen den Vorsitz führen und in den Kirchen Gottesdienst halten, und wir werden eure Bischofssitze mit Beschlag belegen.

Antronius: Das wolle Gott verhüten!

Magdalia: Nein, an euch wird es liegen, das zu verhüten. [...] Ihr seht, dass sich die Bühne der Welt schon verändert: Entweder muss man seine Rolle niederlegen, oder es muss jeder seine Rolle spielen.

Zit. nach: Winfried Trillitzsch, Der deutsche Renaissance-Humanismus. Abriss und Auswahl, Leipzig 1981, S. 200 f.

M3 Die Sieben Freien Künste
Holzstich, Ende des 15. Jh.
In alphabetischer Reihenfolge: Arithmetik, Astronomie, Dialektik, Geometrie, Grammatik, Musik und Rhetorik.

[1] Paula und Julia Eustochium gründeten um 400 n. Chr. ein Frauenkloster in Bethlehem.

[2] Familien mit humanistischem Bildungsbewusstsein

M4 Margaret Roper (rechts) und ihre Schwester Cecily
Kopie eines Gemäldes nach Hans Holbein, 1592 (Ausschnitt)
Margaret, die älteste Tochter des englischen Humanisten Thomas More, war Übersetzerin und erste bürgerliche Autorin Englands. Sie führte einen regen Briefwechsel mit Erasmus von Rotterdam und gilt als eine der gebildetsten Frauen ihrer Zeit.

1. *Untersuche, welche Gruppen Erasmus im Dialog scharf angreift. Kläre zunächst, welches Hintergrundwissen für das Verständnis des Dialoges wichtig ist, etwa seit wann es die Benediktinerregel gibt (M2).*
2. *Arbeite die positiven Werte und Leitbilder in diesem Gespräch heraus (M2). Prüfe, ob sie heute noch aktuell sind.*
3. *Beginn einer „Wissensgesellschaft"? Diskutiert in der Klasse, ob die Überschrift zutreffend ist. Welche Einschränkungen würdet ihr machen? Lest dazu auch noch einmal den Verfassertext.*

Leben auf dem Land

M 1 **Herbstarbeiten auf dem Land**
Monatsbild (September oder Oktober) von Hans Wertinger nach einem Kupferstich von Johann M. Mettenleiter, Öl auf Holz, um 1525/30 (beschnitten)

Neue Abhängigkeiten

Während die großen Gutshöfe bereits für den Markt produzierten, arbeiteten die Menschen auf den kleinen Höfen meist nur für den eigenen Bedarf. Doch die Höfe wurden durch Erbteilungen immer kleiner. Oft konnten die Bauern kaum noch das Lebensnotwendigste erwirtschaften.
Deshalb übernahmen Landbewohner zunehmend Heimarbeiten: Sie spönnen Garn, webten Tuche und flochten Weidenkörbe. Die Rohstoffe und Werkzeuge erhielten sie von Verlegern.[1] Weil auf dem Land die städtischen Zunftordnungen nicht galten, konnten die Verleger Preise und Löhne niedrig halten. Und außerdem gab es überall genügend Arbeitskräfte, denn die Bevölkerung wuchs seit dem 17. Jh. ständig.

Alles bleibt, wie es war?

Die meisten Bauern gehörten bis weit ins 19. Jh. hinein zu einer Grundherrschaft. Sie waren unfrei, durften weder ohne das Einverständnis ihres Grundherrn heiraten noch ihren Wohnort wechseln. Ihre Unfreiheit bedeutete zwar eine gewisse soziale Sicherheit, weil sich der Grundherr um sie zu kümmern hatte. Aber die Nachteile waren groß: Schutz und Sicherheit blieben stets abhängig von der Willkür des jeweiligen Herrn.
Die Jahreszeiten bestimmten nach wie vor das Leben und Arbeiten auf dem Land. Wie im Mittelalter waren die Felder nach dem System der Dreifelderwirtschaft eingeteilt. Oft konnten die Bauern ihre Äcker nicht bestellen, ohne über die der anderen Bauern zu gehen. Um zu vermeiden, dass die Ernte gefährdet wurde, gab die Dorfgemeinde vor, was auf den Feldern angebaut, wann gemeinsam gepflügt, gesät, gedüngt oder geerntet wurde. Dieser Zwang zu gemeinschaftlichen Regelungen, auch Flurzwang genannt, trug dazu bei, dass sich Traditionen und althergebrachte Arbeitsweisen auf dem Land verfestigten. Die Bauern achteten argwöhnisch darauf, dass keiner von ihnen etwa durch Neuerungen des Anbaus den Flurzwang durchbrach.

Adliges Landleben

Auf dem Land lebten nicht nur die Bauern und die kleinen dörflichen Handwerker und Krämer. Hier hatte der Adel seine Herrschaftssitze, grundherrlichen Landgüter und Forsten, um deren Verwaltung und Bewirtschaftung er sich kümmern musste.
Die Gutswirtschaft spielte in der Frühen Neuzeit für das Auskommen des niederen oder Landadels aber eine immer kleinere Rolle. Die Adligen wechselten immer häufiger in den fürstlichen Hof- und Staatsdienst. Der dortige höfische Lebensstil mit festem Zeremoniell wurde zur Leitkultur des Adels.
Die heimischen Landsitze dienten vor allem der Repräsentation: Prunkvolle Feste, Jagd und Schlittenfahrt, Turnier und Schützenfest galten als standesgemäße Vergnügungen. Die reichen Städter, die Patrizier, ahmten diesen Lebensstil nach.[1]

1. *Beschreibe das Bild M1. Wo finden sich heute noch vergleichbare Verhältnisse? Sammelt in Zweiergruppen Informationen und Bilder zu diesem Thema und erstellt eine Collage.*
2. *Alles bleibt wie es war? Nimm Stellung zur Frage des Epochenwechsels zwischen Mittelalter und Früher Neuzeit. Siehe dazu S. 19, 199 und 243.*

[1] Lies dazu auch noch einmal S. 222.

M 3 Kurfürst Max II. Emanuel von Bayern auf der Reiherjagd
Gemälde von Giovanni Battista Curlando, um 1690
Frauen und Männer der großen Hofgesellschaft sind Zeugen des adligen Jagdvergnügens, das allein dem Kurfürsten vorbehalten ist: die Reiherjagd mit dem Falken. Der Kurfürst sprengt mit seinem Schimmel heran. Links der Falkner, rechts von ihm ein Junge, der losläuft, um mit den Hunden die Beute sicherzustellen.

M 2 Wohnverhältnisse

Wie die bäuerliche Bevölkerung gewohnt hat, erfahren wir aus folgender Beschreibung aus dem 18. Jh.:

Die Stube ziert ein schlechter, aus dem Leim gegangener Tisch, darunter ein Fußschemel [...], ferner eine elende Bettstatt von ungefärbtem Loden[1], die mit dicken Zaunnägeln von außen an die vier Füße genagelt sind, darinnen im Winter Stroh, im Sommer Streu von den Nadelbäumen, bedeckt mit einem Leintuch voll Löchern, Schmutz und Kot, ohne Decke und Polster. Des Nachts oder bei Krankheiten dienen Röcke der Männer oder Kittel der Weiber zur dürftigen Bedeckung. Das ist das ganze Lager, Federbetten sind gänzlich unbekannt. Ferner zieren das Wohnzimmer eine, zwei, drei [...] Truhen für Mann und Weib zur Aufbewahrung ihrer Galakleider, dann an den Wänden hinlaufende Bänke und endlich im Eck beim Tisch oben ein Kruzifix mit mehreren Bildern auf Glas oder Papier.

Zit. nach: Paul Münch, Lebensformen in der frühen Neuzeit, Frankfurt am Main 1992, S. 341

M 4 Verteilung von Stadt- und Landbewohnern im Deutschen Reich

		1500	1800
Bürger	(Stadtbewohner)	20 %	24 %
Bauern	(Landbewohner	80 %	75 %
davon:	Hofbesitze	(60 %	35 %)
	landarme und besitzlose Familien)	(20 %	40 %)

Nach: Paul Münch, a. a. O., S. 77

[1] Loden: grobes Wollzeug

1. *Stelle Vermutungen an, was die in M2 beschriebenen Lebensumstände für die Gesundheit der Menschen und ihre Lebenserwartung bedeuteten.*
2. *Das Bild M3 gibt nicht nur ein Jagdereignis wieder. Erkläre, inwiefern es auch ein Abbild der Ständegesellschaft ist.*
3. *Skizziere die Veränderungen in M4. Nenne mögliche Gründe dafür.*

Leben in der Stadt

M 1 Der reiche Bürger lebt wie der Adel
Augsburger Monatsbild, 16. Jh. (Ausschnitt)
Patriziergesellschaft in Augsburg beim festlichen Mahl. Die städtische Oberschicht speiste und kleidete sich prunkvoll wie der Adel. Augsburg war im späten Mittelalter eine der reichsten Fernhandelsstädte in Deutschland.

Frei, aber nicht gleich

Die Städte und Märkte standen der adlig- und kirchlich-bäuerlichen Welt auf dem Land gegenüber. „Stadt" – das konnte in der Frühen Neuzeit eine kleine Landstadt, eine Residenz-, Universitäts- oder Bischofsstadt, eine Handelsstadt oder eine große Reichsstadt sein.

Unter den Bürgern herrschte Rechtsgleichheit. Zudem waren die Stadtbürger persönlich frei – im Gegensatz zu den Bauern, die einem Grundherrn untertan waren.

Der überwiegende Teil der Stadtbewohner besaß jedoch keine oder nicht die vollen Bürgerrechte. Dazu gehörten vor allem die Unterschichten, Angehörige der Randgruppen und die Juden. Mancherorts zählten 80 Prozent aller Einwohner zur Unterschicht, wie etwa in Koblenz Ende des 17. Jh.

Demgegenüber gehörte nur ein kleiner Teil der Bürger zur Oberschicht, die wiederum den Großteil des gesamten bürgerlichen Vermögens besaß.

Im 16. und 17. Jh. entlud sich die Unzufriedenheit der Unter- und Mittelschichten in sozialen Unruhen: Immer wieder erhoben sich die Bürger gegen den Rat, protestierten gegen Steuererhöhungen, Sonderrechte für die Reichen und andere Ungerechtigkeiten.

Neue Stadttypen – neue Sozialstrukturen

Auch in der Frühen Neuzeit bildete das Patriziat noch allgemein die städtische Oberschicht. In den Verfassungskämpfen des Spätmittelalters hatten die Patrizier zwar vielfach ihren alleinigen politischen Führungsanspruch an die Zünfte verloren, nicht aber ihre führende soziale und gesellschaftliche Stellung. Ebenfalls zur Oberschicht gehörten reiche Kaufmannsfamilien, aber auch hohe städtische und kurfürstliche Beamte oder Gelehrte (Ärzte, Juristen).

In den Residenzstädten wie Würzburg, Mainz oder Koblenz gaben im 17. und 18. Jh. der Hof, seine Beamten und das Militär den Ton an – auch wenn sie kein Bürgerrecht besaßen.

Zwischen Tradition und Wandel

Nach wie vor versuchten die Zünfte mit ihrer abgeschlossenen Wirtschaftsweise, den Lebensunterhalt der Zunftgenossen („gerechte Nahrung") zu sichern. Doch sie konnten den wirtschaftlichen und sozialen Wandel nicht aufhalten: Die frühkapitalistische Wirtschaftsweise mit Verlagswesen und Manufakturen[1] machte dem zünftigen Handwerk das Überleben schwer. Die Zahl der unzünftigen Lohnarbeiter wuchs; aus ihnen entstand allmählich der sogenannte vierte Stand.

Eine bürgerliche Kultur entsteht

In den Städten entwickelte sich eine nichtadlige, nichtgeistliche, nichtbäuerliche: eben städtische Kultur. Bildung, Kunst und Architektur, Theater und Oper blühten auf.

Zugleich änderte sich die Bedeutung des Bürger-Begriffes: Dieser war immer weniger an das Bürgerrecht gebunden. Wichtig wurden „bürgerliche" Werte und Normen, die von der neuen selbstbewussten Schicht der Kaufleute, Beamten, Professoren, Ärzte, Verleger und Bankiers geprägt wurden: durch Bildung, Fleiß und Arbeit erworbenes Vermögen und dadurch erreichter Aufstieg.

1. *Unterscheide, was in der Frühen Neuzeit das Leben in der Stadt gegenüber dem auf dem Land ausmachte.*
2. *Verfasse eine Definition des Begriffs „bürgerlich".*

[1] Siehe S. 222

M 2 Wie reiche Stadtbürger wohnten
Puppenhaus einer Nürnberger Patrizierfamilie, 1639

M 4 Straßenleben in Hamburg
Gemälde von Elias Galli, 1663 (Ausschnitt)

M 3 Bürgerliche Tugenden

Der Theologe Carl Friedrich Bahrdt führt in seinem „Handbuch der Moral“ von 1789 die „bürgerlichen Tugenden“ auf:

Das erste ist Pünktlichkeit und Ordnung in euren häuslichen Geschäften. [...]

Die zweite häusliche Tugend, die ich euch empfehle, ist Sparsamkeit und Wirthschaftlichkeit, welche die glückliche Mittelstraße trift, zwischen Geiz und Verschwendungssucht. [...]

Nächst der innerlichen Oekonomie des Bürgers beruht ein großer Theil seines Wolstandes und seiner Glückseligkeit auf seinem Metier oder Berufsfach, welches er zum Besten des Staats übernommen hat. [...]

Die erste ist Fleiß und Arbeitsamkeit überhaupt. Denn das seid ihr nicht blos euch schuldig, daß ihr eure besten Stunden, eure frischesten Kräfte auf Arbeiten verwendet, durch welche ihr euren Antheil zum gemeinen Besten liefert [...], weil ihr dadurch Nahrung und Unterhalt für euch und eure Kinder und die Mittel gewinnet, die ihr zum frohen Genuß des Lebens vernöthen habet; sondern ihr seids auch eurer Ehre schuldig, weil ihr die erwerbende Volksklasse ausmacht und also gerade die schlechtesten Glieder der Nation sein würdet, wenn ihr nicht die fleissigsten sein wolltet: und endlich seid ihrs auch Gott schuldig, der euch dazu Leben, Gesundheit und Kräfte verlieh, daß ihr nuzbare Menschen werden, und für eure Mitmenschen leben und wirken solltet.

Zit. nach: Paul Münch (Hrsg.), Ordnung, Fleiß und Sparsamkeit. Texte und Dokumente zur Entstehung der „bürgerlichen Tugenden“, München 1984, S. 273-278

1. *Überlege, wozu die Räume im Untergeschoss des Puppenhauses (M2) dienten und wer dort lebte und arbeitete.*
2. *Das Puppenhaus gibt Auskunft über das typische Arbeiten und Wohnen einer Patrizierfamilie. Beschreibe es und vergleiche mit heute.*
3. *Zähle die bürgerlichen Tugenden und Werte auf, die in M3 beschrieben werden.*
4. *Beurteile Zielsetzung und Zweck der bürgerlichen Tugenden (M3).*
5. *Beschreibe das Bild und ordne die abgebildeten Personen den verschiedenen Ständen und städtischen Gruppen zu.*

Kompetenzen überprüfen

M 1 Kennst du die Fachbegriffe?

In Italien interessierten sich Gelehrte und Künstler ab dem 14. Jh. mehr als je zuvor für die ○○○○○○. Sie sahen den Menschen als Mittelpunkt der von Gott geschaffenen Welt. ○○○○○○○○○○○ und ○○○○○○○○○○ beeinflussten Theologie, Literatur, Philosophie, Kunst und Architektur. Große Künstler wie Leonardo da Vinci und Albrecht Dürer waren auf vielen Gebieten tätig. Wissenschaftler wie Nikolaus Kopernikus und Galileo Galilei erforschten die Gesetze des Weltalls, ohne dabei Rücksicht auf biblische Vorstellungen zu nehmen. Sie entwickelten ein neues Weltbild: Nicht die Sonne bewegt sich um die Erde, sondern die Erde um die Sonne. Dies nennt man „○○○○○○○○○○○○○○○ ○○○○○○○○“. Die Erfindung des Buchdrucks mit ○○○○○○○○○○○ ○○○○○○○ durch Johannes Gutenberg sorgte bald für die schnelle Verbreitung der neuen Erkenntnisse und Ideen.
Spanier und Portugiesen suchten verstärkt einen Seeweg nach Indien: Die Fahrt des Christoph Kolumbus im Auftrag der spanischen Könige endete allerdings nicht in ○○○○○○, sondern in ○○○○○○○. Weitere „Entdeckungsreisen“ folgten. Die europäischen „Entdecker“ wurden Eroberer: Sie beuteten die überseeischen Länder rücksichtslos aus und zwangen den einheimischen Völkern ihre Lebensweise und den christlichen Glauben auf. Zwischen Europa, Afrika und Amerika entstand ein ○○○○○○○○○○○○○○ mit Waren und Sklaven im atlantischen Raum, der bis ins 19. Jh. anhielt.
Etwa zur gleichen Zeit entwickelte sich in Europa eine neue Wirtschaftsweise: der ○○○○○○○○○○○-○○○○○. Die reichsten Unternehmer der Zeit, etwa die Fugger aus Augsburg, profitierten vom wachsenden Geschäft mit den überseeischen ○○○○○○-○○○○○○○○○.
Mit dem Aufblühen von Handel und Gewerbe wuchsen Reichtum und das Selbstbewusstsein der Bürger. Sie nahmen nicht nur in der Wirtschaft, sondern auch in Staat und Gesellschaft eine immer wichtigere Rolle ein.

M 2 Stimmt – stimmt nicht

- Florenz und andere oberitalienische Städte waren Ausgangspunkt für ein neues Denken und neue Wirtschaftsformen.
- Die Fugger waren ein bedeutendes deutsches Handelshaus.
- Die Zünfte prägten die Wirtschaftsform des Frühkapitalismus.
- Christoph Kolumbus war Portugiese.
- In den eroberten Ländern lebten einfache Kulturen.

M 3 Tragisches Missverständnis?

In einer Rede an die Päpstliche Akademie der Wissenschaften 1992 erklärt Papst Johannes Paul II.:

Ein tragisches gegenseitiges Unverständnis wurde als Folge eines grundsätzlichen Gegensatzes von Wissen und Glauben hingestellt. […]
Der Fall Galilei kann uns eine bleibend aktuelle Lehre sein für ähnliche Situationen […]. Galilei, der praktisch die experimentelle Methode erfunden hat, hat […] verstanden, dass nur die Sonne als Zentrum der Welt […] infrage kam. Der Irrtum der Theologen von damals bestand dagegen am Festhalten an der Zentralstellung der Erde in der Vorstellung, unsere Kenntnis der Strukturen der physischen Welt wäre irgendwie vom Wortsinn der Heiligen Schrift gefordert. […] Es gibt also zwei Bereiche des Wissens. Der eine hat seine Quelle in der Offenbarung, der andere aber kann von der Vernunft mit ihren eigenen Kräften entdeckt werden. Zum letzteren Bereich gehören die experimentellen Wissenschaften und die Philosophie. Die Unterscheidung der beiden Wissensbereiche darf aber nicht als Gegensatz verstanden werden. Beide Bereiche sind vielmehr einander durchaus nicht fremd, sie besitzen vielmehr Begegnungspunkte. Dabei gestattet die Methode eines jeden Bereiches, unterschiedliche Aspekte der Wirklichkeit herauszustellen.

Zit. nach: Deutscher L'Osservatore Romano, 13. November 1992, S. 9f.

M4 Zufall oder Notwendigkeit?

Der Historiker Wolfgang Reinhard beurteilt die „Voraussetzungen" der europäischen Expansion:

Bestimmte Errungenschaften des Wirtschaftslebens und der Schifffahrt dienten dazu als Voraussetzungen. [...] Der Prozess der europäischen Expansion [...] ist nicht mit derartigen Einzelursachen oder auch Ursachenbündeln, die manche Historiker stattdessen knüpfen, zu erklären. Denn er setzt nicht zu einem bestimmten Zeitpunkt ein, sodass man nur die dort wirkenden Kräfte analysieren müsste, um seinem „Warum" auf die Spur zu kommen. Es handelt sich vielmehr um ein langfristiges Zusammenwirken von Strukturen und Entwicklungen, wobei aber die Konstellationen wechseln [...]. Damit ist nicht ausgeschlossen, dass von Fall zu Fall bestimmte notwendige Bedingungen erfüllt sein mussten, damit dieser Prozess weiterlaufen konnte, aber die Notwendigkeit dieser Bedingungen ist häufig nur im Nachhinein für den Historiker zu erkennen.

Wolfgang Reinhard, Kleine Geschichte des Kolonialismus, Stuttgart [2]2008, S. 11-13

M6 Die Gesandten
Gemälde von Hans Holbein d. J., 1533
Das Bild zeigt einen Botschafter und einen Bischof (rechts). Auf der oberen Tischplatte liegen ein Himmelsglobus, eine Sonnenuhr und andere Teile, darunter befinden sich ein Globus, ein Zirkel, eine Rechenlehre für Kaufleute, eine Laute, eine Mandoline, ein aufgeschlagenes Gesangsbuch und verschiedene Flöten. Der verzerrt dargestellte Totenkopf im Vordergrund (unten Mitte) ist ein Hinweis auf die Vergänglichkeit des Lebens.

M5 Nein zur 500-Jahr-Feier
Graffiti aus Spanien von 1992
Die Aufschrift lautet: „Kann man einen Völkermord feiern? Nein zur 500-Jahr-Feier."

1. *Schreibe die fehlenden Begriffe der Zusammenfassung (M1) auf.*
2. *Überprüfe die Aussagen (M2). Sollten falsche darunter sein, schreibe die richtige Lösung auf.*
3. *Nenne die Bereiche, in denen in der Frühen Neuzeit die Verflechtung von territorialer und wirtschaftlicher Entwicklung deutlich wird.*
4. *Diskutiert zu zweit das Für und Wider der folgenden These: Für Renaissancedenker, Künstler und Gelehrte um 1500 lag der Fortschritt in der Vergangenheit.*
5. *Wissen ist Macht! Begründe, in welchen Bereichen in der Frühen Neuzeit sich dieser Ausspruch bestätigt. Gilt dies noch heute?*
6. *Nimm Stellung zu der Lehre, die Papst Johannes Paul II. aus dem „tragischen Missverständnis" (M3) zieht. Überlege, für welche Situationen wir heute daraus lernen können.*
7. *Erkläre, welche „Errungenschaften des Wirtschaftslebens und der Schifffahrt" als „Voraussetzungen" der europäischen Expansion angesehen werden (M4).*
8. *Setze dich mit dem Problem Zufall und Notwendigkeit in der Geschichte auseinander (M4). Wähle dafür ein Beispiel (auch aus der jüngsten Vergangenheit) und nimm Stellung.*
9. *Diskutiert in der Klasse die Auffassung, die das Graffiti (M5) vertritt. Stellt Argumente dafür und dagegen in einem Tafelbild gegenüber.*
10. *Ordne die Gegenstände auf dem Bild M6 verschiedenen kulturellen und wissenschaftlichen Bereichen zu. Weise nach, dass es sich um eine typische Darstellung der Renaissance handelt.*

Orientierung gewinnen: Neuer Glaube und neue Herrschaftsformen

Die Gebildeten hatten in der Renaissance von der Antike gelernt, Mensch und Welt mit der Vernunft zu verstehen. Dieses neue rationale Denken begründete die moderne Wissenschaft und brachte viele Erfindungen und Entdeckungen hervor. Es hatte aber noch viel weitreichendere Auswirkungen, denn es veränderte die Haltung der Menschen gegenüber der Kirche, ihrer Macht, dem von ihr über Jahrhunderte geprägten Weltbild und der Glaubenspraxis, die immer stärker infrage gestellt wurde.

Martin Luther traf 1517 mit seiner Kritik an der katholischen Kirche einen Nerv der Zeit. Viele Menschen wandten sich neuen Glaubensrichtungen zu. Die Einheit der abendländischen Christenheit zerbrach endgültig – und damit aber auch festgefügte soziale und politische Traditionen. Die Menschen waren tief verunsichert und ihr Bedürfnis nach neuer Ordnung wuchs. Die Könige und Fürsten reagierten: Sie verbesserten die staatliche Organisation und viele bekämpften religiöse Minderheiten, um so ihre Herrschaft zu festigen. Als in Frankreich mit Ludwig XIV. in der Mitte des 17. Jh. ein Herrscher den Thron bestieg, der fortan allein und absolut herrschen wollte, kam damit die Machtsteigerung der Herrscher zu einem Höhepunkt.

Im 16. Jh. zerbrach die religiöse Einheit des Christentums in unterschiedliche Konfessionen: die katholische, lutherische, anglikanische und reformierte. Welche Ursachen führten dazu? Wie reagierten die katholische Kirche und ihre Oberhäupter, vor allem der Kaiser? Wieso kam es zu Glaubenskriegen? Wurden sie aus religiösen Gründen geführt, oder spielten dabei andere Interessen eine Rolle?

Die Veränderungen im Glauben führten zu neuen Glaubenspraktiken. Dies wirkte sich unmittelbar auf das Zusammenleben der Menschen aus.
Welche Auswirkungen hatten die religiösen und in der Folge politischen Auseinandersetzungen für die Menschen? Wie beeinflusste der Wandel die traditionellen Ordnungen, den Alltag der Menschen und ihr soziales Gefüge?

Die Fürsten profitierten von der Glaubensspaltung. Sie verstärkten die Kontrolle über ihre Untertanen und bauten die Verwaltung aus. Gleichzeitig entstand mit König Ludwig XIV. in Frankreich ein neues Herrschervorbild. Welche Vorstellungen von Politik und Herrschaft setzten sich seit dem 16. Jh. immer stärker durch? Wie organisierten Könige und Fürsten ihre Herrschaft? Und wie rechtfertigten sie ihre Herrschaftsansprüche?

In der Frühen Neuzeit weitete sich die Wirtschaft aus. Aber auch wenn der Handelsraum jetzt weitere Kontinente umfasste, blieb die Wirtschaft an den europäischen Bedürfnissen orientiert. Wie nutzten die Herrscher die neuen wirtschaftlichen Möglichkeiten und welchen Interessen sollten diese dienen? Welche Auswirkungen hatten neue wirtschaftliche Systeme für Handwerk und Handel und die arbeitende Bevölkerung?

Mittelalter

1450 1500 1550

Zeit der europäischen Glaubenskriege

M1 **Staaten, Religionen und Konfessionen um 1570**

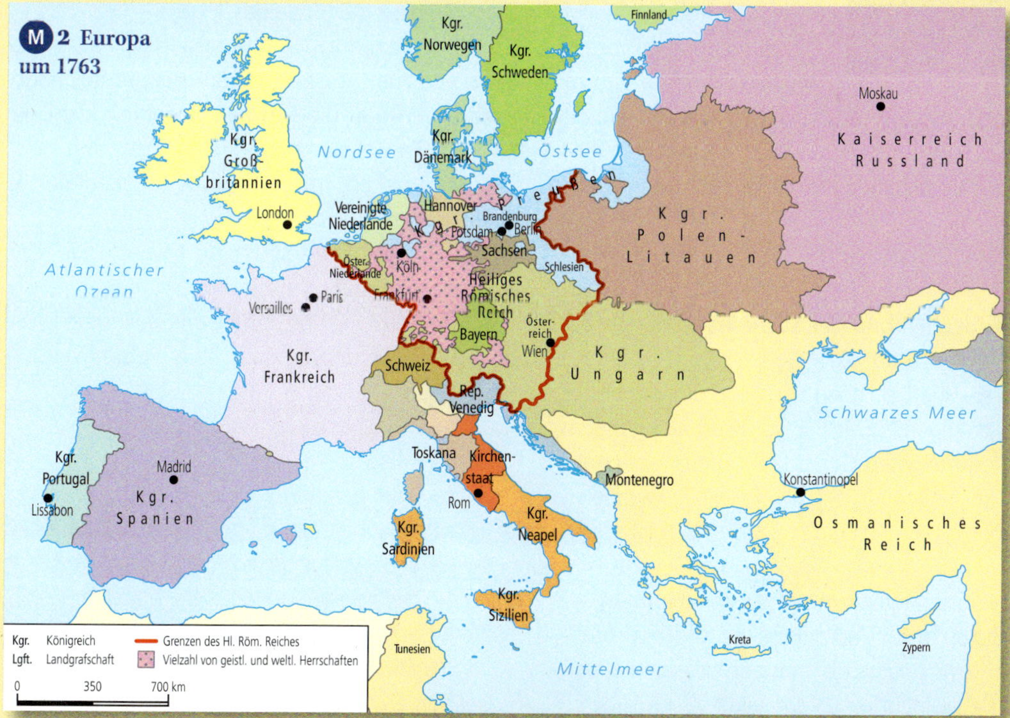

M2 **Europa um 1763**

1. *Auf S. 199 f. und 234 hast du bereits wichtige Informationen über die Veränderungen in der Zeit ab 1500 erhalten.* Untersuche die Karten und stelle dar, wie diese hier abgebildet werden.
2. Prüfe, welche Informationen du auf den Karten nicht findest. Erläutere, wie du sie darstellen würdest.
3. Nenne Länder, die heute noch mehrheitlich a) katholisch oder b) protestantisch sind. Vergleiche die heutige Situation mit der Karte M1.

Neuzeit

1600 1650 1700

Frommer Glaube – Zweifel an der Kirche

M 1 Höllenqualen und Erlösung
Teil eines Altarbildes aus Niederbayern, um 1480

Kritik an der Kirche

Während des Konzils von Konstanz, einer großen Kirchenversammlung, die 1415 stattfand, wurde der tschechische Theologe und Prediger Johannes Hus als Ketzer verurteilt und verbrannt. Was war geschehen?
Hus lehrte, dass nur die Bibel den Weg zu Gott zeige und nicht die Priester, Mönche und Nonnen. Den Papst lehnte er als Oberhaupt der Kirche ab.
Hus stand mit seiner Kritik nicht allein. Während des 15. Jh. wurde Päpsten, Bischöfen, Priestern, Mönchen und Nonnen ein Leben in Luxus, Geldverschwendung und Machtmissbrauch vorgeworfen. Andere störte die geringe Bildung der meisten Priester. Einige konnten nicht einmal die lateinische Bibel lesen. Immer wieder wurde eine Reform der Kirche gefordert.

Auf der Suche nach Gott

Trotzdem waren die Gläubigen erfüllt von einem frommen Glauben und der Suche nach Gott. Viele suchten Antwort auf die Frage: „Wie rechtfertige ich mein sündhaftes Leben vor Gott, um das ewige Leben zu erlangen?" Das Bild von Gott als strengem Richter, vom Jüngsten Gericht, von den Qualen des Sünders im Fegefeuer und in der Hölle, wurde in den Kirchen gepredigt und war jedem Christen vertraut.
Manche Christen meinten, sie müssten mehr tun, als regelmäßig zu beten und die Heilige Messe zu besuchen, um Gott gnädig zu stimmen. Deshalb unternahmen sie Wallfahrten zu den verehrten Heiligen. Wer es sich leisten konnte, stiftete einen Altar. Andere bezahlten einen Geistlichen, der für das Seelenheil der Familie die Messe las.

Der Ablass lockt

Seit dem 11. Jh. gab die Kirche den Gläubigen die Möglichkeit, einen Ablass (Nachlass) ihrer Sündenstrafen zu bekommen. Dafür forderte sie Leistungen wie Stiftungen, Wallfahrten, Kreuzzüge oder Spenden. Zuvor hatten die Sünder zu beichten.
Ab dem 15. Jh. wurde der Ablass gegen Geld immer häufiger, denn er lag auch im Interesse der weltlichen Landesherren. Sie erhielten bis zur Hälfte der Einnahmen, wenn sie Ablassverkäufe genehmigten. Als der Papst 1476 den Verkauf von Ablässen für die Seelen bereits Verstorbener zuließ, bemängelten dies aber sogar kirchentreue Gläubige.

Hoffen und Bangen

Seit Beginn des 16. Jh. wuchs die Bevölkerung wieder auf dem Gebiet des Heiligen Römischen Reiches Deutscher Nation, so die Bezeichnung für die deutschen Teile der von den habsburgischen Kaisern regierten Gebiete seit Ende des 15. Jh.[1]
Der Frühkapitalismus trug einerseits zur Blüte der Städte und zum Aufstieg des Bürgertums bei, andererseits konnte er die Not der Menschen nicht beseitigen. Der Humanismus schuf dazu eine neue Weltsicht, die oft im Gegensatz zu überlieferten religiösen Vorstellungen stand.
Auf diesen Wandel reagierten die Menschen je nach Herkunft, Bildung und Auskommen unterschiedlich. Immer häufiger wurden soziale und politische Wünsche mit der Forderung nach einer Reform der Kirche verknüpft.

1. *Arbeite heraus, welche Missstände der Kirche in die Kritik gerieten.*
2. *Versuche, einige der dargestellten Szenen (M1) zu erklären. Wie stellt sich der Glaube dar?*
3. *Unterscheide Kontinuität und Wandel im Bereich der Religion: Welche Entwicklungen fanden bereits im Mittelalter statt, welche setzten erst mit der Neuzeit ein?*

[1] Vgl. die Karten vorne auf S. 235.

M 2 Über die Frömmigkeit der Deutschen

Der Italiener Antonio de Beatis reist im April 1517 durch das Heilige Römische Reich. In seinem Reisetagebuch beschreibt er, was ihm am religiösen Leben der Deutschen auffällt:

Sowohl Frauen als Männer besuchen fleißig die Kirchen, in denen jede Familie ihren eigenen Kirchenstuhl hat. Da spricht man nicht von Geschäften und unterhält sich nicht wie in Italien; man richtet seine Aufmerksamkeit nur auf Messe und Gottesdienst, und beim Gebet knien alle nieder [...].

Von Trient an pflegt man an allen Straßen in der Nähe der Dörfer und Städte unter freiem Himmel sehr hohe und große Kruzifixe aufzustellen, meist mit den Schächern[1] zur Seite, was zugleich Schrecken und Andacht erweckt. Und in geringen Entfernungen voneinander sind überall hölzerne oder steinerne Säulen aufgerichtet mit einem ausgehöhlten Fensterchen, in welchem sich ein Bild des Gekreuzigten mit den zwei Marien oder andere Geheimnisse der heiligsten Passion[2] des Herrn dargestellt befinden. Man findet auch selten auf deutschen Gemälden Heilige dargestellt, ohne dass etwas aus der Passion damit verbunden wäre [...].

Die Kirchtürme sind hoch und spitz. Sie haben sehr schöne Glocken; und es gibt kein noch so kleines Dorf, das nicht wenigstens eine schöne Kirche hätte mit so großen, schönen und kunstreichen Glasfenstern, als man sich nur denken kann. Innerhalb der Kirchen werden nur große und reiche Persönlichkeiten bestattet, alle andern außerhalb der Kirche auf den unbedeckten, aber mit Mauern umschlossenen Friedhöfen; hier stehen viele Kreuze, auf manchen Gräbern auch steinerne Denkmäler mit Inschriften und Wappen aus Messing, auch Weihwasserkesselchen, an Holzpflöcken befestigt. Dem Gottesdienst und den Kirchen wenden sie viel Aufmerksamkeit zu, und so viele Kirchen werden neu gebaut, dass ich, wenn ich damit die Pflege des Gottesdienstes in Italien vergleiche und daran denke, wie viele arme Kirchen hier ganz in Verfall geraten, diese Länder nicht wenig beneide und im innersten Herzen Schmerz empfinde über das geringe Maß von Religion, das man bei uns Italienern findet.

Zit. nach: Karl Heinz Neubig (Hrsg.), Renaissance und Reformation 1350 - 1648, Ebenhausen bei München 1962, S. 37ff.

M 3 Vom Glauben begeistert

Ölgemälde eines unbekannten Meisters, um 1470

Das Bild zeigt den Prediger Johannes von Capestrano 1452 auf dem Domplatz in Bamberg. In der linken Hand hält er eine Strahlenscheibe mit dem Monogramm (Namenszeichen) Jesu. Der Franziskanermönch predigte auf öffentlichen Plätzen in ganz Europa. Seine Ermahnungen zum christlichen Leben berührte die Zuhörer so stark, dass sie Schmuck, Glücksspiele und andere „sündige" Dinge herbeibrachten und auf der Stelle verbrannten.

1. *Erläutere, wie Beatis die Frömmigkeit der Deutschen beschreibt und bewertet (M2).*
2. *Prüfe, woran sich erkennen lässt, dass Glaubensfragen eine große Bedeutung in den besuchten Gebieten hatten.*
3. *Vergleiche einen heutigen Friedhof mit der Beschreibung des Italieners (M2).*
4. *Der Künstler hat den Prediger mit „Nimbus" gemalt (M3). Erkläre!*

[1] Schächer: Verbrecher
[2] Passion: Leidensweg Christi

Die Reformation beginnt

M 1 Martin Luther als Mönch
Gemälde von Lucas Cranach d. Ä., um 1522
Martin Luther, 1483 in Eisleben in Thüringen geboren, studierte zunächst in Erfurt, wurde Mönch und 1507 zum Priester geweiht. Er beendete sein Theologiestudium in Wittenberg und lehrte dort an der Universität.

Gegen den Ablasshandel

Mithilfe des Buchdrucks verbreitete sich die Kritik an der Kirche seit der Mitte des 15. Jh. in der Öffentlichkeit. Vor allem der Ablasshandel stieß in den deutschen Ländern nach 1514 auf wachsende Ablehnung. Das lag vor allem an Albrecht von Hohenzollern, einem typischen Kirchenfürst seiner Zeit. Mit 23 Jahren war er Erzbischof von Magdeburg und Bischof von Halberstadt, ein Jahr später wurde er auch Erzbischof von Mainz. Seine Ämter hatte er vom Papst gekauft, das Geld dafür hatte er von der Augsburger Bankiersfamilie Fugger geliehen. Um seine Schulden zurückzahlen zu können, erlaubte der Papst Albrecht den Ablasshandel. In dem Leipziger Mönch Johannes Tetzel fand Albrecht einen Ablassprediger, dem die Menschen „wie Verrückte" zuliefen. Die Hälfte des Erlöses ging in die Tasche des Erzbischofs, die andere nach Rom zur Finanzierung des Baus des Petersdoms.

Martin Luther protestiert

Dafür hatte der Theologe und Pfarrer **Martin Luther** kein Verständnis. Er war seit 1512 Professor für Bibelauslegung und Prediger in Wittenberg. Am 31. Oktober 1517 schrieb er seinen Vorgesetzten, darunter auch Erzbischof Albrecht, einen Brief, in dem er den Ablass kritisierte. Wie unter Gelehrten üblich, legte er ein in lateinischer Sprache geschriebenes Papier mit 95 Thesen bei.

Obwohl seine Thesen nur für Kirchenobere und Professoren bestimmt waren, wurden sie in deutscher Übersetzung gedruckt und auf Flugblättern im ganzen Reich verteilt. Damit begann die **Reformation**.

M 2 Szenenbild aus dem Film „Luther" (Joseph Fiennes), 2003
Wahrscheinlich hat Luther seine Thesen tatsächlich wie überliefert am Tor der Schlosskirche in Wittenberg angeschlagen. Jedoch waren sie bereits bekannt und wurden diskutiert. Einen spektakulären „Hammerschlag" (wie auch im Film) gab es nicht.

Wie sich vor Gott rechtfertigen?

Luther kritisierte die Kirche bald grundsätzlich. Er entwickelte ein neues Glaubensverständnis. Für ihn war jeder Mensch Gott selbst verantwortlich. Christen sollten sich nur an die Bibel halten. Sie brauchten nicht die Kirche mit dem Papst an der Spitze als Mittlerin. Die Fragen, wie der Mensch seine Sünden überwinden und sich vor Gott rechtfertigen könne, beantwortete er so:

- Gott verlangt vom Menschen, seine Gebote zu befolgen. Seine Gnade verspricht er aber auch dem sündigen Menschen.
- Um die Gnade zu erlangen, muss der Mensch bereit sein, an Gottes Versprechen zu glauben.
- Gottes Wille findet sich vor allem im Evangelium, der frohen Botschaft von Jesus.

Die Lutherbibel

Luthers wichtigste Schriften wurden in 500 000 Exemplaren gedruckt und erreichten eine gewaltige Wirkung in allen Schichten der Bevölkerung. Besonders bedeutend war seine Übersetzung der Bibel ins Deutsche.

Schon früher waren erste Bibeln auf Deutsch erschienen, aber Luthers Übersetzung aus den hebräischen und griechischen Originaltexten war besser. Außerdem war der Reformator schon weit bekannt und seine Kirchenkritik war für die Gläubigen ein ganz neuer Anreiz, die Heilige Schrift zu lesen.

1. *Beurteile die Bedeutung des Buchdrucks für die Reformation.*
2. *Die evangelischen Christen feiern am 31. Oktober den Reformationstag. Was wisst ihr darüber? Sammelt in der Klasse alle Informationen, die ihr schon kennt und notiert Fragen, die ihr noch beantworten möchtet. Überprüft am Ende des Kapitels, welche der Fragen ihr beantworten könnt und welche nicht.*

M 3 Gegen das Papsttum

Martin Luther erklärt 1520, warum seiner Meinung nach der Papst nicht das rechtmäßige Oberhaupt der Kirche ist:

Die Romanisten [= Anhänger des Papstes] haben mit großer Behändigkeit drei Mauern um sich gezogen, womit sie sich bisher beschützt haben, sodass niemand sie hat reformieren können, wodurch die ganze Christenheit gräulich gefallen ist.
Zum ersten: wenn man mit weltlicher Gewalt auf sie eingedrungen ist, haben sie festgesetzt und gesagt, weltliche Gewalt habe kein Recht über sie, sondern umgekehrt: die geistliche sei über der weltlichen.
Zum zweiten: hat man sie mit der heiligen Schrift tadeln wollen, setzen sie dagegen, es gebühre niemand die Schrift auszulegen als dem Papst.
Zum dritten: drohet man ihnen mit einem Konzil, so erdichten sie, es könne niemand ein Konzil berufen als der Papst.
Wie kämen wir denn dazu, dass wir stillhalten und schweigen sollten, wo der Papst oder die Seinen teuflische Worte oder Werke vornähmen?
Die Taufe, Evangelium und Glauben, die machen allein geistlich und Christenvolk. Demnach werden wir allesamt durch die Taufe zu Priestern geweiht.

Nach: Martin Luther, An den christlichen Adel deutscher Nation von des christlichen Standes Besserung, 1520. Luther Gesammelte Werke, Bd. 2, S. 158-160, 164, Digitale Bibliothek Bd. 63, S. 1326 f., 1335

M 4 Gnädiger Gott gesucht

Martin Luther sucht eine neue Antwort auf die Frage: Wie finde ich einen gnädigen Gott? Er findet 1520 diese Lösung:

Also hilft es der Seele nichts, ob der Leib heilige Kleider anlegt, wie die Priester und Geistlichen tun, auch nicht, ob er in den Kirchen und heiligen Stätten sei. Auch nicht, ob er mit heiligen Dingen umgeben ist. Auch nicht, ob er bete, faste, wallfahre und viele gute Werke tue [...]. Es muss noch etwas anderes sein, das die Seele fromm und frei macht. Denn alle guten Werke und Verhaltensweisen kann auch ein an sich böser Mensch ausüben [...].
Sicher ist nur, dass die Seele auf das Wort Gottes nicht verzichten kann [...].
Gott spricht: „[...] glaube an Christus, und ich gebe dir alle Gnade, Gerechtigkeit, Friede und Freiheit; glaubst du, so hast du; glaubst du nicht, so hast du nicht. Denn was dir unmöglich ist mit allen Werken, das wird dir leicht und kurz durch den Glauben [...]."
Hieraus ist leicht zu erkennen, warum der Glaube so viel vermag und dass keine guten Werke ihm gleich sein mögen. Denn kein gutes Werk hängt an dem göttlichen Wort wie der Glaube [...]. Gute, fromme Werke machen nimmermehr einen guten, frommen Mann, sondern ein guter Mann macht gute fromme Werke.

Martin Luther, Werke, Bd. 7, Weimar 1897, S. 21 f., 24 und 32 (stark vereinfacht)

M 5 „Eyn Frag an eynen Müntzer ..."
Holzschnitt von Jörg Breu dem Älteren, um 1530
Der Holzschnitt ist Teil eines Flugblattes. Über und unter dem Holzschnitt befinden sich Textzeilen, die obere beginnt so:
„Eyn Frag an eynen Müntzer / wahin doch sovil Geltz kumme das man alltag müntzet ..."
Ein Kardinal betrachtet von seinem Pferd aus das Treiben. Am Kreuz hängt ein übergroßer Ablassbrief mit Siegeln.

Internettipps:
Zu Martin Luther gibt es unzählige Informationen im Internet. Eine kleine Auswahl hilfreicher Links findest du unter Mediencode 31021-37

Filmtipps:
- Luther und die Nation. ZDF-Reihe „Die Deutschen", 2008
- Luther; Regie: Eric Till, 2003
- Luther – Kampf mit dem Teufel; Regie: Günther Klein, 2007

1. *Stelle dar, warum in der Kirche nach Luthers Auffassung keine Reform gelingen konnte (M3).*
2. *Erkläre, wodurch nach Luther der Mensch Gottes Gnade erreichen kann (M4).*
3. *Gliedere das Bild M5 in mehrere Szenen und stelle fest, was in den einzelnen Szenen dargestellt ist.*
4. *Nimm die Rolle eines Kirchenfürsten wie z.B. Albrecht von Hohenzollern ein. Wende dich in einer Rede gegen Luther und rechtfertige die bestehende Situation.*

Ein neuer Glaube setzt sich durch

M 1 Luther spricht vor Kaiser Karl V. am 18. April 1521 in Worms
Historiengemälde von Anton von Werner, um 1877
Das Bild (66 x 125 cm) ist die Nachbildung eines 350 x 700 cm großen Wandbildes, das Anton von Werner 1870 für die im Zweiten Weltkrieg zerstörte Aula der Kieler Gelehrtenschule gemalt hat. Die Originalunterschrift lautet: „Hier stehe ich, ich kann nicht anders, Gott helfe mir, Amen."

Die Kirche wehrt sich

Erzbischof Albrecht verurteilte Luthers Lehren und meldete sie dem Papst. Im Frühjahr 1518 klagte Tetzels Orden Luther wegen Ketzerei an. Als Luther zum Verhör nach Rom gerufen wurde, wandte er sich an seinen Landesherrn, Kurfürst Friedrich III. (den Weisen) von Sachsen. Dieser erreichte beim Papst, dass die Anhörung 1518 auf dem Augsburger Reichstag stattfand. Als Luther seine Lehre widerrufen sollte, lehnte er ab.

Bruch mit Kirche und Kaiser

Die römisch-katholische Kirche missbilligte Luthers Lehre. Sie forderte deren Widerruf und drohte mit dem **Kirchenbann**. Aber Luther widerrief nicht, sondern brach öffentlich mit der Kirche. Daraufhin verhängte der Papst am 5. Januar 1521 den Bann über ihn.

Mit dem Kirchenbann wurde Luthers Lehre zum Fall für die Fürsten. Denn auf den Bann musste die Reichsacht folgen: Wer geächtet war, war vogelfrei, also rechtlos. Jeder durfte ihm straflos Gewalt antun. Doch Luthers Landesherr Friedrich der Weise erreichte, dass ein Schiedsgericht beim Reichstag in Worms über den Kirchenkritiker urteilen sollte.

Der erst 19 Jahre alte, seit 1519 regierende Kaiser Karl V. wollte die Einheit der katholischen Kirche erhalten. Doch Luther verweigerte erneut den geforderten Widerruf. Im Streit verließ er Worms. Zu seinem Schutz ließ ihn Friedrich der Weise scheinbar überfallen und auf die Wartburg in Sicherheit bringen. Der Kaiser verhängte daraufhin über Luther und seine Anhänger die Reichsacht.

Nicht alle Teilnehmer des Wormser Reichstages hatten dafür gestimmt. Einige kritisierten Kirche und Kaiser und setzten sich für Luther ein. Der Kaiser musste den Zerfall des Reiches, der Kirche und des Glaubens fürchten.

1. *Das Bild vermittelt eine bestimmte Deutung der Person und Lehre Luthers. Untersuche sie.*
2. *Erkläre, auf wessen Seite der Maler steht. Inwiefern stellt das Bild ein „Schlüsselereignis" der Reformation dar?*
3. *Prüfe, ob das Bild eine Quelle für die Geschehnisse auf dem Wormser Reichstag ist.*

Kirchenbann* Glaubenspaltung Landeskirchen Glaubenskrieg(e) Konfession

Reformation „von unten"

Schon vor dem Wormser Reichstag, erst recht aber danach begannen Luthers Anhänger mit einer Reformation „von unten": Einige Gemeinden wählten ihre Geistlichen, stellten die Predigt des Evangeliums ins Zentrum des Gottesdienstes und feierten nur noch Taufe und Abendmahl. Sie lösten Klöster auf und vertrieben Geistliche, die am katholischen Glauben festhielten. Einige radikale Anhänger der reformatorischen Vorstellungen, die sogenannten „Bilderstürmer", zerstörten Kircheneinrichtungen. In den Heiligendarstellungen sahen sie nur „Götzenbilder".

Viele Priester, Mönche und Nonnen gründeten Familien. Auch der 41-jährige Luther heiratete am 13. Juni 1525 die 26-jährige ehemalige Nonne Katharina von Bora, mit der er bereits seit zwei Jahren zusammengelebt hatte.

Die Glaubenseinheit zerbricht

Kaiser Karl V. konnte die **Glaubensspaltung** nicht verhindern. Eine wachsende Zahl von Fürsten und Reichsstädten bekannte sich zu Luthers Lehre. Im sogenannten Augsburger Bekenntnis veröffentlichten sie 1530 die Grundaussagen ihres Glaubens: Sie verwarfen die Ehelosigkeit der Priester (Zölibat), das Klostergelübde sowie die Beichte und forderten einen anderen Gottesdienst. Nach 1530 begannen die „Protestanten", wie sie jetzt auch genannt wurden, mit dem Aufbau eigener **Landeskirchen**.

Die katholische Kirche lehnte das Augsburger Bekenntnis ab. Schließlich war der Kaiser bereit, die Glaubenseinheit mit Gewalt zu erzwingen. Ein **Glaubenskrieg** begann. Aber erst Karls Bruder und Nachfolger Ferdinand I. konnte die Auseinandersetzungen 1555 im Augsburger Religionsfrieden beilegen: Die Protestanten wurden im Reich rechtlich anerkannt.

Von nun an gab es in Deutschland zwei christliche **Konfessionen**. Jeder Fürst durfte in seinem Herrschaftsbereich die Konfession bestimmen. Die Untertanen mussten sich entweder der Entscheidung anschließen oder das Land verlassen. Der Rechtsgrundsatz lautete: Wessen das Land, dessen die Religion (lat. cuius regio, eius religio).

Reformation der Fürsten

Die Reformation konnte nur in einer Neuordnung überleben, die von den Fürsten und dem Staat getragen wurde. Indem die Fürsten mit dem Aufbau von Landeskirchen begannen, wurde die evangelische Bewegung in einer politischen Ordnung gebändigt. Die Volksreformation ging in eine Fürstenreformation über.

Luther selbst entwarf für Kursachsen ein Modell der neuen landesherrlichen Kirche. Sie wurde zum Vorbild für das ganze Reich. Wie sah die neue evangelisch-lutherische Landeskirche aus?

Alle Glaubensfragen, Mess-, Tauf- und Trauordnungen wurden geregelt und in Handbüchern (Katechismen) festgehalten, Pfarrer und Schulen auf deren Einhaltung überprüft. Der Fürst zog die Kirchensteuer ein und bezahlte davon die Pfarrer, die Armenfürsorge und die Schulen. Theologen und Fürstenräte leiteten als Oberbehörde (Konsistorium) das Kirchenwesen. Beim Fürst (Landesherr) lag die letzte Entscheidung.

Internettipps:
Zur Reformation vgl. Mediencode 31021-38

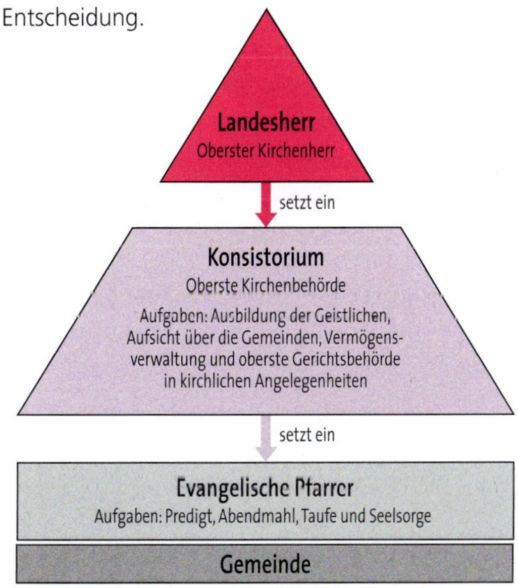

M 2 Aufbau einer evangelisch-lutherischen Landeskirche

1. *Die Einführung der Reformation durch die Fürsten hatte nicht immer nur religiöse Gründe. Prüfe, welche weiteren Gründe es geben könnte.*
2. *Informiert euch über die Reformation in eurer Gegend.*
   a) *Wenn ihr in einem überwiegend protestantischen Gebiet lebt: Wann und von wem wurde die Reformation eingeführt? Was geschah mit den Klöstern? Gab es Widerstände?*
   b) *Wenn ihr in einer überwiegend katholischen Region lebt: Hat es in eurer Heimat im 16. Jh. reformatorische Bestrebungen gegeben? Warum haben sie sich nicht durchgesetzt? Befragt dazu einen Experten.*

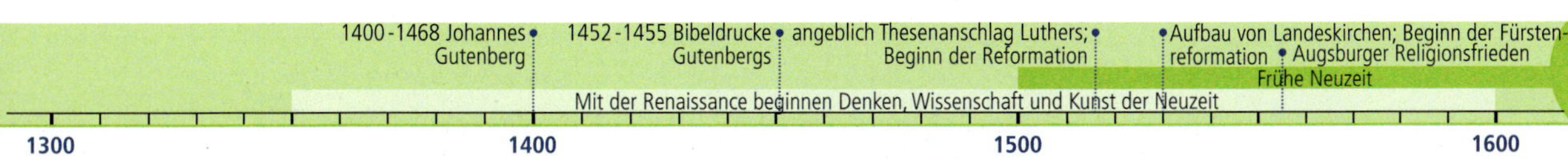

M3 Wormser Reichstag: Martin Luther vor Karl V.
Briefmarke der Deutschen Bundespost von 1971
Die Bildvorlage geht auf einen Holzschnitt von 1577 zurück.

M4 Luther und Karl V. in Worms

Als Luther am 18. April 1521 auf dem Reichstag aufgefordert wird, seine Lehren zu widerrufen, begründet er seine Ablehnung angeblich so:

Wenn ich aber nicht mit Zeugnissen der Schrift oder mit offenbaren Vernunftgründen besiegt werde, so bleibe ich von den Schriftstellen besiegt, die ich angeführt habe, und mein Gewissen bleibt gefangen in Gottes Wort. Denn ich glaube weder dem Papst noch den Konzilien, allein, weil es offenkundig ist, dass sie öfters geirrt und sich selbst widersprochen haben. Widerrufen kann und will ich nicht, weil es weder sicher noch geraten ist, etwas gegen sein Gewissen zu tun. Gott helfe mir. Amen.

Auf Luther antwortet Kaiser Karl V.:

Ihr wisst, dass ich von den allerchristlichsten Kaisern der edlen deutschen Nation, den katholischen Königen von Spanien, den Erzherzögen von Österreich und den Herzögen von Burgund abstamme, die alle bis zu ihrem Tod treue Söhne der katholischen Kirche gewesen sind [...]. Deshalb bin ich entschlossen, alles zu halten, was meine Vorgänger und ich bis zum gegenwärtigen Augenblick gehalten haben [...]. Denn es ist sicher, dass ein einzelner Bruder in seiner Meinung irrt, wenn diese gegen die der ganzen Christenheit, wie sie seit mehr als tausend Jahren und heute gelehrt wird, steht, denn sonst hätte ja die ganze Christenheit heute und immer geirrt.

Erster Text: Martin Luther, Werke, Bd. 7, Weimar 1897, S. 837 f. (vereinfacht)
Zweiter Text zit. nach: Fritz Dickmann (Bearb.), Renaissance, Glaubenskämpfe, Absolutismus, München ^{2}1976, S. 126

M5 Die Reformation „von unten“

In Wittenberg beginnen die Anhänger Luthers 1521, die neuen Vorstellungen umzusetzen. Ein Zeitgenosse berichtet:

Der Propst[1] zu Wittenberg hat Erich Saltes Tochter zu Ehe genommen. Ein Barfüßermönch[2] ist ein Schuster geworden und hat eines Bürgers Tochter genommen. Ein anderer Barfüßer ist ein Bäcker geworden und hat eine Frau genommen. [...] Der Rat zu Wittenberg hat den Barfüßern und Augustinern gesagt, sie sollen ihre Klöster räumen, und hat alle Wertsachen in den Klöstern aufgezeichnet. Der Rat hat 14 Männer eingesetzt und verordnet, dass alle armen Leute erfasst werden sollen. Sie seien von den eingezogenen geistlichen Gütern zu versorgen. Die Pfarrkirche steht alle Tage zu; nur am Sonntag hält man eine deutsche Messe darin und predigt, und das Volk geht eifrig zum hochwürdigen Sakrament und nimmt es selbst auf dem Altar. Allenthalben lassen die Mönche und Pfaffen ihre Kopfhaare wachsen und nehmen sich Eheweiber.

Zit. nach: Karl Kaulfuß-Diesch (Hrsg.), Das Buch der Reformation, Leipzig ^{2}1917, S. 287 f. (vereinfacht)

[1] Propst: Vorsteher, Aufseher einer kirchlichen Einrichtung
[2] Barfüßermönch: Die Angehörigen des Franziskaner-Ordens gingen aus Demut und Enthaltsamkeit barfuß oder trugen Sandalen.

M6 Die Reformation „von oben“

Der Landgraf Philipp von Hessen notiert sich im Januar 1527 auf einem „Merkzettel“, worauf er bei der Einführung der Reformation achten will:

Ferner ist in Marburg eine Ordnung zu erstellen, die Messe und Zeremonien betreffend.

Ferner ist zu berücksichtigen, dass man der Armen gedenke und zu diesem Zweck die Bruderschaften, Spitäler und Stiftungen heranziehe.

Ferner ist es nötig, mit dem Rat der Richter Aufsichtsbeamte einzusetzen, die überall gute Prediger einsetzen und die schlechten absetzen. [...]

Ferner ist hier in Marburg eine Universität zu errichten.

Ferner haben die Aufsichtsbeamten überall Schulen einzurichten und sie mit frommen und gelehrten Lehrern auszustatten und für deren Versorgung zu sorgen.

Ferner soll man das Silbergeschirr aus den Klöstern holen, das ich noch nicht eingezogen habe.

Zit. nach: Margret Suchier, Das landesherrliche Kirchenregiment Philipps von Hessen, in: Praxis Geschichte H. 3/1990, S. 48

1. *Vergleiche M3 mit dem Gemälde auf S. 240.*
2. *Stelle die gegensätzlichen Standpunkte gegenüber (M4).*
3. *Unterscheide die gesellschaftlichen Gruppen, die von der Reformation betroffen waren und was sich für sie änderte (M5 und M6).*

Wann beginnt eine neue Epoche?

Tausend Jahre „Zwischenzeit"?

Wir haben uns daran gewöhnt, die Zeit zwischen 500 und 1500 als „Mittelalter" zu bezeichnen. Doch die Menschen, die in dieser Zeit lebten, kannten den Begriff noch gar nicht. Ihn haben erst humanistische Gelehrte Ende des 15. Jh. geprägt. Sie kennzeichneten damit die 1000 Jahre zwischen dem Ende der Antike und ihrer Wiederentdeckung als eine Art „Zwischenzeit" (lat. „media aetas"). Ihre eigene, durch Renaissance und Humanismus geprägte Epoche erklärten sie zur „Neuzeit". Damit legten sie auch den Grundstein für das Vorurteil vom „finsteren Mittelalter".

M Bibliothek des Klosterpalastes San Lorenzo el Real de Escorial bei Madrid
Foto, um 2010
Die Renaissance-Bibliothek stammt aus dem 16./17. Jh. und hat eine umfangreiche Handschriftensammlung.

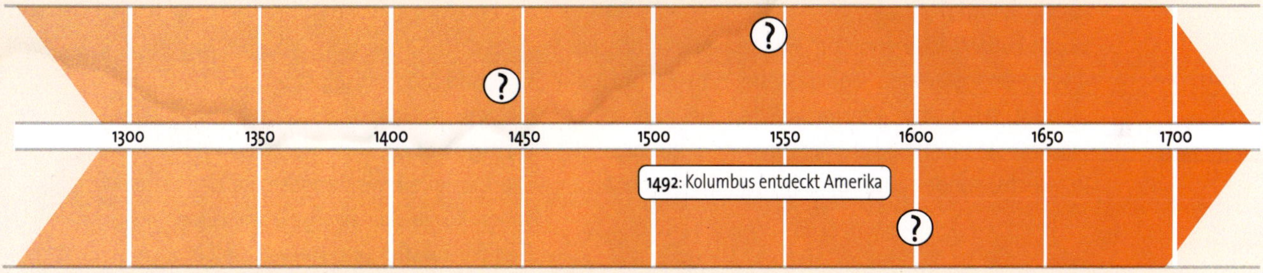

Wann beginnt und endet eine Epoche?

Epochengrenzen lassen sich nicht so einfach festlegen. Wenn Historiker das Ende einer Epoche bzw. den Anfang einer neuen bestimmen wollen, müssen sie zunächst fragen, wann sich bestimmte Verhältnisse und Denkweisen grundlegend verändert haben. Von einer neuen Epoche sprechen sie erst dann, wenn sich das Zusammenleben der Menschen in vielen Bereichen grundlegend verändert hat. Solche Änderungen treten aber nicht plötzlich ein, sondern nur allmählich. Sie lassen sich deshalb auch nicht auf ein bestimmtes Jahr oder ein konkretes Ereignis wie die Erfindung des Buchdrucks oder die Entdeckung Amerikas festlegen.
Vieles spricht dafür, dass sich in einer Übergangszeit um 1500 in Europa eine Reihe von grundlegenden Veränderungen im Leben und Denken der Menschen vollzogen hat. Jedoch änderten sich um 1500 nicht alle Verhältnisse, die das „Mittelalter" als Epoche ausmachen: Die Ständegesellschaft oder die Grundherrschaft blieben beispielsweise noch Jahrhunderte bestehen.

1. *Übertragt den Zeitstrahl auf ein Plakat. Ergänzt weitere Ereignisse und Entwicklungen, die den Übergang vom Mittelalter zur Neuzeit kennzeichnen. Begründet eure Entscheidungen. Markiert den Zeitraum zwischen beiden Epochen.*
2. *Erkläre, warum es schwierig ist, genaue Epochengrenzen zu bestimmen.*
3. *Prüfe, ob die Epocheneinteilung Antike – Mittelalter – Neuzeit auch für die Geschichte Mittel- und Südamerikas sinnvoll ist.*
4. *Diskutiert die Behauptung des Historikers Peter Moraw: „Die Neuzeit überwand nicht das Mittelalter, sondern setzte es fort."*

Die Bauern erheben sich

Internettipp:
Zum Bauernkrieg siehe Mediencode 31021-39

Lesetipp:
Manfred Mai, Nichts als die Freiheit! Der deutsche Bauernkrieg, München 2004

Gegen die Obrigkeit

Immer wieder kam es seit dem 14. Jh. zu Unruhen, bei denen Bauern, Angehörige der ländlichen und städtischen Unterschichten ihren Obrigkeiten Abgaben verweigerten und sich zu bewaffneten „Haufen" zusammenrotteten. Geistlichen warfen sie vor, Kirchengelder zu verprassen und sich nicht um die Gläubigen zu kümmern.

Am meisten wehrten sich Bauern dagegen, dass von den Obrigkeiten ihre „alten" Rechte oft nicht anerkannt wurden. Sie wollten wie ihre Vorfahren ihre Angelegenheiten wieder selbst regeln und Wälder, Wiesen und Seen gemeinsam nutzen. Neue Steuern, von denen Adel, Geistliche und Beamte meist befreit waren, lehnten sie ab.

Durch Luthers Idee von der „Freiheit eines Christenmenschen" glaubten sie, dass sie zum Kampf berechtigt seien. Ihre Pfarrer wollten sie nun selbst wählen. Sie beriefen sich nicht mehr nur auf das „alte" Recht, sondern auf die göttliche Gerechtigkeit.

M 1 Aufstandsgebiete im Bauernkrieg

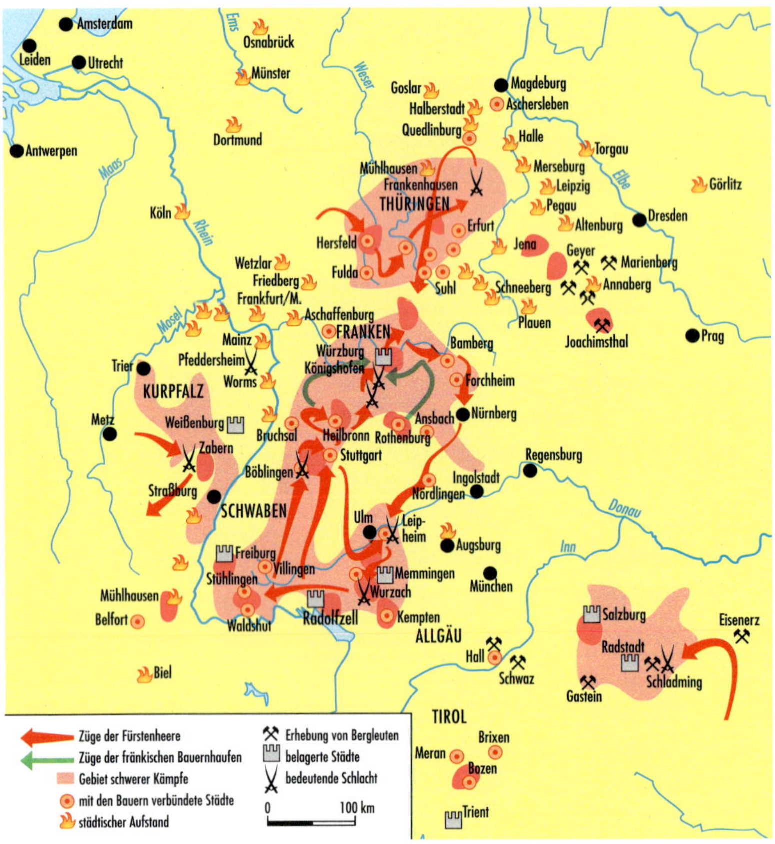

Bauernkrieg

1524 unternahmen Bauern am Bodensee einen Aufstand gegen ihre Grundherren. Damit begann der sogenannte **Bauernkrieg**, der sich immer mehr ausweitete. An den Auseinandersetzungen waren auch einfache Arbeiter und verarmte Ritter, manchmal sogar der Dorfpfarrer beteiligt.

Die Aufständischen stürmten Klöster, Schlösser und Burgen, plünderten sie und steckten sie in Brand. Der Bauernkrieg bestand aus einzelnen Aufständen ohne gemeinsame Leitung und ohne einheitliches Ziel. Die einen wollten nur ihre früheren Lebens- und Rechtsverhältnisse wiederherstellen. Andere forderten, die Leibeigenschaft aufzuheben und die Klöster zu enteignen. Wenige lehnten die Herrschaft von Adel und Kirche ganz ab und wollten in ihren Dörfern und Städten selbst entscheiden.

Blutiges Ende

Die Obrigkeit war angesichts der vielen Aufständischen kurze Zeit wie gelähmt. Doch schon bald ließen die Fürsten und Herren die Erhebungen mit großen Heeren niederschlagen. Der letzte Aufstand fand 1526 statt. Insgesamt blieben etwa 70 000 Opfer auf den Schlachtfeldern. Die Anführer wurden hingerichtet.

Die „Bilanz" des Bauernkrieges weist aber nicht nur Opfer auf. In etwa einem Drittel der Aufstandsgebiete kamen danach Reformen in Gang. Sie schränkten die Willkür der Fürsten und Herren ein.

Luthers Reaktion

Luther selbst verurteilte die Aufstände auf das Schärfste. Er hatte zahlreiche Fürsten als Verbündete und rechtfertigte deren weltliche Herrschaft. Nach seiner Vorstellung hatte niemand das Recht, die bestehende Ordnung in der Gesellschaft umzustürzen. Für ihn blieb die Reformation grundsätzlich eine kirchliche Angelegenheit.

1. *Arbeite den Zusammenhang von Reformation und Bauernkrieg heraus.*
2. *Informiere dich, ob dein Wohn- oder Schulort vom Bauernkrieg betroffen war. Berichte der Klasse.*

M2 Die „Zwölf Artikel“ der Bauern

Unter dem Einfluss eines Stadtpfarrers fasst der Kürschner Sebastian Lotzer Februar/Anfang März 1525 in Memmingen (Schwaben) zwölf zentrale Forderungen der Bauern an die „weltlichen und geistlichen Obrigkeiten“ zusammen. Sie werden gedruckt und von Tirol bis Thüringen bekannt:

1. Es ist unsere demütige Bitte und unser Wunsch, dass jede Gemeinde den Pfarrer selbst wählen soll und diesen auch wieder absetzen kann. Er soll das heilige Evangelium rein und klar predigen.
2. Wir geben gern den rechten Kornzehnten, wie es die Bibel vorschreibt. Er soll aber für den Unterhalt des Pfarrers und als Almosen verwendet werden.
3. Man hat bisher behauptet, wir seien Eigenleute[1], was zum Erbarmen ist, da uns Christus alle mit seinem kostbaren Blutvergießen erlöst und losgekauft hat – den Hirten ebenso wie den Höchsten, keinen ausgenommen. Darum ergibt sich aus der Schrift, dass wir frei sind, und deshalb wollen wir's sein. Nicht, dass wir völlig frei sein und keine Obrigkeit haben wollen: Das lehrt uns Gott nicht. [...]
4. Bisher ist es Brauch gewesen, dass kein Untertan Wild, Geflügel oder Fische fangen durfte. Dies ist eigennützig und entspricht nicht dem Wort Gottes und der brüderlichen Liebe. [...]
6. Unsere Dienste gegenüber den Grundherren werden von Tag zu Tag vermehrt. Wir begehren, nicht so hart belastet zu werden, und erkennen nur die Dienste an, die schon unsere Eltern geleistet haben. [...]
9. Für Vergehen setzt man immer neue Strafen fest. Wir wünschen, dass man aufgrund alter geschriebener Strafsatzungen Recht spricht und nicht nach Lust und Laune des Grundherrn.
10. Wiesen und Äcker, die sich Herren zu Unrecht angeeignet haben, sollen wieder an die Gemeinde zurückgegeben werden.
11. Nach dem Tode eines Erbbauern soll der Besitz nicht an den Grundherrn zurückgehen, damit den Witwen und Waisen nichts genommen wird.
12. Wenn einer oder mehrere der aufgestellten Artikel nicht dem Worte Gottes entsprechen, so wollen wir ihn fallen lassen, wenn man uns dies anhand der Heiligen Schrift beweist.

Zit. nach: Günther Franz (Hrsg.), Quellen zur Geschichte des Bauernkrieges, München 1963, S. 174ff. (stark vereinfacht)

M3 „Was ist das?“

Luther antwortet im Mai 1525 den Bauern. Zum 3. der „Zwölf Artikel“ bemerkt er:

Es soll kein Leibeigener sein, weil uns Christus hat alle befreiet. Was ist das? Das heißt christliche Freiheit ganz fleischlich machen. [...] Denn ein Leibeigener kann wohl Christ sein und christliche Freiheit haben, gleichwie ein Gefangener oder Kranker Christ ist und doch nicht frei ist. Es will dieser Artikel alle Menschen gleich machen und aus dem geistlichen Reich Christi ein weltlich, äußerlich Reich machen, welchs unmöglich ist ...

Zit. nach: Wolfgang Lautemann und Manfred Schlenke (Hrsg.), Geschichte in Quellen. Renaissance – Glaubenskämpfe – Absolutismus, München [2]1976, S. 153

M5 „Der Bundtschu“
Holzschnitt aus einer Schrift von 1524
Der mit Riemen gebundene, einfache Schuh ist seit dem 13. Jh. das Symbol der Bauern. Er steht im Gegensatz zum Stiefel der Ritter.

M4 Über die Ursachen des Aufruhrs

Der Geistliche Thomas Müntzer schließt sich 1518 der Reformation an. Über die Ursachen des Bauernaufruhrs schreibt er im Spätherbst 1524:

Sieh zu, die Grundsuppe des Wuchers, der Dieberei und Räuberei sind unsere Herren und Fürsten; sie nehmen alle Kreaturen als Eigentum: Die Fische im Wasser, die Vögel in der Luft, das Gewächs auf Erden muss alles ihr sein. Darüber lassen sie dann Gottes Gebot ausgehen unter die Armen und sprechen: Gott hat geboten, du sollst nicht stehlen. Es hilft ihnen aber nicht. So sie nun alle Menschen nötigen, den armen Ackersmann, Handwerksmann und alles, was da lebt, schinden und schaben, und wenn einer sich dann am Allergeringsten vergreift, so muss er hängen.
Da sagt dann der Doktor Lügner[2] auch noch: Amen. Dabei machen die Herren das selber, dass ihnen der arme Mann feind wird. Die Ursache des Aufruhrs wollen sie nicht wegtun, wie kann es auf die Dauer gut werden? Wenn ich das sage, muss ich aufrührerisch sein, wohlan!

Thomas Müntzer, Schriften und Briefe, hrsg. von Gerhard Wehr, Zürich 1989, S. 113 (leicht vereinfacht)

Filmtipp:
Thomas Müntzer und der Krieg der Bauern, ZDF-Reihe „Die Deutschen II“, 2010

Lesetipp:
Gustav Regler, Die Saat, Frankfurt am Main 1991

[1] Eigenleute: Leibeigene
[2] Doktor Lügner: Gemeint ist Martin Luther.

1. *Ordne die Artikel der Bauern (M2) nach Themen und arbeite heraus, wie sie ihre Forderungen begründen.*
2. *Nehmt in Zweiergruppen jeweils die Rollen von Luther und Müntzer ein und führt ein Streitgespräch zum Thema „Dürfen sich die Bauern gegen die Obrigkeit wehren?“. Benutzt dazu die Darstellung sowie M3 und M4.*

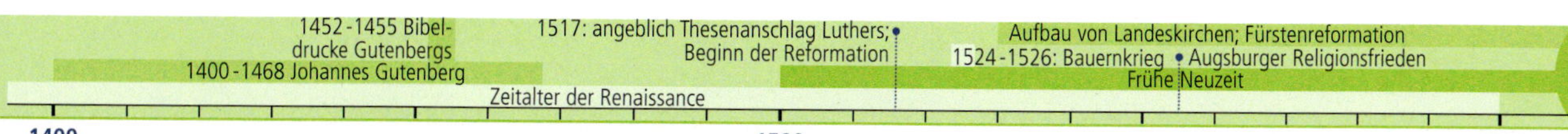

Kritik in Bildern

Was ist ein Spottbild?

Durch den Buchdruck war es möglich geworden, Bücher schneller und billiger zu verbreiten. Auch Bilder konnten gedruckt werden. Sie wurden auch von denen verstanden, die nicht lesen konnten. Seit dem 15. Jh., vor allem aber während der Reformation erschienen im Reich zahlreiche Spottbilder. In Büchern oder auf Flugblättern wurden sie in großer Zahl unter die Leute gebracht.

Ein Spottbild ist auf den ersten Blick lustig. Aber wenn man es genau betrachtet, entdeckt man bitteren Spott und Kritik. Meist kritisiert es hohe Persönlichkeiten oder allgemein die Zustände der Gesellschaft. In der Zeit der Reformation waren Spottbilder im Umlauf, die den Papst oder Martin Luther angriffen. Wie giftige Pfeile wurden die Bilder zwischen den Lagern der Reformwilligen und ihren Gegnern hin und her geschossen. Nach Luthers Tod endete der erste „Bilderkampf" der Geschichte.

M 1 Das Narrenschiff
Nachträglich kolorierter Holzschnitt von Albrecht Dürer, 1494

Beispiel: Das Narrenschiff

Sehr beliebt war um 1500 das Buch „Das Narrenschiff" von Sebastian Brant. Der Verfasser machte sich darin über die Zustände seiner Zeit lustig. Der Maler Albrecht Dürer hat dazu passende Bilder entworfen. Das Titelblatt zeigt ein Schiff voller Narren. Sie sind mit Narrengewand und Narrenkappe so gekleidet, wie es schon im Mittelalter bei Fastnachtsumzügen, besonders in Süddeutschland, üblich war. Sie sind offensichtlich in ausgelassener Stimmung und zu allerlei Unsinn aufgelegt: Einer fällt über Bord oder wird ins Wasser geworfen. Sie singen auf Lateinisch: „Gaudeamus omnes" – „Freuen wir uns alle!" Der Liedtext mit Noten ist gut zu lesen. Heute würden wir sagen: „Wir wollen alle Spaß haben!" Auf dem Spruchband steht, wohin das Schiff unterwegs ist: „Ad Narragoniam" – ins Narrenland.

Bild und Text gehören zusammen

Wenn man nur das Bild betrachtet, sieht man einfach eine lustige Narrengesellschaft. Erst wenn man den Text dazu liest, wird deutlich, was der Künstler eigentlich sagen will: Es gibt so viele fromme und kluge Bücher, und doch bleiben die Menschen dumm und benehmen sich wie die Narren. Jetzt bekommt auch das Lied eine andere Bedeutung: „Freuen wir uns alle" ist nämlich ein Lied, das am Kirchenfest Allerheiligen (1. November) gesungen wird. Die Menschen verstehen es aber nicht: Sie leben nicht wie die Heiligen, sie treiben ihre dummen und bösartigen Späße wie die Narren. Der Künstler kritisiert also die Gesellschaft.

Auf der Fahne, die einer der Narren hält, ist ein Narrenkopf abgebildet; daneben steht: „Doctor Griff". Wer damit gemeint ist, weiß niemand genau. Vielleicht hat sich der Dichter selbst als Doktor Griff dargestellt. Er möchte damit sagen, dass er „begriffen" hat, weil er die Narren, d.h. die Menschen, durchschaut.

So kannst du ein Spottbild selbst erschließen:

1. Beschreibe das Bild genau. Beachte, wie die Figuren dargestellt sind. Welche Figuren kannst du erkennen? Manchmal sind sie mit Namen beschriftet.
2. Informiere dich, wann das Bild entstanden ist.
3. Überlege, auf welche Ereignisse oder Probleme seiner Zeit sich das Bild beziehen könnte. Welche Meinung hat der Künstler dazu in seinem Bild?
4. Wenn ein Text zum Bild gehört, suche darin nach Hinweisen für die Bedeutung des Bildes.
5. Überlege dir einen Bildtitel, der die Aussage möglichst genau trifft.

M 2 Wendekopf
Holzschnitt um 1520/22 (Ausschnitt)
Die einführenden lateinischen Verse auf diesem Flugblatt lauten übersetzt:

Wenn Du, Leser, fragst,
was für ein ungeheuerliches Bild hier vorliegt/
Aus ihm kannst Du
die Lehre Luthers erfahren/
Denn wie Dir beim ersten Anblick der
verehrungswürdige Prediger erscheint/
Ist er ungewendet in Wahrheit
nichts anderes als ein Narr/
Dem ersten Anschein nach verkünden so
die Prediger glänzende Worte/
die doch nichts als Narrheiten enthalten.

M 3 Flugblatt
Holzschnitt, um 1500
Der Bildtitel lautet „Ego sum Papa" („Ich bin der Papst")

1. *Beschreibe die Spottbilder M2 und M3 mithilfe der oben genannten Arbeitsschritte.*
2. *Erkläre, wie der Holzschnitt M2 benutzt werden muss, und fasse seine Aussage in einem Satz zusammen: „Luther ist …"*
3. *Untersuche, aus welchen religiösen Lagern die beiden Holzschnitte stammen.*
4. *Bis heute nutzen Zeichner die Möglichkeit, mit Bildern ihre Meinung zu aktuellen Themen auszudrücken. Welche Abbildungen sind gemeint? Ihr findet sie vor allem in Tageszeitungen. Wählt ein Beispiel aus und präsentiert es im Unterricht.*

Der Glaube spaltet Europa

M 1 Konfessionen und Religionen in Europa Ende des 16. Jh.

Im Reich …

Um 1570 hatten die evangelischen Fürstentümer im Reich eine Kirchenordnung, die in Grundzügen der kursächsischen entsprach. Damit war die Reformation gesichert, der überwiegende Teil Deutschlands evangelisch.

Die katholische Kirche versuchte, mit politischen und militärischen Mitteln Terrain zurückzugewinnen (**Gegenreformation**). Auf dem Konzil von Trient, das in mehreren Sitzungen von 1545 bis 1563 tagte, wurden die neuen Konfessionen nochmals verworfen und eine umfassende Reform beschlossen.

… und in Europa

Die Reformation strahlte auf ganz Europa aus. Dänen, Schweden, Norweger und Finnen sagten sich von der römisch-katholischen Kirche los. Dies galt auch für England, wo der König Heinrich VIII. eine Nationalkirche gründete: die Anglikanische Kirche. Luthers Lehren wurden vereinzelt auch im Westen und Süden Europas wahrgenommen. Italien und Spanien hielten aber am katholischen Glauben fest. Auch im östlichen Mitteleuropa fand die evangelische Lehre viele Anhänger. In Polen wurden Mitte des 16. Jh. protestantische Gemeinden zugelassen und in Ungarn waren 1570 etwa 80 Prozent der Bevölkerung protestantisch.

Reformatoren neben und gegen Luther

Neben den Lutheranern entwickelte sich eine weitere Glaubensrichtung, die die katholische Kirche ablehnte: der Calvinismus, benannt nach dem schweizerischen Reformator Johannes Calvin. Er und sein Landsmann, der Reformator Huldrych Zwingli, führten die neue calvinistisch-reformierte Lehre in ihrer Heimat ein.

Die neue Lehre unterwarf die Gläubigen einer harten Zucht. Ihr zufolge sei es jedem Menschen vorherbestimmt, ob Gott ihn zum ewigen Leben oder zur Verdammnis erwählt hat. Die Calvinisten glaubten, dass sich dies bereits am Erfolg im Leben ablesen ließe. Der Mensch könne auf Gnade hoffen, wenn er streng nach den göttlichen Geboten lebt. Kirchendisziplin und das Verhalten der Bürger wurden streng überwacht, der Kirchenbesuch notfalls mit der weltlichen Obrigkeit gewaltsam durchgesetzt. Luther lehnte diese Vorstellungen ab. Lutheraner, Zwinglianer und Calvinisten gingen getrennte Wege.

Glaubenskriege

Der Calvinismus verbreitete sich über Europa, vor allem in Frankreich, in den Niederlanden, in England sowie in der Pfalz, in Hessen und Ostfriesland.

Um 1567 lösten sich in England die Puritaner (lat. purus: rein), die Anhänger der „reinen" calvinistisch-reformierten Lehre, aus der anglikanischen Staatskirche. Sie gingen teilweise in die Niederlande oder wanderten nach Nordamerika aus.

In Frankreich wandten sich dem Calvinismus rund fünf Prozent der Bevölkerung zu, unter ihnen zahlreiche Familien des hohen Adels, die um Unabhängigkeit und Macht kämpften: die Hugenotten. Eine Serie von Kriegen der Hugenotten gegen den König und eine katholische Adelsgruppe erschütterte seit 1562 das Land. Erst 1598 konnten die Glaubenskriege in Frankreich mit dem Edikt von Nantes beendet werden. Das Gesetz erlaubte den Hugenotten eine begrenzte Religionsausübung in Frankreich. Auch in den Niederlanden, damals vom spanischen König regiert, wurden die Calvinisten lange bekämpft. 1581 sagten sich die Nordprovinzen von Spanien los und gründeten ein republikanisches Staatswesen, das Spanien nach langen Kämpfen 1648 anerkennen musste: die Vereinigten Niederlande.

Die im 16. Jh. entstandene konfessionelle Vielfalt ist bis heute in vielen Regionen Europas erhalten geblieben. Inzwischen fordern aber viele Katholiken und Protestanten, die Einheit der Kirche wiederherzustellen. Nimm dazu Stellung.

Internettipps:
- Mehr über die Reformatoren Calvin und Zwingli erfährst du unter Mediencode 31021-40
- Wer waren die Hugenotten, warum wurden sie verfolgt und was wurde aus ihnen? Siehe dazu Mediencode 31021-41

M2 Zwinglis Regeln

In Zürich werden 1530 folgende Regeln Zwinglis erlassen:

Wir gebieten, dass jedermann ohne Ausnahme, der sich nicht durch Krankheit oder andere redliche Gründe bei der Gemeinde oder beim Pfarrer entschuldigen kann, alle Sonntage bei guter Zeit zur Kirche gehe und bis zu Ende verbleibe.
Kein Wirt darf Einheimischen an Sonn- und Feiertagen vor der Kirche Speise und Trank geben. Kein Einheimischer soll sich nachts nach 9 Uhr mehr im Wirtshause finden lassen, auch dürfen nach dieser Zeit keine Schlaftrünke außer dem Hause verabreicht werden, Kranke vorbehalten [...]. Weil das Spiel, wie unsere biederen Landleute klagen, die meiste Ursache aller Winkelwirtschaften, Frevel und anderer Unfuge ist, so haben wir auf das Ansuchen unserer Landsleute alle Spiele verboten, es sei mit Karten, Würfeln, Brettspiel, Kegeln, Wetten usw.

Zit. nach: Hermann Schuster (Hrsg.), Quellenbuch zur Kirchengeschichte, Bd. I/II, Frankfurt am Main [9]1976, S. 120f.

M3 Calvinistische Vorschriften

In seinem Buch „Unterricht in der christlichen Religion" von 1536 schreibt Calvin:

Die erste Grundlage der Zucht besteht nun darin, dass persönliche Ermahnungen stattfinden. Das bedeutet, dass der, der aus eigenem Antrieb heraus nicht seine Pflicht tut, oder der sich frech aufführt, oder dessen Lebenswandel an Ehrbarkeit zu wünschen übrig lässt, oder der etwas Tadelnswertes begangen hat, sich ermahnen lässt, und dass ein jeder seinen Eifer daran wendet, seinem Bruder, wenn es die Sache erfordert, solche Ermahnung zukommen zu lassen. Vor allem aber sollen die Pastoren und Ältesten[1] hierüber wachen. Denn ihre Aufgabe ist es nicht allein, dem Volke zu predigen, sondern auch hin und her in den einzelnen Häusern Ermahnung und Ermunterung auszuteilen, wenn man irgendwo durch die allgemein geschehene Unterweisung nicht weit genug vorangekommen ist.

Zit. nach: Hermann Schuster (Hrsg.), Quellenbuch zur Kirchengeschichte, Bd. I/II, a. a. O., S. 120f. (vereinfacht)

M4 Huldrych Zwingli
Gemälde von Hans Asper, 1531/32

M5 Johannes Calvin
Gemälde eines unbekannten Malers, 16. Jh. (Ausschnitt)

M6 Taufgottesdienst in der zweiten Hugenottenkirche von Lyon (Frankreich)
Anonymes Gemälde, um 1565
In der Mitte des Chores steht die Kanzel. Die Männer behielten ihre Hüte während des Gottesdienstes auf; sie wurden nur abgesetzt, während aus der Bibel gelesen oder wenn der Name Gottes ausgesprochen wurde.

1. Erkläre, was Zwingli mit seiner Regel erreichen möchte (M2).
2. Erläutere Calvins „Vorschriften" (M3). Wie mögen sie sich auf das Gemeindeleben ausgewirkt haben?
3. Untersuche, was die Raumordnung über die Art des Gottesdienstes verrät (M6). Was stand im Zentrum des Gottesdienstes?

[1] Älteste: zwölf ausgewählte Männer „von ehrbarem Lebenswandel"

1400–1468 Johannes Gutenberg
1452–1455 Bibeldrucke Gutenbergs
1517: angeblich Thesenanschlag Luthers; Beginn der Reformation
1524–1526: Bauernkrieg
1545–1563: Konzil von Trient
Aufbau von Landeskirchen; Fürstenreformation
Augsburger Religionsfrieden
Frühe Neuzeit
Glaubensspaltung und Gegenreformation
1400 | 1500 | 1600

Landesherrschaft und frühmoderner Staat

Fürsten werden mächtig

Die geistlichen und weltlichen Fürsten des Reiches – Bischöfe, Herzöge und Grafen – hatten Land und königliche Herrschaftsrechte (Regalien) im Mittelalter ursprünglich nur zu Lehen erhalten. Sie nutzten die Einnahmen und die übertragenen Rechte jedoch, um ihre eigene Macht als „Landesherren" zu festigen und auszubauen.[1] Nach und nach vergrößerten die Fürsten ihren Familienbesitz durch Heirat, Kauf, Tausch, Erbschaften, aber auch durch Kriege. Sie ließen Burgen bauen und Städte gründen und überzogen so das Land mit Stützpunkten. Ihr Ziel war es, ein möglichst zusammenhängendes Herrschaftsgebiet, ein **Territorium**, zu schaffen.

Nicht ohne die Stände

Häufig reichten die Einkünfte der Landesherren nicht aus, um Burgen und Schlösser, Kriege und Feste zu bezahlen. Dann mussten sie bei den drei Ständen – Geistlichen, Adel und Städten – um Geld bitten. Dazu waren die Stände nur bereit, wenn sie auf regelmäßigen „Landtagen" bei Entscheidungen mitreden durften. Wie schon auf Reichsebene die „Reichsstände" geschlossen dem König entgegentraten, taten dies seit dem 14. Jh. die „Landstände" gegenüber dem Landesherrn.

Durchsetzung der Landesherrschaft

In ihrem Territorium regierten die Landesherren als „Obrigkeit" (Souverän). Sie erließen Gesetze und sprachen Recht, zogen Steuern ein und sorgten für den Schutz der **Untertanen**.

Oft wählten die Fürsten einen Hauptort in ihrem Hoheitsbereich zum festen Herrschaftssitz (Residenz)[2], um von dort aus zentral zu regieren. Ihr „Hof" umfasste nicht nur die fürstliche Familie, sondern auch Bedienstete sowie Räte und Fachleute, die dem Fürsten beim Aufbau einer **Verwaltung** zur Seite standen. Zunächst waren dies vor allem adelige Lehensleute. Mit der Zeit wurden gut ausgebildete Fachleute immer wichtiger. Sie kamen in der Regel aus dem Bürgertum. Die Beamten trugen dazu bei, dass die landesherrlichen Gebiete zu gut funktionierenden Territorialstaaten wurden.

Die Landesherren bestimmen

Einige Landesherren nutzten nach 1525 die Uneinigkeit im Reich, um ihre Herrschaft auszubauen.[3] Die Durchsetzung der einheitlichen Konfession begünstigte die Fürsten und ihre Verwaltung, „den **Staat**". Um zu erreichen, dass alle Bewohner eines Staates der gleichen Glaubensgemeinschaft (Konfession) angehören, bestimmten die Landesherren die Kirchen- und Gemeindeordnung und ließen deren Einhaltung von staatlichen Amtsträgern kontrollieren. Die Kirchenordnungen ergänzten die sogenannten „Policey-Ordnungen", mit denen die Obrigkeit in alle Lebensbereiche der Untertanen hineinregierte.

Die Schulen wurden verpflichtet, streng nach der Konfession des Landes zu erziehen und zu unterrichten. Die Universitäten bildeten in wachsender Zahl treue Kirchen- und Staatsdiener aus. Als Beamte waren sie durch Eid dem Fürsten als Landes- und Kirchenherr verpflichtet. Außerdem beaufsichtigten die Landesherren Kirchen, Schulen, Universitäten, Kranken- und Armenhäuser und bezahlten diese aus dem Kirchenvermögen und Steuereinnahmen. Steuern waren auch für den Unterhalt der stehenden Heere nötig, die ab der Mitte des 17. Jh. in den meisten Staaten unterhalten wurden.

Moderner Staat?

Von einem Staat im modernen Sinn kann in der Frühen Neuzeit noch nicht gesprochen werden. Oft teilten sich verschiedene Herren Besitzungen und Rechte auf engstem Raum, sodass es keine klar definierbaren Grenzen gab. Aber: In der Zeit der Konfessionalisierung, in der die Landesherren in ihren Territorien eine Glaubensrichtung vorgaben, wurden die Fundamente des modernen Staates gelegt. Die Veränderungen bis 1650 waren daher die Entstehungsphase des frühmodernen Staates.

1. *Erstelle eine Liste von Merkmalen der fürstlichen Landesherrschaft.*
2. *Prüfe, inwiefern in der Zeit der Konfessionalisierung die Fundamente des modernen Staates gelegt wurden. Welche Grundlagen reichen ins Mittelalter zurück? Vergleiche dazu den frühmodernen Staat mit dem von heute.*

[1] Vgl. zur Entstehung der Landesherrschaft S. 160 f.
[2] Vgl. dazu S. 266 f.
[3] Siehe S. 241.

Territorium Untertan Verwaltung Staat

M1 Fürstliches Unrecht?

Aus einem Beschwerdekatalog der freien Ritterschaft zu Franken, Schwaben und am Rhein an den Kaiser von 1570:

Es ist im Reich und den Landen bekannt, dass die freie Reichsritterschaft nie einen Landesfürsten hatte und ihr auch von niemandem ein Kriegsdienst oder Steuer auferlegt worden ist außer von den regierenden Kaisern und Königen selbst. Sie hat keinen „Landesherrn“ oder „Landesfürst“. Dennoch versuchen die Kurfürsten, Fürsten, Grafen und höhere Herren nun schon seit vielen Jahren, den ihnen benachbarten freien Adligen ihre Rechte und den Besitz streitig zu machen, eine neue Obrigkeit über sie zu schaffen, ihnen ihren freien ritterlichen Stand zu nehmen, um sie so in ihre Dienstbarkeit zu nehmen und zu landsässigen Untertanen zu machen.

So erdreisten sich viele hohe Fürsten, uns Adlige bei der Besteuerung unserer Bauern und Leibeigenen zu hindern. Und mehr noch: Sie streben danach diese unsere Untertanen selbst zu besteuern.

Zit. nach: Hanns Hubert Hofmann (Hrsg.), Quellen zum Verfassungsorganismus des Heiligen Römischen Reiches Deutscher Nation, 1495-1815, Darmstadt 1976, S. 143ff. (vereinfacht)

Kurfürst zu Mainz

Politik	Kriegsstaat	Hofstaat	Landesadministration
Geheime Staatskonferenz	Hofkriegsrat	Haus- und Hofkonferenz	Hofrats- und Landes-Regierungskollegium
Geheime Hofkanzlei	Generalstab der Kurfürstlichen Truppen	Oberhofmeisterstab (Hofprediger, Beichtvater, Hofkapläne)	Regierungs-Justiz-Senat
Geheimarchiv	Kurfürstliche Leibgarde zu Pferde	Oberstkämmererstab	Revisionsgericht
Reichs- und Kriegsarchiv	Husarengarde	Oberhofmarschallamtsstab (Hofküche, Kellerei)	Hofgericht
Auswertige Vertretungen	Kurfürstliches Landjäger-Korps	Hoflivree	Hofkammer
Gesandtschaften am Kurfürstlichen Hof		Oberhofmarschallamts-Gericht	Baukommission
		Oberhofmarschallamts-Ökonomieamt	Rechnungs-Revisions-Kammer
		Oberstallmeisterstab	Bergwerks- und Mineralbrunnenkommission
		Oberjägermeister-Amt	Chaussee-Deputation
		Oberforstmeistereien	Feuer-Assekuranz-Deputation
		Hof- und Kammermusik	Jagd- und Forstkommission
			Land-Notdurfts-Deputation
			Münz-Deputation
			General-Armendirektion
			Hospitalverwaltung in der Stadt Mainz
			Zuchthauskommission

M2 Weltlicher Staat der „Hohen Kur Mainz“

Nach dem Hof- und Staatskalender von 1791

M3 Landesherrschaften im Gebiet des heutigen Rheinland-Pfalz 1789

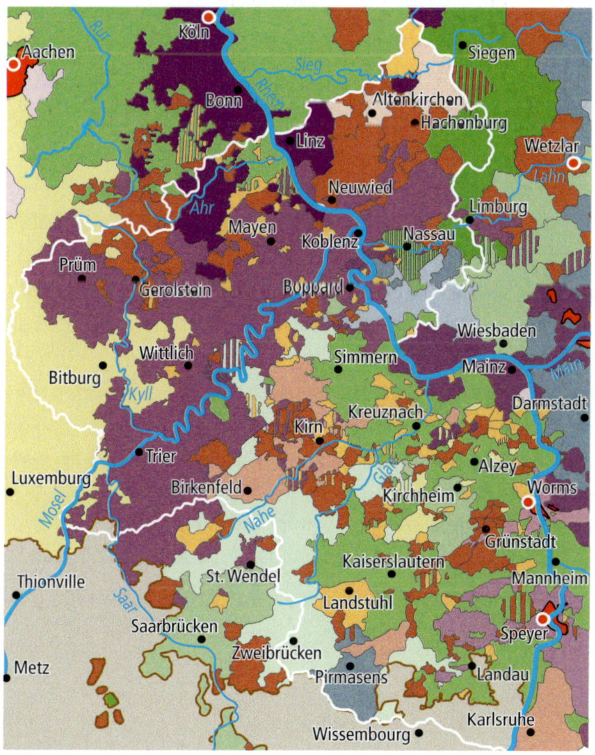

Die weiße Linie kennzeichnet die Grenze des heutigen Bundeslandes Rheinland-Pfalz

Geistliche Herrschaften
- Kurfürstentum Mainz
- Kurfürstentum Köln
- Kurfürstentum Trier
- Hochstift Speyer
- Hochstift Worms
- sonstige geistliche Herrschaften

Weltliche Herrschaften
- Haus Habsburg-Lothringen (samt Falkenstein)
- Kurfürstentum Pfalz-Bayern
- Herzogtum Pfalz-Zweibrücken
- Landgrafschaft Hessen-Kassel
- Landgrafschaft Hessen-Darmstadt
- Grafschaft Sayn-Altenkirchen, zu Brandenburg-Ansbach
- Markgrafschaft Baden-Durlach
- Fürstentum Nassau-Usingen, Fürstentum Nassau-Saarbrücken und Fürstentum Nassau-Weilburg
- Fürstentum Nassau-Diez (Oranien)
- sonstige Fürstentümer und Grafschaften
- Reichsstadt, Reichsdorf
- Reichsritterschaft und sonstige reichsunmittelbare Gebiete
- Frankreich
- Grenze zu Frankreich

1. *Arbeite aus M1 heraus, warum die „freie Ritterschaft“ in der Politik vieler Fürsten eine Gefahr für den eigenen Stand sah.*
2. *Vergleiche die Verwaltungsressorts des Mainzer Kurfürstentums (M2) mit den Ämtern und Dienststellen der Verwaltung deines Schulortes.*
3. *Untersuche die Karte M3. Stelle fest, zu welchem Landesherren dein Heimatort um 1648 gehörte.*

Das Beispiel der Kurfürsten von der Pfalz

M 1 Kurfürst Friedrich I. von der Pfalz vergibt ein Lehen
Abbildung aus dem Lehenbuch des Pfalzgrafen von 1471
Der Lehnsempfänger leistet den Eid.

Filmtipp:
Unter Mediencode 31021-42 findet sich ein Kurzfilm zur pfälzischen Einwanderungspolitik

Vom königlichen Beamten an die Spitze des Reiches

Die Pfalzgrafschaft war in der Hand der Familie der Wittelsbacher. Die Pfalzgrafen „bei Rhein" waren ursprünglich mit der Verwaltung und Rechtsprechung auf Gütern des Königs betraut. Sie erwarben seit dem Hochmittelalter besondere Titel und Ämter, die ihnen rasch zum Aufstieg in den gehobenen Kreis der Reichsfürsten verhalfen. Die „Goldene Bulle" von 1356 bestätigte ihre Zugehörigkeit zum vornehmen Kreis der Königswähler im Reich. Mit der kurfürstlichen Würde, die unteilbar vererbt wurde, verbanden sich weitere Privilegien.[1] Zu Beginn des 15. Jh. saß mit Ruprecht I. sogar ein pfälzischer Kurfürst auf dem Königsthron.

Fürstlicher Reichtum

Die Kurfürsten von der Pfalz regierten zu Beginn der Frühen Neuzeit nicht über ein geschlossenes Herrschaftsgebiet. Auch war ihr Territorium gemessen an denen anderer Landesherren nicht besonders groß.
Was sie hervorhob, war ihr großer Reichtum. Mit ihren Besitzungen und Herrschaftstiteln in günstiger Lage verbanden sich ertragreiche Einnahmen aus Geleit und Zoll auf Fernhandelswegen. Vor allem der Flusszoll auf dem Rhein war eine sprudelnde Geldquelle, die es den pfälzischen Kurfürsten ermöglichte, in den Ausbau des Landes und seine Verwaltung zu investieren.

Zum Nutzen und Ansehen des Landes

Um 1500 war die Kurpfalz in Verwaltungsdistrikte eingeteilt, in denen Amtleute aus dem Adel und der Oberschicht im Auftrag des Fürsten ihren Dienst taten. Die Residenzstadt Heidelberg bildete das Zentrum des Fürstentums. 1386 hatte der Kurfürst dort eine Universität gegründet, die sich zu einem europaweit angesehenen Ort von Wissenschaft und Lehre entwickelte.

Protestanten erwünscht

Mit Beginn der Reformation mussten sich die pfälzischen Kurfürsten der Frage stellen, wie sie zu den Lehren Luthers standen. Obwohl die Reformation in der kurpfälzischen Bevölkerung großen Anklang fand, wurde das neue Bekenntnis lange Zeit nicht offiziell eingeführt. Jedoch duldeten die Landesherren die neue Glaubenspraxis.
Schließlich ließ Kurfürst Ottheinrich bei seinem Regierungsantritt im Jahr 1556 die katholische Religionsausübung verbieten. Sein Nachfolger Friedrich III. ging noch einen Schritt weiter und trat zum Calvinismus über. Der Kurfürst ordnete die Einführung eines neuen Handbuchs für die Unterweisung in Glaubensfragen (Katechismus) an, um sicherzustellen, dass der Bekenntniswechsel im ganzen Fürstentum nach seinen Vorgaben erfolgte. Die Kurpfalz wurde Zufluchtsort für calvinistische Flüchtlinge aus Frankreich und den Niederlanden.
Wie andere Obrigkeiten in evangelischen Gebieten sahen die pfälzischen Kurfürsten die Flüchtlinge auch als Chance für ihren Staat an. Gebildete Bürger und spezialisierte Handwerker konnten sie in ihren Ländern gut gebrauchen. Vor allem unter Kurfürst Karl I. Ludwig wurde nach den Zerstörungen des Dreißigjährigen Krieges mit besonderen Privilegien die Ansiedlung von Glaubensflüchtlingen gefördert. Bei den Flüchtlingen handelte es sich um Hugenotten, die nach der Aufhebung des Edikts von Nantes besonders in der Pfalz und auch Brandenburg Aufnahme fanden. Ganze „Exulantenstädte" entstanden, etwa Frankenthal, Otterberg oder Hornbach.

[1] Vgl. dazu S. 158f.

M 2 Mandat des Kurfürsten Ottheinrich an die Amtleute der kurpfälzischen Gebiete vom 16. April 1556

Wiewohl unser Vetter Pfalzgraf und Kurfürst Friedrich im Kurfürstentum Pfalz die wahre christliche Religion gepflanzt hat, so haben wir doch hier die Lehre und den Kirchendienst nicht ohne Missfallen und in einer Weise irrig und unrein befunden, dass wir als die rechte Obrigkeit nicht länger zusehen können. So gebieten wir eine unverzügliche, gebührliche christliche Änderung und Ordnung, der Heiligen Schrift und der Augsburgischen Konfession gemäß, vorzunehmen.

Demnach befehlen wir dir, bei den Pfarrern und Kirchendienern deines Amtes zu verfügen, dass sie in ihren Kirchen den heimlich und öffentlich abgehaltenen falschen Gottesdienst, die päpstliche Messe, abstellen, dazu alle abergläubigen Gegenstände wie Öle, Weihwasser, Lichter und auch Bilder entfernen lassen, um sich all dieser abgöttischen Dinge zu enthalten.

Damit aber die Kirchen und Gemeinden Gottes nicht ohne christliche Lehre und Trost bleiben, sollst du den Pfarrern deines Amtsbezirkes auferlegen, dass sie in ihren Kirchen das heilige Evangelium und andere biblische Schriften getreulich predigen, dabei auch christliche Psalmen in deutscher Sprache singen und das Abendmahl in beiderlei Gestalt reichen.

Zit. nach: Bernd Roeck (Hrsg.), Deutsche Geschichte in Quellen und Darstellung, Bd. 4: Gegenreformation und Dreißigjähriger Krieg 1555-1648, Stuttgart 1996, S. 25f. (vereinfacht)

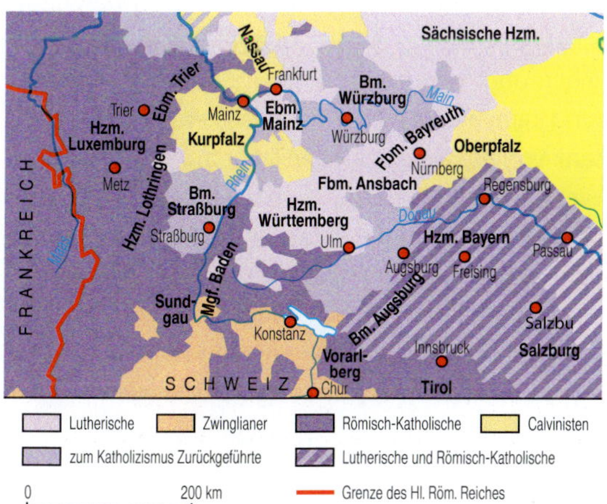

M 3 Konfessionen in Südwestdeutschland, um 1600

M 4 An „alle ehrlichen Leute“

Schon früh war die Kurpfalz Zufluchtsort für calvinistische Flüchtlinge. Ein Zeitungsartikel erklärt, warum Kurfürst Karl I. Ludwig 1652 mit Privilegien für Mannheim gezielt um Einwanderer warb:

Allerdings verrät die Wahl der Sprachen – neben Deutsch auch Französisch und Niederländisch –, in welchen Ländern damals die qualifizierten, kapitalkräftigen und risikobereiten Zuwanderer vermutet wurden, die man sich für die verödete Stadt[1] erhoffte.

Wichtigstes Instrument der planmäßigen Einwanderungspolitik waren die Wahrhafftigen und gewissen Privilegien der Stadt Mannheim in der Chur-Pfaltz gelegen, die 1652 gedruckt wurden [...]. Diese Privilegien fassten alle Anreize zusammen, Zusagen, ohne die neue Bürger für eine derart zerstörte Stadt wie Mannheim nicht zu gewinnen waren. Persönliche Freiheit gehörte dazu, auch winkte man mit steuerlicher Entlastung und mancherlei Vergünstigung; so sollte es unentgeltlich Bauplätze und billiges Baumaterial geben. [...] Jahr- und Wochenmärkte und Marktschiffsverbindungen zu den traditionellen Handelszentren am Rhein sollte es geben und wertvolle Zollbefreiungen. [...]

Außerdem galt [...]: „Kein Handwerck oder Handwercksleut sollen zu Mannheim unter Zünfften stehen, sondern mag ein jeder alda arbeiten nach seinem belieben [...].“

Grit Arnscheidt, Das Mannheimer Experiment, in: Die ZEIT, Ausgabe 6/2002, zit. nach: www.zeit.de/2002/06/Das_Mannheimer_Experiment [30. 07. 2015]

[1] Mannheim war im Dreißigjährigen Krieg fast völlig zerstört worden.

1. *Arbeite aus den Anordnungen des Kurfürsten (M2) heraus, welche Maßnahmen er zur Beseitigung kirchlicher Missstände in Auftrag gab.*
2. *Begründe, warum Kurfürst Karl I. Ludwig die Privilegien für die Stadt Mannheim erließ. Untersuche dazu die einzelnen Privilegien und skizziere deren Folgen.*
3. *Informiere dich, wo im Reich Anhänger des Calvinismus zu finden waren. Hinweise geben die Karte M3 und die Karte M1 auf S. 248.*
4. *An vielen Orten in Rheinland-Pfalz haben die Glaubensflüchtlinge, die sich dort ansiedelten, Spuren hinterlassen. Sie brachten ihre Lebensweise, ihren Glauben, ihre Sprache mit, aber auch Handwerkstechniken und Bräuche. Begib dich auf Spurensuche und forsche nach, wo du in deiner Region Informationen darüber findest. Stelle deine Ergebnisse mit Texten und Bildern auf einem Plakat vor.*

Der Dreißigjährige Krieg

M1 Der „Prager Fenstersturz“
Flugblatt (Holzschnitt) von 1618
Die Männer überlebten den Sturz, doch der Anschlag wurde zum Anlass für den Dreißigjährigen Krieg erklärt.

Kein wirklicher Frieden

Auch nach dem Augsburger Religionsfrieden von 1555[1] gab es regelmäßig Streit, wenn sich durch einen Herrscherwechsel die Konfession änderte.

1608 schlossen sich einige protestantische Fürsten mit mehreren Städten zu einem militärischen Bündnis zusammen, der „Union“. Im Gegenzug verbündeten sich danach auch die wichtigsten katholischen Fürsten in der „Liga“.

Fenstersturz mit Folgen

1609 hatten die höchsten Adligen Böhmens vom damaligen König das Recht bekommen, sich ihre Konfession frei zu wählen. Der neue König von Böhmen, Ferdinand, erkannte dieses Recht nicht an, sondern versuchte, den Katholizismus durchzusetzen. In einem Streit wurden 1618 drei Vertreter des Kaisers aus dem Fenster der Burg von Prag, der Hauptstadt Böhmens, geworfen. Schließlich wählten die protestantischen böhmischen Adligen den pfälzischen Kurfürsten zum König. Ferdinand, der inzwischen Kaiser geworden war, holte sich seine böhmische Königskrone durch einen Krieg zurück. Er vertrieb den aufständischen Adel und 150 000 böhmische Protestanten. Der Böhmisch-Pfälzische Krieg endete 1623.

Ein europäischer Krieg

Mit seinem Heer versuchte der Kaiser, auch im Norden des Deutschen Reiches protestantische Gebiete zu unterwerfen. Der Krieg weitete sich aus. Denn nicht nur alle Reichsfürsten des Heiligen Römischen Reiches wollten einen zu großen Machtzuwachs des Kaisers verhindern. Auch der katholische König von Frankreich und der protestantische König von Schweden sandten Truppen gegen den Kaiser.

Um Glauben oder Macht?

Der Dreißigjährige Krieg bestand aus mehreren Feldzügen, die zwischen 1618 und 1648 ausgetragen wurden. Zu dem Gegensatz der Konfessionen war der Kampf der großen Staaten wie Schweden und Frankreich um die Vormacht in Europa gekommen. Je nachdem, wie es ihnen politisch und militärisch zweckmäßig erschien, gingen die deutschen Fürsten über die Konfessionen hinweg Bündnisse ein, um ihre Stellung zu sichern oder auszubauen.

Not und Elend

Der Dreißigjährige Krieg war eine Katastrophe. Der modernen Kriegsführung mit Feuerwaffen und Geschützen fielen unzählige Soldaten zum Opfer. Aber die Menschen starben nicht nur im Kampf. Bei den vielen Plünderungen, Eroberungen und Verwüstungen verlor die einfache Bevölkerung oft das Lebensnotwendige, viele wurden umgebracht oder starben durch Hunger und Seuchen. Über 1 600 Städte und mehr als 18 000 Dörfer wurden allein in den deutschen Gebieten zerstört; etwa 40 Prozent der ländlichen und rund ein Drittel der städtischen Bevölkerung kamen ums Leben. Die Bevölkerung des Reiches sank von etwa 16 auf elf Millionen.

Weite Teile des Landes waren verwüstet, viele Felder lagen brach. Es fehlten Menschen und Geld, um die Bauernhöfe wieder aufzubauen und die Felder wieder fruchtbar zu machen. Der Dreißigjährige Krieg ließ das Reich in fast jeder Hinsicht hinter die anderen europäischen Großmächte zurückfallen.

Untersuche M1 daraufhin, ob es sich um ein Flugblatt von protestantischer oder katholischer Seite handelt.

[1] Siehe dazu S. 241.

Lesetipp:
Tilman Röhrig, In 300 Jahren vielleicht, Würzburg [9]1999

Filmtipp:
Wallenstein und der Krieg. ZDF-Reihe „Die Deutschen“, 2008

M2 Ein Söldner berichtet

Peter Hagendorf dient ab 1627 im Heer der Liga. Von ihm ist ein Tagebuch überliefert. Aus diesem wissen wir, dass seine erste Frau und sieben seiner Kinder während des Krieges gestorben sind. Über die Erstürmung Magdeburgs 1631 schreibt er:

Den 20. Mai [1631] haben wir mit Ernst angesetzt und gestürmt und auch erobert. Da bin ich mit stürmender Hand ohne allen Schaden in die Stadt gekommen. Aber in der Stadt, am Neustädter Tor, bin ich zweimal durch den Leib geschossen worden, das ist meine Beute gewesen. […] Ist mir doch von Herzen Leid gewesen, dass die Stadt so schrecklich gebrannt hat […]. Wie ich nun verbunden bin, ist mein Weib in die Stadt gegangen, obwohl sie überall gebrannt hat, und hat wollen ein Kissen holen und Tücher zum Verbinden und worauf ich liegen könnte. So habe ich auch das kranke Kind bei mir liegen gehabt. […] Sie [die Frau des Söldners] kommt nach anderthalb Stunden gezogen mit einer alten Frau aus der Stadt. Die hat sie mit sich hinausgeführt, ist eines Seglers Weib gewesen und hat ihr helfen tragen Bettgewand. So hat sie mir auch gebracht eine große Kanne von vier Maß mit Wein und hat außerdem auch zwei silberne Gürtel gefunden und Kleider, sodass ich dafür zwölf Taler eingelöst habe zu Halberstadt.

Zit. nach: Jan Peters (Hrsg.), Peter Hagendorf – Tagebuch eines Söldners aus dem Dreißigjährigen Krieg, Göttingen 2012, S. 104 f.

M4 Plünderung eines Dorfes
Ölgemälde von dem flämischen Maler Sebastian Vrancx (Ausschnitt), um 1620

M3 Kriegsleiden und -folgen

Ein Pfarrer aus Großbieberau (Hessen):

1634: Bald fielen die Schweden über den Rhein herüber und jagten die Kaiserlichen aus ihrem Quartier, und bald jagten diese wieder jene hinaus. Die Folge war, dass das ganze Land zwischen Main und Rhein ausgepresst wurde. Kein Mensch durfte sich auf dem Land blicken lassen, sonst wurde ihm nachgejagt wie einem Wild. Ergriff man einen, dann wurde er […] unbarmherzig geschlagen, bis er verriet, wo er sein Geld oder sein Vieh oder sein Pferd hatte. Gefangene wurden nackend an heiße Öfen angebunden oder aufgehängt und mit Rauch gedämpft. […]

1635: Inzwischen hat Gott uns neben dem Kriegsleid noch die Pest hinterhergeschickt. Die Leute sterben schnell und haufenweise dahin, sodass man sie gar nicht alle begraben konnte. […] Durch diesen Krieg nun, durch Pest, Teuerung und Hungersnot sind der Leute so wenig im Land geworden, dass unsere Nachkommen es schwerlich glauben werden.

Zit. nach: Günther Franz (Hrsg.), Quellen zur Geschichte des deutschen Bauernstandes in der Neuzeit, Darmstadt 1963, S. 117 ff. (stark vereinfacht)

1. Stelle die Folgen des Krieges stichwortartig zusammen (M2-M4).
2. Vergleicht die Sichtweisen der Textquellen (M2 und M3).
3. Söldner – Täter oder Opfer? Diskutiert das Thema (M2-M4)!
4. Prüfe mithilfe des Verfassertextes: War der Dreißigjährige Krieg ein „Glaubenskrieg"?

1524 - 1526 so genannter Bauernkrieg
1517: angeblich Thesenanschlag Luthers; Beginn der Reformation
1545 - 1563 Konzil von Trient
Dreißigjähriger Krieg
Ausbreitung der Reformation in Europa: Glaubensspaltung
Frühe Neuzeit
Entstehung des frühmodernen Staates
1400 1500 1600 1700

Der Westfälische Frieden

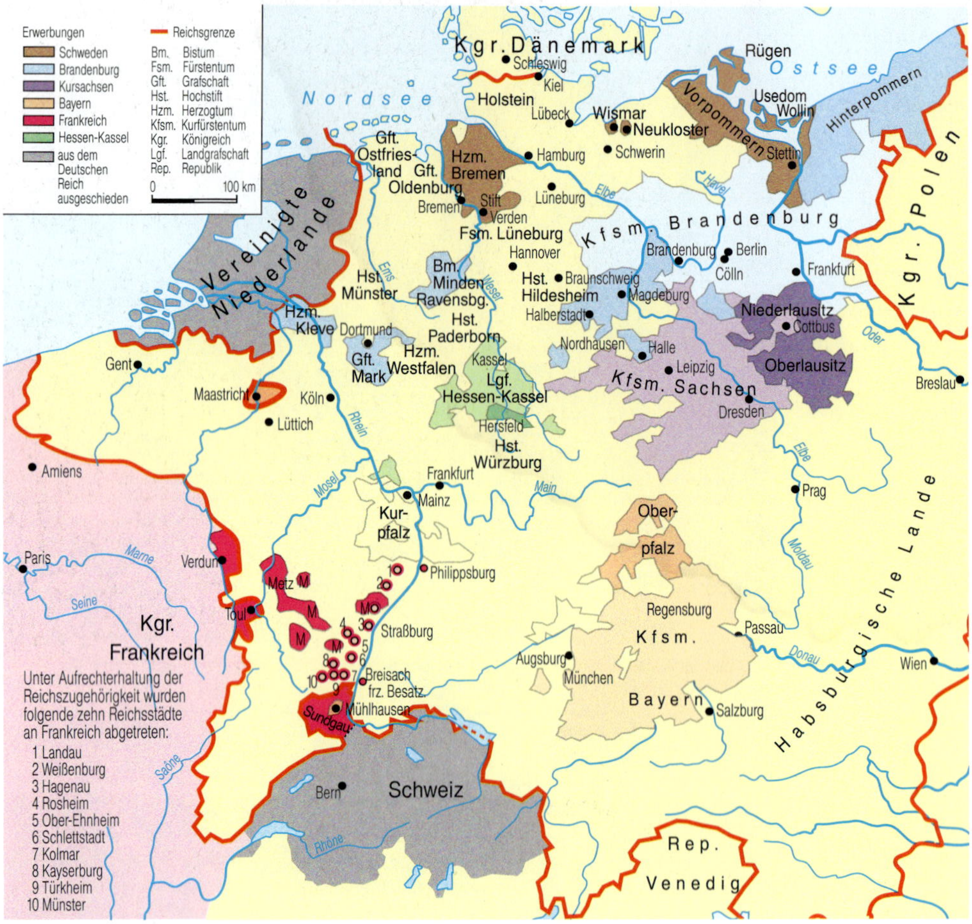

M 1 Gebietsveränderungen nach dem Dreißigjährigen Krieg 1648
Die Schweiz und die Niederlande wurden als selbstständige Staaten anerkannt.

Der Westfälische Frieden

Schon bevor der Krieg endgültig beendet war, verhandelten Gesandte aller am Krieg beteiligter Mächte in Münster und Osnabrück lange über einen Frieden. Es war der erste Friedenskongress der Geschichte.

Die Verträge von Osnabrück zwischen Kaiser, Reichsfürsten und Schweden sowie von Münster zwischen Kaiser, Reichsfürsten und Franzosen schufen eine europäische Friedensordnung. Sie regelten Gebietsansprüche und den konfessionellen Ausgleich.

Der konfessionelle Ausgleich

Der Westfälische Frieden bekräftigte den Augsburger Religionsfrieden von 1555. Neben Katholiken und Lutheranern wurde nun auch der Calvinismus als Konfession anerkannt. Die konfessionellen Besitzstände von 1624 sollten wiederhergestellt werden. Religiöse Streitfragen zwischen den höchten deutschen Fürsten, den Reichsständen, waren von nun an vom Reichstag zu entscheiden.

Bedeutung des Friedens für das Reich

Das Reich musste den Siegerstaaten Gebiete abtreten, auch an Frankreich und Schweden, die garantieren sollten, dass der Friede eingehalten wird.

Der Westfälische Frieden bestätigte den deutschen Reichsständen die Landeshoheit in ihren Gebieten. Außerdem durften sie frei Bündnisse miteinander und mit fremden Staaten schließen – außer gegen den Kaiser und das Reich. Bei wichtigen Reichsangelegenheiten wie Kriegserklärungen und Friedensschlüssen brauchte der Kaiser die Zustimmung der Reichsstände.

Die Bestimmungen sicherten die Staatenvielfalt im Heiligen Römischen Reich Deutscher Nation bis 1806.[1]

1. *Nenne die heutigen Staaten, die 1648 auf dem Gebiet des Deutschen Reiches lagen.*
2. *Arbeite die Bedeutung des Westfälischen Friedens heraus für a) Rechte und Besitz der Konfessionen, b) das Verhältnis der Territorialstaaten zum Reich und c) die Machtverhältnisse in Europa.*

[1] 1806 endete das Heilige Römische Reich Deutscher Nation. Lies dazu S. 298.

M 2 Aus dem Osnabrücker Friedensvertrag

In Artikel II des am 25. Oktober 1648 verkündeten Friedensvertrages zwischen dem Kaiser (und seinen Verbündeten) sowie der Königin Christina von Schweden (und ihren Verbündeten) heißt es:

Beiderseits sei immerwährendes Vergessen und Amnestie[1] alles dessen, was seit Anbeginn dieser Unruhen an irgendeinem Ort und auf irgendeine Weise vom einen oder andern Teil, hüben und drüben, feindlich begangen worden ist […]; vielmehr sollen alle und jede hin und her, sowohl vor dem Kriege als auch im Kriege, mit Worten, Schriften oder Taten zugefügten Beleidigungen, Gewalttaten, Feindseligkeiten, Schäden und Unkosten ohne alles Ansehen der Personen oder Sachen dergestalt gänzlich abgetan sein, dass alles, was deshalb der eine vom andern fordern könnte, in immerwährendem Vergessen begraben sein soll.

Armin Reese, Pax sit Christiana. Die Westfälischen Friedensverhandlungen als europäisches Ereignis, Düsseldorf 1988, S. 131

M 4 „Neuer Auß Münster vom 25. deß Weinmonats im Jahr 1648 abgefertigter Freud= und Friedens-bringender Postreuter“

Nachträglich kolorierter Holzschnitt von einem Flugblatt

Am oberen Bildrand (links) verkündet eine „Fama“ die Botschaft, der Götterbote Merkur (rechts) übergibt dem Reiter die Nachricht. Im Hintergrund des Blattes sind die Ziele des Reiters erkennbar.

[1] Amnestie: Erlass von Strafen

M 5 Gedenkmünze 350 Jahre Westfälischer Friede

Der Entwurf der Silbermünze stammt von Aase Thorsen. Sie hat einen Durchmesser von 3,25 cm und wurde 1998 in einer Auflage von 4,5 Millionen geprägt.

Lese- und Filmtipps:

- Peter Milger, Gegen Land und Leute. Der Dreißigjährige Krieg (ARD/hr 1998), München 2001
- Hans-Christian Huf, Mit Gottes Segen in die Hölle. Der Dreißigjährige Krieg (ZDF 2003), München 2005

M 3 Über die Bedeutung des Friedens

Der Historiker Michael Salewski urteilt 1993:

Gewiss beschleunigte das Friedenswerk die Aufsplitterung des Reiches in eine Unzahl von kleinen und kleinsten souveränen Territorialstaaten, darin konnte man auf der einen Seite ein Zeichen der Ohnmacht sehen. Auf der anderen war diese „Atomisierung“ […] Voraussetzung zur Ausbildung einer schier unendlichen Fülle von individuellen, originellen Staats- und Gesellschaftsformen. Die in der Folgezeit entstehenden zahlreichen kleinen Residenzen prägen noch heute das Bild unserer Landschaften und Städte; die kulturelle Vielfalt, wie sie den Deutschen seither selbstverständlich geworden ist, geht auf diese politische Entwicklung wesentlich zurück.

Michael Salewski, Deutschland. Eine politische Geschichte. Von den Anfängen bis zur Gegenwart, Bd. 1, München 1993, S. 149

1. *Beurteile die Bedeutung des Artikels II für die damalige Zeit und überlege, ob er noch heute als Grundlage eines Friedensvertrages dienen könnte (M2).*
2. *Erkläre Michael Salewskis Haltung mit eigenen Worten (M3). Schreibe eine Gegenposition.*
3. *Erläutere die einzelnen Bildelemente des Holzschnittes (M4).*
4. *Die Bildseite der Münze (M5) zeigt vier Symbole: eine Taube mit Ölzweig, zwei ineinander verschlungene Hände, ein Tintenfass mit Feder und eine Darstellung zweier Lippenpaare. Informiere dich über die Symbole und erkläre sie. Was haben sie mit dem Westfälischen Frieden zu tun?*

Territorialstaaten im Vergleich

Eine Landkarte wie ein Flickenteppich

Das Heilige Römische Reich Deutscher Nation war nach dem Westfälischen Frieden noch immer groß an Fläche und Einwohnerzahl und erschien schwerfällig und wenig handlungsfähig, wenn sich Kaiser und Reichsstände im Tauziehen um ihre Interessen nicht einig waren.

Das Reich war ein Wahlkönigtum.[1] Ohne Zustimmung der Kurfürsten konnte kein Fürst Kaiser werden, und ohne die Unterstützung der geistlichen und weltlichen Reichsfürsten war er ausschließlich auf seine Hausmacht angewiesen. Anders ausgedrückt: Im Reich herrschte ein Neben- und Miteinander von Kaiser und vielen kleinen und großen weitgehend unabhängigen Herrschern. Es kann als Vorstufe zum **Föderalismus** verstanden werden.

Was hält das Reich zusammen?

Das Reich hatte keine zentrale Regierung mit Behörden und Ämtern, keine regelmäßigen zentralen Steuereinnahmen und kein stehendes Heer. Zusammengehalten wurden die deutschen Territorialstaaten durch wenige gemeinsame Einrichtungen:

- den Reichstag, auf dem Kaiser und Reichsstände zu allen wichtigen Angelegenheiten des Reiches Beschlüsse fassten und
- die beiden höchsten Gerichte, das Reichskammergericht und der Reichshofrat.
- Seit 1500 war das Reich in zehn Reichskreise eingeteilt, die zentrale Aufgaben der Reichsverwaltung übernahmen.

M 1 Eröffnung des Regensburger Reichstages von 1653
Flugblatt aus Nürnberg von 1653 (Ausschnitt)

M 2 König Philipp IV. versammelt die Generalstände
Französische Briefmarke von 1968
Seit König Philipp IV. 1302 erstmals Vertreter der Stände nach Paris einberufen hatten, tagten die sogenannten Generalstände bis 1614 in unregelmäßigen Abständen.

In Frankreich setzt sich der König durch

Auch Frankreich war bis zur Revolution 1789[2] ein „Flickenteppich" mit zahlreichen kleineren Territorien innerhalb des Landes, die nicht dem französischen König unterstanden. Seit 1226 war Frankreich allerdings eine Erbmonarchie. Der unmittelbare Machtbereich der französischen Könige beschränkte sich im Mittelalter auf das Gebiet um Paris (Krondomäne). In den übrigen Landesteilen übte der Adel die Herrschaftsrechte aus. Gegen große Widerstände machten sich die Könige in den folgenden Jahrhunderten daran, ihre Macht zu erweitern, etwa durch geschickte Heiratspolitik. Sie ließen zentrale Behörden einrichten, die für Rechtsprechung, Finanzen und Verwaltung zuständig waren. Nach den Religionskriegen erreichte König Heinrich IV. Stabilität, indem er das katholische Bekenntnis als Staatsreligion sicherte.

Zu Beginn des 17. Jh. regierte der französische König direkt über ein größeres Reichsgebiet. Ihm galten alle Franzosen – Vasallen ebenso wie Untervasallen – als unmittelbare Untertanen. Dem Adel war es verboten, eigenmächtig Soldaten zu werben oder mit fremden Fürsten Bündnisse zu schließen. Die im Land erhobenen Steuern gingen direkt an die Krone. Ein Netz von Amtssitzen und Gerichtshöfen im ganzen Land trug dazu bei, der königlichen Autorität auch fern der Hauptstadt Geltung zu verschaffen.

Fasse zusammen: Was hielt das Heilige Römische Reich Deutscher Nation zusammen?

[1] Vgl. dazu noch einmal die Bestimmungen der „Goldenen Bulle" von 1356 auf S. 160.
[2] Siehe S. 286 ff.

M 3 Königliche „Grundgesetze“

Das Königreich Frankreich hat keine geschriebene Verfassung, doch lassen die Könige ihr herrschaftliches Selbstverständnis festschreiben:

In Reaktion auf ihre zeitweilige Schwäche hat die französische Monarchie vom 14. zum 16. Jahrhundert ihren Anspruch aufs Äußerste gesteigert, zunächst durch die sogenannten Grundgesetze des Königreiches: 1. den Ausschluss der Frauen von der Thronfolge [...], 2. die Volljährigkeit des Königs mit 13 Jahren [...], 3. seine sofortige Nachfolge beim Tod des Vorgängers [...], 4. die Einschränkung der Gewalt eines Regenten, der [...] auch für Minderjährige nur in dessen Namen tätig sein durfte, 5. die Unveräußerlichkeit der Krondomäne und Kronrechte, auf die der König bei der Krönung vereidigt wurde. Die einzigartige, religiös begründete Würde des Königs fand ihren Niederschlag im Titel „Rex christianissimus (Rois très chrétien)“ und der Anrede „Votre (Sacrée) Majesté“.

Wolfgang Reinhard, Geschichte der Staatsgewalt. Eine vergleichende Verfassungsgeschichte von den Anfängen Europas bis zur Gegenwart, München ³2002, S. 64

M 4 „Ein aus Staaten zusammengesetzter Staat“

Der Staatsrechtler Johann Stephan Pütter beschreibt im 18. Jh. die Verfassung Heiligen Römischen Reiches Deutscher Nation:

Jedes Kurfürstentum, jedes Fürstentum, jede Grafschaft, jede Reichsstadt, jedes noch so kleine Gebiet, das jetzt unter der Anzahl der besonderen deutschen Staaten begriffen ist, hat seine ganz eigene Regierung, [...] in jedem Gebiete finden sich wieder ganz andere Gesetze, ganz andere Münzen, andere Posten, andere Soldaten [...].

Ein jeder dieser Staaten, er mag noch so klein oder groß [...] sein, ist in seiner inneren Einrichtung, aufs Vollkommenste seiner eignen Freiheit überlassen. [...]

So kann die Verfassung des Deutschen Reichs [...] sichern, dass vonseiten der kaiserlichen Regierung nicht leicht eine Ausübung despotischer Gewalt möglich ist; ebenso zweckmäßig ist nach dieser Verfassung auch für die Sicherheit und Wohlfahrt aller und jeder besonderen deutschen Staaten gesorgt, wenn anders nur irgend alles in dem Verhältnisse bleibt, wie es nach dem Zuschnitt jener gesetzmäßigen Verfassung sein sollte.

Johann Stephan Pütter, Historische Entwickelung der heutigen Staatsverfassung des Teutschen Reichs, Bd. 2: Von 1558 bis 1740, Göttingen 1786, S. 161 f. und 167 ff.; zit. nach: http://ds.ub.uni-bielefeld.de/viewer/image/619600/195/[27.07.2015] (stark gekürzt und vereinfacht)

M 5 Die zehn Reichskreise
Um die Verwaltung zu verbessern, wurde das Reich in zehn Kreise eingeteilt. Sie sollten den Frieden sichern, Münz- und Geldwesen sichern, ein Reichsheer aufstellen und die Urteile der Gerichte vollstrecken.

1. *Arbeite mithilfe von M3 und dem Verfassertext heraus, wie es den Königen in Frankreich gelang, ihre Ansprüche durchzusetzen.*
2. *Beschreibe das Heilige Römische Reich Deutscher Nation (M4 und Verfassertext). War es eine Monarchie oder eher ein Bund von Einzelstaaten?*
3. *Vergleiche das Heilige Römische Reich Deutscher Nation mit der französischen Monarchie (M3-M5 und Verfassertext). Stelle die Unterschiede in einer Tabelle gegenüber.*
4. *Informiere dich, wie die Staatenbezeichnung des heutigen Deutschland lautet und wie es politisch gegliedert ist. Prüfe, ob der Verfassertext und die Karte M5 bereits Hinweise auf die heutige staatliche Ordnung liefern.*
5. *Diskutiert die Vor- und Nachteile einer starken zentralen Staatsgewalt.*

Erstmals im ostfränkischen Reich Königswahl durch die Fürsten
Frankreich ist Erbmonarchie
Erste Zusammenkunft der Generalstände
Das Heilige Römische Reich wird in zehn Reichskreise eingeteilt
Der französische König herrscht direkt über ein größeres Reichsgebiet
Vorläufig letzte Zusammenkunft der Generalstände in Frankreich
Westf. Frieden

900 1000 1100 1200 1300 1400 1500 1600 1700

Absolute Monarchie: der „Sonnenkönig"

„Der Staat bin ich"

Ludwig war erst vier Jahre alt, als sein Vater, König Ludwig XIII. von Frankreich, 1643 starb. Daher regierte an seiner Stelle seine Mutter. Sie ließ von Kardinal Jules Mazarin als „Erstem Minister" (Premierminister) die Staatsgeschäfte leiten. Als Mazarin 1661 starb, verkündete Ludwig dem „alten" Hofadel im Staatsrat, dass er im Gegensatz zu seinen Vorgängern selbst regieren werde.

Der König regierte selbst, aber nicht allein. Hohe Beamte und Offiziere durften ihn nur beraten, ohne seine Zustimmung aber keine Anweisungen und Befehle erteilen. **Ludwig XIV.** wollte die Macht auch nicht mehr mit den Adligen und dem Klerus[1] teilen. Ihm wurde deshalb der Ausspruch „Der Staat bin ich" zugeschrieben. Seinen Herrschaftsanspruch leitete er direkt von Gott ab (Gottesgnadentum). Nur ihm sei er Rechenschaft schuldig. Diese Herrschaftsform wird als **Absolutismus** bezeichnet.

Nach dem Grundsatz „Ein König, ein Gesetz, ein Glaube" beherrschte Ludwig XIV. auch die katholische Kirche in Frankreich und lehnte sogar eine Einmischung des Papstes ab. 1685 widerrief Ludwig XIV. das Edikt von Nantes, das Protestanten religiöse Freiheit garantiert hatte. Reformierte galten als Ketzer. Ihre Kirchen wurden zerstört. Fast 200 000 Hugenotten wanderten aus.

[1] Klerus: Angehörige der katholischen Kirche (Bischöfe, Äbte, Äbtissinnen usw.)

M 1 Thomas Hobbes, Leviathan, 1651
Ausschnitt des Titelbildes (Kupferstich)
Der lateinische Spruch aus der Bibel oben lautet übersetzt „Keine Macht auf Erden kommt ihm gleich".

Königliche Helfer

Wie seine Vorgänger berief Ludwig XIV. die Generalstände nicht ein. Vom späten Mittelalter an hatten die Monarchen die Vertreter des Adels (Erster Stand), des Klerus (Zweiter Stand) und der Städte (Dritter Stand) immer dann versammelt, wenn sie Kriege führen wollten. Seit 1614 hatten sie darauf verzichtet. So konnten die Stände weder ihr Recht ausüben, Steuern zu bewilligen, noch Beschwerden oder Ratschläge vorbringen.

Der Adel behielt zwar viele Privilegien wie die Steuerfreiheit, das Jagdrecht und hohe Offiziersstellen. Seinen Anspruch auf die höchsten Staatsämter verlor er aber unter Ludwig XIV.

Der König stützte seine Regierung vor allem auf Fachleute, die aus dem Bürgertum stammten. Ein Kanzler war für die Gerichte verantwortlich, Beamte oder Minister leiteten das Heer, die Außenpolitik und die Marine. Ein Fachmann beaufsichtigte die Finanzen. Sie alle gehörten zum Staatsrat, der unter dem Vorsitz des Königs regelmäßig zusammentrat. Die Beamten waren gut ausgebildet und dem König treu ergeben, da sie ihm ihren Aufstieg verdankten und weitere Belohnungen, etwa einen Adelstitel, erhofften.

Ist der Absolutismus gut für alle?

Die absolutistischen Herrscher verkündeten, dass sie im Auftrag Gottes für das Wohl ihrer Untertanen sorgen sollten. Der englische Gelehrte Thomas Hobbes erklärte in seinem Werk „Leviathan", warum der Absolutismus vernünftig sei: Wenn es keinen Herrscher gäbe und alle Menschen gleichberechtigt wären, würden sie sich immerzu bekämpfen. Denn jeder sei auf seinen eigenen Vorteil bedacht. Deshalb solle der Herrscher zum Wohl aller die Gemeinschaft der Untertanen leiten; er sorgt für Sicherheit im Innern und für Frieden nach außen.

1. *Erkläre, warum der König selbst, aber nicht allein regiert.*
2. *Untersuche, wie das Titelbild von „Leviathan" (M1) die Gedanken von Thomas Hobbes zum Absolutismus veranschaulicht. Achte dabei auch auf die beiden Gegenstände in den Händen.*

M 2 Die königliche Macht

In dem 1682 veröffentlichten Werk über „Die Politik nach den Worten der Heiligen Schrift" schreibt Bischof Bossuet, der ehemalige Hauslehrer des Kronprinzen:

Alle Macht kommt von Gott. Die Fürsten regieren also als seine Stellvertreter auf Erden. Gott also regiert alle Völker und gibt ihnen allen ihre Könige. Daraus folgt, dass die Person des Königs heilig ist. Die königliche Autorität ist absolut.

1. Der Fürst hat niemandem Rechenschaft abzulegen über das, was er befiehlt. Seine Macht muss so groß sein, dass niemand hoffen kann, sich ihr zu entziehen.
2. Wenn der Fürst geurteilt hat, gibt es kein anderes Urteil mehr. Die Urteile der Herrscher gehen auf Gott zurück.
3. Es gibt keinerlei Zwangsgewalt gegen den Fürsten.
4. Deshalb sind die Könige aber nicht von den Gesetzen befreit. Sie sind wie alle anderen der Rechtlichkeit des Gesetzes unterworfen, sowohl weil sie selbst gerecht sein sollen, als auch weil sie dem Volk Beispiel als Hüter des Gesetzes sein sollen, aber sie sind nicht den Strafen des Gesetzes unterworfen.

Zit. nach: Paul Hartig, Auf der Suche nach dem besten Staat, Stuttgart 1985, S. 27 f. (vereinfacht)

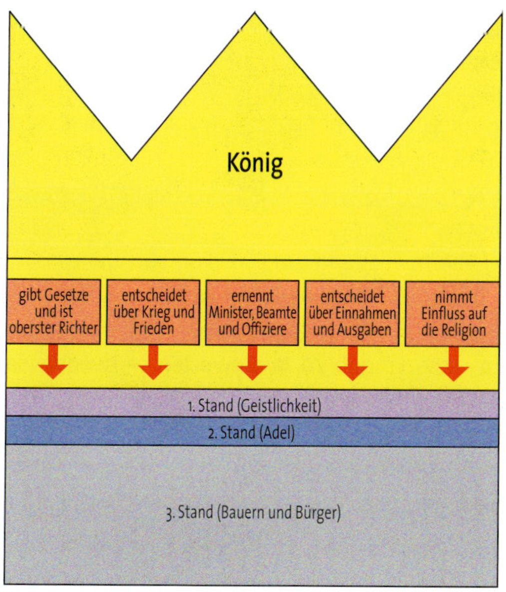

M 3 Wie die absolutistische Herrschaft unter Ludwig XIV. funktionieren sollte

M 4 Kritik am Absolutismus

Der französische Erzbischof Fénelon, Erzieher der Enkel Ludwigs XIV., kritisiert um 1695/96 in einem Roman die absolutistische Regierungsweise. Das Buch wird verboten, und Fénelon muss den Hof verlassen.

Wenn sich die Könige daran gewöhnen, kein anderes Gesetz mehr anzuerkennen als ihren unumschränkten Willen [...], dann vermögen sie alles. Aber gerade da sie alles tun können, was sie wollen, untergraben sie selber die Grundpfeiler ihrer Macht; sie richten sich in ihrer Regierung nicht mehr nach bestimmten Regeln und Grundsätzen. Alle Leute schmeicheln ihnen um die Wette; sie haben keine Untertanen mehr; es bleiben ihnen nur noch Sklaven [...]. Wer wird ihnen die Wahrheit sagen? [...] Nur eine plötzliche, gewaltsame Revolution kann diese ausufernde Macht in ihre natürliche Bahn zurückführen.

Zit. nach: Paul Hartig, Auf der Suche nach dem besten Staat, a. a. O., S. 30

M 5 Die Sonne als Zeichen des Königs
Foto von 1990
Teil des Schlosstors von Versailles (siehe S. 264).

1. *Nenne die wichtigsten Argumente Bossuets für die absolute Königsherrschaft (M2).*
2. *Erläutere, was Bossuet in M2, Zeile 15-21 schreibt. Überzeugt dich seine Argumentation? Begründe dein Urteil.*
3. *Vergleiche das Schaubild (M3) mit der Darstellung der Königsherrschaft Ludwigs XIV.*
4. *Beschreibe die Probleme der absolutistischen Herrschaft, die Fénelon sieht (M4). Prüfe seine Argumente auf ihre Stichhaltigkeit.*
5. *Ludwig XIV. hat sich selbst als „Sonnenkönig" inszeniert. Stelle den Zusammenhang von der Sonne im heliozentrischen Weltbild und dem König in der absoluten Monarchie dar.*

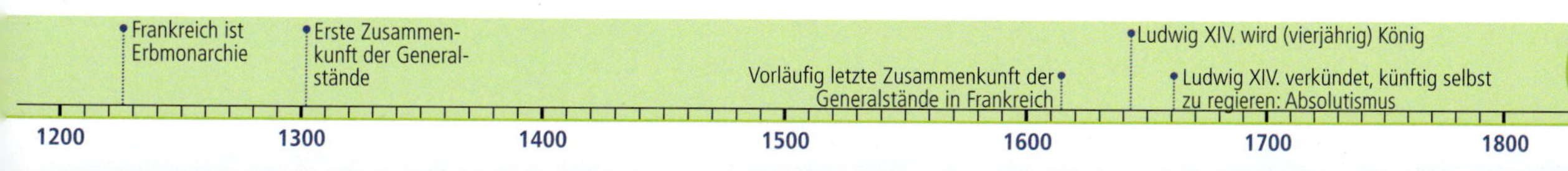

Bilder machen Herrscher

M 1 **König Ludwig XIV.**
Ölgemälde von Hyacinthe Rigaud, 1701
Das Gemälde war 2,79 m hoch und 1,90 m breit.

Nichts ist zufällig

Gemälde sind oft nur auf den ersten Blick leichter zu verstehen als Texte. Denn sie bilden nicht einfach nur die Wirklichkeit ab. Hinter jedem Bild steckt eine bestimmte Absicht. Das gilt ganz besonders für Herrscherbilder. Der Aufbau des Bildes und alle Details sind nicht zufällig. Sie sollen etwas Bestimmtes aussagen. Wenn wir ein Herrscherbild untersuchen, sollten wir uns auch über den Porträtierten, den Maler und die Vorstellungen der Zeit über die Aufgaben der Porträtkunst informieren.

Bildbeschreibung

Wollen wir herausfinden, welche Wirkung Herrscherbilder hatten, dann müssen wir zunächst das Gemälde als Ganzes genau betrachten, dann seine Einzelheiten.

- Schaue dir das Herrscherbild an und nenne deine ersten Eindrücke und Gefühle. Beachte auch die Größe des Bildes.
- Beschreibe das Bild möglichst genau. Achte auf die Körperhaltung (Gestik) und den Gesichtsausdruck (Mimik).

Bildanalyse

Ordne deine bisherigen Beobachtungen und sammle wichtige Zusatzinformationen zu Einzelheiten des Bildes. Dabei helfen dir das Internet und Bücher.

- Komposition: Wie ist das Bild aufgebaut? Welche Bildteile sind zu erkennen?
- Perspektive: Blickst du „von oben" oder „von unten" auf das Dargestellte? Steht die Person/stehen die Personen höher oder tiefer als du? Wohin schaut/schauen sie?
- Entschlüsseln von Einzelheiten: Welche Personen, Ereignisse und Gegenstände sind abgebildet? Sind in dem Bild Dinge oder Zeichen versteckt, die Symbole sind und etwas bedeuten? Hat der Künstler ungewöhnliche Farben verwendet?

Tipp: Nimm ein Symbole-Lexikon zu Hilfe, z. B. Udo Becker, Lexikon der Symbole, Freiburg im Breisgau ^{8}2008.

Bilddeutung

- Warum entstand das Bild? Für wen war es bestimmt? Wie wollte der Herrscher gesehen werden?

Um diese Fragen zu beantworten, verwende das, was du bisher gesammelt hast. Außerdem sind Informationen über den Porträtierten, den Künstler, über die Zeit, in der das Bild entstand, und über den Ort, für den das Bild bestimmt war, sehr wichtig.

Wie Ludwig gesehen werden wollte

Ludwig XIV. maß etwa 1,60 Meter. Er hatte 1659 aufgrund einer Krankheit die meisten seiner Haare verloren und trug eine Perücke. Sein Krönungsmantel ist aus Hermelinfell und mit den königlichen Lilien bestickt, sein Schwert soll von Karl dem Großen stammen. Das Gemälde zeigt Ludwig XIV. mit den wichtigsten Herrschaftszeichen. So wollte er gesehen werden. Das Bild ist daher ein „offizielles" Herrscherporträt. Es wurde zum Vorbild zahlreicher Bilder absolutistischer Monarchen.

Für wen war das Bild bestimmt?

Ludwig XIV. hatte den Maler beauftragt. Das Gemälde sollte ein Geschenk für seinen Neffen, Philipp V. von Spanien, werden. Weil der König aber das Bild ganz besonders gelungen fand, ließ er davon eine Kopie machen und behielt das Original für den Thronsaal von Versailles. Dort hing das Gemälde so hoch, dass die Füße des Königs in Augenhöhe der Betrachter waren. Das Gemälde nahm den Platz des Königs ein, wenn dieser nicht da war. Heute befindet es sich im Museum Louvre in Paris.

M2 Karl I. von England (1600 - 1649)
Ölgemälde (2,72 x 2,12 m) von Anthonis van Dyck, um 1635 (Ausschnitt)

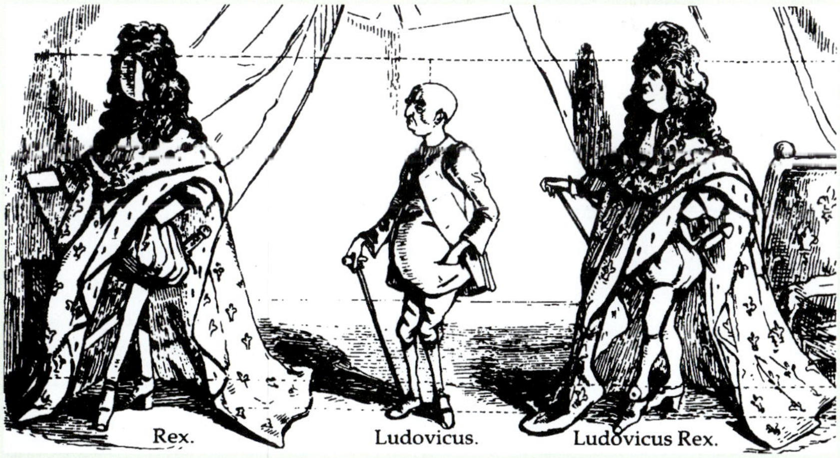

M3 „Eine historische Studie"
Buchtitelblatt zu Titmarsh (W. M. Thackeray), The Paris Sketchbook, 1840
Thackeray schreibt dazu: „Man sieht sofort, dass die Majestät aus der Perücke gemacht ist, den hochhackigen Schuhen und dem Mantel. So stellen Barbiere und Flickschuster die Götter her, die wir anbeten."

1. *Beschreibe, wie der Maler Ludwig als König darstellt (M1). Beachte Größe, Haltung (Pose), Kopf, Haare (Perücke), Blick (Miene), Arme, Hände, Beine, Füße, Kleidung und Herrschaftszeichen.*
2. *Schildere, wie der König auf dich wirkt (M1). Versuche, die Körperhaltung nachzustellen.*
3. *Stelle fest, wie das Bild auf den Betrachter gewirkt haben mag.*
   Tipp: Projiziert das Bild in der Originalgröße und in der im Verfassertext beschriebenen Höhe an die Wand.
4. *M2 gilt als Vorbild für M1. Arbeite Gemeinsamkeiten und Unterschiede zwischen den beiden Bildern heraus.*
5. *Beschreibe und beurteile die Zeichnung von W. M. Thackeray (M3).*

Herrschen mit Hof und Etikette

M 1 Versailles
Gemälde von Pierre Patel, 1668 (Ausschnitt)
Die Straße von Paris führt direkt auf das Schloss zu. Der Innenhof verengt sich immer weiter und unterteilt sich in den „Hof der Minister", den „Königshof" und schließlich den Ehrenhof. Das Schlafzimmer des Königs lag genau auf der Mittelachse im zweiten Stock.

Das Zentrum der Macht

Um seine unumschränkte Macht über Mensch und Natur darzustellen, ließ Ludwig XIV. ein Jagdschloss seines Vaters zu einer Residenz erweitern, die alle bisherigen Anlagen in den Schatten stellte. Dazu mussten Sümpfe trockengelegt, Flüsse umgeleitet sowie Gräben und Kanäle ausgehoben werden. Der Wald wurde in einen Park mit Hecken, Blumenbeeten, unterirdischen Wasserleitungen und beeindruckenden Wasserspielen verwandelt. Bis zu 36000 Menschen waren mit den Arbeiten beschäftigt.

Nachdem die Arbeiten an dem Bau begonnen worden waren, dauerte es noch etwa 20 Jahre, bis der König mit seinem Gefolge nach Versailles umzog.

Die etwa 2000 Räume, großen Säle und langen Flure boten Platz für mehr als 20000 Personen. Ein Teil dieses Hofstaates waren die etwa 1000 Adligen, die der König auf diese Weise kontrollieren konnte. Sie hatten ihre Macht verloren, bekamen in Versailles jedoch ein prunkvolles Leben mit zahlreichen Unterhaltungsmöglichkeiten (Feste, Theater, Oper, Ballett) geboten, das sie sich selbst nicht leisten konnten.

Die Macht der Etikette

Versailles sollte das Gefühl vermitteln, nur „bei Hofe" könne man wie ein wirklicher Adliger leben. Dazu trugen die königlichen Vorschriften für den Umgang miteinander (Etikette) bei. Jeder am Hofe erhielt nach seinem Ansehen einen bestimmten Rang im Hofzeremoniell. Das Recht, sich in der Nähe Ludwigs XIV. aufzuhalten oder ihn in seiner Kutsche zu begleiten, stand nur Adligen zu, die ihre Herkunft bis in das 14. Jh. nachweisen konnten. Damit band der Monarch den „alten" Adel an seinen Hof und „zähmte" ihn zugleich. Denn die Nähe des „alten" Adels zum Herrscher war ein Ausgleich für seinen verlorenen politischen Einfluss.

Der König von Frankreich war für andere Herrscher in Europa ein Vorbild. Sie eiferten ihm nach und ließen sich ebenfalls große Schlösser errichten, in denen sie ein Hofleben nach französischer Art führten.

1. *Beschreibe die Schlossanlage und ihre Wirkung (M1).*
2. *Beurteile die Bedeutung des Hofzeremoniells.*

Internettipps:
Du willst dich ein wenig in Versailles umschauen? Das geht unter Mediencode 31021-43

M 2 Morgenempfang beim König

Der französische Historiker Hippolyte Taine (1828-1893) beschreibt das „Große Lever", den täglichen Morgenempfang (franz. lever: aufstehen):

Der König ist gehalten, eine ganze Aristokratie zu beschäftigen; daher muss er sich fortwährend zeigen und seine Person zur Schau tragen. Des Morgens weckt ihn der erste Kammerdiener zu der von ihm bestimmten Stunde, und der Reihe nach treten fünf Gruppen von Leuten ein, um ihre Aufwartung zu machen. Zuerst kommt die „vertrauliche Gruppe", bestehend aus den königlichen Kindern, den Prinzen und Prinzessinnen von Geblüt, dem ersten Arzt, dem ersten Chirurgen und anderen nützlichen Personen.

Dann folgt die „große Gruppe"; dabei befinden sich der Großkämmerer, der Großmeister der Garderobe, die Ehren- und Kammerdamen der Königin und Prinzessinnen sowie Barbiere, Schneider und verschiedene Diener. Man gießt dem König aus einer vergoldeten Schale Franzbranntwein auf die Hände und reicht ihm den Weihkessel; er bekreuzt sich und betet. Dann erhebt er sich vor der ganzen Gesellschaft aus dem Bette, zieht die Pantoffeln und den ihm vom Großkämmerer und vom ersten Kammer-Edelmann gereichten Schlafrock an und setzt sich auf den Ankleide-Sessel.

In diesem Augenblick wird die dritte Gruppe hereingelassen, die teils aus Günstlingen, teils aus einer Menge von Dienstleuten [...] zusammengesetzt ist.

Im Moment, da man den König anzukleiden beginnt, nähert sich diesem der von einem Ordner benachrichtigte erste Kammer-Edelmann und nennt ihm die Namen der vor der Türe wartenden Edlen. Diese treten als vierte Gruppe ein. Die umfasst die meisten hohen Beamten, den Kaplan, den Prediger, den Hauptmann und Major der Leibgarden und einen Teil der übrigen hervorragenden Adligen und Geistlichkeit.

In dem feierlichen Augenblick, wenn der König ein frisches Hemd anzieht, dem Gipfelpunkt der Handlung, wird die fünfte Gruppe eingelassen, die alles umfasst, was bisher fehlte.

Zit. nach: Wilhelm Weigand (Hrsg.), Der Hof Ludwigs XIV. Nach den Denkwürdigkeiten des Herzogs von Saint-Simon, Leipzig [3]1925, S. 466 ff. (stark vereinfacht)

M 3 Schlafzimmer Ludwigs XIV. im Schloss von Versailles
Foto von 1990

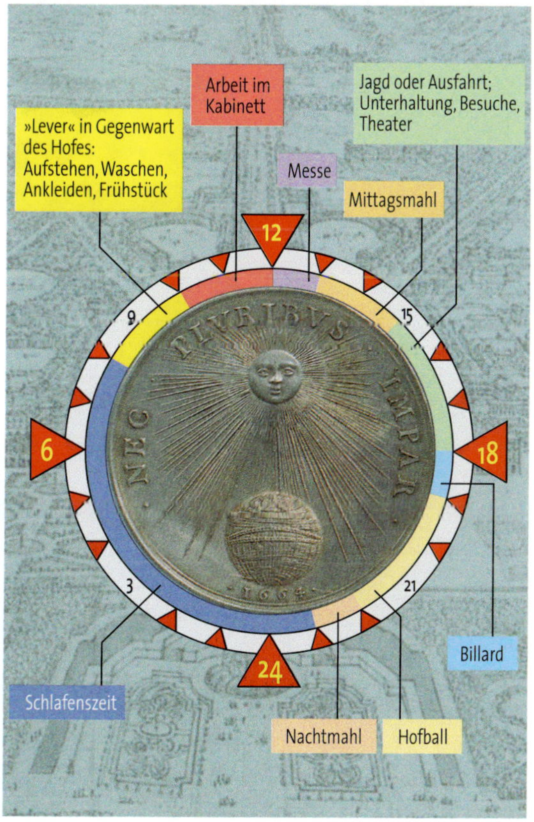

M 4 Der Tagesablauf des Königs
In der Mitte der Grafik ist die Rückseite einer Schaumünze (Medaille) von 1664 zu sehen. Siehe dazu auch S. 199.

1. *Liste die Personen auf, die am Morgenempfang des Königs teilnahmen (M2), und ordne sie den Ständen zu, denen sie angehörten.*
2. *Begründe, weshalb Ludwig XIV. ein solches Leben führte (M2-M4).*

Residenzen als Ausdruck eines neuen Herrschaftsverständnisses

Barock: prunkvoller Kunststil in der Zeit des Absolutismus (17./18. Jh.). Barocke Bauwerke sind meist hell und farbenprächtig und haben bevorzugt runde, verspielte Formen.

Residenzen: Zentren der Macht

Herrscher wollen ihre Macht für jedermann sichtbar machen. Bis ins 17. Jh. waren die Fürsten meist noch zwischen ihren Burgen oder Schlössern hin- und hergezogen. Die absolutistischen Fürsten ließen nun prachtvolle Barockschlösser als ständige Wohn- und Regierungssitze errichten. Für den Ausbau dieser Residenzen wurden bestehende Burgen, Schlösser oder Klöster abgerissen oder umgebaut, Gärten, Städte und selbst die Landschaft nach ihrem Willen umgeformt. Alles sollte planmäßig angelegt und dem Herrscher untertan sein.

Schon durch ihre Größe fielen die Schlösser auf, aber auch dadurch, dass sie durch Mauern, Gitter und Tore umschlossen wurden. Der Eindruck des Besonderen wurde meistens noch verstärkt, da sie streng symmetrisch erbaut worden waren: Sie sollten ein Abbild der „geordneten Verhältnisse" des ganzen Landes sein.

M1 Das Residenzschloss in Darmstadt heute

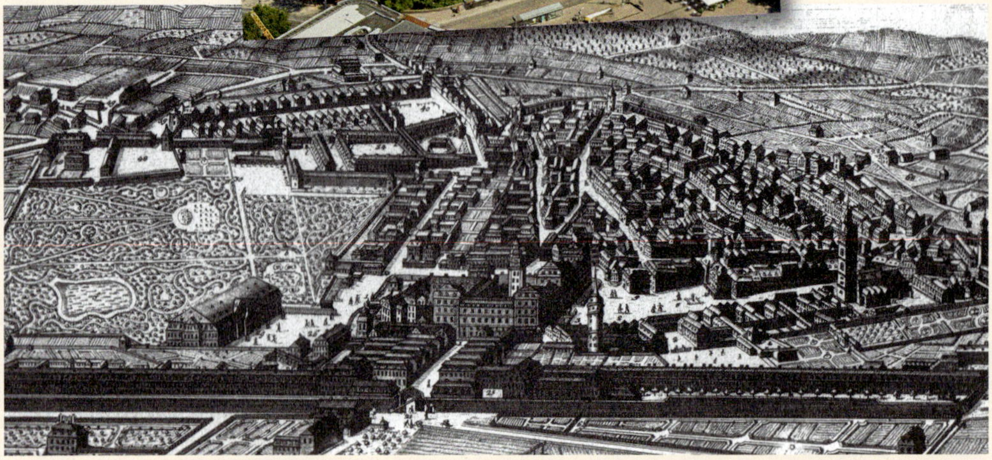

M2 Schloss und Stadt Darmstadt
Kupferstich von Johann Jacob Hill, 1776
Darmstadt hatte um 1715, als das neue Schloss geplant war, etwa 2 000 Einwohner, die meist in Fachwerkhäusern wohnten. Nur in zwei Straßen gab es Häuser aus Stein. Als das Bild entstand, war die Stadt mittlerweile auf etwa 10 000 Einwohner angestiegen.

Die Kunst der Selbstdarstellung

In den Schlössern, gleich ob es sich um kleine Jagd- und Sommerschlösser oder um große Residenzen handelte, gab es natürlich alle die Räume, die unbedingt notwendig waren: die Wohn- und Aufenthaltsräume des Schlossherrn samt den Amtszimmern, Küchen, Kellern, Dienerkammern und anderen Räumen zur Versorgung des Herrn und seines Hofstaates.

Doch der besondere Stolz des Herrn waren besondere Schauräume, die nur dazu dienten, sie hochgestellten Gästen vorzuführen: große Prunktreppenhäuser, prächtige Säle, Spiegel- und Gemäldegalerien. Sie entfalteten ihren Glanz bei aufwändigen Empfängen und rauschenden Festen. Man kam um zu sehen und um gesehen zu werden. Und im Mittelpunkt all dessen stand – wie eine Sonne – der Gastgeber und Schlossherr.

Versailles als Vorbild

Vorbild für ganz Europa war König Ludwig XIV. von Frankreich mit Schloss und Park von Versailles. Nach deren Muster entstanden viele prächtige Anlagen.

Zu den Fürsten, die den „Sonnenkönig" bewunderten, gehörte auch Landgraf Ernst Ludwig von Hessen-Darmstadt (1678-1739). Nachdem das alte Darmstädter Schloss bei einem Brand teilweise zerstört worden war, ließ der Landgraf 1715 Pläne für einen prachtvollen Neubau anfertigen. Die Menschen in der kleinen Landgrafschaft mit nur 100 000 Einwohnern (so groß wie eine mittelgroße Stadt heute) sollten das teure Vorhaben finanzieren. Die dafür vorgesehenen Sondersteuern gingen aber nur teilweise ein, sodass der Bau 1722 eingestellt werden musste. Die bis dahin errichteten barocken Schlossflügel blieben bis ins 19. Jh. unbewohnt, der Landgraf residierte in einem kleinen Palais am Marktplatz.

M 3 Schloss Oranienstein
Foto von 2008
Der Name des Schlosses Oranienstein im rheinland-pfälzischen Diez geht auf Wilhelm von Oranien, „Stammvater“ des niederländischen Königshauses zurück. Der Hauptflügel des Schlosses wurde von 1672 bis 1681 für die Gräfin Albertine Agnes von Oranien-Nassau auf den Ruinen eines Klosters erbaut. 1704 bis 1709 ließ es ihre Schwiegertochter zum Barockschloss mit 318 Räumen umbauen. Die Pläne dazu erstellte der französische Architekt Daniel Marot, Sohn des Erbauers der Versailler Schlossanlage.

M 4 Dianasaal im Schloss Engers in Neuwied
Foto von 2011
Das Schloss wurde im Auftrag des Trierer Erzbischofs und Kurfürsten zwischen 1759 und 1764 als Jagd-, Lust- und Sommerschloss erbaut. Der prächtige Barocksaal wird heute als Standesamt und Musikzimmer genutzt.

M 5 Der Orangeriegarten in Darmstadt
Foto von 2008
Das Orangerie-Gebäude befindet sich am unteren Bildrand rechts.

Die Orangerie

Zu beinahe jedem barocken Schloss gehörte auch eine Orangerie. Meist war sie Teil der Gartenanlagen – wie zum Beispiel in Versailles. Teuer eingekaufte Zitrus- und Orangenbäume aus Südeuropa waren ein besonderer Ausdruck von Wohlstand. In den kalten Monaten mussten sie in einem speziellen, mit großen Fenstern versehenen Gebäude untergebracht werden: der Orangerie. Diese wurden oft zu kleinen Schlössern mit kunstvoller Ausstattung ausgebaut.

Lesetipp:
Barbara Djassemi, Mit Reifrock und Rosenwasser. Kinder erleben die Barockzeit, Stuttgart 2012

Exkursionstipps:
Kurfürstliches Palais in Trier, Kurfürstliches Schloss in Mainz, Schloss Bollendorf, Schloss Neuwied, Schloss Montabaur

1. *Beschreibe den Unterschied zwischen dem geplanten und dem tatsächlich fertig gestellten Darmstädter Residenzschloss (M1, M2).*
2. *Suche im Internet nach weiteren Ansichten des Darmstädter Residenzschlosses sowie der Schlösser in Diez und Engers (M1-M5). Vergleiche jeweils mit dem Schloss von Versailles (S. 264). Liste Gemeinsamkeiten und Unterschiede auf.*
3. *Prüfe, inwiefern sich das absolutistische Herrschaftsverständnis der Fürsten in den Anlagen wiederfindet.*
4. *Stelle in einem kurzen Referat ein Barockschloss deiner Wahl in Rheinland-Pfalz vor. Vergleiche es mit dem Schloss in Versailles.*

Die Außen- und Wirtschaftspolitik Ludwigs XIV.

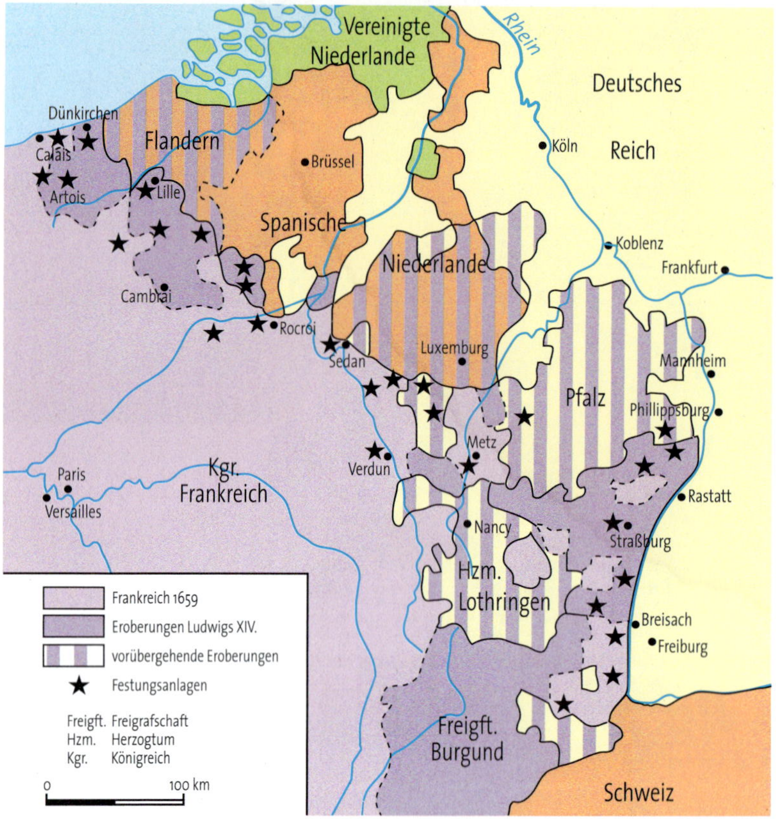

M1 Veränderung der Nordostgrenze Frankreichs

Ziel: Vormachtstellung

Ludwig XIV. strebte eine Vormachtstellung (Hegemonie) Frankreichs an. Seine Außenpolitik wollte

- das Herrscherhaus Habsburg in Spanien und Österreich schwächen,
- Frankreichs Grenzen nach Norden und Osten verschieben und
- wirtschaftliche Konkurrenten ausschalten.

Um diese Ziele zu erreichen, führte der König viele Kriege, in die andere europäische Staaten hineingezogen wurden. Ständig bemühte er sich um neue Bündnisse. Frankreich wurde durch Kriege und Verhandlungen mit auswärtigen Mächten in den 1680er-Jahren zur größten Macht Europas.

Vor allem England widersetzte sich der französischen Hegemonie, forderte eine Gleichgewichtspolitik und schloss aus dem Grunde Bündnisse mit Frankreichs Nachbarn. So musste Ludwig XIV. nach 1688 seinen Führungsanspruch aufgeben und Englands Grundsatz vom Gleichgewicht der Mächte (engl. balance of powers) in Europa hinnehmen.

Der Staat braucht Geld

Der absolutistische Staat brauchte viel Geld für das stehende Heer und seine Kriege, für die Gehälter der Beamten, die teuren Bauten sowie für die aufwändige Hofhaltung. Um die Staatseinnahmen zu erhöhen, verbesserte der König die Verwaltung. Er beauftragte Jean Baptiste Colbert 1661 bis zu seiner Absetzung 1683 mit der Finanz- und Wirtschaftspolitik. Der aus einer Tuchhändlerfamilie stammende Colbert führte eine staatlich gelenkte Wirtschaft ein, die später **Merkantilismus** (von lat. mercari: Handel treiben) genannt wurde.

Zu seinen Maßnahmen gehörten:

- bessere und mehr Land- und Wasserstraßen
- weniger Binnenzölle
- geringe Einfuhrzölle für Rohstoffe und hohe Aufschläge für Luxusgüter wie Zucker und Tabak sowie Fertigwaren
- mehr Gebiete in Übersee (Kolonien), um von dort Rohstoffe zu beziehen

Manufakturen werden gefördert

Dazu ließ Colbert viele staatliche Gewerbebetriebe (Manufakturen) errichten, die Wandbildteppiche (Gobelins), Uhren und Parfüm für die Ausfuhr ins Ausland herstellten. Und schließlich warb er ausländische Fachkräfte an und verbot französischen Spezialisten die Auswanderung.

Der Staat nahm mehr Steuern ein. Gleichzeitig wurden Bürger durch Handel und Gewerbe reich. Der Adel durfte sich aufgrund der Standesbestimmungen nicht direkt daran beteiligen. Die Landwirtschaft aber, von der die meisten Franzosen lebten, vernachlässigte Colbert. Am ärmlichen Leben der Bauern änderte sich nichts. Am Ende war das Land bankrott.

1. *Beschreibe mit der Karte M1 die Ziele und Maßnahmen der Außenpolitik Ludwigs XIV.*
2. *Im Verfassertext wird betont, dass Colbert aus einer Tuchhändlerfamilie stammte. Überlege, warum dem Verfasser dieser Hinweis wichtig war.* Tipp: Blätter noch einmal zurück auf S. 222 f.
3. *Erkläre die Gründe für die Einführung des Merkantilismus.*

M 2 Spielkartenmanufaktur in Paris
Ölgemälde, um 1680 (Ausschnitt)
In den großen Werkstätten arbeiteten viele Menschen an unterschiedlichen Plätzen vorwiegend mit der Hand, daher der Name Manufaktur (von lat. manu facere: mit der Hand machen). Die Fertigung wurde in einzelne Schritte zerlegt. Durch diese Arbeitsteilung ließen sich mehr Waren günstiger herstellen, weil ungelernte Arbeiter, Frauen und Kinder mit geringen Löhnen eingestellt wurden und die Zwischentransporte der Halbfertigwaren von einer kleinen Werkstatt zur nächsten entfielen.

M 3 Was will Colbert?

Ein Botschafter der Republik Venedig berichtet in den 60er-Jahren des 17. Jh. über die neue französische Wirtschaftspolitik:

Herr Colbert […] versäumt nichts, um Gewerbe anderer Länder in Frankreich heimisch zu machen. Was an Besonderem in England hergestellt wird, was die Natur dort an Seltenem liefert, bemüht er sich, ins Königreich einzuführen […]. Aus Holland hat man Techniken der Tuchproduktion übernommen, ebenso auch die Herstellung von Käse, Butter und anderen Spezialitäten. Aus deutschen Ländern hat man die Produktion von Gütern, Weißblech und vieler anderer Gewerbeerzeugnisse geholt, von unserem Land die Spitzenklöppelei und die Spiegelherstellung. Was es an besten Waren in aller Welt gibt, das wird zurzeit in Frankreich hergestellt, und so groß ist das Ansehen dieser Waren, dass von überall Bestellungen kommen.

Zit. nach: L'histoire de France, Bd. 4, hrsg. von E. Larisse, Paris 1906, S. 229 f. Übersetzung: Geschichtsbuch 2, Frankfurt am Main 1987, S. 159 f.

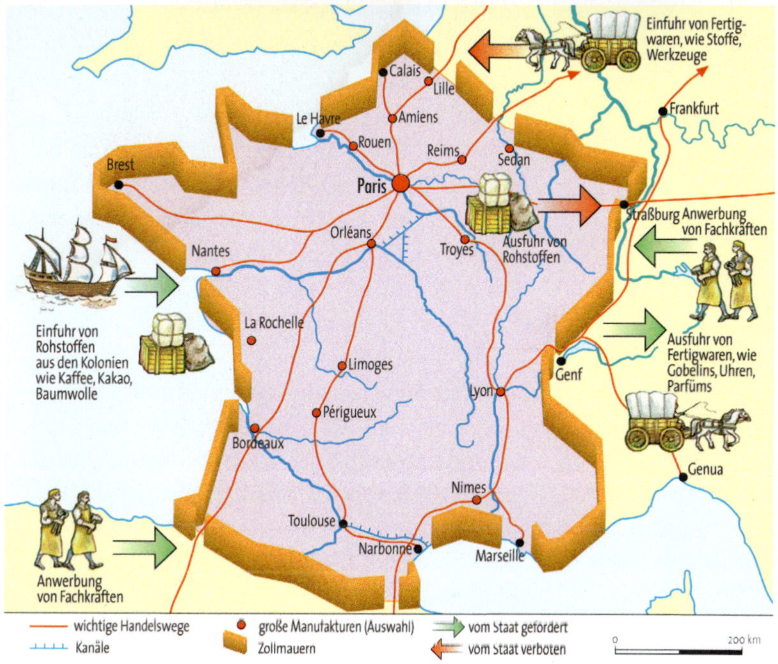

M 4 Wie die merkantilistische Wirtschaft funktionieren sollte
Die Karte stellt einen einheitlichen Wirtschaftsraum dar, den sich Colbert gewünscht hätte.

1. *Auf dem Bild (M2) sind folgende Arbeitsgänge zu sehen: Färben, Drucken, Trocknen, Schneiden, Glätten und Sortieren. Ordne die einzelnen Arbeitsschritte den Bildteilen zu.*
2. *Nenne die Vor- und Nachteile der Manufaktur gegenüber der Werkstatt eines Handwerkers.*
3. *„Der Merkantilismus kann nicht funktionieren, wenn alle Staaten ihn anwenden". Nimm mithilfe von M3 und M4 Stellung zu dieser Behauptung.*
4. *Der Merkantilismus förderte die Luxusgüter, verbesserte aber nicht die Versorgung der Bevölkerung. Prüfe die Aussage.*
5. *Verfasst in kleinen Arbeitsgruppen eine „Regierungserklärung", in der der französische König die Grundlagen seiner Macht herausstellt und die Probleme verschleiert.*

Kompetenzen überprüfen

M1 Kennst du die Fachbegriffe?

Im 15. Jh. häuften sich die Vorwürfe gegen die Kirche. Die Kirche erließ den Gläubigen ihre Sündenstrafen immer öfter gegen Geld. Daran entzündete sich 1517 die Kritik Martin Luthers. Sie leitete die OOOOOOOOOOO ein.

Der christliche Glaube spaltete sich auf in die römisch-katholische und verschiedene evangelische oder reformierte Kirchen. Die katholische Kirche reagierte mit einer OOOOOOOOOOOOOOOO.

Der „Augsburger Religionsfrieden“ bestätigte die OOOOOOOOOOOOOOOO, die sich bald auf ganz Europa ausweitete. Die Herrschenden bauten OOOOOOOOOOOOO auf und bestimmten nun den Glauben ihrer OOOOOOOOOO. Seit dem Spätmittelalter hatten die Fürsten ihre Macht ausgedehnt. Sie waren zu OOOOOOOOOOOO über ihre Herrschaftsgebiete geworden, die sie zu OOOOOOOOOOO-OOOOOOO mit eigener OOOOOOOOOO ausbauten. Die Reformation trug auch dazu bei, dass sich kleinere Aufstände der ländlichen und städtischen Unterschichten 1525 zum Bauernkrieg ausweiteten. Die Gegensätze der Glaubensrichtungen (OOOOOOOOOOOO), aber auch politisches Machtstreben lösten schließlich den Dreißigjährigen Krieg aus. Er fand erst im Westfälischen Frieden ein Ende. Im Gegensatz zu den Monarchien Frankreich, England und Spanien blieb das Heilige Römische Reich Deutscher Nation ein lockerer Verbund vieler Einzelstaaten.

Fast überall in Europa setzte sich die Herrschaftsform des Absolutismus durch. Zum Vorbild wurde der französische König Ludwig XIV., der „Sonnenkönig“. Er stützte seine Herrschaft auf abhängige Beamte und ein stehendes Heer. Außenpolitisch strebte er nach der Vorherrschaft in Europa.

Die absolutistische Wirtschaftspolitik, der OOOOOOOOOOOOOO, förderte Handel und Gewerbe und brachte kurzfristige Erfolge, konnte aber langfristig nicht die notwendigen Einnahmen sichern.

M2 Der Papst als Esel
Holzstich, Werkstatt von Lucas Cranach d. Ä., 1528
Die Krone ist mit Kot verschmutzt.

M3 Luther als „Tourismus-Botschafter“
PLAYMOBIL-Sonderfigur zum 500. Jahrestag der Reformation im Jahr 2017
Die Deutsche Zentrale für Tourismus und die Stadt Nürnberg haben im Februar 2015 die Luther-Spielfigur als Werbebotschafter für Reisen nach Deutschland vorgestellt.

M4 350 Jahre Westfälischer Frieden
Briefmarke von 1998

M5 „Die armen Reformierten“

Liselotte von der Pfalz, die wegen ihrer Heirat mit dem Bruder Ludwigs XIV. zum katholischen Glauben übergetreten ist, schreibt an ihre Tante, die Kurfürstin Sophie von Hannover, am 23. September 1699:

Die armen Reformierten sind zu beklagen. Die sich aber in Deutschland gesetzt [niedergelassen] haben, werden das Französische gemein [bekannt] machen. Monsieur Colbert [der französische Finanzminister] soll gesagt haben, dass viele Untertanen der Könige und Fürsten Reichtum seien, wollte deswegen dass sich alles heiraten sollte und Kinder kriegen; also werden diese neuen Untertanen der deutschen Kurfürsten und Fürsten Reichtum werden.

Zit. nach: Helmuth Kiesel (Hrsg.), Briefe der Liselotte von der Pfalz, Frankfurt am Main 1981, S. 127

M6 „Woche des ausländischen Mitbürgers“
Karikatur von Marie Marcks, um 1987

M7 Absolutistisches Selbstverständnis

In seinen Erinnerungen schreibt Ludwig XIV.:

Sie [die Sonne] ist ohne Zweifel das lebendigste und schönste Sinnbild eines großen Fürsten, sowohl deshalb, weil sie einzig in ihrer Art ist, als auch durch den Glanz, der sie umgibt, durch das Licht, das sie den anderen Gestirnen spendet, die gleichsam ihren Hofstaat bilden [...].

Gott, der die Könige über die Menschen gesetzt hat, wollte, dass man sie als seine Stellvertreter achte, und er selbst hat sich das Recht vorbehalten, über ihren Wandel zu urteilen. Es ist sein Wille, dass, wer als Untertan geboren ist, willenlos zu gehorchen hat.

Zit. nach: Ludwig XIV., Memoiren. Aus dem Französischen von Leopold Steinfeld, Basel 1931, S. 187 und 271

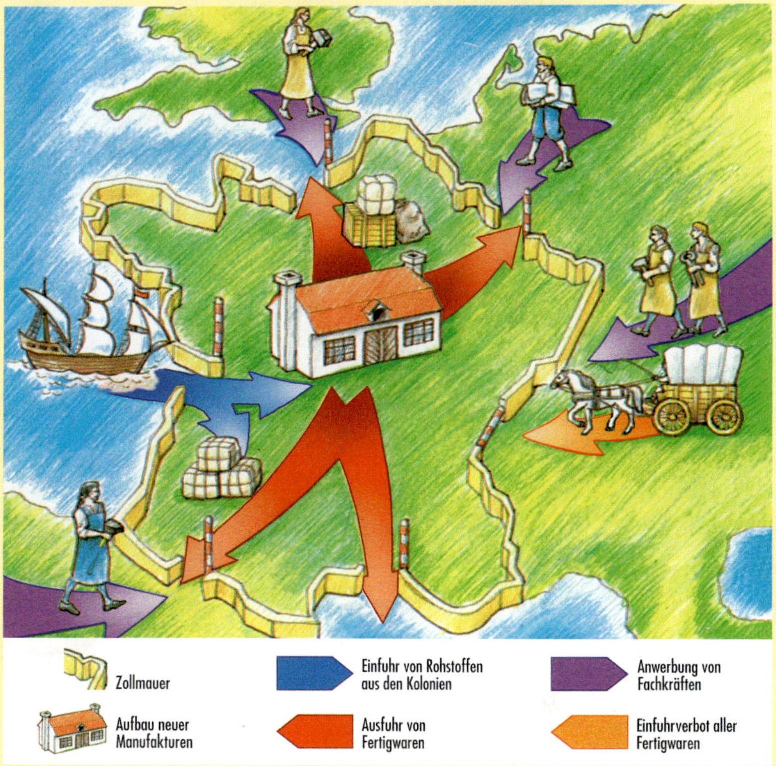

M8 Wie funktionierte der Merkantilismus?

1. *Schreibe die fehlenden Begriffe (M1) auf.*
2. *Argumentiere, warum das Spottbild (M2) ein typisches Zeugnis für den Übergang vom späten Mittelalter zur Neuzeit ist.*
3. *Stelle begründete Vermutungen auf, dass sich viele Menschen in dieser Epoche tief verunsichert gefühlt haben. Diskutiert, welche Folgen dies in den Bereichen Herrschaft, Religion und Gesellschaft hatte.*
4. *Begründe, warum man sich wohl gerade Luther als „Tourismus-Botschafter“ ausgesucht hat (M3).*
5. *Ein Briefmarkensammler möchte wissen, warum die Deutsche Post mit Marken an den Westfälischen Frieden (M4) erinnert hat. Erkläre es ihm.*
6. *Die Frühe Neuzeit gilt als Epoche der Durchsetzung des empirisch-naturwissenschaftlichen Weltbildes. Weise nach, in welchen Bereichen die Naturwissenschaften die Religion als Grundlage für die Weltdeutung ablösten und wo die Religion weiterhin bestimmend blieb.*
7. *Arbeite heraus, worauf sich Liselotte von der Pfalz in dem Briefauszug (M5) bezieht. Beurteile, ob sie mit ihrer Meinung Recht hat.*
8. *Diskutiert in der Klasse, welche Folgen es hat, wenn Menschen ihren Glauben und ihre Meinung nicht äußern dürfen. Beachtet auch die Auswirkungen für den Staat.*
9. *Die Karikatur greift ein aktuelles Thema auf (M6). Nenne es. Untersuche die Einstellung der Zeichnerin dazu.*
10. *Begründe mithilfe von M8, warum Wirtschaft und Außenpolitik im Merkantilismus eng zusammen gehörten.*

6

Von den Revolutionen zu den Nationalstaaten

M 1 Ludwig XVI. mit Freiheitsmütze
Kupferstich von Charles Barbant, 1883
Das Gemälde entstand fast 100 Jahre nach der Französischen Revolution. Auf dem Schild steht übersetzt: „Nieder mit dem Veto!" Das spielt auf einen Verfassungsentwurf an, der dem damaligen König Ludwig XVI. (1754 - 1793) die Möglichkeit geben sollte, gegen Beschlüsse des Parlaments Einspruch (ein Veto) einzulegen.

M2 Das merkwürdige Jahr 1848
Lithografie aus einer in Neuruppin (Brandenburg) 1848 verlegten Bilderzeitung (Illustrierten)

M3 Schienenwalzwerk der Friedrich-Alfred-Hütte in Rheinhausen (bei Duisburg)
Farbdruck nach einem Ölgemälde von Otto Bollhagen, 1911/12

Freiheit, Recht und Nation

„Aus einem kleinen Funken, der in Amerika angezündet wurde, ist eine Flamme emporgestiegen, die sich nicht mehr austilgen lässt. Ohne zu verzehren [...] windet sie ihren Fortschritt von Nation zu Nation [...]. [Der Mensch] erwirbt eine Kenntnis seiner Rechte, indem er richtig auf seinen Vorteil achtet, und entdeckt endlich, [...] dass um frei zu sein, es genug ist, dass er es sein will".
Diese Zeilen verfasste der aus England stammende amerikanische Publizist Thomas Paine um 1790, nachdem in Amerika die Vereinigten Staaten (USA) entstanden waren. Paine nennt die drei Schlüsselbegriffe des Zeitalters der demokratischen Revolutionen: Freiheit, Recht und Nation. Daraus leitete er das Selbstbestimmungsrecht der Menschen und das Recht der Völker ab, nach eigenen Vorstellungen regiert zu werden. Die Monarchien waren für ihn dem Untergang geweiht.
Paine sollte Recht behalten: Die Zukunft gehörte der demokratischen Republik und dem Nationalstaat. Doch obwohl die Menschen überall in Europa nationale, liberale und soziale Forderungen stellten, mussten sie lange darauf warten – auch in den deutschen Staaten, wo man 1848 sogar schon eine Verfassung für einen deutschen Nationalstaat entworfen hatte, leider jedoch vergeblich.
Einen deutschen Nationalstaat gab es erst ab 1871 mit der Gründung des Deutschen Kaiserreiches. Zu diesem Zeitpunkt war bereits ein umwälzender Prozess in vollem Gange: die Industrialisierung. Sie veränderte nicht nur die wirtschaftlichen, sondern auch die gesellschaftlichen Verhältnisse und ebnete damit den Weg für politische Veränderungen.

1. *Untersucht die Abbildungen M1 und M2. Welche Forderungen lassen sich daraus ablesen?*
2. *Beschreibt das Bild M3. Welche Wirkung hat es auf euch? Welche Haltung hatte der Maler zu der abgebildeten Situation? Nehmt Stellung.*
3. *1871 entstand der erste deutsche Nationalstaat. Schaut noch einmal in den vorangehenden Kapiteln im Buch nach und erstellt eine Tabelle mit den Namen der Herrschaften und Staaten auf dem Gebiet des heutigen Deutschlands zu folgenden Zeitpunkten: um 1250, um 1500, um 1763.*
4. *Stellt begründete Vermutungen an, wie Nationen entstehen. Haltet eure Ideen fest und vergleicht sie im Lauf des Kapitels mit den Informationen im Buch.*

M 1 Europa um 1789

Orientierung gewinnen: Aufklärung und Französische Revolution

Ludwig XIV. und seine beiden Nachfolger hatten weitgehend unabhängig von den Gesetzen und den drei Ständen regiert. Keine 70 Jahre nach dem Tod Ludwigs XIV. wurde sein Nachkomme, König Ludwig XVI., in der Französischen Revolution vom Thron gestürzt und schließlich 1793 geköpft. Das Volk kämpfte für eine andere Form der Herrschaft. Es tat sich einiges Ende des 18. Jh.:

- Aufklärer prangerten die Missstände im Staat an und entwickelten neue Ideen zu Politik und Gesellschaft.
- Ein neuer Staat hatte sich gebildet, der zum Vorbild für andere wurde: die Vereinigten Staaten von Amerika. Er verwirklichte Gedanken der Aufklärung.
- 1789 begann die Französische Revolution. 1792 wurde ein Revolutionskalender mit einer eigenen Zeitrechnung eingeführt. Er sollte deutlich machen, dass eine völlig neue Zeit angebrochen war.

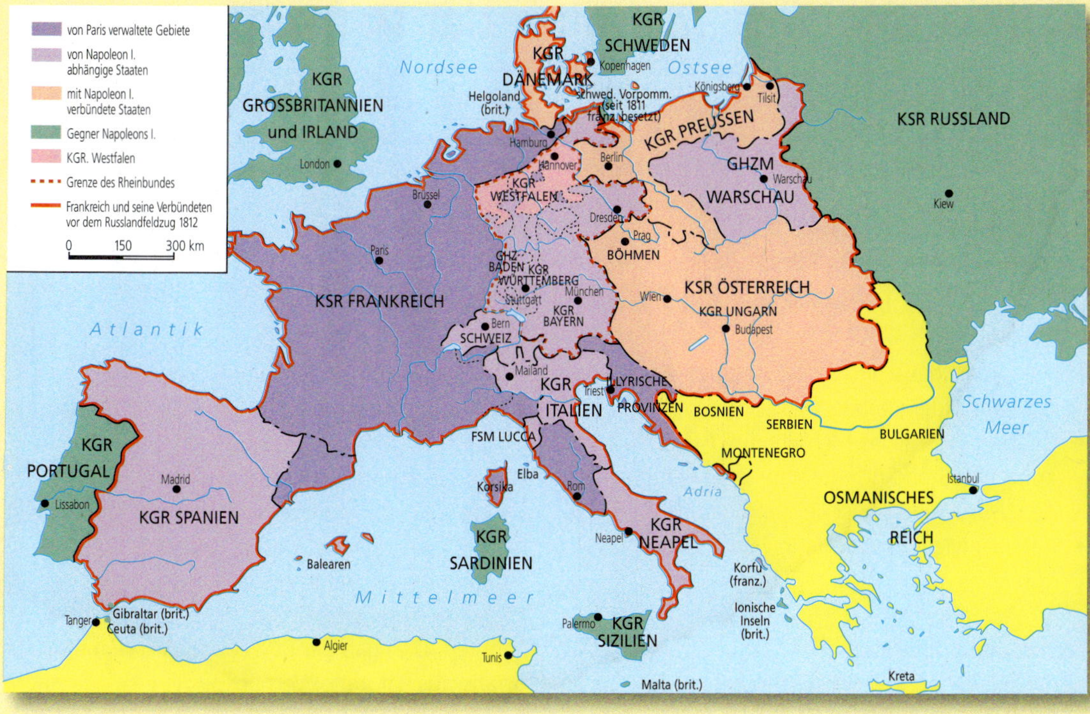

M 2 Europa 1812

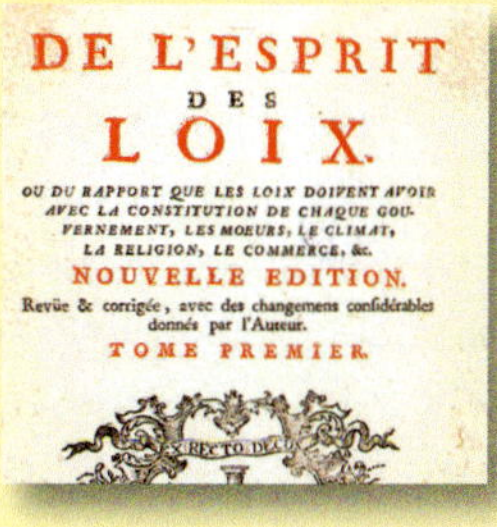

Die Aufklärung hatte sich als europäische Bewegung allmählich aus humanistischen Ideen entwickelt. Ziel der Aufklärer war es, den Menschen als Individuum zu stärken und das Wissen über seine Rechte zu fördern – ihn mündig zu machen.
Welche neuen Ideen über das Zusammenleben der Menschen entstanden aus der Vorstellung der Aufklärer, dass alle Menschen von Natur aus gleiche Rechte haben? Was sollten die Menschen mit ihren neuen Rechten machen?

Einige Ideen der Aufklärung waren von einzelnen Herrschern in Europa mit Reformen von oben umgesetzt worden. In Nordamerika und Frankreich wurden die Herrschaftsverhältnisse schließlich durch Revolutionen von unten beseitigt und neue Herrschaftsformen eingerichtet. Wie veränderten sie die Herrschafts- und Machtverhältnisse? Welche Folgen hatte die Revolution für Klerus und Geistlichkeit, die ja auch zum herrschenden Stand gehörten? Hielten die Revolutionen, was sie anfangs versprachen?

Die einfache Bevölkerung, vor allem auf dem Land, hatte sehr unter der absolutistischen Herrschaft gelitten.
Wie wirkten sich Aufklärung und Revolution auf die Gesellschaft aus? Verbesserten sich die Lebensverhältnisse der Menschen durch die neue Verfassung, die auch die Menschenrechte zum Schutz des Individuums enthielt? Wie entwickelt sich eine Gesellschaft, in der die Bedeutung der Religion sich ändert?

1. *Vergleicht die Ausdehnung und Namen der Staaten auf den Karten M1 und M2.*
2. *Diskutiert, welche allgemeinen Voraussetzungen notwendig sind, damit es zu einer Revolution kommt.*
3. *Erklärt, was es bedeutet, wenn ein Mensch „mündig" wird.*
4. *Begründet aufgrund eures Vorwissens zu Herrschaft, Religion und Gesellschaft der Frühen Neuzeit, warum die Mehrheit der Menschen in Europa von den Aufklärern als „unmündig" betrachtet werden konnte.*

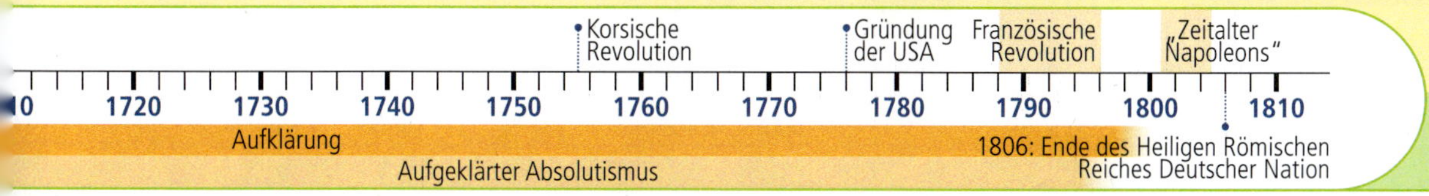

Aufklärung: das „Zeitalter der Vernunft"

Ein neues Menschenbild?

Im 17. Jh. entwickelte sich eine neue Bewegung, die beinahe alle Lebensbereiche betraf: die **Aufklärung**. Freiheit und Vernunft waren dabei zentrale Begriffe. Die Menschen sollten sich nicht von Autoritäten wie der Kirche leiten lassen, sondern ihr Leben und Denken selbst bestimmen. Die Aufklärer waren überzeugt,

- dass jeder Mensch fähig sei, herauszufinden, wie die Welt „funktioniert";
- dass der Wert eines Menschen nicht auf Herkunft und Stand, sondern auf seiner angeborenen Würde und seiner Leistung beruhe;
- dass der Mensch sich nur in Freiheit entfalten könne.

Freiheit und Toleranz

Die Aufklärer lehnten den kirchlichen Anspruch ab, dass die Bibel die alleinige Grundlage für das gesamte Wissen und das Christentum die einzig wahre Religion sei. Schriftsteller und Philosophen wie Gotthold Ephraim Lessing und Moses Mendelssohn riefen zur gegenseitigen Achtung und Toleranz von Christen, Juden und Muslimen auf.
Doch die Aufklärung änderte das Verhalten der Bevölkerung nur allmählich. Weiterhin glaubten noch viele Menschen an Wahrsager, fanden große Hexenprozesse statt, wurden Afrikaner millionenfach versklavt und Minderheiten verfolgt.

M 1 „Das Experiment mit dem Vogel in der Luftpumpe"
Ölgemälde von Joseph Wright, 1768
In dem dargestellten Experiment sollte herausgefunden werden, ob ein Vogel im luftleeren Raum fliegen kann. Durch den Einsatz der Luftpumpe gelang es Robert Boyle 1660, die Grundlagen der Atmung zu entdecken.

Ablehnung des Absolutismus

Der Absolutismus beruhte darauf, dass sich die Untertanen dem Monarchen unterordneten. Eine solche Herrschaft, die sich als gottgegeben darstellte und alle Macht für sich beanspruchte, widersprach dem Denken der Aufklärer. Sie forderten die Teilung der Macht und feste Rechtsgrundsätze, die für alle Bürger gleichermaßen gelten sollten. Rechtmäßige Herrschaft beruhte nach ihren Vorstellungen auf der Zustimmung des Volkes.

Aufstieg der Naturwissenschaften

Seit dem 17. Jh. vertrauten die Forscher immer mehr darauf, dass nur mithilfe der Vernunft die Wissenschaft vorangebracht werden könne. Sie ließen nur gelten, was sie überprüfen oder in Regeln fassen konnten. Dies gab der Bewegung den Namen **Rationalismus** (lat. ratio: Vernunft).
Forscher entwickelten neue Instrumente wie Mikroskope oder immer bessere Teleskope, um noch genauer als in der Renaissance den Himmel und Lebewesen beobachten zu können. Neue Methoden wie Experimente und große Fortschritte in der Mathematik ermöglichten, Gesetze und Regeln in der Natur zu entdecken. Der deutsche Johannes Kepler ergänzte Galileis Beobachtungen und stellte die Gesetzmäßigkeit der Planetenbewegungen fest. Isaac Newton erkannte wichtige Gesetze der Physik, vor allem das Gesetz der Schwerkraft.
Die Landesherren förderten die Wissenschaften. Sie gründeten unabhängig von den bestehenden Universitäten Akademien. Forscher aus dem In- und Ausland konnten dort in den Laboratorien, Sternwarten und Bibliotheken arbeiten. Ihre Ergebnisse sollten dem Land wirtschaftliche und technische Vorteile bringen.

1. *Schreibe einen kurzen Lexikonartikel und erkläre darin, was unter Aufklärung zu verstehen ist.*
2. *Diskutiert in der Klasse, ob die Annahme der Aufklärung zutrifft: Jeder Mensch könne selbst herausfinden, wie die Welt funktioniert, wenn er nur seinen Verstand richtig gebraucht.*

M2 Über den richtigen Vernunftgebrauch

Von dem französischen Mathematiker und Philosoph René Descartes stammt der Satz: „Ich denke, also bin ich." In seiner „Abhandlung über die Methode des richtigen Vernunftgebrauchs" (1637) lautet seine erste Vorschrift:

Die erste Vorschrift besagt, niemals eine Sache als wahr anzuerkennen, von der ich nicht ganz sicher und einleuchtend erkenne, dass sie wahr ist: d. h. Übereilung und Vorurteile sorgfältig zu vermeiden und über nichts zu urteilen, was sich meinem Denken nicht so klar und deutlich darstellt, dass ich keinen Anlass hätte, daran zu zweifeln.

Zit. nach: Karl Vorländer, Philosophie der Neuzeit. Geschichte der Philosophie IV, Reinbek 1966, S. 126 (vereinfacht)

M3 „Was ist Aufklärung?"

Der Philosoph Immanuel Kant beantwortet 1784 diese Frage so:

Aufklärung ist der Ausgang des Menschen aus seiner selbstverschuldeten Unmündigkeit. Unmündigkeit ist das Unvermögen, sich seines Verstandes ohne Leitung eines anderen zu bedienen. Selbstverschuldet ist diese Unmündigkeit, wenn ihre Ursache nicht am Mangel des Verstandes, sondern der Entschlusskraft und des Mutes liegt, sich seiner ohne Leitung eines andern zu bedienen. Sapere aude! Habe Mut, dich deines eigenen Verstandes zu bedienen!, ist also der Wahlspruch der Aufklärung. Faulheit und Feigheit sind die Ursachen, warum ein so großer Teil der Menschen, nachdem sie die Natur längst von fremder Leitung freigesprochen hat (naturaliter majorennes), dennoch gerne zeitlebens unmündig bleiben; und warum es anderen so leicht fällt, sich zu deren Vormündern aufzuwerfen. Es ist so bequem, unmündig zu sein. Habe ich ein Buch, das für mich Verstand hat, einen Seelsorger, der für mich Gewissen hat, einen Arzt, der für mich die Diät beurteilt, u.s.w., so brauche ich mich ja nicht selbst zu bemühen. Ich habe nicht nötig zu denken, wenn ich nur bezahlen kann; andere werden das verdrießliche Geschäft schon für mich übernehmen.

Zit. nach: Hagen Schulze und Ina Ulrike Paul (Hrsg.), Europäische Geschichte. Quellen und Materialien, München 1994, S. 856 (vereinfacht)

M4 Heißluftballon der Brüder Montgolfier
Nachträglich kolorierte Radierung, 18. Jh.
Die Brüder Etienne und Michel de Montgolfier stellten in der väterlichen Papierfabrik Versuche mit leichten, rauchgefüllten Papiersäcken an, die sie aufsteigen ließen. Als am 21. November 1783 der erste bemannte Heißluftballon startete, galt dies als Zeichen eines neuen Zeitalters.

M5 Erfindungen

Beobachtungs- und Messinstrumente		
1590	Mikroskop	Janssen
1657	Pendeluhr	Huygens
1669	Spiegelteleskop	Newton
1718	Quecksilberthermometer	Fahrenheit

Technische Verfahren, Werkzeuge und Geräte		
1623	Rechenmaschine	Schickard
1649	Luftpumpe	Guericke
1673	Multipliziermaschine	Leibniz
1693	Porzellan (in Europa)	Tschirnhaus
1752	Blitzableiter	Franklin
1769	Dampfmaschine	Watt
1783	Heißluftballon	Montgolfier

1. *Prüfe mithilfe von M2 und dem Verfassertext, welche Verbindung zwischen Rationalismus und Aufklärung besteht.*
2. *Erläutere, wie Kant die Unmündigkeit beschreibt (M3). Wodurch soll sich der Mensch aus ihr befreien?*
3. *Auf ihre Weise folgten Boyle (M1) und die Montgolfier-Brüder (M4) den Grundsätzen der Aufklärung. Stelle Vermutungen an: Welche Widerstände hatten sie wohl zu überwinden (Stichwort „Unmündigkeit")?*
4. *Informiere dich über einige der Erfindungen in M5. Beurteile, welche Bedeutung sie hatten.*

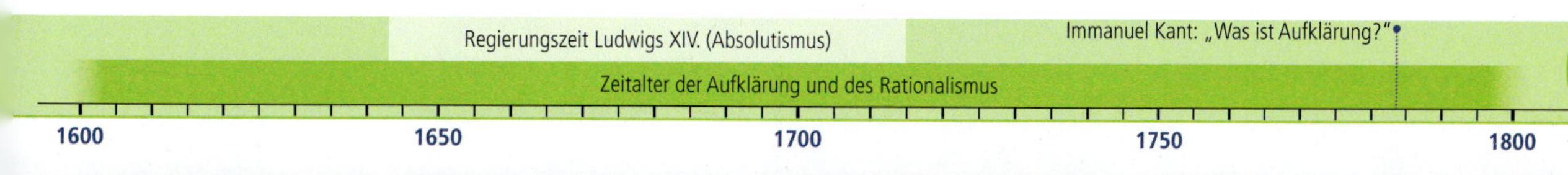

Aufklärung durch Bildung

M 1 Der Salon von Madame Geoffrin
Historiengemälde von Gabriel Lemonnier, nach 1804
In dem Gesellschaftszimmer (Salon) der Madame Geoffrin versammelten sich immer wieder Männer und Frauen der adligen und bürgerlichen Gesellschaft, um sich aus neuen Schriften vorlesen zu lassen und darüber zu diskutieren. Sie trafen sich unter der Büste des Philosophen, Geschichtsschreibers und Dichters Voltaire (1694 - 1778), der als der bedeutendste französische Aufklärer gilt.

Volksaufklärung?

Ihre Ideen verbreiteten die Aufklärer nicht nur durch Bücher, Zeitungen und Theaterstücke. In privaten Zusammenkünften wie den neu gegründeten Lesegesellschaften trafen sich Männer und Frauen, um sich aus aufklärerischen Schriften zu informieren und darüber zu diskutieren.

Zum Wahrzeichen der Aufklärung wurde die „Enzyklopädie". Dieses französische Lexikon mit 35 Bänden vereinigte fast das gesamte Wissen der damaligen Zeit und die Erfindungen der Menschheit, um sie der Öffentlichkeit bekannt zu machen.

Nach den Vorstellungen der Aufklärer hatten alle Menschen ein Recht auf Bildung. Sie sollten sich dadurch zu Menschen entwickeln, die freiwillig der Vernunft folgen.

Die Aufklärung war die Sache einer Minderheit: der Gelehrten, Schriftsteller, hohen Beamten und Kaufleute. Sie entwickelte aber etwas grundsätzlich Neues: eine öffentliche Meinung und ein Umdenken in Erziehung und Bildung.

Kindgerechte Erziehung

Die meisten Kinder hatten damals gar keine oder nur eine schlechte Schulbildung. Die allgemeine Schulpflicht gab es nicht. Nur Kinder von Adligen und Gebildeten erhielten einen besseren Unterricht. Die Aufklärer waren davon überzeugt, dass eine vernünftige Erziehung die Gesellschaft verbessert. Für den englischen Philosophen John Locke war der menschliche Geist eine „leere Tafel" (tabula rasa), auf die erst die Inhalte geschrieben werden müssen. Um die richtigen Unterrichtsmethoden herauszufinden, beobachteten die Pädagogen die kindlichen Bedürfnisse und Fähigkeiten. Vorher wurden Kinder meist wie kleine Erwachsene angesehen.

Neue Schulformen

Schüler sollten nicht nur Wissen aus Büchern auswendig lernen, sondern sich für das wirkliche Leben rüsten. An vielen Orten entstanden Bildungseinrichtungen, in denen Kinder auch aus armen Familien Nützliches für ihr Leben lernten sollten.

Johann Bernhard Basedow gründete 1774 eine sogenannte „Pflanzschule" (Philanthropinum), in der Jungen unterschiedlicher Herkunft miteinander lernten. Latein und Griechisch wurde durch neue Fächer wie Französisch und Naturwissenschaften abgelöst. Die handwerkliche und landwirtschaftliche Ausbildung sollte für das spätere Berufsleben nützen. Spielerische Elemente, anschaulicher Unterricht und Sport vermittelten den Schülern Spaß am Lernen. Alle geistigen und körperlichen Bereiche sollten gefördert werden.

Trotz der Anstrengungen der Aufklärer dauerte es noch bis ins 19. Jh., bis sich die allgemeine Schulpflicht durchsetzte. Gerade in armen Familien mussten Kinder oft früh zum Lebensunterhalt beitragen. Da Mädchen sich nur auf ihre Rolle als Hausfrau und Mutter vorbereiten sollten, waren sie zusätzlich benachteiligt.

1. *Aufklärung durch Bildung: Erkläre diesen Zusammenhang.*
2. *Wissen für alle? Nimm Stellung, ob dieser Anspruch heute erfüllt ist.*

M2 Dieses glückliche Alter!

Jean-Jacques Rousseau aus Genf veröffentlicht 1762 sein Hauptwerk „Emile oder Über die Erziehung". Darin wird die Bildung eines erfundenen Knaben, Emile, nach den Grundsätzen des Verfassers beschrieben. Das Buch hat sehr großen Einfluss auf die Entwicklung der Erziehung von Kindern und Jugendlichen:

Nichts ist ungewisser als die Lebensdauer jedes einzelnen Menschen. Von allen Kindern, die geboren werden, erreicht höchstens die Hälfte das Jünglingsalter.

Was soll man also von der jetzigen barbarischen Erziehung denken, die die Gegenwart einer ungewissen Zukunft opfert, einem Kind allerlei Fesseln anlegt und es vom ersten Augenblick an unglücklich macht, um ihm in weiter Ferne ein vermeintliches Glück zu bereiten, das es vermutlich nie genießen wird? Die Jahre des Frohsinns vergehen diesen armen unglücklichen Wesen unter Tränen, Züchtigungen, Drohungen – kurzum in voller Sklaverei. Menschen, seid menschlich, das ist eure erste Pflicht; seid es gegen alle Stände, gegen alle Lebensalter, gegen alles, was der menschlichen Natur eigen ist. Liebet die Kindheit, begünstigt ihre Spiele, ihre Vergnügungen, ihren liebenswürdigen Instinkt!

Nach: Jean-Jacques Rousseau, Emil oder Über die Erziehung, übersetzt von H. Denhard, Bd. 1, Zweites Buch, S. 100 102

M3 Ein Lehrer erklärt den Zusammenhang von Natur, Sitten und Religion

Kupferstich nach einer Zeichnung von Daniel Nikolaus Chodowiecki aus einem Lehrbuch von 1774

M4 Vorschläge zur Bildung der Frau

Der Hamburger Ratsherr und Dichter Barthold Heinrich Brockes schreibt 1724 in einem Beitrag für die Wochenschrift „Der Patriot":

Wir geben uns durchgängig viel weniger Mühe, unsere Töchter wohl aufzubringen, als unsere Söhne, und glauben noch dazu, dass wir Recht darin haben. Wir meinen, die Wissenschaften seien dem Frauenzimmer nichts nütze; es werde dieselben, nach seiner natürlichen Schwachheit, missbrauchen, und lassen deswegen mit Fleiß unsere Töchter in der dicksten Unwissenheit aufwachsen. Dieses Betragen halte ich für unverantwortlich.

Der Patriot, Nr. 3 vom 20. Januar 1724, S. 23f.

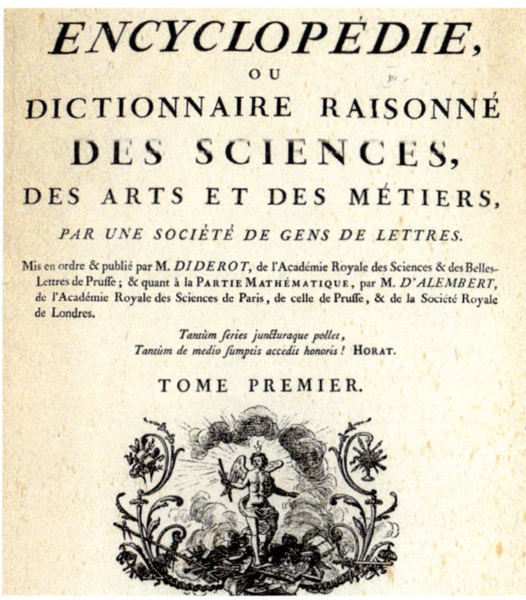

ENCYCLOPÉDIE,
OU
DICTIONNAIRE RAISONNÉ
DES SCIENCES,
DES ARTS ET DES MÉTIERS,
PAR UNE SOCIÉTÉ DE GENS DE LETTRES.

Mis en ordre & publié par M. *DIDEROT*, de l'Académie Royale des Sciences & des Belles-Lettres de Pruſſe; & quant à la PARTIE MATHÉMATIQUE, par M. *D'ALEMBERT*, de l'Académie Royale des Sciences de Paris, de celle de Pruſſe, & de la Société Royale de Londres.

Tantùm ſeries juncturaque pollet,
Tantùm de medio ſumptis accedit honoris! HORAT.

TOME PREMIER.

M5 Die „Encyclopédie"

Titelblatt der Erstauflage von 1751 (Ausschnitt)

Zwischen 1751 und 1780 erschienen 35 Bände dieses Nachschlagewerkes. Es behandelte alle möglichen Themen und Probleme der Zeit im Sinne der Aufklärung. Hauptherausgeber waren Denis Diderot und Jean-Baptiste le Rond d'Alembert. Zu den Autoren gehörten die großen Philosophen und Schriftsteller der Aufklärung.

1. *Stelle in einer Tabelle gegenüber, wogegen Rousseau (M2) sich wendet und was er stattdessen möchte.*
2. *Beurteile, ob es sich bei Rousseaus Ideen um eine „kindgerechte Erziehung" handelt.*
3. *Das Bild M3 zeigt, wie sich Erzieher der Aufklärung den Unterricht vorstellen. Weise nach, was bei dieser Art von Schule neuartig war.*
4. *Arbeite aus dem Text M4 Forderungen zur Bildung heraus. Begründe, inwiefern sie aufklärerisch sind.*
5. *Informiere dich über die „Encyclopédie" (M5). Vergleiche mit Wikipedia. Welche Ähnlichkeiten und Unterschiede gibt es?*

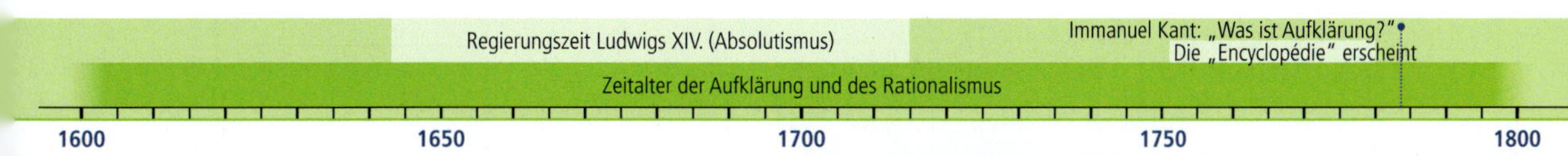

Auf der Suche nach dem besten Staat

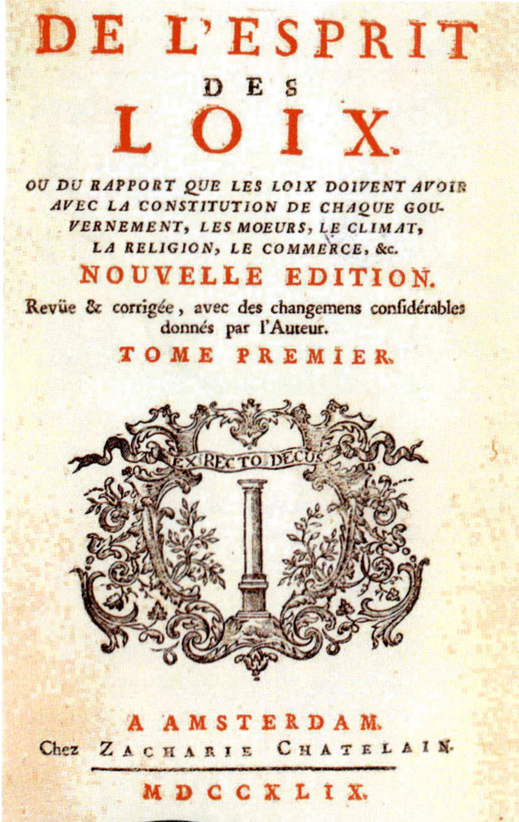
DE L'ESPRIT DES LOIX.
OU DU RAPPORT QUE LES LOIX DOIVENT AVOIR AVEC LA CONSTITUTION DE CHAQUE GOUVERNEMENT, LES MOEURS, LE CLIMAT, LA RELIGION, LE COMMERCE, &c.
NOUVELLE EDITION.
Revüe & corrigée, avec des changemens considérables donnés par l'Auteur.
TOME PREMIER.

A AMSTERDAM,
Chez ZACHARIE CHATELAIN.
MDCCXLIX.

M1 „De l'esprit des loix …"
Titelbild von Montesquieus Hauptwerk, Ausgabe von 1749
Übersetzt lautet der Titel: „Vom Geist der Gesetze oder Über den Bezug, den die Gesetze zum Aufbau jeder Regierung, zu den Sitten, dem Klima, der Religion, dem Handel etc. haben müssen."

Wie sollen Menschen miteinander leben?

Nach den Religions- und Bürgerkriegen des 16. und 17. Jh. suchten kluge Köpfe mehr denn je Antworten auf die Frage nach dem besten Staat. Sie wollten eine neue Staatslehre begründen. Anders als die Vertreter der absolutistischen Herrschaft führten sie die Herrschaft über ein Volk und die Ordnung der Gesellschaft nicht mehr auf Gott zurück. Sie gingen davon aus, dass alle Menschen von Natur aus, also von Geburt an, ein Recht auf Leben, Freiheit und Eigentum besäßen. Diese natürlichen **Menschenrechte**[1] gelte es zu sichern. Die Frage war, wer die Gesetze zum Schutz von Leben und Eigentum erlassen und wer über ihre Einhaltung wachen sollte.

Aufklärung gegen Absolutismus

Der Engländer John Locke entwickelte eine neue Staatslehre: Die oberste Gewalt im Staat solle kein einzelner Herrscher, sondern ein vom Volk einberufenes **Parlament** besitzen. Dieses Parlament solle die gesetzgebende Gewalt (Legislative) ausüben. Die Fürsten seien daran gebunden und müssten als vollziehende Gewalt (Exekutive) diese Gesetze durchsetzen. Weigerten sie sich, dann dürfe das Volk sie absetzen. Der Franzose Charles de Montesquieu entwickelte diese Lehre von der **Gewaltenteilung**[2] weiter. Um Willkür und Machtmissbrauch zu verhindern, sollte es zusätzlich eine unabhängige richterliche Gewalt (Judikative) geben. Diese drei Gewalten sollten jeweils eigenständig handeln könnten, sich aber gegenseitig kontrollieren.

Noch weiter ging Jean-Jacques Rousseau. Er nahm die antike demokratische Polis zum Vorbild. Alle staatliche Gewalt müsse allein beim Volk liegen. Nach seinem Grundsatz der **Volkssouveränität** sei Herrschaft nur rechtmäßig, wenn das Volk den Gesetzen und der Herrschaft zustimmte.

Die Lehren beeinflussten die politische Entwicklung in Europa und Nordamerika.

M2 Charles de Montesquieu
Zeitgenössischer Kupferstich
Montesquieu (1689-1755) war Rechtsgelehrter und Schriftsteller. Er übernahm öffentliche Ämter und reiste durch Europa, um sich über Politik und Justiz zu informieren.

M3 Jean-Jacques Rousseau
Zeitgenössischer Kupferstich
Der in Genf geborene Schriftsteller, Philosoph und Pädagoge Rousseau (1712-1778) kam 1742 nach Paris und lernte dort führende Aufklärer kennen.

1. *Erkläre, wie die moderne Staatslehre Herrschaft begründet.*
2. *Arbeite heraus, welche Verbesserungen die Gewaltenteilung aus Sicht der Aufklärer für den Staat bringen soll.*

[1] Zu den Menschenrechten siehe auch S. 294 f.
[2] Wie die Gewaltenteilung funktioniert, zeigt die Methode auf S. 292.

Menschenrechte Parlament* Gewaltenteilung* Volkssouveränität*

M4 Die Grenzen der Macht

John Locke beruft sich auf den „gesunden Menschenverstand" und schreibt in seinem Werk „Über die Regierung" (geschrieben 1679-1681, gedruckt erst 1689):

Das große Ziel, mit welchem die Menschen in eine Gesellschaft eintreten, ist der Genuss ihres Eigentums in Frieden und Sicherheit, und das große Werkzeug und Mittel dazu sind die Gesetze […].

Zum Ersten muss die gesetzgebende Gewalt nach öffentlich bekanntgemachten festen Gesetzen regieren, die nicht für besondere Fälle geändert werden dürfen, sondern nur ein Maß anlegen für Reich und Arm, für den Günstling bei Hof wie für den Landmann am Pflug.

Zum Zweiten sollten diese Gesetze auf kein anderes letztes Ziel als das Wohl des Volkes ausgerichtet sein.

Zum Dritten darf die gesetzgebende Gewalt keine Steuern auf das Eigentum des Volkes erheben ohne Zustimmung des Volkes […].

Zum Vierten darf und kann die Legislative die Gewalt, Gesetze zu geben, nicht auf irgendjemand anderes übertragen, und sie kann sie nirgendwo anders hinlegen als dort, wohin sie das Volk gelegt hat […].

Bei der Schwäche der menschlichen Natur, die stets bereit ist, nach der Macht zu greifen, dürfte es jedoch eine zu große Versuchung darstellen, wenn dieselben Personen, die die Macht haben, Gesetze zu geben, auch die Macht in der Hand hätten, sie zu vollstrecken […].

In wohlgeordneten Staatswesen wird deshalb die legislative Gewalt in die Hände mehrerer Personen gelegt, welche nach ordnungsgemäßer Versammlung selbst oder mit anderen gemeinsam die Macht haben, Gesetze zu geben, sobald dies aber geschehen ist, wieder auseinandergehen und selbst jenen Gesetzen unterworfen sind, die sie geschaffen haben.

John Locke, Über die Regierung, hrsg. von Peter Cornelius Mayer-Tasch, übers. von Dorothee Tidow, Stuttgart 1974, S. 101 und 110ff. (vereinfacht und stark gekürzt)

M5 Die Gewaltenteilung

Charles de Montesquieu schreibt in seinem Buch „Vom Geist der Gesetze" von 1748:

Es gibt in jedem Staat drei Arten von Vollmacht: die gesetzgebende Gewalt, die vollziehende Gewalt in Sachen, die vom Völkerrecht abhängen, und die vollziehende Gewalt in Sachen, die vom bürgerlichen Recht (Zivilrecht) abhängen. Aufgrund der ersteren schafft der Herrscher oder Magistrat Gesetze auf Zeit oder für die Dauer, ändert geltende Gesetze oder schafft sie ab. Aufgrund der zweiten stiftet er Frieden oder Krieg, sendet oder empfängt Botschaften, stellt die Sicherheit her, sorgt gegen Einfälle vor. Aufgrund der dritten bestraft er Verbrechen oder sitzt zu Gericht über die Streitfälle der Einzelpersonen […].

Sobald in ein und derselben Person oder derselben Beamtenschaft die legislative Befugnis mit der exekutiven verbunden ist, gibt es keine Freiheit. Es wäre nämlich zu befürchten, dass derselbe Monarch oder derselbe Senat[1] tyrannische Gesetze erließe und dann tyrannisch durchführte.

Freiheit gibt es auch nicht, wenn die richterliche Befugnis nicht von der legislativen und von der exekutiven Befugnis geschieden wird […]. Alles wäre verloren, wenn ein und derselbe Mann beziehungsweise die gleiche Körperschaft entweder der Mächtigsten oder der Adligen oder des Volkes folgende drei Machtvollkommenheiten ausübte: Gesetze erlassen, öffentliche Beschlüsse in die Tat umsetzen, Verbrechen und private Streitfälle aburteilen.

Montesquieu, Vom Geist der Gesetze, eingel., ausgew. und übers. von Kurt Weigand, Stuttgart 1994, S. 216f. (vereinfacht)

Bildet zwei Gruppen und arbeitet jeweils aus den Materialien M4 und M5 heraus,
a) wer in welchem Maße im Staat entscheidet,
b) wie die Macht beschränkt werden soll und
c) worin die Rechte der Bürger bestehen.
Stellt eure Ergebnisse vor und vergleicht.

M6 John Locke
Zeitgenössischer Kupferstich
Der Engländer Locke lehrte in Oxford und verfasste naturwissenschaftliche (vor allem medizinische), philosophische und politische Schriften. Er hatte Regierungsämter inne und lebte zwischen 1682 und 1689 in Holland. Locke starb 1704 im Alter von 72 Jahren.

[1] Senat: Staatsrat

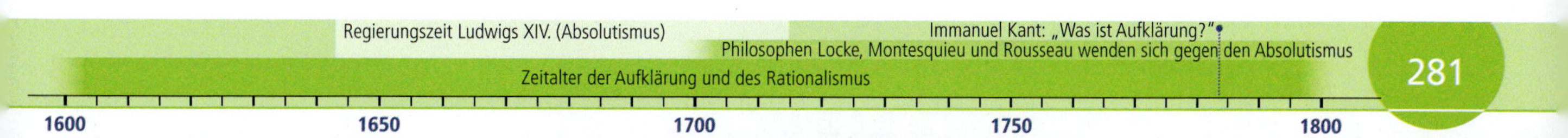

Friedrich II. von Preußen – ein aufgeklärter König?

M 1 Die Legende von König Friedrich und dem Müller
Bildpostkarte, um 1900
Angeblich hat sich der König in seinem Schloss Sanssouci von einer benachbarten Mühle gestört gefühlt. Das Gespräch zwischen Friedrich und dem Müller hat so nie stattgefunden. Die Szene zeigt aber ein Problem des „aufgeklärten Absolutismus“.

Friedrich der Große

Die Ideen der Aufklärer beeinflussten nicht nur Gelehrte und Schriftsteller, sondern auch Herrscher. König **Friedrich II.** von Preußen (1712-1786), der von seinen Zeitgenossen „der Große“ genannt wurde, gilt als ein typischer Vertreter des „**aufgeklärten Absolutismus**“. Schon als Kronprinz beschäftigte er sich mit den Ideen der Aufklärer und tauschte sich mit bedeutenden Philosophen wie Voltaire aus. Sein Vater ärgerte sich über Friedrichs Interesse an Philosophie und versuchte, ihm die „Flausen“ mit Strenge auszutreiben.

Bewahrer …

Als Friedrich 1740 König von Preußen wurde, konnte er auf Vielem aufbauen, was seine Vorgänger geschaffen hatten. Er stützte sich weiter auf eine schlagkräftige Armee und achtete darauf, dass die Disziplin seiner Soldaten auch zum Teil mit unmenschlichen Methoden wie dem Spießrutenlaufen erhalten blieb.
Die merkantilistische Wirtschaftspolitik behielt er bei, um die Kosten für die Kriege und die verbesserte Verwaltung zu bezahlen.
Besonders teuer war der Siebenjährige Krieg. Durch ihn wurde Preußen zur Großmacht in Europa.

Siebenjähriger Krieg (1756-1763): Preußen überfiel 1756 seinen Nachbarn Sachsen. Dies führte zum Krieg auch mit Österreich, Frankreich, Russland, Spanien und Schweden. Dennoch konnte Preußen den Krieg letztendlich gewinnen.

… und Reformer

Gleichzeitig versuchte Friedrich II. Preußen im Sinne der Aufklärung in einen „vernünftigen“ Staat zu verwandeln.
Um die Not der Bevölkerung nach den Kriegen zu lindern, förderte er den Anbau von Kartoffeln und anderen Nutzpflanzen. Neben der Landwirtschaft ließ er auch die Viehzucht verbessern, Sümpfe trockenlegen sowie Straßen und Kanäle bauen.
Besonders die Reformen im Justizbereich zeigen, wie sehr Friedrich II. von der Aufklärung beeinflusst war: Er ließ die Folter abschaffen und ein einheitliches Gesetzbuch ausarbeiten, das für alle gelten sollte – das Allgemeine Preußische Landrecht. Es wurde erst nach Friedrichs Tod 1794 eingeführt und galt bis 1900. Das Gesetzeswerk fasste die Rechte des Staates und der Bürger zusammen und nannte Strafen für das Übertreten der Vorschriften. Auch der König selbst sollte sich den Gesetzen unterordnen und nicht mehr in Prozesse eingreifen. Allerdings hielt sich Friedrich nicht immer an diesen Vorsatz.
Als aufgeklärter Fürst wollte er auch die Bildung verbessern. Wenn er auch nicht das nötige Geld bezahlen wollte, so bemühte er sich doch um bessere Schulen.
Die Konfession seiner Untertanen war ihm gleichgültig. Jeder konnte seine Religion frei ausüben, wenn er nur seine Pflichten als Untertan erfüllte.

Ein aufgeklärter Herrscher?

Seine Herrschaft rechtfertigte Friedrich II. nicht mehr mit dem Gottesgnadentum. Er verstand sich als „erster Diener“ seines Staates.
Aber auch ihm ging es nicht darum, die aufklärerische Forderung nach der Gleichberechtigung aller Menschen durchzusetzen. Die alte ständische Gesellschaftsordnung behielt er bei und bevorzugte weiterhin den Adel.

1. *Stelle in einer Tabelle gegenüber, was Friedrich II. als Bewahrer und was als Reformer kennzeichnete.*
2. *Erkläre, welches grundsätzliche Problem die Legende vom Müller von Sanssouci offenlegt (M1).*

M2 Grundsätze des Königs

Für seinen Nachfolger schreibt Friedrich II. 1752 ein „Politisches Testament". Dieses Werk, das zu seinen Lebzeiten unveröffentlicht bleibt, enthält unter anderem folgende Regierungsgrundsätze und Überlegungen:

Ich habe mich entschlossen, niemals in den Lauf des gerichtlichen Verfahrens einzugreifen: In den Gerichtshöfen sollen die Gesetze sprechen und der Herrscher schweigen. Aber dieses Stillschweigen hat mich zugleich nicht daran gehindert, die Augen offen zu halten, um das Verhalten der Richter zu überwachen [...].

Ein Gegenstand der Politik des Königs dieses Staates ist die Erhaltung seines Adels. Denn welcher Wandel auch eintreten mag, er wird vielleicht einen reicheren, aber niemals einen tapfereren noch treueren Adel bekommen. Damit der Adel sich in seinem Besitz behauptet, muss verhindert werden, dass die Bürgerlichen adlige Güter erwerben, und veranlasst werden, dass sie ihre Kapitalien im Handel anlegen, sodass, wenn ein Adliger seine Güter verkaufen muss, nur Adlige sie kaufen [...].

Geht man allen Religionen auf den Grund, so beruhen sie auf einem mehr oder minder widersinnigen System von Fabeln. Es ist unmöglich, dass ein Mensch von gesundem Verstand, der diese Dinge kritisch untersucht, nicht ihre Verkehrtheit erkennt. Aber diese Vorurteile, diese Irrtümer und diese Wundergeschichten sind für die Menschen gemacht, und man muss auf die große Masse so weit Rücksicht nehmen, dass man ihre religiösen Gefühle nicht verletzt, gleich, welchem Glauben sie angehören [...].

Der Herrscher ist nicht zu seinem hohen Rang erhoben, man hat ihm nicht die höchste Macht anvertraut, damit er in Verweichlichung dahinlebe, sich vom Mark des Volkes mäste und glücklich sei, während alles darbt. Der Herrscher ist der erste Diener des Staates. Er wird gut besoldet, damit er die Würde seiner Stellung aufrechterhalte. Man fordert aber von ihm, dass er werktätig für das Wohl des Staates arbeite und wenigstens die Hauptgeschäfte mit Sorgfalt leite.

Friedrich der Große, Die politischen Testamente, übers. von Friedrich von Oppeln-Bronikowski, Berlin 1922, S. 4 f., 35 und 42

M3 Strafen in der Armee
Kupferstich von Daniel Chodowiecki, 1769 - 1774
Soldaten haben von der „Aufklärung" ihres Königs wenig gespürt. In der Armee waren noch immer grausame Körperstrafen üblich. Beim „Spießrutenlaufen" musste der Soldat durch eine Gasse gehen, die von seinen Kameraden gebildet wurde. Alle mussten mit Ruten auf den Verurteilten einschlagen. Wer nicht fest genug zuschlug, wurde selbst bestraft. Beim „Stäupen" wurde der Verurteilte mit einem Reisigbündel geprügelt.

M4 Gleichheit vor dem Gesetz

1777 weist Friedrich II. seinen Justizminister an:

Es missfällt Mir sehr, da Ich vernehme, dass mit denen armen Leuten, die in Prozess-Sachen in Berlin zu tun haben, so hart umgegangen wird [...]. So muss Ich Euch [...] hierdurch zu erkennen geben, dass in Meinen Augen ein armer Bauer ebenso viel gilt wie der vornehmste Graf und der reichste Edelmann, und ist das Recht sowohl für vornehme als geringe Leute.

Zit. nach: Rudolf Stadelmann, Preußens Könige in ihrer Thätigkeit für die Landescultur, Bd. 2, Leipzig 1882, S. 487

1. *Arbeite aus M2 und M4 heraus, was dafür spricht, dass die Ideen der Aufklärung Friedrichs Regierungsweise beeinflusst haben.*
2. *Überprüfe, welches Denken und Handeln nicht zur Aufklärung passt (M1-M4 und Verfassertext).*
3. *Stelle den „aufgeklärten Absolutismus" Preußens dem französischen Absolutismus Ludwigs XIV. gegenüber.*
4. *Beurteile, ob die Begriffe „Aufklärung" und „Absolutismus" überhaupt zusammenpassen.*

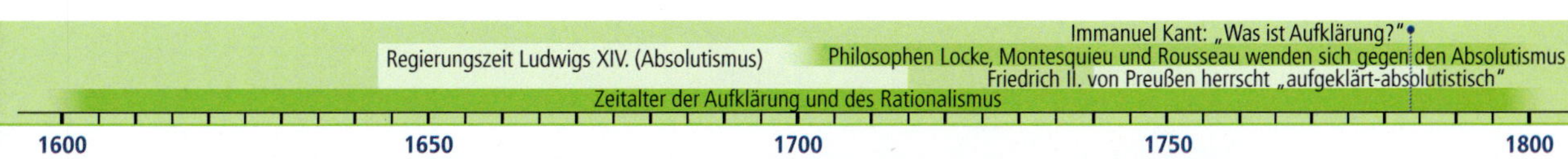

Die USA – eine Nation erschafft sich selbst

M 1 Die „Boston Tea Party" von 1773
Nachträglich kolorierter Stich aus W. D. Coopers „History of North America" von 1789
Aus Protest gegen englische Zölle warfen in der Nacht zum 17. Dezember 1773 einige als Indianer verkleidete Bostoner 342 Kisten Tee im Wert von 9 000 Pfund Sterling (heute etwa 1 Mio. Euro) von drei im Hafen liegenden englischen Schiffen ins Wasser.

Die Kolonisierung Nordamerikas

Nachdem im Jahr 1492 Christoph Kolumbus nach Amerika gelangt war, drangen Europäer immer weiter in den „neuen" Kontinent vor. Seit dem 16. Jh. gründeten vor allem Spanier, Franzosen und Engländer Kolonien in Nordamerika.

Die britischen Kolonien

In den britischen Kolonien durften die Siedler ihre Angelegenheiten in eigenen Parlamenten weitgehend selbst regeln. Es gab dabei keine Ständeordnung. Diese Freiheit lockte viele an. Menschen, die aus wirtschaftlicher Not aus Europa flohen, suchten ein besseres Leben mit neuer Arbeit. Religionsgruppen, die in Europa verfolgt wurden, konnten in Amerika ihren Glauben frei entfalten.
Vorbild für Verwaltung, Rechtsprechung, Wirtschaft und Kultur war England. Für die Engländer waren die Kolonien ein wichtiger Bestandteil ihres Herrschaftsgebietes. Sie schickten daher auch Soldaten zum Schutz der Siedler.

„No taxation without representation"

Über die Frage, ob das englische Parlament berechtigt sei, in den Kolonien neue Steuern und Zölle zu erheben, kam es zum Streit. Mit der Parole „No taxation without representation" protestierten viele Siedler dagegen. Sie waren nicht im Londoner Parlament vertreten, also sollte dort auch nicht über Steuern in den Kolonien entschieden werden.

Kampf um die Unabhängigkeit

Als England den Kolonien neue Zölle aufzwang, kam es 1775 zum Krieg. Die Kolonisten stellten Streitkräfte auf und ernannten den Tabakplantagenbesitzer George Washington zum Oberbefehlshaber. Während des Konfliktes gaben sich die ersten Kolonien eine **Verfassung**. Die Virginia Bill of Rights von 1776 wurde zum Vorbild für andere Staaten. Sie legte die Gewaltenteilung und Grundrechte wie Presse- und Religionsfreiheit fest. Dabei griffen die Verfassungsväter auf die Staatslehre der Aufklärung zurück. Diese war neben antiken Vorbildern und lokalen Traditionen schon Grundlage für die demokratische Verfassung Korsikas von 1755 gewesen. Der Revolutionär Pasquale Paoli hatte sie in der **Korsischen Revolution** gegen die Herrschaft der Republik Genua entworfen. Die korsische Unabhängigkeitsbewegung scheiterte. Sie wurde jedoch Vorbild für die Amerikanische und später auch für die Französische Revolution.[1]
Schon 1775 hatten die Vertreter der Kolonien die Trennung vom Mutterland beschlossen. Am 4. Juli 1776 erklärten sie die Unabhängigkeit der „Vereinigten Staaten von Amerika" (Declaration of Independence). Der Tag wurde zur Geburtsstunde der Vereinigten Staaten von Amerika.
Nach einem langen Krieg mit wechselndem Kriegsglück musste England kapitulieren. 1783 erkannte es die Unabhängigkeit der Kolonien an.

Eine Nation entsteht

Nach dem Unabhängigkeitskrieg schufen Vertreter von 13 amerikanischen Einzelstaaten 1787 eine gemeinsame Bundesverfassung. Zwei Jahre später wurden darin die Menschen- und Bürgerrechte aufgenommen.
Menschen unterschiedlicher Herkunft hatten erfolgreich gegen fremde Herrschaftsansprüche gekämpft und sich eine Verfassung gegeben. Eine **Nation** war entstanden, in der alle Macht vom Volke ausgehen sollte: eine demokratische Republik.

Schreibe aus der Sicht eines königstreuen englischen Berichterstatters einen Artikel über die Unabhängigkeitserklärung.

[1] Vgl. S. 286 ff.

M2 Die „Virginia Bill of Rights“

Die „Grundrechte“ vom 12. Juni 1776 werden Teil der Verfassung von Virginia:

Abschnitt 1. Alle Menschen sind von Natur aus in gleicher Weise frei und unabhängig und besitzen bestimmte angeborene Rechte, welche sie ihrer Nachkommenschaft durch keinen Vertrag rauben oder entziehen können, wenn sie eine staatliche Verbindung eingehen, und zwar den Genuss des Lebens und der Freiheit, die Mittel zum Erwerb und Besitz von Eigentum und das Erstreben und Erlangen von Glück und Sicherheit.
Abschnitt 2. Alle Macht ruht im Volke und leitet sich folglich von ihm her [...].
Abschnitt 5. Die gesetzgebende und die vollziehende Gewalt des Staates sollen von der richterlichen getrennt und unterschieden sein [...].
Abschnitt 6. Die Wahlen der Abgeordneten, die als Volksvertreter in der Versammlung dienen, sollen frei sein [...].
Abschnitt 12. Die Freiheit der Presse ist eines der starken Bollwerke der Freiheit [...].
Abschnitt 16. [...] alle Menschen sind gleicherweise zur freien Religionsausübung berechtigt, entsprechend der Stimme ihres Gewissens.

Zit. nach: Günther Franz (Hrsg.), Staatsverfassungen, München ³1975, S. 7ff.

M3 Die „Declaration of Independence“

Am 4. Juli 1776 erklären die Abgeordneten des Zweiten Kontinentalkongresses einstimmig:

Folgende Wahrheiten halten wir für selbstverständlich: dass alle Menschen gleich geschaffen sind; dass sie von ihrem Schöpfer mit gewissen unveräußerlichen Rechten ausgestattet sind; dass dazu Leben, Freiheit und das Streben nach Glück gehören; dass zur Sicherung dieser Rechte Regierungen unter den Menschen eingesetzt werden, die ihre rechtmäßige Macht aus der Zustimmung der Regierten herleiten; dass, wann immer irgendeine Regierungsform sich als diesen Zielen abträglich erweist, es Recht des Volkes ist, sie zu ändern oder abzuschaffen und eine neue Regierung einzusetzen [...].
Daher tun wir, die [...] Vertreter der Vereinigten Staaten von Amerika [...] kund [...], dass diese Vereinigten Kolonien freie und unabhängige Staaten sind und es von Rechts wegen bleiben sollen; dass sie von jeglicher Treuepflicht gegen die englische Krone entbunden sind; und dass jegliche politische Verbindung zwischen ihnen und dem Staate Großbritannien vollständig gelöst ist und bleiben soll.

Zit. nach: Willi Paul Adams und Angela Meurer Adams (Hrsg.), Die Amerikanische Revolution in Augenzeugenberichten, München 1976, S. 262f. und 266

M4 Die Unabhängigkeitserklärung wird unterschrieben
Historiengemälde (54 x 79 cm) von John Trumbull, 1786 - 1797
Thomas Jefferson überreicht dem Präsidenten des Zweiten Kontinentalkongresses die Unabhängigkeitserklärung. Links von ihm (im braunen Anzug) John Adams, rechts der Schriftsteller, Naturwissenschaftler und Politiker Benjamin Franklin. Im Hintergrund die Kongressmitglieder.

M5 Die Flaggen von 1776, 1787/88 und heute

1. *Arbeite heraus, welche Ideen der Aufklärung (siehe S. 276 f.) sich in M2 und M3 wiederfinden.*
2. *Untersuche, an wen und gegen wen sich die Unabhängigkeitserklärung (M3) richtet.*
3. *Erkläre mithilfe des Verfassertextes, warum die Flaggen (M5) verändert wurden und was sie jeweils darstellten.*
4. *Die Ereignisse vor und nach der Gründung der Vereinigten Staaten von Amerika erregten in Europa sehr großes Aufsehen. Fasst in Partnerarbeit zusammen, was für die damalige Zeit ungewöhnlich oder auch ungeheuerlich war.*

Kolumbus landet in der Karibik
England erkennt die Unabhängigkeit der USA an
Verfassung der USA
Virginia Bill of Rights; 13 Kolonien erklären sich unabhängig; Beginn des Unabhängigkeitskrieges
Boston Tea Party
Spanier, Franzosen und Briten gründen Kolonien in Nordamerika
1500 1600 1700 1800

Aus Unzufriedenheit wird Revolution

M 1 „Man muss hoffen, dass dieses Spiel bald vorbei ist"
Radierung eines unbekannten Künstlers von 1789 (Ausschnitt)
Das Bild fand als Flugblatt weite Verbreitung. Auf dem Taschentuch der unteren Figur steht: „Salz- und Tabaksteuern, Grundsteuer, Zehnt, Frondienst, Militärdienst", auf dem Säbel „gerötet von Blut" und auf dem Stock „mit Tränen getränkt".

Die alte Ständeordnung

Zu den beiden ersten Ständen der französischen Gesellschaft, dem Klerus (Geistliche) und dem Adel, gehörten nicht einmal zwei Prozent der Bevölkerung. Sie besaßen aber rund 30 Prozent des Grund und Bodens, das alleinige Jagd- und Fischereirecht und besetzen die wichtigsten Ämter im Staat. Von Steuern waren sie fast ganz befreit.

Die wachsenden Ausgaben des Staates bezahlte nahezu allein der Dritte Stand: Bauern und Stadtbürger – 98 Prozent der Bevölkerung. Die meisten Bauern konnten von ihren kleinen Höfen kaum leben und mussten noch Abgaben an ihre Grundherren leisten. Die Mehrheit des städtischen Bürgertums waren Arbeiter, Kleinhändler und Handwerker. Letztere litten unter der Konkurrenz der Manufakturen. Zum gehobenen Bürgertum zählten Richter, Rechtsanwälte und Ärzte. Die kleine, reiche Spitze des Dritten Standes stellten die Manufaktur- und Bergwerksbesitzer, Großkaufleute und Bankiers. Sie alle bezahlten zwar viele Steuern, hatten aber kein politisches Mitspracherecht. Daher forderten sie, die Steuerprivilegien der beiden ersten Stände abzuschaffen. Vor allem aber wollten sie mitbestimmen – wie die Bürger der USA.

Hinzu kam, dass immer mehr Menschen ums Überleben kämpften. Infolge von Missernten und Viehseuchen stiegen die Lebensmittelpreise. Löhne sanken und die Zahl der Bettler stieg: Bauern, einfache Handwerker und Arbeiter, aber auch verarmte Adlige und Geistliche. Im Frühjahr 1789 plünderten hungernde Menschen in mehreren Städten Bäckereien und Lebensmittelgeschäfte.

Der Aufstand der Privilegierten

Ludwig XVI. forderte Steuern auch von Klerus und Adel. Doch diese weigerten sich. Sie stellten sich auf den Standpunkt, dass Steuern nur die Generalstände festsetzen dürften, die seit 1614 nicht mehr zusammengetreten waren. In seiner Notlage gab der König den Forderungen nach und berief die Generalstände für den 5. Mai 1789 nach Versailles ein. Dies bedeutet nichts anderes als das Ende des Absolutismus in Frankreich.

Alle Männer über 25 Jahre wählten, getrennt nach Ständen, Abgeordnete. Der Dritte Stand durfte 600 Abgeordnete stellen und damit genauso viele wie Adel und Klerus zusammen. Aber da jeder Stand nur mit einer Stimme sprechen und abstimmen durfte, hatten die beiden ersten Stände eine sichere Mehrheit.

Die Revolution des Großbürgertums

Die Vertreter des Dritten Standes, die ganz überwiegend dem gehobenen und besitzenden Bürgertum angehörten, befürchteten, von den ersten beiden Ständen überstimmt zu werden. Daher verlangten sie eine gemeinsame Beratung der drei Stände und eine Abstimmung „nach Köpfen". Einige reformwillige Adlige und Geistliche schlossen sich ihnen an.

Als der König den Tagungsraum des Dritten Standes schließen ließ, trafen sich die Abgeordneten im Ballhaus des Schlosses. Dort erklärten sie sich am 17. Juni 1789 zur Nationalversammlung. Sie verstanden sich nicht mehr als Abgeordnete einzelner Stände, sondern als Vertreter der ganzen Nation. Ihr wollten sie eine Verfassung geben, die die Freiheit der Bürger, die Rechte des Königs, der Regierung und des Parlaments festlegte.

Damit begann die eigentliche **Revolution**, ein rascher, von vielen Menschen geforderter und herbeigeführter Umsturz der bestehenden Verhältnisse. Anfangs wehrte sich der König gegen jede Änderung der Herrschaftsordnung, gab aber schließlich nach. Am 9. Juli 1789 erklärten sich die Abgeordneten der Nationalversammlung zur Verfassunggebenden Nationalversammlung.

Internettipp:
Lernhilfen zur Französischen Revolution findest du unter Mediencode 31021-44

M2 Die Erstürmung der Bastille am 14. Juli 1789
Kupferstich nach einem Gemälde von Charles Thévenin, um 1793
Die Bastille diente als Gefängnis und Munitionslager. Bei der Einnahme der Bastille starben etwa 100 Menschen.
Die im Bild gezeigte blau-weiß-rote Trikolore (lat. tricolor: dreifarbig) ist eine Kombination aus den Farben der Stadt Paris (blau und rot) und dem weißen Lilienbanner der Monarchie. Offiziell wurde die Trikolore erst 1794 zur Nationalflagge erklärt.

Die städtischen Unterschichten revoltieren

Auch in der Hauptstadt Paris hatte die Bevölkerung gehofft, dass die Nationalversammlung für eine Verfassung und für bessere Lebensumstände sorgen würde. Aber die Versorgung verbesserte sich nicht. Und als der König auch noch Soldaten um Paris zusammenziehen ließ, befürchtete die Bevölkerung die Auflösung der Verfassunggebenden Nationalversammlung. Handwerker, Händler, Gastwirte und Tagelöhner bewaffneten sich und stürmten am 14. Juli 1789 das königliche Gefängnis: die Bastille. Dort waren nur noch sieben Gefangene inhaftiert. Dennoch feierte die Menge die Erstürmung der Bastille als Sieg über Willkür und Gewaltherrschaft. Das wohlhabende Bürgertum übernahm in Paris die Stadtverwaltung. Eine Bürgerwehr, die Nationalgarde, wurde aufgestellt, um für Ruhe und Ordnung zu sorgen. Dem Beispiel folgten weitere Städte.

Die Revolution der Bauern

Auch auf dem Land erhoben sich die Menschen. Viele Bauern verweigerten von nun an die Abgaben an ihre Grundherren. An vielen Orten des Landes erstürmten Frauen und Männer Schlösser, Herrensitze, Klöster und Rathäuser.

M3 Sansculotten tragen ein Modell der Bastille
Zeichnung von 1790/91
Solche Bastille-Modelle wurden bei Umzügen durch die Städte getragen. Die Sansculotten (franz. sans culottes: ohne Kniehosen) – dazu zählten Handwerker, Händler, Tagelöhner und Marktfrauen – trugen im Gegensatz zu den Kniehosen und Seidenstrümpfen des Adels und der reichen Großbürger demonstrativ lange Hosen. Sie waren zum größten Teil Anhänger der Revolution.

1. *Arbeite heraus, welche Missstände in M1 angeprangert werden.*
   Tipp: Vögel und Kaninchen deuten an, welche Folgen das alleinige Jagdrecht des Adels hat.
2. *Der Dritte Stand – eine einheitliche Bevölkerungsgruppe? Nimm Stellung.*
3. *Fasse die Entwicklung von den Generalständen zur Nationalversammlung knapp mit eigenen Worten zusammen.*
4. *Von dem Bild M2 gibt es auch eine Fassung, die statt der blau-weiß-roten Trikolore eine weiße Fahne zeigt. Begründe, inwiefern sich damit die Bildaussage verändert.*
5. *Erkläre, warum sich die Bastille gut als Symbol für die Französische Revolution eignet.*
6. *1880 wurde der 14. Juli zum Nationalfeiertag Frankreichs erklärt. Recherchiere, wie dieser Tag in Frankreich begangen wird.*

König Ludwig XVI. muss die Generalstände einberufen • 17.06.1789 Schwur im Ballhaus
Verfassung der USA • 14.07.1789 Erstürmung der Bastille
Philosophen Locke, Montesquieu und Rousseau wenden sich gegen den Absolutismus
1700 | 1750 | 1800 | 1850

M4 Der Ballhausschwur
Zeichnung von Jacques-Louis David, 1791
Die Zeichnung gibt nicht den tatsächlichen Hergang wieder. Im Vordergrund verbrüdern sich ein Mönch, ein katholischer Priester und ein protestantischer Pfarrer. Im Zentrum des Bildes hebt der Präsident der Nationalversammlung die Hand zum Schwur.

M5 Was ist der Dritte Stand?

Die wirkungsvollste „Kampfschrift" für die Interessen des Dritten Standes stammt von dem Geistlichen Emmanuel Joseph Sieyès. Sie wird 1788 verfasst:

Wir haben uns drei Fragen vorzulegen:

1. Was ist der Dritte Stand? ALLES.
2. Was ist er bis jetzt in der politischen Ordnung gewesen? NICHTS.
3. Was verlangt er? ETWAS ZU SEIN. [...]

Also, was ist der Dritte Stand[1]? Alles, aber ein gefesseltes und unterdrücktes Alles. Was wäre er ohne den privilegierten Stand? Alles, aber ein freies und blühendes Alles. Nichts kann ohne ihn gehen; alles ginge unendlich besser ohne die anderen. [...] Was ist eine Nation? Eine Körperschaft von Gesellschaftern, die unter einem gemeinschaftlichen Gesetz leben und durch dieselbe gesetzgebende Versammlung repräsentiert werden usw. [...] Der Dritte Stand umfasst also alles, was zur Nation gehört; und alles, was nicht der Dritte Stand ist, kann sich nicht als Bestandteil der Nation ansehen [...].

Man kann die wirklichen Forderungen des Dritten Standes nur nach den Beschwerden beurteilen, welche die großen Stadtgemeinden des Königreichs an die Regierung gerichtet haben.

Zit. nach: Eberhard Schmitt und Rolf Reichardt (Hrsg.): E. J. Sieyes. Politische Schriften 1788-1790, München [2]1981, S. 119, 122, 124 und 131

[1] Die beiden anderen Stände: Klerus und Adel

M6 Was Frauen fordern

Frauen des Dritten Standes fordern in Beschwerdeschriften von 1789 vom König:

Wir bitten um Ausbildung und Beruf, nicht, um uns die Befugnisse der Männer anzueignen, sondern um höher von ihnen geachtet zu werden, und damit wir imstande sind, vor dem Elend geschützt zu leben. [...]

Wir bitten Sie inständig [...], kostenlose Schulen einzurichten, wo wir unsere Sprache von Grund auf erlernen können, die Religion und die geistigen und sittlichen Werte; eins wie das andere soll uns in seinem ganzen Umfang dargeboten werden. [...]

Wir glauben, dass es den Frauen, den Witwen und Töchtern, die Ländereien oder anderes Vermögen besitzen, billigerweise gestattet sein muss, dem Thron ihre Beschwerden zu Füßen zu legen, und dass es ebenso nur gerecht ist, ihre Stimmen zu zählen, da sie doch, wie die Männer, dazu verpflichtet sind, die königlichen Abgaben zu zahlen [...].

Zit. nach:Geschichte auch für Mädchen, hrsg. von der Parlamentarischen Staatssekretärin für die Gleichstellung von Frau und Mann beim Ministerpräsidenten des Landes Nordrhein-Westfalen, Düsseldorf 1989, S. 20f.

1. *Nenne die politischen Ziele, die Sieyès verfolgt (M5).*
2. *Fasse zusammen, was Sieyès unter „Nation" versteht (M5).*
3. *Diskutiert gemeinsam in der Klasse, was wir heute unter Nation verstehen. Prüft, worin dabei die Unterschiede zu M5 bestehen.*
4. *Arbeite heraus, welche Forderungen der Frauen auf eine Änderung der Staatsordnung zielen und welche auf eine Änderung der Gesellschaft (M6).*
5. *Der Maler wollte mit seinem Gemälde des Ballhausschwures (M4) die besondere Bedeutung des Ereignisses herausstellen. Begründe, mit welchen Mitteln ihm dies gelungen ist.*
   Tipp: Beschreibe die Farben, die Bildaufteilung und die Gesten. Achte auch auf Details. Wie wirkt das Bild auf dich?

Königreich – Republik – Kaiserreich

„Freiheit, Gleichheit, Brüderlichkeit"

König und Nationalversammlung reagierten auf die Aufstände und schafften einige Privilegien von Klerus und Adel ab. Alle Stände sollten politisch gleichberechtigt sein und auch steuerlich gleich behandelt werden. Darüber hinaus garantierte eine „Erklärung der Menschen- und Bürgerrechte" vom 26. August 1789 die Freiheit aller Franzosen. Sie sollte auch Grundlage für die neue Verfassung werden.

Die katholische Kirche wurde nun vom Staat abhängig. Sie verlor ihren Grundbesitz und den Kirchenzehnten. Fortan bezahlte der Staat die Priester und ließ die Bischöfe vom Volk wählen.

Noch ehe aber die Arbeit an der Verfassung abgeschlossen war, ließ der König 1791 in der Nähe von Versailles wieder Truppen aufmarschieren. Daher zogen rund 6000 aufgebrachte Frauen, gefolgt von der Pariser Bürgerwehr, nach Versailles. Wie in einem Triumphzug brachten sie die königliche Familie nach Paris, damit sie von nun an unter der Aufsicht der Revolutionäre blieben.

Im September 1791 wurde die neue Verfassung verabschiedet. Sie schränkte die Macht des Königs und seiner Regierung gegenüber der Volksvertretung ein. Frankreich war nun keine absolute Monarchie mehr, sondern eine **konstitutionelle Monarchie**. Wahlrecht hatten allerdings nur Bürger mit Besitz.

Frankreich wird Republik

Die übrigen europäischen Fürsten lehnten diese Entwicklung empört ab und unterstützten Ludwig XVI. Frankreich erklärte ihnen 1792 den Krieg. Als die Fürsten die gewaltsame Befreiung Ludwigs ankündigten, meldeten sich viele Freiwillige zum Kriegsdienst.

Im August 1792 erstürmten wütende Volksmassen das königliche Schloss. Ludwig XVI. wurde abgesetzt und gefangen genommen. Frankreich war nun Republik. In einem Prozess wurde Ludwig vom Parlament wegen „Verschwörung gegen die Freiheit der Nation" angeklagt, für schuldig befunden und im Januar 1793 öffentlich hingerichtet.

Bürgerkrieg und Schreckensherrschaft

Im Winter 1792/93 kam es in mehreren Städten erneut zu Aufständen wegen der schlechten Versorgungslage. In einigen Regionen erhoben sich vor allem Bauern gegen die „Republik der Königsmörder und Wucherer" und gegen die im Sommer für junge Männer eingeführte allgemeine Wehrpflicht. Erst nach einem Jahr wurde diese Erhebung blutig beendet.

Doch Brot und andere Nahrungsmittel blieben unerschwinglich teuer, das Geld verlor an Wert.

M 1 Beschlüsse der Nationalversammlung am 4./5. August 1789:

- Alle Franzosen zahlen gleiche Steuern.
- Die Leibeigenschaft wird aufgehoben.
- Die Grundherren dürfen nicht mehr über die Bauern richten.
- Auf ihrem Grund und Boden haben die Bauern Jagdrecht.
- Der Kirchenzehnt wird als Geldsteuer bezahlt.
- Von den Abgaben an ihren Grundherrn können sich die Bauern freikaufen.

Lesetipp:
Inge Ott, Freiheit! Sechs Freunde in den Wirren der Französischen Revolution, Stuttgart 2012

M 2 Ludwig XVI. wird hingerichtet
Zeitgenössischer kolorierter Kupferstich
Die Hinrichtung fand am 21. Januar 1793 auf dem „Place de la Révolution" statt; heute heißt er „Place de la Concorde" („Platz der Eintracht").
Zehn Monate später, am 16. Oktober 1793, wurde Marie Antoinette, die Frau Ludwigs XVI. und Tochter der Kaiserin Maria Theresia aus dem Hause Habsburg, geköpft.

konstitutionelle Monarchie*

Die Sansculotten[1] forderten gleiches Wahlrecht für alle, Mindestlöhne, Höchstpreise für Brot und eine Reichensteuer. Gemäßigte Revolutionäre wurden aus dem Parlament gedrängt, verhaftet und hingerichtet. Die radikalen „Jakobiner"[2] verfolgten alle, die Kritik äußerten. Vor allem der Vorsitzende des „Wohlfahrtsausschusses"[3], **Maximilien de Robespierre**, ging gnadenlos vor. Die Schreckensherrschaft endete erst, als Robespierre selbst hingerichtet wurde.

[1] Zu den Sansculotten siehe M3 auf S. 287.

[2] Jakobiner: politischer Klub. Seine Mitglieder trafen sich im ehemaligen Kloster St. Jakob in Paris. Sie waren die radikale Gruppe im Nationalkonvent und übten unter der Führung von Robespierre eine Schreckensherrschaft aus.

[3] Wohlfahrtsausschuss: Er war für Kriegsführung, Polizei, Verwaltung und Wirtschaft zuständig.

Das „Ende der Revolution"

Nach Robespierres Tod erhielt Frankreich eine Regierung von fünf „Direktoren". Doch auch sie konnten die Probleme des Landes nicht lösen. Da sie Aufstände fürchteten, riefen sie General **Napoleon Bonaparte** zu Hilfe. Er hatte im Dienst des Direktoriums als erfolgreicher Feldherr im Krieg gegen die Koalition europäischer Monarchen Karriere gemacht.
1799 entmachtete er mithilfe seiner Truppen das Direktorium, erklärte die Revolution für „beendet" und ließ sich zum Ersten Konsul wählen. Volksabstimmungen bestätigten 1802 seinen Aufstieg zum Konsul auf Lebenszeit mit diktatorischer Macht und 1804 zum „Kaiser der Franzosen".

Eine bürgerliche Gesellschaftsordnung?

1804 erließ Napoleon ein neues bürgerliches Gesetzbuch, den Code civil, auch Code Napoléon genannt (von lat. codex: Sammlung von Gesetzen). Die Gesetze garantierten einige Errungenschaften der Revolution wie Gleichheit vor dem Gesetz, Freiheit des Einzelnen und des Eigentums, Trennung von Staat und Kirche sowie die politische und rechtliche Gleichstellung der Juden.
Um seine Macht zu sichern, ließ er über 3000 Bürger in den Adelsstand aufsteigen und schuf damit eine neue, ihm ergebene Führungsschicht. Gleichzeitig nahm Napoleon viele Bestimmungen gegen den bisherigen Adel zurück und setzte die politischen Freiheitsrechte praktisch außer Kraft. Ein wertloses Wahlrecht, Presselenkung, eingeschränkte Versammlungsfreiheit, Bespitzelung und politische Morde kennzeichneten seine Herrschaft.

M 3 „Napoleon überschreitet den großen St.-Bernhard-Pass"
Ölgemälde von Jacques-Louis David, 1799
Am linken unteren Bildrand stehen die Namen „Hannibal", „Karolus Magnus" (Karl der Große) und Bonaparte. Übrigens: Napoleon wird den Pass in Wirklichkeit zu Fuß oder auf einem Maultier überschritten haben.

1. *Skizziere die wesentlichen Schritte, in denen der König seine Macht verlor. Blättere dazu noch einmal zurück bis S. 286.*
2. *Die Ereignisse vom August 1792 werden auch als „Zweite Revolution" bezeichnet. Erkläre, warum.*
3. *„Die Revolution frisst ihre Kinder" – Diese Formulierung wird oft zur Charakterisierung der Schreckensherrschaft der Französischen Revolution verwendet. Erkläre sie.*
4. *Begründe, warum die Hinrichtung Ludwigs XVI. zur damaligen Zeit als ungeheuerlich galt, nicht nur wegen der Tötung an sich.*
5. *Untersuche, wie das Ereignis auf dem Kupferstich (M2) bewertet wird.*
6. *Erkläre, warum der Aufstieg Napoleons das Ende der Revolution bedeutete.*

M4 Aus der Verfassung von 1791

Von den öffentlichen Gewalten

Artikel 1

Die Souveränität[1] ist einzig, unteilbar, unveräußerlich und unverjährbar. Sie steht der Nation zu. Kein Teil des Volkes und keine einzelne Person kann sich ihre Ausübung aneignen [...].

Artikel 3

Die gesetzgebende Gewalt ist einer Nationalversammlung übertragen, die aus den vom Volk frei und auf Zeit gewählten Abgeordneten besteht, und welche diese Gewalt mit Billigung des Königs so ausübt, wie nachstehend bestimmt wird.

Artikel 4

Die Regierung ist monarchisch. Die ausführende Gewalt ist dem König übertragen, um [...] durch die Minister und andere verantwortliche Beamte [...] ausgeübt zu werden [...].

Artikel 5

Die richterliche Gewalt ist den durch das Volk auf Zeit gewählten Richtern zu übertragen. [...]

Vom Königtum und dem König

Artikel 1

Das Königtum ist unteilbar und dem regierenden Hause im Mannesstamm nach dem Rechte der Erstgeburt erblich übertragen [...].

Artikel 2

Die Person des Königs ist unverletzlich und heilig. Sein einziger Titel ist König der Franzosen.

Artikel 3

Es gibt in Frankreich keine höhere Autorität als die des Gesetzes. Der König regiert nur durch dieses. Und nur im Namen des Gesetzes kann er Gehorsam verlangen.

Zit. nach: Dietmar Willoweit und Ulrike Seif (Hrsg.), Europäische Verfassungsgeschichte, München 2003, S. 299f. und 310

M5 Krieg der Freiheit

Am 25. Dezember 1793 sagt Robespierre in einer Rede Folgendes:

Die Revolution ist der Krieg der Freiheit gegen ihre Feinde; die Verfassung ist die Herrschaft der siegreichen und friedlichen Freiheit.

Die revolutionäre Regierung muss daher außerordentlich aktiv sein, denn sie führt einen Krieg. Sie ist nicht einheitlichen und starren Regeln unterworfen, denn die Umstände, in denen sie sich befindet, sind stürmisch und bewegt, und sie ist ständig genötigt, neue und wirksame Kräfte gegen neue und dringende Gefahren zu entfalten.

Zit. nach: Walter Grab (Hrsg.), Die Französische Revolution. Eine Dokumentation, München 1973, S. 215f. (Übersetzer: Peter Mortzfeld)

M7 Robespierre als Henker des Henkers
Radierung, Ende 1794
Die Guillotine ist nach dem Arzt Joseph Ignace Guillotin benannt. Auf der Grabpyramide steht: „Hier ruht ganz Frankreich."

M6 Politisch motivierte Todesurteile

Grundlage der folgenden Statistik sind Angaben von 14 080 bzw. 16 594 Hinrichtungen, die zwischen März 1793 und August 1794 stattgefunden haben.

Von den Verurteilten waren		
Adlige	1158	(8,25 %)
Geistliche	920	(6,50 %)
Gehobenes Bürgertum[2]	1964	(14,00 %)
Kleinbürgertum[3]	1488	(10,50 %)
Lohnempfänger[4]	4389	(31,25 %)
Bauern	3961	(28,50 %)
Sonstige	200	(1,50 %)

Verurteilungen wegen	
bewaffneten Aufruhrs	78 %
eidverweigernder Agitation	19 %
Wirtschaftsverbrechen	1 %

Nach: Donald Greer, The Incidence of the Terror during the French Revolution. A Statistical Interpretation, Cambridge, Mass. 1935 (ND Gloucester, Mass. 1966), S. 143 und 165 (vereinfacht)

Internettipp:
Den vollständigen Text der Verfassung findest du unter Mediencode 31021-45

1. *Freiheit, Gleichheit, Brüderlichkeit gelten als Grundsätze der Französischen Revolution. Prüfe mithilfe des Verfassertextes und M4, ob die Verfassungsbestimmungen diesen Grundsätzen entsprechen. Berücksichtige auch das Verfassungsschema auf der folgenden Seite.*
2. *Arbeite heraus, wie Robespierre jede Maßnahme gegen politische Gegner rechtfertigt (M5).*
3. *Untersuche die Statistik (M6). Welche Angaben kannst du erklären, welche nicht?*

[1] Souveränität: oberste Gewalt im Staat
[2] Kaufleute, Bankiers, hohe Staatsdiener etc.
[3] Handwerker, Kleinhändler etc.
[4] Sansculotten

Ein Bauplan für den Staat

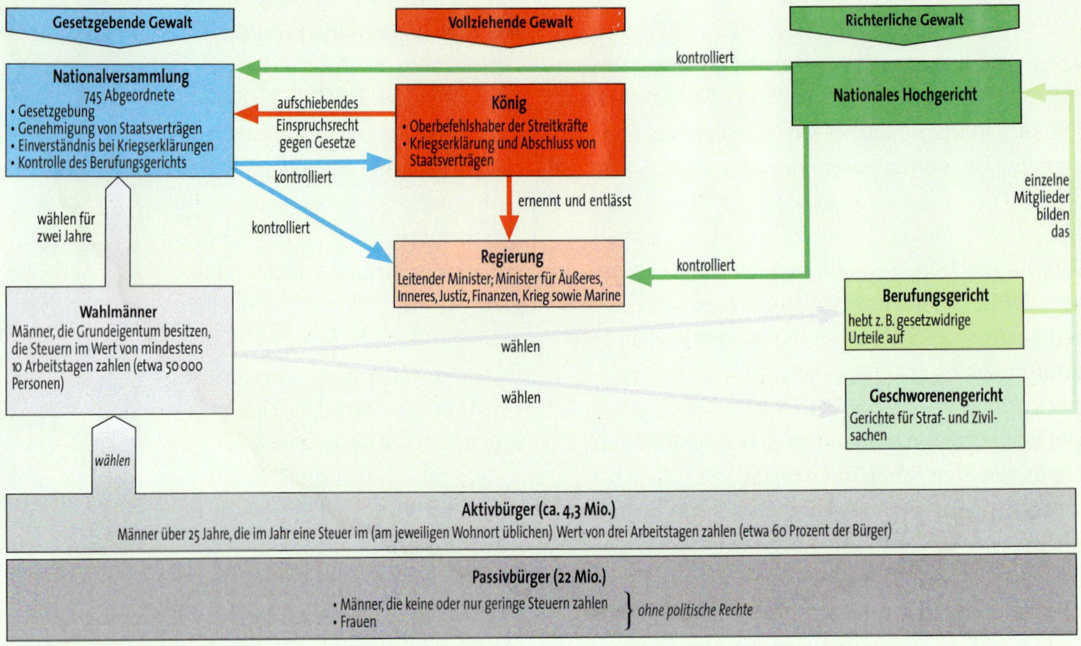

M Die Verfassung von 1791
Das Frauenwahlrecht wurde in Frankreich 1946 eingeführt.

Ein Schaubild richtig lesen

Ein Verfassungsschema stellt den Aufbau und die Arbeitsweise eines Staates sowie die Rechte der Bürger grafisch dar. Wichtig für die Deutung sind die Form des Schaubildes und die Beziehungen zwischen den Bestandteilen.

So wertest du ein Verfassungsschema schrittweise aus:

1. Thema
- Für welchen Staat gilt die Verfassung?
- Wer hat die Verfassung wann ausgearbeitet und beschlossen?

2. Beschreibung
- Welche Ämter und Einrichtungen gibt es?
- Welche Teile der Bevölkerung werden genannt?
- Wer hat welche Aufgaben, Rechte oder Pflichten?
- Wer arbeitet mit wem zusammen?
- Welche Informationen bietet die Legende?
- Was bedeuten die verwendeten Symbole (z. B. Krone für König oder Kreuz für Kirche)?

3. Beurteilung der Verfassung
- Wer hat wie Zugang zu Ämtern und Einrichtungen, wer nicht?
- Wer hat wie viel Macht? Wer ist ausgeschlossen?
- Besteht eine Gewaltenteilung? Sind die Gerichte unabhängig?
- Gibt es ein Wahlrecht? Wenn ja, wer darf wählen (aktives Wahlrecht) und wer darf gewählt werden (passives Wahlrecht)?
- Wie wird verhindert, dass Einzelne ihre Macht missbrauchen?
- Was hat sich gegenüber der Zeit vor der Verfassung geändert?

4. Kritische Prüfung und Bewertung
- Sind Begriffe/Zusammenhänge unklar oder Widersprüche erkennbar?
- Fehlen wichtige Informationen?
- Sind Anordnung und Größe der Kästen, die Beschriftung und die Farbwahl sinnvoll?

1. *Beschreibe das Schaubild mithilfe der oben genannten Schritte.*
2. *Beurteile, wer die größte Macht im Staat hatte (siehe auch M4 auf S. 291).*
3. *Schreibe eine Stellenbeschreibung für das Amt a) des Königs und b) eines Abgeordneten der Nationalversammlung.*
4. *Gestaltet in Gruppenarbeit ein Verfassungsschema für die Verfassung der Bundesrepublik.*

Die gesungene Revolution

Am 14. Juli 1790 sollte in Paris mit einem großen Volksfest an den Sturm auf die Bastille ein Jahr zuvor erinnert werden. Die Stadtverwaltung zögerte jedoch die Vorbereitungen hinaus. Also nahmen die Bürger die Sache selbst in die Hand. Dabei entstand das Lied Ça ira (Es wird gehen), die erste Hymne der Franzosen.

Zwischen 1789 und 1794 entstanden in Frankreich rund 3 000 Lieder, darunter die „Marseillaise", die heutige Nationalhymne. Die Lieder bezogen sich auf aktuelle Ereignisse. Sie verbreiteten revolutionäre und gegenrevolutionäre Ideen. Die Menschen sangen sie in den Klubs, auf der Straße und auf Festen. Ihre Melodien waren eingängig und ihre Texte merkten sich auch Menschen, die weder lesen noch schreiben konnten – das waren damals mindestens zwei Drittel der Bevölkerung. Und was noch wichtiger war: Die gemeinsam gesungenen Lieder förderten die Solidarität (Brüderlichkeit) und machten Mut.

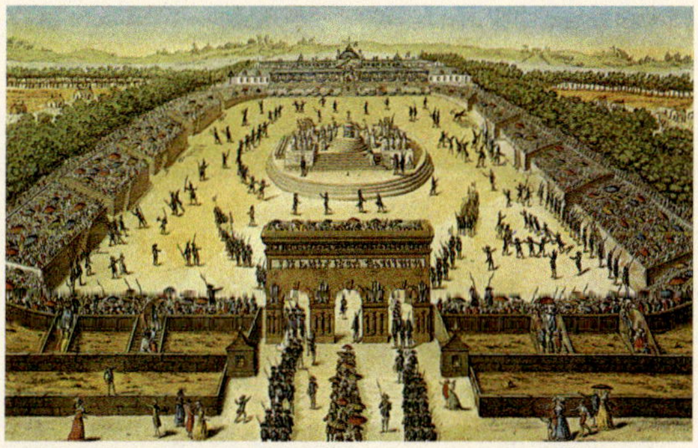

M 1 Das Verbrüderungsfest auf dem Marsfeld in Paris vom 14. Juli 1790

Zeitgenössischer Kupferstich eines unbekannten Künstlers

Das Marsfeld, ein Truppenübungsplatz, befand sich dort, wo heute der Eiffelturm steht. 300 000 Menschen fanden hier Platz, um dem Aufmarsch der Nationalgarden und der königlichen Truppen aus allen Teilen Frankreichs beizuwohnen. Zum Zeichen der „Verbrüderung" legten sie gemeinsam einen Eid auf „die Nation, das Gesetz und den König" ab.

M 2 Ça ira

Noten (Ausschnitt)

M 3 Ça ira

Der Text stammt von einem Pariser Straßensänger, die Melodie ist 1790 von einem bekannten „Schlager" übernommen worden.

Ah! ça ira, ça ira, ça ira!
Le peuple en ce jour sans cesse répète:
Ah! ça ira, ça ira, ça ira,
Malgré les mutins tout réussira.
(Ah, es wird gehen, es wird gehen, es wird gehen! / Wiederholt das Volk an diesem Tag ununterbrochen: / Ah, es wird gehen, es wird gehen, es wird gehen, / Trotz der Meuterer wird alles gelingen.)

Zu besonderen Anlässen entstehen immer wieder neue Textfassungen. Eine andere Fassung lautet:

Ah, das geht ran, das geht ran, das geht ran, /
Die Aristokraten an die Laterne; /
Ah, das geht ran, das geht ran, das geht ran, /
Die Aristokraten, hängt sie dran! /
Und wenn sie alle hängen, marsch, /
Haut man ihn'n die Schippe vorn Arsch. /
Ah! das geht ran, das geht ran, das geht ran …

Zit. nach: Gerd Semmer (Hrsg.), Ça ira. 50 Chansons, Chants, Couplets und Vaudevilles aus der Französischen Revolution 1789-1795, Berlin [2]1962, S. 60 und 57

1. *Vergleicht die beiden Textfassungen (M3). Wann und warum könnte die zweite Fassung entstanden sein?*
2. *Wie stellt ihr euch das Lied gesungen vor: getragen – schnell – melodiös – rhythmisch? Hört euch das Lied an und vergleicht die Tonaufnahmen mit euren Vermutungen.*
3. *Das Lied wurde zum Abschluss des Festes (M1) von allen gesungen. Beschreibt, wie es gewirkt haben mag.*
4. *Informiert euch über die „Marseillaise" (Entstehung, Text, Melodie und Verbreitung).*

Die Entwicklung der Menschenrechte

Info: Grundrechte
Sie bestehen aus den Menschenrechten, die für alle Menschen gelten, und den Rechten für die Bürgerinnen und Bürger eines Staates (Bürgerrechte).

Gleiche Rechte für alle Menschen

Der Schutz der Menschenwürde ist der höchste Rechtsgrundsatz in der Bundesrepublik Deutschland. In Artikel 1 unseres Grundgesetzes heißt es: „Die Würde des Menschen ist unantastbar. Sie zu achten und zu schützen ist Verpflichtung aller staatlichen Gewalt." Das bedeutet, dass jeder angeborene Rechte hat, die alle respektieren müssen. Damit sind generell alle Menschen gleich. Beispiele für **Menschenrechte** sind Meinungsfreiheit, Recht auf körperliche Unversehrtheit und Glaubensfreiheit.
Bürgerrechte gelten nur für alle Bürgerinnen und Bürger eines Staates, z. B. Versammlungsfreiheit, Berufsfreiheit und freie Wahl des Wohnortes.

Eine Idee verbreitet sich

Die Vorstellung, dass alle Menschen gleich sind, wurde schon von antiken Philosophen und vom Christentum vertreten. Aber erst mit der Aufklärung begann sich die Idee durchzusetzen, dass die Grundrechte für alle vom Staat eingehalten und geschützt werden müssen. Deshalb sollte es auch keine Stände mehr geben, die unterschiedliche Rechte haben.
Als erste hatten die Vereinigten Staaten von Amerika diese Gedanken in ihrer Staatsordnung berücksichtigt. Am 26. August 1789 verkündete die französische Nationalversammlung die „Erklärung der Menschen- und Bürgerrechte". Sie sollte später für die neue Verfassung von 1791 gelten. Die Erklärung ist bis heute wirksam. Sie enthält aber kein Wort zu den Rechten der Frauen und der Sklaven in den Kolonien. Am 28. September 1791 erließ die Nationalversammlung noch ein Gesetz, dass den Juden die Gleichstellung mit den übrigen Bürgern eröffnete.

Geltung auf der ganzen Welt?

In sehr vielen europäischen Staaten, auch in Deutschland, dauerte es noch bis ins 20. Jh., bis die Grundrechte staatlich geschützt wurden. Außerdem wurden sie lange Zeit zum Beispiel Frauen und Nichtweißen vorenthalten.
1948 verabschiedete die Generalversammlung der Vereinten Nationen (UNO) die „Allgemeine Erklärung der Menschenrechte". Da fast alle Länder der Erde Mitglieder der UNO sind, haben sie auch diese Erklärung anerkannt. Trotzdem werden noch in vielen Ländern Menschenrechte verletzt. Zum Beispiel werden Menschen gefoltert, sitzen wegen ihrer politischen Meinung im Gefängnis oder werden sogar hingerichtet.

M 1 Erklärung der Menschen- und Bürgerrechte
Ölgemälde von 1789/90
Die beiden Frauengestalten symbolisieren „Frankreich" (links) und das „Gesetz". Dazwischen steht das „Auge der Vernunft". Die beiden Schrifttafeln sollen in ihrer Form an die biblischen Gesetzestafeln mit den Zehn Geboten erinnern. Die rote Mütze ist eine Anspielung auf die Kopfbedeckung der freigelassenen römischen Sklaven.

M2 Menschen- und Bürgerrechte

Am 26. August 1789 wird die Erklärung der Menschen- und Bürgerrechte veröffentlicht. Sie wird der Verfassung von 1791 (siehe M4, S. 291) vorangestellt. In der Erklärung heißt es:

[...] die Vertreter des französischen Volkes, als Nationalversammlung eingesetzt, [...] haben [...] beschlossen, die natürlichen und unveräußerlichen und heiligen Rechte der Menschen in einer feierlichen Erklärung darzulegen [...].

Artikel 1

Die Menschen sind und bleiben von Geburt frei und gleich an Rechten [...].

Artikel 2

Das Ziel jeder politischen Vereinigung ist die Erhaltung der natürlichen und unveräußerlichen Menschenrechte. Diese Rechte sind Freiheit, Eigentum, Sicherheit und Widerstand gegen Unterdrückung [...].

Artikel 6

Das Gesetz ist der Ausdruck des allgemeinen Willens. Alle Bürger haben das Recht, persönlich oder durch ihre Vertreter an seiner Formung mitzuwirken. Es soll für alle gleich sein [...].

Artikel 11

Die freie Mitteilung der Gedanken und Meinung ist eines der kostbarsten Menschenrechte. Jeder Bürger kann also frei schreiben, reden, drucken unter Vorbehalt der Verantwortlichkeit für den Missbrauch dieser Freiheit in den durch Gesetze bestimmten Fällen.

Zit. nach: Ute Gerhard, Menschenrechte – Frauenrechte 1789, in: Viktoria Schmidt-Linsenhoff (Hrsg.), Sklavin oder Bürgerin? Französische Revolution und Neue Weiblichkeit, Frankfurt a. M. 1989, S. 68 ff.

M3 Bürgerrechte auch für Frauen

In Anlehnung an die Erklärung vom August 1789 verfasst die Schriftstellerin Olympe de Gouges 1791 die „Erklärung der Rechte der Frau und Bürgerin".

Wir, die Mütter, Töchter, Schwestern, Vertreterinnen der Nation, verlangen, in die Nationalversammlung aufgenommen zu werden [...].

Artikel 1

Die Frau ist frei geboren und bleibt dem Manne gleich in allen Rechten [...].

Artikel 2

Ziel und Zweck jedes politischen Zusammenschlusses ist der Schutz der natürlichen und unveräußerlichen Rechte sowohl der Frau als auch des Mannes. Diese Rechte sind: Freiheit, Sicherheit, das Recht auf Eigentum und besonders das Recht auf Widerstand gegen Unterdrückung [...].

Artikel 6

Das Gesetz sollte Ausdruck des allgemeinen Willens sein. Alle Bürgerinnen und Bürger sollen persönlich oder durch ihre Vertreter an seiner Gestaltung mitwirken. Es muss für alle das Gleiche sein [...].

Artikel 11

Die freie Gedanken- und Meinungsäußerung ist eines der kostbarsten Rechte der Frau, denn diese Freiheit garantiert die Vaterschaft der Väter an den Kindern. Jede Bürgerin kann folglich in aller Freiheit sagen: „Ich bin die Mutter eines Kindes, das du gezeugt hast", ohne dass ein barbarisches Vorurteil sie zwingt, die Wahrheit zu verschleiern.

Zit. nach: Ute Gerhard, Menschenrechte – Frauenrechte 1789, a. a. O., S. 68 ff.

Internettipp:
Vgl. das Grundgesetz der Bundesrepublik Deutschland unter Mediencode 31021-46

1. *Nenne die Unterschiede zwischen den Artikeln der Erklärungen (M2 und M3).*
2. *Begründe, weshalb Olympe de Gouges ihre Erklärung verfasst hat (M3). Beurteile ihre Forderungen.*
3. *Unsere Grundrechte (siehe Internettipp) gehen auf die Ideen der Französischen Revolution zurück. Begründe dies an Beispielen.*
4. *„Amnesty international" ist eine Organisation, die auf Verletzungen der Menschenrechte weltweit aufmerksam macht und sich für die Einhaltung der Grundrechte einsetzt. Auch die Bundesrepublik Deutschland wurde kritisiert. Recherchiere die Gründe für die Kritik im Internet. Diskutiert in der Klasse, ob die Kritik berechtigt ist.*

Die Revolution kommt auch ins Reich

M1 Tanz um den Freiheitsbaum
Ölgemälde eines unbekannten Künstlers, um 1793
Seit etwa 1790 wurden in Frankreich zehntausende solcher Freiheitsbäume gesetzt. Man knüpfte damit an die Tradition des Maibaumes an. Mit den Revolutionsheeren kam der Brauch in die deutschen Gebiete, vor allem auch ins Rheinland und in die Pfalz. Die abgebildete Tanzszene fand vermutlich in Aachen statt. Die Franzosen hatten die Stadt 1792/93 besetzt.

Revolutionäre Stimmung im Reich

Der Ausbruch der Französischen Revolution fand 1789 Bewunderer in ganz Europa. Die Nachrichten aus Paris lösten sowohl in Baden, der Pfalz, im Rheinland, in Kursachsen sowie in Hessen-Kassel und Schlesien als auch in vielen Städten Bauern-, Handwerker- und Studentenunruhen oder Volksaufläufe aus. Vor allem das aufstrebende Bürgertum sowie Schüler und Studenten verfolgten den Versuch, die Gedanken der Aufklärung in Politik umzusetzen, zunächst mit großer Sympathie.

In einigen Städten wurden Jakobinerklubs nach französischem Vorbild gegründet. Außerdem entstand ein regelrechter Revolutionstourismus. Journalisten, Dichter und Gelehrte reisten nach dem Sturm auf die Bastille nach Paris und berichteten begeistert von den Vorgängen.

Je mehr man jedoch von den Schicksalen der geflohenen Franzosen (allein in Baden lebten zeitweise fast 10 000 Flüchtlinge), der Hinrichtung Ludwigs XVI., der Schreckensherrschaft und dem Vormarsch der Revolutionstruppen erfuhr, desto stärker schrumpfte die Zahl der Revolutionsanhänger nach 1793.

Die Mainzer Republik

Nirgendwo sonst im Reich fanden die Ideen der Französischen Revolution so große Zustimmung wie in Mainz.

Nach fast kampfloser Belagerung hatten die Franzosen mit Rheinhessen und der Pfalz am 21. Oktober 1792 auch Mainz besetzt.

Die Fürsten waren vor den Franzosen geflohen. Schon zwei Tage später gründeten bürgerliche Intellektuelle und Beamte den Mainzer Jakobinerklub, die „Gesellschaft der Freunde der Freiheit und Gleichheit".

Unterstützt von der französischen Besatzungsmacht und gefördert von den Jakobinerklubs in Mainz, Worms und Speyer wurde in den von den Fürsten befreiten Gebieten Anfang 1793 ein Rheinisch-Deutscher Nationalkonvent gewählt. Am 18. März wurde in Mainz der Rheinisch-Deutsche Freistaat für das Gebiet zwischen Landau und Bingen ausgerufen.

Doch der erste deutsche Versuch, eine auf bürgerlich-demokratischen Grundsätzen aufgebaute Republik zu gründen, scheiterte wenige Monate später. Weil sich die „Befreiten" nicht so revolutionär zeigten wie erwartet, begannen die Franzosen das Land auszubeuten und Zwang auszuüben. Der Rückhalt in der deutschen Bevölkerung schwand. Schließlich wurden Rheinhessen und die Pfalz von Preußen zurückerobert.

Weitere Versuche, im Rheinland eine Republik zu errichten (1797/98), misslangen ebenso wie Aufstands- und Verfassungsbestrebungen in Bayern, Württemberg und am Oberrhein. Sie wurden von den Franzosen kaum unterstützt. Eine deutsche Republik lag nicht mehr in ihrem Interesse. Die erreichte Politisierung der breiten Bevölkerung ließ sich aber nicht mehr rückgängig machen.

1. *In der Mainzer Republik spielte der Forscher und Weltreisende Georg Forster eine führende Rolle. Informiere dich in Lexika oder dem Internet über ihn.*
2. *Auf dem Bild M1 fallen zwei Teilnehmer des Reigens auf. Begründe, welche das sind.*

M 2 Sitzung des Mainzer Jakobinerklubs im Akademiesaal des Kurfürstlichen Schlosses, November 1792
Federzeichnung von Johann Jakob Hoch
Der Klub hatte zeitweise 500 Mitglieder.

M 3 Das Bürgerlied der Mainzer

Ende 1792/Anfang 1793 dichtet ein uns unbekannter Autor:

Auf Brüder! auf! Die Freiheit lacht,
Die Ketten sind entzwei.
Uns hat sie Custine[1] losgemacht,
O Bürger, wir sind frei!
Nun drückt uns kein Despote[2] mehr
Und raubt uns unsre Taschen leer.
Nun drückt uns kein Despote mehr!
Der Mainzer ist nun frei!
Der Mainzer ist nun frei!
[...]

Ihr Mainzerinnen freuet euch!
Ihr Schönen jubiliert!
Nun seid ihr Edeldamen gleich,
Die stolz euch sonst regiert.
Nun hat bei Ball, bei Spiel und Sang
Die Bürgerin den ersten Rang:
Der Mainzer ist nun frei!
Der Mainzer in nun frei!

O Bürger! welche Seligkeit,
Ein freier Mann zu sein,
Dem kein Despote mehr gebeut,
Nur das Gesetz allein.
Nun ist es aus, das Adelreich,
Nun sind wir Brüder, alle gleich;
Nun ist es aus, das Adelreich.
Der Mainzer ist nun frei!
Der Mainzer ist nun frei!

Zit. nach: Hans-Werner Engels, Gedichte und Lieder deutscher Jakobiner, Stuttgart 1971, S. 53 f.

M 4 Über die „Mainzer Republik"

Der Historiker Franz Dumont schreibt:

Wenn auch widersprüchlich und letztlich ohne ausreichende Akzeptanz[3], so war die Mainzer Republik doch ein Vorgang von historischem Rang: zunächst, weil sie am Anfang des schwierigen deutschen Weges zur Demokratie steht und weil die Mainzer Jakobiner als die erste demokratische Bewegung in Deutschland anzusehen sind. Für das Reich ebenso außerordentlich war die breite Politisierung der Bürgerschaft, die hier erstmals zur Ausbildung ideologischer[4] Fronten im modernen Sinne führte. In beidem hatte Mainz 1792/93 eine Vorreiterrolle.

Franz Dumont u. a. (Hrsg.), Mainz. Die Geschichte der Stadt, Mainz 1998, S. 344

[1] Custine: Befehlshaber der Rheinarmee; er eroberte mit seinen Truppen 1792 Speyer, Worms und Mainz.
[2] Despot: Gewaltherrscher, Tyrann
[3] Akzeptanz: Bereitschaft, etwas anzuerkennen
[4] ideologisch: weltanschaulich

1. *Erläutere die politischen Vorstellungen des Dichters (M3).*
2. *Untersuche die Aufgabe, die das Lied (M3) übernimmt. Siehe dazu nochmals S. 293.*
3. *Der erste Demokratieversuch in Mainz scheiterte, aber er hatte eine wichtige Vorreiterrolle (M4). Erkläre!*

1792: Frankreich erklärt den europäischen Monarchen den Krieg; Eroberung von Rheinhessen und der Pfalz
1793: Ausrufung des „Rheinisch-Deutschen Freistaates" zwischen Landau und Bingen
1791: Frankreich erhält eine Verfassung
1787: Verfassung der USA
Philosophen wie Locke, Montesquieu und Rousseau wenden sich gegen den Absolutismus
1760 1770 1780 1790 1800

Frankreich beherrscht den Kontinent

M 1 Gründung des Rheinbundes
Lithografie von Charles Motte, 1806 (Ausschnitt)
Die 16 Fürsten des Rheinbundes huldigen Napoleon während der feierlichen Vereidigung am 19. Juli 1806 im Schloss Saint-Cloud bei Paris.

Neuordnung Deutschlands

Napoleons Ziel war es, die Vorherrschaft (Hegemonie) Europas durchzusetzen. Dazu musste er die alten Großmächte besiegen. Dies gelang ihm 1801. Österreich musste die französischen Eroberungen anerkennen. Damit verloren alle deutschen Fürsten ihre linksrheinischen Gebiete an Frankreich. Sie wurden aber entschädigt. Denn sie erhielten dafür Kirchengebiete. Diese **Säkularisation** (lat. saecularis: weltlich) regelte der „Reichsdeputationshauptschluss" von 1803. Vier Erzbistümer, 18 Bistümer und etwa 300 Abteien und Klöster wurden aufgelöst und ihr Besitz weltlichen Fürsten übergeben. Im heutigen Rheinland-Pfalz betraf dies die Erzbistümer Mainz und Trier sowie die Bistümer Worms und Speyer mit ihren Klöstern, Abteien und Stiften.

Darüber hinaus verloren durch die **Mediatisierung** (lat. im-mediatus: un-mittelbar) die meisten Reichsstädte und viele kleine weltliche Herrscher wie die Reichsritter ihre Reichsunmittelbarkeit. Sie mussten sich größeren Fürstentümern unterwerfen.

Tausende Mönche, Nonnen und Geistliche verloren ihr Auskommen. Die ehemaligen Kirchengüter wurden teils zu Krankenhäusern oder Gefängnissen umfunktioniert, teils als Nationalgüter versteigert. Weiten Bevölkerungskreisen war es nun möglich, Grundbesitz zu erwerben. Der Staat musste nun die Aufgaben der Orden übernehmen, die z. B. in Schulen, Kranken- und Armenhäusern geleistet worden waren.

Das Ende des Alten Reiches

Durch Säkularisation und Mediatisierung verlor die Kirche ihre Herrschaftsrechte. Der Kaiser verlor mit den geistlichen Fürsten und Reichsstädten seine Hauptstützen. Die Zahl der Territorien reduzierte sich von einigen hundert auf etwa dreißig.

Die süddeutschen Mittelstaaten (z. B. Baden, Württemberg, Bayern) erhielten das Vielfache ihrer linksrheinischen Gebietsverluste. Napoleon wollte sie so stark machen, dass sie mächtig genug gegenüber dem Kaiser in Österreich, aber gegen Frankreich zu schwach waren.

1806 sagten sich die mit Napoleon verbündeten Staaten mit weiteren Fürstentümern vom Reich los und gründeten unter französischer Schutzherrschaft den „Rheinbund". Kaiser Franz II. dankte daraufhin ab und war fortan nur noch Kaiser von Österreich. Das war das Ende des Heiligen Römischen Reiches Deutscher Nation.

„Revolution von oben"

Napoleon ließ auch neue Staaten entstehen. Die bedeutendste Neugründung war das Königreich Westfalen. Napoleon setzte seinen jüngsten Bruder Jérôme als Herrscher ein. Er sollte dort die Errungenschaften der Revolution umsetzen.

In den Rheinbundstaaten führten die Monarchen freiheitlichere Rechts- und Gesellschaftsordnungen nach französischem Vorbild ein. Sie wollten damit einen Patriotismus wecken und ihre Herrschaft sichern.

Auch in Preußen wurden in Landwirtschaft, Gewerbe, Verwaltung, Bildung und Militär staatliche Reformen durchgeführt. Sie sollten das Land für den Kampf gegen Frankreich stärken. Am weitreichendsten wirkten die „Bauernbefreiung" und die Gewerbefreiheit: Die Bauern wurden aus ihrer Erbuntertänigkeit, einer Art Leibeigenschaft, entlassen. Die Zünfte wurden abgeschafft und mit ihnen die Beschränkungen für Handel und Gewerbe. Das Emanzipationsedikt von 1812 brachte zudem den Juden die bürgerlichen Rechte.

Projekt:
Der größte Teil des heutigen Rheinland-Pfalz gehörte von 1794 bis 1813 zur französischen Republik. Bildet Arbeitsgruppen und begebt euch auf Spurensuche: Recherchiert im Rathaus, im Stadtarchiv, in Museen oder bei Geschichtsvereinen die Geschichte eures Heimat- oder Schulortes während der französischen Zeit. Was änderte sich? Wo finden sich noch Überreste? Tragt eure Ergebnisse zusammen und gestaltet eine Zeitung.

Filmtipp:
„Napoleon und die Deutschen." ZDF-Reihe „Die Deutschen" von 2008, Folge 7

M2 Wohltaten?

Napoleon schreibt am 15. November 1807 seinem Bruder Jérôme, dem König von Westfalen:

Was die deutschen Völker am sehnlichsten wünschen, ist, dass auch diejenigen, die nicht von Adel sind, aber über Talent verfügen, das gleiche Recht haben, von Ihnen berücksichtigt und beschäftigt zu werden; dass jede Form von Leibeigenschaft und mittelbarer Obrigkeit zwischen dem Souverän und der untersten Klasse des Volkes vollständig beseitigt wird. Die Errungenschaften des Code Napoléon, die Öffentlichkeit des Gerichtsverfahrens, die Einrichtung von Geschworenengerichten, werden auch Ihr Königtum auszeichnen.

Und wenn ich ganz offen sein soll, muss ich sagen, dass ich mir von diesen Errungenschaften eine größere Wirkung für die Ausweitung und Festigung Ihrer Monarchie erwarte, als von den größten Siegen. [...] Welches Volk wollte denn unter die preußische Willkürherrschaft zurückkehren, wenn es einmal die Wohltaten einer weisen und liberalen Regierung gekostet hat?

Zit. nach: König Lustik!? Jérôme Bonaparte und der Modellstaat Königreich Westfalen, München 2008, S. 532

M3 „Also eine Revolution im guten Sinn ...“

Im Auftrag des preußischen Königs verfasst Karl August von Hardenberg im September 1807 in Riga eine Denkschrift; darin heißt es:

Die Französische Revolution, wovon die gegenwärtigen Kriege die Fortsetzung sind, gab den Franzosen unter Blutvergießen und Stürmen einen ganz neuen Schwung. Alle schlafenden Kräfte wurden geweckt, das Elende und Schwache, veraltete Vorurteile und Gebrechen wurden – freilich zugleich mit manchem Guten – zerstört [...].

Der Wahn, dass man der Revolution am sichersten durch Festhalten am Alten und durch strenge Verfolgung der durch sie geltend gemachten Grundsätze entgegenstreben könne, hat besonders dazu beigetragen, die Revolution zu befördern [...].

Also eine Revolution im guten Sinn, gerade hinführend zu dem großen Zwecke der Veredelung der Menschheit, durch Weisheit der Regierung und nicht durch gewaltsame Anregung von innen oder außen, – das ist unser Ziel, unser leitendes Prinzip. Demokratische Grundsätze in einer monarchischen Regierung, dieses scheint mir die angemessene Form für den gegenwärtigen Zeitgeist. Die reine Demokratie müssen wir noch dem Jahre 2440 überlassen, wenn sie überhaupt für den Menschen gemacht ist.

Zit. nach: Georg Winter (Hrsg.), Die Reorganisation des Preußischen Staates unter Stein und Hardenberg, Bd. 1.1, Leipzig 1931, S. 305 f. (vereinfacht)

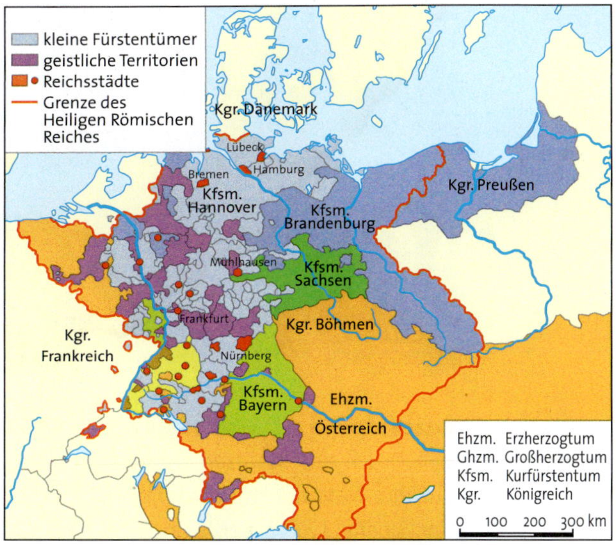

M4 Die deutschen Territorien um 1789

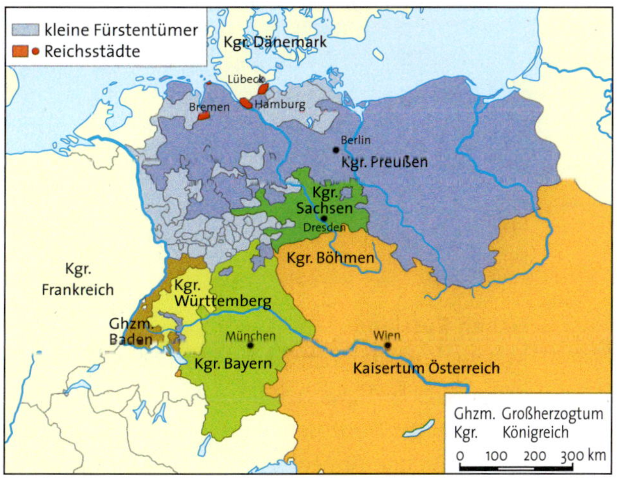

M5 Die deutschen Territorien um 1806

1. *Vergleiche die Rechtfertigung von Jérômes Herrschaft (M2) mit der von absolutistischen Herrschern (S. 261).*
2. *Fasse Hardenbergs Einstellung zur Revolution zusammen (M3). Welches Ziel formuliert er? Wie will er es erreichen?*
3. *Die Reformen in den deutschen Staaten wurden von Historikern auch als „Revolution von oben“ bezeichnet. Nimm Stellung zu diesem Begriff.*
4. *Vergleiche die Karten M4 und M5. Arbeite die wesentlichen Veränderungen heraus.*

1792: Frankreich erklärt den europäischen Monarchen den Krieg: Beginn der Revolutionskriege
1799: Staatsstreich Napoleons, „Ende der Revolution“
Säkularisation/Mediatisierung
1804: Napoleon wird Kaiser der Franzosen
1806: Bildung des Rheinbundes / Ende des Hl. Römischen Reiches
Reformen in den Rheinbundstaaten und in Preußen

1790 | 1800 | 1810 | 1820

Das Ende der napoleonischen Herrschaft

M1 Stufenleiter
Ein Karikaturist stellt 1814 dar, wie er den Werdegang Napoleons sieht. Auf den Schildern steht: Corsischer Knabe – Militär-Schüler – Glücksritter zu Paris – General – Erster Consul – Kaiser der Franzosen – Abzug aus Spanien – Rückreise von Moskau – Abschied von Deutschland – Ende.

Die Besatzer stoßen auf Widerstand

Unter dem Druck der Besatzer besannen sich die Völker auf ihre Nation – ihre Geschichte, Sprache und Kultur. Überall wuchs der Wunsch, die fremde Herrschaft abzuschütteln.

Der nationale Freiheitsdrang flammte zunächst in Spanien auf. 1808 erhob sich dort das Volk. Ein jahrelanger „Kleinkrieg" (Guerillakrieg) folgte. 1809 scheiterte der österreichische Versuch, die Fremdherrschaft abzuschütteln. Auch der Tiroler Volksaufstand unter dem Freiheitskämpfer Andreas Hofer im selben Jahr misslang.

Gegen Russland

Napoleon wollte auch den russischen Zaren unter seine Herrschaft zwingen. Im Juli 1812 marschierte der Kaiser der Franzosen mit rund 500 000 Soldaten seiner „Grande Armée" in Russland ein und hoffte auf einen schnellen Sieg. Noch im selben Jahr erreichte er Moskau. Die Einwohner flohen und setzten die Stadt in Brand.

Ständige Angriffe, Fahnenflucht und Krankheiten verursachten hohe Verluste. Die russische Kälte von bis zu minus 50 °C brachte den erschöpften, halb verhungerten und frierenden Soldaten zu Hunderttausenden den Tod. Napoleon hatte seinen Ruf verloren, unbesiegbar zu sein.

Die Befreiungskriege

Der russische Zar wollte nun die Befreiung Europas von der napoleonischen Herrschaft erreichen. Preußen schloss sich der Befreiungsbewegung an. Getrieben von nationaler Begeisterung meldeten sich viele Freiwillige zum Militärdienst. Auch Österreich, Großbritannien und Schweden traten dem Bündnis bei. Nach und nach wechselten auch die Rheinbundstaaten die Seite.

In der bis dahin größten Schlacht der Weltgeschichte, der Völkerschlacht bei Leipzig, kämpften 500 000 Soldaten. Napoleons Truppen mussten sich zurückziehen.

Am 31. März 1814 besetzten die verbündeten Armeen Paris. Napoleon musste abdanken und wurde auf die Insel Elba verbannt.

Ein Jahr später riss Napoleon nochmals die Herrschaft an sich. Endgültig besiegt wurde er daraufhin in der Schlacht von Waterloo in Belgien. Die Briten verbannten Napoleon auf die Atlantikinsel St. Helena, wo er 1821 starb.

1. *Fasse die Gründe zusammen, die zum Ende der napoleonischen Herrschaft führten.*
2. *Erstelle eine Zeitleiste zur Karriere Napoleons.*
3. *Vergleiche deine Zeitleiste mit M1. Ist das Bild einer Stufenleiter passend?*

Internettipps:
Zu den Befreiungskriegen siehe Mediencode 31021-47

M2 Aus einem Kriegstagebuch

Der aus Söhlde bei Hildesheim (Niedersachsen) stammende Johann Heinrich Wesemann dient seit 1808 als Soldat in der westfälischen Armee. Über seine Erlebnisse im Russlandfeldzug berichtet er in seinem Kriegstagebuch:

Viele von uns […] kannten das Leben im Kriege aus eigener Erfahrung und so zogen wir mit ziemlich heiterem Sinn, vertrauend auf Napoleons bisheriges Glück. […]
Wir näherten uns Dombrowna. Dort hofften wir Brot zu finden. Ich und noch ein anderer namens Casper versuchten, uns mit unseren Pferden durch das Gewühl der Flüchtlinge zu arbeiten. […] Von Uniformen war nicht mehr viel zu erkennen. […] Viele hatten einfach nur Säcke, Decken, selbst Kuh- und Pferdehäute umgehängt.

Einige Zeit später tritt Wesemann in ein russisches Regiment ein:

Als wir am folgenden Tag aus Berlin marschierten, wollten einige meiner Gefährten ihren Patriotismus zeigen und sangen Spottlieder auf Napoleon und seine große Armee. Mir war dies zuwider – war es ja doch Spott auf uns selbst, und ich sagte, dass es besser wäre, wenn sie schweigen. […]
Aus meinem Geburtsort waren 19 Mann mit der Armee fortgegangen, von denen nur ich und noch einer zurückgekehrt sind.

Kanonier des Kaisers. Kriegstagebuch des Heinrich Wesemann 1808-1814, Köln 1971; zit. nach: Geschichte lernen (März 2012), S. 25

M3 „Des Deutschen Vaterland“

Das bekannteste politische Gedicht dieser Zeit schreibt der Historiker, Schriftsteller und spätere Hochschullehrer Ernst Moritz Arndt im März 1813 in Königsberg, damals Privatsekretär des Freiherrn vom und zum Stein. Hier die erste und die letzten vier Strophen:

Was ist des Deutschen Vaterland?
Ist's Preußenland, ist's Schwabenland?
Ist's, wo am Rhein die Rebe blüht?
Ist's, wo am Belt die Möwe zieht?
O nein! nein! nein!
Sein Vaterland muss größer sein.
[…]

Was ist des Deutschen Vaterland?
So nenne mir das große Land!
So weit die deutsche Zunge klingt,
Und Gott im Himmel Lieder singt,
Das soll es sein!
Das, wackrer Deutscher, nenne dein!

Das ist des Deutschen Vaterland,
Wo Eide schwört der Druck der Hand,
Wo Treue hell vom Auge blitzt
Und Liebe warm im Herzen sitzt –
Das soll es sein!
Das, wackrer Deutscher, nenne dein!

Das ist des Deutschen Vaterland,
Wo Zorn vertilgt den welschen[1] Tand,
Wo jeder Franzmann heißet Feind,
Wo jeder Deutsche heißet Freund –
Das soll es sein!
Das ganze Deutschland soll es sein!

Das ganze Deutschland soll es sein!
O Gott vom Himmel sieh darein
Und gib uns rechten deutschen Mut,
Dass wir es lieben treu und gut.
Das soll es sein!
Das ganze Deutschland soll es sein!

Zit. nach: Hans-Bernd Spies (Hrsg.), Die Erhebung gegen Napoleon 1806-1814/15, Darmstadt 1981, S. 256 f.

M4 „Auf Vorposten“

Ölgemälde von Georg Friedrich Kersting, 1815

Der preußische Offizier Adolf Freiherr von Lützow stellte 1813 außerhalb Preußens eine Truppe aus Freiwilligen für den Kampf gegen die französische Armee auf. Unsere Nationalfarben gehen auf die Farben der Lützower Jäger zurück: Rot war die Borte am Kragen, schwarz die Uniform und golden die Messingknöpfe und Schulterstücke. Das Banner aus schwarzer und roter Seide trug die golden eingestickte Inschrift „Mit Gott fürs Vaterland!“ Der Maler des Bildes kämpfte selbst im Lützow'schen Korps. An den Baum gelehnt hockt der Dichter Theodor Körner, der im Kampf fiel.

[1] welsch: französisch

1. *Beurteile die Einstellung von Wesemann (M2).*
2. *Begründe, was dir an Arndts Gedicht (M3) überzeugend und was dir übertrieben oder abwegig erscheint.*

Kompetenzen überprüfen

M1 Welche Herrschaftsordnungen bestanden in ...

... den Vereinigten Staaten von 1787?
... Frankreich vor 1789?
... Frankreich 1790?
... Frankreich nach 1804?
... Preußen unter Friedrich dem Großen?

M2 Aufklärung

In einem Jugendlexikon von 2007 heißt es:

Die Aufklärung forderte, dass die Vernunft die Quelle der Erkenntnis und die Grundlage allen menschlichen Handelns sein sollte. Sie strebte danach, die allgemeinen Lebensbedingungen zu verbessern, und förderte die Emanzipation [die Befreiung aus Abhängigkeit] des Einzelnen und der Gesellschaft sowie Toleranz und Menschlichkeit. Dagegen richtete sich die Kritik der Aufklärung vor allem gegen die Kirchen und den Staat im Absolutismus, da diese den Menschen unmündig halten würden.

Das Junior-Lexikon in sechs Bänden, Bd. 1, Hamburg – Gütersloh 2007, S. 94

Gesetzgebende Gewalt
Vollziehende Gewalt
Richterliche Gewalt

M3 Gewaltenteilung

M4 Revolution – eine Begriffsbestimmung

Revolution (lat. *revolutio*: Umwälzung): grundlegende und tief greifende Veränderungen bestehender Verhältnisse. In der Politik wird von Revolutionen gesprochen, wenn der Zugang zur Macht (Herrschaft) in einem Staat in kurzer Zeit grundlegend verändert wird. Revolutionen sind in der Regel mit kulturellen, sozialen, wirtschaftlichen und rechtlichen Veränderungen einer Gesellschaft und der Anwendung von Gewalt verbunden.

Verfassertext

M5 Der erste Mainzer Freiheitsbaum
Kolorierter Kupferstich eines anonymen Künstlers, 1793

M6 Bewertungen der Revolution

Der Schriftsteller Egon Friedell stellt in seiner „Kulturgeschichte der Neuzeit" von 1928 fest:

[Die] Revolution, die aus dem Absolutismus der Bourbonen entsprungen war, endet im Absolutismus des Empire.

Der amerikanische Soziologe Crane Brinton schreibt 1934:

Seit 1789 beruht die Regierung Frankreichs auf dem Prinzip der Diskussion; das aber bedeutet: Parlamente, Parteien, Zeitungen, politische Schlagworte, militante Minoritäten[1], Massenpsychosen – kurz alle jene Erscheinungen, die uns heute so vertraut anmuten, aber den Franzosen von 1788 ganz unbekannt waren.

Egon Friedell, Kulturgeschichte der Neuzeit, München 1989, S. 873 und Crane Briton, Europa im Zeitalter der Französischen Revolution, Wien ²1948, S. 263

[1] militante Minoritäten: gewalttätige Minderheiten

M7 „An mein Volk!“

Am 20. März 1813 wird der Aufruf des preußischen Königs vom 17. März erstmals in einer Zeitung veröffentlicht; darin heißt es:

Brandenburger, Preußen, Schlesier, Pommern, Litauer! Ihr wisst, was ihr seit sieben Jahren erduldet habt, ihr wisst, was euer trauriges Los ist, wenn wir den beginnenden Kampf nicht ehrenvoll enden [...]. Bleibet eingedenk der Güter, die [...] unsere Vorfahren blutig erkämpften: Gewissensfreiheit, Ehre, Unabhängigkeit, Handel, Kunstfleiß und Wissenschaft. [...]

Große Opfer werden von allen Ständen gefordert werden, denn unser Beginnen ist groß, und nicht gering die Zahl und die Mittel unserer Feinde. Ihr werdet jene lieber bringen für das Vaterland, für euren angeborenen König, als für einen fremden Herrscher [...].

Aber welche Opfer auch von Einzelnen gefordert werden mögen, sie wiegen die heiligen Güter nicht auf, für die wir sie hingeben, für die wir streiten und siegen müssen, wenn wir nicht aufhören wollen, Preußen und Deutsche zu sein. Es ist der letzte entscheidende Kampf, den wir bestehen, für unsere Existenz, unsere Unabhängigkeit, unsern Wohlstand. Keinen andern Ausweg gibt es, als einen ehrenvollen Frieden, oder einen ruhmvollen Untergang.

Zit. nach: Hans-Bernd Spies (Hrsg.), Die Erhebung gegen Napoleon 1806–1814/15. Quellen zum politischen Denken der Deutschen im 19. und 20. Jahrhundert, Darmstadt 1981, S. 255 (vereinfacht)

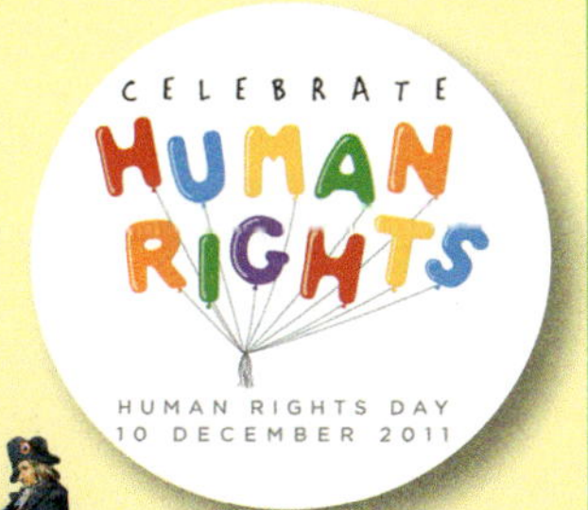

M8 „Celebrate Human Rights“
Button von 2011

M9 Hinrichtung mit der Guillotine
Jugendbuchillustration von 2007

M10 „Napoleon vor dem Thron Karls des Großen im Aachener Dom am 7. Dezember 1804“
Gemälde von Henri Paul Motte, 1898

M11 „Napoleon-Wanderweg“
Logo, um 2004

NAPOLEON Wanderweg

Dort, wo die napoleonischen Heere und Kaiser Napoleon zogen und 1806 die Schlacht von Jena und Auerstedt stattfand, befindet sich heute ein „Napoleon-Wanderweg“. Über ihn können Wanderer zu den Gedenkstätten in Jena-Cospeda, Hassenhausen, Kapellendorf und Auerstedt gelangen.

1. *Nenne die Herrschaftsformen (M1) und erkläre sie.*
2. *Vergleiche die Definition (M2) mit den Verfassertexten auf S. 276 und 278. Welche Bereiche bleiben hier unerwähnt? Ergänze die Erklärung.*
3. *Erstelle ein Schaubild, das das System der Gewaltenteilung deutlich macht (M3). Vergleiche dein Schaubild mit dem auf S. 292.*
4. *Prüfe, ob die Definition (M4) auf die Französische Revolution zutrifft.*
5. *Erläutere die Abbildung M5 und den dazugehörigen Text vor dem historischen Hintergrund. Überlege, ob es sich um Zustimmung oder Kritik handelt.*
6. *Diskutiert in der Klasse die Bewertungen (M6). Berücksichtigt dabei auch M8 und M9.*
7. *Arbeite die Werte und Ziele heraus, für die das preußische Volk in den Krieg gegen die napoleonischen Truppen ziehen soll (M7). Erkläre dazu den Begriff „heilige Güter“.*
8. *Untersuche M10. Warum hat der Künstler das Ereignis von 1804 dargestellt? Überprüfe, ob es sich um ein Herrscherbild wie M1 auf S. 262 handelt.*
9. *Stelle Vermutungen an, wer aus welchen Gründen heute an Napoleon und die napoleonischen Kriege erinnert (M11).*
10. *Bewerte anhand aktueller Beispiele, ob Revolutionen zur Durchsetzung von Menschen- und Bürgerrechten notwendig sind.*

Orientierung gewinnen: Der deutsche Nationalstaat entsteht

Was ist des Deutschen Vaterland? Die Bundesrepublik Deutschland natürlich, wirst du sagen. Kurz nach 1800 gab es auf diese Frage aber noch keine klare Antwort. Die Menschen waren Untertanen ihrer Fürsten. Die Französische Revolution und Napoleon hatten die alten Vorstellungen und die alten Herrschaftsgebiete zerstört. Nach Napoleons Sturz kamen 1814/15 Europas Staatsmänner in Wien zusammen, um die Monarchien in den veränderten Territorien wiederherzustellen. Ihre Lösung sorgte für einen langen Frieden in Europa.
Das Heilige Römische Reich Deutscher Nation wurde nicht wiederhergestellt. Stattdessen gab es nun den Deutschen Bund. In ihm waren Österreich und Preußen die mächtigsten Staaten. Dies enttäuschte alle Bürger, die sich für einen deutschen Nationalstaat, mehr Freiheit und politische Rechte eingesetzt hatten.

Wachsende Teile der deutschen Bevölkerung forderten seit Beginn des 19. Jh. immer stärker die Gründung eines Nationalstaates für das gesamte „deutsche Volk". Wie war dieser Wunsch entstanden? Welche Ideen prägten die Nationalstaatsbildung? Wie versuchten die „Vaterländer", ihre Vorstellungen durchzusetzen, und auf welche Widerstände stießen sie?

Im Deutschen Reich wurde aus dem Wunsch nach einem Nationalstaat die „deutsche Frage". Welche politische Entwicklung ging der Gründung des Deutschen Reiches als Nationalstaat voraus? Welche Interessen spielten mit hinein? Welche Rolle spielte das internationale Mächteverhältnis?

M 1 Europa um 1815

1. *Stellt mithilfe von M1 fest, in welchen Räumen die stärksten territorialen Veränderungen stattfanden.*
2. *Fasst die Ursachen und Auslöser aus der Zeit der Französischen Revolution und von Napoleon für diese territorialen Veränderungen zusammen.*
3. *Entwickelt mithilfe der Karten Fragestellungen zur Entstehung des deutschen Nationalstaates im 19. Jh. Welche Antworten ergeben sich aus den Karten, welche nicht?*

Französische Revolution | „Zeitalter Napoleons" | Restauration

1790 | 1800 | 1810 | 1820 | 1830 | 1840 | 1850

1806: Ende des Heiligen Römischen Reiches Deutscher Nation | Deutscher Bund

M2 Der Weg zur Reichseinigung 1866-1871

M3 Vom Deutschen Bund zum Deutschen Kaiserreich

1860 | 1870 | 1880 | 1890 | 1900 | 1910 | 1920

Norddeutscher Bund | Deutsches Kaiserreich

Europa wird neu geordnet

M 1 „Der Treueschwur"
Malerei von Heinrich Olivier, 1815
Der Kaiser von Österreich, der König von Preußen und der russische Zar verpflichteten sich gegenseitig, überall da einzugreifen, wo die monarchische Staatsordnung in Gefahr ist. Fast alle europäischen Fürstenhäuser traten dieser „Heiligen Allianz" bei.

Zurück zu alten Zuständen?

Nachdem Napoleon besiegt worden war, versammelten sich die europäischen Fürsten 1814/15 auf dem **Wiener Kongress**. Sie wollten den Kontinent neu ordnen und für lange Zeit Frieden schaffen. Dafür war es wichtig, dass zwischen den fünf Großmächten möglichst ein Gleichgewicht bestand und kein Staat übermächtig wurde. Gleichzeitig wollten die Fürsten aber möglichst viel beim Alten belassen. Eine rechtmäßige Staatsgewalt sollte in Europa nicht wie in den USA vom Volk ausgehen, sondern allein von den alten Herrscherhäusern (Dynastien).

Ergebnisse des Wiener Kongresses

Die mächtigsten Kongressteilnehmer waren die Herrscher Österreichs, Russlands, Englands, Preußens und Frankreichs. Unter der Führung des in Koblenz geborenen Fürsten Klemens von Metternich legten sie drei wichtige Grundsätze fest:

- Die alten Fürstenhäuser fühlten sich im Recht, allein und ohne Beteiligung des Volkes zu regieren. Daher wurden die alten Fürstenhäuser aus der Zeit vor Napoleon wieder eingesetzt und erhielten damit die Ermächtigung (**Legitimation**), die sie für ihre Herrschaft brauchten.
- Die Fürsten machten viele Veränderungen, die es nach der Französischen Revolution ab 1789 gab, rückgängig. Diese rückwärtsgewandte Politik wird **Restauration** genannt.
- Die Ergebnisse der Säkularisation und der Mediatisierung blieben allerdings bestehen. Die 1803 untergegangenen geistlichen Fürstentümer und Reichsstädte erhielten ihre alten Rechte nicht zurück.
- Zusätzlich versprachen sich die Fürsten gegenseitige Unterstützung, um revolutionäre Ausschreitungen zu vermeiden oder zu unterdrücken.

Ohne das Volk

Die Völker in Europa waren vom Ausgang des Wiener Kongresses sehr enttäuscht und auch wütend. Zum großen Teil hatten sie nämlich maßgeblich dazu beigetragen, Napoleon zu besiegen. Die Menschen hatten vergeblich gehofft, dass sie nun auch mitbestimmen und mitregieren durften.

Deutschlands neue Ordnung

Anstelle des 1806 aufgelösten Heiligen Römischen Reiches schufen die Fürsten auf dem Kongress den **Deutschen Bund**. Dies enttäuschte diejenigen, die auf die Schaffung eines einheitlichen deutschen Nationalstaats gehofft hatten.
Anders als die USA war der Deutsche Bund nämlich ein lockerer Staatenbund mit weiterhin souveränen Fürsten und Städten. Insgesamt 35 Fürstentümer und die vier freien Städte Bremen, Frankfurt am Main, Hamburg und Lübeck schlossen sich zusammen. Die Mitgliedstaaten blieben selbstständig, es gab keine zentrale Regierung. Einzige gesamtdeutsche Einrichtung war der Bundestag: ein ständiger Gesandtenkongress der Mitglieder in Frankfurt am Main.
Die beiden größten Staaten im Deutschen Bund waren Österreich und Preußen. Sie stritten in der Folgezeit darüber, wer innerhalb des Deutschen Bundes die Führung übernehmen sollte.

1. *Fasse die Ziele und Ergebnisse des Wiener Kongresses mit eigenen Worten zusammen.*
2. *Begründe, warum die deutschen Fürsten und Städte die Gründung eines Nationalstaates ablehnten und einen Staatenbund bevorzugten.*
3. *Der Maler des Bildes M1 greift auf eine Epoche in der Vergangenheit zurück. Nenne sie und erläutere die Gründe für seine Entscheidung.*

Wiener Kongress* Legitimation Restauration* Deutscher Bund

M 2 Der tanzende Kongress
Französische Karikatur, um 1815
Der Wiener Kongress dauerte fast ein Jahr. Auf ihm verhandelten bis zu 15 Kaiser und Könige, 200 weitere Fürsten und über 120 Diplomaten. Die abgebildeten Figuren stehen für die Staatsmänner Frankreichs, Großbritanniens, Österreichs, Preußens, Russlands, Sachsens und Genuas (von links nach rechts).

M 3 Kritik an der „Bundesverfassung"

Am 7. Mai 1815 steht in dem von Joseph Görres in Koblenz herausgegebenen „Rheinischen Merkur":

Es ist endlich bekannt geworden, welche Verfassung man dem Bunde geben will […]. Man hat die Völker bei seiner Errichtung nicht um Rath gefragt; man scheint auf sie und ihre Stimme nicht hören zu wollen. […] Dennoch ist es unsere Pflicht, uns zu erheben gegen das Verderbliche, damit wir ohne Schuld seyen an des Vaterlandes Unglück. […] Man wird zur Vermuthung gezwungen, daß man Teutschland nicht als organisches Ganzes, als einen Staat betrachte, sondern nur als einen Staatenbund […]. Aber man höre doch nur den Ruf aller deutschen Volksstämme. Einmüthig erklären sie: „Wir wollen nicht länger blos Preußen, Hannoveraner, Hessen bleiben, wir wollen Deutsche werden!" Der künstliche Bund aber, der nicht gestützt ist auf die Liebe und den Gemeingeist des deutschen Volkes, wird bald durch seine eigene Schwäche zusammenfallen! […]

Anmerkung: Es könnte gut seyn, wenn die teutschen Vereine und Städte Unterschriften sammelten zur einer Bittschrift um Einführung teutscher Reichsstände. Die Stimme des Volkes dringt so schwer durch zu den Ohren der Fürsten […].

Rheinischer Merkur, Nr. 234 vom 7. Mai 1815, [S. 1 f.]

M 4 Rezepte für die europäische Staatenwelt

Ein Historiker beurteilt die Leistungen des Wiener Kongresses:

In einer unglaublichen Kraftanstrengung stiftete der Kongress nach mehr als zwanzig Kriegsjahren […] eine dauerhafte Friedensordnung. Die zertrümmerte alteuropäische Staatenwelt verlangte nach Rezepten, welchen das übliche Etikett „Restauration" nicht gerecht wird. Metternich […] hielt Wandel, auch Anpassung und Reform staatlicher Strukturen, für unvermeidlich, aber er war geprägt durch die traumatische Erfahrung der Französischen Revolution, die er als Urkatastrophe wahrnahm, als Angriff auf die gesellschaftliche Ordnung und deren elementare Rechtsprinzipien überhaupt. Europa brauchte aus seiner Sicht ein Verteidigungssystem zur Bewahrung des traditionellen monarchisch-ständischen Völkerrechts. Dieses Bollwerk musste zwei Bedingungen erfüllen: die Sicherung der monarchischen Herrschaft und der Dynastien sowie eine ausbalancierende Ordnung, die nicht nur kurzzeitig, sondern dauerhaft Frieden und eine Universalmonarchie zu verhindern vermochte.

Wolfram Siemann, Metternich. Staatsmann zwischen Restauration und Moderne, München 2010, S. 52 f.

1. *Arbeite die nationalen Vorstellungen des Verfassers (M3) heraus. Wie begründet er sie? Wie sollen sie durchgesetzt werden?*
2. *Untersuche, wie der Historiker den Wiener Kongress bewertet (M4).*
3. *Stelle Vermutungen an, was notwendig ist, damit die Politik der Restauration in den Folgejahren Erfolg haben konnte.*

Bürger fordern Einheit und Freiheit

Internettipp:
Die Texte der „Karlsbader Beschlüsse" findest du unter Mediencode 31021-48

Exkursionstipp:
Erinnerungsstätte für die Freiheitsbewegungen in der deutschen Geschichte in Rastatt; siehe Mediencode 31021-49

Nationale Vorstellungen

Junge Männer aus den verschiedenen Staaten des ehemaligen Heiligen Römischen Reiches hatten gemeinsam gegen die französische Fremdherrschaft gekämpft. Dadurch wuchs bei ihnen das Gefühl der Zusammengehörigkeit und der Wunsch nach einem „einigen deutschen Vaterland". Sie waren überzeugt davon, dass alle Deutschen aufgrund ihrer gemeinsamen Herkunft (lat. natio), Sprache, Kunst und Literatur eine Nation bildeten und forderten für diese einen gemeinsamen **Nationalstaat** mit einer freiheitlichen Verfassung und einer Volksvertretung.

Studenten rebellieren

Es entstand eine „vaterländisch-freiheitliche" Bewegung. National gesinnte Studenten schlossen sich in Burschenschaften zusammen. Im Jahr 1817 wurde das Wartburgfest bei Eisenach der erste Höhepunkt dieser neuen Bewegung. Hier trafen sich Studenten und Professoren. Sie feierten den 300. Jahrestag der Reformation und die Völkerschlacht bei Leipzig 1813, durch die sich Europa von der Fremdherrschaft Napoleons befreien konnte. Unter schwarz-rot-goldenen Fahnen forderten sie ein einheitliches, freies Deutschland. Aus Protest verbrannten sie als „undeutsch" angesehene Schriften sowie Symbole der alten Adelsherrschaft.

M1 „Der Denker-Club. Auch eine deutsche Gesellschaft"
Lithografie (Ausschnitt) um 1820
An der Wand stehen folgende Gesetze des Klubs: „Schweigen ist das erste Gesetz dieser gelehrten Gesellschaft." „Auf dass kein Mitglied in Versuchung geraten möge, seiner Zunge freien Lauf zu lassen, so werden beim Eintritt Maulkörbe ausgeteilt."

Staatsbürger statt Untertanen

Neben den **Nationalismus** trat der **Liberalismus** (lat. liber: frei). Seine Wurzeln lagen in der Aufklärung und der Französischen Revolution. Die Liberalen forderten von den Fürsten Verfassungen. Diese sollten

- die Macht der Herrscher begrenzen,
- Grundrechte wie Presse- und Versammlungsfreiheit und Rechtsgleichheit garantieren,
- eine Mitwirkung an der Gesetzgebung sowie
- die Kontrolle der Regierung ermöglichen.

Fürsten reagieren mit Zensur

Am 23. März 1819 erstach der Student Carl Ludwig Sand den Schriftsteller August von Kotzebue, weil dieser sich über die Burschenschaftler lustig gemacht hatte. Die deutschen Fürsten reagierten mit harten Maßnahmen (Karlsbader Beschlüsse): Burschenschaften wurden verboten, festgenommene Studenten hart bestraft und die Universitäten überwacht. Bücher und Flugblätter durften von nun an nicht mehr ohne vorherige Zensur gedruckt werden.

Zur Not auch mit Gewalt

Überall blieben die politischen Rechte der Bürger begrenzt. Darauf wies die zunächst kleine Gruppe der Republikaner hin, die auch Demokraten genannt wurden. Sie forderten ein Ende der Fürstenmacht und dass die Regierungsgewalt nur durch Wahl und auf bestimmte Zeit übertragen werden sollte. Liberale und Republikaner setzten auf Reformen. Doch wegen der unerfüllten politischen Forderungen sowie neuer sozialer Probleme durch das Bevölkerungswachstum, aufgrund von Missernten und Arbeitslosigkeit in vielen Regionen waren einige Republikaner bereit, die politischen Verhältnisse auch gewaltsam zu verändern.

1. *Erkläre, was die nationale Bewegung mit Martin Luther und der Reformation zu tun hatte.*
2. *Erläutere, worauf sich die Karikatur M1 bezieht.*
3. *Stellt die Szene auf der Karikatur (M1) nach: Acht Schüler setzen sich schweigend um einen Tisch. Hinter ihnen stehen acht andere, die das laut sagen, was nur gedacht werden darf.*

Nationalstaat Nationalismus Liberalismus

M2 „Ein Deutschland soll sein …“

Nach dem Wartburgfest legen einige Burschenschaften ihre politische Position fest. Zu den „Grundsätzen und Beschlüssen“ gehören:

Ein Deutschland ist, und ein Deutschland soll sein und bleiben. Je mehr die Deutschen durch verschiedene Staaten getrennt sind, desto heiliger ist die Pflicht für jeden frommen und edlen deutschen Mann und Jüngling, dahin zu streben, dass die Einheit nicht verloren gehe und das Vaterland nicht verschwinde […].

Die Lehre von der Spaltung Deutschlands in das katholische und in das protestantische Deutschland ist irrig, falsch, unglückselig […]. Alle Deutschen sind Brüder und sollen Freunde sein […]. Wenn ein deutscher Staat von einer fremden Macht angegriffen wird, so wird Deutschland angegriffen, denn jeder Staat ist ein Teil Deutschlands. […] Von dem Lande oder Ländchen, in welchem wir geboren sind, wollen wir niemals das Wort Vaterland gebrauchen. Deutschland ist unser Vaterland; das Land, wo wir geboren sind, ist unsere Heimat. Auch wollen wir […] alles Fremde in Sprache, Kleidung, Sitten und Bräuchen vermeiden.

Zit. nach: Hermann Haupt (Hrsg.), Quellen und Darstellungen zur Geschichte der Burschenschaft und der deutschen Einheitsbewegung, Bd. IV, Heidelberg 1913, S. 117ff.

M3 Allgegenwart der Polizei

Der Dichter Johann Wolfgang von Goethe schreibt im Jahr 1828:

Ich brauche nur in unserm lieben Weimar zum Fenster hinauszusehen, um gewahr zu werden[1], wie es bei uns steht.

Als neulich Schnee lag und meine Nachbarskinder ihre kleinen Schlitten auf der Straße probieren wollten, sogleich war ein Polizeidiener nahe, und ich sah die armen Dingerchen fliehen, so schnell sie konnten. Es darf kein Bube mit der Peitsche knallen oder singen oder rufen, sogleich ist die Polizei da, es ihnen zu verbieten. Es geht bei uns alles dahin, die liebe Jugend frühzeitig zahm zu machen und alle Natur, alle Originalität und alle Wildheit auszutreiben, sodass am Ende nichts übrig bleibt als der Philister[2].

Zit. nach: Rosemarie Wildermuth, Vom Gestern zum Heute. 200 Jahre deutsche Geschichte in Texten und Dokumenten, München 1987, S. 37

M4 Den Flammen übergeben

Einige Teilnehmer des Wartburgfestes verbrannten am 18. Oktober 1817 auf dem Wartenberg (nicht auf der Wartburg) etwa 30 auf Pappdeckel geschriebene Titel.

M5 Ein nationaler Märtyrer?

Aus Tagebüchern und Briefen rekonstruiert ein Historiker die Beweggründe für Sands Attentat auf den Schriftsteller Kotzebue:

Er hatte über Monate seine Tat geplant, den als Vaterlandsverräter ausgerufenen Komödiendichter und Satiriker August von Kotzebue, der sich über das nationale Gehabe der studentischen Bewegung belustigte, zum Objekt eines Attentats gemacht. [Karl Ludwig] Sand war sich darüber im Klaren, damit keine Revolution und nicht einmal einen politischen Umsturz bewirken zu können: Er wollte als nationaler Märtyrer, mehr noch: als „Gotteskrieger“ ein Zeichen setzen. Wir wissen das sehr genau aus seinen Tagebuchaufzeichnungen und Briefen.

Wolfram Siemann, Metternich. Staatsmann zwischen Restauration und Moderne, München 2010, S. 64f.

[1] gewahr werden: sehen

[2] Philister: jemand, der geistige Werte nicht schätzt und stattdessen spießbürgerliche Ansichten übernimmt

1. **Formuliere** die „Grundsätze und Beschlüsse“ der Burschenschaften (M2) in Anweisungen um („Jeder Deutsche muss …“ „Niemand darf …“).
2. **Vergleiche** die nationale Haltung der Burschenschaften mit den Vorstellungen, die im Mai 1815 im „Rheinischen Merkur“ veröffentlicht wurden (siehe auch M5 und M3 auf S. 307).
3. **Prüfe**, welche Forderungen für die Fürsten der deutschen Staaten unannehmbar waren.
4. **Schildere**, was Goethe befürchtete (M3).
5. Die Studenten verbrannten auf dem Wartburgfest auch Bücher, weil ihnen deren Inhalt nicht passte (M4). **Diskutiert** in der Klasse: Was haltet ihr davon, Bücher mit unliebsamen Meinungen zu verbrennen?

1815: Wiener Kongress: Gründung des Deutschen Bundes
1817: Wartburgfest
1832: Hambacher Fest
Restauration
1810 1820 1830 1840

Der politische Druck nimmt zu

M 1 „Die Freiheit führt das Volk“
Ölgemälde von Eugène Delacroix, 1830 (Ausschnitt)

Die Julirevolution

Auch Frankreich erlebte nach 1815 eine Zeit des politischen Rückschritts, der Reaktion. Schlechte Ernten vergrößerten die Not der Unterschichten. Als 1830 der französische König die Pressefreiheit aufhob und das Wahlrecht zur Nationalversammlung einschränkte, kam es im Juli zu einer neuen Revolution. Die Demokraten wollten eine Republik und die Liberalen eine konstitutionelle Monarchie[1], bei der die Macht des Monarchen durch eine Konstitution (= Verfassung) gesetzlich begrenzt ist. Die Liberalen setzten sich kurzfristig durch: Der König dankte zugunsten seines Enkels ab und ging nach England.

Noch mehr Revolutionen?

Im selben Jahr erhoben sich die Polen gegen die russische Herrschaft, die Engländer reformierten ihr Parlament und die Belgier gründeten einen Staat mit einer liberalen Verfassung. Auch in den deutschen Staaten erhoben sich die Bürger. In Braunschweig, Hannover, Kurhessen und Sachsen wurden verbesserte Verfassungen erlassen. Nur Preußen und Österreich unterdrückten die inneren Unruhen militärisch.

Das Hambacher Fest

Ein weiterer Höhepunkt der deutschen Oppositionsbewegung war das Hambacher Fest im Mai 1832 in der zu Bayern gehörenden Pfalz. Eine größere politische Veranstaltung hatte es in Deutschland zuvor nie gegeben. Mit schwarz-rot-goldenen Fahnen zogen Kaufleute, Handwerker, Ärzte, Juristen, Studenten, Bauern und – das war neu – auch Frauen vor die Hambacher Schlossruine. Mit Gästen aus Frankreich und Polen demonstrierten sie für Pressefreiheit, Volkssouveränität, einen deutschen Nationalstaat und gegen soziale Missstände.

Beschreibe das Gemälde M1 und weise nach, warum es zum Sinnbild für Revolutionen allgemein werden konnte.

[1] Vgl. dazu S. 289.

M 2 Das Hambacher Fest am 27. Mai 1832
Gemälde von Hans Mocznay nach einem zeitgenössischen Holzstich, vermutlich 1948
Unter Glockengeläut und patriotischen Gesängen setzte sich am Morgen des 27. Mai 1848 ein langer Festzug vom Marktplatz in Neustadt zur Ruine auf dem Schlossberg in Bewegung. In den Staaten des Deutschen Bundes fanden 1832 rund 30 ähnliche, aber viel kleinere Veranstaltungen statt.

M 3 „Vaterland – Freiheit – ja!“

Der Jurist und Journalist Philipp Jacob Siebenpfeiffer, ein entlassener bayerischer Beamter, eröffnet am 27. Mai 1832 das Hambacher Fest und sagt:

Vaterland – Freiheit – ja! Ein freies deutsches Vaterland – dies der Sinn des heutigen Festes, dies die Worte, deren Donnerschall durch alle deutschen Gemarken drang, den Verrätern der deutschen Nationalsache die Knochen erschütternd, die Patrioten aber anfeuernd und stählend zur Ausdauer im heiligen Kampfe, „im Kampf zur Abschüttelung innerer und äußerer Gewalt.“ […]

Und es wird kommen der Tag, […] wo der Deutsche vom Alpengebirg und der Nordsee, vom Rhein, der Donau und der Elbe den Bruder im Bruder umarmt, wo die Zollstöcke und die Schlagbäume, wo alle Hoheitszeichen der Trennung und Hemmung und Bedrückung verschwinden […]. […]

Es wird kommen der Tag […], wo das deutsche Weib, nicht mehr die dienstpflichtige Magd des herrschenden Mannes, sondern die freie Genossin des freien Bürgers [ist]. […]

Wir selbst wollen, wir selbst müssen vollenden das Werk, und, ich ahne, bald, bald muss es geschehen, soll die deutsche, soll die europäische Freiheit nicht erdrosselt werden von den Mörderhänden der Aristokraten […].

Es lebe das freie, das einige Deutschland!

Hoch leben die Polen, der Deutschen Verbündete!

Hoch leben die Franken[1], der Deutschen Brüder, die unsere Nationalität und Selbstständigkeit achten!

Hoch lebe jedes Volk, das seine Ketten bricht und mit uns den Bund der Freiheit schwört!

Vaterland – Volkshoheit – Völkerbund hoch!

Johann Georg August Wirth, Das Nationalfest der Deutschen zu Hambach, Neustadt an der Haard 1832, Nachdruck der Original-Ausgabe, Neustadt a. d. W. 1981, S. 33, 37 f. und 40 f.

[1] Franken: Gemeint sind hier die Franzosen.

Internettipps:
Mehr zu den Oppositionsbewegungen unter Mediencode 31021-50

1. *Beschreibe das Bild M2. War das „Hambacher Fest“ ein deutsches Fest?*
   Tipp: Achte auf die Flaggen.
2. *Fasse Siebenpfeiffers politische Forderungen zusammen (M3).*
3. *Zum Fest entstand das „Hambacher Lied“, das die Ziele der liberal-demokratischen Bewegung zum Thema hat. Suche den Text im Internet und erläutere ihn.*
4. *Gestaltet einen Aufruf zur Beteiligung am Hambacher Fest als Plakat.*

1815: Wiener Kongress: Gründung des Deutschen Bundes
1817: Wartburgfest
Restauration
1832: Hambacher Fest
1848: Märzrevolution auf dem Gebiet des Deutschen Bundes
Arbeitslosigkeit und Hungersnöte
1810 1820 1830 1840 1850

Revolutionen im Frühjahr 1848

M 1 Aufstände in Europa im Jahr 1848
Die Revolutionswelle ging von Paris aus. Siehe dazu S. 310.

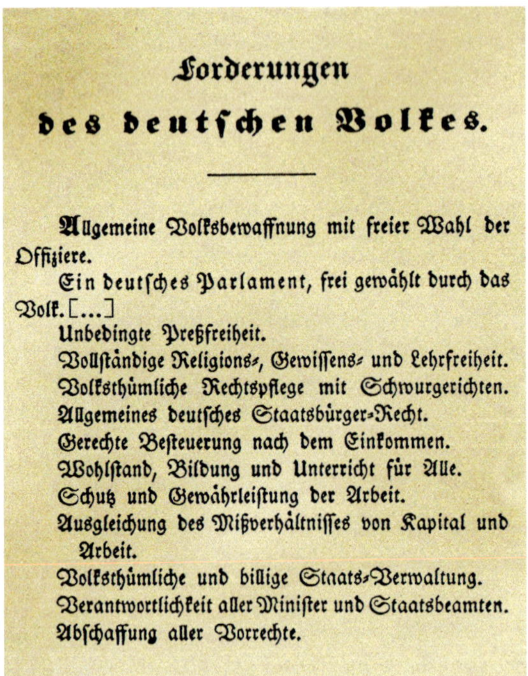
Forderungen des deutschen Volkes.

Allgemeine Volksbewaffnung mit freier Wahl der Offiziere.
Ein deutsches Parlament, frei gewählt durch das Volk. [...]
Unbedingte Preßfreiheit.
Vollständige Religions-, Gewissens- und Lehrfreiheit.
Volksthümliche Rechtspflege mit Schwurgerichten.
Allgemeines deutsches Staatsbürger-Recht.
Gerechte Besteuerung nach dem Einkommen.
Wohlstand, Bildung und Unterricht für Alle.
Schutz und Gewährleistung der Arbeit.
Ausgleichung des Mißverhältnisses von Kapital und Arbeit.
Volksthümliche und billige Staats-Verwaltung.
Verantwortlichkeit aller Minister und Staatsbeamten.
Abschaffung aller Vorrechte.

M 2 „Märzforderungen“
Mannheimer Flugblatt von Ende Februar/Anfang März 1848 (bearbeitet)

Es geht los!

Viele Menschen forderten Nationalstaaten mit einheitlicher Sprache und einer Verfassung. Darüber hinaus protestierten Handwerker, Arbeiter und Dienstboten in den Städten und die Kleinbauern und Heimarbeiter auf dem Lande immer häufiger gegen Arbeitslosigkeit und Hungersnöte. Nach den Missernten der Jahre 1845/46 kam es im Frühsommer 1847 in allen deutschen Staaten zu Aufständen, an denen sich Frauen und Männer beteiligten.

Als im Februar 1848 in Frankreich die Republik ausgerufen wurde, erfasste eine Revolutionswelle fast ganz Europa. Überall fanden Demonstrationen und Versammlungen statt. Politische Vereine wurden gegründet. Flugblätter und Zeitungsartikel heizten die Stimmung an. Männer und Frauen trafen sich und verfassten Bittschriften, um die Regierenden unter Druck zu setzen.

Die Fürsten lenken ein

Von der Heftigkeit der Unruhen und dem Ausmaß der „Märzforderungen" überrascht, machten die Herrscher rasch Zugeständnisse. Sie gewährten Freiheitsrechte, beriefen neue Minister und versprachen Wahlen. In Preußen und Österreich wurden zudem Verfassungen angekündigt und damit der Übergang zu einer konstitutionellen Monarchie in Aussicht gestellt.

Mit ihrem Entgegenkommen nahmen die Fürsten den demonstrierenden Männern und Frauen den Wind aus den Segeln. Liberale Bürger fürchteten Gewalt und weitergehende Forderungen der Unterschichten. Sie erinnerten sich an die Schreckensherrschaft der Französischen Revolution und wollten mit den alten Mächten zusammenarbeiten. Sie machten „vor den Thronen" halt und beließen den Regenten das Heer, die Verwaltung und die Polizei.

1. *Gliedere die liberalen, nationalen und sozialen „Märzforderungen" in einer Tabelle (M2).*
2. *Begründe, welche Staatsform in den „Märzforderungen" (M2) angestrebt wird.*

M 3 Ein Augenzeuge aus Berlin

In Berlin verkündet der König am 17./18. März 1848 das Ende der Zensur und die Einberufung des Vereinigten Landtages. Am 18. März versammelt sich daraufhin eine große Menschenmenge auf dem Schlossplatz, um dem Monarchen dafür zu danken. Was danach passiert, teilt der 26-jährige Rudolf Virchow, der in Berlin als Arzt und Universitätsdozent arbeitet, seinem Vater am 19. März in folgendem Brief mit:

Alles sammelte sich vor dem Schloss, jubelte und rief, der König erschien und man schrie ihm Hurras zu. Die Bürger hatten nur noch einen Wunsch, dass das Militär zurückgezogen würde. Das war dem König zu viel. Er sagte dem General Möllendorf, er möchte ihm Ruhe verschaffen; der Prinz von Preußen gab den Befehl zum Angriff, und plötzlich wurde das nichtsahnende Volk von den Dragonern[1] mit Säbelhieben auseinandergetrieben […].

Von diesem Moment an begann die Revolution. Alles schrie Verrat und Rache. In wenigen Stunden war ganz Berlin unter Barrikaden, und wer Waffen bekommen konnte, rüstete sich […]. Gegen 4 Uhr standen in Berlin etwa 25 000 Mann Militär unter den Waffen[2] […]. Die Zahl der kämpfenden Bürger lässt sich nicht angeben. Der Kampf begann, ich weiß gar nicht mehr genau wann, es mag gegen 5 Uhr gewesen sein. Zum ersten Mal seit der Französischen Revolution des vorherigen Jahrhunderts, zum ersten Mal seit dem Beginn der deutschen Geschichte ist es vorgekommen, dass ein Landesfürst auf seine Untertanen mit Kanonen hat schießen lassen; das Kleingewehrfeuer genügte nicht – nein, Kartätschen[3] und Granaten ließ er in das Volk schleudern […].

Die Zahl der Verwundeten und Getöteten lässt sich in diesem Augenblicke noch nicht übersehen […]. Privateigentum ist nirgends auch nur im Geringsten beschädigt worden […]. Grausamkeiten vonseiten des Volkes sind nicht bekannt, während von den Soldaten die brutalsten Dinge gemacht worden sind.

Zit. nach: Rolf Weber (Hrsg.), Revolutionsbriefe 1848/49, Leipzig 1973, S. 70 und 72f. (vereinfacht)

M 4 „Kampf zwischen Bürger und Soldaten in […] Berlin, am 18. und 19. März 1848“

Lithografie aus einer in Neuruppin (Brandenburg) 1848 verlegten Bilderzeitung (Illustrierten) zum Thema „Das merkwürdige Jahr 1848“

Bei den Kämpfen fielen 277 Menschen. Fast 90 Prozent der Opfer stammten aus den Unterschichten (u. a. verarmte Handwerksmeister, Arbeiter).

Internettipps:
Zur Märzrevolution in Berlin siehe Mediencode 31021-51

[1] Dragoner: berittene Soldaten
[2] Andere Quellen nennen 12 500 Soldaten.
[3] Kartätsche: mit Bleikugeln gefülltes Geschoss

1. *Arbeite Virchows Einstellung zu den Aufständischen (M3) heraus.*
2. *Bis heute ist nicht geklärt, ob die ersten Schüsse absichtlich abgefeuert wurden. Stelle fest, welche Möglichkeiten Virchow hatte, sich zu informieren.*
3. *Begründe, zu welchen Stellen des Berichtes (M3) ein Forscher weitere Quellen finden müsste, um die Aussagen zu überprüfen.*
4. *Beschreibe das auf M4 abgebildete Geschehen. Wer zählte zu den Aufständischen? Welche Aufgabe hat hier eine Frau übernommen?*

Eine Hymne für die Deutschen

Französische Ansprüche

1840 forderten französische Zeitungen, die Grenze Frankreichs solle wie zur Zeit Napoleons der Rhein sein. Deutsche Zeitungen protestierten. Der aus Bonn stammende Dichter Nikolaus Becker beschwor den „freien deutschen Rhein“. Selbst Fürsten, die bis dahin alle gesamtdeutschen Ziele abgelehnt hatten, unterstützten die nationale Bewegung. Immer mehr Menschen fühlten sich nicht mehr nur als Preußen, Hannoveraner, Sachsen oder Bayern, sondern als Deutsche.

Das Lied der Deutschen entsteht

Ende August 1841 schrieb August Heinrich Hoffmann während eines Besuches der Nordseeinsel Helgoland „Das Lied der Deutschen“. Der Verfasser hatte ein Jahr zuvor mit seinen „Unpolitischen Liedern“ die Zustände im Deutschen Bund spöttisch kritisiert. Dafür verlor er 1842 seine Professur an der Universität Breslau und wurde aus mehreren deutschen Staaten und Städten ausgewiesen – allein dreimal aus seinem Heimatort, nach dem der Dichter sich „von Fallersleben“ (heute ein Stadtteil von Wolfsburg) nannte.

Lesetipp:
Nationalhymnen. Texte und Melodien, Stuttgart 2006

Internettipps:
- Informationen über Hoffmann von Fallersleben findest du unter Mediencode 31021-52
- Zur Nationalhymne siehe Mediencode 31021-53

M August Heinrich Hoffmann von Fallersleben
Stich von Christian Hoffmeister nach einer Zeichnung von Ernst Fröhlich, um 1850
Hoffmann hatte das Lied am 27. August 1841 dem Hamburger Verleger Julius Campe verkauft. Wenige Tage später erschien das Lied als Vierblattdruck, begleitet von den Noten der „Kaiser-Hymne“ von Joseph Haydn.
Übrigens: Turner sangen das Lied zum ersten Mal am 5. Oktober 1841 in Hamburg.

Das Lied der Deutschen

Deutschland, Deutschland über alles,
Über alles in der Welt,
Wenn es stets zu Schutz und Trutze
Brüderlich zusammenhält.
Von der Maas bis an die Memel,
Von der Etsch bis an den Belt –
Deutschland, Deutschland über alles,
Über alles in der Welt!

Deutsche Frauen, deutsche Treue,
Deutscher Wein und deutscher Sang
Sollen in der Welt behalten
Ihren alten schönen Klang,
Uns zu edler Tat begeistern
Unser ganzes Leben lang.
Deutsche Frauen, deutsche Treue,
Deutscher Wein und deutscher Sang!

Einigkeit und Recht und Freiheit
Für das deutsche Vaterland!
Danach lasst uns alle streben
Brüderlich mit Herz und Hand!
Einigkeit und Recht und Freiheit
Sind des Glückes Unterpfand –
Blüh im Glanze dieses Glückes,
Blühe deutsches Vaterland!

1. *Verfasse eine Kurzbiografie über August Heinrich Hoffmann.*
2. *Prüft den Vorwurf, der Text des „Liedes der Deutschen“ sei teilweise aggressiv und nationalistisch (M).*
3. *In der Bundesrepublik Deutschland wird seit 1952 die dritte Strophe des „Liedes der Deutschen“ als Nationalhymne gesungen. Seit dem 3. Oktober 1990 gilt sie auch für das wiedervereinigte Deutschland. Nennt mögliche Gründe für die Beschränkung auf die dritte Strophe.*
4. *Sucht die Texte der französischen und britischen Nationalhymnen (siehe auch S. 293). Informiert euch über deren Entstehung. Arbeitet Gemeinsamkeiten und Unterschiede der Texte heraus.*

Das erste deutsche Parlament

M 1 Die Nationalversammlung in der Frankfurter Paulskirche
Farblithografie von C. A. Lill, 1848
Die Kirche wurde aus Platzgründen gewählt. Über dem Sitz des Präsidenten befindet sich ein großes Transparent mit der Germania (Sinnbild Deutschlands).
Der Eichenlaubkranz ist ein Symbol für Treue, der Ölzweig für Friedfertigkeit und das Reichsschwert für Wehrhaftigkeit.
Übrigens: Schon im März 1848 hatte die Bundesversammlung schwarz-rot-gold zu den Farben des Deutschen Bundes erklärt.

Das Volk soll mehr zu sagen haben

Die Kämpfe hatten gezeigt, dass die deutsche Nationalbewegung auf Dauer nicht mehr unterdrückt werden konnte.
Die meisten Anführer der Unruhen wollten die Monarchie aber nicht abschaffen. Wer aus dem gehobenen Bürgertum kam, wollte der ärmeren Bevölkerung nicht zu viele Rechte einräumen. Im Gegensatz zu den radikalen Demokraten waren sie damit zufrieden, dass die deutschen Fürsten eine Nationalversammlung erlaubten. Diese trat im Mai 1848 in der Paulskirche in Frankfurt am Main zusammen. Sie war das erste vom Volk gewählte gesamtdeutsche Parlament.

Das Volk bestimmt mit

Von den Wahlen zur Nationalversammlung waren Frauen ausgeschlossen. In den meisten deutschen Staaten durften ärmere Bevölkerungsgruppen nicht mitwählen. So blieben viele von denen ausgeschlossen, die zuvor bei den Demonstrationen und Aufständen aktiv gewesen waren. Andere, z. B. radikale Demokraten, wollten nicht mitwählen.
Im Parlament saßen überwiegend Männer aus dem gehobenen Bürgertum: Beamte, Rechtsanwälte, Richter und Staatsanwälte sowie Professoren und Lehrer, auch Kaufleute und Unternehmer, aber kaum Bauern und keine Arbeiter.

Parteien entstehen

Abgeordnete mit ähnlichen politischen Zielen trafen sich in Frankfurter Gasthöfen, um ihre Arbeit im Parlament und in den Ausschüssen vorzubereiten. Daraus entstanden Fraktionen (lat. fractio: Bruch), deren Mitglieder in der Nationalversammlung geschlossen abstimmten. Diese Gruppen des Parlaments suchten Unterstützung in politischen Vereinen. Sie schrieben Programme, gründeten Zeitungen und bildeten nationale Vereine mit Niederlassungen in vielen Städten. Die politischen Vereine von 1848 waren die Vorläufer der späteren **Parteien**.

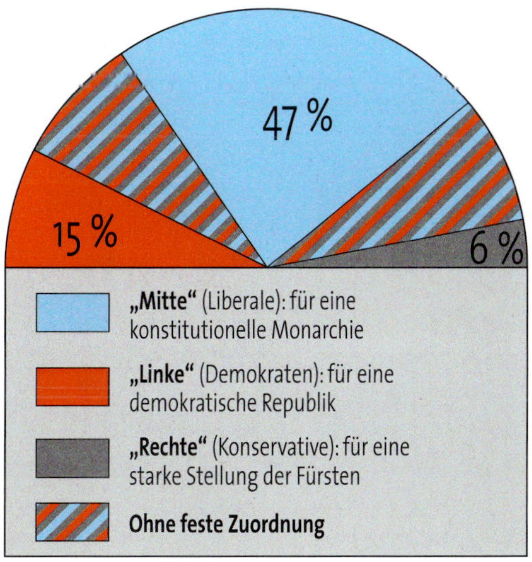

M 2 Politische Richtungen (Fraktionen) in der Deutschen Nationalversammlung
Stand: Oktober 1848
An den Abstimmungen beteiligten sich in der Regel zwischen 400 und 540 Volksvertreter.

M 3 Die „großdeutsche Lösung“

Probleme mit den Grenzen

Uneinig waren sich die Abgeordneten darüber, welche Grenzen der neue Nationalstaat haben sollte. Die Mehrheit der Nationalversammlung war anfangs für eine großdeutsche Lösung: Österreich sollte mit allen zum Deutschen Bund gehörenden Gebieten ins Reich aufgenommen werden, nicht aber den anderen Teilen des Vielvölkerstaates.
Die Regierung in Wien forderte dagegen eine großösterreichische Lösung und den Zusammenschluss mit dem gesamten Vielvölkerstaat. Damit hätte man aber die Idee eines Nationalstaates aufgegeben. Daher stimmte eine Mehrheit letztlich für die kleindeutsche Lösung.

Die Grundrechte werden verkündet

Im Dezember 1848 verkündete die Nationalversammlung die Grundrechte. Ähnlich wie die 1789 in Frankreich erklärten Menschen- und Bürgerrechte schrieben sie die Gleichheit aller vor dem Gesetz, die Glaubens- und Gewissens- sowie die Presse- und Versammlungsfreiheit fest. Diese Gesetze zählen zu den wichtigsten Zeugnissen demokratischer Tradition in Deutschland.

Die Reichsverfassung von 1849

Die Debatten und Verhandlungen in der Nationalversammlung dauerten fast ein Jahr. Die Vorstellung von einem Einheitsstaat mit nur einer Machtzentrale konnte sich nicht durchsetzen. Das neue Deutsche Reich sollte aber auch kein lockerer Staatenbund sein, sondern ein Bundesstaat mit einer zentralen Regierung und einer „Reichsbürgerschaft“.

M 4 Standrechtliche Erschießung Robert Blums am 9. November 1848
Im Herbst 1848 gewannen die fortschrittsfeindlichen Kräfte wieder die Oberhand gegenüber den Aufständischen. Robert Blum war Demokrat und einer der Anführer der Revolutionäre.

Die Verfassung sah Folgendes vor:

- Der Kaiser sollte sich die Macht mit dem Parlament (Reichstag) und den Einzelstaaten teilen (konstitutionelle Monarchie und Föderalismus).
- Der Reichstag bestand aus einer Vertretung der Einzelstaaten (Staatenhaus) und einer gesamtdeutschen Volksvertretung (Volkshaus).
- Eine Liste von Grundrechten sollte für alle Bürger gelten.
- Der Adel als Stand wurde aufgehoben und die Bauern von grundherrlichen Abhängigkeiten befreit.
- Der Vielvölkerstaat Österreich sollte von dem neuen Reich ausgeschlossen sein (kleindeutsche Lösung).
- Die preußischen Könige sollten auch Kaiser der Deutschen sein.

Die Fürsten wieder fest im Sattel

Inzwischen hatten die Fürsten ihre Macht aber wieder gestärkt und revolutionäre Umtriebe erfolgreich bekämpft.
Als 1849 die Vertreter der Nationalversammlung dem preußischen König Friedrich Wilhelm IV. die Krone anboten, lehnte dieser ab. Denn für ihn war es undenkbar, dass ihm Bürger „von unten“ dieses Amt übertragen. Enttäuscht legten die Abgeordneten ihr Amt nieder, die Arbeit der Paulskirche war gescheitert.
Die Anhänger der Revolution wurden verhaftet, hingerichtet oder flohen aus Deutschland. Der Deutsche Bund bestand weiter. Immerhin gab es nach 1848 außer Österreich keinen deutschen Staat mehr ohne geschriebene Verfassung. Überall grenzten Parlamente oder Ständevertretungen die Macht der Fürsten ein. Einige soziale Reformen wie die Ablösung grundherrlicher Rechte blieben bestehen.

1. *Bewerte die Darstellung der Germania (M1): Ist sie ein passendes Sinnbild für Deutschland?*
2. *Überlege, welche Argumente gegen die Beteiligung Österreichs sprachen.*
   Tipp: Schaue dir dazu noch einmal die Karten S. 304/305 an.
3. *Diskutiert Vor- und Nachteile, sich in der Politik zu Gruppierungen (Parteien) zusammenzuschließen.*

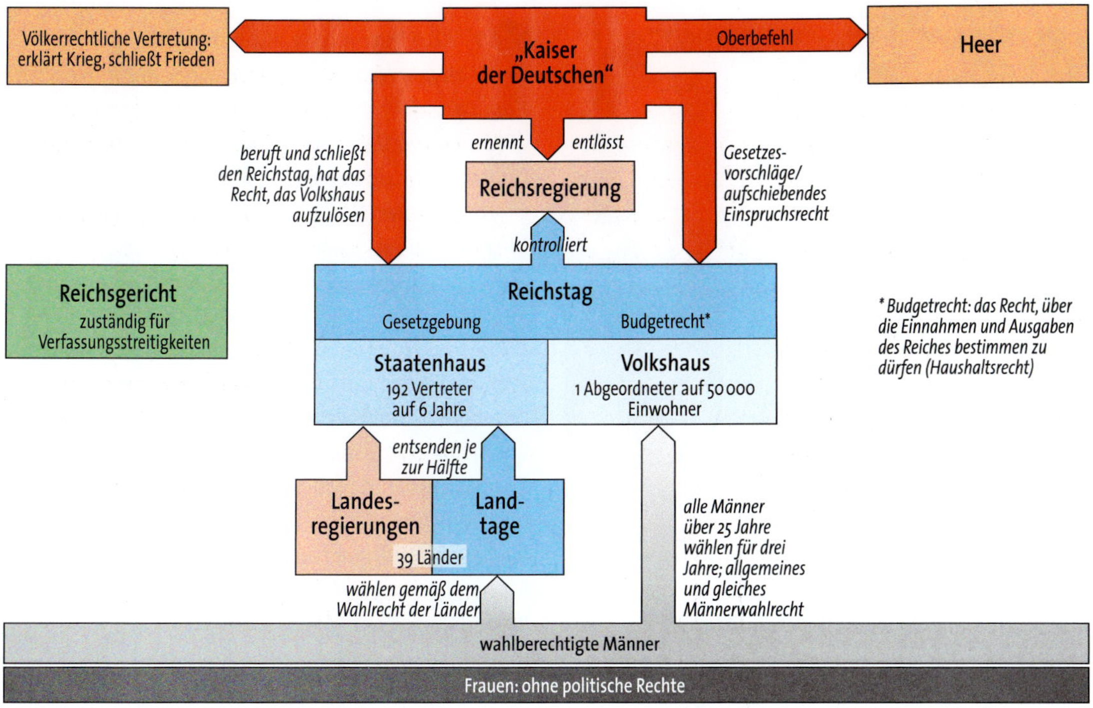

M 5 Die Reichsverfassung der Paulskirche von 1849

M 6 Aus den Grundrechten von 1848

Am 27. Dezember 1848 setzt die Frankfurter Nationalversammlung die Grundrechte in Kraft. Sie werden Teil der am 28. März 1849 verabschiedeten Reichsverfassung. Die Verfassung wird durch Bundesbeschluss 1851 wieder aufgehoben.

§ 130 Dem deutschen Volke sollen die nachstehenden Grundrechte gewährleistet sein. Sie sollen den Verfassungen der deutschen Einzelstaaten zur Norm dienen, und keine Verfassung oder Gesetzgebung eines deutschen Einzelstaates soll dieselben je aufheben oder beschränken können. [...]

§ 137 Vor dem Gesetze gilt kein Unterschied der Stände. Der Adel als Stand ist aufgehoben. Alle Standesvorrechte sind abgeschafft. Die Deutschen sind vor dem Gesetze gleich. [...] Die öffentlichen Ämter sind für alle Befähigten gleich zugänglich. [...]

§ 138 Die Freiheit der Person ist unverletzlich. [...]

§ 139 Die Todesstrafe [...] sowie die Strafen des Prangers, der Brandmarkung und der körperlichen Züchtigung sind abgeschafft.

§ 140 Die Wohnung ist unverletzlich. [...]

§ 142 Das Briefgeheimnis ist gewährleistet. [...]

§ 143 Jeder Deutsche hat das Recht, durch Wort, Schrift, Druck und bildliche Darstellung seine Meinung frei zu äußern. Die Pressefreiheit darf unter keinen Umständen und in keiner Weise durch vorbeugende Maßregeln, namentlich Zensur [...] aufgehoben werden.

§ 144 Jeder Deutsche hat volle Glaubens- und Gewissensfreiheit. [...]

§ 146 Durch das religiöse Bekenntnis wird der Genuss der bürgerlichen und staatsbürgerlichen Rechte weder bedingt noch beschränkt. [...]

§ 152 Wissenschaft und Lehre sind frei. [...]

§ 161 Die Deutschen haben das Recht, sich friedlich und ohne Waffen zu versammeln; einer Erlaubnis dazu bedarf es nicht. [...]

§ 164 Das Eigentum ist unverletzlich.

Udo Sautter, Deutsche Geschichte seit 1815: Daten, Fakten, Dokumente, Bd. II: Verfassungen, Tübingen/Basel 2004, S. 68-72

Internettipps:
Zu Paulskirche und Verfassung siehe Mediencode 31021-54

1. *Erkläre die Aufgaben von Kaiser, Reichstag und Volk (M5).*
2. *Vergleiche die Stellung des Monarchen in M5 mit der in der französischen Verfassung von 1791 (S. 292).*
3. *Stelle die in M6 aufgeführten Artikel den Artikeln 2, 3, 4, 5, 8, 11, 13 und 14 unseres Grundgesetzes von 1949 gegenüber. Was fällt auf?*

1815: Wiener Kongress: Gründung des Deutschen Bundes
1817: Wartburgfest
Restauration
1832: Hambacher Fest
1848/49: Nationalversammlung in der Frankfurter Paulskirche
Dezember 1848: Nationalversammlung verkündet Grundrechte
März 1849: Verabschiedung einer Reichsverfassung
1849: gewaltsames Ende der Märzrevolution
1810 1820 1830 1840 1850 1860

M 7 „Wat heulst'n kleener Hampelmann?"
Lithografie von Ferdinand Schröder, April 1849 (beschnitten)
Die Borussia, Sinnbild der Preußen, fragt Heinrich von Gagern, der zum Reichsministerpräsidenten bestimmt worden war: „Wat heulst'n kleener Hampelmann?" – „Ick habe Ihr'n Kleenen 'ne Krone jeschnitzt, nu will er se nich!" Rechts spielt der „Kleene" mit dem Berliner Bären.

M 8 „Ich sage es Ihnen rund heraus ..."
Dem preußischen Gesandten in London, Freiherr von Bunsen, erklärt Friedrich Wilhelm IV. im Dezember 1848:
Ich will weder der Fürsten Zustimmung zu der Wahl noch die Krone. [...] Die Krone, die ein Hohenzoller nehmen dürfte, wenn die Umstände es möglich machen könnten, ist keine, die eine, wenn auch mit fürstlicher Zustimmung eingesetzte, aber in die revolutionäre Saat geschossene Versammlung macht, [...] sondern eine, die den Stempel Gottes trägt [...]. Die Krone, die die Ottonen, die Hohenstaufen, die Habsburger getragen, kann natürlich ein Hohenzoller tragen; sie ehrt ihn überschwänglich mit tausendjährigem Glanze. Die aber, die Sie – leider – meinen, verunehrt überschwänglich mit ihrem Ludergeruch[1] der Revolution von 1848, der albernsten, dümmsten, schlechtesten, wenn auch gottlob nicht der bösesten dieses Jahrhunderts. Einen solchen [...] Reif, aus Dreck und Letten[2] gebacken, soll ein legitimer König von Gottes Gnaden und nun gar der König von Preußen sich geben lassen [...]? Ich sage es Ihnen rund heraus: Soll die tausendjährige Krone deutscher Nation, die 42 Jahre geruht hat, wieder einmal vergeben werden, so bin ich es und meinesgleichen, die sie vergeben werden; und wehe dem, der sich anmaßt, was ihm nicht zukommt.

Walter Grab (Hrsg.), Die Revolution von 1848/49. Eine Dokumentation, Stuttgart 1998, S. 175

M 9 Alte Verdienste zählen nicht
Der Westfale Hermann Kriege, einer der führenden Köpfe der demokratischen Bewegung, emigrierte 1848 in die USA. In einem Brief vom 30. Juli 1849 informiert er den Schriftsteller und ehemaligen Abgeordneten der Nationalversammlung Arnold Ruge über die Lebensbedingungen in den USA:
Dass Du Europa satt hast [...] finde ich sehr begreiflich [...]. Dass Du die Zeit der Niederlage benützen willst, eine neue Wirksamkeit in der neuen Welt zu begründen, ist jedenfalls das Beste, was Du tun kannst. Auch verstehe ich Dich vollkommen, wenn Du jetzt vor allen Dingen danach strebst, Deine Familie in Sicherheit zu bringen [...]. Aber [...] die Sprache zum Beispiel ist gleich eine sehr bedeutende Klippe [...]. So muss auch der große Mann von Europa hier in Amerika wieder ganz klein anfangen, und nur wenn wirklich noch etwas in ihm steckt, kommt er wieder in die Höhe. Das amerikanische Volk [...] gibt nichts für alte Namen und Scharteken[3], nur die volle frische Kraft gilt ihm etwas.[4]

Rolf Weber (Hrsg.), Land ohne Nachtigall. Deutsche Emigranten in Amerika 1777-1886, Berlin 1981, S. 141 f.

M 10 Deutsche Auswanderer
Zwischen 1830 und 1913 verließen mehr als sechs Millionen Menschen Deutschland.

1820-1829	50 000
1830-1839	210 000
1840-1849	480 000
1850-1859	1 161 000
1860-1870	782 000

Nach: Hagen Schulze, Kleine deutsche Geschichte, München 1996, S. 112

1. *Beurteile die Haltung des Zeichners (M7). Beachte dabei, wen die Zeichnung „karikiert".*
2. *Arbeite aus M8 heraus, wie Friedrich Wilhelm IV. die Ablehnung der Kaiserkrone begründet.*
3. *Bildet Zweiergruppen und versetzt euch in die Rollen des Hermann Kriege und des Arnold Ruge. Überlegt, welche Fragen Ruge dem ausgewanderten Kriege gestellt und was dieser ihm noch berichtet und geraten haben könnte. Verfasst dazu ein Interview.*
4. *Erläutere die Entwicklung der Auswanderung, indem du die Zahlen mit historischen Fakten belegst.*

[1] Ludergeruch: Aasgeruch
[2] Letten: ein anderes Wort für Lehm
[3] Scharteken: wertlose Bücher
[4] Ruge ging nicht in die Vereinigten Staaten, sondern lebte ab 1850 in Großbritannien; Kriege starb 1850 verarmt in New York.

Gezeichnete Geschichte

Wie entschlüssele ich eine Karikatur?

Karikaturen kommentieren und bewerten Ereignisse in Politik und Gesellschaft oder auch Alltägliches. Sie zeigen Schwächen von Personen, bemängeln Zustände und Entwicklungen mit Witz und Spott.
Ein Karikaturist stellt meist eine einfache Szene dar, damit seine Meinung deutlich wird. Manchmal setzt er eine erläuternde Zeile unter die Karikatur oder legt einer Figur eine Äußerung in den Mund. Die Personen werden verzerrt dargestellt. Einzelne Personen stehen oft für eine ganze Gruppe oder ein Volk.
Worüber die Zeitgenossen lachten oder sich ärgerten, was ihnen gefiel oder was sie ablehnten, erkennen wir heute selten auf Anhieb. Da die Zeichner gerne Symbole benutzen, gilt es, sie zu entschlüsseln und zu deuten.

Gehe in folgenden Schritten vor:

1. Zeitliche Einordnung
- Wann ist die Karikatur entstanden?
- Auf welches Ereignis oder welche Situation spielt sie an?
- Meist liefert dir die Bildunterschrift Informationen zu diesen Fragen.

2. Beschreiben
- Welche Szene(n) ist (sind) dargestellt?
- Was ist dir unklar (z. B. Symbole, Personen)?

3. Analysieren
- Welche Personen, Gegenstände und Tiere sind dargestellt?
- Gibt es erläuternde Äußerungen, z. B. ein Zitat/eine Anspielung?
- Stehen die Personen für eine Gruppe oder ein Volk?
- Was bedeuten die Symbole?
- Was wird übertrieben dargestellt? Warum?

4. Deuten
- Welche Meinung/Kritik drückt der Zeichner aus?
- Wo wurde die Karikatur veröffentlicht? Wen soll sie ansprechen?
- Warum hat der Zeichner diese Szene gewählt?

M1 „Rundgemälde von Europa im August MDCCCXLIX"
Federlithografie von Ferdinand Schröder aus den „Düsseldorfer Monatsheften" von 1849

M2 Symbole entschlüsseln

Zum Verständnis der Karikatur muss man die Ereignisse von 1848/49 auf deutscher und europäischer Ebene kennen. Auf ihr werden einige Länder durch ihre Staatsoberhäupter personifiziert: Der preußische König Friedrich Wilhelm IV. zum Beispiel ist an der Pickelhaube, der kleine König Ernst August von Hannover an dem Ross auf der Brust und der französische „Bürgerkönig" Louis Napoleon an dem Napoleonhut zu erkennen.
Die Symbole kennzeichnen auch Staaten, Ereignisse und Inhalte: Der dänische König Friedrich VII. tanzt, weil Preußen sich aus Schleswig-Holstein zurückziehen musste. Österreich, durch eine Pickelhaube mit Doppeladler gekennzeichnet, schlägt gemeinsam mit einem Kosaken (Russland) den Aufstand der Ungarn nieder. Die deutschen Farben stehen für die Reichsverfassungskampagne und die Jakobinermütze symbolisiert die neue Verfassung der Schweizer.
Weitere Sinnbilder: Die Kerze (= Flamme der Freiheit) nahe Warschau ganz rechts im Bild ist erloschen und deutet die Unterdrückung des polnischen Volkes durch Russland an.
Die durchgestrichene Fahne neben Venedig in der unteren Mitte weist auf die Rückeroberung der Stadt durch Österreich hin. In der 1848er-Revolution hatte sich Venedig zur „Demokratischen Republik Venetien" erklärt.

Verfassertext

1. *Erläutere die Karikatur M1. Nimm M2 zu Hilfe.*
2. *Untersuche, inwieweit sich die Lage im Deutschen Bund 1849 von der im Vorjahr 1848 unterscheidet. Beachte wodurch die Veränderungen angedeutet werden (M1 und M2).*
3. *Begründe, welche Position der Zeichner vertritt und wie er die Zukunft Europas sieht (M1 und M2).*

Alles Gute kommt „von oben"?

M 1 Otto von Bismarck
Gemälde von Jacob Becker, 1855
Otto von Bismarck, 1815 in Schönhausen (Elbe) geboren, stammte aus einem alten Adelsgeschlecht. Er studierte in Göttingen Jura. Seine politische Laufbahn begann er 1847 als Mitglied des preußischen Landtages. Von 1862 bis 1871 war er preußischer Ministerpräsident und Außenminister, ab 1871 bis 1890 auch Kanzler des Deutschen Reiches. Er starb 1898 in Friedrichsruh bei Hamburg.

Bismarck wird preußischer Ministerpräsident

Die Gründung eines geeinten Deutschland „von unten", durch das Volk, war gescheitert. Die Hoffnung auf einen Nationalstaat blieb jedoch bestehen.
1862 ernannte der preußische König Wilhelm I. einen Mann zum preußischen Ministerpräsidenten, dem er vertraute und der in den nächsten Jahren die Geschichte Deutschlands entscheidend bestimmte: **Otto von Bismarck**.
Bismarck wollte die Macht des preußischen Königs und Preußens insgesamt vergrößern, auch mit Kriegen.

Preußen wird Vormacht in Deutschland

1864 fand der erste Krieg statt. Anlass waren Streitigkeiten des Deutschen Bundes mit Dänemark. Zusammen mit Österreich besiegten die Preußen Dänemark, zur Freude der Nationalisten. Doch bald kam es unter den Siegern zu Unstimmigkeiten bei der gemeinsamen Verwaltung der Gebiete Schleswig und Holstein. Bismarck fand einen Anlass für eine militärische Auseinandersetzung mit Österreich. Preußen entschied den Krieg 1866 durch seine starke und moderne Armee zu seinen Gunsten und gewann Gebiete wie das Königreich Hannover, das Kurfürstentum Hessen und das Herzogtum Nassau.

Auflösung des Deutschen Bundes

Österreich zog sich aus Deutschland zurück. Der Deutsche Bund wurde aufgelöst. Stattdessen gründete Preußen den **Norddeutschen Bund**, in dem Preußen die Leitung innehatte. Mit den süddeutschen Staaten schloss es Bündnisse. Preußen war nun die mit Abstand stärkste Macht in Deutschland.

Krieg gegen Frankreich

Um Deutschland endgültig zu einer Einheit zu formen, musste Bismarck die noch selbstständigen süddeutschen Staaten mit dem Norddeutschen Bund vereinen.
Frankreich beobachtete die Vorgänge im Nachbarland misstrauisch. Denn es befürchtete, dass Preußen eine zu starke Militärmacht werden würde. Als ein Verwandter des preußischen Königs den spanischen Thron angeboten bekam, erhob Frankreich dagegen Einspruch. Preußen lehnte die spanische Krone zwar ab. Doch Bismarck gelang es, Frankreich so zu provozieren, dass es Preußen 1870 den Krieg erklärte. Die süddeutschen Staaten kämpften gemeinsam mit Preußen, denn sie waren durch Bündnisse mit dem Norddeutschen Bund dazu verpflichtet. 1871 konnten die deutschen Truppen Frankreich besiegen.

M 2 Das Deutsche Reich nach der Reichsgründung (1871)

Schlage die Überblickseiten auf (S. 304/305) und vergleiche die Karte von 1871 mit der von 1815.

M 3 Vorstellungen zur Machtpolitik

Bismarck gibt in seinen „Gedanken und Erinnerungen" (nach 1890 verfasst) wieder, welche Grundgedanken seine Rede vor dem preußischen Parlament am 30. September 1862 gehabt hat. Kurz zuvor ist Bismarck zum preußischen Ministerpräsidenten ernannt worden:

Nicht auf Preußens Liberalismus sieht Deutschland, sondern auf seine Macht; Bayern, Württemberg, Baden mögen gegenüber dem Liberalismus Nachsicht üben, darum wird ihnen doch keiner Preußens Rolle anweisen; Preußen muss seine Kraft zusammenfassen und zusammenhalten auf den günstigen Augenblick, der schon einige Male verpasst ist; Preußens Grenzen nach den Wiener Verträgen sind zu einem gesunden Staatsleben nicht günstig; nicht durch Reden und Mehrheitsbeschlüsse werden die großen Fragen der Zeit entschieden – das ist der große Fehler von 1848 und 1849 gewesen – sondern durch Eisen und Blut.

Otto von Bismarck, Die gesammelten Werke, Bd. 10, Berlin 1928, S. 138f.

M 4 Begeisterung in Berlin

Die Schlacht von Sedan am 2. September 1870 entscheidet den Deutsch-Französischen Krieg. Der französische Kaiser Napoleon III. wird zusammen mit 80 000 seiner Soldaten gefangen genommen. Ganz Berlin ist begeistert:

An den Litfaßsäulen[1] drängten sich Dutzende, Hunderte von Menschen, den Inhalt der noch feuchten Siegesdepesche[2] laut vorlesend, in der der König die Gefangennahme der in Sedan eingeschlossenen Armee und Napoleons mitteilte. Einer rief dem anderen die Freudenbotschaft zu, Unbekannte umarmten sich auf der Straße – gewiss, nun musste bald der Krieg zu Ende sein, nun musste wieder Friede werden. Überall sogleich Fahnen und Banner, in den Schaufenstern, von dichtem Grün umrahmt, die Büsten und Bilder des Königs und Kronprinzen, Bismarcks und Moltkes[3]. Musik und Jubel überall.

Ernst Deuerlein (Hrsg.), Die Gründung des Deutschen Reiches 1870/71 in Augenzeugenberichten, München 1977, S. 103

[1] Litfaßsäule: Säule für Plakate
[2] Depesche: Nachricht
[3] Helmuth von Moltke: Generalstabschef = Chef der Armee

M 5 „Le Chevalier de la Mort"
Karikatur von Faustin Betbeder, Paris 1870
Die französische Sicht: König Wilhelm von Preußen als „Ritter des Todes".

1. *Arbeite Bismarcks Position zur Paulskirche heraus (M3).*
2. *Erkläre, was mit der „deutschen Frage" gemeint ist und wie Bismarck sie lösen will (M3).*
3. *Beschreibe die Stimmung der Menschen nach dem Sieg über Frankreich (M4).*
4. *Untersuche die Karikatur M5.*
5. *Begründe, warum die Reichsgründung von den europäischen Ländern kritisch verfolgt wurde.*
6. *Auch heute werden Kriege geführt; an manchen sind auch deutsche Soldaten beteiligt. Informiere dich, wie diese Kriege begründet werden, und vergleiche mit dem Krieg 1870/71.*

1815: Wiener Kongress: Gründung des Deutschen Bundes
1817: Wartburgfest
Restauration
1832: Hambacher Fest
1848/49: Nationalversammlung in der Frankfurter Paulskirche
1849: Verabschiedung einer Reichsverfassung; gewaltsames Ende der Märzrevolution
1862: Bismarck wird preußischer Ministerpräsident
1866: Ende des Deutschen Bundes, Gründung des Norddeutschen Bundes
Einigungskriege
1810 1820 1830 1840 1850 1860 1870 1880

Die Reichsgründung – Revolution „von oben"?

Die Gründung des Deutschen Reiches

Der Krieg gegen Frankreich ließ die deutsche Nationalbewegung weiter wachsen. Bismarck förderte und nutzte diese Stimmung. Im November 1870 stimmten die süddeutschen Staaten zum Teil der Gründung eines deutschen Nationalstaats zu, nachdem sie große Zugeständnisse und Geldzahlungen erhalten hatten. Die Einheit Deutschlands war besiegelt.

Die Verfassung des **Deutschen Kaiserreiches** trat am 1. Januar 1871 in Kraft. Damit war die deutsche Frage beantwortet. Viel mehr Aufmerksamkeit erhielt die Kaiserproklamation: Am 18. Januar 1871 wurde der preußische König Wilhelm I. zum Deutschen Kaiser ausgerufen, im Schloss von Versailles bei Paris. Frankreich fühlte sich dadurch ebenso gedemütigt wie durch den Verlust von Elsass-Lothringen an Deutschland.

Ein Nationalstaat?

Im neu gegründeten Deutschen Kaiserreich gab es neben „Preußen", „Bayern" oder „Pfälzern" nun erstmals „Deutsche" im staatsrechtlichen Sinne. Doch das Kaiserreich war streng genommen kein Nationalstaat: Im Osten lebten Bürger polnischer Herkunft, im Westen gab es französischsprachige Elsässer und Lothringer und im Norden Einwohner dänischer Abstammung. Gleichzeitig lebten deutschsprachige Menschen außerhalb des Kaiserreiches.

Die Reichsverfassung

Den Vorsitz des Reiches, das Präsidium, hatte der König von Preußen. Er trug den erblichen Titel „Deutscher Kaiser". Der Bundesrat war das stärkste Reichsorgan. Er bestand aus Vertretern der 25 Einzelstaaten. In ihm konnten die Fürsten über ihre Landesvertreter die Gesetzgebung mit beeinflussen. Preußen konnte zwar rein theoretisch überstimmt werden, hatte aber immer genügend Einfluss auf die anderen Staaten. Den Vorsitz im Bundesrat hatte der Reichskanzler, der wiederum nur dem Kaiser verantwortlich war. Dieses Amt übte bis 1890 Otto von Bismarck aus.

Der Reichstag wurde vom Volk direkt gewählt. Er beschloss gemeinsam mit dem Bundesrat die Gesetze. Geschwächt war er dadurch, dass er vom Reichskanzler aufgelöst werden konnte, sofern der Kaiser zustimmte.

Das allgemeine, direkte, gleiche und geheime Wahlrecht – eine große demokratische Errungenschaft – war ein Zugeständnis an die Liberalen im Reich. Da der Reichstag nur eine schwache Rolle in der Verfassung einnahm, war dies kein demokratischer Erfolg. Im größten Land Preußen blieb für den Landtag auch das Dreiklassenwahlrecht bis 1918 erhalten. Und auch im Reich durften nicht alle wählen: Frauen blieben weiterhin von den Wahlen ausgeschlossen, ebenso Soldaten und Männer, die von Armenunterstützung lebten.

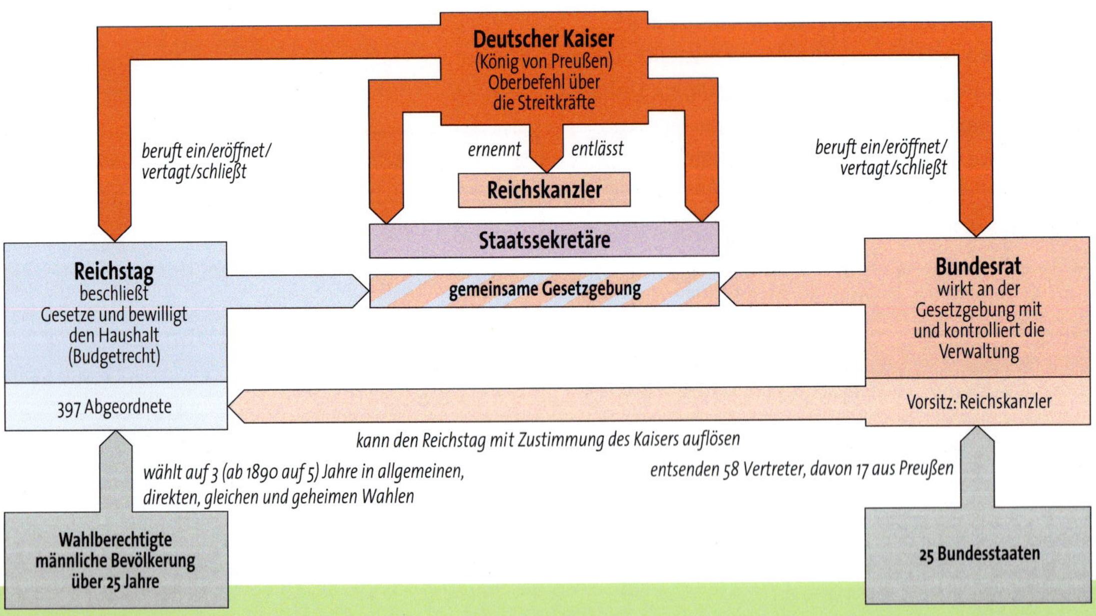

M 1 Die Verfassung des Deutschen Reiches 1871

M 2 Kaiserproklamation in Versailles
Ölgemälde von Anton von Werner, 1885

Am 18. Januar 1871 wurde im Spiegelsaal des Schlosses von Versailles bei Paris der preußische König Wilhelm I. zum Kaiser des Deutschen Reiches ausgerufen. Diese Kaiserproklamation symbolisierte die Reichsgründung von oben. Das Bild entstand im Auftrag des Kaisers zum 70. Geburtstag Bismarcks. Im linken Teil stehen der Kaiser und der Großherzog von Baden (den Arm zur Ausrufung des Kaisers erhoben), der Kronprinz, die deutschen Fürsten und die Vertreter der Hansestädte. Vor den Stufen sind Bismarck mit weißer Uniform und Generalstabschef Helmuth von Moltke zu sehen. Bismarck trug eigentlich eine blaue Uniform.

M 3 Das Deutsche Reich – ein Kriegsstaat?

1872 schreibt der liberale Professor Georg Gottfried Gervinus:

Durch die Sprengung des Deutschen Bundes im Jahre 1866 ist das deutsche Gebiet zu zwei Dritteln in einen allzeit angriffsfähigen Kriegsstaat umgebildet worden, in dem man eine stete Bedrohung für die Ruhe des Weltteils, für die Sicherheit der Nachbarstaaten argwöhnen konnte, ohne ein Feind von Deutschland und Preußen zu sein.

Nachdem man seit einem halben Jahrhundert gewünscht, gestrebt, gehofft hatte, den soldatischen Ordnungen der früheren Zeiten mehr und mehr zu entwachsen, die aussaugende Last der stehenden Heere vermindert, wenn nicht weggenommen zu sehen, ist hier eine permanente[1] Kriegsmacht von so furchtbarer Überlegenheit entstanden, wie sie die Zeiten der Militärstaaten der letzten Jahrhunderte, deren Ziel Eroberung und Vergrößerung waren, niemals, nicht entfernt gekannt haben.

Nach: Georg Gottfried Gervinus: Hinterlassene Schriften, Wien 1872, S. 22 f.

1. *Untersuche, wie der Maler die Kaiserproklamation (M2) darstellt: Welche gesellschaftlichen Gruppen sind beteiligt? Wer steht im Mittelpunkt?*
2. *Prüfe die Aussage im Verfassertext: „Der Bundesrat war das stärkste Reichsorgan" (M1).*
3. *Die Reichstagsabgeordneten erhielten im Gegensatz zu heutigen Parlamentariern kein Gehalt. Begründe, warum dies undemokratisch ist.* Tipp: Überlege, wann in der Geschichte es bereits andere Regelungen gab.
4. *Erläutere das Übergewicht Preußens im Kaiserreich anhand der Reichsverfassung (M1).*
5. *Historiker haben die Reichsgründung 1871 als „Revolution von oben" bezeichnet. Was ist damit gemeint? Vergleiche mit der Revolution von 1848.*
7. *Arbeite heraus, vor welchen Gefahren Gervinus warnt (M3).*
8. *Verfasse einen Brief, wie ihn jemand, der von den Ereignissen von 1870 und 1871 begeistert war, geschrieben haben könnte (z. B. an einen 1849 in die USA ausgewanderten Cousin).*

[1] permanent: dauernd, dauerhaft bestehend

1815: Wiener Kongress: Gründung des Deutschen Bundes
1817: Wartburgfest
Restauration
1832: Hambacher Fest
1848/49: Nationalversammlung in der Frankfurter Paulskirche
1849: Verabschiedung einer Reichsverfassung; gewaltsames Ende der Märzrevolution
1862: Bismarck wird preußischer Ministerpräsident
1866: Ende des Deutschen Bundes, Gründung des Norddeutschen Bundes
Einigungskriege
1871: Gründung des Deutschen Reiches
1810 1820 1830 1840 1850 1860 1870 1880

Kompetenzen überprüfen

M 1 Kannst du die Ereignisse erklären?

1. Auf dem Wiener Kongress entstand eine neue europäische Friedensordnung.
2. Nach dem Wiener Kongress wurde die Heilige Allianz gegründet. Ihr Ziel war die Restauration.
3. Der Deutsche Bund enttäuschte die Forderung nach einem Nationalstaat.
4. Die Nationalversammlung in Frankfurt beschloss wichtige Grundrechte.
5. Das Deutsche Kaiserreich wurde „von oben" gegründet. Es beantwortete die nationale Frage mit der kleindeutschen Lösung.

M 2 „Bienenlos"

Hoffmann von Fallersleben (siehe S. 314) dichtet um 1840 das Lied:

Wir geben und der König nimmt,
wir sind zum Geben nur bestimmt,
Wir sind nicht weiter als die Bienen,
arbeiten müssen wir und dienen.

Und statt des Stachels gab Natur
uns eine stumpfe Zunge nur,
die dürfen wir nie unseretwegen
und nur im Dienst des Königs regen.

Zit. nach: www.von-fallersleben.de/text312.html [Zugriff 6. Juli 2015]

M 3 Die Paulskirche heute
Verleihung des Friedenspreises des Deutschen Buchhandels in der Frankfurter Paulskirche, Foto vom 8. Oktober 2006

M 4 „1848 – Aufbruch zur Freiheit"
Umschlag des Katalogs zur Ausstellung des Deutschen Historischen Museums und der Schirn Kunsthalle Frankfurt zum 150-jährigen Jubiläum der Revolution von 1848/49, Berlin 1998

M 5 Ein symbolischer Ort

Seit 1950 wird jedes Jahr während der Frankfurter Buchmesse der Friedenspreis des Deutschen Buchhandels verliehen. Die feierliche Verleihung findet in der Frankfurter Paulskirche statt. Im Statut der Stiftung des Friedenspreises heißt es:

Die Stiftung dient dem Frieden, der Menschlichkeit und der Verständigung der Völker. Dies geschieht durch die Verleihung des Friedenspreises an eine Persönlichkeit, die in hervorragendem Maße vornehmlich durch ihre Tätigkeit auf den Gebieten der Literatur, Wissenschaft und Kunst zur Verwirklichung des Friedensgedankens beigetragen hat. Der Preisträger wird ohne Unterschied der Nation, der Rasse und des Bekenntnisses gewählt.

www.friedenspreis-des-deutschen-buchhandels.de/445653/ [Zugriff: 20. 10. 2015]

M6 Märzrevolution 1848
Barrikadenkämpfe in der Breiten Straße in Berlin in der Nacht vom 18. zum 19. März 1848, Lithografie von 1848

M8 Public Viewing während der Fußball-Weltmeisterschaft 2006
Foto aus Stuttgart, 20. Juni 2006

M7 Vor einer neuen Welt?

Der britische Regierungschef Benjamin Disraeli stellt am 9. Februar 1871 fest:

Dieser Krieg bedeutet die deutsche Revolution, ein größeres politisches Ereignis als die französische Revolution des vergangenen Jahrhunderts [...].
[Das] Gleichgewicht der Macht ist völlig zerstört; und das Land, welches am meisten darunter leidet und welches die Wirkungen dieses großen Wechsels am meisten zu spüren bekommt, ist England.

Zit. nach: Walter Bußmann, Europa und das Bismarckreich, in: Carl Hinrichs und Wilhelm Berges (Hrsg.), Die deutsche Einheit als Problem der europäischen Geschichte, Stuttgart o. J. [1960], S. 167

1. *Erkläre die Aussagen in M1. Ordne sie zeitlich ein.*
2. *Das Lied (M2) wurde 1849 in einer Sammlung „Unpolitischer Lieder" veröffentlicht. Prüfe, ob diese Einordnung stimmt.*
3. *Erläutere die Überschrift des Katalogs (M4). Trifft die Aussage zu? Begründe dein Urteil.*
4. *Bewerte, ob die Paulskirche heute (M3) ein gut gewählter Ort für die Verleihung des Friedenspreises (M5) ist.*
5. *Im Jahr 1871: Verfasse ein Interview mit einem ehemaligen Barrikadenkämpfer (M6) über die politische Entwicklung Deutschlands.*
6. *Ordne das Bild M6 in den historischen Kontext ein und vergleiche es mit den Darstellungen der französischen Juli-Revolution und des Hambacher Fests (siehe S. 310).*
7. *Erläutere Disraelis Aussagen (M7).*
8. *Nimm Stellung zu folgendem Zitat des polnischen Politikers Józef Klemens Piłsudski (1867-1935): „Der Staat macht die Nation, nicht die Nation den Staat."*
9. *Diskutiert in der Klasse, ob sich Nationalismus heute von dem im 19. Jh. unterscheidet.*

Orientierung gewinnen: Die Industrialisierung verändert Wirtschaft und Gesellschaft

Die Lebens- und Arbeitsverhältnisse großer Teile der Bevölkerung hatten sich über die Jahrhunderte hinweg kaum verändert. Auch am Anfang des 19. Jh. bestimmte nach wie vor die Geburt eines Menschen dessen Rang in der Gesellschaft. Aufstiegschancen gab es kaum. Die meisten Menschen lebten auf dem Lande und waren immer noch von ihren Grundherren abhängig. Die Bauern bestellten ihre Äcker noch immer mit dem Pflug und einem Zugtier. In den vielen kleinen Städten arbeiteten Handwerker wie im Mittelalter in Zünften zusammen, um ihre Interessen zu schützen. Zahlreiche Waren wurden noch in Handarbeit hergestellt, auch in den von den Fürsten geförderten Manufakturen. Erste Maschinen wurden mit Wasser und Wind betrieben, manche noch mit Pferden oder Ochsen.
In der zweiten Hälfte des 19. Jh. hatten sich die Lebens- und Arbeitsbedingungen in den meisten europäischen Ländern und in den Vereinigten Staaten grundlegend geändert. Der technische, wirtschaftliche und soziale Wandel verlief so schnell, dass bereits Zeitgenossen von einer Industriellen Revolution sprachen. Einige Historiker fanden diese Veränderungen sogar so bedeutend wie die Neolithische Revolution, als im Übergang von der Alt- zur Jungsteinzeit aus Jägern und Sammlern sesshafte Ackerbauern und Viehzüchter wurden. Einige Wissenschaftler sagen, dass wir heute mit der Digitalisierung vergleichbar tiefgreifende Veränderungen in Gesellschaft, Wirtschaft und Herrschaft erleben.

Die Industrialisierung begann in England. Dort wurden Erfindungen zum Motor für eine Entwicklung, die weite Teile Europas und die USA in das „Industriezeitalter" beförderte.
Warum wird diese Entwicklung als „Industrielle Revolution" bezeichnet? Brachten die Erfindungen Fortschritt für alle oder nur für wenige Menschen?

Die technische Entwicklung veränderte die Wirtschafts- und Produktionsweise – und damit die Arbeitswelt der Menschen. Handarbeit wurde durch maschinelle Produktion, Manufakturen durch große Fabriken ersetzt. Brachten die neuen Produktionsweisen Erleichterung oder neue Formen der Ausbeutung?

Die wirtschaftliche Entwicklung zog tief greifende gesellschaftliche Veränderungen nach sich. Das Bürgertum wurde zu einer bedeutenden wirtschaftlichen und gesellschaftlichen Kraft. Gleichzeitig entstand eine neue soziale Schicht: die Industriearbeiterschaft.
Welchen Einfluss hatte die Industrialisierung auf das Zusammenleben der Menschen? Welche Folgen hatte die Entstehung neuer gesellschaftlicher Schichten?

Bis weit ins 19. Jh. hinein galt es nicht als Aufgabe des Staates, Not und Elend der Unterschichten zu lindern. Von Anfang an versuchten daher die Arbeiter selbst, ihre Lebens- und Arbeitsbedingungen zu ändern. Eine Arbeiterbewegung entstand, die sich an neuen umwälzenden Ideen und Ideologien orientierte.

Heiliges Römisches Reich Deutscher Nation | Rheinbund

1760 1770 1780 1790 1800 1810 1820 1830

Beginn der Industrialisierung in England

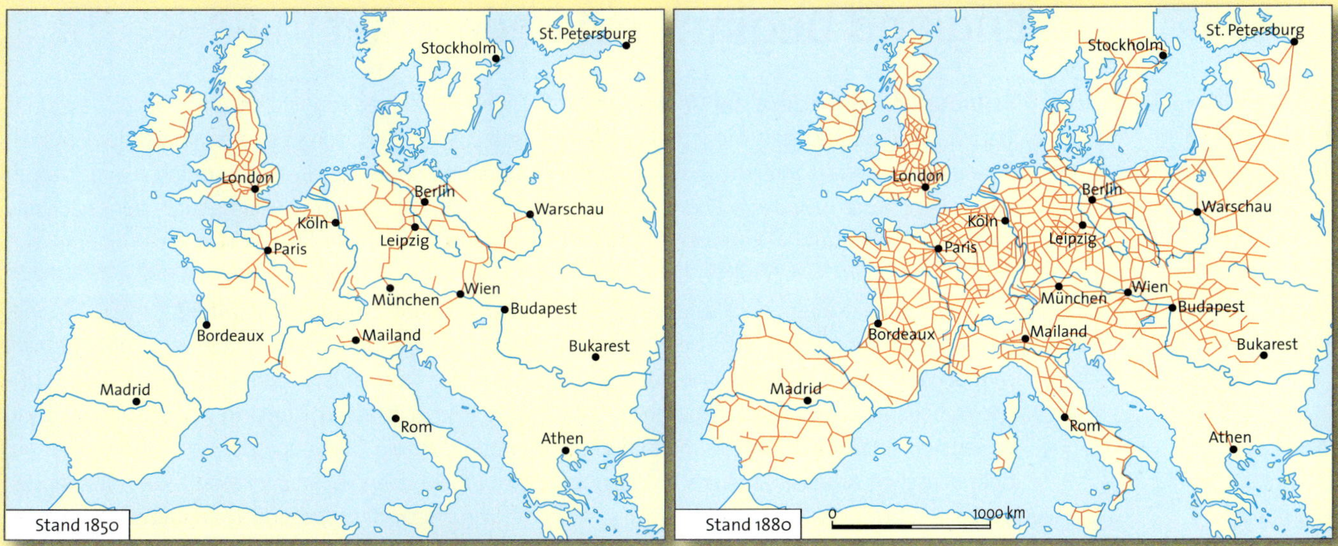

M 1 Ausbau des europäischen Eisenbahnnetzes zwischen 1850 und 1880

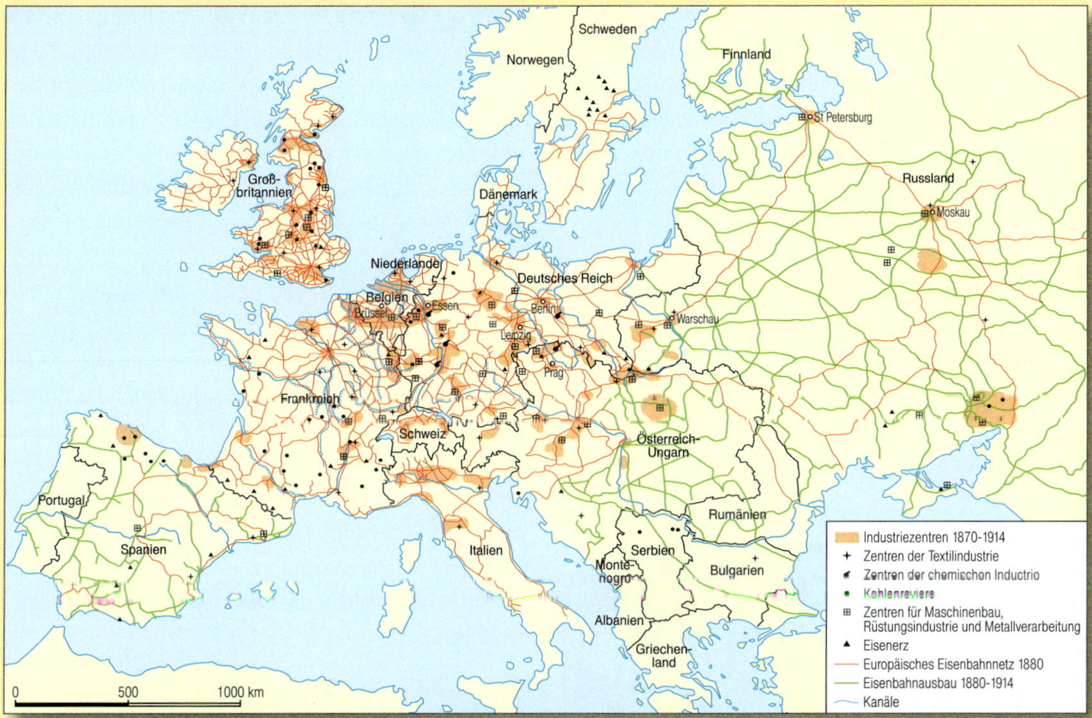

M 2 Industrialisierung Europas im 19. Jh.

1. *Überlegt, welche Veränderungen durch die Digitalisierung ihr in den Bereichen Herrschaft, Gesellschaft, Wirtschaft und Religion beobachten könnt.*
2. *Diskutiert, ob man von einer „digitalen Revolution“ sprechen kann.*
3. *Beschreibt die Entwicklung des Eisenbahnnetzes in Europa mithilfe der drei Karten.*
4. *Stellt fest, wo am Ende des 19. Jh. die industriellen Zentren in Europa lagen.*
5. *Wählt eine Region von Aufgabe 4 aus und informiert euch, ob es dort noch Überreste der Industrialisierung gibt, wie die Region heute aussieht und wie sich die Arbeitssituation für die Menschen in den letzten 50 Jahren entwickelt hat.*

Deutscher Bund | Norddeutscher Bund | Deutsches Kaiserreich

1840 | 1850 | 1860 | 1870 | 1880 | 1890 | 1900 | 1910

Durchbruch der Industrialisierung auf dem Kontinent | Deutschland steigt zur Industrienation auf

In England beginnt eine neue Zeit

M 1 Bevölkerungsentwicklung in England und Europa

Jahr	England	Europa
1750	5,8 Mio.	140 Mio.
1800	8,7 Mio.	187 Mio.
1850	17,7 Mio.	266 Mio.

Nach: Toni Pierenkemper: Umstrittene Revolutionen. Die Industrialisierung im 19. Jahrhundert, Frankfurt am Main 1996, S. 15 und Praxis Geschichte, Heft 1/1988, S. 8

Lesetipp:
Bernd Schuh, 50 Klassiker – Erfindungen. Vom Faustkeil zum Internet, Hildesheim 2008

Erfindungen verändern die Wirtschaft

Bis ins 18. Jh. stand den Menschen bei der Arbeit nur die Kraft ihrer Muskeln oder die von Tieren, bestenfalls noch Wind- und Wasserkraft zur Verfügung. Dies änderte sich, als in Großbritannien einfallsreiche Männer eine Maschine entwickelten, die als neuer Antrieb diente: die Dampfmaschine. Der Ingenieur James Watt verbesserte ab Mitte des 18. Jh. die Technik, sodass die Dampfmaschine bald wesentlich stärker war als alle menschlichen oder tierischen Arbeitskräfte. Auch Webstühle wurden bald mit Dampfkraft betrieben.

Für den Bau von Maschinen braucht man Metall. Da für die Erzeugung der Metalle und den Betrieb der Dampfmaschinen viel Kohle nötig war, musste auch der Bergbau ausgeweitet werden. Neue Maschinen ermöglichten wiederum eine bessere Ausbeutung der Minen. Damit war die englische Textilindustrie zum Schrittmacher der **Industrialisierung** geworden.

Mit der Eisenbahn in eine neue Zeit

Rohstoffe und Fertigwaren sollten zügig von einem Ort zum anderen transportiert werden. Deshalb wurde die Dampfmaschine als Zugmaschine, nämlich als Dampflokomotive, eingesetzt. 1825 fuhr die erste Eisenbahn in England. Schon fünf Jahre später wurden in einem Jahr fast eine halbe Million Menschen und über 50 000 Tonnen Güter auf Schienen transportiert.

Die Herstellung von Eisenbahnschienen, Wagons und Lokomotiven sorgte wiederum bei der Eisenverarbeitung sowie der Kohleförderung für mehr Aufträge. Die Eisenbahn wurde dadurch zum nächsten Schrittmacher der Industrialisierung.

M 2 Englische Baumwollspinnerei
Stich nach einer Zeichnung von Thomas Allom, um 1834
Die Spindelwagen bewegten sich auf Schienen etwa 5 000 Mal täglich hin und her. Eine Frau knüpft die gerissenen Fäden zusammen, rechts unten fegt ein Kind Baumwollreste vom Boden weg.

Warum wird England Vorreiter?

Die meisten Erfindungen wurden in Großbritannien gemacht. Dort entstanden auch die ersten **Fabriken**. Durch **Mechanisierung** und **Arbeitsteilung** wurde dort die Massenproduktion möglich; die hohen Stückzahlen ließen die Preise sinken. Traditionelle Handwerksbetriebe und Manufakturen konnten dieser harten Konkurrenz auf Dauer meist nicht standhalten. Englische Adlige und Bürger hatten durch die Gewinne aus dem Kolonialhandel viel Kapital angesammelt, das sie investieren wollten. Da es in Großbritannien nur wenige staatliche Vorschriften für die Wirtschaft gab, durften auch diejenigen investieren, die nicht einer Zunft angehörten oder adlig waren. Zudem gab es in Großbritannien keine Zollschranken, weil es anders als Mitteleuropa nicht in einzelne Staaten zersplittert, sondern ein Königreich war. Reiche Vorkommen von Eisenerz und Kohle lieferten die für die Herstellung und den Betrieb der Dampfmaschinen notwendigen Rohstoffe. Nicht zuletzt wuchs in England die Bevölkerung seit 1750 wie nie zuvor. Dadurch gab es also auch genügend Arbeitskräfte. Durch Fortschritte in der Medizin lebten die Menschen länger, weniger Kinder starben. Mehr Menschen heirateten und gründeten Familien. Verbesserungen in der Landwirtschaft machten es möglich, die wachsende Bevölkerung zu ernähren.

1. *Fasse zusammen: Warum wurde England Vorreiter bei der Industrialisierung?*
2. *Erstelle ein Schaubild, auf dem unter anderem die folgenden Begriffe vorkommen: Maschinen, Kohleförderung, Kohleverbrauch, Textilien, Eisenbahn, Maschinenbau.*
3. *Großbritannien setzte sich immer für einen freien Handel zwischen den Ländern ein. Erläutere, welche Vorteile dies während der Industrialisierung für England hatte.*

M3 Kohle und Eisen in Großbritannien

Kohleförderung (Angaben in Mio. t)		Eisenproduktion (Angaben in Mio. t)	
1770	6,2	1806	0,25
1836	30,0	1835	1,0
1850	50,0	1847	2,0
1870	112,2	1870	5,9

Nach: Michael Epkenhans und Andreas von Seggern, Leben im Kaiserreich. Deutschland um 1900, Stuttgart 2007, S. 30

M4 Einfuhr von Baumwolle und Ausfuhr von Textilprodukten

Jahr	Einfuhr von Baumwolle (Angaben in t)
1780	8000
1801	25000
1815	50000
1825-1830	100000
1849	346000
Zeitraum	**Ausfuhr von Baumwolltextilien (Angaben in 1 000 £)**
1780-1789	756
1790-1799	2631
1800-1809	9995
1810-1819	18712
1820-1829	28000

Nach: Bernd Januschke und Karl-Friedrich Warner, Industrielle Revolution, Stuttgart/Heidelberg 1992/93, S. 68 (Einfuhr) und Hermann de Buhr und Michael Regenbrecht, Industrielle Revolution und Industriegeschichte, Frankfurt am Main, S. 22 (Ausfuhr)

M5 Lokomotive „Rocket" von 1829
Diese von George und Robert Stephenson zwischen 1814 und 1829 entwickelte Dampfeisenbahn war der „Urahn" aller Lokomotiven.

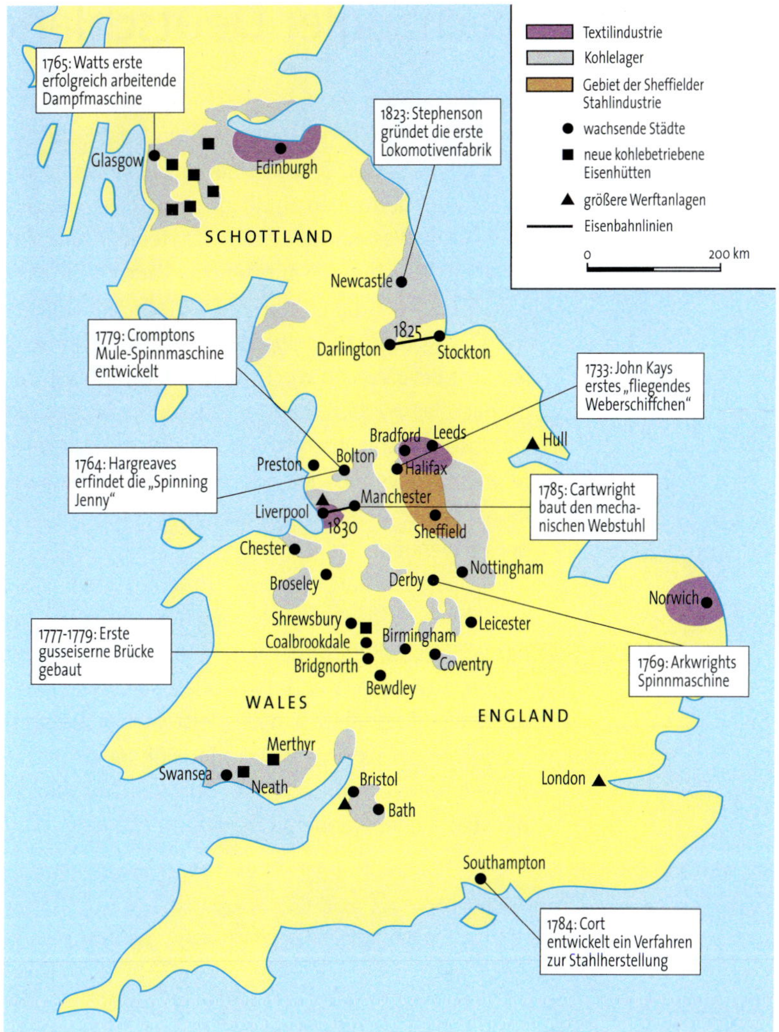

M6 Die Industrie in England, Wales und Schottland 1770-1830

M7 Beschäftigte nach Wirtschaftsbereichen

Angaben in %	um 1800	um 1850
Landwirtschaft	40	22
Industrie/Handwerk	30	48
Dienstleistungen	30	30

Nach: Christoph Buchheim, Industrielle Revolutionen, München 1994, S. 33

Internettipp:
Zur Industriegeschichte vgl. Mediencode 31021-55

1. *Erkläre, warum die Kohle- und Eisenproduktion ab 1830 besonders wuchs (M3).*
2. *Zeige auf, was die Angaben in M3, M4 und M7 miteinander zu tun haben.*
3. *Untersuche mithilfe der Karte M6, wo und wie sich die Industrialisierung in Großbritannien entwickelt hat.*
4. *Begründe mithilfe von M3, M4, M6 und M7 einige Auswirkungen der Industrialisierung auf Wirtschaft und Gesellschaft.*

Nachzügler Deutschland

M 1 Erträge in den deutschen Staaten

	Weizen	Kartoffeln
um 1800	10,3	80
1858-1862	13,0	–
1893-1897	16,9	117
1908-1912	20,7	133,4

Hinweis: Angaben in Doppelzentner (= 100 kg pro 1 Hektar Fläche).

Nach: Günther Franz, Deutsche Agrargeschichte von den Anfängen bis zur Gegenwart, Stuttgart o. J., S. 36

Agrarreformen

Die Niederlagen gegen Napoleon und die Entwicklung in England hatten den Fürsten im Deutschen Bund gezeigt, dass sie den westeuropäischen Staaten unterlegen waren. Sie führten nun auch Maßnahmen durch, um die wirtschaftliche Leistung zu steigern. Da auch in Deutschland die Bevölkerung wuchs und damit die Nachfrage nach landwirtschaftlichen Produkten, wurde die Landbearbeitung verändert. Es wurden ertragreichere Pflanzen verwendet, die Tierzucht verbessert, mehr Flächen genutzt oder der neu erfundene Dünger verwendet.

Die Leibeigenschaft und die Grundherrschaft wurden abgeschafft. Die Bauern durften nun zwar für hohe Entschädigungssummen den ehemaligen Grundherren den Grund und Boden abkaufen. Aber nur wenige konnten sich das leisten. Die anderen arbeiteten oft als Knechte und Tagelöhner auf fremden Höfen. Viele zogen auf der Suche nach Arbeit in die Städte oder wanderten nach Amerika aus.

M 2 Die Getreideernte ändert sich

Firmenplakat, um 1910

1860 wurde die Dampfdreschmaschine erfunden. 1882 gab es im Deutschen Reich 344 000 Dampfdreschmaschinen, 1907 waren es 1,44 Millionen.

Der Junge im Vordergrund rechts hält einen Dreschflegel. Mit diesem Werkzeug wurde früher das Getreide gedroschen.

Hindernisse für die Wirtschaft

Wer im Deutschen Bund als Händler unterwegs war, musste an den Grenzen zwischen den vielen deutschen Staaten Zoll bezahlen. Dadurch wurden die Waren immer teurer. Auf dem Gebiet des heutigen Rheinland-Pfalz behinderten die vielen Zölle den Handel auf den Schifffahrtswegen, vor allem auf dem Rhein.

Einige Staaten im Deutschen Bund hatten eigene Währungen und Maßeinheiten, sodass die Händler großen Aufwand mit Geldwechsel und Umrechnungen hatten.

Ohne Zölle durch die Kleinstaaten

Unter Preußens Führung gründete sich 1834 der Deutsche Zollverein. Ihm traten in den folgenden Jahrzehnten fast alle Staaten des Deutschen Bundes bei, sodass man bei Überschreiten der Grenzen keinen Zoll mehr zu zahlen brauchte.

Mit dem Dampfross unterwegs

Mit der Eisenbahn gelang es, die deutschen Handelszentren gut miteinander zu verbinden. Die erste deutsche Dampflokomotive fuhr 1835 zwischen Nürnberg und Fürth. Das Eisenbahnnetz wuchs schnell und der Bedarf an Lokomotiven und Schienen damit auch. Dadurch wurde in Deutschland der Eisenbahnbau zum Schrittmacher der Industrialisierung. In Regionen mit Kohle und Eisenerzvorkommen (im Ruhrgebiet, im Saarland, in Oberschlesien, in der Oberpfalz) entstanden Zentren der Industrialisierung mit Zechen, Walzwerken und Gießereien.

Im landwirtschaftlich geprägten Gebiet des heutigen Rheinland-Pfalz nahm die Industrialisierung ab 1849 mit der Fertigstellung der Bahnstrecke Ludwigshafen-Bexbach Fahrt auf.

1. *Erkundige dich, wann dein Heimat- oder Schulort den Anschluss an das Eisenbahnnetz erhielt.*
2. *Erläutere die Absicht des Plakats.*

M 3 Industrielles Wachstum in Deutschland

Jahr	Eisenbahnnetz (km)	Roheisenproduktion (Tonnen)	Steinkohleproduktion (Tonnen)
1840	469	173 000	3 200 000
1850	856	212 000	5 200 000
1860	11 088	545 000	12 300 000
1870	19 000	1 400 000	26 400 000

Nach: Richard Tilly, Kapital, Staat und sozialer Protest in der deutschen Industrialisierung, Gesammelte Aufsätze, Göttingen 1980, S. 30 (gekürzt; die Angaben wurden gerundet und beziehen sich in der Regel auf Deutschland in den Grenzen von 1871)

M 4 Vor- und Nachteile der Eisenbahn

Der württembergische Staatsrechtler und Politiker Robert von Mohl meint in den 1840er-Jahren:

Es entstehen neue Verhältnisse aller Art, deren allseitige Entwicklung noch völlig unabsehbar ist […]. Die arbeitende Klasse vermag ihre Dienste in weit größeren Kreisen anzubieten […]. Die Versetzung großer Truppenmassen an bedrohte Punkte ist in wenigen Stunden möglich […]. Die Märkte der großen Städte können aus großer Entfernung mit allen Lebensmitteln, namentlich auch mit Vieh, im besten Zustande versehen, leicht verderbliche Erzeugnisse an früher ganz unzugängliche Absatzorte befördert, mangelnde Waren in kürzester Zeit erlangt, somit die Zinsen großer Vorräte erspart werden. Es werden Kulturen und Gewerbe […] auch an entfernten Plätzen bei billigen Arbeitslöhnen, Rohstoffen und bewegenden Kräften ausführbar.

In einem Gutachten von 1838 steht:

Die schnelle Bewegung muss bei den Reisenden unfehlbar eine Gehirnkrankheit erzeugen. Wollen aber dennoch Reisende dieser grässlichen Gefahr trotzen, so muss der Staat wenigstens die Zuschauer schützen, denn sonst verfallen sie bei dem Anblick des schnell dahinfahrenden Dampfwagens genau derselben Gehirnkrankheit. Es ist daher notwendig die Bahnstelle auf beiden Seiten mit einem hohen Bretterzaun zu versehen.

Zit. nach: Wilhelm Treue und Karl-Heinz Manegold, Quellen zur Geschichte der industriellen Revolution, Göttingen ^{2}1979, S. 84 und 86 ff. (zum Teil vereinfacht)

M 5 „Lebensgeschichte einer Lokomotive"
Gemälde von Paul Meyerheim, 1873/76 (Ausschnitt)
Das Bild zeigt die in den Borsig-Werken hergestellte Lokomotive und Eisenbahnbrücke über den Rhein bei Koblenz. Im Hintergrund ist die Festung Ehrenbreitstein zu sehen.

M 6 Fahrtzeiten

km	Strecke	Reisedauer in Stunden	
		Schnellpost (1841)	Eisenbahn (1851)
290	Berlin-Hamburg	$31\frac{1}{2}$	8
320	Berlin-Hannover	32	6
174	Berlin-Dresden	17	$5\frac{1}{2}$
215	Berlin-Leipzig	$17\frac{1}{4}$	7
85	Halle-Magdeburg	6	$2\frac{1}{2}$
35	Halle-Leipzig	$2\frac{1}{2}$	1
175	Frankfurt-Kassel	20 (1845)	7 (1845)
75	Augsburg-München	$6\frac{1}{2}$ (1845)	$2\frac{1}{2}$ (1845)
26	Düsseldorf-Elberfeld	$3\frac{1}{2}$ (1845)	$1\frac{1}{8}$ (1845)

Nach: Klaus Hermann, Die Personenbeförderung bei Post und Eisenbahn …, in: Scripta Mercatura, 2/1977, S. 10 (ergänzt)

1. Begründe, warum die Verbesserungen in der Landwirtschaft Voraussetzung für die Industrialisierung waren.
2. Vergleiche die Entwicklung der Kohle- und Eisenproduktion in Deutschland (M3) mit den Zahlen aus Großbritannien (M3, S. 329). Beurteile, was das für den Stand der industriellen Entwicklung bedeutete.
3. In M4 nennt Mohl Argumente für den Eisenbahnbau. Liste sie in einer Tabelle auf. Unterscheide dabei zwischen wirtschaftlichen und politischen Vorteilen.
4. Beurteile: Hat Mohl etwas übersehen oder falsch eingeschätzt (M4)? Berücksichtige auch M5.
5. Diskutiert, warum Neuerungen zuerst oft auf Skepsis oder Ablehnung stoßen (M4, zweiter Teil). Findet aktuelle Beispiele und vergleicht. Gibt es heute andere Gründe als damals?
6. Erkläre den Bildtitel (M5).

1764: „Spinning Jenny"
1762 - 1782: James Watt verbessert die Dampfmaschine
1829: Lokomotive „Rocket"
Industrialisierung in England
Bevölkerungswachstum in Europa
1834: Deutscher Zollverein
1835: Eisenbahn zwischen Nürnberg und Fürth
Industrialisierung in den dt. Staaten / im Deutschen Kaiserreich
1750 1800 1850 1900

Neue Industrien

Lesetipps:
- Henning Boetius, Geschichte der Elektrizität, Weinheim und Basel 2006
- Christine Schulz-Reiss: Wer war das? Forscher und Erfinder, Bd. 2: James Watt, Alfred Nobel, Thomas Alva Edison, Werner von Siemens; Bd. 3: Louis Pasteur, Robert Koch, Wilhelm Conrad Röntgen, Marie Curie; Bd. 4: Gottlieb Daimler, Carl Benz, Ferdinand Graf von Zeppelin, Wernher von Braun, Hamburg 2009

Internettipps:
Regionale Exkursionstipps findest du unter Mediencode 31021-56

Kraft ohne Dampf

In der zweiten Hälfte des 19. Jh. wurde es technisch möglich, Elektrizität in großen Mengen zu nutzen. Werner von Siemens entwickelte unter anderem Stromkabel und konstruierte 1866 die Dynamomaschine (auch Generator genannt). Mit ihr konnte mechanische in elektrische Energie, also Strom, umgewandelt werden.

Die Elektrotechnik

Elektrizität war eine saubere und leistungsfähige Energie, die in immer mehr Bereiche vordrang:
- Strom fand zunächst Anwendung bei der Beleuchtung. Die 1878 erfundene alltagstaugliche Glühlampe bot eine Alternative zu den bisherigen Gaslampen, die mit ihren offenen Flammen oft Großbrände verursachten.
- Elektromotoren lösten Dampfmaschinen als Antrieb ab, vor allem in kleineren Betrieben.
- Telegrafen konnten Nachrichten und Botschaften über große Entfernungen senden. Mit dem Telefon sprachen Gesprächspartner direkt miteinander, für private Zwecke war es allerdings noch zu teuer.
- Die ersten technischen Geräte erleichterten das Leben auch in privaten Haushalten: Kochapparate, Bügeleisen.

Die Städte begannen, Stromwerke zu bauen und Leitungen zu verlegen. Zunächst wurden Betriebe, öffentliche Straßen und Plätze angeschlossen, später auch private Haushalte. In der neuen Elektroindustrie waren deutsche Unternehmen wie Siemens führend.

Aufschwung der Chemie

Ab den 1890er-Jahren entwickelte sich die chemische Industrie rasant. Dünger für die Landwirtschaft, Arzneien und künstliche Farbstoffe brachten den Firmen riesige Gewinne.
Farben wurden in vielen Bereichen gebraucht, vor allem aber in der Textilindustrie. Nicht nur Stoffe färbte man ein, auch Waren aus ganz anderen Bereichen, wie Tapeten oder Tinte. Die ersten künstlich hergestellten Teerstoff-Farben verblassten noch beim Waschen und durchs Sonnenlicht. Erst die intensive chemische Forschung konnte das Problem lösen. Aus einem Abfallprodukt der Steinkohle entwickelte sie die künstlichen Farbstoffe (z. B. „Mauvein", „Fuchsin").

Wie bei der Elektroindustrie war das Deutsche Reich auch bei der chemischen Industrie die führende Wirtschaftsnation. Wie in keinem anderen Land arbeiteten hier Ingenieure auch als Unternehmer. Dadurch konnten Erfindungen und Entdeckungen für die industrielle Produktion effektiv genutzt werden.

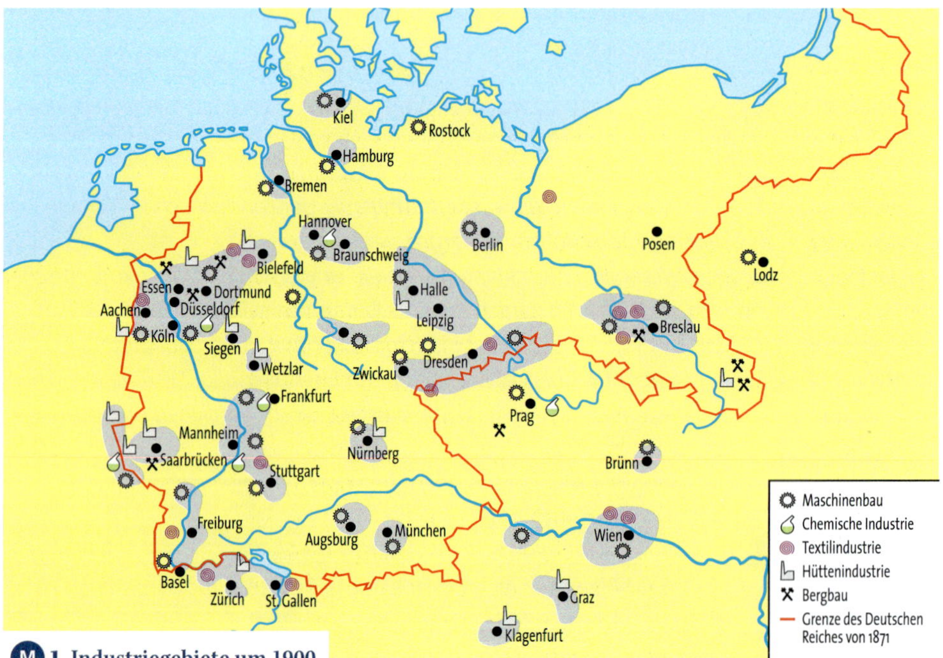

M 1 Industriegebiete um 1900

1. *Mit der Elektrizität änderte sich die industrielle Produktion. Erkläre, welche Energiequellen und welche Kraftmaschinen an Bedeutung verloren.*
2. *Untersuche die Karte (M1). Was fällt bei den Standorten der Industriegebiete auf?*

M 2 Wandtelefon aus Holz
Gerät um 1905
Durch das Drehen der Kurbel wurde im Postamt eine Meldeklappe betätigt. Gleich darauf meldete sich eine Telefonistin und stellte die Verbindung mit dem gewünschten Gesprächspartner her.

M 3 Die „elektrische Revolution“

1849	Die erste elektrische Beleuchtung mit Bogenlampen: die Pariser Oper
1854	Der nach New York ausgewanderte Uhrmacher Heinrich Goebel aus Springe bei Hannover baut die erste brauchbare Glühlampe. Seine Erfindung geriet in Vergessenheit, da die Stromversorgung noch unzureichend entwickelt war.
1860	Der Belgier Zénobe-Theophile entwickelt eine Maschine zur Stromgewinnung.
1867	Werner Siemens erfindet den Dynamo.
1878/79	Unabhängig voneinander bauen der Amerikaner Thomas A. Edison und der Brite Joseph W. Swan elektrische Glühbirnen. Edisons Erfindung setzt sich durch, da er für den Verkauf seiner Glühlampen sorgt. 1882 nimmt er das erste öffentliche Elektrizitätswerk in New York in Betrieb.
1879	Auf der Berliner Gewerbeausstellung fährt die erste Elektrolokomotive.
1881	Siemens & Halske erreichen in Berlin mit einer elektrischen Versuchsbahn eine Geschwindigkeit von 30 km/h.
1882	Die erste Glühlampenfabrik in Berlin
1883	Das erste elektrische Haushaltsgerät: das Bügeleisen
1883	Der Transformator ermöglicht es, Strom über weite Strecken zu transportieren.
1884	In Berlin wird das erste deutsche Kraftwerk gebaut. In zahlreichen deutschen Großstädten entstehen „Lichtzentralen“.
1888	Galileo Ferraris entwickelt den Drehstrommotor.

M 4 Die elektrische Küche
Um die Kochtöpfe, Pfannen und Wasserkessel zu beheizen, wurden sie einzeln an das Stromnetz angeschlossen.

M 5 Elektrische Tischbeleuchtung, um 1895
Die ersten Glühlampen bestanden aus einem luftleer gepumpten Glaskolben, in dem ein Glühfaden aus verkohlten Bambusfasern durch Strom zum Glühen gebracht wurde. Anfang des 20. Jh. kamen Glühlampen mit Metallfäden auf den Markt. Bis heute haben Glühlampen einen Schraubsockel mit dem sogenannten Edison-Gewinde.

1. *Die Elektrifizierung beeinflusste auch das Leben und Arbeiten im Privathaushalt (M2 - M5). Stelle dar, was geschehen würde, wenn heutzutage der Strom ausfiele.*
2. *Überlege, warum sich die elektrische Küche (M4) nicht durchgesetzt hat.*
3. *Erläutere, inwiefern sich die heutige elektronische Datenübertragung von der Nachrichtenübertragung mithilfe von Telegraf und Telefon unterscheidet.*
4. *Erkläre, welche Erfindung Voraussetzung für weitere Erfindungen war.*

1764: „Spinning Jenny“
1762 - 1782: James Watt verbessert die Dampfmaschine
1829: Lokomotive „Rocket“
Industrialisierung in England
Bevölkerungswachstum in Europa
1834: Deutscher Zollverein
1835: Eisenbahn zwischen Nürnberg und Fürth
Zweite Industrielle Revolution
Industrialisierung in den dt. Staaten / im Deutschen Kaiserreich
1750 1800 1850 1900

Entdeckungen und Erfindungen

M 1 Marie und Pierre Curie
Foto, um 1900
1903 erhielten das französische Forscherpaar zusammen mit Henri A. Becquerel den Physik-Nobelpreis für die Erforschung der Radioaktivität.

M 2 „Gewinnung von Tuberkulose-Präparaten und Heilserum im Behringwerk zu Marburg“
Zeichnung von Fritz Gehrke, 1906 (Ausschnitt)
Die Abbildung zeigt einen Mitarbeiter an einer Zentrifuge, die zum Ausschleudern von Serumspuren eingesetzt wurde.

M 3 Fortschritte in Physik und Medizin

1886 Entdeckung elektrischer Funk- und Radiowellen (Heinrich Hertz, Deutsches Reich)

1890 Erstmals maschinelle Datenverarbeitung mit Lochkartenmaschine (Herman Hollerith, USA)

1895 Psychoanalyse: neues Konzept zur Aufdeckung und Heilung unbewusster psychischer Vorgänge/Konflikte (Sigmund Freud, Österreich)

1895 Röntgenstrahlen (Wilhelm C. Röntgen, Deutsches Reich)

1896 Entdeckung der natürlichen Radioaktivität des Urans (Henri Becquerel, Frankreich)

1896 Erfindung der drahtlosen Telegrafie (Guglielmo Marconi, Italien); 1901 erste Signale über den Atlantik

1898 Entdeckung der Elemente Polonium und Radium und deren radioaktiver Strahlung (Marie und Pierre Curie, Frankreich)

1900 Erkenntnis, dass Atome ihre strahlende Energie nur stoßweise in bestimmten Portionen (Quanten) abgeben; Quantentheorie (Max Planck, Deutsches Reich)

1901 Entdeckung der Blutgruppen (Karl Landsteiner, Österreich)

1902 Elektrische Aufzeichnung der Herztöne (Willem Einthoven, Niederlande); das Elektrokardiogramm (Abk. EKG) zeigt die Aktionsströme des arbeitenden Herzens

1903 Operation im Brustkorb und am freiliegenden Herzen (Ferdinand Sauerbruch, Deutsches Reich)

1904 Chromosomen als Träger von Erbanlagen erkannt; Hormone entdeckt

1905/15 Bisherige Annahmen über Zeit und Raum, Masse und Energie werden „relativiert“; Relativitätstheorien (Albert Einstein, Deutsches Reich)

1906 Vitamine entdeckt (Begriff 1912 geprägt); Behandlung von Mangelkrankheiten wird möglich

1907 Anfänge der Chemotherapie zur Krebsbekämpfung

1910 Entwurf eines Atommodells, das von einem positiven Bereich (Protonen) im Atomkern ausgeht (Ernest Rutherford, Großbritannien)

1910 Erstes Medikament gegen eine Geschlechtskrankheit (Paul Ehrlich, Deutsches Reich)

1913 Reihenimpfung gegen Diphtherie auf der Grundlage der Entdeckung von Impfstoffen (Emil von Behring, Deutsches Reich)

M4 Wandel des Verkehrs

- **1890** Erste elektrische Untergrundbahn in London.
- **1892** Die ersten von Benzinmotoren betriebenen Automobile fahren (Carl Friedrich Benz, Gottlieb Daimler und Wilhelm Maybach, Deutsches Reich).
- **1897** Erfindung des Diesel-Motors (Rudolf Diesel, Deutsches Reich)
- **1898** Erstes Unterseeboot (USA)
- **1900** Erste Flüge mit einem Starrluftschiff über den Bodensee (Ferdinand von Zeppelin, Deutsches Reich)
- **1901** Dem Amerikaner Gustav Whitehead gelingt der erste Motorflug noch vor seinen Landsleuten Orville und Wilbur Wright (1903).
- **1906** Motorbetriebene Omnibusse werden in Großstädten eingesetzt (z. B. in Berlin und Paris).
- **1907** 10 000 Automobile im Deutschen Reich
- **1909** Flugzeuge starten in Europa.

M6
Der „Motorwagen System Lutzmann“ von 1899
Dieses erste Auto aus Rüsselsheim erreichte eine Höchstgeschwindigkeit von 20 km/h.

Lesetipp:
Noel Bosetti, 1900 – Die Geburt des Jahrhunderts, Stuttgart 1990

M5 Beschleunigung des Lebens

Der Historiker Karl Lamprecht beschreibt 1912, wie sich der technische Wandel auswirkt:

Was also den modernen Zeitbegriff zunächst kennzeichnet, das ist die genaue praktische Beachtung des kleinen Zeitabschnittes: Fünfminutenaudienzen, Minutengespräche am Telefon, Sekundenproduktion der Rotationsdruckmaschine, Fünftelsekundenmessung beim Fahrrad; moralisch ausgedrückt Pünktlichkeit. […]
Stärker aber noch als der Sinn für Zeit ist die Raumanschauung im Verlaufe der jüngsten Entwicklung umgebildet worden […]. Das, was hier durch den neuen Verkehr zunächst geweckt wurde, war das Gefühl gleichsam der Allgegenwart auf der Erde. Dampfschiff, Eisenbahn, Telegraf […] sind allen Klimaten und sonstigen geografischen Bedingungen zugänglich. Darum machen sie auch heimatlos, lösen vom Boden, geben innerhalb der Erdverhältnisse unendlichen Horizont.

Jens Flemming u.a. (Hrsg.), Quellen zur Alltagsgeschichte der Deutschen vom Mittelalter bis heute, Bd. 7: 1871 - 1914, Darmstadt 1997, S. 42f.

M7 Louis Blériot
Sammelbild, um 1910
Am 25. Juli 1909 überquerte der französische Flugpionier Louis Blériot erstmals den Ärmelkanal mit einem Eindecker.

1. *Erkläre die medizinischen und physikalischen Fachbegriffe in M3.*
2. *Schreibe die Entwicklung der Verkehrsmittel bis in die Gegenwart fort (M4).*
3. *Vergleiche M5 mit den Raum- und Zeiterfahrungen um 1830 (siehe M4, S. 331) und mit heute.*

Die Städte wachsen schnell

Rund um Fabriken entstehen Großstädte

Das Angebot an Arbeitsplätzen bewirkte, dass sich viele Menschen bei Fabriken und Bergwerken ansiedelten. Einige schon bestehende Städte wuchsen auf diese Weise enorm und sogar aus manchen Bauerndörfern entwickelten sich Industriestädte mit großen Arbeitersiedlungen. Die Industrialisierung und die Verstädterung (**Urbanisierung**) gehören deshalb eng zusammen.

Der größte industrielle Ballungsraum Europas entstand bis 1900 im Ruhrgebiet. Große Kohle- und Eisenerzvorkommen boten hier ideale Bedingungen für die Schwerindustrie und ließen zahlreiche Bergwerke und Fabriken mit Hochöfen entstehen.

Probleme des Wachstums

Die Städte waren auf einen so raschen Zuzug von vielen Menschen nicht eingestellt. Es gab nicht genügend Wohnungen, die Wasserversorgung war überlastet und auch Lebensmittel waren knapp. Viele mussten zunächst in notdürftigen Baracken hausen. Neue, mehrstöckige Wohnhäuser wurden gebaut. Die privaten Investoren interessierten sich aber vor allem für ihren Profit und vermieteten auch kleine und heruntergekommene Wohnungen teuer. Seit Beginn des 20. Jh. wurden zunehmend sogenannte „Gartenstädte" gebaut. In diesen grünen Siedlungen am Stadtrand sollte auch die einfache Bevölkerung gesund wohnen können.

Beispiel Ludwigshafen

Bis zur Mitte des 19. Jh. war Ludwigshafen eine kleine bäuerlich-handwerklich geprägte Gemeinde mit einem privaten Handels- und Hafenplatz am Rhein. Die pfälzische Regierung förderte die rasche Vergrößerung der Gemeinde und erhob sie 1859 zur Stadt. Ludwigshafen sollte industrieller Gegenpol zum badischen Mannheim werden.

Entscheidend dafür war die Ansiedlung der Badischen Anilin- und Sodafabrik, kurz BASF. Die Firma produzierte synthetische Farbstoffe und entwickelte sich zum größten Chemiekonzern der Welt. Das Werk zog immer mehr Arbeitssuchende in die Stadt. Allein zwischen 1888 und 1899 verdoppelte sich die Einwohnerzahl auf 50000.

Die Wohnungsnot wurde zum sozialen Problem. Die BASF begann daher mit dem Bau von günstigen Werkswohnungen für die Arbeiter.

Heute ist Ludwigshafen mit ca. 160000 Einwohnern nach Mainz die zweitgrößte Stadt in Rheinland-Pfalz.

M 1 Häuser der BASF-Arbeitersiedlung Hemshof
Foto, um 1880
Jedes der rund 100 Häuser hatte vier Wohnungen und einen eigenen Garten.

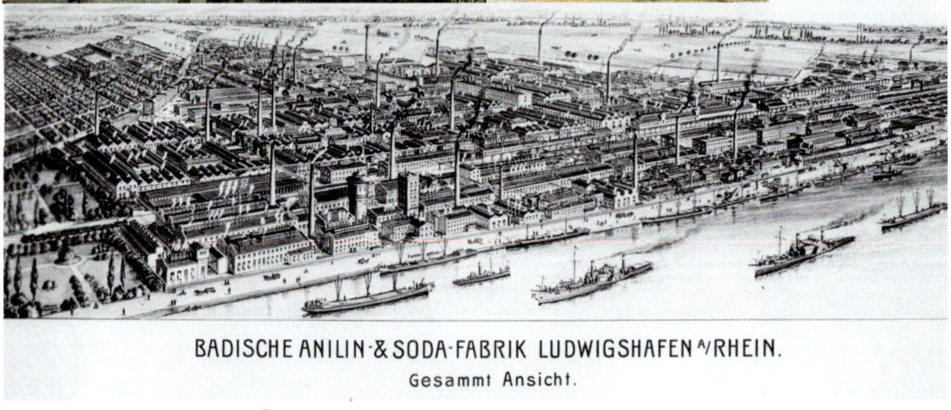

M 2 Ansicht des BASF-Werks
Stich, um 1900

1. *Bildet kleine Arbeitsgruppen und zeigt in einem Schaubild auf, welche Probleme sich bei einem schnellen Anstieg der Einwohnerzahl in einer Stadt ergeben.*
2. *Um 1900 war die BASF in Ludwigshafen die weltweit größte chemische Fabrik. Stellt in einem kurzen Referat die Geschichte des Unternehmens vor. Welche Produkte stellt das Unternehmen heute her?*

M3 Inmitten einer „stinkenden Kloake"

Charles Alexis Henri Clérel de Tocqueville, ein französischer Politiker und Schriftsteller, beschreibt 1835 seine Eindrücke von der Textilindustrie in England:

Auf dem Gipfel der Hügel [in Manchester] erheben sich dreißig oder vierzig Fabriken. Mit ihren sechs Stockwerken ragen sie hoch in die Luft. Ihr unabsehbarer Bereich kündet weithin von der Zentralisation der Industrie. Die Straßen, welche die einzelnen, noch schlecht verbundenen Teile der großen Stadt miteinander verbinden, bieten wie alles andere das Bild eines hastigen und noch nicht vollendeten Werkes: die schnelle Aufbauleistung einer gewinnsüchtigen Bevölkerung […].

Ein dichter schwarzer Qualm liegt über der Stadt. Durch ihn hindurch scheint die Sonne als Scheibe ohne Strahlen. In diesem verschleierten Lichte bewegen sich unablässig dreihunderttausend menschliche Wesen. Inmitten dieser stinkenden Kloake hat der große Strom der menschlichen Industrie seine Quelle, von hier aus wird er die Welt befruchten. Aus diesem Dreckloch fließt das pure Gold.

Zit. nach: Matthias Beimel u. a., Industrialisierung, Frankfurt am Main 1987, S. 9

M4 Städte wachsen

Einwohnerzahl in Tausend	1800	1875	1910
Berlin	172	967	2071
Breslau	60	239	512
Dortmund	4	58	214
Dresden	60	197	548
Duisburg	1	37	229
Erfurt	17	48	124
Frankfurt am Main	48	103	415
Hamburg	130	324	931
Hannover	18	107	302
Kiel	7	37	211
Leipzig	30	127	590
München	40	193	596
Nürnberg	30	91	333
Stuttgart	18	107	286

Nach: Wilhelm Treue und Karl-Heinz Manegold, Quellen zur Geschichte der industriellen Revolution, Göttingen ²1979, S. 142 f. und Hubert Kiesewetter, Industrielle Revolution in Deutschland 1815-1914, Frankfurt am Main 1989, S. 135

M5 Andernach um 1840
Druck nach einem Aquarell aus dem 19. Jh.

M6 Andernach um 1900 (nachkoloriertes Foto)

1. *Untersuche, wie Alexis de Tocqueville die Stadt Manchester beschreibt (M3) und welche Wirkung er beim Leser erzeugen will.*
2. *Verfasse einen Brief an Tocqueville (M3) aus Sicht eines Fabrikbesitzers aus Manchester.*
3. *Diskutiert an aktuellen Beispielen, ob man Gewinne auf Kosten der Menschen machen sollte.*
4. *Stelle die Bevölkerungsentwicklung zweier Städte in Deutschland (M4) in einem Liniendiagramm (siehe S. 344) dar. Informiere dich dann über die jeweils aktuelle Einwohnerzahl der Städte.*
5. *Vergleiche die beiden Ansichten aus Andernach (M5, M6).*

Das Arbeitsleben ändert sich

M 1 Kontrolluhr für Arbeiter
Foto um 1900

Arbeit in Fabriken und an Maschinen

Für die Menschen, die in die Industriegebiete zogen, veränderten sich Arbeit und Alltag grundlegend. Die meisten von ihnen fanden Arbeit in den Fabriken. Die Industriearbeiterschaft entstand. Bis zum Beginn des 19. Jh. wurde sie zur größten sozialen Gruppe.

Vor der Industrialisierung hatte sich die Arbeit flexibel an den Jahres- und Tageszeiten, dem Wetter und den privaten Bedürfnissen im Haus oder auf dem Hof orientiert. In der Fabrik musste diese nun Uhr und Maschine untergeordnet werden.

Morgens ertönte zu einer genau festgesetzten Zeit eine Glocke oder ein Pfeifen, was weit zu hören war. Es signalisierte, dass nun die Dampfmaschine lief, die die Arbeitsmaschinen antrieb. Die Arbeiter und Arbeiterinnen mussten pünktlich an ihrem Arbeitsplatz sein.

M 2 Telefonzentrale eines Industriebetriebes
Foto von 1921
Mithilfe sogenannter „Stöpselverbindungen" vermitteln Telefonistinnen die Anrufer weiter. Das männliche Aufsichtspersonal achtet darauf, dass die Frauen zügig und ausdauernd arbeiten und freundlich bleiben.

Unternehmer und Maschine fordern Disziplin

Der unerbittliche Rhythmus der Maschine machte es unmöglich, eigene Pausen einzulegen. Er gab auch die Arbeitsgeschwindigkeit vor. In möglichst kurzer Zeit sollte möglichst viel produziert werden. Deshalb ordneten die Unternehmer Nachtschichten an. Die tägliche Arbeitszeit in der Fabrik betrug zehn bis zwölf Stunden. Die Menschen an den Maschinen mussten sich dieser Fabrikdisziplin unterordnen. Lärm, giftige Abgase, schlechte Belüftung, besonders im Bergbau, mussten sie ertragen.

Viele Arbeiter und Arbeiterinnen waren zunächst schockiert und verließen oft nach wenigen Wochen die Fabrik, sodass die Belegschaft schnell wechselte. Erst allmählich gewöhnten sich die Menschen an diese Arbeitsbedingungen. Aufseher und Vorarbeiter konnten Entlassungen verfügen, Geldstrafen verhängen, aber auch Prämien bei Pünktlichkeit zahlen.

Arbeitsteilung wird wichtiger

Neben der industriellen Produktion fielen in einem Industrieunternehmen auch andere Arbeiten an: Kauf von Rohstoffen, Werbung, Verkauf der Fertigware, Gütertransport und zahlreiche Organisationsaufgaben.

Diese Aufgaben übernahmen Angestellte. Betrug die Zahl der Angestellten 1882 im Deutschen Reich etwa 300 000 Personen, so waren es im Jahr 1907 mehr als viermal soviel. Für die vielfältigen Büroarbeiten setzen die Unternehmer auch gern Frauen ein:

- Die Stenotypistin spezialisierte sich auf Stenogramm (Kurzschrift, mit der Diktiertes schnell aufgeschrieben werden konnte) und Maschinenschreiben.
- Die Buchhaltung verbuchte Einnahmen und Ausgaben.
- Kontoristen und Kontoristinnen führten Karteien und Ablagen.

Erkläre, warum Unternehmer in ihren Fabriken ab 1900 immer häufiger Kontrolluhren (M1) und Aufsichtspersonal (M2) einsetzten.

M 3 Arbeiter in der Berliner Kleinmotorenfabrik der „Allgemeinen Elektricitäts-Gesellschaft" (AEG)
Foto, um 1900 (Ausschnitt)

M 4 Fabrikordnung

Die Arbeitsordnung der Firma Friedrich Krupp (Essen) von 1841:

In letzter Zeit immer mehr eingerissene Unordnungen, besonders häufiges Zuspätkommen, erfordern die strenge Handhabung des hier Folgenden:

1. Fünf Minuten nach 6 Uhr oder nach dem Glockenschlage, womit die Arbeit beginnt, wird aufgeschrieben, wer fehlt, wer später kommt, muss sich melden, weil sonst von ihm keine Notiz genommen wird.
2. Wer mehr als 5 Minuten zu spät kommt, steht sich nicht besser, als wer eine ganze Stunde zu spät kommt, und wird um ¼ Taglohn bestraft, kommt dies aber binnen 14 Tagen zweimal vor, so kostet es das zweite Mal ½ Taglohn.
3. Ein Zuspätkommen von mehr als einer Stunde, z. B. 1 ½ oder 2 Stunden wird angesehen, als ob es ¼ Tag wäre, und erhält ½ Taglohn Abzug, und wenn dies binnen 14 Tagen zweimal geschieht, ein ganzer Taglohn.
4. Für ½ Tag Ausbleiben wird ein ganzer Tag abgezogen und für 1 Tag: 2 Tage […]

7. Eine begründete Entschuldigung entbindet von jeder der vorn erwähnten Strafen, jedoch muss diese Entschuldigung am ersten halben Tag, nachdem mit der Arbeit wieder angefangen ist, in geziemender Weise vorgebracht werden.

Zit. nach: Jürgen Kuczynski, Die Geschichte der Lage der Arbeiter unter dem Kapitalismus, Teil I, Bd. 2, Berlin 1962, S. 196ff.

M 5 Frauen verdrängen Männer

Ein Geschichtswissenschaftler schreibt 2005:

Um die Jahrhundertwende wurden die Schreibarbeiten in den Kontoren der großen Unternehmen immer noch von jungen Handelsgehilfen von Hand ausgeführt.

Wettbewerbe und Meisterschaften in Schreibmaschineschreiben belegen, dass Männer und Frauen gegeneinander angetreten sind. Nachdem in den 1880er-Jahren noch die Hersteller selbst Kurse im Schreibmaschineschreiben anboten, war das neue Fach seit den 1890er-Jahren bereits in den Handelsschulen vertreten. Da die Lehrgänge mit dem Erlernen von Stenografieren verbunden waren, belegten immer mehr Frauen die Kurse, um ihre Qualifikation zu verbessern. Auf diese Weise verdrängten sie die männlichen Kräfte aus den Schreibpositionen; Schreibmaschineschreiben galt seit den 1920er-Jahren als reiner Frauenberuf.

Nach: Flurin Condrau, Die Industrialisierung in Deutschland, Darmstadt 2005, S. 89f.

Internettipp:
Zum heutigen Arbeitszeitgesetz und zur regelmäßigen „werktäglichen Arbeitszeit der Arbeitnehmer" siehe Mediencode 31021-57

1. *Nenne den Zweck der Fabrikordnung (M4).*
2. *Beurteile, welche Rolle weibliche Angestellte spielen konnten (M5).*
3. *Bewerte das Verhältnis zwischen Fabrikherren und Arbeitern bzw. Angestellten (M1-M5 und Verfassertext).*
4. *Bildet Zweiergruppen und startet ein Rollenspiel: Ein junger Handwerker vom Dorf ist seit drei Wochen Fabrikarbeiter und bereits drei Mal unpünktlich gewesen, was zu Geldstrafen geführt hat. Nun ist er wieder zu spät. Der Aufseher stellt ihn zur Rede.*
5. *Die Verfassung der Bundesrepublik schützt den Sonntag als Tag der Arbeitsruhe ausdrücklich (GG Art. 140). Immer wieder gibt es Forderungen nach verkaufsoffenen Sonntagen. Nimm dazu Stellung.*

Alle müssen mitarbeiten

M 1 Frauen arbeiten in einer Stahlfederfabrik
Foto, Berlin 1905

M 2 Heimarbeiterfamilie
Foto von 1914

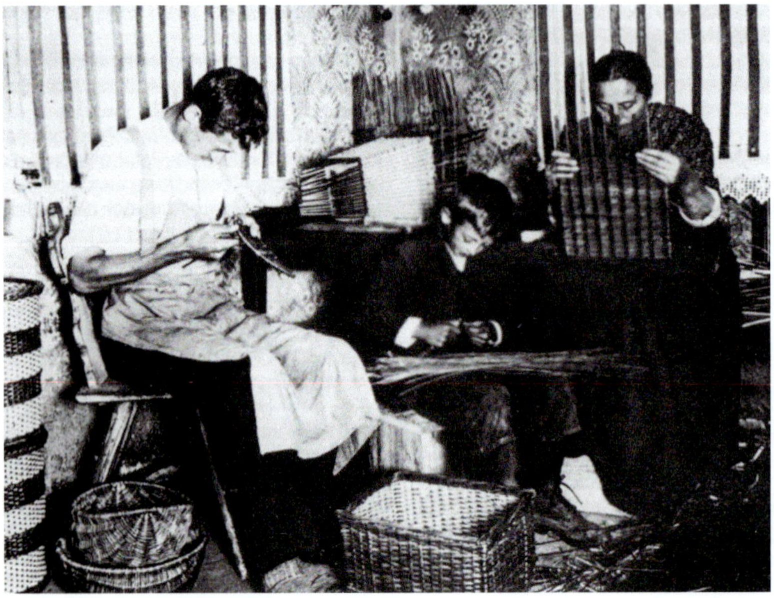

Reicht der Lohn zum Leben?

Im 19. Jh. setzte jeder Fabrikant die Löhne für seine Belegschaft frei fest. Wenn das Angebot an Arbeitskräften größer war als die Zahl der Arbeitsplätze, sanken die Löhne, wenn es aber relativ wenige Arbeitskräfte gab, stiegen die Löhne. Vor allem bis 1850 gab es ein Überangebot an Arbeitskräften.

Ein lediger Arbeiter verdiente meist so viel, dass er gerade die Lebenshaltungskosten für seine Person bezahlen konnte: Lebensmittel, Miete, Heizkosten, Arbeitskleidung und Beleuchtung. Nur wenn er sehr genügsam lebte, konnte er Geld sparen, zum Beispiel für eine Uhr oder einen Anzug. Allerdings reichte der Lohn nicht für die Ernährung einer Familie. Deshalb arbeiteten Frauen und Kinder oft selbst.

Erst gegen Ende des 19. Jh. erhöhten sich die Löhne und damit auch der Lebensstandard in Arbeiterfamilien ein wenig.

Kinderarbeit

Kinderarbeit war auch im 19. Jh. nicht nur weit verbreitet. Sie wurde von einem Großteil der Menschen sogar befürwortet. Sogar Kinder unter neun Jahren mussten in Bergwerken arbeiten. Sie waren als Arbeitskräfte begehrt, weil sie durch sehr enge Stollen schlüpfen konnten.

Schrittweise schränkte der Staat Kinderarbeit ein. Er tat dies auch, weil das Militär befürchtete, dass immer weniger junge Männer für den Dienst als Soldaten tauglich werden könnten.

1839 verfügte Preußen, dass in Fabriken und Bergwerken nur noch Kinder ab zehn Jahren arbeiten durften. Dabei mussten sie aber die vorgeschriebenen Schulzeiten einhalten. Die Arbeitszeit der übrigen Kinder wurde auf zehn Stunden begrenzt. Staatliche Behörden kontrollierten immer stärker die Einhaltung der Gesetze.

Nach dem Kinderschutzgesetz von 1903 mussten arbeitende Kinder in Industriebetrieben mindestens 14 Jahre alt sein. Ansonsten durften Kinder nun auch nicht mehr im Handwerk, in Handelsbetrieben und Schankwirtschaften arbeiten.

Frauen in der Industriearbeit

Da Frauen durchschnittlich nur zwischen einem und zwei Drittel der Männerlöhne erhielten, waren sie als billige Arbeitskräfte sehr willkommen. In der Frühzeit der Industrialisierung gab es zudem keine Schutzbestimmungen für schwangere Frauen oder junge Mütter, die Neugeborene stillten (Wöchnerinnen).

Erst ab 1878 existierte ein dreiwöchiger Mutterschutz, der 1891 auf sechs Wochen verlängert wurde. Mütter mit kleinen Kindern gaben deshalb die Fabrikarbeit meist auf. Sie versuchten, mit hauswirtschaftlichen Tätigkeiten wie Putzen, Waschen oder Nähen Geld zu verdienen.

Kinderarbeit heute: Sucht Beispiele und diskutiert die Aufforderung, keine Produkte zu kaufen, die von Kindern hergestellt wurden.

M3 Für Frauen- und Kinderarbeit

Auszug aus einer Bittschrift von Kaufleuten, Gewerbetreibenden und Unternehmern aus Wiesbaden an den Reichstag in Berlin im Jahr 1885:

Das Verbot der Arbeit an Sonn- und Feiertagen, die weitere Einschränkung der Frauen- und Kinderarbeit, das Verbot der Beschäftigung weiblicher Personen an Sonn- und Feiertagen und zur Nachtzeit, sowie die Einführung einer Maximalarbeitszeit würden unsere Exportindustrie stark einschränken.

Es ist eine alte Erfahrung, dass die weibliche Arbeit in einzelnen Industriezweigen derjenigen der Männer weit überlegen und geradezu unentbehrlich ist. Selbst bei einer großen Familie trägt die Frau durch Arbeit zum Verdienst bei. Ihr bleibt dabei trotzdem die erforderliche Zeit, sich ihren häuslichen Verpflichtungen in ausreichendem Maße zu widmen. Die Bestimmung, dass Kinder unter 12 Jahren überhaupt in Fabriken nicht beschäftigt werden dürfen, sowie die weitere, dass die Beschäftigung von Kindern unter 14 Jahren die Dauer von 6 Stunden täglich nicht überschreiten darf, belastet einzelne Industriezweige stark.

Die Kinder werden namentlich auf dem Lande schon mit 13 oder 13 1/2 Jahren aus der Schule entlassen. Es kann wohl nicht bestritten werden, dass beschäftigungsloses Herumtreiben solcher Kinder in der Zwischenzeit – von der Entlassung aus der Schule bis zur Erreichung des 14. Jahres – zu nichts Gutem führen kann, zumal bei der meist mangelnden elterlichen Aufsicht. Vielmehr entstehen in dieser Zeit der Beschäftigungslosigkeit oft schlimme Neigungen und böse Gewohnheiten. Dagegen werden die jungen Menschen bei regelmäßiger Beschäftigung nach der Entlassung aus der Schule an Zucht und Ordnung gewöhnt. Sie erlernen dadurch auch die Arbeit williger und frühzeitiger.

Nach: Jahresbericht der Handelskammer Wiesbaden für 1884, Wiesbaden 1885, S. 13-20, zit. nach: Alltag, Kultur und große Politik. Wiesbadener Stadtgeschichte in Quellen und Kommentaren, Heft 1, hrsg. v. Hess. Institut für Lehrerfortbildung Außenstelle Wiesbaden, Fuldatal/Wiesbaden April 1996, S. 120 f.

M4 Schutz von Kindern

Aus der Urteilsbegründung des Amtsgerichtes Wiesbaden gegen den Glasfabrikinspektor Josef Fritz zu Biebrich vom 23. Juni 1877 wegen Verstoßes gegen die Gewerbeordnung durch Beschäftigung jugendlicher Arbeiter:

Nach den fast übereinstimmenden Angaben dieser Kinder hatten dieselben, einschließlich der unter 12 Jahren, damals im Allgemeinen täglich im Durchschnitt eine Arbeitszeit von 12 Stunden, und zwar 10 Stunden zum Abtragen der noch glühenden Flaschen zum Kühlofen und 2 Stunden zum Ausleeren der Kühlöfen, welche letztere dann noch eine Temperatur von 40 Grad haben. Von den sechs Kindern unter 12 Jahren schienen vier fast täglich ihre 12-stündige Schicht gearbeitet zu haben, wobei drei die Schule wenig oder nicht besuchten. Die Arbeitspausen betrugen für sie eine Viertelstunde für Frühstück und je eine halbe Stunde für Mittagessen.

Nur acht von den einundzwanzig Kindern hätten ein gesundes, ziemlich kräftiges Aussehen gehabt, die übrigen dreizehn hätten einen schwächlichen Körperbau und ein blutarmes, unterernährtes Äußeres gezeigt, einzelne mit den typischen Anzeichen von Brustleiden.

Nach: HStAW 405/3655, fol. 49-53, zit. nach: Klaus Eiler (Hrsg.), Hessen im Zeitalter der Industriellen Revolution, Frankfurt am Main 1984, S. 292 f.

M5 Mädchen in einer Spinnerei
Foto von Lewis Hine aus Newberry, South Carolina, Dezember 1908

1. *Beurteile, welche Unterschiede Heimarbeit (M2) und die Arbeit in Fabriken und Bergwerken (M4, M5, Verfassertext) für Kinder bedeuteten.*
2. *Untersuche die Bittschrift M3. Fasse dabei alle Begründungen zusammen, welche die Verfasser für Frauen- und Kinderarbeit anführen.*
3. *Nimm Stellung zu den Argumenten der Unternehmer in M3. Arbeite dabei die Sichtweise auf die Arbeiterschaft, die Frauen und Kinder heraus.*
4. *Nimm die Perspektive eines Reichstagsabgeordneten ein. Verfasse ein Antwortschreiben an die Wiesbadener Unternehmer und argumentiere für die Einschränkung der Kinder- und Frauenarbeit.*

Lebensverhältnisse der Arbeiter

M1 Berliner Hinterhofzimmer
Foto von 1903
In den Zimmern (7 m²) musste die ganze Familie wohnen und schlafen. In Berlin gab es um 1900 rund 2 000 Haushalte, die nur aus einem Raum bestanden.

Beengte Wohnverhältnisse

Arbeiterwohnungen waren meist sehr klein und bestanden aus zwei Räumen: einem Zimmer, der Stube mit Fenster, und einer meist unbeheizten Kammer. Nicht selten mussten Arbeiter auch in Einzimmer- und Kellerwohnungen leben. Facharbeiter hatten ein etwas höheres Einkommen und konnten sich oft bessere Wohnungen leisten.

Toiletten, die alle Mietparteien auf einem Stockwerk gemeinschaftlich benutzten, lagen außerhalb im Treppenhaus oder im Hof. Erst ab 1900 begann man, Toiletten innerhalb der Wohnung zu installieren.

Arbeiter hatten durchschnittlich nur eine geringe Lebenserwartung. Dafür waren auch die Wohnverhältnisse verantwortlich. Viele Wohnungen waren schimmlig. Skrupellose Eigentümer ließen oft auch feuchte Neubauten von Arbeitern „trockenwohnen" und vermieteten sie dann teurer an Reichere.

M2 Wohnzimmer einfacher Bürger
Foto, um 1900

Nicht jeder hat ein eigenes Bett

Da es meist an Wohnraum mangelte, waren auch die Mieten für schlechte Wohnungen relativ hoch. Um das Einkommen zu erhöhen, vermieteten viele Familien Betten an „Schlafgänger": Ledige Männer, seltener Frauen, die keine eigene Wohnung besaßen, mieteten ein Bett mit Frühstück. Oft teilten sich zwei Schlafburschen ein Bett, in dem nachts der eine, tagsüber der zweite schlief. Nicht selten wurde neben dem Schläfer gekocht, gegessen, Wäsche gewaschen oder geraucht.

Was kocht Mutter heute?

Kartoffel, Brot, Suppen aus Getreide, Kraut oder Hülsenfrüchten, zum Frühstück mit Wasser verdünnte Milchsuppe waren die wichtigsten Speisen in Arbeiterfamilien. Gegen Ende des 19. Jh. verbesserten sich die Lebensverhältnisse, sodass sich die Arbeiter gelegentlich auch Fleisch, Milch und Eier leisten konnten. Der Zucker- und Kaffeeverbrauch nahm ebenfalls zu. Arbeiter und Arbeiterinnen ersetzten die teuren Kaffeebohnen jedoch durch koffeinfreien Getreide- oder Malzkaffee. Zum Frühstück löffelte die Familie um 1900 nun nicht mehr aus der gemeinsamen Schüssel die Morgensuppe, sondern trank Malzkaffee.

Existenzangst

Das Leben einer Arbeiterfamilie konnte sich von heute auf morgen drastisch ändern. Arbeiter und Arbeiterinnen fürchteten sich vor Entlassung und fühlten sich dem Fabrikanten ausgeliefert. Denn es gab keinen Kündigungsschutz. Vor allem das Risiko, arbeitslos zu werden oder durch Krankheit oder einen Unfall nicht mehr arbeiten zu können, bestimmte ihr Lebensgefühl.

1. *Vergleiche die Wohnsituation in M2 mit jener der Familie oben. Welche Rückschlüsse kannst du auf Bildung und Beruf ziehen?*
2. *Stellt in Partnerarbeit zusammen, wie eurer Meinung nach Wohnungen mindestens ausgestattet sein müssen. Vergleicht dann eure Ergebnisse.*

M3 Haushalte im Vergleich

	Bürgerlicher Haushalt	Arbeiterhaushalt
Familie	Mann Angestellter, Frau Schneiderin mit eigener Werkstatt, 8 Kinder, ältere Kinder in kaufmännischen Berufen tätig	Mann Arbeiter in chemischer Fabrik, Frau Hausangestellte, 6 Kinder
Wohnung	Schöne 7-Zimmer-Wohnung mit Bad	1 Zimmer (Küche und Waschküche) mit Kammer (Vorratsraum für Kohlen und Holz) und Vorraum (Wohnraum)
Einnahmen gesamt	**9955 Mark**	**1040-1144 Mark**
Lohn Eltern	5150 Mark	1037, 40 Mark
Lohn berufstätige Kinder	2805 Mark	unregelmäßig
u. a. Spareinlagen, Nebenverdienst	2000 Mark	--
Ausgaben Essen	3268,50 Mark	682,05 Mark
Alkohol	114 Mark	83,20 Mark
Licht und Heizung	267 Mark	119,60
Kleidung	150 Mark[1]	65,50 Mark
Bildung (Schulgeld, -bücher, Musikunterricht)	700 Mark	4,20 Mark (Schulbücher)
Bücher, Zeitungen	550 Mark	--
Personal (Haushaltsarbeiten, Dienstmädchen)	975 Mark	52 (Tagesmutter)
Private Lebens- und Unfallversicherung	1000 Mark	--
Erholungsreisen	400 Mark	--
Straßenbahn	60 Mark	--

Nach: Margarete Freudenthal, Gestaltwandel der städtischen, bürgerlichen und proletarischen Hauswirtschaft zwischen 1760 und 1910, Frankfurt am Main 1986 (Erstdruck 1934), S. 153-158, 129-136 und 246f.

[1] Großeltern schenken oft Stoffe und Kleidung, Ehefrau schneidert Kleidung selbst.

M4 Berliner „Mietskasernen"
Diese Häuser mit zahlreichen Hinterhöfen wurden um 1900 erbaut.

1. *Versetzt euch in ein Arbeiterkind. Beschreibt in einem Brief, wie ein typischer Tag aussieht (M1, M3, M4, Verfassertext).*
2. *Vergleiche die Einnahmen und Ausgaben beider Haushalte (M3).*
3. *Nehmt Stellung, ob die Arbeiterfamilie mit ihren Einnahmen und Ausgaben ein menschenwürdiges Leben führen kann.*
4. *Ein Haushalt in der Bundesrepublik gibt heute etwa 15 Prozent seiner Einnahmen für die Ernährung aus. Errechne, wie viel Prozent des Einkommens im Arbeiterhaushalt (M3) für die Ernährung ausgegeben werden, und vergleiche dies mit der heutigen Situation.*

Geschichte in Zahlen

Wenn es um Bevölkerungs- und Wirtschaftsdaten oder Wahlen geht, brauchen wir Zahlen, um Verhältnisse verstehen und Veränderungen erkennen zu können. Werden sie systematisch gesammelt, sprechen wir von einer Statistik. Um statistische Daten anschaulich zu machen, fassen wir sie in Tabellen oder Diagrammen zusammen.
Wie du eine Tabelle bearbeitest, kannst du an M1 üben: Worüber informiert sie (Thema/Inhalt, Zeit, Raum, Messgrößen)? Vergleiche die Zahlen in den drei Spalten für jeweils eine Stadt. Welche Veränderungen siehst du? Suche nach Gründen. Dafür brauchst du weitere Informationen.
Auch Zahlen muss man kritisch betrachten: Woher kommen sie? Gibt es offensichtliche Lücken in den Datenreihen oder Einwände gegen die Auswahl der bezifferten Inhalte (z. B. Bevölkerungsdaten, deren Grundlage unterschiedliche Grenzen sind)?

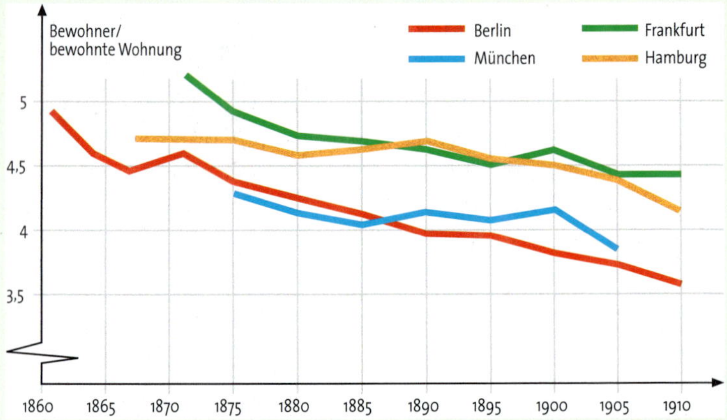

M2 Wie viele Personen pro Wohnung?

Nach: Hans J. Teuteberg und Clemens Wischermann, Wohnalltag in Deutschland 1850-1914, Münster 1985, S. 132

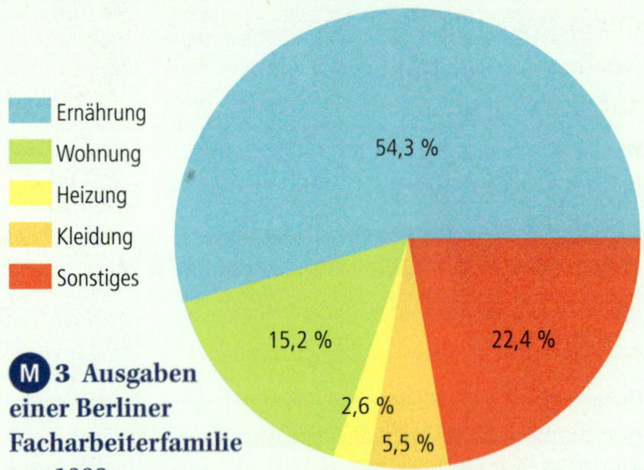

M3 Ausgaben einer Berliner Facharbeiterfamilie um 1889

Das Einkommen der Facharbeiterfamilie (Ehepaar und zwei Kinder) betrug 1 700 Mark im Jahr. Sie wohnte zur Miete in einem Zimmer mit Küche.

Nach: Hans J. Teuteberg und Clemens Wischermann, Wohnalltag in Deutschland 1850-1914, a. a. O., S. 150

M1 Entwicklung der Bevölkerungsdichte in Augsburg

Jahr	Zahl der Wohngebäude	Zahl der Bewohner pro Gebäude	Einwohner/ha
1852	3 187	12,3	17,7[1]
1867	3 100	16,2	21,5
1871	3 799	13,5	23,1
1885	4 342	15,2	29,9
1900	4 884	18,3	40,4

Zum Vergleich:

Bevölkerungsdichte in Berlin 1870:	112,4 Einwohner/ha
Bevölkerungsdichte in Bayern 1870 (Durchschnitt):	0,64 Einwohner/ha

Nach: Ilse Fischer, Industrialisierung, sozialer Konflikt und politische Willensbildung in der Stadtgemeinde. Ein Beitrag zur Sozialgeschichte Augsburgs 1840-1914, Augsburg 1977, S. 104 f.

[1] 1846

1. *Untersuche, wie sich die Bevölkerungsdichte in Augsburg entwickelte (M1).*
2. *Erstelle aus der (oberen) Tabelle M1 ein Diagramm. Schließe aus den Zahlen und dem historischen Kontext auf die Gründe für die Entwicklung.*
   Tipp: Siehe dazu die Karte M1 auf S. 332.
3. *Arbeite die Aussagen von M2 und M3 heraus. Beurteile, inwiefern die Form der Diagramme sinnvoll gewählt wurde.*
4. *Vergleiche das Diagramm M3 mit der Tabelle M3 auf S. 343. Nenne die Unterschiede.*
5. *Beschreibe Probleme des statistischen Vergleiches.*

Fotos als Quellen

Fotos halten nur Augenblicke fest. Sie prägen aber unsere Vorstellungen von der Vergangenheit, weil sie anschaulich sind. Sie zeigen, wie Menschen einmal aussahen, wie sie sich kleideten, wie sie wohnten und arbeiteten. Fotos zeigen uns alte Ansichten von Städten und Landschaften, von Gebäuden, Fahrzeugen und anderen Gegenständen. Sie informieren uns auch über geschichtliche Ereignisse.
Die ersten Fotografien entstanden in der ersten Hälfte des 19. Jh. Die Kameras waren groß und unhandlich. Noch um 1900 war das Fotografieren aufwändig und teuer. In der Regel wurden Fotos nur zu besonderen Anlässen bei einem Fotografen in Auftrag gegeben. Erst die Erfindung der Kleinbildkamera in den 1920er-Jahren machte das Fotografieren für viele erschwinglich. Damit wuchs nicht nur die Zahl der Pressefotos, sondern auch der Anteil der oft spontan gemachten Bilder aus dem bislang weniger beachteten Alltag der Menschen aller gesellschaftlichen Schichten.
Aber zeigen uns Fotos wirklich, wie es gewesen ist? Wenn wir Fotos als historische Quellen benutzen wollen, müssen wir ihren Quellenwert prüfen. Denn ein Foto gibt die Wirklichkeit nur auf eine bestimmte Art wieder. Darum müssen wir bei der Analyse beachten, dass ein Foto

- eine Momentaufnahme ist. Es erzählt uns nicht, was vor oder nach dem eingefangenen Augenblick geschehen ist.
- nur einen Ausschnitt eines Raumes oder eines Geschehens zeigt.
- von einem bestimmten Standort aus und mit einer vom Fotografen gewählten Perspektive gemacht wurde.
- nachträglich bearbeitet werden kann. Es können Bildinhalte verändert, entfernt oder hinzugefügt worden sein.

Wie diese Merkmale den Quellenwert eines Fotos bestimmen, zeigt dir das Beispiel (M).

Schnappschuss für das Familienalbum oder gestellte Szene?

Wie groß ist die Küche?

Gibt es weitere Räume in der Wohnung?

Haupterwerbstätigkeit oder zusätzliche Heimarbeit?

Arbeiten die Kinder den ganzen Tag mit oder gehen sie auch zur Schule?

Wo ist die Mutter der Kinder?

Wer hat fotografiert?

Mit welcher Absicht wurde das Foto gemacht?

(M) Wohn- und Lebensverhältnisse im Berliner Südwesten
Foto vom 27. Juli 1910
Um 1900 wurden in Berlin rund 2 000 Haushaltungen gezählt, die aus einem einzigen Raum bestanden.
Das Foto gehört zu einer umfangreichen Bilddokumentation, die im Auftrag der Berliner Ortskrankenkasse der Kaufleute, Handelsleute und Apotheker von einem Fotografen der Berliner Firma Heinrich Lichte & Co. gemacht wurde. Die Originalunterschrift lautet: „B.-SW, Kreuzbergstraße 49. Küche und gleichzeitig Arbeitsraum zur Anfertigung von Cigarren. Auch die Kinder arbeiten mit, die Ehefrau ist augenblicklich krank. Raummaße: 3,70 m lang, 2,60 m breit, 3,00 m hoch."

1. *Untersuche das Foto. Versuche dazu die dem Bild beigefügten Fragen zu beantworten.*
2. *Begründe, warum sich die gestellten Fragen nicht allein mit dem Foto, sondern nur mit zusätzlichen Informationen klären lassen. Welche weiteren Fragen wirft das Bild auf?*
3. *Überprüfe, welche Informationen zu den Lebensverhältnissen von (Heim-)Arbeiterfamilien um 1900 aus dem Foto gewonnen werden können. Welche Quellen müsste man noch heranziehen, um verlässliche Erkenntnisse zu erhalten?*

Karl Marx fordert die Revolution

M 1 **Friedrich Engels und Karl Marx**
Denkmal von Lazar Dubinovsky in Chişinău (Moldawien)
Foto von 1983
Das Denkmal wurde 1976 vor dem Parlamentsgebäude aufgestellt und 1991 zerstört.

Exkursionstipp:
Geburtshaus von Karl Marx in Trier, das „Karl-Marx-Haus", heute ein Museum; weitere Infos findest du unter Mediencode 31021-58

Klassenkampf

Bevölkerungsexplosion, Massenarmut und Massenarbeitslosigkeit waren große Probleme während der Industrialisierung. Gelehrte und Politiker hatten unterschiedliche Ideen, um die elende Lage der Arbeiterinnen und Arbeiter – die **Soziale Frage** – zu verbessern.

Den Versuch einer wissenschaftlich fundierten Antwort gab in der Mitte des 19. Jh. **Karl Marx**. Er nannte die Wirtschaftsordnung seiner Zeit **Kapitalismus**, weil die Besitzer von Kapital (Geld), die **Kapitalisten**, nach seiner Ansicht die größte Macht hatten. Insbesondere besaßen die Kapitalisten, die Marx auch Bourgeoisie nannte, alle wichtigen Produktionsmittel (z. B. Fabriken).

Nach Marx beutet die Bourgeoisie das **Proletariat**[1], also die besitzlose Masse der Arbeiter, aus. Die von den Arbeitern produzierten Waren seien nämlich viel mehr wert als der Lohn, den diese von den Fabrikbesitzern bekämen.

Nach Marx waren die Reichen und Mächtigen aber noch nie bereit, Macht und Besitz zu teilen. Deshalb sei ein Kampf zwischen den Klassen[2] der Bourgeoisie und der Arbeiter unvermeidbar. Die Proletarier sollten sich zusammenschließen und der Bourgeoisie in einer Revolution alle Produktionsmittel mit Gewalt wegnehmen. Vom Staat konnten die Arbeiter angeblich keine Hilfe erwarten, da er nach Marx von den Kapitalisten kontrolliert werde.

Auf dem Weg zur klassenlosen Gesellschaft

Nach der Revolution sollte es kein Privateigentum von Produktionsmitteln mehr geben. Alle Fabriken waren nach den Vorstellungen von Marx nun gemeinsamer Besitz der Menschen. Zunächst sollte der Staat die Produktionsmittel verwalten. Diese Besitzverhältnisse nennt Marx **Sozialismus**.

Wenn sich die Menschen an die neuen Eigentumsverhältnisse gewöhnt haben, brauchen sie nach Marx den Staat nicht mehr, weil alle friedlich und frei zusammenleben. Diesen Zustand nennt Marx **Kommunismus** (lat. communis: gemeinsam).

Sozialismus in der Praxis

Friedrich Engels, ein Freund von Marx, teilte dessen Weltanschauung (**Ideologie**). Gemeinsam entwickelten sie den **Marxismus** weiter und veröffentlichten die Ideen 1848 im „Manifest der Kommunistischen Partei". Sie hofften, mit der Revolution von 1848/49 ihre Ziele erreichen zu können. Nach deren Scheitern flohen Marx und Engels ins Ausland.

Nach dem Tode von Marx wurde Engels Herausgeber und Interpret der Marx'schen Schriften.

Später haben andere Philosophen und Politiker die Ideen von Marx und Engels vielfach umgeschrieben. Es sind sogar sozialistische Staaten errichtet worden. China hat noch heute eine sozialistische Verfassung. Ob die Nachfolger allerdings immer die Zustimmung von Marx und Engels bekommen hätten, ist sehr umstritten.

1. *Erkläre, warum die Idee des Kommunismus gerade zu dieser Zeit entstand.*
   Tipp: Lies dazu auch noch einmal die S. 340 bis 345.
2. *Gib mit eigenen Worten wieder, warum Marx einen „Klassenkampf" als unvermeidbar ansah und welches Ziel dieser haben sollte. Verwende dazu die im Text hervorgehobenen Begriffe.*

[1] Vgl. dazu S. 122.
[2] Klasse: Gruppe von Menschen, die eine ähnliche Stellung im Wirtschaftsleben haben, z. B. Arbeiter

Soziale Frage* Karl Marx* Kapitalismus/Kapitalisten Proletariat
Sozialismus Kommunismus* Friedrich Engels* Ideologie Marxismus

M2 „Ein Gespenst geht um …“

Aus dem „Manifest der Kommunistischen Partei“ von 1848. Es wird erst in den 1870er-Jahren einer größeren Leserschaft bekannt:

Ein Gespenst geht um in Europa – das Gespenst des Kommunismus […].
Unsere Epoche, die Epoche der Bourgeoisie, zeichnet sich […] dadurch aus, dass sie die Klassengegensätze vereinfacht hat. Die ganze Gesellschaft spaltet sich mehr und mehr in zwei große feindliche Lager […]: Bourgeoisie und Proletariat […]. Die Arbeiter beginnen damit, Koalitionen[1] gegen die Bourgeoisie zu bilden; sie treten zusammen zur Behauptung ihres Arbeitslohns. […]
[Der] erste Schritt in der Arbeiterrevolution [ist] die Erhebung des Proletariats zur herrschenden Klasse, die Erkämpfung der Demokratie […]. Das Proletariat wird seine politische Herrschaft dazu benutzen, der Bourgeoisie nach und nach alles Kapital zu entreißen […]. Es kann dies natürlich zunächst nur geschehen vermittels despotischer[2] Eingriffe in das Eigentumsrecht und in die bürgerlichen Produktionsverhältnisse […].
Mögen die herrschenden Klassen vor einer kommunistischen Revolution zittern. Die Proletarier haben nichts in ihr zu verlieren als ihre Ketten. Sie haben eine Welt zu gewinnen. Proletarier aller Länder, vereinigt euch!

Zit. nach: Theo Stammen und Alexander Classen (Hrsg.), Karl Marx: Das Manifest der kommunistischen Partei, Paderborn 2009, S. 66 f., 74, 84 und 96

M4 Freiheit und Recht
Stickbild aus Berlin 1910

[1] Koalition: Vereinigung, Bündnis
[2] despotisch: rücksichtslos

M3 Was wohin?

Begriffe	Theorie von Marx
Sozialismus	Soll besser leben.
Kommunismus	Marx nennt sie Bourgeoisie.
Produktionsmittel	Es gibt keinen Staat mehr.
Arbeiterklasse	Handtücher gehören nicht dazu.
Unternehmer	Fabriken in der Hand des Staates.
	Arbeiter, die in der Schule sind.
	Alle haben das gleiche Einkommen.

1. *Erläutere, warum nach Marx die Proletarier nur Ketten verlieren, aber eine Welt gewinnen können (M2).*
2. *Ordne jedem Begriff aus Spalte 1 einen Satz aus „Theorie von Marx“ in Spalte 2 zu (M3). Beachte, dass zwei Sätze falsch sind und übrig bleiben.*
3. *Das Stickbild (M4) wurde erst nach dem Tod von Marx (1883) angefertigt. Begründe, ob es Karl Marx gefallen haben könnte.*
4. *Nehmt in Zweiergruppen die Rolle eines kommunistischen Arbeiterführers und eines Fabrikbesitzers ein und diskutiert über die Arbeits- und Lebensverhältnisse der Arbeiter Mitte des 19. Jh.*
5. *Bildet in der Klasse Arbeitsgruppen. Informiert euch über die Regierungsform in China und die Haltung der chinesischen Regierung. Stellt eure Ergebnisse in der Klasse vor. Vergleicht sie mit den Aussagen des Stickbildes (M4).*

Entstehung der Sozialen Frage
1848: Märzrevolution • 1848: Manifest der Kommunistischen Partei (Karl Marx, Friedrich Engels)
Verstädterung (Urbanisierung)
In Europa entstehen industrielle Ballungsräume (v. a. Ruhrgebiet)
1800 | 1850 | 1900

Sozialdemokratie und Gewerkschaften

M1 Fahne der Sozialdemokratie
Sie entstand um 1870.

M2 „Mann der Arbeit, aufgewacht!“
Bildpostkarte der Gewerkschaften, 1908
Der Text lautet: „Mann der Arbeit, aufgewacht! Und erkenne deine Macht! Alle Räder stehen still, Wenn dein starker Arm es will.“

Beginn der Arbeiterbewegung

Um sich an ihrem Wohnort oder in der Fabrik gegenseitig zu unterstützen, schlossen sich Arbeiter in Vereinen zusammen. Mithilfe der Vereine strebten einige Arbeiter auch eine Verbesserung ihrer Bildung an. Revolutionäre Ziele, wie sie Karl Marx für sinnvoll hielt, hatten die ersten Arbeitervereine aber nicht.

Mitte des 19. Jh. bildete sich die sozialistische **Arbeiterbewegung**. Nun wurden auch überregionale Zusammenschlüsse ins Leben gerufen, die sich an den Ideen von Marx orientierten. Der 1863 gegründete Allgemeine Deutsche Arbeiterverein war ein wichtiger Schritt zur Gründung von Arbeiterparteien. Die 1875 gegründete Sozialistische Arbeiterpartei Deutschlands entwickelte sich zur größten Arbeiterpartei und nennt sich seit 1890 Sozialdemokratische Partei Deutschlands (SPD). Bis Ende des 19. Jh. waren die meisten Arbeiterinnen und Arbeiter im Deutschen Kaiserreich Anhänger der SPD.

Die Gewerkschaften

Nach britischem Vorbild entstanden im Deutschen Reich einzelne Berufsverbände der Drucker, Zigarrenarbeiter oder Metall-, Holz- und Bergarbeiter. Sie verfolgten dieselben politischen Ziele wie die Arbeiterpartei und versuchten vor allem, bessere Arbeitsbedingungen zu erreichen. Dazu gehörten gerechte Löhne, kürzere Arbeitszeiten und ein Verbot von Sonntags- und Kinderarbeit. Daraus entstanden die **Gewerkschaften**. Die sozialistischen Gewerkschaften hatten die weitaus meisten Mitglieder.

Im Gegensatz zu den christlichen und liberalen Gewerkschaften, die harte Konflikte mit den Arbeitgebern vermeiden wollten, gingen die sozialistischen Gewerkschaften auch auf Konfrontationskurs mit den Unternehmern und dem Staat. Dabei waren Streiks (Arbeitsniederlegungen) ein wichtiges Mittel. Da Streikende keinen Lohn von den Unternehmern erhielten, wurden sie von den Gewerkschaften bezahlt. Dafür mussten die Gewerkschaftsmitglieder regelmäßige Beiträge zahlen. Das meiste Geld gaben die Gewerkschaften allerdings aus, um kranke, arbeitslose und andere hilfsbedürftige Arbeiter zu unterstützen.

Revolution oder Reform?

Innerhalb der Sozialdemokratie gab es zwei Strömungen. Die eine wollte im Sinne des Marxismus durch eine Revolution den Staat und die Gesellschaft grundlegend ändern. Für die andere war zunächst wichtiger, dass im bestehenden Staat die Arbeiter mehr Rechte und bessere Lebens- und Arbeitsbedingungen erhalten.

Für die Radikalen waren derartige Vorstellungen zu wenig kämpferisch. Weil der Staat und andere Parteien die sozialistische Arbeiterbewegung massiv bekämpften, gewannen die Radikalen viele Anhänger.

Erfolge

Gegen Ende des 19. Jh. wuchs die Zahl der Streiks und immer mehr Arbeiter beteiligten sich an den Arbeitsniederlegungen. Die Arbeiter konnten ihre Forderungen zwar meist nicht direkt durchsetzen. Insgesamt verbesserten sich jedoch die Lebensbedingungen der Arbeiter, da die Arbeitgeber Streiks möglichst vermeiden wollten.

1. *Weise nach, worauf der Spruch auf der Fahne (M1) anspielt und begründe weshalb er das tut.*
2. *Der Text auf der Bildpostkarte (M2) stammt aus dem „Bundeslied“ (1864) des Allgemeinen Deutschen Arbeitervereins. Erläutere die soziale und politische Bedeutung der Zeilen.*

M3 „Der Streik“
Gemälde von Robert Koehler, von 1886
Für viele war ein Streik (Arbeitsniederlegung) die letzte Möglichkeit, um Forderungen durchzusetzen.

M4 Aus einem Wahlprogramm

Die Sozialistische Arbeiterpartei, die spätere SPD, fordert in ihrem Wahlprogramm von 1875 unter anderem Folgendes:

1. Allgemeines, gleiches, direktes Wahlrecht, mit geheimer und obligatorischer Stimmabgabe aller Staatsangehörigen vom zwanzigsten Lebensjahr an. Der Wahltag muss ein Sonntag oder Feiertag sein.
2. Direkte Gesetzgebung durch das Volk. Entscheidung über Krieg und Frieden durch das Volk.
3. Volkswehr anstelle der stehenden Heere.
4. Abschaffung aller Ausnahmegesetze; überhaupt aller Gesetze, welche die freie Meinungsäußerung, das freie Forschen und Denken beschränken.
5. Rechtsprechung durch das Volk.
6. Allgemeine Schulpflicht. Unentgeltlicher Unterricht in allen Bildungsanstalten. Erklärung der Religion zur Privatsache.
7. Unbeschränktes Koalitionsrecht[1].
8. Einen den gesellschaftlichen Bedürfnissen entsprechenden Normalarbeitstag. Verbot der Sonntagsarbeit.
9. Verbot der Kinderarbeit.
10. Schutzgesetze für Leben und Gesundheit der Arbeiter.

Nach: Günter Schönbrunn (Bearb.), Das bürgerliche Zeitalter 1815-1914. Geschichte in Quellen, München 1980, S. 878 f.

M5 Revolution?

Auf einem Parteitag der Sozialdemokratischen Partei sagt August Bebel 1891:

Was aber im Zeitalter der Repetiergewehre und der Maximgeschütze in einer Revolution, die höchstens ein paar Hunderttausend Köpfe machten, geschehen würde, das ich schon neulich in Dresden ausgesprochen: Wir würden wie die Spatzen jämmerlich zusammengeschossen. Wir sind in der Erringung des letzten Ziels auf ganz neue Wege und neue Mittel angewiesen.

Die bürgerliche Gesellschaft arbeitet so kräftig auf ihren eigenen Untergang los, dass wir nur den Moment abzuwarten brauchen, in dem wir die ihren Händen entfallende Gewalt aufzunehmen haben.

Zit. nach: Ilse Fischer und Werner Krause, August Bebel 1840-1913. Ein Großer der deutschen Arbeiterbewegung (Ausstellungskatalog), Köln 1988, S. 213 f.

[1] Koalitionsrecht: Recht zur Gründung von Gewerkschaften und Berufsvereinen

1. *Arbeite die Forderungen der Sozialistischen Arbeiterpartei heraus (M4). Ordne sie den Kategorien Politik, Arbeit, Bildung zu.*
2. *Nenne die Punkte des sozialistischen Wahlprogramms (M4), die ein Konservativer aus der preußischen Elite abgelehnt hätte. Begründe, warum.*
3. *Verfasse einen Brief, in dem ein radikaler Anhänger August Bebel (M5) widerspricht. Nutze dafür auch S. 346/347.*
4. *Bildet Gruppen mit etwa vier Schülerinnen und Schülern. Sucht euch aus dem Bild M3 entsprechend viele Personen aus. Schreibt Sprech- bzw. Gedankenblasen zu jeder der ausgewählten Personen. Diskutiert eure Ergebnisse zunächst untereinander und dann in der Klasse.*
5. *Informiere dich, welche Punkte des Wahlprogramms M4 heute verwirklicht sind bzw. welche nicht.*

Der Staat greift ein

Die Bundesrepublik – ein Sozialstaat

In der Verfassung der Bundesrepublik ist das Sozialstaatsgebot festgeschrieben. Deshalb muss der Staat dafür sorgen, dass jeder Bürger das Notwendige zum Leben bekommt. Außerdem soll es einen gerechten Ausgleich zwischen Reichen und Armen geben.

Der Gedanke, dass der Staat diese Aufgaben übernehmen sollte, hat sich erst im 19. Jh. und besonders im Kaiserreich entwickelt.

Wachsender Druck

Der Staat überließ es zunächst vor allem den Kirchen und den Städten und Gemeinden, sich um Arme zu kümmern. Außerdem wollte er auch nicht die Unternehmen einschränken. Die meisten Politiker und Beamten hatten dieselbe Einstellung wie die Unternehmer. So sollten beispielsweise Arbeiter kein Recht zu streiken haben. Außerdem profitierte der Staat von den Steuern der Betriebe.

Schließlich war aber auch der Staat zu Sozialmaßnahmen gezwungen: Denn die Zahl der Arbeiter wuchs schnell an, ihr Elend war unübersehbar. Außerdem bekam die sozialistische Arbeiterbewegung immer stärkeren Zulauf und stellte für die Eliten im Kaiserreich eine ernste Bedrohung dar.

Sozialistengesetz

Reichskanzler Bismarck ging gegen die Sozialisten, die für ihn „Reichsfeinde" waren, gesetzlich vor. Das Sozialistengesetz (1878-1890) verbot sozialistische Parteien, Vereine, Gewerkschaften, Schriften und Zeitungen. Sozialistische Reichstagsabgeordnete durften aber ihr Amt behalten und weiterhin gewählt werden. Obwohl hunderte Sozialdemokraten verhaftet wurden, konnte die Arbeiterbewegung aber nicht zerschlagen werden.

Sozialversicherung

Daneben wollte Bismarck die Arbeiterschaft durch eine Sozialgesetzgebung für den Staat gewinnen und dadurch den Sozialisten Anhänger entziehen. Nicht nur die Arbeiter, sondern auch die Unternehmer waren dabei verpflichtet, regelmäßig Beiträge in die Sozialkassen zu zahlen. Von 1883 bis 1889 wurden nacheinander eine Krankenversicherung, eine Unfallversicherung und schließlich eine Alters- und Invaliditätsversicherung eingeführt.

Die Auszahlungen an die Arbeiterinnen und Arbeiter waren gering und konnten die Not nur lindern. Deshalb lehnten SPD und Gewerkschaften die Sozialversicherungen als unzureichend ab.

Dennoch wurde das Sozialsystem vorbildlich für andere Länder. Es wurde weiterentwickelt und besteht auch heute noch in der Bundesrepublik.

M 1 Unfall in einer Maschinenfabrik
Holzstich von Johann Bahr, 1889
Das Bild wurde auf einer Unfallverhütungsausstellung in Berlin gezeigt.

1. *Fasse zusammen: Warum griff der Staat schließlich ein?*
2. *Beschreibe das Bild M1. Stelle Vermutungen an, welche Folgen ein solcher Arbeitsunfall für einen Arbeiter ohne Versicherungsschutz haben konnte.*
3. *Die Bismarck'schen Sozialgesetze wurden Ausgangspunkt für unsere Kranken-, und Rentenversicherung. Informiere dich, welche gesetzlichen Versicherungen für Arbeitnehmer bis heute dazugekommen sind.*

M2 Wer sorgt für die Invaliden?

Über die Unfallgefahren und den fehlenden Versicherungsschutz berichtet folgender Artikel des „Boten vom Niederrhein" vom 12. Januar 1866:

Gestern wurde uns ein Schreiben eines Arbeiters überbracht, in welchem mehrere Fälle zusammengestellt sind, die beweisen, wie schlecht bis jetzt für die Invaliden der Arbeit gesorgt wird.

1. Ein Arbeiter, welcher in einer Fabrik eine Reihe von Jahren gearbeitet hat, ist jetzt über ein halbes Jahr krank. Dieser Mann erhält aus der städtischen Lade[1] kein Geld mehr, Doktor und Apotheker sind ihm von der Fabrik verweigert und seine Kameraden legen wöchentlich einen Betrag zusammen, damit er nicht vor Hunger und Elend umkommt.

2. In einer Fabrik befinden sich Kessel mit einer Lauge von 80 Grad Hitze, über welche ein Gangbrett geht. Ein Arbeiter, der über dieses Brett muss, gleitet aus und fällt mit einem Bein in die heiße Lauge. Er kommt ins Krankenhaus, und die Kosten, welche dadurch erwachsen, werden ihm später mit monatlich 5 Silbergroschen von seinem verdienten Lohne abgehalten.

Es ist in neuerer Zeit mehrfach ausgesprochen worden, dass die Fabrikanten durch ein Gesetz gezwungen werden müssten, für ihre Invaliden ausreichend zu sorgen. Andere haben gemeint, der Staat müsste dies tun.

Zit. nach: Hartmut Pietsch, Industrialisierung und soziale Frage in Duisburg. Quellen und Materialien zur Geschichte und Entwicklung der Stadt Duisburg, Bd. 1, Duisburg 1982, S. 63

M3 Das Reich als wohltätige Institution

In der Reichstagsrede vom 18. Mai 1889 äußert sich Bismarck folgendermaßen:

Wenn wir 700 000 kleine Rentner, die vom Reich ihre Renten beziehen, haben, gerade in diesen Klassen, die sonst nicht viel zu verlieren haben und bei einer Veränderung irrtümlich glauben, dass sie viel gewinnen können, so halte ich das für einen außerordentlichen Vorteil; wenn sie auch nur 115 - 200 Mark zu verlieren haben, so erhält sie doch das Metall in ihrer Schwimmkraft; es mag noch so gering sein, es hält sie aufrecht. Sie werden das nicht leugnen, und ich glaube, dass, wenn Sie uns diese Wohltat von mehr als einer halben Million kleinen Rentnern im Reich schaffen können, Sie sowohl der Regierung aber auch dem gemeinen Mann zeigen würden, dass das Reich eine wohltätige Institution ist.

Zit. nach: Hans Rothfels (Hrsg.), Bismarck und der Staat. Ausgewählte Dokumente, Darmstadt 1958, S. 382 f.

M4 Die Sozialversicherung im Kaiserreich

Versicherungsart	Beiträge	Leistungen
Krankenversicherung für gewerbliche Arbeiter und (freiwillig ab 1892) Angehörige	2-3 % des Lohns, davon 2/3 vom Versicherten, 1/3 vom Arbeitgeber	ärztliche Behandlung und Medizin, Krankenhauskosten; nach zweitägiger Wartezeit Krankengeld (50 % des Durchschnittslohns, max. 2 Mark/Tag)
Unfallversicherung für gewerbliche Arbeiter	vom Arbeitgeber zu zahlen	Heilungskosten; bei Erwerbsunfähigkeit 2/3 des Einkommens, 20 % für Witwen
Invaliden- und Altersversicherung für gewerbliche Arbeiter und Landarbeiter (ab 1911 auch für Familienangehörige)	1 % (ab 1900 1,5 - 3 %) des Lohns; je zur Hälfte von Arbeitnehmer und Arbeitgeber	Invalidenrente bei Erwerbsunfähigkeit; Altersrente ab dem 70. Lebensjahr und nach 30 (ab 1900: 24) Beitragsjahren

Nach: Rainer Bölling und Johann Henseler (Hrsg.), Das deutsche Kaiserreich 1871 - 1918, Freiburg 1986, S. 47 f.

[1] Lade: Unterstützungskasse

1. *Erläutere, mit welchen Mitteln der Artikel M2 auf die Situation der Arbeiter aufmerksam macht und welche Forderung deutlich wird. Vergleiche mit M1.*
2. *Erkläre, was die Formulierung Bismarcks bedeutet: „das Metall [erhält die kleinen Rentner] in ihrer Schwimmkraft" (M3).*
3. *Nenne Einwände, die ein Politiker der Arbeiterpartei Bismarck hätte entgegnen können (M3).*
4. *Begründe, warum für Krankheit, Unfall und Rente der Arbeitnehmer keine freiwillige, sondern eine gesetzliche Lösung gesucht wurde (M3, M4).*

Entstehung der Sozialen Frage
1848: Märzrevolution
1848: Manifest der Kommunistischen Partei
1875: Gründung der Sozialistischen Arbeiterpartei Deutschlands (1890: SPD)
1883-1889: Sozialgesetzgebung
Verstädterung (Urbanisierung)
In Europa entstehen industrielle Ballungsräume (v. a. Ruhrgebiet)
1850
1900

Unternehmer, Kirchen und die Soziale Frage

Unternehmer

Die meisten Unternehmer hielten es nicht für nötig, die Lage ihrer Arbeiter zu verbessern. Höhere Löhne, niedrigere Arbeitszeiten und Ausgaben für bessere Lebensbedingungen hätten kleinere Gewinne bedeutet.

Dass sich trotzdem einige wenige Unternehmer für ihre Arbeiter einsetzten, hatte vor allem folgende Gründe:

- Schlechte Arbeitsbedingungen führten zu Arbeitsniederlegungen und zu teilweise gewalttätigen Auseinandersetzungen.
- Die Unternehmer wollten verhindern, dass gut ausgebildete Arbeiter zu anderen Betrieben wechseln.
- Viele Unternehmer hielten sich für Patriarchen (lat. pater: Vater), die sich „väterlich" um ihre Arbeiter kümmern und besser als die Arbeiter selbst wussten, was für diese gut und verträglich war.
- christliche Nächstenliebe

Maßnahmen von Unternehmern

Alfred Krupp schuf in Essen (heute Nordrhein-Westfalen) ein großes Stahlwerk, das ihm große Gewinne einbrachte. Er betrachtete die Arbeiter als sein Eigentum, unterstützte sie aber gleichzeitig:

M 1 Arbeiterfamilie vor ihrem Wohnhaus in der Krupp-Siedlung Alfredshof in Essen
Foto, um 1890

- Betriebliche Altersvorsorge: Dabei zahlen die Beschäftigten und der Unternehmer regelmäßig Beträge ein. Dafür erhalten Arbeiterinnen und Arbeiter im Ruhestand eine Rente.
- In Werkswohnungen konnten Arbeiter günstiger wohnen.
- Unterstützungskassen helfen bei Krankheit, Invalidität und im Todesfall den Hinterbliebenen.

Weitere Maßnahmen von Unternehmern waren:

- Der Unternehmer Ernst Abbe beteiligte Arbeiter und Angestellte sogar am Gewinn. Neu war auch, dass er bezahlten Urlaub gewährte.
- In sogenannten Genossenschaften konnten Arbeiter günstig Lebensmittel und andere Alltagsgegenstände kaufen.

Kirchen

Die Kirchen kümmerten sich nicht nur aus christlicher Nächstenliebe um das Elend der Arbeiter. Sie befürchteten, dass sich immer mehr Arbeiter vom christlichen Glauben abwenden. Beispiele dafür sind:

- Der evangelische Pastor Johann Hinrich Wichern gründete 1833 das „Rauhe Haus". Dort wurden Waisenkinder erzogen und ausgebildet.
- Der katholische Priester Adolph Kolping gründete Gesellenvereine, die sich um wandernde Gesellen kümmerten und Freizeit- und Weiterbildungsangebote machten.
- Wilhelm Emmanuel Freiherr von Ketteler, der Bischof von Mainz, förderte nicht nur die katholischen Arbeitervereine. Er war der Meinung, dass einzelne Maßnahmen nicht ausreichten. Er verurteilte das Gewinnstreben der Arbeitergeber und hielt Streiks für ein erlaubtes Mittel.
- 1891 forderte auch der Papst Staat und Unternehmer auf, die soziale Lage der Arbeiter zu verbessern.

1. *Arbeite heraus, welche Notlagen die Maßnahmen der Unternehmer und der Kirchen lindern wollten. Welche Bereiche werden nicht erfasst?*
2. *Vergleiche die Maßnahmen mit den Vorstellungen der sozialistischen Arbeiterbewegung.*

M2 „An die Angehörigen meiner gewerblichen Anlagen

In einer Wirtschaftskrise sinken die Löhne der Arbeiter. Es kommt zu einer großen Streikwelle. Der Unternehmer Alfred Krupp richtet 1877 folgenden Aufruf an seine Arbeiter:

Trotz wiederholter Warnung scheint sich unter einem Teile von Euch der Geist der Sozialdemokratie einschleichen zu wollen. Dieser Geist aber ist verderblich.

Um die Lage meiner Arbeiter zu verbessern, wollte ich ihnen ein möglichst sorgenfreies Dasein für die Zeiten verschaffen, in denen sie selbst nicht mehr arbeiten könnten. […] Ich habe dadurch hohe Schulden aufgehäuft, die abgetragen werden müssen. Damit dies geschehen kann, muss jeder seine Schuldigkeit tun in Frieden und Eintracht und in Übereinstimmung mit unseren Vorschriften.

Unter den schwierigsten Umständen habe ich den Mut gehabt, für meine Leute einzutreten, und behalte ihn auch in der jetzigen schweren Zeit.

Ich gebe Euch nun diesen Rat: Lasst Euch nicht blenden durch schöne Worte und erwartet das Heil nicht von solchen, die einen neuen mühelosen Weg zur Volksbeglückung gefunden haben wollen. Das Schwatzen über politische Angelegenheiten, das ist nur den Aufwieglern willkommen und stört die Pflichterfüllung. Eine ernste Beschäftigung mit der Landespolitik erfordert mehr Zeit und tiefere Einsicht in schwierige Verhältnisse, als Euch zu Gebote steht.

Zit. nach: Gerhard Adelmann u. a. (Hrsg.), Quellensammlung zur Geschichte der sozialen Betriebsverfassung, Bd. 2, Bonn 1965, S. 295

M3 Forderungen des Papstes

In seiner Schrift (Enzyklika genannt) von 1891 schreibt Papst Leo XIII. über die Pflichten von Arbeitern und Arbeitgebern:

Zunächst kann die religiöse Lebensauffassung Besitzende und Nichtbesitzende miteinander versöhnen, indem sie beide Teile zu ihren Pflichten zurückruft.

[Pflichten des Lohnarbeiters:]

Er soll zu dem, was in seinem Arbeitsvertrage mit Freiheit und Gerechtigkeit abgemacht ist, voll und ganz stehen; er soll sich jeder Sachbeschädigung und auch persönlichen Verletzung des Arbeitgebers enthalten; […] er soll nicht gemeinsame Sache machen mit verbrecherischen Menschen, die in wohlgesetzten Reden das Blaue vom Himmel versprechen.

[Pflichten für Besitzende und Arbeitgeber:]

Man soll den Arbeiter nicht wie einen Hörigen ansehen; man soll in ihm jene persönliche Würde achten, die er als Christ hat. Es ist eine Ehre für den Menschen, durch einen Beruf den Lebensunterhalt zu sichern. Es ist aber schändlich, wenn man den Menschen im Erwerbsbetrieb verbraucht. Zu den wichtigsten Verpflichtungen des Arbeitgebers gehört es aber, jedem ein gerechtes Entgelt zu geben. Jemand um den geschuldeten Lohn zu bringen, ist eine schwere Sünde, die laut zum Himmel um Rache ruft.

Zit. nach: Gustav Gundlach (Hrsg.), Die sozialen Rundschreiben Leos XIII. und Pius XI., Paderborn 1931, S. 19f.

M4 Das „Rauhe Haus“
Holzstich, 1855

Das „Rauhe Haus“ hieß wegen seiner roten Backsteinziegel ursprünglich „Ruges Hus“ und müsste damit eigentlich als „Rotes Haus“ übersetzt werden. In dieser Fürsorge- und Erziehungseinrichtung wohnten Jugendliche mit ihrem Betreuer zusammen und erhielten eine Ausbildung. Das Haus stand im Armenviertel der Hamburger Vorstadt St. Georg, wo besonders die Kinder unter schlimmsten Bedingungen lebten.

1. *Die Unternehmer verstanden sich oft als „Patriarchen“. Weise diese Haltung im Aufruf Alfred Krupps (M2) nach.*
2. *Bereitet ein Rollenspiel vor: Notiert in Zweiergruppen jeweils die Standpunkte Krupps (M2) und eines Sozialdemokraten, der dessen Standpunkt kritisiert. Führt dann vor der Klasse ein Streitgespräch.*
3. *Vergleiche die Vorstellung Krupps mit der des Papstes (M2, M3).*
4. *Begründe, wo Forderungen des Papstes schwer zu erfüllen sind (M3).*
5. *Diskutiert die Wirksamkeit der Maßnahmen von Unternehmern und Kirchen.*

Wandel von Wirtschaft und Gesellschaft

M 1 Ständebaum
Holzschnitt von 1532 (nachträglich koloriert)

[1] Sündenfall: In der Bibel steht, dass die ersten Menschen Adam und Eva aus dem Paradies vertrieben worden sind. Sie hatten eine Frucht vom sogenannten „Baum der Erkenntnis" gegessen, obwohl Gott es verboten hatte. Angeblich wegen diesem Sündenfall mussten die Menschen nun das mühsame Leben ertragen.

M 3 Arbeit und göttliches Gesetz

Der evangelische Pfarrer Wenzeslaus Linck schreibt 1523 über Arbeit und Bettelei:

Arbeit ist eine Arznei, die dem Menschen nach dem Sündenfall[1] auferlegt ist. Dadurch soll er Buße tun und zu Gott zurückkehren, vom Bösen abweichen, es vermeiden und sich dem Guten nähern. [...] Wer Arbeit und Schmerzen vermeidet, der verweigert den Gehorsam gegenüber dem göttlichen Gesetz [...]. Er setzt sich den Versuchungen des Teufels zu allen Lastern aus. Wer aber durch Arbeit seinen Lebensunterhalt verdient und in Schmerzen lebt, der steht unter dem Schutz Gottes. [...] Betteln aber ist eine Frucht der Untätigkeit, die direkt gegen die Ordnung Gottes gerichtet ist. [...] Denn wer sich untersteht, niemandem zu helfen und von jedem Hilfe haben will, der handelt ganz und gar gegen die göttliche und natürliche Liebe, bei der jedem geholfen wird und niemand von einem anderen etwas nimmt.

Zit. nach: Ruth Kastner (Hrsg.), Quellen zur Reformation 1517-1555, Darmstadt 1994, S. 338f. (bearbeitet)

M 2 Beschäftigte in einzelnen wirtschaftlichen Bereichen

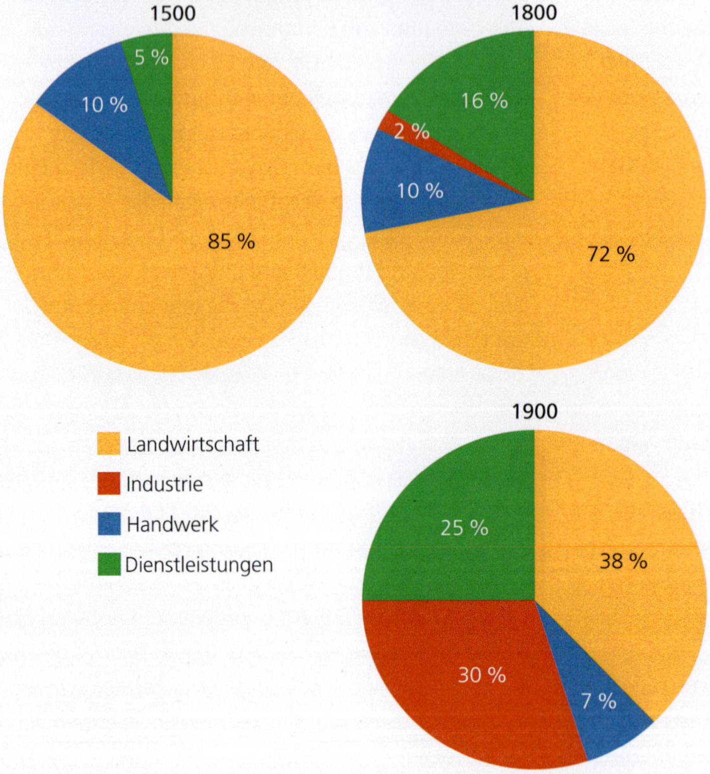

M 4 Verteilung der Stände in Deutschland um 1500 und 1800

	1500	1800
Adel (herrschender Stand)	1-2 %	1 %
Bürger (Stadtbewohner)	20 %	24 %
Bauern (Landbewohner)	80 %	75 %
davon: Hofbesitzer	60 %	35 %
Landarme und besitzlose Familien	20 %	40 %

Paul Münch, Lebensformen in der Frühen Neuzeit 1500 bis 1800, Berlin 1992, S. 77

M5 „Grundgesetz“ der christlichen Arbeiterbewegung

1869 hält Bischof Ketteler folgende Rede:

Die erste Forderung des Arbeiterstandes ist eine dem wahren Werte der Arbeit entsprechende Erhöhung des Arbeiterlohnes.

Diese Forderung ist [...] höchst billig[1]; auch die Religion fordert, dass die menschliche Arbeit nicht wie eine Ware behandelt und lediglich durch An- und Abgebot abgeschätzt werde [...]. Nicht der Kampf zwischen dem Arbeitgeber und dem Arbeiter muss das Ziel sein, sondern ein rechtmäßiger Friede zwischen beiden. Die Gottlosigkeit des Kapitals, das den Arbeiter als Arbeitskraft und Maschine ausnützt, muss gebrochen werden [...]. Aber auch die Gottlosigkeit der Arbeiter muss vermieden werden. Die zweite Forderung des Arbeiterstandes ist die Verkürzung der Arbeitszeit [...]. Die dritte Forderung des Arbeiterstandes ist die Gewährung von Ruhetagen [...]. Eine vierte Forderung des Arbeiterstandes ist das Verbot der Arbeit der Kinder in den Fabriken für die Zeit, in welcher sie noch schulpflichtig sind.

Günther Rüther (Hrsg.), Geschichte der christlich-demokratischen und christlich-sozialen Bewegungen in Deutschland, Bonn 1984, Teil II, S. 206

M6 Klassengegensätze im Kapitalismus
Abbildung aus der Zeitung „Industrial Worker“, 1911

[1] billig: hier im Sinne von „angemessen“

Projektvorschlag

Bildet drei Arbeitsgruppen und wählt jeweils einen anderen Themenschwerpunkt aus.

1) *Von der Grundherrschaft zum Kapitalismus*

a) *Stellt die wirtschaftliche Entwicklung in Etappen dar. Erläutert sie mithilfe passender Abbildungen aus dem Buch und folgenden Stichworten: Wirtschaftsform (z.B. Grundherrschaft), Arbeitsteilung, Arbeitsbedingungen, Wirtschaftsbereiche (siehe M2), Organisationsformen (z.B. Zünfte), Geldwirtschaft, technische Neuerungen.*

b) *Erklärt, warum sich die Anteile der Beschäftigten in den wirtschaftlichen Bereichen (M2) geändert haben.*

2) *Von der Feudal- zur Klassengesellschaft*

a) *Beschreibt den Ständebaum M1 und dann die Karikatur M6. Vergleicht die beiden Abbildungen.*

b) *Beurteilt, ob die Künstler die Gesellschaftsordnung ihrer Zeit kritisch oder bestätigend wiedergeben.*

c) *Fertigt ein Schaubild zur Entwicklung von der Feudal- zur Klassengesellschaft an. Welche wichtigen Etappen gab es? Erläutert diese anhand folgender Fragen: Welche gesellschaftlichen Gruppen gibt es? Wie sind Besitz, Macht und öffentliches Ansehen verteilt? Welche Rolle spielen Herkunft, Geschlecht, Bildung und Beruf? Welche Veränderungen gab es zur vorigen Etappe? Wer oder was bewirkte sie?*

3) *Die Einstellung zur Arbeit ändert sich*

a) *Erklärt, wie sich die Einstellung zur Arbeit von M5 und M6 gegenüber M1 und M3 verändert hat.*

b) *Überlegt, welche Faktoren dazu beitrugen.*

4) *Ergebnissicherung*

a) *Stellt eure Ergebnisse den anderen Gruppen vor.*

b) *Wirtschaftliche Veränderungen bedingen immer auch gesellschaftliche Veränderungen und umgekehrt. Begründet den Zusammenhang mithilfe eurer Ergebnisse.*

Kompetenzen überprüfen

M1 1845 - 1945

Holzschnitt aus den in München erscheinenden „Fliegenden Blättern", 1. Jg. (1845), Nr. 19, S. 149

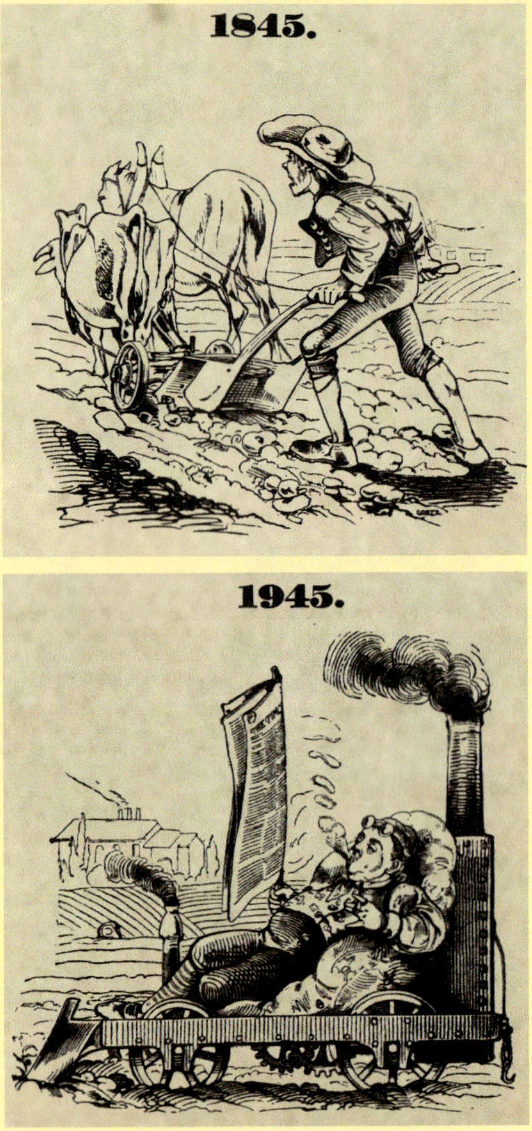

M3 Solidarität der Arbeit

Plakat zum Tag der Arbeit am 1. Mai, 1889

Auf dem Gründungskongress der II. Sozialistischen Internationale – einem weltweiten Zusammenschluss von Arbeiterparteien und -organisationen – im Juli 1889 wurde der 1. Mai zum „Kampftag der Arbeiterbewegung" proklamiert.

M2 Die Verteilung der Bevölkerung auf Stadt und Land

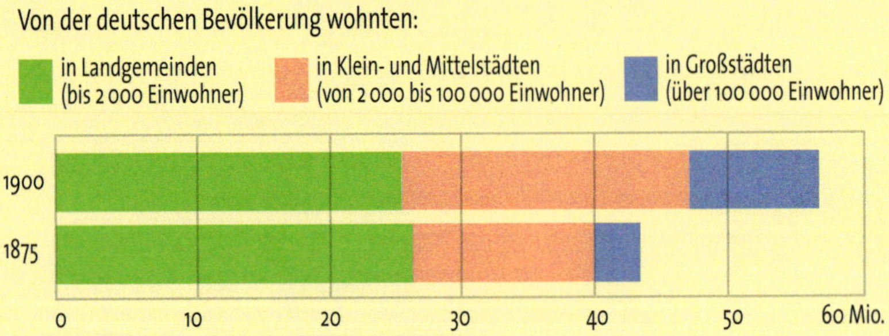

Nach: Karlheinz Dederke, Reich und Republik. Deutschland 1917-1933, Stuttgart [8]1996, S. 326

M4 Kurz- und langfristige Wirkungen

In einem Standardwerk zur Geschichte der Arbeiter im Deutschen Kaiserreich von 1992 heißt es:

Man muss zwischen den kurz- und langfristigen Wirkungen der Sozialpolitik unterscheiden. Nicht in Erfüllung gingen die Hoffnungen und Erwartungen Bismarcks und Wilhelms II., dass sich die Arbeiter [...] von den sozialistischen Organisationen und ihren Führern abwenden würden. Langfristig hat die staatliche und kommunale Sozialpolitik Massenloyalität auch zum Staat [...] geschaffen und damit die Integration der Arbeiter in Staat und Gesellschaft wesentlich gefördert.

Gerhard A. Ritter und Klaus Tenfelde, Arbeiter im Deutschen Kaiserreich 1871 bis 1914, Bonn 1992, S. 715

M5 „Sattelzeit“ als neue Epoche

Ein Historiker charakterisiert den Zeitraum zwischen 1750 und 1870:

Der moderne Nationalstaat setzt seine Ordnung auf dem gesamten Territorium durch und bringt eine unmittelbare Herrschaft, die universell und alltäglich wird – vom Dorfpolizisten bis hin zur Volkszählung – und damit im Gegensatz zu vormodernen Herrschaftsformen steht. Gleichfalls im Sinne dieses neuen durchdringenden Anspruchs stehen die Einführungen und Durchsetzung von Schul- und Wehrpflicht, einer Verkehrs- bzw. Nationalsprache und (das Versprechen einer) Demokratisierung. Die Umsetzung der Nationsidee ging also einher mit einem enormen Modernisierungsschub. Der Begriff des „Nationalstaates“ wird erst nach 1848 gebräuchlich und ist vorher in den Quellen nicht nachzuweisen. Für den Begriff der Nation ist der Wandel zur modernen Bedeutung jedoch trotzdem früher anzusetzen. Nach den neuesten Forschungen findet die Begriffsausbildung in einer „nationalen Sattelzeit“ statt, die grob zwischen 1740 und dem zweiten Viertel des 19. Jh. anzusetzen ist. Insofern kann das Aufkommen des Nationalstaates als Begriff als Endpunkt und Abschluss dieser Entwicklung betrachtet werden.

Daniel Bernsen, Eigenbeitrag

M6 Analoge und digitale Revolution
Karikatur von Oliver Schopf, Januar 2011

1. *Vergleiche die Zeichnungen (M1). Wie werden die Folgen der „Industriellen Revolution“ und der Industrialisierung dargestellt?*
2. *Diskutiert, ob der Zeichner seine Zukunftsvorstellung ernst gemeint haben kann.*
3. *Beschreibe den Zusammenhang zwischen Bevölkerungsentwicklung ab Mitte des 18. Jh. und dem Prozess der Verstädterung (M2). Erläutere ihre Auswirkungen auf Gesellschaft und Wirtschaft.*
4. *Beschreibe die Bildelemente des Plakates M3. Untersuche, wie die Ideen und Ziele der Arbeiterbewegung dargestellt werden.*
5. *Vergleiche die Beurteilung der Sozialgesetzgebung (M4) mit S. 350. Nenne mögliche Gründe für die unterschiedliche Bewertung.*
6. *Im Ruhrgebiet und anderen ehemaligen Gebieten der Schwerindustrie finden sich stillgelegte Industrieanlagen. Manche wurden zu Denkmälern, Freizeiteinrichtungen und Museen. Man hätte sie auch abreißen können. Nimm Stellung zu diesem Thema.*
7. *Erkläre den Begriff der „Sattelzeit“ (M5).*
8. *Nenne weitere Veränderungen, die in diesem als „Sattelzeit“ bezeichneten Zeitraum (M5) stattgefunden haben. Erläutere die Zusammenhänge zwischen gesellschaftlicher, politischer und wirtschaftlicher Entwicklung.*
9. *Diskutiert gemeinsam: Die Industrialisierung – Vorteile für wenige, Nachteile für viele?*
10. *Informiere dich zu den Revolutionen in Tunesien und Ägypten sowie den Protesten im Iran 2010 bis 2012. Erkläre dann die Karikatur M6. Nimm Stellung zu dem Vergleich „analoge“ und „digitale“ Revolution. Ist er deiner Meinung nach zutreffend?*

Längsschnitt

Von der Keilschrift zum Internet

M „Im Jahr 2000“
Sammelbilder von Marc Côté, Frankreich 1899 - 1900

Ende des 19. Jh. bekam der französische Zeichner Jean-Marc Côté den Auftrag: Male dir aus, wie das Leben im Jahr 2000 aussehen könnte. Seine Bilder zeigen, welche Erfindungen man sich vor über hundert Jahren für die Zukunft vorstellte.
Aus der Serie von Bildern sind hier diejenigen abgebildet, die mit dem Kapitelthema „Medien“ zusammenhängen.

1. *Findet heraus, welche Erfindungen sich Côté 1899 für die Zukunft vorstellte.*
2. *Stellt fest, welche seiner Ideen inzwischen Wirklichkeit geworden sind.*
3. *Stellt Vermutungen an, was sich im Leben der Menschen in 100 Jahren im Vergleich zu heute verändert haben könnte.*

Vom Höhlenbild zur mittelalterlichen Handschrift

M 1 Wachstafel
Moderner Nachbau eines Wachstafelbuches
Die alten Griechen und Römer nutzten solche Notizbücher. Mit dem breiten Ende des Bronzegriffels konnten sie das Wachs glätten.

Was sind Medien?

Es ist typisch für uns, dass wir Gedanken und Gefühle anderen Menschen mitteilen. Diesen Austausch nennen wir **Kommunikation**. Wer ein Gespräch „unter vier Augen" führt, kommuniziert ebenso wie ein Schauspieler oder eine Band mit Millionenpublikum. Du siehst: Kommunikation findet auf unterschiedlichen Wegen statt. Die Kommunikationsmittel nennen wir **Medien**.

M 2 Schriftproben
Der Text „15 Rinder" in verschiedenen Schriften
① Keilschrift, Mesopotamien, um 2200 v. Chr.
② Hieroglyphen, Ägypten, um 1600 v. Chr.
③ Griechisch, 450 v. Chr.
④ Lateinisch, 150 n. Chr.
⑤ Mittelalterliche Handschrift, um 800 n. Chr.

„Sender" und „Empfänger"

Die Menschen der Altsteinzeit drückten ihre Gedanken erstmals in Bildern und Formen aus.[1] Ihre Medien waren bemalte Höhlenwände oder geschnitzte Figuren. Ein gesprochener Satz ist schnell verklungen – Kunstwerke des frühen Homo sapiens haben sich bis heute erhalten. Die Künstler der Urgeschichte waren Sender, ihre Mitmenschen Empfänger. Ihre Absichten konnten die Menschen damals vermutlich leicht verstehen, wir dagegen haben Schwierigkeiten, die Bilder zu entschlüsseln.

Schrift: festgehaltene Sprache

Ein großer Fortschritt war die Erfindung von Zeichen, mit denen Gedanken festgehalten werden konnten: die Schrift. Anfangs gab es nur Bildzeichen. Mit ihnen hielten die Menschen sichtbare Dinge ihrer Umwelt und ihre Zahl fest („drei Rinder"). Aber wie sollten sie Eigenschaften („heiß") oder Gefühle („Liebe") zeichnen? Bildzeichen waren da unpraktisch. Deshalb erfanden sie Lautzeichen *(Buchstaben)*. Mit ihnen kann man alles aufschreiben, was man aussprechen kann.

Schrift nutzt vielen

Um 1750 v. Chr. ließ der babylonische König Hammurapi in Keilschrift festhalten, was zu seiner Zeit als Recht galt[2]. So konnte überall in seinem Reich für das gleiche Vergehen die gleiche Strafe verhängt werden. Über Geschäfte wurden schriftliche Verträge verfasst. Händler schrieben Briefe, um an fernen Orten Waren zu bestellen oder anzubieten. Auch die Herrscher benachbarter Länder schrieben einander.

Von der Schriftrolle zum Buch

Die alten Ägypter schrieben auf lange Papyrusbahnen, die auf Stäbe aufgerollt wurden. Griechen und Römer übernahmen solche Schriftrollen. Sie richteten Bibliotheken ein, die geschriebene Werke sammelten. In Alexandria sollen es über 700 000 Rollen gewesen sein! Das antike Rom hatte fast 30 öffentliche Stadtbüchereien.
Griechen und Römer kannten auch Notizbücher, die mit Wachs beschichtet waren. Darin konnten sie einen Text einritzen und später wieder löschen. Seit 200 n. Chr. verband man gefaltete Papyrusbögen miteinander. Sie wurden vernäht und mit Deckeln geschützt. So ein Buch ist praktischer als eine Schriftrolle: Der Leser kann Textstellen schneller finden. Gleichzeitig wechselte man zu Pergament als Beschreibstoff, denn Tierhäute sind haltbarer als Papyrus.

Bücher – kostbar und nicht für Jedermann

Nur wichtige Bücher wurden von Hand abgeschrieben. Seit sich (bei uns um 800) das Christentum durchsetzte, waren das vor allem die Bibel und Texte für den Gottesdienst. Sie wurden in Klöstern von Mönchen geschrieben, denn in den Klosterschulen gehörten Lesen und Schreiben zum Lehrplan. Auch hier gab es Bibliotheken. Aber selbst bedeutende Klöster besaßen vor 1500 höchstens tausend Bücher – viel weniger, als eine heutige Stadtbücherei.
Für die große Mehrheit, die nicht lesen konnte, blieben Bilder die wichtigsten Medien: In Kirchen vermittelten Gemälde, bunte Fenster und Figuren die Lehre der Bibel und die Geschichten der Heiligen.

[1] Siehe S. 36 f.
[2] Siehe S. 71.

M3 Ein Brief – geschützt vor fremden Augen
Tontafel in Keilschrift, 1900 v. Chr., Museum Ankara
Ein Kaufmann schreibt seinem Bruder, dass er Stoffe gegen Silber und Gold eintauschen soll. Er hat sein Siegel (ein Zylinder mit Bildzeichen) auf der Tonhülle abgerollt.

M4 Eine heilige Schrift(rolle)
Hebräischer Bibeltext (Buch Jesaia), 1. Jh. v. Chr., gefunden in einer Höhle bei Qumran, Israel (Ausschnitt)
Die Fünf Bücher Mose (*Thora*) werden noch heute von Hand auf Schriftrollen aus Pergament geschrieben. Judentum, Christentum und Islam sind die „Buchreligionen“: Sie haben heilige Bücher, die Gottes Wort enthalten.

M5 Buchherstellung im Mittelalter
Buchmalereien aus Bamberg, um 1160
① Aus einer Tierhaut wird Pergament hergestellt.
② Gefaltete Bögen werden zu einem Buch vernäht.

M6 In der Schreibstube
Buchmalerei aus Echternach, um 1050
Zu einem Kloster gehörte im Mittelalter eine Schreibstube, das *Scriptorium*. Hier wurden Bücher abgeschrieben, Gelehrte verfassten aber auch eigene Texte.
So trug *Bischof Isidor von Sevilla* (Spanien) um 600 das erste „Lexikon“ zusammen: In 20 Büchern fasste er zusammen, was frühere Schriftsteller über Mathematik, Medizin, Geografie, Religion, Philosophie, Landwirtschaft und Handwerk geschrieben haben. Isidors Werk überlieferte die Kenntnisse griechischer und römischer Wissenschaftler in das Mittelalter. Studenten an den Universitäten diente es für Jahrhunderte als Nachschlagewerk.

M7 Leiden eines schreibenden Mönches

Ein Schreiber des 9. Jh. wendet sich an die künftigen Leser seines Buches:

O glücklichster Leser, wasche deine Hände und fasse so das Buch an, drehe die Blätter sanft, halte die Finger weit ab von den Buchstaben. Der, der nicht weiß zu schreiben, glaubt nicht, dass dies eine Arbeit sei. O wie schwer ist das Schreiben: Es trübt die Augen, quetscht die Nieren und bringt zugleich allen Gliedern Qual. Drei Finger schreiben, der ganze Körper leidet.

Nach: Josef Kirmeier, Alois Schütz und Evamaria Brockhoff, Schreibkunst. Mittelalterliche Buchmalerei aus dem Kloster Seeon, Regensburg 1994, S. 122

1. Stelle Vor- und Nachteile der Medien Bild und Schrift gegenüber (Tabelle).
2. Noch heute verwenden wir Bildzeichen. Finde Beispiele und begründe, warum wir sie benutzen.
3. Erkläre, wie der Inhalt des Briefes M3 vor fremden Augen geschützt war. Was tun wir heute, um vertrauliche Nachrichten zu verschicken?
4. Zeige auf, für wen die Bücher im Mittelalter abgeschrieben wurden?
   Tipp: Berücksichtige, wer sie herstellte, wer damals lesen und schreiben konnte, welchen Inhalt die meisten Bücher hatten und wie aufwändig ihre Herstellung war. Lies noch einmal die Bildunterschrift zu M6.

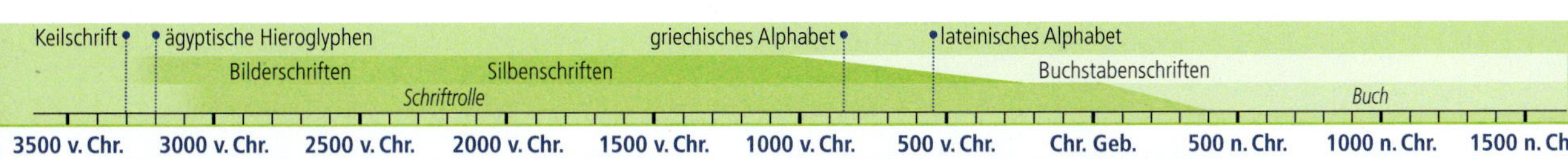

Vom Holzschnitt zur Zeitung

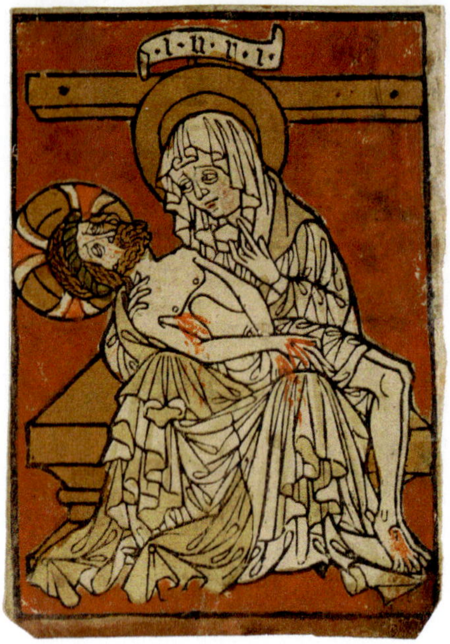

M1 Ein eigenes Bild
Holzschnitt, bemalt, um 1430
Die Umrisse des Bildes wurden aus einem Holzbrett geschnitzt. Mit schwarzer Farbe wurde es auf Papier gedruckt und danach ausgemalt. Dieses Blatt zeigt eine Jesusfigur aus dem Kloster Lambach (Österreich). Wer es kaufte, musste nicht dorthin reisen, sondern hatte sein eigenes Heiligenbild im Haus.

Papier ersetzt Pergament

Eine Erfindung aus China wurde um 1100 in Europa bekannt: Papier. Zermahlener Leinenstoff wird mit Wasser vermischt. Daraus schöpft man mit Sieben eine faserige Schicht, die nach dem Trocknen beschrieben werden kann. Für ein Buch brauchte man nicht mehr Dutzende von Kälbern. Die Massenherstellung von Papier seit 1350 machte Bücher billiger.

Bücher verlassen das Kloster

Im Mittelalter wurden Bücher für immer mehr Personen anziehend, denn das Lesen verbreitete sich außerhalb der Klöster: Studenten an den neuen Universitäten brauchten Bücher. Adlige liebten Ritterromane. Händler wollten mehr über fremde Länder lernen. Bücher wurden nicht mehr nur in Latein, sondern auch in den Volkssprachen geschrieben.

Die Erfindung des Herrn Gutenberg

In Mainz machte der Goldschmied Johannes Gutenberg um 1450 eine bedeutende Erfindung: Er setzte spiegelverkehrte Buchstabenstempel aus Blei in einem Rahmen zu ganzen Buchseiten zusammen. Die Stempel bestrich er mit schwarzer Farbe und druckte in einem Arbeitsgang die ganze Seite auf Papier. Gutenberg hatte den Buchdruck mit beweglichen Buchstaben (Lettern) erfunden. Mit seinen Handwerkern stellte er in zwei Jahren 180 Bibeln her. Ein Schreiber hätte mit dem Schmuck der Seiten etwa genauso lange benötigt – für eine einzige Bibel!

Schnelle Nachrichten aus aller Welt

Schon vor dem Buchdruck gab es Holzschnitte: Ein einzelnes Blatt mit einem Bild und etwas Text informierte über besondere Ereignisse. Mit dem Buchdruck konnten solche Flugblätter schneller und in größerer Zahl hergestellt werden. Aus Blättern, die nur bei Bedarf gedruckt wurden, entwickelten sich wöchentlich erscheinende Zeitungen. Etwas später wurden auch Tageszeitungen gedruckt. Sie werden als die ersten Massenmedien angesehen.

Das neue Medium verändert das Leben

Gutenbergs Erfindung veränderte die Kultur. Buchdrucker wollten Geld verdienen mit Büchern, die viele Menschen interessieren. Der Beruf des Schriftstellers entstand, der vom Bücherschreiben leben konnte, wenn er genug Leser fand. Wissenschaftler machten ihre Entdeckungen öffentlich. Dies regte andere zum Weiterforschen an. Das Wissen über die Welt nahm zu – gedruckte Lexika und Atlanten machten es für alle erreichbar.
Menschen, die mit etwas unzufrieden waren, verfassten Schriften gegen diese Zustände.

Lesen und Schreiben wird Bildungsziel

Seit es gedruckte Bücher zu allen Themen gab, wurde das Lesen für die Menschen immer wichtiger. Auch die Herrscher erkannten den Vorteil gebildeter Bürger: Sie konnten bei der Verwaltung der Länder mithelfen oder Gewinn bringende Erfindungen machen. Seit dem 17. Jh. führten nach und nach alle Staaten die Schulpflicht für Kinder ein.
Das Lesen von Büchern und Zeitungen blieb bis ins 19. Jh. die einzige Möglichkeit, etwas über die Welt zu erfahren. Diese Epoche wird daher als „Zeitalter des Buchdrucks" bezeichnet.

Die Erfindung des Buchdrucks wird heute meist als „Revolution", als bedeutende Umwälzung eingeschätzt. Nimm Stellung zu dieser Aussage.

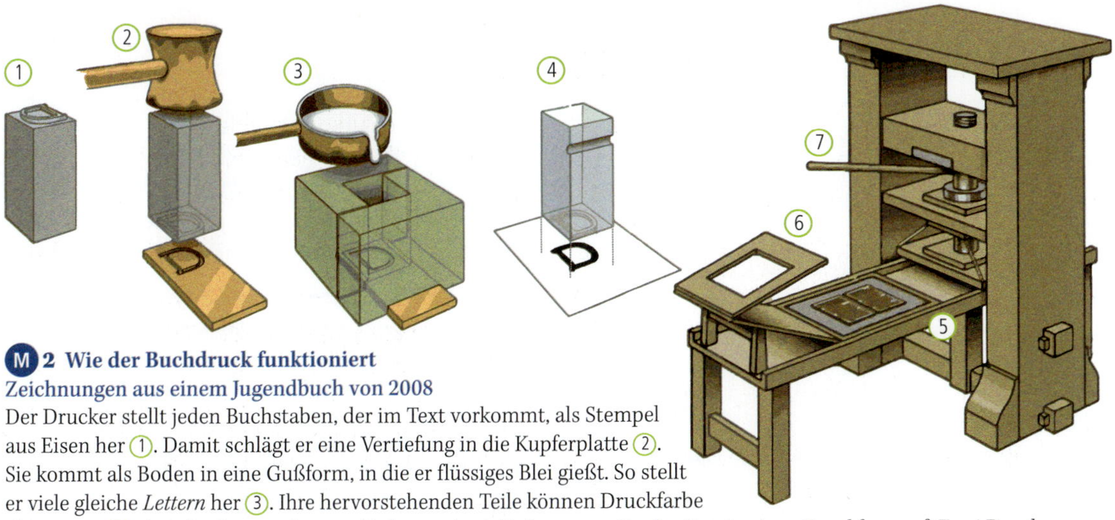

M 2 Wie der Buchdruck funktioniert

Zeichnungen aus einem Jugendbuch von 2008

Der Drucker stellt jeden Buchstaben, der im Text vorkommt, als Stempel aus Eisen her (1). Damit schlägt er eine Vertiefung in die Kupferplatte (2). Sie kommt als Boden in eine Gußform, in die er flüssiges Blei gießt. So stellt er viele gleiche *Lettern* her (3). Ihre hervorstehenden Teile können Druckfarbe übertragen (4). Aus den Lettern baut er Zeilen und aus Zeilen ganze Buchseiten in einer *Druckform* auf. Zwei Druckformen von Seiten, die nebeneinander stehen sollen, legt er in die Druckerpresse (5). Alle Lettern bestreicht er mit Druckerschwärze. Dann klappt er einen angefeuchteten Papierbogen in einem Rahmen darauf (6). Er schiebt alles unter die Druckerpresse und presst mit dem Hebel (7) das Papier kurz und fest auf die geschwärzten Formen.

M 3 Endlich Friede!

Einblattdruck mit Holzschnitt, 1648 (Ausschnitt)

Der Text lautet in heutigem Deutsch: „Neuer, aus Münster am 25. Oktober abgeschickter, Freude und Frieden bringender Postreiter"

30 Jahre herrschte in Europa Krieg – 1648 wurde in Münster Frieden geschlossen. Das Flugblatt informierte die Menschen darüber. Unter dem Bild folgt ein langes Gedicht, das den Segen des Friedens für alle Berufe rühmt.

Zeit	Zahl der einzelnen Veröffentlichungen	Gesamtzahl der Drucke (Auflage)	Anteil der Lesefähigen
15. Jh.	15000 bis 30000	zwischen 1,5 und 20 Millionen	ca. 12 %
16. Jh.	120000 bis 150000	zwischen 70 und 150 Millionen	ca. 18 %
17. Jh.	265000	200-300 Millionen	ca. 25 %
18. Jh.	500000	750 Millionen bis 1 Milliarde	ca. 31 %

M 4 Explosion des Wissens?

Wie viele Bücher wurden seit Gutenberg gedruckt?
Wie viele Menschen in Europa konnten lesen?

Rudolf Stöber, Deutsche Pressegeschichte, Konstanz 2000, S. 260; Eltjo Buringh/Jan Luiten van Zanden, Charting the "Rise of the West". Manuscripts and Printed Books in Europe, in: The Journal of Economic History 69.2 (2009), S. 409-445

1. *Beurteile, was es den Menschen bedeutete, ein Bild wie M1 zu besitzen.*
2. *Du willst um 1500 eine Druckerei wie Gutenberg betreiben. Finde mit M2 heraus, welche Werkstoffe du dir beschaffen musst. Was müssen deine Mitarbeiter können?*
3. *Erstelle ein Schaubild mit folgenden Kästen: Zahl der Bücher steigt – mehr Leute lesen und schreiben – Leute möchten lesen – Schulpflicht wird eingeführt – Wer etwas mitteilen will, kann es drucken lassen*
   Tipp: Verbinde die Kästen mit Pfeilen, die bedeuten „... führt zu ...".
   Setze dein Schaubild in Beziehung zu M4.
4. *M3 ist ein Medium, das von Händlern verkauft wurde. Das Bild zeigt ein anderes Medium dieser Zeit – informiere dich über seine Geschichte.*

1390, Nürnberg: erste Papiermühle in Deutschland
um 1450, Mainz: Gutenberg erfindet den Buchdruck
Holzschnitt
1592: Pfalz-Zweibrücken führt als erstes Territorium der Welt die Schulpflicht ein
1650, Leipzig: erste deutsche Tageszeitung

1350 1400 1450 1500 1550 1600 1650 1700 1750 1800 1850

Vom Telegrafen zum Web 2.0

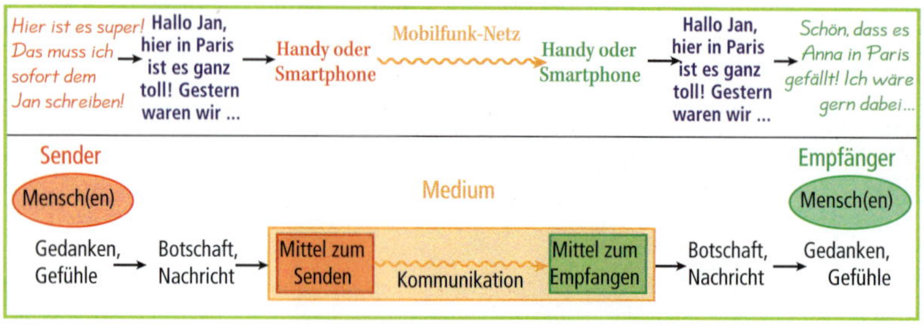

M1 Kommunikation
Anna schreibt Jan eine SMS aus Paris.

Telegraf und Telefon

Im 19. und 20. Jh. entstanden neue Medien, die die Kommunikation veränderten:

1833 nutzten Carl Friedrich Gauß und Wilhelm Weber in Göttingen die Elektrizität, um Signale durch Drähte zu schicken. Samuel Morse erfand 1840 ein System zur Umsetzung von Text in Stromstöße. So wurde die Telegrafie möglich. In vielen Ländern entstanden Telegrafennetze. 1866 wurden Europa und Amerika mit Seekabeln verbunden.

Philipp Reis gelang es, Töne in Strom umzuwandeln, ihn durch Drähte zu leiten und wieder hörbar zu machen. Am Telefon konnten Teilnehmer miteinander sprechen. Ein neues Netz wurde gebaut, zuerst in Großstädten. Anfangs diente es nur Behörden und Banken. Seit Anfang des 20. Jh. zog es in Privathaushalte ein.

M2 Fernsprecher Berlin, um 1895
Kein Tastenfeld, keine Wählscheibe – beim Abheben des Hörers landete man immer beim „Amt". Dort wurde die gewünschte Verbindung mit Kabelsteckern hergestellt.

Stehende und laufende Bilder

Auch die Chemie schuf neue Medien: Die Franzosen Joseph Niépce und Louis Daguerre erfanden seit 1826 Verfahren, Bilder auf beschichteten Platten festzuhalten. Viele Forscher entwickelten die Fotografie weiter. Ende des 19. Jh. waren Fotoapparate so klein und billig, dass viele Menschen Bilder aufnehmen und vervielfältigen konnten.

Seit 1870 versuchten Techniker, auch Bewegungen abzulichten. 1895 wurden erste kurze Filme öffentlich vorgeführt – das Kino war geboren. In vielen Städten wurden „Lichtspielhäuser" gebaut.

Der Film wurde eine eigene Kunstform. Außerdem erfuhren Kinobesucher in „Wochenschauen" Aktuelles aus aller Welt. Durch die Erfindung der Tonaufzeichnung (u.a. durch Thomas Edison) wurde der Stummfilm seit 1926 vom Tonfilm abgelöst, später setzte sich der Farbfilm durch.

Es geht auch ohne Drähte!

Die Entdeckung der elektromagnetischen Wellen durch Heinrich Hertz 1888 wurde sofort zur Nachrichtentechnik genutzt. Die Reichweite konnte stetig gesteigert werden. 1901 funkte der Italiener Guglielmo Marconi ein Telegramm über den Atlantik.

Nach dem Ersten Weltkrieg (1914-1918) begannen in vielen Ländern regelmäßige Sendungen von Musik und Sprache. Das Radio wurde ein Medium für viele, da die Empfänger bald billiger wurden.

Bis bewegte Bilder drahtlos verbreitet wurden, dauerte es länger. Nach dem Zweiten Weltkrieg (1939-1945) war das Fernsehen ausgereift. Ab 1953 wurde in Deutschland regelmäßig gesendet. Die Geräte waren anfangs so teuer, dass die Zahl der Zuschauer nur langsam stieg. Vor allem die Übertragung interessanter Ereignisse förderte die Anschaffung von Fernsehern. Radio und Fernsehen waren die ersten elektronischen Massenmedien.

Computer – weltweit vernetzt

Inzwischen hatten Techniker den Computer entwickelt. Anfangs war er nur ein Rechengerät. In den 1960er-Jahren verband man beim Militär und an Universitäten mehrere Rechner zu „Netzwerken". Um 1980 wurden Computer so klein und billig, dass Privatleute sie sich angeschafften („PC", personal computer). Auch sie wollten ihre Geräte verbinden. In den 1990er-Jahren entstand so das Internet.

Anfangs war es wie eine große Bibliothek: Menschen stellten Informationen hinein, andere Leute nutzten sie. Ab etwa 2000 wurde das Internet auch ein „Mitmach-Medium": Nutzer veröffentlichen Netz-Tagebücher, die andere Leser kommentieren können (Blogs). Menschen arbeiten gemeinsam an Wissensseiten (Wikis) oder teilen ihr Privatleben in „sozialen Netzwerken" mit (z. B. Facebook).

Das Internet enthält heute verschiedene Medien: Texte, Fotos, Karten, Diagramme, Sprach- und Musikaufnahmen, Filme. Es vereinigt Dienste, für die es ältere Medien gibt: Brief und Telefon, Buch und Zeitung, Kino, Radio und Fernsehen. Das Internet ist ein Vielfach-Medium, es ist multimedial.

M3 Das lebendige Kabel

1866 berichtet eine Zeitung über das neue Unterseekabel zwischen England und den USA:

Es bringt die Welt zusammen. Es verbindet die getrennten Erdhalbkugeln. Es vereinigt entfernte Völker, lässt sie spüren, dass sie Glieder einer großen Familie sind. Ein Seekabel ist keine eiserne Kette, die kalt und tot in den eisigen Tiefen des Atlantiks liegt. Es ist ein lebendiges, fleischliches Band zwischen getrennten Teilen der Menschenfamilie. Auf ihm werden ewig Signale der Liebe und Zärtlichkeit hin- und herlaufen. Durch so starke Bindungen trägt es dazu bei, die menschliche Rasse in Einheit, Frieden und Eintracht zu verknüpfen.

Tom Standage, The Victorian Internet. The remarkable Story of the Telegraph and the nineteenth century's On-line pioneer, New York 1998, S. 104 (übersetzt von Markus Sanke)

M4 Sprache und Musik – festgehalten

Phonograph, hergestellt in Orange (New Jersey) 1895

1877 erfand der Amerikaner Thomas Edison die Schallaufzeichnung auf drehenden Walzen. Er stellte Aufnahme-/Abspielgeräte her, verkaufte leere Wachswalzen zum Selbstaufnehmen sowie mit Musik bespielte Walzen. Zehn Jahre später erfand der Deutschamerikaner Emil Berliner die Schallplatte. Sie war dem Wachszylinder überlegen, denn sie hatte eine längere Spieldauer. Außerdem konnten von einer Tonaufnahme fast beliebig viele Schallplatten gepresst werden.

Durch die Erfindungen von Edison (Phonograph) und besonders von Berliner (Grammophon) wurde Musik erstmals zur Ware. Eine „Musikindustrie" entstand.

M5 Fernsehen als Gemeinschaftserlebnis

Foto von Josef Heinrich Darchinger, Fritzlar 1956

In den Anfangsjahren des Fernsehens in Deutschland kosteten die Geräte zwei bis vier durchschnittliche Monatsgehälter eines Angestellten. Die ersten Bildschirme standen oft in Gaststätten, wo man sich zum Fernsehen traf.

M6 Mediennutzung früher und heute

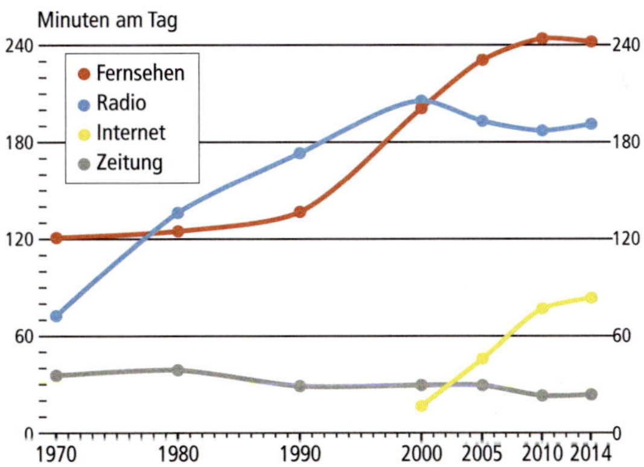

Nach: gedankenstrich.org/2012/10/mediennutzung-tendenz-steigend (aktualisiert)

1. *Zeichne die Zeitleiste für ein Medium in dein Heft. Stelle fest, welche Fortschritte darin gemacht wurden, und trage wichtige Neuerungen ein.*
   Beispiel „Film": Tonfilm – Farbfilm – …
2. *Der Autor von M3 beendet seinen Zeitungsartikel mit einer Einschätzung des Telegrafenkabels. Nimm Stellung zu seiner Hoffnung.*
   Tipp: Im Abschnitt „Es geht auch ohne Drähte!" stehen zwei versteckte Hinweise zur Voraussage des Autors.
3. *Nimm Stellung zu den letzten Sätzen der Bildunterschrift von M5.*
   Tipp: Berücksichtige die heutige Situation.
4. *Beurteile M6. Stelle eine Vermutung über die Zukunft der Medien an.*
5. *Fasse zusammen, wie sich Informationsbeschaffung und Unterhaltung von 1800 bis heute verändert haben. Bewerte diesen Wandel.*

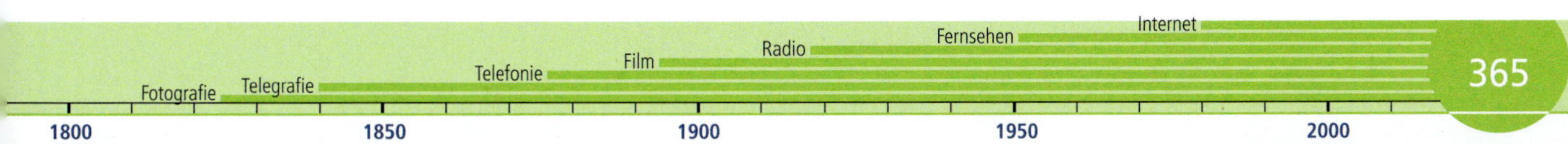

Zugriffsmöglichkeiten über die Kategorien

3 Alte Kulturen im Mittelmeerraum

Orientierung

Gesellschaft

Herrschaft

Wirtschaft

Weltdeutungen

4 Die Grundlegung Europas im Mittelalter

Orientierung

Gesellschaft

6 Von den Revolutionen zu den Nationalstaaten

Orientierung

Gesellschaft

Herrschaft

Wirtschaft

Weltdeutungen

Lexikon zur Geschichte: Begriffe

In den Verfassertexten sind die Grundbegriffe des Lehrplans ***hervorgehoben*** *und auf der jeweiligen Seite unten wiederholt. Weitere wichtige Begriffe, die ein Geschichtsforscher braucht, sind ebenfalls hervorgehoben und zusätzlich mit einem * gekennzeichnet. Erklärungen für diese Worte gibt dir unser „Lexikon zur Geschichte". Wenn wir bei der Erklärung eines Wortes einen anderen Eintrag in das Lexikon verwenden, machen wir dies mit dem ▸ Pfeilsymbol deutlich.*

Absolutismus* (lat. absolutus: uneingeschränkt) **▸S. 260**: monarchische Herrschaftsform (▸Monarchie), in der Fürsten seit dem 17. Jh. ihre Stellung nicht nur von Gott ableiteten (▸Gottesgnadentum), sondern den Anspruch erhoben, „losgelöst" von den Gesetzen und den ▸Ständen regieren zu können.

Adel*▸S. 86: In ▸Antike und ▸Mittelalter war der Adel (althochdeutsch adal: Geschlecht) eine Gruppe von Familien, die aufgrund von Geburt, Besitz oder Leistung eine besondere Stellung einnahm (▸Aristokratie; ▸Stände). Zum niederen Adel gehörten die ▸Ritter und die (ursprünglich unfreien) Dienstmannen (Ministerialen) der ▸Könige. Zum Hochadel zählten ▸Herzöge und ▸Grafen. Die Herrscher nahmen sich das Recht, verdiente Personen in den Adelsstand zu erheben.

Altsteinzeit▸S. 32: erster Abschnitt der ▸Geschichte, der vor etwa 2,5 Millionen Jahren begann. In dieser Zeit lebten die Menschen als ▸Nomaden vom Jagen und Sammeln (▸Jäger und Sammler). Sie lernten, das Feuer zu gebrauchen; Werkzeuge und Waffen fertigten sie aus Stein, Knochen und Holz.

Antike (lat. antiquus: alt) **▸S. 74**: in der europäischen Geschichte die Zeit von etwa 1000 v. Chr. bis ins 5. Jh. n. Chr., in der Griechen und Römer den Mittelmeerraum beherrschten und kulturell prägten.

Arbeiterbewegung ▸S. 348: Zusammenschluss von Arbeitern, um ihre soziale, wirtschaftliche und politische Benachteiligung zu beseitigen. Den Anfang der deutschen Arbeiterbewegung bildeten kleine Gesellen- und Handwerkervereine. Die Allgemeine Deutsche Arbeiterverbrüderung von 1848 forderte ein allgemeines, gleiches Wahlrecht und eine Lösung der ▸Sozialen Frage. Wichtige Aufgaben in der Arbeiterbewegung übernahmen die Gewerkschaften und der 1863 gegründete Allgemeine Deutsche Arbeiterverein, aus dem die Sozialdemokratische Partei Deutschlands hervorging, die sozialistische (▸Sozialismus) und kommunistische (▸Kommunismus) Forderungen stellte.

Arbeitsteilung ▸S. 42, 328: Wenn die Arbeit unter Menschen in verschiedene Aufgaben aufgeteilt wird und sich Einzelne in einer Gruppe oder Gesellschaft auf bestimmte Gebiete spezialisieren können, so dass z. B. Berufe entstehen

Aristokratie* (griech. aristos: Bester; kratéin: Herrschaft = „Regierung der Besten") **▸S. 86**: Ordnung des Zusammenlebens, in der die Abstammung von einer vornehmen Familie (▸Adel) Voraussetzung für politische Macht war.

Aufgeklärter Absolutismus* ▸S. 282: Fürsten wie ▸Friedrich II., (der Große), von Preußen regierten nach Vorstellungen der Aufklärer, ohne dabei ihre „absolutistische" Macht aufzugeben.

Aufklärung ▸S. 276: Epoche der Wissenschafts- und Geistesgeschichte im 17. und 18. Jh. Die Aufklärer verließen sich bei ihrer Suche nach der Wahrheit auf Vernunft (lat. ratio), Experimente und Erfahrungen (griech. empeiria). Der bedeutendste deutsche Aufklärer war ▸Kant. Unter dem Einfluss der Aufklärung entstand auch der ▸aufgeklärte Absolutismus.

Bauernkrieg* ▸S. 244: Örtliche Aufstände von Bauern wuchsen 1524-26 zu einem Krieg gegen die Herrschaften. Hauptforderung: Aufhebung der Leibeigenschaft (▸Hörige), Minderung der Abgaben und Leistungen.

Bronzezeit* ▸S. 42: Abschnitt der ▸Geschichte, der um 2200 v. Chr. in Mitteleuropa die ▸Jungsteinzeit ablöste. In dieser Zeit stellten die Menschen Waffen, Geräte und Schmuck aus Bronze her.

Bürger ▸S. 173: alle freien Einwohner einer Stadt, die das Bürgerrecht besaßen und damit am politischen Leben der Stadt teilnehmen durften. Das Bürgerrecht war im ▸Mittelalter erblich. Es beruhte auf städtischem Grundbesitz. Kein Bürgerrecht hatten Gesellen, Gesinde, Arme und Juden (seit dem 12./13. Jh.).

Bürgertum ▸S. 224: Vom ▸Mittelalter bis Ende des 18. Jh. zählten die ▸Bürger der Städte gemeinsam mit den freien Bauern zum „Dritten Stand" der Gesellschaft. In den bürgerlichen ▸Revolutionen des 18. und 19. Jh. erkämpfte sich das wohlhabende und gebildete Bürgertum mit Unterstützung der Arbeiter und Unterschichten seine rechtliche und politische Gleichberechtigung mit dem Klerus (Erster Stand) und dem ▸Adel (Zweiter Stand).

Byzantinisches Reich* ▸S. 138: Bezeichnung für die östliche, griechisch-orientalisch geprägte Hälfte des Römischen Reiches mit der Hauptstadt Konstantinopel. Das Byzantinische Reich endete mit der Eroberung Konstantinopels durch die Osmanen 1453. Aus Konstantinopel wurde Istanbul.

Christentum ▸S. 135: auf ▸Jesus Christus zurückgehende monotheistische Religion (▸Monotheismus). Im römischen Weltreich wurde das Christentum nach 391 n. Chr. zur alleinigen Staatsreligion. Die von ▸Luther eingeleitete ▸Reformation führte in der ▸Neuzeit zur ▸Glaubensspaltung.

Chronologie ▸S. 18: die Lehre von der Zeitrechnung, also der Ordnung und Strukturierung der ▸Zeit als Abfolge von Jahren und Ereignissen (Kalender, Zeitstrahl)

Darstellung ▸S. 16: Erzählung über die Vergangenheit, die sich auf ▸Quellen aus der jeweiligen Zeit stützt und den Methoden der Geschichtswissenschaft folgt.

Demokratie (griech. demos: Volk; kratéin: Herrschaft) ▸**S. 86**: Herrschaft des Volkes über sich selbst. In Athen konnten sich seit Mitte des 5. Jh. v. Chr. alle einheimischen und wehrfähigen Bürger an der Regierung und Rechtsprechung beteiligen; bei Wahlen und Abstimmungen entschied die Mehrheit der Stimmen. Seit der Amerikanischen Unabhängigkeitserklärung und der Französischen Revolution (▸Revolution) ist die Demokratie eine Staatsform, in der die Staatsgewalt vom Volk ausgeht und direkt oder indirekt vom Volk ausgeübt wird (▸Volkssouveränität). Weitere Kennzeichen der modernen Demokratie sind regelmäßige freie Wahlen, eine ▸Verfassung, ▸Parlamente und ▸Gewaltenteilung.

Deutscher Bund ▸**S. 306**: auf dem ▸Wiener Kongress 1815 gegründeter Zusammenschluss von anfangs 34 unabhängigen (souveränen) Fürsten und vier freien Städten (Lübeck, Hamburg, Bremen und Frankfurt am Main). Sitz der Bundesversammlung (Bundestag) war Frankfurt am Main. Der Deutsche Bund blieb bis zur Gründung des ▸Norddeutschen Bundes 1866 bestehen.

Deutsches Kaiserreich* ▸**S. 322**: deutscher Staat, der im Verlauf des Deutsch-Französischen Krieges 1871 auf Betreiben ▸Bismarcks gegründet wurde. Das Deutsche Kaiserreich war nach der ▸Verfassung von 1871 ein konstitutionell-monarchischer Bundesstaat (▸konstitutionelle Monarchie), an dessen Spitze der ▸König von Preußen als Deutscher ▸Kaiser stand und in dem gewählte Abgeordnete im ▸Reichstag Gesetzesanträge stellen konnten.

Diktatur* ▸**S. 114**: Zur Überwindung von Notsituationen konnte in der römischen ▸Antike auf Empfehlung des ▸Senats und Anordnung eines ▸Konsuls ein Alleinherrscher (Diktator) für sechs Monate die Regierungsgewalt übernehmen. Den Anordnungen des Diktators mussten sich alle fügen.

Dreieckshandel ▸**S. 218**: Erklärungsmodell für den (atlantischen) Handel zwischen Europa, Afrika und Amerika in der Zeit vom 17. bis zu Beginn des 19. Jh. mit Erzeugnissen der europäischen ▸Manufakturen wie Textilien, Glasperlen oder Waffen, afrikanischen ▸Sklaven und Erzeugnissen der amerikanischen Sklavenplantagen wie Rohrzucker oder Baumwolle.

Dreifelderwirtschaft ▸**S. 171**: Anbaumethode, bei der auf einem Feld in einem Jahr Wintergetreide (z. B. Roggen und Weizen) und im nächsten Jahr Sommergetreide (z.B. Hafer) angebaut wird und im dritten Jahr das Feld zur Erholung brachliegt. Die Erträge sind dadurch höher, als wenn Anbau und Brache jährlich wechseln.

Eisenzeit* ▸**S. 42**: Abschnitt der ▸Geschichte, der um 1000 v. Chr. in Mitteleuropa die ▸Bronzezeit ablöste. Die Menschen gebannen, Eisen für Werkzeuge und Waffen zu verwenden.

Fabrik (lat. fabricare: anfertigen) ▸**S. 328**: eine durch den technischen Fortschritt im Zeitalter der ▸Industrialisierung entstandene Produktionsstätte, in der viele kleine Arbeitsgänge (▸Arbeitsteilung) aufeinander abgestimmt und im Gegensatz zur ▸Manufaktur nicht mehr nur vereinzelt, sondern hauptsächlich von Maschinen übernommen werden. Die Fabriken ermöglichten eine enorme Erhöhung der Produktionsmengen. Sie veränderten im 19. Jh. die Arbeitswelt, brachten die soziale Schicht der Industriearbeiter und mit ihnen die ▸Soziale Frage hervor.

Feudalismus* (von lat. feodum, feudum: Lehngut) ▸**S. 154**: die Zeit, in der ▸Lehnswesen und ▸Grundherrschaft die Voraussetzung für wirtschaftliche und politische Macht in Europa waren. Sie dauerte bis ins 19. Jh. hinein.

Föderalismus* (von lat. foedus: „Bund", „Bündnis", „Vertrag") ▸**S. 258**: die Selbstständigkeit einzelner Glieder, die zu einer Gesamtheit zusammengeschlossen sind.

Frieden ▸**S. 54**: Gegenteil von ▸Krieg; Zustand ohne Gewalt zwischen größeren Gruppen von Menschen

Frühkapitalismus* ▸**Kapitalismus/Kapitalisten**

Gegenreformation ▸**S. 248**: Reaktion der katholischen Kirche auf die ▸Reformation und die ▸Glaubensspaltung, die sowohl im Bereich der Theologie und der Kirchen, als auch politisch und gewaltsam mithilfe des Kaisers ausgetragen wurde, um protestantische Territorien für den Katholizismus zurück zu erobern (Glaubenskriege).

Geozentrisches Weltbild (griech. geo: Erde) ▸**S. 208**: Es geht im Gegensatz zum ▸heliozentrischen Weltbild davon aus, dass sich die Sonne und die Planeten um die Erde drehen.

Geschichte (lat. historia) ▸**S. 14**: alles, was Menschen in der Vergangenheit gemacht haben und durch ▸Quellen überliefert wurde. Die Darstellung von Geschichte ist immer das Ergebnis einer bestimmten Sichtweise von ausgewählten Teilen der Vergangenheit.

Gewaltenteilung* ▸**S. 280**: eine im 18. Jh. entwickelte Lehre, die sich gegen die „absolutistische" Regierungsweise (▸Absolutismus) richtete. Demnach sind die Hauptaufgaben eines Staates von drei getrennten Einrichtungen zu erfüllen, die sich gegenseitig kontrollieren: Das ▸Parlament (Legislative) beschließt Gesetze, die Regierung (Exekutive) führt sie aus, und die Gerichte (Judikative) sprechen Recht. Die Virginia Bill of Rights von 1776, die amerikanische Bundesverfassung von 1787 und die französische ▸Verfassung von 1791 berücksichtigten die Gewaltenteilung erstmals.

Gewerkschaften* ▸**S. 348**: Zur Wahrung und Durchsetzung ihrer Interessen gegenüber den Unternehmern schlossen sich die Arbeiter seit dem 19. Jh. in Gewerkschaften zusammen. Diese gingen nach britischem Vorbild aus einzelnen Berufsverbänden, z. B. der Drucker, Metall-, Holz- und Bergarbeiter, hervor. Ihre Hauptaufgaben bestanden im Kampf um Lohnerhöhungen und Arbeitszeitverkürzungen, aber auch um die generelle Verbesserung der Arbeitsbedingungen. Ihr wirkungsvollstes Kampfmittel war der Streik. Die Gewerkschaften spielten eine wichtige Rolle in der ▸Arbeiterbewegung und konnten die Lebensbedingungen der Arbeiter durch Tarifordnungen bis zum Ende des Kaiserreichs nach und nach spürbar verbessern.

Glaubenskriege ▸**S. 241**: als Folge der ▸Glaubensspaltung und der ▸Gegenreformation im 16. und 17. Jh. in Europa entstandene Kriege. Ein Beispiel dafür ist der Dreißigjährige Krieg (1618-1648). Er beschloss das Zeitalter der Glaubenskriege, nicht aber die Kirchenspaltung.

Glaubensspaltung ▸**S. 241**: die Aufteilung der mittelalterlichen katholischen Einheitskultur nach der ▸Reformation und dem „Augsburger Religionsfrieden" von 1555 in eine Vielzahl von ▸Konfessionen und Kirchen (Katholiken, Lutheraner, Zwinglianer, Calvinisten, Anglikaner und Hugenotten). Zu den Folgen der Glaubensspaltung zählen die ▸Glaubenskriege.

Götterkulte (lat. cultus: Verehrung [der Götter]) ▸**S. 64**: Handlungen von Menschen, um mit Gott oder Göttern in Kontakt zu treten: Gebet, Opfer, Verehrung von Bildern, Aufführung von religiösen Spielen und Musik, Wettkämpfe zu Ehren der Götter. Die meisten Kulthandlungen fanden in ▸ Tempeln statt, andere zu Hause.

„Goldene Bulle"* ▸**S. 160**: Reichsgesetz von 1356, das das Verfahren für die Wahl des ▸Königs und ▸Kaisers des ▸Heiligen Römischen Reiches festlegte. Es legte fest, dass derjenige König sein sollte, der bei der Wahl die meisten Stimmen der ▸Kurfürsten erhielt.

Grundherrschaft ▸**S. 154**: Herrschaft über Land und Leute. Die Grundherren übergaben Teile ihres Landbesitzes an Bauern zur Bewirtschaftung. Diese mussten ihnen dafür einen Teil der Erträge abliefern und Dienste leisten. Die Grundherren gewährten den Bauern Schutz und Hilfe und durften über sie bei einfachen Straftaten richten. Die größten Grundherren waren bis ins 18./19. Jh. die ▸Könige, der ▸Adel und die Kirche.

Handelskolonie ▸**S. 218**: von Kaufleuten erworbene oder besetzte Handels- und Versorgungsstützpunkte an den afrikanischen, asiatischen oder südamerikanischen Küsten im Zeitalter der europäischen Expansion in der ▸(Frühen) Neuzeit.

Hanse ▸**S. 176**: zunächst eine Gemeinschaft von Kaufleuten im Ost- und Nordseeraum. Unter Führung Lübecks entstand um die Mitte des 13. Jh. ein Bund von freien Hansestädten, der bis zum 15. Jh. im Ostseeraum den Handel beherrschte.

Heiliges Römisches Reich ▸**S. 156**: Bezeichnung für das im 10. Jh. entstandene deutsche Reich der abendländischen ▸Kaiser. Von den anderen Reichen wie Frankreich unterschied es sich dadurch, dass dessen Herrscher sich als Nachfolger der römischen Kaiser und als Schutzherren der römisch-katholischen Kirche verstanden. In den ▸Quellen finden wir erst seit dem 11./12. Jh. die Bezeichnung „Reich der Deutschen" (lat. regnum teutonic[or]um). Die Bezeichnung „Heiliges Reich" (lat. sacrum imperium) ist seit Mitte des 13. Jh. nachweisbar. Ende des 15. Jh. setzte sich für die deutschen Teile der von den habsburgischen Kaisern regierten Gebiete die Bezeichnung „Heiliges Römisches Reich Deutscher Nation" durch. Das „Heilige Römische Reich Deutscher Nation" wurde trotz ▸ Kaiser nie zentral regiert. Nach Gründung des Rheinbundes 1806 zerfiel es unter dem Druck ▸Napoleons.

Heliozentrisches Weltbild (griech. helios: Sonne) ▸**S. 208**: Es geht im Gegensatz zum ▸geozentrischen Weltbild davon aus, dass sich die Planeten um die Sonne drehen.

Hellenismus* ▸**S. 98**: Zeit zwischen dem 3. und 1. Jh. v. Chr., in der unter dem Einfluss ▸Alexanders des Großen die griechische Architektur, Kunst und Sprache über den ganzen Mittelmeerraum und Nordasien verbreitet wurden.

Hierarchie (griech. hieros: heilig; archè: Herrschaft) ▸**S. 56**: Stufen einer Gesellschaft. Menschen aus oberen Stufen dürfen denen aus unteren Stufen Befehle erteilen, sind angesehener und wohlhabender. In Ägypten stand der ▸ Pharao auf der obersten Stufe der Hierarchie.

Hieroglyphen* (griech. hieros: heilig; glyphe: Eingeritztes) ▸**S. 62**: Schriftzeichen der alten Ägypter, die Laute, Buchstaben und Zeichen wiedergeben und um etwa 3000 v. Chr. entwickelt wurden.

Hochkultur* ▸**S. 60**: eine gegenüber dem einfachen bäuerlichen Leben weiterentwickelte Lebensform (▸Kulturen). Ihre Kennzeichen sind Städte, große Bauwerke (▸Pyramiden), Schrift (▸Hieroglyphen), Verwaltung, Religion, Rechtspflege, Handwerk, Handel und Arbeitsteilung. Die ersten Hochkulturen entstanden an den Flüssen Euphrat und Tigris in Mesopotamien (heute Anatolien, Irak und Syrien), am Nil (Ägypten) sowie am Indus in Indien und Hwangho im Norden Chinas.

Hominiden* ▸**S. 32**: Bezeichnung (biologische „Familie") der heutigen Menschenaffen (Schimpanse, Gorilla, Orang-Utan), des ▸Jetztmenschen (Homo sapiens) und ihrer ausgestorbenen Vorfahren (▸Vormenschen – Urmenschen – Jetztmenschen).

Homo sapiens ▸**S. 32**: lat. Bezeichnung für den verstehenden, vernünftigen Menschen, den ▸Jetztmenschen, der entwicklungsgeschichtlich als unser direkter Vorfahr gilt. Erste Angehörige der Art Homo sapiens lebten vor etwa 100 000 Jahren.

Humanismus* (lat. humanum: das Menschliche) ▸**S. 202**: Geisteshaltung, die ab dem 14. Jh. dazu beitrug, dass sich das Wissen über Grammatik, Rhetorik, Geschichte, Dichtkunst und Morallehre grundlegend änderte. Die Wissenschaft und Kunst der ▸Antike war für Humanisten Ausgangspunkt ihrer Vorstellungen und Lehren.

Ideologie ▸**S. 346**: Vorstellung, die die Welt aus einer bestimmten Sicht erklärt und dazu auffordert, nach ihren Ideen zu handeln. Beispiele: ▸Kommunismus und ▸Nationalismus.

Imperium ▸**S. 104**: Der Begriff „Imperium" (von lat. imperare: herrschen, befehlen) bezeichnete im antiken Römischen Reich zunächst die Befehlsgewalt der höchsten römischen Beamten, später das gesamte römische Herrschaftsgebiet (Imperium Romanum).

Industrialisierung ▸**S. 328**: die durch den Einsatz von Maschinen, neue Verkehrs- und Transportmittel und den Handel bewirkte tief greifende Veränderung der Lebens- und Arbeitswelt. Sie begann Mitte des 18. Jh. in England und erfasste die meisten europäischen Staaten sowie die Vereinigten Staaten von Amerika. Die Industrialisierung veränderte die Gesellschaft umfassend und zog die ▸Soziale Frage nach sich.

Investitur, Investiturstreit* (lat. investire: bekleiden) ▸**S. 156/158**: ▸Kaiser und Päpste stritten sich im 11./12. Jh. darüber, wer die Bischöfe, Äbte und Äbtissinnen in ihre Besitzrechte und geistlichen Aufgaben einsetzen durfte. Der Investiturstreit war ein Machtkampf um die ▸Reichskirche. Er endete im Heiligen Römischen Reich mit einem Vertrag zwischen Kirche und Herrscher: dem „Wormser Konkordat" (1122). Darin verzichtete der

Kaiser auf die Investitur der Bischöfe, Äbte und Äbtissinnen in ihr geistliches Amt. Er behielt sich aber vor, ihnen die weltlichen Vasallenpflichten (▸Vasallen) zu übertragen.

Islam ▸**S. 182**: von Mohammed Anfang des 7. Jh. gegründete monotheistische Religion (▸Monotheismus). Das arabische Wort „Islam" bedeutet die völlige Hingabe der Gläubigen an ihren Gott Allah. Nur wer sich Allah völlig hingibt, gilt als Muslim.

Jäger und Sammler* ▸**S. 34**: Menschen, die in der Natur umherzogen (Nomaden), um sich von wilden Tieren und Pflanzen zu ernähren. Diese Lebens- und Wirtschaftsform dauerte von der ▸ Altsteinzeit bis zur ▸ Jungsteinzeit an (▸ „neolithische Revolution").

Jetztmensch ▸Homo Sapiens und ▸Vormensch* – Urmensch* – Jetztmensch

Judentum ▸**S. 182**: die Religion des „Volkes Israel" und aller Menschen, die der jüdischen Gemeinschaft durch Geburt oder Glauben angehören. Der jüdische Glaube ist die älteste monotheistische Religion (▸Monotheismus) und beeinflusste ▸Christentum und ▸Islam. Mit den ▸Kreuzzügen setze die Verfolgung der Juden ein, die seit Ende des 15. Jh. im Deutschen Reich oft in ▸Ghettos leben mussten.

Jungsteinzeit ▸**S. 38**: Abschnitt der ▸Geschichte, der vor etwa 12000 Jahren beginnt und in dem sich Menschen von wandernden ▸Jägern und Sammlern (▸Nomaden) zu sesshaften Ackerbauern und Viehzüchtern entwickelten (▸Sesshaftigkeit).

Kaiser ▸**S. 150**: höchster weltlicher Herrschertitel. Der Begriff ist abgeleitet von dem Namen „Caesar", der Bestandteil des Titels der Herrscher des Römischen Reiches seit Augustus war. Das abendländische Kaisertum wurde von ▸Karl dem Großen in Konkurrenz zum byzantinischen Kaisertum geschaffen. Das Recht, einen Kaiser zu krönen, blieb bis ins Spätmittelalter den Päpsten vorbehalten. Mit der Kaiserkrönung Ottos I. 962 wurde das Kaisertum auf das Heilige Römische Reich übertragen. Dort wurde Kaiser, wer zum deutschen ▸König gewählt worden war (▸„Goldene Bulle"). Der letzte vom ▸Papst gekrönte Kaiser war Karl V. (1500-1558). Trotzdem bemühten sich Herrscher wie ▸Napoleon I. Bonaparte um den Kaisertitel.

Kapitalismus/Kapitalisten ▸**S. 222, 346**: Im 15. Jh. entstand eine Wirtschaftsform, in der es für Unternehmer darum ging, möglichst hohe Gewinne zu erzielen. Beispiele sind die Medici in Florenz und die Fugger in Augsburg. Im Kapitalismus dominieren im Gegensatz zum ▸Kommunismus die Interessen der Unternehmer, die Eigentümer von Besitz und Kapital sind.

Karolinger* ▸**S. 150**: Herrscherfamilie, die seit dem Jahr 751 das ▸Frankenreich regierte. Sie wurde später nach ihrem bekanntesten Herrscher, ▸Karl der Große, benannt. Die Familie war im Dienst der ▸Merowinger mächtig geworden und entmachtete diese schließlich. Karl der Große vergrößerte das Fränkische Reich in zahlreichen Kriegen und Feldzügen noch einmal stark.

Kirchenbann* ▸**S. 240**: Kirchenstrafe, die den Verurteilten aus der Gemeinschaft der Gläubigen ausschloss. Der Bann konnte durch Buße aufgehoben werden.

Kloster* (lat. claustrum: Verschluss) ▸**S.168**: abgeschlossener Bereich, in dem Mönche oder Nonnen nach bestimmten Regeln unter der Aufsicht eines Abtes bzw. einer Abtissin leben und arbeiten (▸Mönchtum).

König* ▸**S. 148**: Herrschertitel. Der König regiert und/oder repräsentiert eine ▸Monarchie. Im frühen ▸Mittelalter wurde er von einer adligen Führungsschicht (▸Adel) gewählt, auch wenn die Wahl oft nur die Weitergabe des Titels an einen Erben bestätigte. Seit dem 14. Jh. regelte die ▸„Goldene Bulle" das Wahlverfahren im Reich. Könige herrschten im frühen Mittelalter zu nächst über eine bestimmte Gruppe von Menschen (Personenverband) und erst später über ein bestimmtes Gebiet (▸Territorialstaat).

Kolonien/Kolonisation (lat. colere: Land bebauen) ▸**S. 76**: Seit dem 8. Jh. v. Chr. wanderten Griechen aus. Sie gründeten rund ums Mittelmeer und an den Küsten des Schwarzen Meeres sogenannte Tochterstädte. Gründe für die Kolonisation waren: Bevölkerungswachstum, Landknappheit, Konflikte zwischen ▸Aristokratie und Volk, Kriege, Handel und Abenteurertum. Nach der Entdeckung Amerikas (1492) begann ein Kolonialzeitalter, in dem die wirtschaftlich und politisch führenden Mächte Europas Kolonien errichteten.

Kommunikation* (lat. *communicatio*: Mitteilung) ▸**S. 360**: Austausch von Informationen. Die Wege heißen Kommunikationsmittel (▸Medien).

Kommunismus* (lat. communis: allgemein, allen gemeinsam) ▸**S. 346**: eine politische, soziale und wirtschaftliche Weltanschauung, die von einem gemeinsamen Eigentum an den Produktionsmitteln wie Boden, Kapital, Fabriken und Maschinen ausgeht, in der es keine Ausbeutung der Arbeiter mehr gibt und Frieden und Gerechtigkeit herrschen. Gegenteil des Kommunismus ist der ▸Kapitalismus. Nach ▸Marx und ▸Engels ist der Kommunismus das anzustrebende Endstadium der gesellschaftlichen Entwicklung (▸Marxismus). Ihm geht ein sozialistischer Staat (▸Sozialismus) voraus.

Konfession ▸**S. 241**: christliches Glaubensbekenntnis. Mit der ▸Reformation entstand neben dem katholischen das evangelisch-lutherische Glaubensbekenntnis, in dem die Bibel als einzige Quelle des Glaubens anerkannt wird. Im Gegensatz dazu sind für die katholischen Christen (▸Christentum) auch die Schriften der Kirchenväter und Konzilsentscheidungen Quellen des Glaubens. Die Anhänger des evangelisch-lutherischen Glaubensbekenntnisses spalteten sich später in weitere Konfessionen wie die Calvinisten und Zwinglianer (▸Glaubensspaltung).

Konstitutionelle Monarchie* ▸**S. 289**: Regierungsform, in der die absolute Macht der ▸Könige (▸Absolutismus) durch eine ▸Verfassung gesetzlich begrenzt wird. Ein Monarch steht zwar weiterhin an der Spitze des Staates, ihm ist aber ein ▸Parlament zur Seite gestellt, das an der Gesetzgebung mitwirkt.

Korsische Revolution* ▸**S. 284**: Die erste moderne Verfassung entstand auf der Mittelmeerinsel Korsika. Nach Aufständen gegen die Herrschaft Genuas erklärte sich Korsika 1755 zur unabhängigen Republik. Pasquale Paoli entwarf eine demokratische Verfassung. Der französische König kaufte die Insel von Genau und besiegte die Korsen 1769 in einer entscheidenden Schlacht. Damit endete die Republik. Paoli ging ins Exil und wurde in ganz Europa als Held der Freiheit gefeiert.

Kreuzzüge ▸**S. 189**: bewaffnete Pilgerfahrten, die die Kirche im ▸Mittelalter zur Ausbreitung des Glaubens und zur Befreiung der heiligen Stätten forderte. Der erste Kreuzzug begann im Jahre 1096, um die Muslime (▸Islam) aus Jerusalem zu vertreiben, der siebte endete 1291. Der Name wird von dem Kreuz abgeleitet, mit dem sich die Teilnehmer kennzeichneten. Später wurden auch Kriege gegen Abweichler von der römisch-katholischen Kirche (Ketzer) als Kreuzzüge bezeichnet.

Krieg ▸**S. 54**: Gegenteil von ▸Frieden; mit Waffen und Gewalt ausgetragener, meist organisierter Konflikt von mindestens zwei sich bekämpfenden größeren Gruppen von Menschen (wie z.B. Völker oder Staaten).

Kulturen (lat. cultura: Bearbeitung, Pflege, Ackerbau) ▸**S. 49**: im weitesten Sinne alles, was der Mensch selbst gemacht bzw. gestaltend hervorgebracht hat: die Veränderung der Natur etwa durch Ackerbau oder das Anfertigen von Werkzeugen, aber auch geistige Dinge wie Sprache, Schrift, Religion, Kunst und Wissenschaft sowie die sozialen Organisationsformen, in denen die Menschen zusammenleben, etwa als Gesellschaft (▸Hochkultur). Der Begriff Kultur kann generell auf die Menschheit bezogen werden, aber auch für bestimmte Volksgruppen und deren Besonderheiten des Zusammenlebens zu einer bestimmten Zeit verwandt werden, z. B. die antiken Kulturen (▸Antike) Griechenland und Rom.

Kurfürsten* ▸**S. 160**: die Fürsten, die nach der ▸„Goldenen Bulle" den ▸König und ▸Kaiser des Heiligen Römischen Reiches „küren" (wählen) durften. Im 13. Jh. gab es sieben Kurfürsten: die Erzbischöfe von Köln, Mainz und Trier, der Pfalzgraf bei Rhein, der Markgraf von Brandenburg, der Herzog von Sachsen und der König von Böhmen.

Landesherren ▸**S. 160**: Herrscher, die in ihren Gebieten die höchste Gewalt haben. Im Laufe des ▸Mittelalters entwickelten sich die im Reich vergebenen Königslehen zu eigenen Territorialstaaten (▸Territorien) mit einem Fürsten als Landesherr an der Spitze.

Landeskirchen ▸**S. 241**: Evangelische Kirchen, die auf ein Gebiet begrenzt waren und den jeweiligen ▸Landesherren als Kirchenoberhaupt hatten.

Legitimation (lat. lex, legis: Gesetz, Rechtfertigung) ▸**S. 306**: Jede Form politischer Herrschaft beruht nicht nur auf dem Herrschaftsanspruch, sondern auch auf der Bereitschaft der Beherrschten, diese Herrschaft anzuerkennen. Um Herrschaft formell rechtskräftig werden zu lassen, muss sie gerechtfertigt, also legitimiert werden. Im Mittelalter bis ins 19. Jh. beriefen sich die Herrscher auf das Gottesgnadentum zur Legitimation ihrer Herrschaft.

Lehnswesen ▸**S. 154**: Als Gegenleistung für die Unterstützung von Kriegszügen (▸Ritter) oder für die Übernahme von Diensten verliehen ▸Könige und andere Adlige (▸Adel) an Gefolgsleute Grundbesitz, einträgliche Ämter oder Vorrechte als Lehen. Wer sie vergab, hieß Lehnsherr, wer sie erhielt, ▸Vasall. Die Lehnsherren mussten ihre Vasallen beschützen, die Vasallen schuldeten ihnen dafür Dienste, Rat und Treue. Als Lehen erhaltenen Grundbesitz verwalteten und nutzten Vasallen überwiegend in Form der ▸Grundherrschaft.

Leibeigener/Höriger ▸**S. 154**: Im Gegensatz zum nur wirtschaftlich abhängigen Hörigen waren die Leibeigenen einschließlich ihrer Familien im ▸Mittelalter persönlich abhängig vom Grundherrn (▸Grundherrschaft). Sie unterstanden seiner Gerichtsbarkeit, durften nur mit dessen Einverständnis heiraten oder das Land verlassen. Wenn das Land verkauft oder vererbt wurde, gehörten sie dem neuen Besitzer. Erst im 18. Jh. begann die Abschaffung der Leibeigenschaft.

Liberalismus (lat. liberalis: freiheitlich, eines freien Menschen würdig) ▸**S. 308**: Staats-, Gesellschafts- und Wirtschaftslehre, die von der ▸Aufklärung geprägt war und sich von freier Entfaltung des Einzelnen einen Fortschritt in Kultur, Recht, Wirtschaft und Gesellschaft erhoffte. Liberale forderten die Gründung einer ▸Nation sowie ▸Verfassungen, Menschen- und Bürgerrechte (▸Menschenrechte) und eine freie Wirtschaft.

Limes* ▸**S. 127**: die durch Wälle und Wachtürme gesicherte Grenze des Römischen Reiches, hinter der militärische Befestigungsanlagen (Kastelle) lagen. Auf germanischem Gebiet wurde Ende des 1. Jh. mit dem Bau des insgesamt 550 Kilometer langen Limes begonnen.

Manufaktur (von lat. manu facere: mit der Hand machen) ▸**S. 222**: Werkstätte, in der viele Frauen und Männer gleichzeitig mit unterschiedlichen Arbeitsgängen (▸Arbeitsteilung) ein Produkt herstellen (z. B. Spielkarten, Porzellan und Uhren). Manufakturen prägten den ▸Merkantilismus.

Marxismus ▸**S. 346**: die von ▸Marx in Zusammenarbeit mit ▸Engels entwickelte Weltanschauung (▸Ideologie), nach der wirtschaftliche Veränderungen und nicht Ideen die Gesellschaft beeinflussen. Die Auseinandersetzungen zwischen den Klassen der Ausbeuter (Bourgeoisie, Unternehmer) und der Ausgebeuteten (▸Proletariat) führe in der ▸Industrialisierung zwangsläufig zum Sieg des Proletariats und zu einer kommunistischen Weltordnung (▸Kommunismus).

Mechanisierung ▸**S. 328**: Entwicklungsprozess, bei dem die menschliche Arbeitskraft mehr und mehr durch Maschinen unterstützt wird. Dabei wird der Arbeitsprozess zunehmend auch in kleinere Arbeitsschritte zerlegt, die mechanisch ausgeführt werden. Die ▸Arbeitsteilung setzte bereits in der ▸Manufakturen ein, die eigentliche Mechanisierung kam aber erst im Zuge der ▸Industrialisierung in den ▸Fabriken zum Durchbruch.

Mediatisierung* („Mittelbarmachung") ▸**S. 298**: bezeichnet die Aufhebung der Reichsunmittelbarkeit der meisten Reichsstädte und vieler weltlicher Reichsstände (z. B. Reichsritter), die nun nicht mehr direkt dem ▸Kaiser, sondern den jeweiligen ▸Landesherren unterstanden

Medien (lat. medium: Mittel) ▸**S. 360**: alle Mittel zur ▸Kommunikation („Kommunikationsmittel"). Wir unterscheiden zwischen Medien für die Kommunikation zwischen Personen (Brief, Telegrafie, Telefonie) und Medien für die Verbreitung von Nachrichten an viele (Massenmedien).

Menschenrechte ▸**S. 280**: im engeren Sinne die unantastbaren und unveränderlichen Freiheiten und Rechte aller Menschen, die ihnen von Natur aus, d. h. mit ihrer Geburt zustehen – unabhängig von ihrer Stellung in Staat, Gesellschaft, Beruf und Religion (Naturrecht): Dazu zählen das Recht auf Leben, die Unverletzlichkeit der Person, Freiheit, Eigentum, aber auch die Gleichheit vor dem Gesetz, das Recht auf Meinungs- und Glaubensfreiheit sowie auf Widerstand gegen Unterdrückung. Die Virginia Bill of Rights, die amerikanische Unabhängigkeitserklärung von 1776 sowie die französische ▸Verfassung von 1791 und die Erklärung der Grundrechte der Frankfurter Nationalversammlung von 1848 sind Zeugnisse der Menschenrechtsentwicklung.

Merkantilismus (lat. mercari: Handel treiben) ▸**S. 268**: von den Fürsten gelenkte Wirtschaftsform zur Zeit des ▸Absolutismus. Sie stärkte die einheimischen Gewerbe und erhöhte die Steuereinnahmen.

Merowinger* ▸**S. 148**: Herrscherfamilie im Frankenreich. Nach Eindringen der Franken in das heutige Belgien und Nordfrankreich („Völkerwanderung") traten ihre Führer aus der Familie der Merowinger zunächst in römischen Dienst. Als das ▸Imperium Romanum zusammenbrach, errichteten sie eine eigene Herrschaft. Durch Expansion entstand im 5. und 6. Jh. das Fränkische Reich. Als sich Misserfolge schwacher Könige häuften, galt dies als Verlust des Königsheils. Dies ermöglichte es den ▸Karolingern im Jahr 751, die Merowinger zu stürzen.

Mittelalter ▸**S. 148**: in der europäischen Geschichte die Zeitspanne zwischen ▸Antike und ▸Neuzeit: ca. 500 bis 1500. Die mittelalterliche Kultur entwickelte sich auf den Grundlagen der Antike, germanischer Traditionen und des Christentums. ▸Stände, ▸Grundherrschaft und ▸Lehnswesen prägten die Gesellschaft, ▸Könige und ▸Kaiser herrschten mithilfe von ▸Grafen und anderen Adligen (▸Adel). Weitere Kennzeichen des Hochmittelalters sind die vielen ▸Klöster und Orden sowie die zahlreichen Stadtgründungen.

Mittelsteinzeit* ▸**S. 38**: Zeitabschnitt der Ur- und Frühgeschichte, der auf die ▸Altsteinzeit folgt. Die M. dauerte etwa von 10 000 v. Chr. bis 5500 v. Chr., in Norddeutschland bis 4300 v. Chr. Sie ist eine Epoche des Übergangs: Die letzte Eiszeit war beendet, die Menschen lebten aber noch als ▸Jäger und Sammler. Erst in der ▸Jungsteinzeit wurden sie sesshaft und betrieben Ackerbau und Viehhaltung.

Monarchie (griech. mon-archia: Allein-Herrschaft) ▸**S. 54**: Königsherrschaft, Regierung eines ▸Königs oder ▸Kaisers. Monarch wurde man in der Regel durch Erbfolge oder Wahl. Im Zeitalter des ▸Absolutismus erreichte die monarchische Regierungsform ihre größte Verbreitung in Europa. Mit der ▸Aufklärung setzte sich die Forderung nach einer ▸konstitutionellen Monarchie zunächst in England und dann in Frankreich 1791 durch.

Monotheismus* (griech. monos: allein; theos: Gott) ▸**S. 135**: Glaube an einen einzigen Gott. Beispiele: ▸Judentum, ▸Christentum und ▸Islam. Das Gegenteil des Monotheismus ist der ▸Polytheismus.

Nation (lat. natio: Herkunft, Abstammung) ▸**S. 284**: Als Nation wird seit dem 18. Jh. eine große Gruppe von Menschen mit gleicher Abstammung, Geschichte, Sprache und Kultur oder mit gemeinsamer Regierung und Staatsordnung (▸Verfassung) in einem Staat bezeichnet (▸Nationalstaat). Nationen sind keine natürlichen Gebilde. Sie sind einerseits Konstruktionen der Politik und leben andererseits davon, dass sich Menschen zu ihr bekennen.

Nationalismus ▸**S. 308**: weltanschauliches Bekenntnis zur eigenen ▸Nation und dem Staat, dem man angehört. Auf der einen Seite stand die Überzeugung, dass alle Völker einen Anspruch auf nationale Selbstbestimmung haben, auf der anderen die Hochschätzung des eigenen Volkes. Die Abwertung anderer Nationen trug seit der Mitte des 19. Jh. zu einem übersteigerten Nationalbewusstsein (Chauvinismus) bei.

Nationalstaat ▸**S. 308**: ein Staat, dessen Bürger ganz oder überwiegend einer ▸Nation angehören. Im Unterschied dazu spricht man von einem Vielvölker- oder Nationalitätenstaat, wenn die Bürger eines Staates mehreren großen Nationalitäten angehören, wie z.B. die Österreichisch-Ungarische Monarchie zwischen 1867 und 1918.

Neandertaler* ▸**S. 34**: ausgestorbene Art des ▸Urmenschen. Neandertaler lebten vor etwa 100 000 bis 30 000 Jahren in Europa und Teilen Asiens. Ihr Körperbau war an kaltes Klima angepasst. Eine Zeit lang lebten sie gemeinsam mit ▸Jetztmenschen.

Neolithische Revolution* (Neolithikum, von griech. neos: neu, jung; lithos: Stein; ▸Revolution) ▸**S. 38**: der im Vergleich zur langen Dauer der Altsteinzeit, die etwa vor 2,5 Millionen Jahren begann, rasche Übergang in die Jungsteinzeit, die etwa vor 12 000 Jahren begann. Damals gingen Jäger und Sammler dazu über, sesshafte Ackerbauern, Viehhalter und Handwerker zu werden. Historiker haben den Begriff „Neolithische Revolution" eingeführt, um darauf hinzuweisen, dass die damalige Entwicklung so tief greifend war wie die ▸Industrielle Revolution im 18./19. Jh.

Neuzeit ▸**S. 202**: in der europäischen Geschichte die Zeit, die das ▸Mittelalter ablöst. ▸Renaissance, ▸Humanismus, die Entdeckung Amerikas, der neue Buchdruck, die Entstehung von ▸Territorialstaaten sowie Veränderungen im Glauben (▸Reformation), in der Wirtschaft und in der Kunst an der Wende vom 15. zum 16. Jh. gelten als Merkmale für den Beginn der Neuzeit.

Nomaden ▸**S. 34**: Menschen, die ihrer Nahrung folgen, die an verschiedenen Orten leben, um zu jagen und zu sammeln (▸Jäger und Sammler). Diese Lebens- und Wirtschaftsform änderte sich in der ▸Jungsteinzeit allmählich.

Norddeutscher Bund* ▸**S. 320**: 1866 entstand unter Preußens Führung der Norddeutsche Bund. Er löste den auf dem ▸Wiener Kongress 1814/15 geschaffenen ▸Deutschen Bund ab und bestand aus Preußen, 17 Kleinstaaten nördlich der Mainlinie und vier Freien Städten. Der Norddeutsche Bund ging 1871 im ▸Deutschen Kaiserreich auf. Seine ▸Verfassung war die Grundlage der Reichsverfassung.

Olympische Spiele ▸**S. 84**: Seit etwa dem 11. Jh. v. Chr. fanden in Olympia Feiern zu Ehren der Götter statt, zu denen Sportwettkämpfe wehrfähiger Männer gehörten. 394 n. Chr. wurden die

Spiele von den Christen als heidnisch verboten. 1896 fanden die ersten Olympischen Spiele der Neuzeit in Athen statt.

Papst* (lat. papa: Vater) ▸**S. 135**: Oberhaupt der römisch-katholischen Kirche; ursprünglich nur der Ehrentitel des ▸Bischofs von Rom. Die Päpste verstanden sich als Nachfolger des Apostels Petrus und leiteten daraus ihre Vorrangstellung ab. Mit der Krönung ▸Karls des Großen und ▸Ottos I. zu ▸Kaisern beanspruchten die Päpste, über das Kaisertum verfügen zu können.

Papyrus* ▸**S. 52**: Material, das man beschreiben kann. Ägypter stellten es aus dem Mark der Stängel der Papyrus-Staude her. Auch Griechen und Römer verwendeten es. Das Wort „Papier" kommt von „Papyrus".

Parlament* ▸**S. 280**: ursprünglich eine von einem Herrscher einberufene Versammlung angesehener Männer seines Reiches (▸Stände). Seit 1295 wurde in England der Große Rat des ▸Königs durch gewählte Vertreter des Landadels und der Städte ergänzt. Diese Versammlungen waren die Keimzelle des englischen Parlaments. Es teilte sich seit dem 14. Jh. in eine Vertretung des Hochadels (House of Lords) und eine Vertretung des niederen ▸Adels und der Städte (House of Commons) auf. 1689 entstand in England eine parlamentarische ▸Monarchie auf ständischer Grundlage.

Partei* ▸**S. 315**: Vereinigung von Personen, die sich zur Durchsetzung politischer Ziele dauerhaft zusammenschließen, um in gewählten Volksvertretungen wie Gemeinderäten oder ▸Parlamenten (z. B. im ▸Reichstag) die Verhältnisse im Staat mitzugestalten. Vorläufer der deutschen Parteien waren die Wahlvereinigungen und politischen Klubs von 1848/49.

Patrizier* (lat. patres: „Väter") ▸**S. 110**: in Anlehnung an die römischen Patrizier wurden die angesehenen und reichen Familien in den mittelalterlichen Städten (▸Mittelalter) Patrizier genannt. Sie stellten zunächst allein die Mitglieder des Rates und besaßen die politische Führung in den Städten (▸Stadtrecht)

Pharao* ▸**S. 54**: zunächst der Name des Königspalastes; seit dem 2. Jahrtausend v. Chr. einer der Titel des ägyptischen Herrschers. Pharaonen galten als göttlich.

Philosoph* (von Philosophie: dt. „Liebe zur Weisheit") ▸**S. 96**: Wissenschaftler, der sich um Erkenntnisse über die Natur, Religion und das Zusammenleben der Menschen bemüht. Die griechischen Philosophen versuchten durch systematisches Denken und methodisch strenges Vorgehen zu ergründen, was hinter den sichtbaren Dingen und dem scheinbar Feststehenden lag. Die einflussreichsten Philosophen der ▸Antike sind ▸Aristoteles, ▸Platon und ▸Sokrates.

Plebejer* (lat. plebs: „Menge, Volk") ▸**S. 110**: im alten Rom die römischen Bürger, die keine ▸Patrizier waren. In den ▸Ständekämpfen bemühten sie sich um die Gleichstellung mit den Patriziern.

Pogrome ▸**S. 189**: Der Begriff stammt aus dem Russischen und bedeutet Verwüstung und Zerstörung. Bei einem Pogrom wendet eine größere Gruppe Gewalt gegen Menschen und ihr Eigentum an, die z.B. eine andere Religion haben als die Mehrheit der Bevölkerung. Pogrome wurden vor allem gegen Juden verübt.

Poleis* (singular: Polis) ▸**S. 76**: zunächst die griechische Bezeichnung für eine Burg und die dazugehörige Siedlung, ab etwa 800 v. Chr. für einen Ort, der aus einem städtischen Zentrum und Umland bestand. Das Zentrum war geschützter Wohnort, Sitz der Regierung und Mittelpunkt der religiösen Feiern (Tempel). Im Umland wurde die Nahrung für die Einwohner angebaut. Im 5. Jh. v. Chr. gab es rund 700 griechische Stadtstaaten (Poleis).

Polytheismus* (griech. poly: viel; theos: Gott) ▸**S. 64**: Glaube an viele Götter. Die alten Ägypter, Griechen und Römer verehrten zahlreiche Götter. Das Gegenteil des Polytheismus ist der ▸Monotheismus.

Prinzipat* ▸**S. 117**: Bezeichnung für die 27 v. Chr. von ▸Augustus begründete Herrschaftsform, in der der ▸Kaiser den Titel „princeps" (dt. „der erste Mann im Staat") trug und weitestgehend unumschränkt regierte.

Proletarier* (lat. proles: Nachkommen) ▸**S. 122**: in der römischen ▸Gesellschaft freie Römer, die – anders als ▸Patrizier und ▸Plebejer – über keinerlei Besitz verfügten. Sie zogen oft in die Städte, um für ihren Lebensunterhalt ihre Arbeitskraft anzubieten.

Proletariat ▸**S. 346**: die besitzlosen Massen in der industriellen Gesellschaft. ▸Marx machte aus der Bezeichnung im „Kommunistischen Manifest" von 1848 ein Schlagwort: Für ihn ist das Proletariat der Teil der Gesellschaft, der nichts besitzt als seine Arbeitskraft. Seine Aufgabe sei es, die kapitalistische Eigentums-, Wirtschafts- und Gesellschaftsordnung (▸Kapitalismus) zu beseitigen, um den ▸Kommunismus herbeizuführen (▸Marxismus).

Provinz (lat. provincia: ursprüngl. „Aufgabengebiet") ▸**S. 107**: Gebietsteil eines ▸ Staates. Das Römische Reich war in Provinzen eingeteilt, die von einem Statthalter verwaltet wurden. Die Provinzen des Römischen Reiches wurden mehrfach neu festgelegt.

Quellen ▸**S. 16**: Texte, Bilder, Gegenstände (Überreste) und mündliche Überlieferungen, aus denen wir Kenntnisse über die ▸Geschichte gewinnen. Quellen sind die Grundlage für die Geschichtsschreibung.

Rationalismus* (von lat. ratio: Vernunft) ▸**S. 276**: Auffassung, nach der die Welt nach logischen Gesetzen aufgebaut ist und die Vernunft als Hauptquelle der Erkenntnis ansieht.

Raum ▸**S. 50**: das jeweilige Gebiet eines Landes oder einer Landschaft, das betrachtet oder untersucht wird, etwa auf einer Karte

Reformen* ▸**S. 86**: Ursprünglich die Wiederherstellung oder Rückkehr zu früheren (besseren) Zuständen; seit dem 18. Jh. wird darunter die gewaltlose Umgestaltung und Verbesserung von Verhältnissen im Rahmen der bestehenden politischen Ordnung verstanden. Reformprozesse sind das Gegenteil von revolutionärem Wandel (▸Revolution).

Reformation (lat. reformatio: Wiederherstellung, Zurückformung) ▸**S. 238**: von ▸Luther ausgehende Bewegung, die eine Glaubensreform zum Ziel hatte und in einer Spaltung der katholischen Kirche in verschiedene Glaubensbekenntnisse (▸Konfessionen) endete.

Reichsidee ▸**S. 150**: Vorstellung von der Wiederherstellung und Fortsetzung des Römischen Reiches ab ▸Karl dem Großen (lat. renovatio imperii)

Reichskirche* ▸**S. 156**: Die mittelalterlichen (▸Mittelalter) deutschen ▸Könige stellten die Kirche in den Dienst des Reiches. Sie setzten dazu Bischöfe, Äbte und Äbtissinnen in ihre Ämter ein (Investitur) und übertrugen ihnen Land aus dem Königsgut als Lehen (▸Lehnswesen). Diese hatten damit nicht nur geistliche Aufgaben zu erfüllen, sondern waren auch zu Diensten und Heeresfolge im Reich verpflichtet. Im 11./12. Jh. trug der ▸Investiturstreit zum Zerfall dieser Verhältnisse bei.

Reichsstadt* ▸**S. 174**: Stadt, die vom ▸König auf königlichem Grund oder auf Reichsland gegründet wurde. Die Reichsstädte waren anders als die Landstädte nur dem König bzw. ▸Kaiser unterstellt, also reichsunmittelbar.

Reichstag* ▸**S. 152**: eine vom ▸König einberufene Versammlung der Großen des Reiches. Zu den Teilnehmern zählten ▸Herzöge, Grafen, ▸Bischöfe, Äbte und Äbtissinnen sowie die Vertreter der freien ▸Reichsstädte. Vorläufer der Reichstage waren die Hoftage, zu denen die Könige ihre ▸Vasallen einluden. Sie sollten den Herrscher beraten und unterstützen. Im ▸Deutschen Kaiserreich setzte sich der Reichstag aus den gewählten Vertretern der ▸Parteien zusammen. Der Reichstag konnte Gesetzesanträge stellen und musste den Staatshaushalt (Budget) genehmigen. Reichskanzler und Reichsregierung waren im Deutschen Kaiserreich dem Reichstag nicht verantwortlich.

Reisekönigtum* ▸**S. 152**: Im ▸Mittelalter gab es zunächst keine Hauptstädte. Die ▸Könige zogen umher und übten ihre Herrschaft jeweils vor Ort aus. Im Reich hatte der König eigener Pfalzen, wo er übernachten und Hoftage abhalten konnte. In Gebieten ohne Pfalz nutze er dazu meist größere ▸Klöster.

Renaissance ▸**S. 202**: moderner Begriff für die „Wiedergeburt" der Kunst und Kultur der ▸Antike, die seit 1350 von Italien ausging, bis etwa 1600 anhielt und die Kultur aller europäischen Staaten beeinflusste.

Republik (lat. res publica: öffentliche Angelegenheit) ▸**S. 110**: Staatsform mit jährlich wechselnder Regierung hoher Beamter, die in Rom um 500 v. Chr. entstand. Mit ▸Augustus verloren ▸Senat und Volksversammlung an Einfluss, die Kaiserzeit (▸Kaiser) begann. Kennzeichen einer republikanischen Herrschaft sind seit der Amerikanischen sowie der Französischen Revolution eine ▸Verfassung, ein ▸Parlament, die ▸Gewaltenteilung sowie die Vergabe von öffentlichen Ämtern durch Wahlen.

Restauration* (lat. restaurare: wiederherstellen) ▸**S. 306**: Wiederherstellung früherer, politischer und gesellschaftlicher Verhältnisse, die oft durch eine Revolution beseitigt worden waren. So wird auch die Epoche in der Zeit von 1815 bis 1848 genannt, in der die Fürsten durch eine restaurative Politik versuchten, alle nationalen und liberalen Bestrebungen zu unterdrücken.

Revolution (lat. revolutio: Umwälzung) ▸**S. 286**: grundlegende und tief greifende Veränderungen bestehender Verhältnisse. In der Politik wird von Revolutionen gesprochen, wenn der Zugang zur Macht (Herrschaft) in einem Staat in kurzer Zeit grundlegend verändert wird. Revolutionen sind in der Regel mit kulturellen, sozialen, wirtschaftlichen und rechtlichen Veränderungen einer Gesellschaft und der Anwendung von Gewalt verbunden.

Romanisierung ▸**S. 129**: Ausbreitung der Sprache und der Lebensweise der Römer im ▸Imperium Romanum. Sprache und Brauchtum der einheimischen Bevölkerung wurden verdrängt.

Säkularisation* (von lat. saecularis = weltlich) ▸**S. 298**: die Übernahme der Herrschaft in kirchlichen Gebieten durch weltliche Fürsten während der napoleonischen Herrschaft.

Senat* (lat. senatus: Rat erfahrener Politiker) ▸**S. 110**: Seine Mitglieder bestimmten die Politik. Senatoren stammten vor allem aus adligen Familien (▸Patrizier, ▸Adel) und waren vorher Regierungsbeamte.

Sesshaftigkeit ▸**S. 38**: In der ▸Jungsteinzeit wurden allmählich aus ▸Jägern und Sammlern (▸Nomaden) sesshafte Bauern, die Getreide anbauten, Haustiere hielten und Häuser errichteten.

Sklaverei ▸**S. 94**: Zustand, in dem Menschen über andere wie über Sachen verfügen, ihnen ihre Freiheit und ihre Rechte nehmen und damit zu Sklaven machen. Kriegsgefangene oder Menschen, die ihre Schulden nicht zahlen konnten (Schuldknechtschaft) wurden oft zu Sklaven gemacht. Die Eigentümer konnten Sklaven freilassen.

Soziale Frage* ▸**S. 346**: Bevölkerungsexplosion, Massenarbeitslosigkeit und -armut sowie Wohnungsnot kennzeichneten die Soziale Frage vor und während der ▸Industriellen Revolution. Staat, Kirche, Unternehmer und Arbeiter suchten nach Einführung der Gewerbefreiheit und dem Ende der ▸Zünfte Lösungen für diese sozialen und gesellschaftlichen Probleme. Die von ▸Marx und ▸Engels verkündete kommunistische Weltanschauung (▸Kommunismus) und die sozialistischen Forderungen (▸Sozialismus) der Sozialdemokratie waren Reaktionen auf die ungelöste Soziale Frage.

Sozialismus (lat. socius: Genosse) ▸**S. 346**: eine Wirtschafts- und Gesellschaftsordnung, die auf gesellschaftlichen oder staatlichen Besitz der Produktionsmittel (Fabriken usw.) zielt und eine gerechte Verteilung der Güter und Gewinne an alle Mitglieder der Gemeinschaft anstrebt.

Staat ▸**S. 250**: Menschen (das Volk), die in einem Gebiet nach einer bestimmten Herrschaftsordnung leben. Der ägyptische Staat gilt als einer der ersten, die wir kennen. Als „Staat" (von lat. status: „Stand, Zustand, Stellung") wird eine solche Herrschaftsordnung erst seit Beginn der ▸Neuzeit bezeichnet, als die feudalrechtlichen Herrschaftsverhältnisse des Mittelalters (▸Lehnswesen) abgelöst wurden durch räumlich gegeneinander abgegrenzte, souveräne ▸Territorien, die über eine ▸Verwaltung verfügten und damit zu geschlossenen Staatsgebieten mit einem Staatsvolk einer ▸Nation und einer durchgreifenden Staatsgewalt im heutigen Sinne wurden.

Stadt ▸**S. 173**: Weltliche und geistliche Herren gründeten im ▸Mittelalter größere, abgegrenzte Siedlungen als Mittelpunkte für

Handel und Landesausbau. In den Gründungsurkunden dieser Städte gewährten sie ihren ▸Bürgern besondere Rechte und Freiheiten (Privilegien), um Einwohner zu gewinnen. Diese zahlten im Gegenzug Steuern und Abgaben. Die Stadtrechte räumten den Bürgern dazu ein hohes Maß an Selbstverwaltung und Rechtsprechung ein.

Ständeordnung ▸**S. 162**: Herkunft und Abstammung (Geburt) gliederten die mittelalterliche Gesellschaft (▸Mittelalter) in die drei Stände ▸Adel, Klerus (Bischöfe und Vertreter der Klöster) sowie ▸Bürger und Bauern. Diese Stände unterschieden sich durch jeweils besondere Pflichten, Vorrechte (Privilegien) und gesellschaftliche Funktionen (Beruf) sowie durch ihre besondere Lebensführung. Gegenüber dem Landesherrn beanspruchten die Vertreter der Stände ein Mitspracherecht (▸Territorialstaat). Diese Ordnung galt bis zur ▸Aufklärung als von Gott gewollt und unveränderlich.

Territorium ▸**S. 250**: Bezeichnung für ein Herrschaftsgebiet (lat. territorium: Gebiet), über das ein Landesherr ohne Einmischung eines anderen Herrn regierte.

Tyrannis* ▸**S. 86**: Herrschaft eines Einzelnen (Tyrann), der mit Gewalt an die Macht gelangt ist und sie eigennützig und grausam ausnutzt. Viele ▸Stadtstaaten erließen Gesetze gegen den Versuch, eine Tyrannis zu errichten.

Universitäten (lat. universitas: Gesamtheit) ▸**S. 226**: im Mittelalter entstandene und von Europa aus verbreitete Bildungseinrichtungen, die sich als Gemeinschaften von Lehrenden und Lernenden verstehen und in denen zunächst wenige, im Laufe der Zeit immer mehr wissenschaftliche Disziplinen vermittelt wurden. Mit dem Aufkommen der Universitäten wurde das Wissens- und Bildungsmonopol der ▸Klöster durchbrochen.

Untertan ▸**S. 250**: Bezeichnung von Menschen, die vom ▸Mittelalter bis zum 19. Jh. einer Herrschaft unterworfen waren. Als sich in der ▸Neuzeit der ▸Staat im modernen Sinne herauszubilden begann, bezeichnete man die Staatsangehörigen eines Regimes (z.B. einer ▸Monarchie), das nicht mit legitimen Mitteln absetzbar war, als Untertanen. Damit standen sie im Gegensatz zum freien ▸Bürger einer ▸Republik.

Urbanisierung (von lat. urbs: Stadt) ▸**S. 336**: Verstädterung, bei der neue ▸Städte entstehen und bestehende wachsen

Urmensch* ▸Vormensch* – Urmensch* – Jetztmensch (▸Homo Sapiens)

Vasallen* (keltisch gwas: Knecht) ▸**S. 154**: Personen oder Einrichtungen wie ▸Klöster, die für bestimmte Dienste oder Ämter Lehen erhielten (▸Lehnswesen).

Verfassung ▸**S. 284**: zunächst eine Satzung, die die Wahl sowie die politischen Rechte und Aufgaben der ▸Könige (▸„Goldene Bulle"), Regierungen, ▸Stände und ▸Bürger festlegte. Im Laufe der Geschichte änderte sich die Verteilung der Macht und wurde allmählich in Verfassungen (Konstitutionen) schriftlich festgelegt. Die amerikanische Verfassung von 1787 wurde von Vertretern der Kolonisten erarbeitet. Die französische Verfassung von 1791 war das Werk der Nationalversammlung, die aus der 1789 einberufenen Versammlung der Stände (Generalstände) hervorgegangen war (Französische Revolution). Die von den Abgeordneten der deutschen Nationalversammlung erarbeitete Reichsverfassung von 1849 konnte nicht gegen die Macht der Fürsten durchgesetzt werden. Das 1871 gegründete ▸Deutsche Kaiserreich erhielt eine fortschrittliche Verfassung, die das allgemeine und gleiche Männerwahlrecht garantierte (▸Reichstag).

Verwaltung ▸**S. 250**: alle Vorgänge und Aufgaben, die für die Organisation des Zusammenlebens und -arbeitens nötig sind und von weisungsgebundenen Beamten oder Angestellten durchgeführt werden. Das Vorhandensein einer Verwaltung ist Kennzeichen früher ▸Hochkulturen (z.B. Ägypten, Mesopotamien) und moderner ▸Staaten mit Ämtern und Behörden (Bürokratie).

Volkssouveränität* (frz. souveraineté: oberste politische und militärische Macht im Staat) ▸**S. 280**: der während der ▸Aufklärung am Ende des 18. Jh. als Gegenentwurf zum ▸Absolutismus entwickelte Grundsatz, wonach das Volk Inhaber aller Staatsgewalt sei. Herrschaftsgrundlage sollten freie Wahlen sein. Sie sind Voraussetzung für die ▸Demokratie.

Vormensch* – Urmensch* – Jetztmensch (▸Homo Sapiens) ▸**S. 32**: Unterteilung der Entwicklungsstufen des Menschen: Die Vormenschen unterschieden sich von Menschenaffen durch den aufrechten Gang und ein größeres Gehirn. Urmenschen fertigten Steinwerkzeuge an und nutzten das Feuer. Zu ihnen gehörte der ▸Neandertaler, der als erster Tote bestattete. Der Jetztmensch trat etwa vor 100 000 Jahren auf.

Wiener Kongress* ▸**S. 306**: 1814/15 versammelten sich die europäischen Mächte in Wien, um in einer neuen Friedensordnung das Gleichgewicht der Mächte (▸Gleichgewichtspolitik) auf dem Kontinent wiederherzustellen und revolutionäre Bestrebungen (▸Revolution) zu verhindern.

Zeit ▸**S. 18**: Die nicht wiederholbare Abfolge des Geschehens, die als Vergangenheit, Gegenwart und Zukunft vom Menschen jeweils unterschiedlich erlebt, eingeteilt und gemessen (▸ Chronologie) wird.

Zeitrechnung ▸**S. 18**: Gliederung der ▸Zeit in gleichmäßige Abschnitte, z. B. Tage, Monate, Jahre; Zählung von Jahren ab einem bestimmten Jahr, das dann als das „Jahr: Null" gilt.

Zünfte ▸**S. 176**: Seit dem 11. Jh. schlossen sich städtische Handwerker zu christlichen Gemeinschaften zusammen. Diese Zünfte erließen Vorschriften über das Arbeitsleben, kontrollierten Menge und Qualität der Waren und sorgten bei Krankheit und Tod für ihre Mitglieder und deren Familien.

Lexikon zur Geschichte: Namen

Alexander „der Große"* (356-323 v. Chr.) ▸S. 98: König des nordgriechischen ▸Staates Makedonien. Er eroberte ein Weltreich und verbreitete die griechische Kultur (Hellenismus). Nach seinem Tod zerfiel das Reich in zahlreiche Nachfolgestaaten.

Aristoteles* (384-322 v. Chr.) ▸S. 96: griechischer Philosoph (▸Philosophie) und Wissenschaftler; er war Schüler ▸Platons und Lehrer ▸Alexanders des Großen.

Augustus* (63 v. Chr. - 14 n. Chr.) ▸S. 116: geboren als Octavian, Adoptivsohn ▸ Caesars. Nach Caesars Ermordung verbündete sich Octavian mit dessen Anhängern und verfolgte die Mörder. 31 v. Chr. war er in Rom der „erster Mann im Staat" (Princeps). Der ▸Senat verlieh ihm 27 v. Chr. den Ehrentitel „Augustus" („der Erhabene"). Er wird als erster römischer ▸Kaiser angesehen und vererbte die Macht in seiner Familie. Damit endete die ▸Republik und begann die römische Kaiserzeit.

Benedikt von Nursia* (um 480-547) ▸S. 168: Er stammte aus einer vornehmen Familie in Nursia (Mittelitalien), verzichtete aber auf allen Reichtum, um als Mönch nur für Gott zu leben. Er gründete eine Gemeinschaft von Mönchen (Orden), die Benediktiner, die Vorbild für alle Mönche wurden. Noch heute leben Benediktiner nach der Regel des heiligen Benedikt.

Bismarck, Otto Fürst von* (1815-1898) ▸S. 320: Jurist, Gutsherr und Diplomat; 1862 bis 1890 preußischer Ministerpräsident und Minister des Auswärtigen, 1871 bis 1890 auch Reichskanzler. Er gilt als eigentlicher Gründer des ▸Deutschen Kaiserreiches. Mit seiner ▸ Sozialgesetzgebung reagierte er auf die ▸ Soziale Frage und politische Probleme.

Caesar* (Gaius Iulius C., 100-44 v. Chr.) ▸S. 114: Feldherr, Staatsmann und Schriftsteller. Er begann 49 einen Bürgerkrieg und wurde nach dem Sieg über seine Gegner Diktator (▸Diktatur) auf Lebenszeit. Senatoren (▸Senat), die die ▸Republik wiederherstellen wollten, ermordeten Caesar. Der Name Caesar lebt in den Herrschertiteln „Kaiser" und „Zar" (in Russland) fort. Der Monat Juli wurde nach ihm benannt.

Engels, Friedrich* (1820-1895) ▸S. 346: Kaufmann, Philosoph und sozialistischer Politiker aus Barmen. Mit seinem Freund ▸Marx prägte er die Vorstellungen vom ▸Kommunismus, der ▸Arbeiterbewegung und der ▸Sozialdemokratie.

Friedrich II., der Große* (1712-1786) ▸S. 282: seit 1740 ▸ König von Preußen. Er sah sich als „erster Diener" des Staates, regierte absolutistisch (▸ Absolutismus) im Sinne der ▸ Aufklärung und verbesserte Verwaltung, Rechtswesen und Landwirtschaft.

Galilei, Galileo* (1564-1642) ▸S. 208: italienischer Mathematiker, Physiker und Philosoph. Er gilt als einer der Mitbegründer der exakten Naturwissenschaften. Als er das ▸ heliozentrische Weltbild durch Beobachtungen bestätigte, kam er in Konflikt mit der Kirche.

Gregor VII.* (um 1020-1085) ▸S. 158: Der Benediktinermönch wurde 1073 ▸ Papst. Er setzte sich für eine starke Kirche ein, die vom Papst allein geleitet werden sollte. Den Einfluss von Laien – auch der gesalbten Herrscher – auf die Kirche lehnte er ab. Deshalb geriet er in Streit mit ▸ Heinrich IV. (▸ Investiturstreit).

Gutenberg, Johannes* (um 1400-1468) ▸S. 206: Um 1450 erfand Johannes Gensfleisch, genannt Gutenberg, in Mainz das Drucken mit beweglichen Metallbuchstaben. Seine Erfindung machte es möglich, dass Bücher schnell und in großer Zahl verbreitet werden konnten.

Hannibal* (247-183 v. Chr.) ▸S. 106: Feldherr aus Karthago und erbitterter Gegner der Römer.

Heinrich IV.* (1050-1106) ▸S. 158: ▸König (seit 1056) und römischer ▸Kaiser (seit 1084). Mit ihm und ▸Papst ▸Gregor VII. erreichte der ▸Investiturstreit seinen Höhepunkt.

Homer* (8. Jh. v. Chr.) ▸S. 84: der älteste bekannte Dichter Europas. Unter seinem Namen sind die „Ilias" und die „Odyssee" überliefert. Die Römer verehrten Homer als den größten griechischen Dichter, und die bedeutendsten römischen Dichter nahmen sich Homer zu Vorbild.

Jesus Christus* (ca. 6 v. Chr. - ca. 30 n. Chr.) ▸S. 135: Jesus wurde in Israel geboren. Mit etwa 30 Jahren begann er, als jüdischer Wanderprediger vom Reich Gottes zu erzählen. In Jerusalem wurde Jesus von vielen als Erlöser (Messias) begrüßt. Wegen seiner Lehre wurde er von den Römern gekreuzigt. Die Bibel berichtet, dass Jesus am dritten Tag ins Leben zurückkehrte und später in den Himmel aufstieg. Seine Anhänger, die Christen (▸Christentum), sehen in Jesus den Sohn Gottes, der für alle Menschen starb.

Karl der Große* (lat. Carolus Magnus, frz. Charlemagne; 748-814) ▸S. 150: ▸ König der Franken (seit 768) und Langobarden (seit 774). Unter ihm hatte das Frankenreich die größte Ausdehnung. Er wurde um 800 vom ▸Papst zum ▸Kaiser gekrönt, erneuerte die ▸Reichsidee und war damit Vorbild aller Kaiser des ▸Mittelalters.

Karl V.* (1500-1558) ▸S. 226: ▸König von Spanien (seit 1516) und ▸Kaiser des ▸Heiligen Römischen Reiches Deutscher Nation (seit 1519) aus der Dynastie der Habsburger. Er herrschte über große Gebiete in Europa und Südamerika. Vergeblich versuchte er die ▸Glaubensspaltung durch die ▸ Reformation zu verhindern. 1556 dankte er als Kaiser ab.

Kolumbus, Christoph* (1451-1506) ▸S. 212: Seefahrer aus Genua, der versuchte, in westlicher Richtung nach Indien zu gelangen. Im Auftrag der spanischen Krone begann er seine Reise und entdeckte dabei 1492 zufällig Amerika.

Konstantin I., der Große* (um 285-337) ▸S. 135: Feldherr und römischer ▸Kaiser. Konstantin erkannte mit dem Toleranzedikt von Mailand 313 das ▸Christentum als gleichberechtigte Religion an. Er ließ sich aber erst auf dem Sterbebett taufen. Im Jahre 330 hatte er Konstantinopel (Byzanz) zur Hauptstadt des Römischen Reiches gemacht.

Kopernikus, Nikolaus (1473 - 1543) ▸S. 208: Kirchenmann und Astronom. Er fand durch Berechnungen heraus, dass die Sonne im Mittelpunkt der Welt steht. Er widerlegte damit das ▸geozentrische Weltbild und bestätigte das ▸heliozentrische Weltbild.

Ludwig XIV.* (1638 - 1715, „Sonnenkönig") ▸S. 260: seit 1643 ▸König von Frankreich. Er entmachtete den ▸Adel und die Kirche und regierte absolutistisch (▸ Absolutismus). Seine Macht zeigte sich in seinem prächtigen Schloss Versailles und in zahlreichen Eroberungskriegen. Die wirtschaftliche Stärke des Landes steigerte er durch den ▸Merkantilismus.

Luther, Martin* (1483 - 1546) ▸S. 238: Theologe und Reformator. Er veröffentlichte 1517 seine 95 Thesen, in denen er den ▸Ablasshandel der Kirche kritisierte. Später lehnte er den ▸Papst als Oberhaupt der Kirche ab. Über ihn wurde die Reichsacht verhängt. Doch der Kurfürst von Sachsen gewährte ihm Schutz. Luthers Lehre führte zur ▸Glaubensspaltung (▸Reformation). Seine Übersetzung der Bibel ins Deutsche wurde weit verbreitet.

Marx, Karl* (1818 - 1883) ▸S. 346: Journalist und Philosoph und Begründer des Marxismus. Gemeinsam mit ▸Engels prägte er die Vorstellungen vom ▸Kommunismus sowie ▸Arbeiterbewegung und Sozialdemokratie.

Mohammed* (um 570 - 632) ▸S. 182: Als junger Mann lernte er die Lehren der Juden (▸Judentum) und Christen (▸Christentum) kennen. Er fühlte sich zum Gesandten Gottes (Allahs) berufen und gründete den ▸Islam. Mohammed war nicht nur Religionsstifter, sondern mit der Ausbreitung des Islam auch Herrscher über weite Teile Arabiens.

Napoleon I. Bonaparte* (1769 - 1821) ▸S. 290: Er war in den Revolutionskriegen ein erfolgreicher General. Durch einen Staatsstreich kam er 1799 an die Macht. 1804 krönte er sich zum ▸Kaiser der Franzosen. Mit seinen Truppen eroberte er fast ganz Europa. Die Niederlage im Russlandfeldzug 1812 leitete das Ende seiner Herrschaft ein. 1815 wurde er bei Waterloo endgültig besiegt und auf die Insel St. Helena im Südatlantik verbannt.

Otto I., der Große* (912 - 973) ▸S. 156: deutscher ▸König und ▸Kaiser. Er sicherte das Reich gegen die Ungarn, gründete zahlreiche Bistümer, förderte die ▸Missionierung und machte die ▸Reichskirche zur Stütze seiner Herrschaft. Nach dem Vorbild ▸Karls des Großen ließ er sich 962 in Rom zum Kaiser krönen.

Perikles* (um 490 - 429 v. Chr.) ▸S. 86: athenischer Staatsmann. Er leitete seit 443 als jährlich wiedergewählter Politiker die Geschicke der athenischen ▸Demokratie. Seine Zeit gilt als Glanzzeit Athens, sowohl künstlerisch als auch politisch. 431 begann unter ihm der Peloponnesische Krieg um die Vorherrschaft Athens in Griechenland. Ein Jahr später wurde er abgesetzt.

Platon* (428/27 - 348/47 v. Chr.) ▸S. 96: griechischer Philosoph; er und ▸Aristoteles gelten als Begründer der europäischen ▸Philosophie.

Robespierre, Maximilien de* (1758 - 1794; hingerichtet) ▸S. 290: Rechtsanwalt und mitverantwortlicher Politiker für den Terror in der Französischen Revolution.

Sokrates* (470 - 399 v. Chr.; Selbstmord) ▸S. 96: griechischer Philosoph aus Athen. Er philosophierte im Gespräch (Dialog) und hinterließ keine Schriften. Wir verdanken vor allem seinem Schüler Y Platon Informationen über seine Lehre. Sokrates wurde wegen seines radikalen Fragens von vielen Athenern abgelehnt und wegen schlechten Einflusses auf die Jugend von einem Volksgericht zum Tode verurteilt. Er nahm sich selbst das Leben. Sokrates gilt als der wirksamste Anreger der europäischen ▸Philosophie.

Solon* (um 640 - 561 v. Chr.) ▸S. 86: athenischer Gesetzgeber und Dichter aus adliger Familie. Er setzte politische Reformen durch und gilt als Begründer der athenischen Demokratie.

Sachregister

Die hervorgehobenen Seitenzahlen verweisen auf wichtige Begriffe, die in der Fußzeile des Darstellungstextes genannt und im Glossar erläutert werden.

NORWEGEN
Oslo
FINNLAND
Helsinki
GROSSBRITANNIEN UND NORDIRLAND
IRLAND
Dublin
Stockholm
SCHWEDEN
Tallinn
ESTLAND
DÄNEMARK
Kopenhagen
LETTLAND
Riga
RUS
Moska
London
NIEDER-LANDE
Amsterdam
LITAUEN
Vilnius
Brüssel
BELGIEN
Berlin
DEUTSCH-LAND
Minsk
WEISSRUSSLAND
Warschau
POLEN
Paris
LUXEMBG.
FRANKREICH
Prag
TSCHECH.REP.
Kiew
UKRAINE
PORTUGAL
Bern
SCHWEIZ
Wien
SLOWAKEI
ÖSTERREICH
Budapest
UNGARN
Kischinau
MOLDAU
SPANIEN
Lissabon
Madrid
KROATIEN
Belgrad
RUMÄNIEN
San Marino
BOSNIEN HERZEG.
Sarajewo
SERBIEN
Bukarest
MONTE-NEGRO
KOSOWO
BULGARIEN
Sofia
Rom
ITALIEN
Tirana
ALBA-NIEN
MAZE-DONIEN
Rabat
MAROKKO
Algier
Ankara
TÜRKEI
GRIECHENLAND
Athen
Tunis
TUNESIEN
MALTA
Valetta
ALGERIEN
Lefkosia
ZYPERN
Beirut
LIBANON
Tripolis
ISRAEL
Jerusalem
LIBYEN
Kairo
ÄGYPTEN
MALI
NIGER
TSCHAD
SUDAN
0
500
1000
2000 km

Heinrich-Heine-Institut, Düsseldorf – S. 319; Kurt Hensler, Tübingen – S. 18; Herzog-Anton-Ulrich-Museum, Braunschweig – S. 223; Hessisches Landesmuseum, Kassel – S. 43; Historisches Archiv Krupp / Alfred Krupp von Bohlen und Halbach-Stiftung, Essen – S. 7, 273, 352; Historisches Museum, Bamberg – S. 237; Historisches Museum, Basel – S. 27; Historisches Museum, Neu-Ruppin – S. 313; Historisches Museum der Stadt Frankfurt – S. 161, 304, 315; Franz Hohmann, Bad Kissingen – S. 27; http://www.thewikipedian.net / Rob Matthews – S. 24; http://www.zeno.org – Cover, S. 9; Interfoto, München – S. 335; iStockphoto / ivanmateev – S. 4, 49; Hilde Jensen / Universität Tübingen – S. 37; Jüdisches Museum, Frankfurt – S. 224; Enno Kapitza, Gräfelfing – S. 20; Michael L. Katzer, Arlington/Vermont – S. 80; Königliche Bibliothek, Brüssel – S. 146, 162; Koninklijke Bibliotheek, Den Haag – S. 192; Kunsthistorisches Museum, Wien – S. 157; Kunstmuseum im Ehrenhof, Düsseldorf – S. 255; Kunstmuseum, Winterthur – S. 249; Kunstsammlungen der Veste Coburg – S. 225; Landesamt für Denkmalpflege Hessen, Foto: U. Seitz-Gray, Wiesbaden – S. 45; Landesamt für Denkmalpflege Rheinland-Pfalz, Speyer – S. 35; Landesamt für Vermessung und Geobasisinformation Rheinland-Pfalz, Koblenz – S. 21, 251; Landeshauptarchiv Koblenz - LHKKo, Bestand 710, Nr. 2195 – S. 337; Landesmuseum, Hannover – S. 30, 47; Landesmuseum für Natur und Mensch, Oldenburg – S. 40; Landschaftsverband Westfalen-Lippe, LWL – Museum für Naturkunde / Oblonczyk, Münster – S. 30; Leben in der Jungsteinzeit, Römisch-Germanisches Museum, Köln 2004, S. 40 – S. 38; Hartmut Lerner – S. 17; Les Éditions Albert René, Paris – S. 115, 129; Hans-Günter Löwe, Hamburg – S. 27; Kevin Maddison, London – S. 74, 89; Marie Marcks, Heidelberg – S. 271; François Martin, Genf – S. 234, 249; Mauritius Images / Alamy, Mittenwald – S. 199; - / Robert Harding – S. 103; Metropolitan Museum of Art, N.Y. – S. 93; Mittelrheinische Zeitung, Koblenz – S. 16; Mittelrheinisches Landesmuseum, Mainz – S. 297; Musée Charnavalet, Paris – S. 275, 286, 287, 294; Musée du Pays Châtillonais © Alfredo Dagli Orti, Paris – S. 91; Musée National de Versailles et des Trianons, Château de Versailles – S. 262, 265; Musée National du Louvre, Paris – S. 234, 263, 269, 310; Museo Archeologico, Rom – S. 110; Museo Historico de Mallorca, Palma de Mallorca – S. 80; Museum der Stadt Regensburg – S. 236; Museum für Arbeit und Technik, Mannheim – S. 330; Museum für Urgeschichte, Zug – S. 41; Museum für Ur- und Frühgeschichte, Weimar – S. 40; Museum für Vor- und Frühgeschichte, Frankfurt – S. 102, 134; Museum of Fine Arts, Boston / Henry Lillie Pierce Fund – S. 85; Muzeum Archeologicznego w Biskupinie, Gasawa – S. 29; Neue Filmproduktion GmbH, NFP, Rolf von der Heyd, Halle – S. 238; S. Nuseibeh / O. Grabar – S. 195; Dagli Orti, Paris – S. 84; Ostfriesische Landschaft / Christina Kohnen – S. 47; Josef Perntner, Bozen – S. 3, 29; Photo Scala - courtesy of Sovraintendenza di Roma Capitale, Florenz – S. 105; Photo Scala – S. 114; St. Servatius, Siegburg – S. 158; Praxis Geschichte, März 2-2012 / Bodo Müller, Westermann Verlag, Braunschweig – S. 172; Preußischer Kulturbesitz, Berlin – S. 6, 200, 213, 272, 279, 283, 289, 307, 325, 326, 331, 339; - / Alinari Archives – S. 145 (2); - / Antikensammlung, SMB, Johannes Laurentius – S. 77; - / Hermann Buresch – S. 276, 323; - / Dietmar Katz – S. 181; - / Nationalgalerie, SMB, Jörg P. Anders – S. 301; - / Photo Scala – S. 55; - / The Trustees of the British Museum – S. 58, 63; Ratsbücherei, Lüneburg – S. 159; Reiss-Engelhorn-Museum, Mannheim – S. 138; Reuters / Fabrizio Bensch – S. 6, 199; Rheinisches Landesmuseum, Trier – S. 103, 131; - / Thomas Zühmer – S. 130; Rheinisches Landesmuseum /; Rheinisches Amt für Bodendenkmalpflege, Bonn – S. 143; Rheinland-Pfalz Tourismus GmbH, Koblenz – S. 184; Römer-Museum, Heidelberg – S. 73; Römisch-Germanisches Museum, Köln – S. 118; Sächsische Landesbibliothek – Staats- und Universitätsbibliothek Dresden (SLUB), Deutsche Fotothek, Dresden – S. 298; Markus Sanke, Bamberg – S. 30, 47 (2), 360, 363; Daniel Sauer - S. 13; Karl Schauer, Mettmann – S. 46 (2); Oliver Schopf, Wien – S. 357; Dieter Schmudlach, Kasendorf – S. 47; Siemens Museum, München – S. 338; Staatliche Graphische Sammlung, München – S. 280, 281; Staatliche Kunstsammlungen, Dessau – S. 306; - / Kupferstichkabinett – S. 197; Staatsbibliothek Bamberg / Foto: Gerald Raab – S. 361; Staatsgalerie, Stuttgart – S. 240; Stadt Trier / Amt für Presse und Kommunikation – S. 15; Stadtarchiv Hamburg – S. 176; Stadtarchiv, Koblenz – S. 22; Stadtarchiv Ludwigshafen – S. 336 (2); Stadtarchiv Mainz – S. 173 (2); Stadtbibliothek Nürnberg – S. 177; Stadtmuseum / Archiv, Andernach – S. 17; Südtiroler Archäologiemuseum / www.iceman.it, Paul Hanny, Bozen – S. 42; TECHNOMUSEUM, Foto: Klaus Lüginsland, Mannheim – S. 365; E. Thiem / Lotusfilm, Kaufbeuren – S. 109; TH / iStockphoto – S. 4, 48; - / iStockphoto, Umberto Pantalone – S. 16; - / iStockphoto, photooiasson – S. 188; - / iStockphoto, sborisov – S. 4, 49; Ute Thönissen, Nettetal – S. 128; Ullstein-Bild, Berlin – S. 343; - / Archiv Gerstenberg – S. 168; - / Fabiano, SIPA – S. 220; - / histopics – S. 309; - / NTPL, John Hammond – S. 227; - / The Granger Collection – S. 355; - / Wenzel-Orf – S. 220; Universität Leipzig / Archäologisches Institut – S. 67; Universitätsbibliothek, Heidelberg – S. 155, 166, 196, 356; University of Pennsylvania, Philadelphia – S. 122; Fritz Wendler, Weyarn – S. 38; Arnold Wolff, Köln – S. 184; www.ansichtskarten-center.de / Ilona Beyer, Eimeldingen – S. 282; www.swr.de – S. 3, 12; www.wikimedia.org – Cover, S. 5, 9, 21, 76, 131, 140, 144, 158, 160, 202, 212, 224, 231, 238, 260, 264, 266, 303, 337, 361; www.wikimedia.org / Acquired by Henry Walters, 1924 – S. 66; www.wikimedia.org / Alberts Gerhard, CC BY-SA 3.0 – S. 12; www.wikimedia.org / Anonymous – S. 249; www.wikimedia.org / Dr. Günter Bechly, CC BY-SA 3.0 – S. 33; www.wikimedia.org / Jörg Bittner, CC BY-SA 3.0 – S. 203; www.wikimedia.org / Locutus Borg – S. 33; www.wikimedia.org / José Braga, Didier Descouens, CC BY-SA 4.0 – S. 33; www.wikimedia.org / Burg Eltz, CC BY-SA 3.0 – S. 167; www.wikimedia.org / Andreas Cellarius – S. 198; www.wikimedia.org / Carole Raddato, CC BY-SA 2.0 – S. 127; www.wikimedia.org / Jeff Dahl, CC BY-SA 4.0, 3.0, 2.5, 2.0, 1.0 – S. 64 (6); www.wikimedia.org / DerHexer, CC BY-SA 4.0 – S. 43; www.wikimedia.org / Willy Horsch CC BY-SA-3.0 – S. 189; www.wikimedia.org / Matthias Kabel, CC BY-SA 3.0 – S. 37; www.wikimedia.org / Käyttaja:Kompak, CC BY-SA 2.5, 2.0, 1.0 – S. 64; www.wikimedia.org / Karsten11- S. 41; www.wikimedia.org / Stefan Kühn, CC BY-SA-3.0 – S. 142; www.wikimedia.org / Mediatus, CC BY-SA 3.0 – S. 136; www.wikimedia.org / Jacob Meydenbach – S. 163; www.wikimedia.org / pixelfehler, CC BY-SA 2.5 – S. 77; www.wikimedia.org / Rh-67, CC BY-SA 3.0 – S. 13; www.wikimedia.org / Wolfgang Sauber, CC BY-SA 3.0, 2.5, 2.0, 1.0 – S. 126; www.wikimedia.org / Klaus-Peter Simon, CC BY-SA 3.0 – S. 103; www.wikimedia.org / James Steakley, CC BY-SA 3.0 – S. 13; www.wikimedia.org /Matthias Süßen, CC BY-SA 3.0 – S. 103; www.wikimedia.org / The National Gallery, London – S. 233; www.wikimedia.org / Frank Vincentz, CC BY-SA 3.0 – S. 171; www.wikimedia.org / wapondaponda, CC BY-SA 3.0 – S. 33; www.wikimedia.org / Warburg – S. 267; www.wikimedia.org / Web Gallery of Art – S. 144; www.wikimedia.org / Holger Weinandt, CC BY-SA 3.0 – S. 22; www.wikimedia.org / Berthold Werner, CC BY-SA 3.0, 2.5, 2.0., 1.0 – S. 23, 183 (2); www.wikimedia.org / yuichi, CC BY-SA 1.0 – S. 76; Yale University Art Gallery, New Haven – S. 285; ZDF – HA Kommunikation Presse- und Information, Peter Ahrens, Mainz – S. 138; ZDF / HR Kultur/Wissenschaft, Foto: Jan Prillwitz, Redaktion Geschichte und Gesellschaft, Mainz – S. 28.

Bildnachweis

AEG-Firmenarchiv, Frankfurt – S. 333; Ägyptisches Museum, Kairo – S. 50 (2), 54, 57, 61, 62, 66, 72, 73; U. Anhäuser – S. 44; Antikenmuseum Basel und Sammlung Ludwig / Andreas F. Voegelin – S. 82; Aquarelle de Jean-Claude Golvin. Musée departemental Arles Antique, © Jean Archäologische Staatssammlung, München – S. 119; Archäologisches Zentrum, Hitzacker – S. 23; Archiv der sozialen Demokratie der Friedrich-Ebert- Stiftung, Bonn – S. 326, 348; Archiv für Kunst und Geschichte, Berlin – S. 27, 44, 74, 116, 137, 141, 178, 186, 204, 206, 209, 215 (3), 219, 226, 246, 247, 252, 257, 277, 279, 287, 288, 304, 308, 311, 314, 326, 340, 341, 342, 345, 347, 356; - / Album Oronoz – S. 190; - / Bildarchiv Steffens – S. 95, 134; - / British Library – S. 170, 192; - / Hervé Champollion – S. 120; - / Peter Connolly – S. 107; - / De Agostini Picture Library, G. Dagli Orti – S. 55, 131; - / Werner Forman – S. 53, 56, 66; - / François Guenet – S. 50, 60; - / historic-maps – S. 15; - / Erich Lessing – S. 60, 71, 96, 99, 125, 188; - / Roland und Sabrina Michaud – S. 187; - / Nimatallah – S. 94; - / Alfons Rath – S. 203; - / RIA, Nowosti – S. 346; Badisches Landesmuseum, Karlsruhe – S. 135; Norman Bancroft-Hunt – S. 92, 94, 97; BASF AG, Zentralabteilung Öffentlichkeitsarbeit, Unternehmensarchiv, Ludwigshafen – S . 338; Bayerische Staatsbibliothek, München – S. 18, 137, 146, 156; Bayerische Staatsgemäldesammlungen, München – S. 229; - / Alte Pinakothek, München – S. 205; Bibliothèque Nationale de France, Paris – S. 150, 168, 194, 290; Bildarchiv Foto Marburg – S. 165; Bischöfliches Dom- und Diözesanmuseum, Mainz – S. 158; BLUMAMMU / Steinzeit-Projekt, Stolberg – S. 39; Bodleian Library, Oxford – S. 171, 180; Bridgeman Images, Berlin – S. 234, 261, 278; British Museum, London – S. 65, 68/69, 74, 86, 165; Bundesarchiv, Koblenz – S. 296; Bunterhund / Atelier für Illustrationen, Zürich – S. 42; Citadelles & Mazenod, Paris – S. 102, 123, 146, 170; © Bone Clones, Inc. California – S. 33; Corbis / Roger Wood – S. 52; Josef-Heinrich Darchinger / Friedrich Ebert Stiftung, Regensburg – S. 365; Das Österreichische Parlament, Wien – S. 112; Deutsche UNESCO Kommission e.V. / PM Archiv, Bonn – S. 30; Deutsches Archäologisches Institut, Rom – S. 90; Deutsches Historisches Museum, Berlin – S. 20, 230, 275, 280, 300, 304, 316, 321, 324, 348, 350; Deutsches Museum, München – S. 326, 329; Deutsches Uhrenmuseumn, Inv.-Nr. 17-0028, Feuchtwangen – S. 18; dpa Picture-Alliance / akg/images, Frankfurt - S. 14, 349, 363; - / AP, Winfried Rothermel – S. 29; - / Augenclick, Bernhard Kunz – S. 12; - / Arne Dedert – S. 324; - / dieKLEINERT.de, Enno Kleinert – S. 211; - / Lad Esslingen, Mühleis Yam – S. 37; - / Federico Gambarini – S. 34; - / Daniel Karmann – S. 270; - / KPA, Oliver Stone - S. 14; - / Kremer – S. 185; - / Pressefoto Ulmer, Thomas Kiel – S. 325; - / Wolfram Steinberg - S. 14; - / www.bildagentur-online.com – S. 221; - / Zentralbild/euroluftbild.de, Grahn – S. 266; Édimedia, Paris – S. 275; Elektrotechnisches Museum der Hastra, Hannover – S. 333 (2); Emil von Behring-Bibliothek, Arbeitsstelle für Geschichte der Medizin, Marburg – S. 334; Dietrich Evers, Wiesbaden-Neurod – S. 35; Fernsprechtechnik © Roland Meier 2014, Münster – S. 364; Flemming Bau / Museum Molesgård, Aarhus – S. 41; Flickr / soybailaoa – S. 361; Forschungs- und Landesbibliothek, Gotha – S. 146, 151; Chris Forsey – S. 57; Fotolia / philipK76 – S. 142; Fürstin-Ann-Marie von Bismarack, Friedrichsruh – S. 320; Generaldirektion Kulturelles Erbe Rheinland-Pfalz, Direktion Landesarchäologie, Speyer – S. 38; Generaldirektion Kulturelles Erbe Rheinland-Pfalz, Direktion Landesarchäologie, Speyer / 3D-Rekonstruktion Roland Seidel, Neustadt/WN – S. 45; Generaldirektion Kulturelles Erbe, GDKE / Landesmuseum Koblenz. Foto: Ulrich Pfeuffer – S. 23; Germanisches Nationalmuseum, Nürnberg – S. 7, 191, 210 (2), 228, 231, 239, 258, 270, 273; Geschichte lernen Nr. 122: Der LimeS. © 2008 Friedrich Verlag GmbH, Seelze – S. 127; Geschichtsbilder. Historisches Lernen mit Bildern und Karikaturen. Handreichungen für den Geschichtsunterricht am Gymnasium. Hrsg. Staatsinstitut für Schulpädagogik und Bildungsforschung, Donauwörth 2001, S. 43 – S. 354; Getty Images / Philippe Wojazer, STAFF, München –S. 36; Gewerbefachschule, Lichtenfels – S. 340; Claude Golvin, Editions Errance, Arles – S. 64; Gutenberg-Museum, Mainz – S. 207;

Personenregister

Die hervorgehobenen Seitenzahlen verweisen auf wichtige Personen, die in der Fußzeile des Darstellungstextes genannt und im Glossar erläutert werden.